Sozialpädagogik in der beruflichen Integrationsförderung
Band 2: Handlungsansätze und aktuelle Entwicklungen

Manfred Eckert, Dietmar Heisler, Karen Nitschke

Sozialpädagogik in der beruflichen Integrationsförderung

Band 2: Handlungsansätze und aktuelle Entwicklungen

Waxmann 2007
Münster / New York / München / Berlin

Bibliografische Informationen der Deutschen Nationalbibliothek
Die Deutsche Nationalbibliothek verzeichnet diese Publikation in
der Deutschen Nationalbibliografie; detaillierte bibliografische
Daten sind im Internet über http://dnb.d-nb.de abrufbar.

Die vorliegende Publikation basiert auf einer wissenschaftlichen Studie, die im
Rahmen des Programms ‚Kompetenzen fördern – Berufliche Qualifizierung für
Zielgruppen mit besonderem Förderbedarf' (BQF) des Bundesministeriums für
Bildung und Forschung – kofinanziert durch Mittel des Europäischen Sozialfonds
(ESF) – in den Jahren 2004–2006 an der Universität Erfurt durchgeführt wurde
(Förderkennzeichen 01NK0309). Die Autoren tragen die Verantwortung für den Inhalt.

Mitglieder des Projektteams waren:	Weiter haben mitgearbeitet:
Prof. Dr. Manfred Eckert (Projektleitung)	Dipl.-Wirt.Ing. Tom Schröter
Dr. Rainer Vock (Projektleitung)	Madlen Schuchardt, M.A.
Dipl.-Päd. Katja Grimm	Angela Pechthold
Dietmar Heisler, M.A.	
Dipl. Soz.-Päd./Soz.-Arb. (FH) Karen Nitschke	

Band 1 der Studie:
Katja Grimm, Rainer Vock
Sozialpädagogik in der beruflichen Integrationsförderung
Anforderungen, Zielgruppenwahrnehmung, Rollendefinitionen

ISBN 978-3-8309-1813-4

© Waxmann Verlag GmbH, Münster 2007

www.waxmann.com
info@waxmann.com

Umschlaggestaltung: Christian Averbeck, Münster
Druck: Hubert & Co., Göttingen
Gedruckt auf alterungsbeständigem Papier, säurefrei gemäß ISO 9706

Alle Rechte vorbehalten
Printed in Germany

Inhalt

1. **Einleitende Vorbemerkungen** 9

2. **Sozialpädagogik in der beruflichen Integrationsförderung** 12
   2.1 Sozialpädagogik als Disziplin und als Profession 13
   2.2 Professionalität in der beruflichen Integrationsförderung 16
   2.3 „Arbeitsamt 2000", „Hartz-" und andere Reformen 18
   2.4 Konsequenzen der Arbeitsmarktreformen für die berufliche Integrationsförderung ..20
   2.5 Sozialpädagogik in der alltäglichen Maßnahmepraxis 26

3. **Grundausrichtung der sozialpädagogischen Arbeit in den Maßnahmen** 28
   3.1 Vorstellungen der Berufsberatungen und der Einrichtungsleitungen zur Grundausrichtung sozialpädagogischer Arbeit 31
   3.2 Grundausrichtung der sozialpädagogischen Arbeit aus Sicht der sozialpädagogischen Fachkräfte 39

4. **Sozialpädagogische Arbeit in den Maßnahmen der Benachteiligtenförderung** 52
   4.1 Sozialpädagogische Tätigkeiten im Überblick 54
   4.2 Sozialpädagogische Arbeit in den unterschiedlichen Maßnahmeformen ... 58
   4.3 Weitere Tätigkeiten von sozialpädagogischen Fachkräften 70

5. **Sozialpädagogik in besonderen Aufgabenstellungen und Phasen des Maßnahmeverlaufs** 76
   5.1 Unterstützung der Berufswahl 76
   5.2 Übergangshilfen und Nachbetreuung 86
   5.3 Praktikumsbetreuung 93
   5.4 Maßnahmeabbruch 110
   5.5 Förderplanarbeit 125

6. **Zusammenarbeit der sozialpädagogischen Fachkräfte mit Ausbildern, Stützlehrern und anderen Sozialpädagogen – Integrationsgrad der Sozialpädagogik in die Maßnahmen der Benachteiligtenförderung** **134**

6.1 Integration der Sozialpädagogik in die fachpraktische Ausbildung
 – Ausbilder als Kooperationspartner 135

6.2 Integration der Sozialpädagogik in die fachtheoretische Ausbildung
 – Stützlehrer als Kooperationspartner 139

6.3 Gegenseitige Unterstützung der Sozialpädagogen 140

7. **Außenorientierung und Kooperationsbeziehungen** **142**

7.1 Agentur für Arbeit 142

7.2 Berufsschule 146

7.3 Kontakte zu den Eltern der Jugendlichen 152

7.4 Sonstige Außenkontakte 154

8. **Handlungsspielräume und Grenzen sozialpädagogischer Arbeit** **159**

8.1 Einschätzung des Handlungsspielraumes der Sozialpädagogen 159

8.2 Grenzen sozialpädagogischen Handelns 162

9. **Praktika im Rahmen der Benachteiligtenförderung aus der Sicht der Betriebe** **179**

9.1 Motive der Betriebe, Praktikumsstellen anzubieten 179

9.2 Erwartungen an die Praktikanten und an den Erfolg der Praktika 181

9.3 Erwartungen an die sozialpädagogischen Fachkräfte des Bildungsträgers 183

10. **Die Ausschreibungspraxis und ihre Folgen für die sozialpädagogischen Fachkräfte, ihre Beschäftigungssicherheit und ihre Arbeit** **186**

10.1 Beschäftigungsrisiken für sozialpädagogische Fachkräfte 187

10.2 Bedeutungsverlust oder Bedeutungsgewinn der Qualität der sozialpädagogischen Arbeit? 189

10.3 Begrenzungen der Beziehungsarbeit 190

10.4 Grenzen, die durch Abwicklung alter und Etablierung neuer Träger entstehen 191

11. **Das „Neue Fachkonzept" in der Berufsausbildungsvorbereitung** **193**

11.1 Das Konzept der „neuen Förderstruktur" und des „Neuen Fachkonzepts"
 in der neuen Berufsausbildungsvorbereitung 193

11.2 Das Handlungsfeld der Bildungsbegleitung im Neuen Fachkonzept 197

11.3 Das Neue Fachkonzept in der Praxis der neuen Berufsausbildungsvorbereitung 200

11.4 Veränderungen und Problemlagen aus der Sicht der
sozialpädagogischen Fachkräfte 221

12. Sozialpädagogische Arbeit in Zahlen: Versuch einer Quantifizierung sozialpädagogischer Tätigkeiten 227

12.1 Tätigkeiten der Sozialpädagogen 228

12.2 Sozialpädagogische Tätigkeitsprofile 238

12.3 Profilbildung aufgrund eigenständiger sozialpädagogischer Angebote 239

12.4 Profilbildung aufgrund aller erfassten sozialpädagogischen Tätigkeiten 243

12.5 Bestimmungsfaktoren sozialpädagogischer Tätigkeitsprofile 246

13. Zusammenfassung 260

14. Literatur und Quellen: 271

15. Abkürzungsverzeichnis 290

1. Einleitende Vorbemerkungen

Der hier vorgelegte Bericht ist der zweite Band des Abschlussberichts des Projekts: „Praxisfeld ‚Sozialpädagogik' in der Benachteiligtenförderung und Berufsvorbereitung", das im Rahmen des Programms „Kompetenzen fördern – Berufliche Qualifizierung für Zielgruppen mit besonderem Förderbedarf (BQF-Programm) vom BMBF und vom Europäischen Sozialfonds unter dem Förderkennzeichen 01NK0309 gefördert worden ist.

Die Laufzeit dieses Projekts war der Zeitraum vom 01.03.2004–31.05.2005, zwei Verlängerungsphasen umfassten den Zeitraum vom 01.06.05 bis 30.11.05 und vom 1.12.–31.03.06 (nur eine Mitarbeiterstelle). In dem Projekt haben mitgearbeitet: Prof. Dr. Manfred Eckert, Dipl.-Päd. Katja Grimm, Dietmar Heisler M.A., Dipl.-Soz.-Päd./Soz.-Arb. Karen Nitschke und Dr. Rainer Vock (ConLogos). Das Projekt ist von Manfred Eckert und Rainer Vock kooperativ geleitet und durchgeführt worden.

Die Teilung des Abschlussberichts in zwei Bände hat unterschiedliche Gründe. Einer liegt in dem Volumen des Berichts selbst und der zu seiner Erstellung erforderlichen Auswertungsarbeiten. Diese Arbeiten erfolgten auf der Basis des Interviewmaterials, das während der Projektlaufzeit vom 01.03.2004 bis zum 30.11.2005 von Katja Grimm, Dietmar Heisler und Karen Nitschke erhoben worden ist.

Zum Aufbau der Forschungsarbeiten

Insgesamt liegen 146 Interviews vor, davon 70 mit sozialpädagogischen Fachkräften, 28 mit Einrichtungsleitern, 12 mit Berufsberaterinnen und -beratern der Arbeitsagenturen und 12 mit betrieblichen Mitarbeitern, die Praktika anbieten und betreuen. Diese Interviews sind im Zeitraum von Juni bis Oktober 2004 geführt worden, also vor der Einführung des Neuen Fachkonzepts. Ergänzende Erhebungen sind durch eine Verlängerung der Projektlaufzeit von Mai bis Juli 2005 möglich geworden, hier sind insbesondere Interviews mit 12 Bildungsbegleitern und 12 sozialpädagogischen Fachkräften, die mit Bildungsbegleitern kooperieren, durchgeführt worden, um Informationen über die Gestaltung der Betreuungsarbeit in den Maßnahmen nach dem Neuen Fachkonzept zu erhalten. Diese Interviews und die mit den Betriebsmitarbeitern sind aus arbeits- und zeitökonomischen Gründen telefonisch geführt worden.

Zur Durchführung der Interviews sind 12 unterschiedliche Arbeitsagenturregionen ausgewählt worden. Diese Zahl ergibt sich aus der Entscheidung, in jedem der 12 unterschiedlichen Arbeitsmarktregionen, die anhand der Klassifikation der Vergleichstypen des Instituts für Arbeitsmarkt- und Berufsforschung differenziert worden sind, Erhebungen durchzuführen, um regionale Besonderheiten möglichst ausgleichen zu können. Die methodische Anlage der Studie und die Begründung zur Auswahl der Regionen und der Bildungsträger finden sich ausführlich in dem o. a. Band von Grimm und Vock.

Zum Aufbau des Bandes

Der hier vorliegende Band bezieht sich auf die konkrete Praxis der Sozialpädagogik in den Maßnahmen der Benachteiligtenförderung. Dazu wird nach einer kurzen theoretischen Einleitung in einem ersten Kapitel dargestellt, mit welcher Grundausrichtung und welchen Intentionen die Berufsberatungen, die Einrichtungsleitungen und die sozialpädagogischen Fachkräfte selbst die Arbeit beschreiben. Das zweite Kapitel zeigt die sozialpädagogische Arbeit in den verschiedenen Maßnahmeformen der Benachteiligtenförderung: in BvB (alte Form), BaE und abH. Hier wird versucht, maßnahmespezifische Arbeitsformen und -schwerpunkte herauszuarbeiten. In den dann folgenden Kapiteln sind thematische Differenzierungen versucht worden, sie zeigen sich in den Überschriften der Kapitel 4 bis 7. Das Kapitel 8 enthält eigentlich keinen Bericht über sozialpädagogische Arbeiten. Es stellt die Probleme und Besonderheiten der Praktika aus der Sicht der betreuenden betrieblichen Mitarbeiter, teilweise auch der Abteilungsleiter oder Betriebsinhaber dar. Es soll zeigen, welche Erwartungen von dieser Seite an die jungen Praktikanten und an die Arbeit der sozialpädagogischen Fachkräfte gestellt werden. Auch das Kapitel 9 zur Ausschreibungspraxis bezieht sich nicht unmittelbar auf die Arbeit der sozialpädagogischen Fachkräfte, sondern auf die Rahmenbedingungen und auf die Tatsache, dass die Maßnahmen seit einigen Jahren öffentlich ausgeschrieben werden. Das erzeugt größte Beschäftigungsunsicherheiten, die als höchst problematisch einzuschätzen sind. Sie sollten unbedingt zur Kenntnis genommen werden und dürfen folglich in diesem Bericht nicht fehlen. Das Kapitel 10 geht auf die neuen Entwicklungen durch das Neue Fachkonzept der Bundesagentur für Arbeit für die Berufsausbildungsvorbereitung im Jahr 2004 ein. Das letzte Kapitel zeigt den Versuch einer quantitativen Auswertung des Interviewmaterials. Unter der Überschrift „Sozialpädagogische Arbeit in Zahlen" wird hier versucht, die verschiedenen Arbeitsschwerpunkte und Arbeitsformen der Fachkräfte quantitativ darzustellen und nach verschiedenen Randbedingungen zu systematisieren. Dabei soll – mit einiger Vorsicht – ein Einblick in die quantitativen Dimensionen dieser Arbeit gegeben werden.

Arbeitsverteilung, Autorenschaften, Danksagungen

Die Basis dieses Berichts sind die Erhebungen und die Auswertungen des Interviewmaterials, die von Katja Grimm, Dietmar Heisler und Karen Nitschke durchgeführt worden sind. Die Erstellung des vorliegenden Bandes ist von Dietmar Heisler und Manfred Eckert vorgenommen worden. Die Vorlagen für die Kap. 2 bis 8 und 12 sind von Dietmar Heisler, für Kap. 9 und 10 von Manfred Eckert, die Kap. 3 und 11 sind arbeitsteilig entstanden.

Die Transkription und viele andere unterstützende Arbeiten sind von Madlen Schuchardt, Mandy Henze, Mandy Schermer, Angela Pechtold, Ines Machowiak und Steffi Haarseim geleistet worden. Weitere verwaltende Arbeiten sind von Dipl. Wirt.-Ing. (FH) Tom Schröter und Heidemarie Reuß übernommen worden. Frau Dipl. Wirtsch.-Ing. (FH) Christa Steinbrecher hat das in sehr wertvoller Weise unterstützt. Dafür ist herzlich Dank zu sagen. Das gilt ganz in besonderer Weise aber auch für die vielen befragten Akteure in der Benachteiligtenförderung, die bereitwillig und engagiert für Interviews zur Verfügung standen, ebenso für die Teilnehmerinnen und Teilnehmer des Anfangsworkshops und der abschließenden Fachtagung im März 2006 in Erfurt. Es gilt nicht zuletzt für die Unterstützung durch die Mitarbeiterinnen und Mitarbeiter des Projektträgers DLR, insb. von

Frau Dr. Astrid Fischer. Ihre Betreuung hat sich immer wieder als außerordentlich förderlich erwiesen und in ihren verschiedenen Facetten die verwaltende und inhaltliche Arbeit ganz erheblich erleichtert und gefördert. Ein solcher Beitrag kann für das Gelingen eines Projektes kaum hoch genug veranschlagt werden.

Geschlechtsspezifische Begriffe

Die statistischen Erhebungen haben gezeigt, dass das Handlungsfeld der sozialpädagogischen Fachkräfte in der großen Mehrzahl von Frauen abgedeckt wird. Trotzdem erschien es uns irreführend, durchgängig nur die weibliche Form der Beschreibung zu wählen. Häufig ist auf eine geschlechtsneutrale Form (z. B. „Bildungsbegleitungen" oder „sozialpädagogische Fachkräfte") oder auf die Benennung beider Geschlechter (Sozialpädagoginnen und Sozialpädagogen) zurückgegriffen worden. Dort, wo aus Gründen des Schreibstils nur die männliche Form erwähnt worden ist, gilt diese selbstverständlich geschlechtsübergreifend. Bei der Beschreibung konkreter Personen und ihren Zitaten ist versucht worden, die dem jeweiligen Geschlecht entsprechende weibliche oder männliche Form zu benutzen.

2. Sozialpädagogik in der beruflichen Integrationsförderung

Das Grundanliegen der vorliegenden Untersuchung ist eine Bestandsaufnahme aktueller Handlungsansätze sozialpädagogischer Arbeit in der beruflichen Integrationsförderung. Ziel ist eine „Neuvermessung" des sozialpädagogischen Handlungsfeldes in den Maßnahmen der Berufsvorbereitung, der Berufsausbildung in außerbetrieblichen Einrichtungen und der ausbildungsbegleitenden Hilfen, die nach dem SGB III durch die Agentur für Arbeit gefördert werden. Damit orientiert sich dieses Vorhaben im Wesentlichen an einer Zielstellung, die schon die Untersuchung von Zielke und Lemke (1988) verfolgte: eine umfassende Darstellung der Handlungsansätze, Handlungsanforderungen, Aufgaben, Tätigkeiten und Zielstellungen sozialpädagogischer Arbeit sowie der professionellen und politischen Rahmenbedingungen, unter denen sozialpädagogisch orientierte berufliche Integrationsförderung erfolgt. Nun haben sich die Anforderungen und Rahmenbedingungen seit 1988 erheblich verändert, so dass hier eine auf empirischen Daten basierende Neuvermessung durchaus notwendig ist.

Zu bedenken ist die Tatsache, dass die berufliche Integrationsförderung inzwischen seit ca. drei bis vier Jahrzehnten zu den regulären Förderangeboten der Agentur für Arbeit zählt und sich zu einer politischen Daueraufgabe entwickelt hat. Bei Zielke und Lemke war noch die Rede von „Modellprogrammen". Auch die Zahl der Mitarbeiter[1] in diesem Handlungsfeld hat sich seitdem erheblich erhöht, genauso wie die Zahl geförderter Jugendlicher. War die außerbetriebliche Berufsausbildung zu ihrem Beginn im Jahre 1985 noch ein kleines Modellprogramm mit rund 250 Teilnehmern, so werden mittlerweile allein in der Berufsausbildung (BaE) gegenwärtig 115.850 Jugendliche gefördert, dazu kommen rund 82.172 Jugendliche in der Berufsvorbereitung (vgl. Berufsbildungsbericht 2006, S. 222 und S. 226). Allerdings tragen die aktuellen arbeitsmarkt-, sozial- und (berufs-)bildungspolitischen Veränderungen (z. B. die Hartz-Reformen, Einführung des Neuen Fachkonzeptes, seit 2002 erfolgt die Maßnahmevergabe nach VOL) dazu bei, dass die Teilnehmerzahlen seit 2003 rückläufig sind (vgl. dazu Berufsbildungsbericht für das Land Thüringen 2006).

Nicht nur quantitativ, auch qualitativ hat sich dieses Handlungsfeld sozialpädagogischer Arbeit erheblich verändert. Die Professionalisierung der Beschäftigten in diesem Handlungsfeld ist in den letzten Jahren ein erhebliches Stück vorangekommen. Die einschlägige Fachliteratur, die Fachzeitschriften[2] und die Diskussionsforen[3] und Modellprojekte zur beruflichen Integrationsförderung sind erheblich angewachsen. Das große BQF-Programm, in dem auch dieses Forschungsvorhaben gefördert worden ist, zeigt das ganz deutlich. Lehrangebote in Universitäten und Fachhochschulen leisten eine grundlegende Ausbildung für angehende Pädagogen, die in diesem Handlungsfeld ihre berufliche Zukunft sehen. Die Fachgebiete für Sozialpädagogik oder für Berufspädagogik an einigen Hochschulen legen

---

1 Vgl. dazu Band 1: Vock und Grimm 2007, S. 23f.
2 Z. B. hiba-Durchblick (seit 2005 nicht mehr erhältlich), verschiedene Sonderdrucke des Heidelberger Instituts Beruf und Arbeit; die Zeitschrift Jugend, Beruf, Gesellschaft der BAG EJSA, direkt: Fördern und Qualifizieren, Zeitschrift der Bundesagentur für Arbeit.
3 Beispielhaft seien hier die Fachtagungen und Foren auf den Hochschultagen Berufliche Bildung angeführt (Bojanowski, Eckert und Stach 2004).

einen ihrer Forschungsschwerpunkte in den Bereich dieses pädagogischen Handlungsfeldes und tragen damit erheblich zur Professionalisierung des dort tätigen pädagogischen Fachpersonals, aber auch der Disziplin bei.[4] Verschiedenste Vereine, Verbände, Arbeitsgemeinschaften und Interessengruppen, auch Gewerkschaften und Kirchenverbände leisten einen substanziellen Beitrag nicht nur zur Vernetzung der Pädagogen, sondern auch zur empirischen Forschung sowie zur Aus- und Weiterbildung des Fachpersonals.[5] Im Internet lassen sich Plattformen verschiedenster Institutionen finden, deren Ziel es ist, das Fach- und Expertenwissen in der beruflichen Integrationsförderung den dort tätigen Akteuren zugänglich zu machen.

Diese zunächst durchaus positiv klingenden Befunde werden von organisatorischen Determinanten überlagert, die das Handlungsfeld ganz entscheidend und teilweise auch negativ beeinflussen. Einige Punkte sind bereits angesprochen worden: Reformen des Arbeitsmarktes sowie die Einführung des Neuen Fachkonzeptes der Berufsvorbereitung.

Die professions- und disziplinbezogenen, aber auch die politischen Diskussionen, Konfliktlinien und Problemstellungen stellen nicht zuletzt auch die Rahmenbedingungen für den Gegenstand der vorliegenden Untersuchung, die konkrete sozialpädagogische Arbeit in den Maßnahmen dar. Sie sollen in einer kurzen, überblicksartigen Bestandsaufnahme ins Gedächtnis gerufen werden.

2.1 Sozialpädagogik als Disziplin und als Profession

Zunächst ist die Frage zu stellen, in welchem Zustand sich die Sozialpädagogik befindet, die hier untersucht wird, und zwar als Disziplin und als Profession. Insbesondere in der beruflichen Integrationsförderung bewegt sich Sozialpädagogik in einem Spannungsfeld zwischen Arbeitsmarkt- und Lebensweltorientierung, zwischen „entlohnter Produktionsarbeit" und „privater Reproduktionsarbeit" (Galuske 1993). Ziel von Sozialpädagogik, so wird in der Disziplin diskutiert, ist die Unterstützung ihrer Klienten bei der Reproduktion gesellschaftlicher „Normalitätsmuster" (Galuske 1993, S. 150, auch Galuske 2002a, S. 101). Bislang wird dabei von einer Erwerbsgesellschaft ausgegangen, in der Erwerbsarbeit im Mittelpunkt menschlicher Normalbiografien steht. Spätestens seit Anfang der 1980er Jahre zählen vermehrt auch die Risiken dieser Arbeitsgesellschaft zur Normalität. Unterbeschäftigung, Arbeitslosigkeit, Armut, sozialer Statusverlust, Dequalifizierung, fehlende Ausbildungsplätze und Marginalisierung zählen zu den unterschiedlichen Facetten dieser „riskanten (Post)Moderne". Aber auch Individualisierung ist eine Facette postmoderner Gesellschaftsstrukturen, genauso wie Flexibilisierung und Deregulierung als Erscheinungsformen staatlicher Reformbemühungen. Es ist das Ziel eines „schlanken Staates", sich in

---

4   Z. B. das Berufsbildungsinstitut Arbeit und Technik (biat) der Universität Flensburg, das Institut für Berufspädagogik der Universität Hannover, das Fachgebiet Erziehungswissenschaft der Fachhochschule Düsseldorf sowie das Fachgebiet Berufspädagogik und berufliche Weiterbildung der Universität Erfurt (vgl. auch Christe, Enggruber u. a. 2002).

5   Bspw. BAG EJSA (Bundesarbeitsgemeinschaft Evang. Jugendsozialarbeit), BAG KJS (Bundesarbeitsgemeinschaft Kath. Jugendsozialarbeit), BAG JSA (Bundesarbeitsgemeinschaft Jugendsozialarbeit), JMD (Jugend Migrationsdienst), INBAS (Institut für berufliche Bildung, Arbeitsmarkt- und Sozialpolitik), hiba (Heidelberger Institut Beruf und Arbeit) oder das DJI (Deutsches Jugendinstitut). Auch andere Institutionen, wie das BiBB oder das IAB, leisten hier einen entscheidenden Beitrag zur Professionalisierung und Vernetzung des Fachpersonals.

Zeiten knapper öffentlicher Haushaltsmittel aus vielen seiner Verantwortungsbereiche zurückzuziehen. Die soziale Fürsorge ist dabei nur ein Sektor des Rückzuges. Verschiedene Autoren versuchen, diese Entwicklungen in unterschiedlichen Gesellschaftsentwürfen zu interpretieren und auf die Konsequenzen dieser Entwicklungen aufmerksam zu machen (Beck 1986, Rifkin 1995, Sennett 2000, Beck und Willms 2000, Giddens 1995 und 2001, Hondrich 2001). Einige von ihnen warnen davor, dass in einer Entgrenzung und Flexibilisierung immer auch die Gefahr der Auflösung liegt. Dies gilt für Gesellschaften (Hondrich 2001, S. 70), genauso wie für die Sozialpädagogik und die Soziale Arbeit (Rauschenbach 1997, S. 159; Winkler 1999, S. 83; Schröer 2003, S. 72).[6]

In allen angesprochenen Gesellschaftsentwürfen gewinnt „Individualisierung" eine besondere Bedeutung. Damit ist die Freisetzung des Individuums aus traditionellen, sozialen und gesellschaftlichen Strukturen ebenso gemeint, wie die Pluralisierung von Lebensstilen sowie der Bedeutungsverlust traditioneller, milieuspezifischer Wertehaltungen.[7] Im Begriff der Individualisierung kommt zum Ausdruck, dass die Herkunftsmilieus die Verbindlichkeit ihrer Wertehaltungen verlieren. Von daher bergen diese Freisetzungs- und Individualisierungsmechanismen einerseits durchaus auch Potenziale und Chancen, die in der Überwindung von Klassengrenzen liegen (Bourdieu 1982). Buck und Gaag (2002, S. 902) konstatieren bspw., dass vor allem in der Segmentierung des Arbeitsmarktes – aufgrund des Geschlechts oder der ethnischen Herkunft – eine Benachteiligung von Jugendlichen entsteht, die aufgrund ihrer Verpflichtung gegenüber traditionellen Rollenmustern der Herkunftsfamilie nur zu bestimmten Segmenten des Arbeitsmarktes Zugang haben. Diese Begrenzungen können in einer individualisierten Gesellschaft an Einfluss verlieren. Andererseits sind damit auch große Risiken verbunden, denn Individualisierung heißt, in relativ offene gesellschaftliche Entwicklungs- und Veränderungsprozesse geworfen zu sein. Es stellt sich kritisch die Frage, ob zur Bewältigung dieser Anforderungen die individuellen Handlungsressourcen ausreichend sind. Das Risiko ist groß, dass die sozialen Herkunftsmilieus hier doch eine begrenzende Wirkung entfalten (Nolte 2005). Trotz der Freisetzung aus traditionellen, kulturellen und sozialen Bindungen kann aus der Individualisierung auch soziale Ungleichheit und soziale Benachteiligung resultieren, die sich jenseits der sozialen Herkunftsmilieus entwickelt (Lehmann 2005, S. 149). Für die Sozialpädagogik

---

6   Zwei der Ausgangsthesen Rauschenbachs (1997) sind, dass sich soziale Arbeit einer Entgrenzung psycho-sozialer Problemstellungen sowie einer tendenziellen Individualisierung der Problemlagen ihrer Klienten ausgesetzt sieht. Dies macht eine Entstandardisierung sozialer Hilfsangebote notwendig. Dadurch werden Dynamiken in Gang gesetzt, aufgrund derer sich die Sozialpädagogik verschiedenen Dilemmata ausgesetzt sieht. Eines dieser Dilemmata ist das Expansionsdilemma, was von einem Anwachsen sozialpädagogischer Handlungsfelder ausgeht, ohne dass bislang ein politisch-strategischer Bewusstseinswandel erfolgt ist, der den aktuellen Tendenzen gerecht wird, z. B., dass soziale Arbeit zunehmend mehr individualisiert werden muss (ebd. S. 159). Stattdessen verfolgen viele Träger eine falsche Ökonomisierungsstrategie, in der sie unkritisch betriebswirtschaftliche Konzepte ins Soziale übernehmen (ebd. S. 161).

7   Zu diesen Individualisierungs- und Entgrenzungsthesen gibt es natürlich auch Gegenentwürfe, gerade in der Sozialpädagogik (z. B. bei Schaarschuch 1999). Diese gehen vielmehr von einer Teilung der Gesellschaft aus, in der Klassen und Schichten existieren, die stärker von Ausgrenzung und Benachteiligungen betroffen sind als andere. Die Kritik an den Diskussionen der Individualisierung in der Postmoderne ist, dass die Untersuchung gesellschaftlicher Strukturmerkmale dabei außer Acht gelassen wird (ebd., S. 60).

stellt sich die Frage, wie entgrenzte, biografische „Normalitätsmuster" neuen Formates aussehen. Wie sieht der individuelle Lebensentwurf jenseits bisheriger Normalität aus? An welchen Werten und Anforderungslagen kann sich soziale Arbeit orientieren?

Sozialpädagogik befindet sich an dieser Stelle in einem Dilemma, was Galuske 1993 als Orientierungsdilemma bezeichnete. Orientiert sich Sozialpädagogik nun in ihrer Arbeit auf die Integration des Individuums in eine Arbeitsgesellschaft, die sich bereits seit Ende der 1950er Jahre (vgl. Arendt 1958/2002) in einer Krise befindet, wenn nicht sogar massiven Auflösungsprozessen unterworfen ist, oder orientiert sie sich auf die Unterstützung des Individuums bei der Bewältigung der Auswirkungen der benannten Krisenerscheinungen auf den privaten Reproduktionssektor? Woher resultieren die Wertorientierungen, zu deren Reproduktion soziale Arbeit beitragen soll? Wie soll sie auf dieses Spannungsverhältnis zwischen Individualisierung einerseits und staatlicher Flexibilisierung und Deregulierung andererseits reagieren? Thiersch (2003) postulierte vor diesem Hintergrund eine lebensweltorientierte Soziale Arbeit, die den Menschen immer in seinen unmittelbaren Lebensweltbezügen betrachtet. Galuske forciert den Begriff der „flexiblen Sozialpädagogik" (Galuske 2002), Schröer hingegen spricht von einer Entgrenzung sozialer Arbeit (Schröer 2003).

Die skizzierte Komplexität sozialpädagogischer Arbeit ließe sich weiter zuspitzen. So hat sich soziale Arbeit vor allem in der Arbeit mit jungen Menschen nicht nur auf unklare gesellschaftliche Wertesysteme und Normalitätsmuster einzustellen, sondern auch auf die spezifischen Herausforderungen von „Jugend" als separierte Lebens- und Entwicklungsphase. Hier wird häufig die Kritik geäußert, dass die berufliche Integrationsförderung den Ansprüchen dieser Lebensphase nicht mehr hinreichend gerecht werden kann (Enggruber 2005). Die professionelle sozialpädagogische Herausforderung besteht nun darin, diese Komplexität in einer angemessenen und dem Selbstverständnis der Disziplin entsprechenden Weise zu reduzieren (Combe und Helsper 1996).

Kleve (2000) bezeichnete die hier nur angedeutete Komplexität sozialer Arbeit innerhalb sich auflösender Gesellschaftsstrukturen als typisches Merkmal postmoderner sozialer Arbeit. Deshalb wird es immer schwieriger Sozialpädagogik theoretisch zu begründen (Winkler 2003). Um ihre Aufgaben wahrnehmen zu können, müsse sie sich vielmehr der Theorien angrenzender Wissenschaftsbereiche bedienen. Dies habe nicht zuletzt Auswirkungen auf das professionelle Selbstverständnis der Sozialpädagogik und ihrer Professionsangehörigen (vgl. Niemeyer 2003). Gerade in der Bewältigung zunehmender Krisenerscheinungen moderner Gesellschaftsformen muss sich das sozialpädagogische Mandat über bisherige Grenzen hinaus in die verschiedenen gesellschaftlichen Lebensbereiche ausweiten. Zunehmend mehr Lebensbereiche werden dabei pädagogisiert. Die Rede ist hier von einer „diffusen Allzuständigkeit" Sozialer Arbeit. Sie findet sich auch in der sozialpädagogischen Praxis in den Maßnahmen wieder. Wo etwas mit Jugendlichen nicht richtig läuft, ist zunächst der Sozialpädagoge gefragt und gefordert. Je intensiver sich die sozialpädagogischen Fachkräfte um ihr jugendliches Klientel kümmern, um so tiefer dringen sie in individuelle Problemlagen und deren Determinanten ein, und zum Teil kommen dabei Probleme zum Vorschein, die sich pädagogisch kaum lösen lassen. So ergeben sich für die Sozialpädagogik neben dem benannten Orientierungsdilemma in einer entgrenzten Gesellschaft weitere Dilemmata, die sich aus der damit einhergehenden Ausdifferenzierung sozialpädagogischer Mandatsbereiche ergeben und mit denen Sozialpädagogik als Disziplin und die sozialpädagogischen Fachkräfte als professionelle Akteure in der alltäglichen Arbeit umzugehen haben (Rauschenbach 1997, 1999, Winkler 2003).

2.2 Professionalität in der beruflichen Integrationsförderung

Im letzten Abschnitt wurde versucht, einen groben Überblick über die disziplinbezogenen Diskussionen der Sozialpädagogik und Sozialen Arbeit zu geben. Wie sehen die Diskussionen in Bezug auf die berufliche Integrationsförderung im Konkreten aus? Was bedeutet sozialpädagogische Professionalität in der beruflichen Integrationsförderung?

Für die Sozialpädagogik in der beruflichen Integrationsförderung ergeben sich ihre professionellen Aufgaben explizit aus der Unterstützung ihrer Klienten am Übergang an der sog. „Ersten Schwelle" von der Schule in den Beruf. In der Bewältigung der an diesem Übergang entstehenden Jugendarbeitslosigkeit geht es (1.) um die Schließung von Sozialisationslücken und (2.) um Berufsvorbereitung und -ausbildung. Hauptaugenmerk liegt auf der Bewältigung der individuellen Risiken, die insbesondere für Jugendliche mit einem missglückten Übergang in die Arbeitswelt einhergehen (Galuske 1993, S. 150). Als didaktische Herausforderung hat die Sozialpädagogik einen Balanceakt zwischen Personen- und Arbeitsweltorientierung zu bewältigen (Enggruber 2001, S. 204). Genau diese Aufgabenstellungen lassen sich auch in der Praxis der sozialpädagogischen Arbeit in den Maßnahmen wiederfinden, sie werden von den sozialpädagogischen Fachkräften an vielen Punkten ihrer beruflichen Alltagswirklichkeit beschrieben.

Daraus ergeben sich die Aufgaben, die die sozialpädagogischen Fachkräfte in enger Kooperation mit anderen pädagogischen Akteuren in diesem Handlungsfeld zu erfüllen haben. Personenorientierung meint die Unterstützung der Persönlichkeitsentwicklung, individuelle Denk- und Handlungsmöglichkeiten zu erweitern sowie Selbstständigkeit, Autonomie, Mündigkeit und Urteilsfähigkeit des jungen Menschen zu fördern. Sie beinhaltet auch, Misserfolge, Erfahrungen der Zurückweisung und Frustrationen durch missglückte Übergangsversuche aufzufangen sowie die Fähigkeiten zur angemessenen Problembewältigung zu fördern (vgl. Allespach und Novak 2005, S. 16). In der Arbeitsweltorientierung ist es Aufgabe der Sozialpädagogik, Prozesse der Berufswahl, der Qualifizierung und Ausbildung mit zu gestalten. Ferner geht es um die Vermittlung von arbeitsweltbezogenen Verhaltensmustern und berufsspezifischen Werthaltungen.

Als Zielgruppe der beruflichen Integrationsförderung gelten die „benachteiligten Jugendlichen". Gerade das Kriterium der Benachteiligung wurde infolge einer kaum durchschaubaren Auswahl- und Zuweisungspraxis der einzelnen Agenturen für Arbeit immer wieder aufgeweicht, z. B. durch die Differenzierung in sozial- und marktbenachteiligte Jugendliche. Selbst der Benachteiligtenbegriff erscheint undurchschaubar und diffus. Arnold, Böhnisch und Schröer (2005, S. 95) kritisieren, dass der deutsche Benachteiligtenbegriff sich nicht auf die Folgen, sondern auf die Ursachen scheiternder Übergänge bezieht. Dass dabei auch wirtschaftliche und arbeitsmarktbezogene Problemlagen in individuelle Defizite übersetzt werden können, fällt kaum auf. Unschärfen im Benachteiligtenbegriff entstehen schon allein aus der Frage, wie weit bestimmte Merkmale von der Normalität abweichen müssen, damit sie als Benachteiligung gelten können (Schierholz 2001, S. 12). Gelegentlich führt diese Unschärfe zu dem Vorwurf, Sozialpädagogik reproduziere ihr eigenes Klientel selbst. Allespach und Novak (2005) gehen davon aus, dass vieles in der Benachteiligtendebatte ideologisch motiviert sei, da in Zeiten ausreichender Ausbildungsplätze die Zahl der „Ausbildungsunfähigen" am niedrigsten ist. Hinzu kommt, dass viele Benachteiligungen aufgrund der Selektivität des deutschen Schulsystems entstehen. Soziale Benachteiligungen, die in den Herkunftsfamilien bereits vorhanden sind, werden durch Schule fortgeschrieben (ebd., S. 13, vgl. auch Deutsches PISA Konsortium 2002).

Trotz aller Kritik am Benachteiligtenbegriff lassen sich doch Ansätze und Versuche zur Beschreibung und Systematisierung von Benachteiligung finden (vgl. Enggruber 2005b). Im Wesentlichen handelt es sich bei Benachteiligungen um Persönlichkeitsmerkmale, die dazu führen, dass Personen vom Arbeitsmarkt oder von bestimmten Arbeitsmarktsegmenten entweder ausgeschlossen werden oder zumindest schlechtere Chancen auf Einmündung haben (z. B. Lex 2002, S. 471; Schierholz 2001, S. 12f). Insbesondere handelt es sich dabei um das Geschlecht, erreichte Schulabschlüsse bzw. deren Qualität, Migrationshintergrund, geringe Sprachfähigkeiten, Behinderungen, Verhaltensstörungen oder um den allgemeinen physischen und psychischen Gesundheitszustand der jungen Menschen. Als Ursachen für diese Benachteiligungen lassen sich häufig soziale Herkunft, die familiäre Situation oder die sozio-ökonomischen und sozial-ökologischen Bedingungen der Herkunftsfamilie finden. Im Wesentlichen handelt es sich um Faktoren, die die Erziehungs- und Sozialisationsprozesse des Jugendlichen maßgeblich beeinflussen können.

In den disziplin- und professionstheoretischen Betrachtungen des letzten Abschnittes war die Rede von Individualisierung, von Entgrenzung psycho-sozialer Problemlagen und einer gewissen Diffusität sozialpädagogischer Aufgabenstellungen. Offenbar trifft dies auch in der beruflichen Integrationsförderung zu. Bereits die Ausführungen bei Grimm und Vock (Band 1 zu dieser Untersuchung) haben jedoch gezeigt, dass Benachteiligungen und damit der sozialpädagogische Auftrag sich meist aus der professionellen Perspektive des Sozialpädagogen auf den zu betreuenden Jugendlichen ergibt. Dabei sollte weniger eine subjektive Zuschreibung, sondern eine professionelle Analyse und Diagnose, die den Jugendlichen, seine Biografie, seine Wünsche, seine Potenziale usw. in den Mittelpunkt stellt, die Problemwahrnehmung und die Arbeit leiten. Gleichwohl vermischen sich in der alltäglichen Arbeit die persönlichen Einschätzungen und die professionellen Perspektiven, so dass sich eine Vielfalt von Arbeitsweisen und pädagogischen Urteilen und Strategien finden lassen, die in den folgenden Kapiteln dieses Bandes dokumentiert sind.

In Anbetracht der geschilderten Aufgabenstellungen und der Vielfalt der Problemlagen der Zielgruppen stellt sich die Frage, welches berufliche Profil sozialpädagogische Fachkräfte entwickeln müssen, um in diesem Handlungsfeld erfolgreich arbeiten zu können. Professionell gibt es hier keinerlei Beschränkungen, die eine bestimmte Gruppe pädagogisch ausgebildeter Fachkräfte aus diesem Handlungsfeld ausschließt. Auch standardisierte Formen der Weiterbildung, wie sie sich in anderen Bereichen zunehmend mehr durchsetzen, sind hier keine zwingenden Zugangsvoraussetzungen. Angesichts der Breite des Handlungsfeldes lassen sich kaum spezifische Aufgabenstellungen finden, die dies rechtfertigen würden. Ein eigenes Theoriegebäude, eigene Wissensbestände und spezifische sozialpädagogische Fertigkeiten und Fähigkeiten erfordert dieses Handlungsfeld bislang nicht. Ebenso wenig gibt es eine eigene Didaktik des sozialen Lernens, einen eigenen Methodenkanon oder, wie gezeigt wurde, eine Fokussierung auf eine bestimmte Zielgruppe. Dennoch stellt die sozialpädagogische Arbeit in der beruflichen Integrationsförderung eine professionelle Ausdifferenzierung sozialer Arbeit dar, die sich von anderen Handlungsfeldern abhebt und die es zweifelsohne weiter zu entwickeln und zu professionalisieren gilt. Deswegen sind die spezifischen Rahmenbedingungen und Anforderungen der beruflichen Integrationsförderung in der sozial- und berufspädagogischen Theoriebildung zu berücksichtigen. Trotz aller guten Ansätze sind es derzeit nur wenige Hochschulen, Institutionen und Fachgebiete, die diese Aufgabe berücksichtigen. Dementsprechend hat die berufliche Integrationsförderung bislang kaum einen systematischen Eingang in berufs- oder sozialpädagogische Studiengänge gefunden (vgl. Niemeyer 2004; Christe u.a. 2002). Auch der empirische Forschungsstand weist in diesem Handlungsfeld noch einige Lücken auf (Bojanowski, Ratschinski und Straßer 2005).

Die Aufgaben der Sozialpädagogik im Handlungsfeld der beruflichen Integrationsförderung ergeben sich nicht nur aus dem beruflichen Selbstverständnis der Sozialpädagogen, sie werden auch durch die verschiedenen Runderlasse und Dienstanweisungen der Agentur für Arbeit bestimmt. Die Agentur für Arbeit erteilt damit der beruflichen Integrationsförderung das arbeitsmarkt-, sozial-, jugend- und bildungspolitische Mandat (von Bothmer 2003), das dort mit berufspädagogischen, sozialpädagogischen und teilweise auch schulpädagogischen Handlungsansätzen aufgenommen wird. Das führt zu einer engen Verzahnung der Arbeit der Sozialpädagogen mit anderen beteiligten Pädagogen, zu einer speziellen Form „pädagogischer Interdisziplinarität". Allerdings sind der Entfaltung dieses Paradigmas Grenzen gesetzt. Aufgrund der ausschließlich staatlichen Förderung und dem weitgehenden Nachfragemonopol der Bundesagentur, unterliegt die Sozialpädagogik im Handlungsfeld der beruflichen Integrationsförderung, trotz ihrer fachlichen Autonomie, den konjunkturellen Entwicklungen, den Restriktionen des staatlichen Haushaltes und der sich wandelnden staatlichen Förderpolitik. Auch hier sind Profession und Sozialpolitik eng miteinander verbunden (Burghardt 2005). Galuske (1993) formuliert diesbezüglich einen Zusammenhang zwischen steigender Arbeitslosigkeit und knapper werdenden öffentlichen Ressourcen.

Vor dem Hintergrund knapper Ressourcen des öffentlichen Haushalts hat die staatliche Arbeitsmarktförderung in den vergangenen Jahren drastische Reformen erfahren. Diese richteten sich zum einen darauf, mehr Menschen in sozialversicherungspflichtige Beschäftigung zu vermitteln. Zum anderen ging es um die Erhöhung der Wirtschaftlichkeit und Effizienz der arbeitsmarktpolitischen Förderangebote. Weitere Schlagworte, die diese Reformen und damit auch zunehmend die berufliche Integrationsförderung prägten, waren „Ökonomisierung", „Individualisierung" und „Flexibilisierung".

2.3 „Arbeitsamt 2000", „Hartz-" und andere Reformen

Ein Fazit der beiden vorangegangenen Kapitel ist, dass gesellschaftliche Rahmenbedingungen, Sozialpolitik und Soziale Arbeit sehr eng miteinander verbunden sind. Sozialpolitische Veränderungen haben unweigerlich Konsequenzen in Bezug auf die fachlichen Diskussionen, aber auch auf die „Praxis der Träger" sozialer Dienstleistungen (Burghardt 2005). Die Praxis der beruflichen Integrationsförderung ist durch die Arbeitsmarktreformen der vergangenen neun Jahre wesentlich geprägt worden.

Begonnen haben diese Reformen 1998 mit dem Modell „Arbeitsamt 2000". Im gleichen Jahr erfolgte die Überleitung des AFG ins SGB III. Mit dem Reformkonzept „Arbeitsamt 2000" war die Bundesanstalt für Arbeit bestrebt,

> „… stärker als bisher auf die Erwartungen ihrer Kunden und Kooperationspartner einzugehen. Die Attraktivität des Dienstleistungsangebots soll dadurch erhöht werden, dass die Anliegen der Kunden schnell, unbürokratisch und qualitativ gut erledigt werden. Gefragt sind Dienstleistungen, die der Kunde ortsnah, flexibel und aus einer Hand in Anspruch nehmen kann und bei dem auch dem zunehmendem Bedürfnis nach Selbstinformation Rechnung getragen wird.
>
> Im Mittelpunkt der Konzeption ‚Arbeitsamt 2000' steht der Übergang von der gegenwärtig nach Abteilungen gegliederten Organisationsform hin zu kundenorientierten Mitarbeiter-Teams. Innerhalb der Arbeitsämter erreichen wir damit, dass der Kunde i.d.R. nur noch einen Ansprechpartner hat. Das heißt konkret, dass alle Dienstleistungen der BA, von der Information und Beratung über die Vermittlung und arbeitsmarktpolitische Förderung bis hin zur Gewährung von Arbeitslosengeld bzw. -hilfe von einem Team angeboten werden." (Clausnitzer 2001, S. 58).

Insgesamt zielte dieses Konzept also auf eine grundlegende Reform der Verwaltungsstrukturen und der arbeitsmarktpolitischen Instrumente des Arbeitsamtes. Auch die Beratungs- und Integrationsleistungen sollten verbessert werden, z. B. durch Einführung des „Job-AQTIV-Gesetzes" (SGB III). Ebenso sollten Zeiten der Erwerbslosigkeit erheblich verkürzt werden. Weitere zentrale Ansätze von „Arbeitsamt 2000" waren z. B. (vgl. Clausnitzer 2001):

– Dezentralisierung: Mit Hilfe von Arbeitsmarktindikatoren sollte die aktuelle Situation des Arbeitsmarktes einer Region erfasst werden (IAB-Vergleichstypen). Auf dieser Grundlage werden den regionalen Arbeitsämtern Finanzmittel zur Verfügung gestellt, ohne dass Vorgaben über deren Verwendung erfolgen. Das Ziel war die Vereinfachung des Haushaltsrechtes.
– Flexibilisierung: Die Arbeitsämter sollten über größere Gestaltungsspielräume verfügen, um innovative Instrumente der Arbeitsmarktförderung erproben und einsetzen zu können. Bis zu 10 % der im Eingliederungstitel enthaltenen Mittel für Ermessensleistungen der aktiven Arbeitsförderung können für neue Modelle in der Beschäftigungs- und Qualifizierungspolitik verwendet werden.
– Transparenz, Effizienz und Effektivität: Die regionalen Arbeitsämter erstellen seit 1998 nach Abschluss eines Haushaltsjahres eine sog. „Eingliederungsbilanz", die Auskunft gibt über den Erfolg der Eingliederungsinstrumente. Unterjährige Zwischenergebnisse sind Bestandteile eines Monitoring-Systems und tragen zur verbesserten Planung und Steuerung des Instrumentariums bei.

Das Konzept „Arbeitsamt 2000" wurde jedoch niemals vollständig umgesetzt. Im Jahr 2002 wurde eine Kommission ins Leben gerufen, die als „Hartz-Kommission" weithin bekannt wurde. Grund für diese Kommission war der aufgekommene Vorwurf, die Bundesanstalt für Arbeit hätte ihre Arbeitsmarktstatistiken manipuliert und beschönigt. Der Bericht der „Hartz-Kommission" unterbreitete der Bundesregierung insgesamt 13 Vorschläge zur Reformierung der Arbeitsmarktförderung. Dazu gehörten bspw. die Verschärfung der Zumutbarkeitsregelungen, die teilweise Privatisierung der Arbeitsvermittlung in Personal-Service-Agenturen (PSA), die Stärkung und der weitere Ausbau der Zeitarbeit, die Zusammenführung von Arbeitslosenhilfe und Sozialhilfe sowie die Förderung der Selbstständigkeit und der geringfügigen Beschäftigungsmöglichkeiten (Ich-AG, Mini-Jobs und

Midi-Jobs). Ziel war es durch eine „aktivierende Arbeitsmarktförderung", die Eigenverantwortung Arbeitsuchender stärker zu fördern bzw. zu fordern (Galuske 2005, S. 194).

Die Vorschläge der Kommission sind in der Sozialgesetzgebung der Bundesrepublik Deutschland aufgegangen (SGB II und III). Sie wurden im Rahmen der „Agenda 2010" der damaligen rot-grünen Bundesregierung, die eine grundlegende Reformierung der deutschen Sozialpolitik anstrebte, in vier Stufen (Hartz I bis IV) umgesetzt. Im Zuge der Hartz-Reformen wurden aber auch Veränderungen durchgeführt, die in dieser Form nicht in den Vorschlägen der Kommission enthalten waren. Zum Beispiel wurde durch die Einführung von Bildungsgutscheinen eine neue Zugangs- und Steuerungsform in der beruflichen Weiterbildung eingeführt. Die übereilte Einführung des Neuen Fachkonzeptes der Berufsvorbereitung reiht sich in diese Reformen ein, auch wenn in der Literatur häufig der Eindruck entsteht, die Einführung dieses Konzeptes sei eine eigenständige Entwicklung gewesen, die mit der Entwicklungsinitiative Neue Förderstruktur im Rahmen des BQF-Programms begonnen hat. Darauf wird weiter unten noch eingegangen.

Das Ergebnis waren umfassende Veränderungen der Arbeitsmarktförderung, die nicht zuletzt auch weitreichende Folgen für die berufliche Integrationsförderung hatten. Es wurden nicht nur die bereitgestellten Mittel und damit die zur Verfügung stehenden Maßnahmeplätze erheblich gekürzt, sondern auch die Maßnahmen nach VOL/A ausgeschrieben. Dadurch kam es zu umfangreichen Veränderungen in der Trägerstruktur und zu einem massiven „Trägersterben". Darüber hinaus haben Förderparadigmen, Begriffssysteme und Instrumentarien Einzug gehalten, die das Gesicht der sozialen und sozialpädagogischen Arbeit in der beruflichen Integrationsförderung erheblich verändert haben.[8]

2.4 Konsequenzen der Arbeitsmarktreformen für die berufliche Integrationsförderung

Es wurde bereits angesprochen, dass die Reformen des Arbeitsmarktes und des Sozialstaates auch die Theorie und die Praxis der Sozialpädagogik und Sozialen Arbeit beeinflusst haben. Die Aspekte, die dabei in den Vordergrund getreten sind, sollen im Folgenden dargestellt werden. Sie haben weitreichende Konsequenzen für die sozialpädagogische Arbeit in den Maßnahmen der Benachteiligtenförderung, und sie sind in den durchgeführten Befragungen immer wieder zum Ausdruck gekommen, insbesondere bei der Beschäftigungssicherheit der sozialpädagogischen Fachkräfte, aber auch bei den Befragungen zum Neuen Fachkonzept und zur Differenzierung der Arbeit zwischen Bildungsbegleitern und sozialpädagogischen Fachkräften.

Ökonomisierung

Ein Ziel, das mit den Reformen des Arbeitsmarktes erreicht werden sollte, ist eine stärkere Effektivität und Wirtschaftlichkeit. Das hatte in erster Linie eine Ökonomisierung der sozialen Hilfsangebote zur Folge, nicht nur in der Arbeitsmarktförderung, sondern auch in anderen sozialpädagogischen Handlungsfeldern (Galuske 2002a, S. 315). Eine Konsequenz ist die Herstellung marktähnlicher Bedingungen im System sozialer Hilfsangebote. Öko-

---

[8] Zur Chronologie der Arbeitsmarktreformen ab 1998 vgl. Burghardt 2005. Zu den „Hartz-Reformen" vgl. Gerntke u. a. 2002; Jann und Schmid 2004.

nomisierung meint die zunehmende Durchdringung sozialer Hilfsangebote durch wettbewerbliche, marktorientierte Elemente der Konkurrenz und der Effizienzkontrolle (Galuske 2002a, S. 321).

Mit der Ökonomisierung wurde zudem ein betriebswirtschaftlich orientiertes Vokabular in die Soziale Arbeit eingeführt. Das wird zum Teil kritisch beurteilt, weil sich Sozialpädagogik zu oft dem Vokabular anderer Disziplinen kritiklos angepasst hat (vgl. Rauschenbach 1997, S. 161; Galuske 2002b; Burghardt 2005, S. 38). Dies beinhaltet nicht nur die Übernahme der ökonomischen Prinzipien von Effizienz und Wirtschaftlichkeit, sondern auch die Übernahme marktwirtschaftlicher Leitbilder, wie sie im Begriff des „Kunden" euphemisierend und ideologisierend zum Ausdruck kommt. Der Empfänger sozialer Dienstleistungen wird zu einem Kunden avanciert, in der irrigen Annahme, er habe als Nachfrager die gleiche Machtposition wie der Anbieter dieser Dienstleistungen (vgl. kritisch dazu Enggruber 2005a). Betriebswirtschaftliche Instrumente, wie Qualitätsmanagement, umfangreiche Dokumentations- und Nachweispflichten, Erfolgs- und Effizienzkontrollen und die Transparenz der Trägerarbeit gegenüber den Arbeitsagenturen, gehören ebenfalls zu dieser Entwicklung und werden zu Bestandteilen der Sozialen Arbeit. So wird ein Trend zur Operationalisierung, Technologisierung und Outputorientierung sozialer Hilfsangebote deutlich, was zu einer starken zeit- und erfolgsbezogenen Optimierung der Maßnahmen führt. Der Aspekt der Messbarkeit des Erfolges Sozialer Arbeit muss jedoch kritisch beurteilt werden, da kaum definitiv festlegbar ist, welche Indikatoren den Erfolg Sozialer Arbeit ausmachen. Sind es die erreichten Vermittlungsquoten, ein qualitativ dokumentierter Veränderungsprozess des Jugendlichen, oder ein vom Sozialpädagogen wahrgenommener Entwicklungsprozess bei dem einzelnen Jugendlichen?[9]

Andere Autoren sehen in der Ökonomisierung Sozialer Arbeit auch eine evolutionäre Weiterentwicklung des sozialstaatlichen Subsidiaritätsprinzips. Der aktivierende Sozialstaat versucht, die gesellschaftlichen Kräfte bzw. den Einzelnen stärker in die Erfüllung der sozialstaatlichen Aufgaben einzubinden. Er gibt die Verantwortung für die Wahrnehmung von Fürsorge und sozialer Hilfeleistungen an untergeordnete Institutionen, teilweise sogar mit der Maxime „Fördern und Fordern" an den Hilfebedürftigen selbst ab. Fraglich bleibt dabei, ob diese kleineren Institutionen dazu in der Lage sind, diese Verantwortung zu übernehmen (Fischer 2005).

Durch den Grundsatz des „Förderns und Forderns" und durch die gesetzlich verankerte Möglichkeit, Fehlverhalten mit Leistungskürzungen schneller und schärfer zu sanktionieren, wird ein neues Menschenbild in die Sozialpolitik übertragen. Hier wird von einem Kosten und Nutzen abwägenden Individuum ausgegangen, was dem Menschenbild des „homo oeconomicus" entspricht, der, sobald der Aufwand und die Kosten für den Erhalt von sozialen Leistungen steigt, sich entsprechend anpasst und selbstständig nach Arbeit sucht (Engruber 2005a, S. 68). Eine Eingliederungsvereinbarung, die zwischen den „Kunden" und Agentur für Arbeit geschlossen wird, ist ökonomisch betrachtet nichts weiter als ein Vertrag (ebd., S. 69). Dadurch wird eine Situation bzw. eine Beziehung zwischen einem „Kunden" und Sozialarbeiter (als verlängerter Arm der Agentur für Arbeit) hergestellt, die auf Zwang, Sanktionsfurcht und Angst aufbaut. Gerade in der Arbeit mit

---

9 Zur Kritik der Ökonomisierung Sozialer Arbeit vgl. Galuske 2002, S. 323f.; Weber 2006.

Jugendlichen kann sich dies sehr negativ auf das Lernverhalten der jungen Menschen auswirken (ebd., S. 70).

Ökonomisierung und die daraus resultierende Rationalisierung bzw. Technologisierung sozialer Hilfsangebote erzeugt für die Jugendlichen und die in den Förderprozess eingebundenen Pädagogen ein verbindlich vereinbartes Integrationsziel.[10] Enggruber (2004) vermerkt hierzu kritisch, dass Umwege nicht mehr akzeptiert werden und Freiräume zum Experimentieren nicht mehr zur Verfügung stehen. Gerade dieser Balanceakt zwischen der schnellen Vermittlung in den ersten Arbeitsmarkt und dem Zulassen von Umwegen bei der Bewältigung des Überganges wird in Anbetracht einer Biografisierung und Individualisierung beruflicher Integrationsprobleme von der Sozialpädagogik in der Jugendberufshilfe immer wieder verlangt (vgl. Böhnisch 1997, S. 169). In diesem Kontext wird am Fallmanagement nach dem SGB II auch kritisiert, dass es allein auf einem Verwaltungsakt beruhe und von daher keinerlei Individualisierung zulasse. Möglicherweise kommt es dadurch zu einer Deprofessionalisierung sozialpädagogischer Arbeit. Im Extremfall könnte sich daraus ein Rückfall in eine Zeit ergeben, in der die Soziale Arbeit ein staatliches Kontroll- und Disziplinierungsinstrument war.

Im Zuge der Einführung des „Neuen Fachkonzeptes" und der parallel dazu eingetretenen Änderung der Vergabepraxis wurden immer wieder die daraus resultierenden erschwerten Rahmenbedingungen der Einrichtungen und der Förderpraxis diskutiert und kritisiert. Dabei ging es u. a. um die Verkürzung und Engführung der Förderung benachteiligter junger Menschen. Maßnahmen, die in einem Vergabeverfahren vergeben werden, bei dem der Preis mehr wiege als die angebotene Qualität und Erfahrung der Träger, seien in ihrer Qualität eingeschränkt. Eine weitere Kritik zielte auf die stringente Ausrichtung der Maßnahmen auf die schnelle Brauchbarmachung für eine Beschäftigung. Aus einer umfangreichen Kompetenzfeststellung zu Beginn der Berufsvorbereitung – wie es in der neuen Förderstruktur vorgesehen war –, wurde eine verkürzte Eignungsanalyse. Die Grundintentionen der Arbeitsmarktreformen und die Einführung des Neuen Fachkonzepts sind mit den traditionellen sozialpädagogischen Grundsätzen des Lebensweltbezuges, der Ganzheitlichkeit des Lernens, des Lebenslangen Lernens, des Kompetenzansatzes, der Partizipation, der Individualisierung und Binnendifferenzierung und der Förderung des Potenzials zur Selbsthilfe kaum mehr vereinbar. Sie tauchen nunmehr in begrifflichen Kontexten wie: „Arbeit statt Sozialhilfe", „Jede Arbeit ist besser als keine", passgenaue Förderung, Ausrichtung an Effizienz und Wirtschaftlichkeit (vgl. ebd.) oder Employability[11] wieder auf, sind aber weitaus mehr als eine Form des „Forderns" und viel weniger eine des „Förderns". Die sich daraus ergebenden Veränderungen des Förderparadigmas schlagen sich in vielfältigen Formen nieder und sind an vielen Punkten der hier vorgelegten Untersuchung zum Thema geworden. Sie üben einen starken Druck auf die sozialpädagogische Arbeit aus und führen zu neuen Anforderungen und Belastungen, aber auch zu Distanzierungen vom Arbeitsfeld und zu einem zurückhaltenden Umgang mit den Jugendlichen.

---

10   Dieses wird in den Eingliederungsvereinbarungen verbindlich festgelegt. Von daher stellt die Eingliederungsvereinbarung eine Form von Vertrag dar.

11   Vgl. hierzu hiba Durchblick. Zeitschrift für Ausbildung, Weiterbildung und berufliche Integration; Heft 1/2002.

Individualisierung

Die Entgrenzung und Individualisierung psycho-sozialer Problemlagen ist bereits angesprochen worden. Sie ergibt sich aus den Veränderungen moderner Gesellschaftsstrukturen. Insbesondere mit der Einführung des Neuen Fachkonzeptes der Berufsvorbereitung sollte der Individualisierung auch in der beruflichen Integrationsförderung, im Umgang mit benachteiligten Zielgruppen Rechnung getragen werden, obwohl die Forderung nach Individualisierung, Flexibilisierung[12] und Differenzierung so neu gar nicht war (vgl. RdErl. 42/96 der BA, S. 7; vgl. auch Gaag und Buck 2002, S. 905). Im Rahmen des BQF-Programms, in dem auch die vorliegende Untersuchung gefördert wurde, entwickelte das Institut für berufliche Bildung, Arbeitsmarkt- und Sozialpolitik (INBAS) 2001 eine „Neue Förderstruktur der Berufsvorbereitung", die als Vorbildmodell für das 2004 veröffentlichte Neue Fachkonzept gelten sollte. Darin sollte stärker als bisher den Forderungen nach Individualisierung und Flexibilisierung nachgekommen werden.

Ein Ansatzpunkt der Neuen Förderstruktur war die Kritik an einer unüberschaubaren Förderlandschaft in der Berufsvorbereitung. Die Rede war von einem „Maßnahmedschungel". Die Maßnahmeeinmündung der Jugendlichen erfolgte eher zufällig und willkürlich (vgl. Dellori und Schünemann 2005, S. 47) und nur in Maßnahmen, die regional angeboten wurden. In allen diesen Angeboten gab es feste Lehrgangsstrukturen, die sich stark an der Berufsförmigkeit der Ausbildung orientierten: Neben einem (relativ) klar definierten Abschluss mit eindeutigen Leistungsanforderungen waren die Angebote von einem ebenso klaren Curriculum bestimmt, das in einem abgesteckten Zeitrahmen durchgearbeitet wurde (Eckert 2007). Die Neue Förderstruktur sollte diese starren Strukturen zugunsten einer individualisierten Förderstruktur mit individuellen Förder- und Entwicklungsangeboten auflösen. An die Stelle der Lehrgänge sollte eine „kohärente, auf den individuellen Bedarf zugeschnittene und praxisnahe Förderstruktur mit flexiblen Übergängen" treten. Der Übergang in eine Berufsausbildung oder eine Beschäftigung sollte aus den verschiedenen Förderphasen heraus möglich sein und gefördert werden. Die Kooperation zwischen allen relevanten regionalen Akteuren und Trägern sollte stärker ausgebaut werden (Dellori und Schünemann 2005, S. 48; vgl. auch Schierholz 2004, S. 2; Eckert 2004, S. 6), wodurch das bis dahin begrenzte Angebotsspektrum deutlich ausgeweitet werden sollte. Ein neuer Bestandteil dieser Förderstruktur war die lernortübergreifende Bildungsbegleitung. Individuelle Qualifizierungsplanung sollte auf der Grundlage einer handlungsorientierten Kompetenzfeststellung erfolgen, die auch die Entwicklungspotenziale der Jugendlichen freizulegen hatte (vgl. Dellori und Schünemann 2005, S. 50). Die Qualifizierungsplanung trat an die Stelle der Förderplanung.

Im Rahmen der geschilderten Arbeitsmarktreformen wurde schneller als erwartet das Neue Fachkonzept der Berufsvorbereitung 2004 eingeführt. In manchen, aber doch nicht in allen Punkten wurde das Konzept der Neuen Förderstruktur aufgenommen. Im Neuen Fachkonzept wurde jedoch stärker als bisher die sozialpolitische Zielstellung der schnellen Beendigung sozialer Hilfebedürftigkeit betont. Wesentliche Bestandteile der Neuen Förderstruktur wurden zwar in das Fachkonzept übernommen, einige davon jedoch nur in ei-

---

12 Dieser Begriff der Flexibilisierung ist nicht zu verwechseln mit dem Begriff der staatlichen Flexibilisierung im folgenden Abschnitt. Hier ist vielmehr die Transparenz und flexible Gestaltungsmöglichkeit der Maßnahme gemeint, die individuelle berufliche Übergänge gewährleisten soll.

ner verkürzten Form: So wurde bspw. aus einer Kompetenzfeststellung eine Eignungsanalyse, die weniger Kompetenzen und Entwicklungspotenziale freilegen soll, sondern vielmehr auf die berufliche Verwertbarkeit individuell vorhandener Fähigkeiten zielt.[13] Der Förderzeitraum wurde auf maximal 10 Monate begrenzt, in der Neuen Förderstruktur waren es dagegen 24 Monate, wobei viele Jugendliche diesen maximalen Förderzeitraum aber nicht in Anspruch genommen haben.

Aufgrund einer Eignungsanalyse kann die Zuweisung zu Qualifizierungsbausteinen erfolgen (Grund- und Förderstufe), die der individuellen Eignung des Jugendlichen entsprechen. An dieser Stelle werden zwei Perspektiven auf Potenziale und Risiken von Qualifizierungsbausteinen deutlich: In einer Perspektive wird eben darin die Individualisierung von Bildungs- und Qualifikationswegen gesehen. Die Qualifikationsbausteine werden in einem zeitlich überschaubaren Rahmen durchgeführt und dienen der beruflichen Erprobung. Der Jugendliche erwirbt auf jeden Fall ein Zertifikat über den absolvierten Qualifikationsbaustein, das auf die Ausbildungszeit im Beruf anrechenbar ist und die Chancen des Jugendlichen auf dem Ausbildungsmarkt erhöhen soll. Aufgrund der zeitlichen Kürze der Bausteine ist ein Wechsel bzw. eine Umorientierung jederzeit möglich. Darüber hinaus stellen Qualifizierungsbausteine einen ersten Schritt zur Modularisierung der Berufsausbildung dar, die mit den individuellen Voraussetzungen und biografischen Wegen eines jungen Menschen besser vereinbar sind als herkömmliche Modelle der Berufsausbildung. Eine andere, deutlich kritischere Sicht sieht in den Qualifizierungsbausteinen die Gefahr, dass sie auf Brauchbarmachung bzw. auf eine schnelle Verwertbarkeit des Jugendlichen auf dem Arbeitsmarkt abzielt. Ein Grund dafür ist die Gleichstellung der Vermittlungsziele „Ausbildung" oder „Beschäftigung" in der Berufsvorbereitung. Damit können Qualifizierungsbausteine auch als arbeitsplatzbezogene Einarbeitung angesehen werden. Darüber hinaus werden Entwicklungspotenziale von Jugendlichen nicht ausgeschöpft, und damit werden Benachteiligungen festgeschrieben. Kritiker sehen darin sogar eine Aussonderung benachteiligter Jugendlicher in niedrigqualifizierte Beschäftigungssegmente des Arbeitsmarktes (Allespach und Novak 2005, S. 23).

Bis in die 90er Jahre des letzten Jahrhunderts waren Qualifizierungsbausteine, Einfachberufe bzw. theoriegeminderte Berufe für die berufliche Integrationsförderung keine Option. Vielmehr sollte durch sinnvolle Förderstrategien jeder Jugendliche zu einer Berufsausbildung geführt werden. Diese strikte Forderung ist den Reformen der Sozialpolitik zum Opfer gefallen. Offenbar lässt sich dieser Perspektivwechsel damit rechtfertigen, dass Qualifizierungsbausteine oder theoriegeminderte Ausbildungsberufe den individuellen Voraussetzungen mancher Jugendlicher besser entsprechen. Damit wird die lange höchst umstrittene Position in den Vordergrund gestellt, dass es junge Menschen gibt, die die Anforderungen einer Berufsausbildung nicht bewältigen können. Bisher war eine solche Qualifizierung nur in der zweijährigen Berufsausbildung für behinderte Jugendliche möglich.

Ein weiterer kritischer Punkt war die mangelnde Kooperation der regionalen Träger, die durch die neue Förderstruktur nun verbessert werden sollte (Dellori und Schünemann 2004, S. 61). Damit sollte der Individualisierungsansatz durch ein breiteres Angebots-

---

13 Zur Differenzierung von Kompetenz und Eignung vgl. Hutter 2005, S. 6f.

spektrum verbessert werden. Gerade in der ersten Ausschreibungsphase für Maßnahmen nach dem Neuen Fachkonzept erhielten hauptsächlich große Bietergruppen den Zuschlag zur Durchführung der Berufsvorbereitung, was zu einer Angebotskonzentration führte.[14] Die träger- und lernortübergreifende Funktion des Bildungsbegleiters blieb so häufig auf einen Träger beschränkt. Zugleich ist der Bildungsbegleiter häufig als Konkurrenz zum Sozialpädagogen wahrgenommen worden. Ein Grund dafür war die zunächst unklare Aufgabenteilung und Abgrenzung zwischen Bildungsbegleiter und Sozialpädagogen. Verschärft wurde diese Situation dadurch, dass der Bildungsbegleiter bisher genuin sozialpädagogische Aufgaben wahrnehmen sollte, wie die Durchführung der Eignungsanalyse, den Kontakt zu den Praktikumsbetrieben, Kontakte zur Berufsberatung und die Förder- bzw. Qualifizierungsplanung. Nach dem Neuen Fachkonzept könnte es dazu kommen, dass die sozialpädagogische Arbeit ihr Profil weitgehend verliert. Dieser Frage ist in einem eigenen Untersuchungsteil besonders nachgegangen worden.

Flexibilisierung und Deregulierung

Wie verhält sich nun der Aspekt der institutionellen Flexibilisierung und Deregulierung zu den Ansätzen der Individualisierung bei der Betreuung der Jugendlichen? Flexibilisierung führt zu einem Rückzug des Staates aus verschiedenen Zuständigkeitsbereichen. Im Kontext der Individualisierung kann dies bedeuten, dass der Staat die Verantwortung für die Bewältigung gesellschaftlicher Risiken und die soziale Integration weitgehend auf die Betroffenen selbst abwälzt. Im Grundsatz des „Fördern und Fordern" der neuen Sozialgesetzgebung kommt dies verstärkt zum Ausdruck.

Flexibilisierung meint andererseits auch die Auflösung bestehender starrer Strukturen. Eine Strategie ist die bereits erörterte Ökonomisierung der Sozialen Arbeit. Vor allem die Ausschreibung der Maßnahmen nach dem Vergaberecht sollte die bisherige, weitestgehend feste Trägerstrukturen der beruflichen Integrationsförderung aufweichen, Märkte öffnen, Wettbewerb unter den Anbietern sozialer Dienstleistungen ermöglichen und Gelder einsparen. Die damit eingeführten Vergabestrukturen standen in einem Widerspruch zu den bis dahin erkennbaren Tendenzen der Dezentralisierung und stärkeren Regionalisierung, wie es im Reformkonzept „Arbeitsamt 2000" vorgesehen war. Die Maßnahmevergabe erfolgte stattdessen in einem zentralen Einkaufshaus der Regionaldirektionen. Eine Regionalisierung erfolgte wohl nur indirekt, indem die einzelnen Regionalen Agenturen für Arbeit ihren Bedarf an die Direktion meldeten und einzelne Mitarbeiter für das Auswahlverfahren abgestellt wurden. Vor allem in dieser ersten Vergaberunde, so wurde von Kritikern unterstellt, lag bei der Auswahl das Hauptaugenmerk auf dem Preis, worunter die Qualität der Maßnahmen zu leiden hatte. Andererseits wurde von der Bundesagentur versichert, dass keine Preise akzeptiert worden seien, „die auf den ersten Blick nicht als auskömmlich erschienen".[15] Eine der wohl schwerwiegendsten Folgen war der Lohnverfall bei den Sozialpädagogen. Aufgrund der jährlichen Neuausschreibung der Maßnahmen wurden den Trägern die Möglichkeiten der mittel- und langfristigen Personalentwicklung genommen. Viele der Träger, die über viele Jahre mit den regionalen Strukturen mit ge-

---

14 Aus einem Gesprächsvermerk zwischen Vertretern der GEW und BAG EJSA.
15 Auszug aus dem Antwortbrief des Vorstandsvorsitzenden der Agentur für Arbeit Weise auf einen Brief der BAG JAW vom 30.08.2004.

wachsen sind, mussten neuen Anbietern weichen. In den Interviews mit den sozialpädagogischen Fachkräften wurden die Auswirkungen dieser Entwicklung an vielen Stellen thematisiert. Insbesondere im Hinblick auf die Kontakte zu Betrieben und auf die eigene Beschäftigungssicherheit kamen sehr kritische Einschätzungen zu Tage. Möglicherweise wurde diese Entwicklung auch vielen Trägern zum Verhängnis, was Rauschenbach (1997) als Expansionsdilemma bezeichnete.

Aber auch die Vorgaben des Fachkonzeptes haben ihre kritischen Punkte. Vielerorts wurde bemängelt, dass mit deutlich schlechteren Personalschlüsseln gearbeitet werden muss als zuvor. Eine nachhaltige individuelle Förderung sei nur noch schwer möglich, da die zu betreuende Gruppengröße erheblich angewachsen sei. Hier wurde dem Fachkonzept sogar vorgeworfen es würde „creaming Prozesse" fördern, wodurch mit einer höheren „drop out-Rate" gerechnet wurde (vgl. Enggruber 2005, S. 72; Schierholz 2004, S. 3). Aufgrund des ungünstigen Personalschlüssels kann den Bedürfnissen von besonders förderbedürftigen oder sogar behinderten Jugendlichen nicht entsprochen werden. Diese Jugendlichen brechen die Maßnahme aufgrund ihrer Probleme vorzeitig ab. Ein Faktor, der dies auch begünstigt, ist die verkürzte Förderdauer, die den Entwicklungsprozessen der Jugendphase nicht gerecht wird (Enggruber 2004 und 2005a). Umwege werden nicht zugelassen, ebenso wenig biografische Such- und Orientierungsbewegungen, die als typisch für die Jugendphase gekennzeichnet wurden.

2.5 Sozialpädagogik in der alltäglichen Maßnahmepraxis

Die in dem vorliegenden Band dargestellten Ergebnisse berichten in erster Linie über die konkrete sozialpädagogische Alltagspraxis. Die sich hier zeigenden Arbeitsschwerpunkte, Interessenlagen, Selbstverständnisse, Konzepte, Methoden und Erwartungen spiegeln nur zum Teil die Diskussionen der Disziplin „Sozialpädagogik und Sozialarbeit" wider. Sie zeigen persönliche Schwerpunktsetzungen, Problemverständnisse und Problemlagen, die die sozialpädagogische Arbeit vor Ort prägen. Einerseits werden auch in fast allen Punkten die Auswirkungen der bisher beschriebenen Determinanten der sozialpädagogischen Arbeit sichtbar: die Probleme des Ausbildungsstellen- und Arbeitsmarkts, die schwierigen sozialen Hintergründe mancher Teilnehmerinnen und Teilnehmer, die vielfältigen Grenzen des sozialpädagogischen Handelns. Andererseits wird aber auch an vielen Stellen ein professionelles Selbstverständnis deutlich, das sich keineswegs den deterministischen und restriktiven Rahmenbedingungen unterwirft, sondern eigene Verantwortung postuliert und in der Praxis zu realisieren versucht. In diesen Zwischenfeldern zwischen determinierenden Rahmenbedingungen und sozialpädagogischer Handlungsautonomie, zwischen professionellem Auftrag und institutioneller Erfolgskontrolle, zwischen Handlungsoptimismus und persönlicher Resignation bewegt sich die sozialpädagogische Arbeit. Insgesamt zeigt sich ein klarer sozialpädagogischer Gestaltungswille, der sich nur teilweise an den beschriebenen Rahmenbedingungen bricht. Getragen wird die sozialpädagogische Arbeit auch von der zutreffenden Selbsteinschätzung, dass sie einen unverzichtbaren Beitrag zur Integration junger Menschen in den Arbeitsmarkt und in die Gesellschaft leistet. Aus sozialpädagogischer Sicht geht es fast niemals nur um ein Berufs- und Arbeitsmarktintegrationsproblem, sondern um die persönliche Entwicklung benachteiligter junger Menschen. Dass sie eine besondere Zuwendung und Förderung in Bezug auf ihre persönliche Entwicklung brauchen, ist eine verbreitete und zutreffende Einschätzung der sozialpädagogischen Fachkräfte. Sie bleibt auch dann noch richtig, wenn Arbeitsmarktintegration als oberstes Ziel definiert wird, oder wenn die Maßnahmeförderung komplett in (staatliche) Schulen verlagert würde.

Einerseits sind es die jungen Menschen mit ihren Problemlagen, die sie in die Maßnahmen der Benachteiligtenförderung hineintragen, die eine besondere sozialpädagogische Betreuung erfordern. Andererseits sind es aber auch die sozialpädagogischen Fachkräfte, die sehr deutlich die Grenzen der anderen Berufsgruppen im Rahmen der Förderarbeit erfahren. Weder Ausbilder noch Lehrer noch Bildungsbegleiter können die sozialpädagogische Arbeit auch nur annähernd ersetzen. Selbst der Versuch, durch rigide Ökonomisierung der Förderarbeit das sozialpädagogische Mandat zu begrenzen, wird angesichts des demographischen Wandels und des auch ökonomisch und politisch begründbaren Integrationsbedarfs an seine Grenzen stoßen. Fatal dagegen wäre die Vorstellung, durch abstrakte Reflexion die sozialpädagogische Arbeit programmatisch bestimmen und konzeptionell ausrichten zu können. Um den Anteil des konkreten sozialpädagogischen Handelns vor Ort am Erfolg der Förderarbeit auch nur annähernd erkennen zu können, ist ein möglichst unbefangener Blick auf das, was in der sozialpädagogischen Arbeit vor Ort geschieht, erforderlich. Dazu soll der vorliegende Band einen Beitrag leisten.

3. Grundausrichtung der sozialpädagogischen Arbeit in den Maßnahmen

Das konkrete berufliche Handeln der Sozialpädagogen in der Realität der beruflichen Benachteiligtenförderung zu erfassen und darzustellen, ist ein zentrales Ziel dieser Untersuchung. Völlig außer Frage steht, dass der Sozialpädagogik in diesem Handlungsfeld eine zentrale Bedeutung zukommt. Gleichwohl ist das sozialpädagogische Handlungsfeld der Benachteiligtenförderung durch verschiedene Widersprüche und Problemlagen gekennzeichnet. Einerseits finden sich zahlreiche theoretische Konzepte der Sozialpädagogik als erziehungswissenschaftliche Disziplin, die im sozialpädagogischen Handeln bzw. in der Arbeit mit benachteiligten Zielgruppen zum Tragen kommen sollten. Hierzu zählen z. B. die Lebensweltorientierung (Böhnisch 1997; Vock 2000b; Thiersch 2003), die Individualisierung der Förderangebote (Thiersch 2003), die Ansätze zur Partizipation (Urban 2005) und Integration (Treptow und Hörster 1999). Sie sind Teile eines umfangreichen Professionswissens, das in Theorie und Geschichte der Sozialpädagogik eingebunden und in historischen Kontext unterschiedlich verstanden worden ist. In diesen Verständnishorizonten wurden der Sozialpädagogik unterschiedliche Aufgaben zugewiesen, z. B. Fürsorge und Hilfe, Schutz, Beratung, Bildung, Erziehung, Sozialisation oder Anpassung (z. B. Müller et al. 1977; z. B. Mollenhauer 2001; Reyer 2002). Auch die berufliche Benachteiligtenförderung ist ein sozialpädagogisches Handlungsfeld. Es ist durch rechtliche, administrative und politische, insbesondere sozial-, arbeitsmarkt- und bildungspolitische Vorgaben stark determiniert (von Bothmer 2003). Aber auch die regionalen Besonderheiten des Arbeits- und Ausbildungsstellenmarktes und der Wirtschaftsstruktur wirken sich auf die Benachteiligtenförderung aus. Zugleich geht es in diesem Feld aber auch darum, sehr individuelle Übergangshilfen zu bieten, die die biographischen Risiken an den Schnittstellen der Statuspassagen junger Menschen entschärfen, um sie vor einer Einmündung in prekäre Arbeits- und Lebensverhältnisse zu bewahren. Daraus ergeben sich komplexe Aufgabenstellungen und Anforderungslagen, die sich in der konkreten sozialpädagogischen Praxis niederschlagen.

Diese Komplexität wird noch dadurch erhöht, dass die unterschiedlichen Akteure im Feld der Benachteiligtenförderung (Arbeitsagenturen, Einrichtungsleitungen, Mitarbeiter von Praktikumbetrieben) unterschiedliche Erwartungen an die sozialpädagogische Arbeit stellen. Dabei steht außer Frage, dass dieser sozialpädagogische Arbeitsbereich – anders als etwa bei der bildungspolitischen Einschätzung der Schulsozialarbeit – für das Gelingen der beruflichen Benachteiligtenförderung als unverzichtbar angesehen wird. Darin liegt ein Grundkonsens, der an keiner Stelle in Frage gestellt wird. Allerdings ist damit auch eine Funktionalisierung der Sozialpädagogik verbunden, die ihrem pädagogischen Selbstverständnis durchaus zuwider laufen könnte – was im Folgenden zu prüfen sein wird.

Das basale Spannungsfeld, in dem die Sozialpädagogik in der Benachteiligtenförderung agiert, liegt zwischen den Polen „Persönlichkeitsentwicklung" und „Arbeitsmarktintegration" junger Menschen. Dabei sind die beiden Pole vielfach miteinander verschlungen: Oftmals sind die individuellen Problemlagen so gravierend, dass an eine Arbeitsmarktintegration erst zu denken ist, wenn persönliche Entwicklungsaufgaben (Havighurst 1972) und -prozesse bewältigt worden sind. Andererseits können viele Disziplin- und Leistungsanforderungen aber erst dann in individuell herausfordernde Entwicklungsaufgaben übersetzt werden, wenn damit eine Arbeitsmarktintegration – wenigstens als erwartbare Zukunftsperspektive – verbunden ist. Schließlich sind es gerade die Sozialpädagogen, die im Hinblick auf die betreuten jungen Menschen eine Vielzahl von biographischen Ereignissen und Problemlagen schildern, die den Jugendlichen immer wieder die Integration erschweren und die erst durch nachhaltige sozialpädagogische Interventionen und Hilfestrategien aus der Welt geschafft werden können. Dabei steht die Maxime „Hilfe zur Selbsthilfe" programmatisch bei vielen Sozialpädagogen absolut im Vordergrund (z. B. 003/91): Das gemeinsame Lösen der individuellen Probleme soll zugleich die Kompetenz zur selbstständigen Problembewältigung fördern. Auch die Übernahme von Verantwortung für das eigene Leben gehört in diesen Zusammenhang:

> „Der Sozialpädagoge ist ganz klar dafür zuständig, dass der Teilnehmer die sozialen Kompetenzen erhält, die er braucht, um so weit gefestigt zu werden, dass er eine Ausbildung beginnen kann. ... Wir müssen gemeinsam mit Lehrern und Ausbildern gewährleisten, dass die Teilnehmer die Defizite aufarbeiten können, die sie haben. Dass wir Stärken hervorheben, also, auch wirklich nicht nur an den Defiziten den Teilnehmer messen, sondern ganz speziell auch an den Stärken, die er hat und das halt auch an die entsprechenden Kooperationspartner weiter geben." (087/139)

Hier wird deutlich, was in der einschlägigen Literatur auch als „Kompetenz- statt Defizit-Ansatz" beschrieben wird. Es geht darum, die Stärken in den Vordergrund zu stellen und auszubauen, zugleich die vorhandenen Defizite auszugleichen, darüber Ausbildungsfähigkeit herzustellen und die langfristige Integration in den Arbeitsmarkt zu sichern.[16] Der integrative Akt, sozialpädagogische Ziele der Persönlichkeitsentwicklung mit berufspädagogischen Ansätzen der Qualifizierung und Integration zu verbinden, ist das markanteste Kennzeichen der integrativen sozialpädagogischen Arbeit in der Benachteiligtenförderung. Dieser Ansatz, der die drei Handlungsfelder Ausbildung, sozialpädagogische Betreuung und Stützunterricht integriert, lässt sich bis in die Arbeitsstrukturen der Sozialpädagogen hinein verfolgen. Er zeigt sich darin, dass sehr viele Sozialpädagogen in Personalunion auch Stützunterricht und andere pädagogische Leistungen anbieten, dass viele von ihnen organisatorische Aufgaben übernehmen – wie z. B. die Anwesenheitskontrolle – und damit in permanentem Kontakt zu den Jugendlichen stehen. Durch die Vielfalt der Kontaktanlässe[17] wird zugleich eine Kontaktintensität hergestellt, über die die sozialpädagogische

---

16 Diese Position ist in der sozialpädagogischen Diskussion umstritten. So gibt es Vertreter, die davon ausgehen, dass diese Arbeitsmarktintegration angesichts der gesellschaftlichen Entwicklungen ohnehin nicht mehr gelingen kann, zumal sozialstaatliche Hilfssysteme kaum Einfluss auf die Restriktionen des Arbeitsmarktes haben (Geßner 2003). In diesem Kontext führen die Konzepte der Individualisierung, Pluralisierung, Globalisierung, Flexibilisierung von Arbeitswelt oder gesellschaftlicher Spaltung, als Bilder von Gesellschaft, zu einer Veränderung sozialpädagogischer Zielsysteme. So rückt die persönliche Entwicklung unter Berücksichtigung von Lebenswelt und individuellen Lebenslagen eindeutig in den Vordergrund (Schaarschuch 1999; Beck und Willms 2000; Galuske 2002).

17 Am Beispiel der Anwesenheitskontrolle, die problemlos auch von den Ausbildern durchgeführt werden könnte, zeigt sich sehr deutlich, dass über organisatorische Regelungen der permanente Kontakt zwischen Sozialpädagogen und Teilnehmern sicher gestellt ist. Auch über eine gewisse Integration in die Werkstattarbeit können die Kontakte intensiviert werden (vgl.: 038/13). Die Beschreibungen des alltäglichen Arbeitsablaufes der Sozialpädagogen spiegeln diese Sachverhalte deutlich wider. Die Kontaktanlässe sind vielfältig und die sozialpädagogische Bearbeitung mancher Ereignisse scheint geradezu darauf ausgerichtet zu sein, diese Kontaktintensität zu steigern.

Fachkraft unhintergehbar und permanent in den Förderprozess eingebunden ist. Dabei entspricht das alles durchaus den amtlichen Vorgaben: die Verzahnung der Sozialpädagogik mit der Fachpraxis und der Lernförderung ebenso wie die Integration sozialpädagogischer Denk- und Handlungsweisen in den Stütz- und Förderunterricht und in die Ausbildungspraxis. Aus sozialpädagogischer Sicht ist dieser Integrationsansatz auch unabdingbar erforderlich. Er zeigt sich beispielhaft auch an einer Didaktik, die sich am individuellen Lernvermögen orientiert, und am Ansatz der integrativen Sprachförderung (vgl. Bundesanstalt für Arbeit 1996, S. 12).

Der Blick in die Erlasse der Bundesanstalt für Arbeit[18] zeigt, dass die hier angesprochene „Grundausrichtung" der sozialpädagogischen Arbeit als ein weitreichender Konsens angesehen werden kann, nach dem in den Maßnahmen der beruflichen Benachteiligtenförderung pädagogisch gearbeitet wird. Die Untersuchung kann aber auch belegen, dass Akzente durchaus unterschiedlich gesetzt und Erwartungen unterschiedlich formuliert werden. Das zeigt sich besonders, wenn die Sichtweisen von Mitarbeitern der Arbeitsagenturen, hier: von Berufsberatern, von Einrichtungsleitern und von Sozialpädagogen miteinander verglichen werden. Um diesen Vergleich durchführen zu können, sind entsprechende Interviews geführt worden.

Anzumerken ist, dass durch die Einführung des Neuen Fachkonzepts zur Berufsvorbereitung grundlegende Veränderungen eintreten, die sich in dieser Untersuchung nur begrenzt abzeichnen. Die traditionelle Grundausrichtung der sozialpädagogischen Arbeit im Feld der beruflichen Integrationsförderung zielt auf die Befähigung zur Aufnahme und erfolgreichen Bewältigung einer beruflichen Ausbildung, wobei die besondere Situation der Jugendlichen beachtet werden soll (vgl. z.B. Bundesanstalt für Arbeit 1998). Für berufsvorbereitende Bildungsmaßnahmen galt bisher, dass sie die Berufswahlentscheidung unterstützen, berufliche und soziale Handlungskompetenzen stärken und individuelle Chancen der Jugendlichen auf berufliche Eingliederung verbessern sollen. Mit dem Neuen Fachkonzept stehen jetzt die Verbesserung der beruflichen Handlungsfähigkeit und die Erhöhung der beruflichen Eingliederungschancen in Ausbildung oder in Arbeit (!) gleichrangig an oberster Stelle (vgl. Bundesanstalt für Arbeit 1996; Bundesagentur für Arbeit 2004). Die Auswirkungen auf die Grundorientierung der sozialpädagogischen Arbeit sind derzeit noch nicht klar absehbar.

Bemerkenswert ist, dass trotz des „Grundkonsens" über die Grundausrichtung der sozialpädagogischen Arbeit in der Benachteiligtenförderung – der sich sowohl in der Erlasslage als auch im beruflichen Selbstverständnis der Akteure niederschlägt – die konkrete sozialpädagogische Arbeit vor Ort keineswegs vollständig determiniert ist. Die sozialpädagogischen Fachkräfte berichten durchgängig von relativ großen Freiräumen bei der Gestaltung ihrer Arbeit vor Ort und von der Möglichkeit, ihr professionelles Selbstverständnis einbringen zu können. Zu vermuten ist freilich, dass noch eine andere Art normierender Faktoren massiv in die Arbeit hineinwirken, und zwar die teils offenen, teils eher verdeckt

---

Auch die Durchführung der Erstgespräche und der Förderplangespräche gehören in diesen Kontext. Mit der Differenzierung der sozialpädagogischen Aufgabenstellungen durch das Neue Fachkonzept – über die Einrichtung der Funktionsstelle des Bildungsbegleiters – könnte diese Intensität relativiert werden. Darauf wird später einzugehen sein.

18 Z. B. Dienstblatt Runderlasse 42/96, 8/98, 50/99, 12/2002.

wirkenden organisatorischen Rahmenbedingungen. Mit dem neuen Fachkonzept sind hier völlig neue Strukturen entstanden, gleiches gilt wahrscheinlich auch für die schon etwas ältere Ausschreibungspraxis bei der Maßnahmevergabe, mit der die Beschäftigungssicherheit der Sozialpädagogen und die Stabilität der Einrichtungen insgesamt deutlich abgenommen haben. Inwieweit hier durch organisatorische Bedingungsfaktoren sozial-pädagogische Arbeit implizit präformiert und neu normiert wird, muss aus den Arbeitsberichten der Sozialpädagogen erschlossen und zum Abschluss geklärt werden.

Gerade angesichts des bereits angesprochenen „Grundkonsens" der sozialpädagogischen Arbeit wird es nun zunächst darauf ankommen, die Differenzierungsformen dieses Konsens herauszuarbeiten, um im nächsten Schritt die berufspraktische Arbeit der Sozialpädagogen zu analysieren und zu dokumentieren. Es ist bereits angesprochen worden, dass die Grundausrichtung der Sozialpädagogik in der Benachteiligtenförderung aus Sicht der Sozialpädagogen und aus Sicht der anderen Akteure – der Berufsberater und der Einrichtungsleiter – unterschiedlich wahrgenommen und beschrieben wird. Zu prüfen ist, wie weit diese Vorstellungen denen der Sozialpädagogen entsprechen, wie sie sich zu ihren Zielen, der Struktur ihrer Arbeit, ihren professionellen Grundsätzen, ihrem eigenen Rollenverständnis und zum pädagogischen Bezug zu den zu betreuenden Jugendlichen verhalten.

3.1 Vorstellungen der Berufsberatungen und der Einrichtungsleitungen zur Grundausrichtung sozialpädagogischer Arbeit

Der Blick auf die Interviews mit den Mitarbeiterinnen und Mitarbeitern der Berufsberatungen und den Einrichtungsleitungen zeigt, dass der „Grundkonsens" sozialpädagogischer Arbeit von diesen Akteuren uneingeschränkt geteilt wird. Beispielhaft dazu ein Berufsberater: „… die Sozialpädagogik muss im Hintergrund sich wie ein roter Faden ziehen, die muss da sein" (027/83). Allerdings wird das Grundverständnis in einer spezifischen, institutionell bedingten Perspektive akzentuiert. Beide Gruppen sind der Funktionalität ihrer Institutionen verpflichtet, der sie auch die Aufgaben der sozialpädagogischen Arbeit zuordnen. In beiden Fällen geht es zwar um die erfolgreiche Arbeitsmarktintegration junger Menschen, aber bei den Agenturen um einen institutionenpragmatisch[19] verlaufenden Betreuungs- und Vermittlungsprozess, bei den Trägern um die pragmatische Bearbeitung der Integrationsprobleme im Funktionskontext der berufsvorbereitenden und -ausbildenden Maßnahmen.

---

19 Mit dieser Argumentation wird unterstellt, dass neben eine übergeordnete Zielsetzung („Arbeits- oder Ausbildungsmarktintegration") eine Funktionalitätsanforderung in Bezug auf den institutionellen Handlungskontext tritt: Hier geht es darum, dass die Vermittlungs- und Integrationsaktivitäten „funktionieren" und die Handlungsfähigkeit und die Reputation der jeweiligen Institutionen gewahrt bleibt. In einem Interview dazu: „… dass wir davon ausgehen, wenn wir einen Jugendlichen in diese Maßnahme vermitteln, dass der Jugendliche also, von dem Sozialpädagogen begleitet wird, betreut wird. Und dass bei auftretenden Problemen der Sozialpädagoge versucht, die Probleme erst mal mit dem Jugendlichen zu klären, selber zu klären und die Probleme nicht an den zuständigen Berufsberater weiterdelegiert. Es gab da sicher auch mal Tendenzen vor Jahren, dass jeder kleine Verstoß sofort dem Berufsberater gemeldet wurde, der ja nun noch hunderttausend andere Aufgaben zu erledigen hatte und sicher da auch überfordert war, im Detail diese Dinge zu machen." (043/69).

3.1.1 Berufsberatungen

Aus der Perspektive der befragten Berufsberater wird die Vorstellung der sozialpädagogischen Grundausrichtung durch das Spannungsfeld zwischen den Problemen der Zielgruppen und den Zielstellungen der einzelnen Maßnahmen determiniert. Dabei wird dem erfolgreichen Abschluss einer Berufsausbildung besondere Bedeutung zugemessen.[20] Aus dieser Perspektive heraus zeichnet sich bereits ab, welchen Stellenwert die Sozialpädagogik in den einzelnen Maßnahmeformen hat.

Insgesamt haben die befragten Mitarbeiter der regionalen Agenturen für Arbeit sehr konkrete Vorstellungen davon, welche Zielstellungen die Sozialpädagogen verfolgen, welche Aufgaben sie wahrnehmen und welche Anforderungen sie erfüllen sollen. In der Berufsvorbereitung soll sich Sozialpädagogik in erster Linie an den Zielen der Berufswahlreife und der Berufs- und Ausbildungsreife sowie der Bewältigung von integrationshemmenden Defiziten orientieren.[21] Ein weiterer wichtiger Punkt ist die Vermittlung und das Einüben von Sekundärtugenden, Kulturtechniken und sozialen Fähigkeiten[22], ohne die eine Integration in Ausbildung oder Beschäftigung nicht möglich ist. Zum Teil sind hier besonders die Migranten als Zielgruppen angesprochen.[23] Auch von „Persönlichkeitsentwicklung" ist die Rede, das Erreichen eines Schulabschlusses ist ebenfalls von Bedeutung.[24]

Die Bewältigung von Krisen und Problemen des Jugendlichen, die aus genuin sozialpädagogischer Sicht eigentlich als eine ganz zentrale Kernaufgabe gesehen werden muss, wird nur in vereinzelten Fällen angesprochen.[25] Offenbar ist dieser grundlegende Anspruch aus Sicht der Agenturmitarbeiter als Grundausrichtung sozialpädagogischer Arbeit nur begrenzt von Bedeutung. Die Bewältigung von persönlichen Belastungsfaktoren stellt hier eher eine notwendige Begleiterscheinung erfolgreicher sozialpädagogischer Arbeit dar.

---

20 Vgl. 027/61. Zur Zitierweise von Belegstellen in den Interviews gilt generell: Die erste, immer dreistellige Zahl benennt die Nummer des Interviews, die mit einem Schrägstrich abgegrenzten weiteren Zahlen die Interviewabsätze. Ist vor die Zahl ein E gesetzt, handelt es sich um das ergänzende Projekt, bei dem Bildungsbegleiter und kooperierende Fachkräfte nach dem Neuen Fachkonzept befragt worden sind.

21 vgl. 066/65; 094/168; 027/71; 043/69; 065/65; 079/136; 110/77; 036/75

22 vgl. 018/55; 079/136, 147; 110/179

23 In einem Agenturbezirk fasst der Berufsberater zusammen: „... die Hauptbenachteiligung ist durch die Migration" entstanden (018/29).

24 Für die BBE-Lehrgänge führt ein Agenturmitarbeiter aus: „... Also, die starke Nachfrage: die meisten Teilnehmer verfügen nicht über einen Hauptschulabschluss und eines der wesentlichsten Motive ist für die dann, den Schulabschluss da auch zu erreichen. Die eigentliche Berufsvorbereitung ist im Denken der Teilnehmer nicht im Vordergrund, sondern den Schulabschluss erreichen zu wollen." (018/51).

25 „Denn jeder Jugendliche, der zu uns kommt, hat eine Geschichte. ... sonst müsste er nicht in die Berufsvorbereitende Maßnahme gehen, und da komm ich in meiner Beratungszeit in der Regel nicht dran. ... Und ein Träger, der es dann packt, da ran zu kommen, um diesen Konflikt und diese Probleme bearbeiten zu können, der leistet meiner Ansicht nach gute Arbeit. Ob der danach mal einen Ausbildungsplatz hat, das ist sicherlich ein guter Effekt, aber denke ich, (ist) nicht ausschlaggebend. Deswegen haben wir ja auch die Sozialpädagogen da drinnen. Die können mit ihren Methoden da sicherlich schon anders arbeiten, zumal sie dann auch täglich Kontakt mit den Jugendlichen haben. Das finde ich also, ganz wichtig ... ." (094/99 vgl. 043/69; 094/99).

Dazu gehören insbesondere auch Probleme im Elternhaus und die Beseitigung von „Bildungsdefiziten". Bedeutungsvoll sind diese Problembewältigungen besonders dann, wenn anders keine erfolgreiche berufliche Integration möglich ist. Verständlicherweise liegt der Schwerpunkt der Maßnahmeausrichtung im Blickwinkel der Agentur auf der Integration in den Arbeitsmarkt. Die Konfliktbewältigung stellt an diesem Punkt eine professionell zu erfolgende, inhaltliche Ergänzung dieser Aufgabe dar. Ein befragter Berufsberater bringt diese Einstellung klar zum Ausdruck:

> „Also, meine ganz persönliche Auffassung zu diesem Bereich ist …, dass schon die Entwicklung der Persönlichkeit und das Eingehen auf die Persönlichkeit eine gewisse Priorität zu Anfang der Maßnahmen hat, … dass aber dann das Gewicht verlagert werden muss auf die Integration und auf die Vorbereitung auf Ausbildung und Arbeit." (Int. 065/93)

So entsteht der begründete Eindruck, dass sich die Agenturmitarbeiter besonders auf jene Defizite konzentrieren, die den Jugendlichen den Weg in den Beruf oder in eine Beschäftigung erschweren. Die komplexen Ursachen dieser Defizite, die für Sozialpädagogen sofort zum Thema und zur sozialpädagogischen Bewältigungsaufgabe werden, geraten hier z. T. aus dem Blick. Aus sozialpädagogischer Sicht sind es gerade diese spezifischen Belastungsfaktoren, die das Handeln während der Jugendphase negativ determinieren und zum Problem werden lassen.[26] So handelt es sich aus sozialpädagogisch-disziplinärer Sicht eher um Verkürzungen, wenn von Seiten der Berufsberatung die Forderung gestellt wird, zur sozialpädagogischen Grundausrichtung gehöre auch das Motivieren von Teilnehmern[27], um den berufsvorbereitenden Lehrgang oder die Berufsausbildung erfolgreich zum Abschluss zu bringen. Auch die „Festigung der Persönlichkeitsstruktur" oder die „Förderung der Selbstständigkeit" des Jugendlichen, um Bewerbungssituationen und Anforderungen im Beruf[28] besser bewältigen zu können, sind aus sozialpädagogischer Sicht nur durch umfangreiche persönliche Entwicklungs- und Problembearbeitungsprozesse zu erreichen.

Bemerkenswert ist, dass die Förderung der Berufswahlentscheidung aus Sicht der Agenturmitarbeiter als grundlegende Zielstellung kaum genannt wird.[29] Hier drängt sich die Vermutung auf, dass das Berufswahlproblem möglicherweise für die Mitarbeiter der Agentur zweitrangig ist. An erster Stelle steht wahrscheinlich die erfolgreiche Vermittlung, die angesichts der sehr begrenzten Ausbildungs- und Arbeitsstellenangebote von Seiten der Arbeitsagenturen wohl ohnehin schwierig genug zu managen ist. Dabei könnten pointierte Berufswünsche der Jugendlichen diese Aufgabe zusätzlich erschweren, weil sie die Einmündungsflexibilität verringern. Aus der Sicht der Leitungen der Bildungseinrichtungen und der dort beschäftigten sozialpädagogischen Fachkräfte stellt sich diese Problematik indes ganz anders dar. Darauf wird später einzugehen sein.

Die sozialpädagogischen Erwartungen der Berufsberater sind im Hinblick auf BaE-Maßnahmen kaum anders als bei der Berufsvorbereitung, so dass sich hier eine differenzierte Darstellung erübrigt. Bei BaE kommen einige Punkte hinzu, und zwar die Vorgabe, Teilnehmer nach einem Jahr soweit wie möglich in eine betriebliche Berufsausbildung zu

---

26 Vgl. hierzu ausführlich z. B. Kramer 1989; Hurrelmann 1998; Hurrelmann et al. 2002.
27 vgl. 043/69; 093/33
28 vgl. 036/75
29 Ausnahme: 065/73

vermitteln,[30] sowie die Anforderung, den erfolgreichen Abschluss der Ausbildung sicherzustellen.[31] Bezüglich der Vermittlung in betriebliche Ausbildung nach dem ersten BaE-Jahr wird jedoch einschränkend festgestellt, dass dies nur in den seltensten Fällen gelingt. Die Jugendlichen verfügen häufig nicht über die persönlichen Handlungspotenziale, um ihre Ausbildung in einem Betrieb fortsetzen zu können. Zudem stellt die angespannte Situation auf dem Ausbildungsstellenmarkt ein weiteres, großes Hindernis dar. Aus Sicht der Agenturmitarbeiter wird allerdings auch die Vermutung geäußert, dass die Träger dieses Ziel nicht mit besonders großem Nachdruck verfolgen, weil sie finanzielle Einbußen befürchten.[32] Um das zu verhindern, wäre wahrscheinlich eine Änderung der Geschäftspolitik der Agentur für Arbeit erforderlich.

Etwas anders ist die Einschätzung der sozialpädagogischen Arbeit in Bezug auf die abH-Maßnahmen. Diesem abH-Angebot wird eine große Bedeutung beigemessen. Ein Berufsberater bringt dieses Urteil auf den Punkt: „Es ist eines der besten Instrumente, die wir haben, nach meiner Einschätzung, um, sagen wir mal, prophylaktisch gegen Arbeitslosigkeit zu arbeiten. Also, mit einer … abgeschlossenen Ausbildung (ist) auch in schwierigen Zeiten die Situation besser zu meistern. Das ist eindeutig" (018/45). Dabei ist abH ein „multifunktionales Werkzeug" für die Berufsberater. Es erweitert die Chancen, Ausbildungsabbrüchen vorzubeugen und Wissens- und Lerndefizite abzufangen. Es bietet aber auch Potenziale, um Betriebe für Ausbildung zu gewinnen: „Ich muss dieses Angebot im Köcher haben, Sozialpädagoge (Anm.: in abH). Wenn es dann gebraucht wird, ist es da. Aber zunächst ist hier die Wissensvermittlung im lerntheoretischen Bereich im Vordergrund" (027/85). Diese Dialektik ist kennzeichnend für die Einschätzung der Sozialpädagogik in abH. Zunächst stehen Wissens- und Lerndefizite im Vordergrund, die es zu beseitigen gilt. Das belegen viele Interviewpassagen:

> „Bei abH ist es schlicht und ergreifend Absolvieren der Prüfung, also, Schaffen der Ausbildung." (027/73)

> „Also, abH ist klar, da geht's um Unterstützung, um Wissensvermittlung, da sind Sozialfaktoren sicher sehr, sehr stark im Hintergrund." (036/79)

> „Na ja gut, bei abH, denke ich mal, ist der sozialpädagogische Anteil nicht so hoch. Da geht es eigentlich in der Regel mehr um die ganze Geschichte des Abbaus von Bildungsdefiziten." (042/26)

Trotz dieser eindeutigen Schwerpunktsetzung steht doch außer Frage, dass eine sozialpädagogische Begleitung vorgehalten werden muss, auch wenn sie für die Mehrzahl der befragten Berufsberater zunächst eine untergeordnete Rolle spielt. Immerhin handelt es sich hier um betriebliche Lehrlinge, die im eigentlichen Sinne zunächst nicht als Benachteiligte oder Jugendliche mit sozialpädagogischem Unterstützungsbedarf wahrgenommen werden. Bei abH geht es besonders um das Bestehen der Zwischen- oder Abschlussprüfung, d. h. in erster Linie geht es um Wissensvermittlung. Es sollen „Rahmenbedingungen für gutes Lernen" geschaffen werden, was dazu beitragen soll, dass Jugendliche die Anforderungen einer Ausbildung bewältigen, die Abschlussprüfung erfolgreich bestehen oder

---

30 vgl. 066/71; 093/ 83; 109/132
31 vgl. 027/71; 079/147
32 vgl. 066/71

Defizite in theoretischen Lernbereichen abbauen können. Mit dieser Grundausrichtung dient abH auch der Vermeidung von Ausbildungsabbrüchen.[33] In mehreren Interviews wird jedoch auch deutlich, dass dieses übergeordnete Ziel ohne sozialpädagogische Unterstützung gar nicht zu erreichen ist, und dass die Qualität und der Erfolg der Arbeit in abH davon abhängig ist:

> „abH, das ist ja eigentlich eins der schönsten Instrumente, die es gibt, weil eben die Erfolgsquote sehr, sehr hoch ist, zumindest hier vor Ort. Da haben wir die Erwartung, dass der Jugendliche dort angenommen wird, wo er steht, dass nicht nur den Kenntnisbereich anbelangt, sondern auch das gesamte Umfeld. Das sieht man immer wieder, dass das sehr wichtig ist, und da spielt ja die Sozialpädagogik eine große Rolle. Ja, und dass er dann zielstrebig unterstützt wird, damit er sein angestrebtes Ziel erreichen kann." (065/73)

Die hier vorgetragene Erkenntnis, dass die ausschließliche Konzentration auf Lerndefizite eine unzulässige Verengung sei, wird öfter artikuliert: „... es sind keine reinen Lerndefizite, die zu dieser Situation bei diesen Jugendlichen geführt haben, sondern es spielen eine ganze Menge anderer Dinge eine Rolle, wofür man wirklich den sozialpädagogischen Ansatz braucht, um dort weiter zu kommen" (065/109, ähnlich: 018/49, 027/109, 094/164). Auffällig ist, dass hier die Sozialpädagogik als zweitrangig und doch als unverzichtbar beschrieben wird, ohne dass spezifische Handlungsanlässe benannt werden, die durch die sozialpädagogische Arbeit bewältigt werden sollen. Offensichtlich handelt es sich um Beziehungs-, Entwicklungs-, Stabilisierungs- und Lebensbewältigungsaufgaben, die den Rahmen bilden, in dem erst erfolgreiches fachliches Lernen möglich ist. Dass das in vielen Fällen zutrifft, ist schon im Kontext pädagogischer Alltagserfahrung eine verbreitete und sicher auch richtige Einschätzung. Was genau in jedem Einzelfall zu tun ist, kann sich daraus nicht ergeben. Insofern bleibt die offen formulierte Vorstellung zur Grundausrichtung sozialpädagogischer Arbeit in abH zwar überzeugend, aber unkonkret und – auf den Einzelfall bezogen – offen.

Die Auswertung der Interviews hat gezeigt, dass Sozialpädagogen häufig auch die Funktion des Stützlehrers übernehmen.[34] In dieser Rolle treten sie auch in abH auf. Selbst wenn sie hier eher als Lehrer agieren, werden sie kaum ihre sozialpädagogische Orientierung aufgeben. Anhand des vorliegenden Materials lässt sich nicht klären, ob Sozialpädagogen andere Methoden der Wissensvermittlung wählen und dabei deutlich intensiver auf die Bedürfnisse der Jugendlichen eingehen können als „normale" Lehrer. Sicher ist indes, dass bei einer solchen Personalunion eine intensive, und doch auf den ersten Blick kaum auffällige Verschmelzung von Lernförderung und sozialpädagogischer Betreuung erfolgen kann. Vielleicht liegt auch darin ein Grund, warum die Berufsberater zum Teil die Bedeutung der sozialpädagogischen Arbeit in abH unterschätzen.[35]

---

33 vgl. 094/164; 109/346 und 348

34 Kritisch dazu: „... ein Sozialpädagoge ist kein Stützlehrer und der kann den Unterricht methodisch, didaktisch nicht so vorbereiten, wie das ein Stützlehrer macht ..." (Einrichtungsleiter 007/49-51)

35 Hier sollte noch einmal hervorgehoben werden, dass diese Einschätzung keinesfalls generalisiert werden darf. Es gibt auch Berufsberater, die die sozialpädagogische Arbeit in allen Maßnahmeformen für gleichermaßen bedeutsam halten (036/77).

3.1.2 Einrichtungsleitungen

Die Leiterinnen und Leiter von Bildungseinrichtungen und Maßnahmeträgern sind aufgrund ihrer besonderen Rolle genau an der Schnittstelle zwischen den Anforderungen der Auftraggeber – der Agentur für Arbeit – und den pädagogischen Praktikern „an der Basis" tätig. Fast immer haben sie selbst eine pädagogische Ausbildung absolviert, können sich in die Problemlagen gut hineinversetzen und sind zugleich für das gesamte Management – einschließlich der Erstellung der Angebote für die Ausschreibungen – zuständig. Sie übernehmen zwangsläufig die Aufgabenstellungen, die die Bundesagentur in ihren Vorgaben einfordert:

> „Das wichtigste Ziel, das wir verfolgen, das deckt sich einfach auch mit den Zielen der Agentur, das wichtigste Ziel ist, unsere Jugendlichen in Ausbildung zu bringen. Ja, oder wenn uns das nicht gelingt, sie in Arbeit zu bringen. Wenn es auch nur ein Hilfsarbeiterjob ist, sag ich jetzt mal. Aber das sind eigentlich die wichtigsten Ziele." (004/77, vgl. 003/22)

Zugleich erkennen die Einrichtungsleiter aber auch die damit verbundenen Probleme. Das hervorstechende und zugleich auch für die sozialpädagogische Arbeit belastendste Problem ist die Lage auf dem Ausbildungsstellen- und Arbeitsmarkt:

> „Ich denke das größte Problem, das wir im Moment haben, ist diese Perspektivlosigkeit, die gerade auch vor allen Dingen die Jugendlichen mit Schulabschluss haben. Die haben teilweise 40, 50, 80 Bewerbungen geschrieben, nichts gekriegt. Sie empfinden die Berufsvorbereitung als Warteschleife. … Und ja, da macht sich dann mal unseren Holzbereich. Wir natürlich eine gewisse Unlust breit, sag ich einfach mal. … Wir nehmen zum Beispiel haben 13 Teilnehmer. Die wollen unbedingt Tischler werden. Wir schaffen es nicht für einen! Es gibt nicht eine Lehrstelle. … Und ein Großteil der Jugendlichen, und das sind vor allem die ohne Schulabschluss, die stellen sich hin: ‚ist ja doch alles sinnlos. Ich kann ja machen was ich will, bringt ja doch nichts.' Und selbst wenn die jetzt eine Lehre kriegen, kriegt ein Teil keine Arbeit." (004/41-43)[36]

Hier wird keineswegs eine singuläre Einschätzung vorgetragen. Ein anderer Leiter beschreibt die Lage folgendermaßen:

> „Das ist frustrierend. Das ist im Grunde genommen, wenn ich mir die Arbeitsmarktlage anschaue, die sich hier manifestiert, – dann ist das, was wir hier betreiben, zum Teil Gesellschaftskosmetik. Wir holen natürlich unversorgte Jugendliche von der Straße runter, wir kümmern uns auch darum, wobei … halt auch ein paar dabei sind, die halt durch kleine Raubüberfälle und Drogendelikte durchaus ihr Einkommen haben, die halt da jetzt auch kein großes Interesse an den Tag legen und an der gesellschaftlichen Integration. Wir haben aber auch auf der anderen Seite Jugendliche, die sich bemühen, ja wirklich auf Knien rutschen um einen Job, und dass die genauso wenig berücksichtigt werden können wie andere, die nicht wollen." (104/23-25; vgl. 013/160; 09/81; 106/39)

Dass sich aus der hier geschilderten Problemlage Konsequenzen für die sozialpädagogische Arbeit ergeben, liegt auf der Hand. Das implizite Motivationsdefizit stellt eine große pädagogische Herausforderung dar, die keineswegs einfach zu bewältigen ist. So

---

36 Diese Einschätzung gilt insbesondere auch für junge Migranten: „Gerade bei den Jugendlichen mit Migrationshintergrund ist aus meiner Sicht sehr deutlich zu spüren, dass sie ihre Chancenlosigkeit auf dem Arbeitsmarkt hier sehr begriffen haben und versuchen, sich in Nischen einzurichten. Und auch so ihre Perspektivlosigkeit durchaus ausleben. Und bei den Jugendlichen ohne Migrationshintergrund ist es häufig so, dass die Bereitschaft wirklich kontinuierlich an Zielen zu arbeiten, sehr sehr schwer zu wecken ist." (104/19)

verwundert es nicht, dass manche Einrichtungsleiter explizit erklären, dass sie ihren Sozialpädagogen große Freiheiten und Handlungsspielräume lassen, weil anders die konkrete Arbeit mit den Jugendlichen gar nicht zu steuern ist. Auf eine knappe Faustformel gebracht: „… unser Stichwort im Haus heißt Eigenverantwortung" (021/89). Insgesamt findet sich eine Vielzahl von Aktionsbeschreibungen, die die Leitungen von ihren sozialpädagogischen Fachkräften erwarten. Sie reichen von der „Feuerwehrarbeit" (016/79) bis hin zu den vielfältigsten Formen der Betreuung und „Fürsorge" (003/175). Ein Dresdener Leiter hat die Aufgaben, die auf die Sozialpädagogen zukommen, anhand der Arbeitsdokumentation im Rahmen der Angebotserstellung sehr gut beschrieben und soll hier mit einer längeren Passage zu Wort kommen:

> „Wir müssen natürlich für jede Maßnahme, wo wir uns seitens des Arbeitsamtes bewerben, ein entsprechendes Förderkonzept erarbeiten, was dann natürlich speziell auf die entsprechende Maßnahme zugeschnitten ist, und wir haben natürlich ein sozialpädagogisches Förderkonzept im Qualitätsmanagementhandbuch unserer Einrichtung, was jetzt für die gesamte sozialpädagogische Förderarbeit die entsprechenden Aussagen trifft. Und das ist so aufgebaut, dass man immer davon ausgeht: Sozialpädagogik und ihre integrative Verzahnung! Das heißt, wir treffen hier erst einmal Grundaussagen zur sozialpädagogischen Arbeit generell, was wir tun wollen. Dabei … wollen wir immer davon ausgehen, wir begleiten die Jugendlichen. Wir geben ihnen Hilfe in allen Lebenslagen, muss ich dazu sagen, aber wir tun keinem einzelnen unserer Auszubildenden was aufoktroyieren. Dass sie sagen müssen: ‚Ja, das hast du jetzt zu machen', sondern es geht immer um unterstützende Prozesse, die durch die Sozialpädagogen gestaltet werden. Das also, erst mal zu den generellen Aussagen. Dann wird dargestellt: Welche Angebote sozialpädagogischer Arbeit erfolgen denn durch uns? Das geht also, los von der Entwicklung eines verantwortungsbewussten Lern- und Arbeitsverhältnisses über präventive und begleitende Drogenarbeit, Hinweise auch zur Folge von Delinquenz und Alkohol, … Unterstützung auch von jungen Müttern. Wir haben ja auch dort immerhin ein paar Jugendliche, die Mutti werden. Dann Umgang mit Geld, dann Verhaltenstraining, dann Integration der Jugendlichen, vor allen Dingen um Außenseitertendenzen und so weiter abzubauen. Dann geht es darum, die Selbstständigkeit zu fördern, sowohl im Arbeitsprozess wie auch im persönlichen und privaten Leben, dann Inanspruchnahme sozialer Stützungssysteme! Dann natürlich auch die individuelle Betreuung im Praktikum, Bewerbungstraining bis hin zu Angeboten zur Nachbetreuung. Dann regelt das sozialpädagogische Förderkonzept natürlich auch die Freizeitangebote und stellt dann als nächstes fest; bei den Freizeitangeboten, … da unternehmen wir sehr, sehr, sehr viel. Und dann ist natürlich auch klar dargestellt, welche Methoden der sozialpädagogischen Arbeit angewendet werden. Also, wie führe ich das Erstgespräch, wie führe ich das Beratungsgespräch. Was ist zu tun bei Konfliktberatung und Krisenintervention. Mal als die wichtigsten Methoden, immer alles unter ‚Hilfe zur Selbsthilfe'(!) als praktisch die oberste Priorität. Und dann wird noch genau und klar beschrieben, welche zielgruppengerechten Förderangebote werden meine Sozialpädagogen bringen, wo (wir) mal als erstes wieder vom Bewerbungs- und Sozialtraining – als wichtige Voraussetzung – auch … vom Übergang in die betriebliche Ausbildung sprechen. Was tun wir bezüglich der präventiven Gruppenarbeit? Auch das ist klar geregelt und natürlich am Schluss die individuelle Förderplanung als wohl das ganz Entscheidende, da festgelegt ist, dass (es) … logischerweise für jeden Jugendlichen einen individuellen Förderplan geben muss, der dann gemeinsam mit dem pädagogischen Tagebuch fortgeschrieben wird. Und wir haben uns da gerade in dieser Dienstberatung jetzt geeinigt, als Kern gilt der individuelle Förderplan. Der wird allerdings relativ knapp gefasst für jeden Jugendlichen, und dazu kommt das pädagogische Tagebuch. Wo wirklich von dem Sozialpädagogen jeder (!) Entwicklungsfortschritt aufgeschrieben wird. Wo jedes Gespräch aufgeschrieben wird, egal ob es zur Konfliktberatung dient oder zur Schuldenberatung dient oder ähnliches. So dass im Grunde genommen im individuellen Förderplan … jetzt alle Phasen drinne sind, wo man nachvollziehen kann, in den ganzen drei Jahren, wenn – wie Lehrlinge bei uns sind, (drei) oder dreieinhalb Jahre, je nach Berufsgruppe –: wie hat sich der Jugend-

liche entwickelt? Welche Fördermaßnahmen wurden ihm angetragen? – Für ihn festgelegt? – Und auch noch: mit welchen Problemen verlässt er am Ende sogar uns – die Ausbildung? Um eventuell dann auch gegenüber dem Betrieb in der individuellen Nachbetreuung, dazu müssen wir uns ja gegenüber der Bundesagentur verpflichten, dass wir auch die Nachbetreuung durchführen, und dann natürlich dem Betrieb sagen können: ‚Also, er hat noch da ein paar Probleme …, und tun sie deswegen den Jungen nicht raus schmeißen, sondern versuchen Sie, noch mit uns diese Probleme abzubauen.' Das ist also, so Inhalt des Förderplans." (003/91)

Hier entsteht ein sehr genauer Einblick in die Grundstruktur sozialpädagogischer Arbeit in den Maßnahmen der Benachteiligtenförderung. In der deutlichen Systematik, in der er hier vorgetragen wird, findet er sich bei anderen Einrichtungsleitern kaum. Trotzdem ist die einhellige Meinung, dass sich die Sozialpädagogik wie ein roter Faden durch die Maßnahmen hindurch ziehen muss. Abweichend sind dagegen die Vorstellungen bezüglich der sozialpädagogisch-konzeptionellen Strategien. Auf der einen Seite – und sicher in der sehr großen Mehrzahl – stehen jene Einrichtungen, die ein erhebliches Maß an Toleranz walten lassen und sehr behutsam mit den ihnen anvertrauten Jugendlichen umgehen. Dabei werden sogar die Vorgaben der regionalen Arbeitsagentur manchmal sehr weitläufig zugunsten der Teilnehmerinnen und Teilnehmer ausgelegt, um die Förderung nicht zu gefährden: „Also, unsere Toleranzgrenze ist sehr hoch, muss ich einfach mal so sagen, … ich glaube, dass unsere Jugendlichen viel Zeit brauchen. Die Toleranzgrenze der Agentur ist weitaus niedriger. Aber wir können dann immer noch mal bremsen und sagen, na wir probieren es noch mal" (004/148). Hier wird davon ausgegangen, dass die Jugendlichen ihren eigenen Entwicklungsweg gehen müssen und dass dieser Weg seine eigene Zeit braucht:

> „Denn … bei vielen Jugendlichen ist ja schon klar, wohin es geht. Also, da müssen wir ihnen nur dabei helfen, die Reise zu überstehen. Bei den berufsvorbereitenden oder ausbildungsvorbereitenden Lehrgängen müssen wir mit den Jugendlichen erst mal gemeinsam definieren, was ist denn überhaupt das Ziel unserer Reise, und dann Lösungsmöglichkeiten finden, wie kommen wir da hin." (104/45)

In einzelnen Fällen wird diese sehr weit verbreitete Position jedoch nicht geteilt. Es gibt vereinzelt auch eine härtere Linie der Förderung, die viel deutlicher mit der Festlegung und der Durchsetzung von Pflichten und Grenzen arbeitet. Ein Leiter aus einem Jugendwerkstattbereich[37] legt die Aufgabe seines Angebots eindeutig fest: „… weil das hier tatsächlich Vermittlung in Arbeit bedeutet und nicht sozialpädagogische Verwahranstalt für verhaltensauffällige junge Menschen" (106/13). Dem entsprechend ist die sozialpädagogische Arbeit strukturiert:

> „Pädagogische Arbeit erfolgt im Hintergrund und nicht im Vordergrund. … Ja, ich gehe ja nicht zum Teilnehmer und sage: ‚Wir reden jetzt mal über dich, mal gucken, was dabei raus kommt. Wir führen jetzt mal ein Gespräch.' Das machen wir hier nicht. Das heißt, es finden diese Förderplangespräche statt, auch die Interventionsgespräche, und das fließt dann in den Alltag mit ein, aber selten mit dem erhobenen Zeigefinger des Pädagogen. Ja weil ich jetzt hier meine, dass du jetzt unsozial verhältst, machst du jetzt das. Das ist bei uns wie in der katholischen Kirche, es gibt Fehlverhalten und es gibt eine Strafe. Das hat jetzt noch nicht viel mit Pädagogik zu tun, sie können das Pädagogik nennen. … Weil die Teilnehmer selber wissen, was sie falsch gemacht haben. Das passiert ja nicht einfach so. Und das ist vielleicht –

---

37 Aus einem großstädtischen Ballungsraum in Westdeutschland.

das ist wie so eine Absolution, darum sagte ich vorhin ‚katholische Kirche.' Das wird ja oft falsch gemacht. Probleme werden diskutiert und diskutiert, aber es passiert nichts." (106/55)

Für diesen Einrichtungsleiter steht die Arbeitsmarktorientierung an erster Stelle. Sein Konzept ist eine straffe Arbeitserziehung[38] und -integration, berufliche Ausbildung tritt dahinter zurück. Intensive Betreuung und Sanktionierung, Freizeitarbeit und gute Betriebskontakte führen bei diesem Träger zu guten Eingliederungsquoten, aber auch zu einer heftigen Kritik an den Modernisierungen des Förderkonzepts und an der Ausschreibungspraxis, weil sie die Stabilität der Arbeit und der Betriebskontakte untergräbt. Um diese pädagogisch „harte Linie" richtig einschätzen zu können, muss aber auch die Differenzierung der Klientel der unterschiedlichen Maßnahmen mit bedacht werden. In vielen Interviews mit Einrichtungsleitern wird deutlich, dass in der Berufsvorbereitung ganz andere soziale Probleme auftreten und Jugendliche mit ganz anderen Schwierigkeiten betreut werden müssen, als das in den BaE- und in den Reha-Maßnahmen der Fall ist:

> „Also, wenn wir es in (eine) Rangfolge bringen, ist es in BvB lebenswichtig, das heißt, ohne Sozialpädagogik gäbe es keine BvB, denn die Teilnehmer der BvB-Maßnahmen orientieren sich ja auch so ein bisschen am Aufarbeiten schulischer Defizite. Die Leute, die wir hier kriegen, sind dermaßen schulmüde, dass es eine Überwindung ist, überhaupt wieder in so ein Projekt einzusteigen. Ohne sozialpädagogische Stütze wäre das, also, nur mit Dozenten, wäre das komplett zum Scheitern verurteilt. Teilnehmer in der BaE bedürfen aus meiner Sicht ebenfalls noch sozialpädagogischer Intervention. Aber nicht ganz so stark, eigentlich auch wie die Teilnehmer, die da noch mehr orientiert werden müssen." (104/59)[39]

Daraus lässt sich schließen, dass sowohl die Einrichtungsleitungen als auch die sozialpädagogischen Fachkräfte mit sehr unterschiedlichen Problemlagen zu tun haben, die mit ebenso unterschiedlichen Strategien zu bewältigen sind. Sicher ist, dass es immer Grenzlinien gibt, an denen pädagogische Interventionen in krude Sanktionen einmünden, den Verweis aus der Einrichtung, die Kündigung eingeschlossen. Insbesondere bei körperlicher Gewalt und massiv delinquentem Verhalten sind solche Eingriffe üblich und wohl auch unvermeidbar. Hier hat das sozialpädagogische Konzept eine klare Grenze. Darauf wird später noch einzugehen sein.

3.2 Grundausrichtung der sozialpädagogischen Arbeit aus Sicht der sozialpädagogischen Fachkräfte

Sozialpädagogen, die in den Maßnahmen arbeiten, haben in anderer Weise mit den Jugendlichen zu tun als die Einrichtungsleitungen und die Berufsberatungen. Sie werden unmittelbar mit der Vielzahl von Problemlagen konfrontiert, die im Maßnahmealltag auffällig werden. Der sozialpädagogische Ansatz ist darauf gerichtet, die hinter diesen Problemen liegenden Ursachen zu erschließen[40] und sie durch zielgerichtete Interventionen aus der

---

38 Theoriegeschichtlich wäre es sicher interessant, solche Modelle mit dem Integrationskonzept des russischen Pädagogen Makarenko zu vergleichen.

39 Diese Position geht wie selbstverständlich davon aus, dass die Einmündung in BaE den Abschluss einer berufsvorbereitenden Maßnahme voraussetzt. Das ist zwar sehr häufig, aber nicht in allen Arbeitsagenturbezirken der Fall.

40 Am Beispiel eines Interviewauszuges eines Sozialpädagogen gezeigt: „Also, ich bin jetzt bei einem Jugendlichen ganz nah dran, wo ich sagen könnte, der hätte es verdient (Anm: Hinausgeworfen zu werden) und man müsste auch mal so ein Exempel statuieren in der Gruppe, aber: das ist

Welt zu schaffen. Damit bewegen sich die sozialpädagogischen Fachkräfte durchaus im Rahmen des schon angesprochenen „Grundkonsens", setzen allerdings deutlich eigene Akzente, weil sie in spezifischer Weise mit den Jugendlichen in einen professionellen Kontakt treten. Hier werden viele Probleme, Merkmale und Besonderheiten sichtbar, die Gegenstand sozialpädagogischen Handelns und entsprechender Handlungsstrategien werden.

3.2.1 Das sozialpädagogische Grundkonzept

Trotz aller formulierten Anforderungen, Zielsetzungen und Vorgaben der Agentur für Arbeit und der Einrichtungsleitungen verfolgen die Sozialpädagoginnen und Sozialpädagogen doch ein eigenständiges pädagogisches Konzept. Offensichtlich ist die ihnen von den Einrichtungsleitungen gewährte Handlungsautonomie groß genug, um ein solches Herangehen zu ermöglichen. Dabei steht der Grundsatz der Förderung der persönlichen Entwicklung absolut im Vordergrund: „… das Ziel eigentlich der Sozialarbeit ist ja, so diese Hilfe zur Selbsthilfe und den Jugendlichen … zu unterstützen bei dessen Zielen und ja, in seiner Persönlichkeit ihn zu festigen" (001/45).[41] Darin liegt aus sozialpädagogischer Sicht kein Selbstzweck. Es kommt darauf an, dass junge Menschen „… auf eigenen Füßen stehen können und ein bisschen auch ordentlich durchs Leben kommen" (015/39). Aussagen dieser Art lassen sich in allen Interviews finden. Sie gehören zum Grundkonsens der sozialpädagogischen Arbeit. Die Aufgabe der beruflichen Integration wird darüber keineswegs aus dem Auge verloren, aber sie ist in ihrer Wichtigkeit ein untergeordnetes Ziel, weil sie wie alle anderen Qualifizierungsziele (z. B. das Nachholen eines Schulabschlusses) – aus sozialpädagogischer Sicht – nur erreicht werden kann, wenn die persönliche Entwicklung deutlich gefördert worden ist. Darin sehen die Sozialpädagoginnen und Sozialpädagogen ihre Kernaufgabe:

> „Ich möchte erreichen, dass die Jugendlichen erkennen, dass sie lernen müssen, um in der heutigen Berufswelt bestehen zu können. Ich möchte ihnen Handwerkszeug an die Hand geben, dass sie selbstständig lernen können. Ich möchte aber auch, dass sie ein Selbstbewusstsein entwickeln und sich selber für ihre Belange, zum Beispiel in einem Betrieb, oder was auch immer, einsetzen." (108/80)

---

wieder so einer, wo ich dann die Familie ein bisschen sehe, die Mutti ist weggezogen, die wohnt irgendwo, was weiß ich, in Bremen. Der Jugendliche ist allein auf sich gestellt, hat seit kurzem eine eigene Wohnung und soll dann damit auch klarkommen, soll die Miete zahlen, soll hierher kommen, soll das Geld haben, soll sich selbst versorgen. Ich denk mal, der geht vielleicht auch zwischendurch noch jobben, um noch zu Geld zu kommen, ist dadurch totmüde und macht hier die Arbeit nicht gut, weil vielleicht kriegt er hier auch weniger als bei dem Job, das kann ich jetzt nicht sagen. So, und deswegen fällt mir das jetzt schwer zu sagen, ich kündige den ganz einfach, weil ich auch der Meinung bin, der verliert auch den anderen Job vielleicht dann wieder, wo er vielleicht mit auspackt oder irgend so was. So, also, ich hab schon ein Problem selber damit, jemanden hier rauszuschmeißen. Auf der anderen Seite aber wie gesagt, ich geh den Schritt auch, wenn's sein muss." (017/85)

41 Einschränkend schließt die hier befragte sozialpädagogische Fachkraft an: „Das kann man hier natürlich nicht so gut verfolgen, weil ja dies, das oberste Ziel ist ja immer, die sollen die Ausbildung schaffen. Und das lässt sich dann manchmal schon so, es gibt dann schon manchmal so Konfliktpunkte." (001/45)

Selbstbewusstsein und Selbstständigkeit zu fördern ist ein zentrales sozialpädagogisches Programm, weil es viele Teilnehmerinnen und Teilnehmer gibt, „… die also, keinerlei Selbstbewusstsein mitbringen oder nur wenig, (und) weil in dieser Gesellschaft ohne Selbstbewusstsein sicher sehr wenig geht" (045/144; 101/61).[42] In unmittelbarem Zusammenhang mit dieser Zielsetzung steht die Förderung der Selbstständigkeit. Beides zu entwickeln, sind die absolut zentralen Referenzpunkte der sozialpädagogischen Arbeit: „Und ich möchte einfach erreichen, dass ich die Jugendlichen dazu bringe, dass sie ihr Leben in die Hand nehmen" (052/97, 069/61), dass sie „… die Sachen selber hinkriegen und die Verantwortung für Sachen übernehmen" (030/73). Dazu gehört, „… dass er selber auch Initiative zeigt und selber auch sich da mehr einbringt" (001/51, ähnl. 015/39).[43] Voraussetzung dafür ist, „… die Stärken der Jugendlichen zu finden und darauf aufzubauen" (108/86). Insgesamt handelt es sich hier um Empowerment-Strategien, die deutlich darauf zielen, die Handlungspotenziale der jungen Menschen zu fördern, weil sie eine Grundvoraussetzung für eine erfolgreiche Lebensbewältigung sind.

„Lebensbewältigung" beinhaltet aus sozialpädagogischer Sicht insbesondere die Fähigkeit, Alltagsprobleme selbstständig lösen zu können. Dieses Ziel ist zunächst eine Selbstverständlichkeit. Hervorzuheben ist aber, dass es implizite, also, wenig thematisierte sozialpädagogische Konzepte gibt, mit denen dieses Ziel erreicht werden soll. Lebensbewältigung ist hier nicht mehr eine individuelle Leistung, sondern das Ergebnis eines Bündels von Kompetenzen, die in Verbindung mit einem funktionsfähigen sozialen Netzwerk zur Geltung kommen müssen. Das Ziel ist, „… dass der Jugendliche mit seinem Leben zurecht kommt, mit dem was er hat, also, mit dem Päckchen, dass er mit sich rumträgt an Stärken, an Strategien, an Menschen, die um ihn sind, dass er das schon wahrnimmt, dass er da auch die Möglichkeiten nutzt, um dann eben auch mit den Problemen klar zu kommen, vor denen er zurückgewichen ist" (006/108). Es kommt darauf an zu zeigen, dass es „… eine Perspektive für die Jugendlichen gibt … und einfach das Bewusstsein, dass es Möglichkeiten gibt, und dass sich die Möglichkeiten einfach dadurch auch vermehren, je mehr man drüber weiß und je besser man sich informiert oder man sich dafür einsetzt, und dass ‚Kopf in den Sand stecken' einfach nicht so die Möglichkeit ist, rauszukommen aus irgendeinem Schlamassel. Es ist auf den ersten Blick zwar eine einfache Möglichkeit und eine wenig Stress verursachende, aber es zieht meistens umso größere Probleme nach sich. Und ja, ich denk, dass die Bereitschaft, sich Problemen zu stellen und Konflikte zu bearbeiten und da einfach auch den Mut aufzubringen und die Anstrengung auf sich zu nehmen, was zu verändern, dass das was bringt, und nicht nur für sich selber." (006/119)

Im Rahmen einer Empowerment-Strategie wird hier sehr anschaulich gezeigt, wie es in der sozialpädagogischen Arbeit darauf ankommt, die persönlichen Handlungspotenziale

---

42 Nicht gemeint ist hier ein „Selbstbewusstsein" im Sinne von Überheblichkeit. Deswegen wird im Interview die Passage angehängt: „… aber eine gesunde Form" des Selbstbewusstseins. Zur Frage des Selbstbewusstseins gibt es ähnliche Aussagen in: 045/144; 088/41; 101/61; 108/80.

43 Im Interview wird weiter ausgeführt: „Nicht dass ich dann halt los renne, und ich suche dem jetzt eine neue Lehrstelle oder so". Das wirft ein interessantes Licht auf die Vermittlungsproblematik. Aus der Sicht dieser sozialpädagogischen Fachkraft ist es sicher nicht sinnvoll, wenn der Träger die Vermittlung dem Jugendlichen abnimmt, nur um hier zu guten Quoten zu kommen. Das Risiko eines Abbruchs ist dabei viel zu groß, eine Verringerung der Ausbildungsbereitschaft des Betriebes könnte dann die Folge sein – eine insgesamt unvorteilhafte Entwicklung.

und sozialen Ressourcen zu erkennen und zur Problembewältigung zu nutzen. Das setzt eine ausgebaute persönliche Reflexions- und soziale Beziehungsfähigkeit voraus. Aber das wiederum ist eine Eigenschaft, die wohl keineswegs bei allen Teilnehmerinnen und Teilnehmern umstandslos vorausgesetzt werden kann, sondern die es zu entwickeln gilt. Insofern liegt in der Beschreibung dieses Sozialpädagogen (006) ein umfassendes und höchst anspruchsvolles sozialpädagogisches Programm. Es ist zwar keineswegs in den Interviews durchgängig und explizit so klar ausformuliert, aber es ist in dem Grundansatz der sozialpädagogischen Fachkräfte durchgängig enthalten. In fast allen Interviews wird betont, dass die Grundlage der sozialpädagogischen Arbeit die Herstellung des Vertrauensverhältnisses zwischen sozialpädagogischer Fachkraft und jedem einzelnen Jugendlichen ist. Die Rede ist von „Vertrauensarbeit" (001/61; 024/23; 038/49; 045/144), von „einen Draht zu den Jugendlichen finden" (002/46), eine „verlässliche Bezugsperson" sein (035/74), sich persönlich auf die Jugendlichen einlassen und einen „wahrhaften" und „ehrlichen" Umgang pflegen" (051/121), „den Auszubildenden zuhören" (071/71), Verständnis haben (062/110; 075/47), „fair" und „gerecht" sein (086/128; 102/83), „respektvoll mit den Jugendlichen umgehen" und sie „in ihrem Jugendlich-Sein" sehr ernst nehmen (090/74; 069/61), keine „Vorurteile" haben (015/62), fördern ohne zu überfordern (001/49). Diese Liste der „vertrauensbildenden Maßnahmen" ließe sich erheblich verlängern. Offensichtlich sind diese Strategien erfolgreich, denn die sozialpädagogischen Fachkräfte berichten fast ausnahmslos über ein gutes, partnerschaftliches Verhältnis zu den Teilnehmerinnen und Teilnehmern.[44]

Welche Bedeutung die Vertrauensbasis hat, zeigt sich konkret in den sozialpädagogischen Handlungsansätzen. Die Probleme der Jugendlichen ernst zu nehmen, ist eine sozialpädagogische Selbstverständlichkeit (z. B. 026/95; 029/102; 032/51). Bei der Lösung geht es darum, an den Stärken der Jugendlichen anzusetzen (088/41, 108/86), ihn „dort abzuholen, wo er steht" (022/75; 047/55), die „Partizipation der Teilnehmer" fördern (059/55), „Hilfe zur Selbsthilfe" (001/45) zu leisten und auf die Individualität Rücksicht zu nehmen (078/81-83; 080/116). Weiter soll bedacht werden, dass Jugendliche „… auch eigenverantwortlich handeln" können und dass sie „… als junge Menschen geachtet werden" möchten. „Das heißt, dass sie dann Verantwortung für ihr Handeln übernehmen" können und dass sie nicht „betütelt" werden müssen (108/86).

Zusammengefasst lässt sich festhalten, dass die Sozialpädagoginnen und Sozialpädagogen fast ausnahmslos versuchen, ihre Beziehung zu den Jugendlichen auf der Basis eines verstehenden Ansatzes partnerschaftlich und kooperativ zu gestalten. Die wenigsten beschreiben sich selbst als autoritär, allerdings ist oftmals auch von den Grenzen dieses

---

44 Allerdings gibt es Abstufungen. So ist durchaus auch in manchen Interviews von Abgrenzungsproblemen die Rede, auch von der Differenz zwischen „Freundschaft" und professionellem Umgang mit Teilnehmerinnen und Teilnehmern (062/112; 068/130; 098/140). Einen deutlich anderen Akzent setzt eine sozialpädagogische Fachkraft aus Dresden. Hier wird die neue Förderstruktur erprobt. Sie habe „… eher relativ wenig mit den Jugendlichen an sich zu tun. Also, wir haben mit ihnen intensiv zu tun in den ersten paar Wochen, also, während der Kompetenzfeststellung, weil wir dort auch für den Aktentransfer innerhalb der Kompetenzfeststellung zuständig sind. Weil wir, wie gesagt, die Informations- und Eintaktungsgespräche machen. … (Und dass) der eigentliche Kontakt zu den Jugendlichen aber dann im Laufe des Jahres relativ stark und massiv abnimmt" (005/12).

kooperativen Ansatzes die Rede. Sozialpädagogische Fachkräfte entwerfen sich in ihrem Idealbild als Vertrauensperson des Jugendlichen und als dessen Bezugsperson in der Maßnahme. Viele streben ein Verhältnis an, in dem sie sich nicht über die Jugendlichen stellen, sondern auf Augenhöhe, z. B. als Mentor mit ihnen arbeiten. Insofern stellen sie einen Gegenpol zu dem nach ihrer Auffassung eher autoritär geprägten Verhältnis zwischen Jugendlichen und Ausbildern und Jugendlichen und Berufsschullehrern dar. Sie sehen sich auch in einer Vermittlerfunktion und stehen dabei in einer dem Jugendlichen zugewandten Position. Diese Sichtweise kann als Teil des sozialpädagogischen Selbstverständnisses gelten, da sie offenbar von fast allen Sozialpädagogen geteilt wird.

3.2.2 Verständnisvolle Sichtweise auf die Jugendlichen: Lebensweltorientierung und Akzeptanz

Akzeptierendes, wertschätzendes Eingehen und „emotionale Erlebnisinhalte" aufnehmen, sind Kernpunkte humanistischer Psychologie, wie sie zum Beispiel von Carl Rogers in therapeutischen, von Ruth Cohn in gruppendynamischen und von Friedemann Schulz von Thun in kommunikationstheoretischen Zusammenhängen explizit vertreten werden.[45] Dieses humanistische Konzept hat auch das sozialpädagogische Denken sehr beeinflusst. Es wird von Sozialpädagoginnen und Sozialpädagogen weitaus mehr aufgenommen als etwa Konzepte der Verhaltensmodifikation, wie sie aus dem Behaviorismus entstanden sind. In der Alltagspraxis zeigt sich dieser Ansatz auch in dem ausgeprägten individualisierenden Zugang, mit dem Sozialpädagoginnen und Sozialpädagogen die zu betreuenden Jugendlichen aufnehmen: „also, mir ist es wichtig, die Person zu sehen und einfach nicht irgendwo einen Verwaltungsakt oder einen Fall, sondern ja, eben das Individuum mit seinen Stärken und Schwächen, mit seinen Problemen, mit seinen Fähigkeiten" (006/93). Jeden einzelnen Jugendlichen als Individuum mit ebenso individuellen Problemlagen auf- und anzunehmen, wie es das Zitat zeigt, ist definitives sozialpädagogisches Handlungsprogramm.[46] Auf den ersten Blick scheint es hier um eine Form professionsbezogenen Alltagswissens zu gehen, auch um professionelle Selbstverständlichkeiten, die den Akteuren in ihren theoretischen Implikationen zum Teil zwar kaum bewusst, aber höchst wirksam sind. Die Analyse und Interpretation der vorliegenden Interviews zeigt, dass dieser Ansatz jedoch nicht nur eine substanzielle Handlungsorientierung, sondern zugleich auch verschiedene Funktionen enthält. Zum einen geht es um ein Kommunikationsmodell: Es wird eine symmetrische Kommunikation angebahnt, die die sozialpädagogische Arbeit erleichtert. Des Weiteren eröffnet eine vertrauensvolle Kommunikation und eine ebenso vertrauensvolle Beziehung die Möglichkeit, die persönlichen und lebensweltlichen Hintergründe individueller Problemlagen und Problemverhaltensweisen zu erkennen und zu bearbeiten. Das ist ein für Sozialpädagoginnen und Sozialpädagogen ein unverzichtbarer

---

45 Ein humanistisches Menschenbild als Orientierungs- und Handlungsgrundlage wird explizit in den Interviews 078/81-83 und 080/116 angesprochen.

46 Dass es für diesen Ansatz auch Grenzen gibt, steht außer Frage – sie sollen später angesprochen werden. Vereinzelt werden prinzipielle Verständnis-Grenzen gesetzt: „Nicht bewährt hat sich auch eine zu lasche Herangehensweise des ‚Verstehen–Wollens' aller ihrer Probleme, sondern auch zu sagen, bestimmte Probleme interessieren mich nicht, gehören hier nicht her in Ausbildung." (062/128)

Zugang, um Entwicklungsprozesse freisetzen zu können. Schließlich ist eine vertrauensvolle Beziehung auch ein Instrument, um sanfte Kontrolle auszuüben. Diese Form der „soft-control" ermöglicht es, den Entwicklungsprozess in einer Tiefendimension einschließlich der komplexen Hintergrundvorgänge zu begleiten. Die Sozialpädagoginnen und Sozialpädagogen können mit diesem Ansatz davon ausgehen, dass die Jugendlichen sich in problematischen Situationen „vertrauensvoll" an sie wenden und das Gespräch und Unterstützung suchen. Hier geht es nicht nur um aktuelle und situative Hilfs- und Unterstützungsangebote, sondern – aktuell formuliert – auch um ein „Prozess-Monitoring", bei dem die teils sehr verdeckten hemmenden und hinderlichen Faktoren und Ereignisse sichtbar werden, die den weiteren Verlauf des Gesamtprozesses negativ beeinflussen.

Für alle drei Dimensionen dieses humanistisch orientierten Konzepts lassen sich in den Interviews viele Belege finden, die hier nur in Auszügen wiedergegeben werden können:

> „Also, dass ich jeden Jugendlichen so nehme, wie er ist, das verändert sich eigentlich nicht. Also, da mach ich keinerlei Abstriche, weil, … das ist eine Sache, die auf Gegenseitigkeit beruht und, da verständigen wir uns eigentlich schon in den ersten Tagen, dass ich von ihnen auch so angenommen werden möchte, wie ich bin … " (014/95)

Die hier angesprochene „Kommunikation auf Augenhöhe", als eine Form symmetrischer Kommunikation, wird in fast allen Interviews zwar in etwas unterschiedlich akzentuierter Weise beschrieben, aber es handelt sich immer um kommunikative Strategien, mit denen Vertrauen hergestellt und Akzeptanz ausgedrückt wird.

Der oben angesprochene zweite Punkt, die Reflexion lebensweltlicher Entwicklungs- und Integrationsblockaden, wird immer dann deutlich, wenn Sozialpädagoginnen und Sozialpädagogen den ihnen häufig gut bekannten sozialen Hintergrund und die biographischen Erfahrungen reflektieren. Hier sind die allgemein bekannten sozialen Benachteiligungsfaktoren angesprochen. Sie werden im sozialpädagogischen Handeln für jeden einzelnen Jugendlichen in ihrer konkreten und subjektbezogenen Form erschlossen, und sie sind individuell höchst unterschiedlich. Diese Unterschiede herauszufinden ist im sozialpädagogischen Zugang unerlässlich, um Bewältigungsstrategien zu entwickeln.

> „Das ist, denke ich, noch für mich sehr wichtig, … die Lebensorientierung, also, den Jugendlichen auch zu verstehen, welches soziale Umfeld hat er, kann er denn überhaupt an der Ausbildung hundertprozentig teilnehmen, wenn im Hintergrund bestimmte Probleme vorliegen. Dass man dort einfach … einen Zugang … zum Jugendlichen findet, das ist natürlich sehr individuell, – muss man dann sehen, wie man das schafft und dass man dann guckt: okay, das und das Lebensumfeld ist da, aus dem und dem Milieu kommt er. Dass man dort auch dementsprechend reagiert und nicht irgendwo an dem Jugendlichen vorbei, sondern dass man eben reintrifft." (008/83)

Kürzer formuliert heißt es in einem anderen Interview: „Man hat … einen ziemlichen tiefen Einblick … in das Leben von den Jugendlichen" (006/89).

Neben dieser Reflexion des sozialen Hintergrundes ist auch die Beachtung der biographischen Besonderheiten anzusprechen, „… dass man eben die Geschichte des Jugendlichen, die Vergangenheit, die Probleme, die der hat, mit einbezieht in die Entscheidung oder in die Konsequenzen, Sanktionen, was auch immer" (006/91). Die Aussagen dieser beiden Interviewpassagen lassen sich fast in allen Interviews wiederfinden – radikal formuliert: die Reflexion des biographischen Hintergrundes ist für das sozialpädagogische Selbstverständnis so grundlegend, dass es leicht als trivial erscheint.

Der dritte Punkt schließlich, das Prozess-Monitoring, zeigt sich in den Betreuungsstrategien, zum Beispiel in den Phasen der Betriebspraktika und in der Nachbetreuung junger Menschen bei den Übergängen in Ausbildung oder in Beschäftigung. Hier bieten sich aufgrund der vertrauensvollen Beziehung Interventionsmöglichkeiten, um Problemlagen rechtzeitig zu entschärfen, bevor Abbrüche vollzogen werden. Darauf wird später in einem besonderen Kapitel eingegangen.

3.2.3 Kompetenzansatz

Mit der Einführung des „Kompetenz- statt Defizit-Ansatzes" ist in den 80er Jahren ein neuer Weg eröffnet worden. Traditionell ist die Einweisung in besondere Fördermaßnahmen, sei es in eine Sonder- oder Förderschule, in ein Berufsvorbereitungsjahr, auch in eine Jungarbeiterklasse, mit der Zuschreibung von Defiziten verbunden. Das gilt auch für die Einmündung in berufsvorbereitende Maßnahmen. Die Erlasse der Bundesanstalt für Arbeit enthalten regelrecht Kataloge von Merkmalen, die gegeben sein müssen, damit junge Menschen in Maßnahmen aufgenommen werden können.[47] Hier handelt es sich auch um einen Verwaltungsvorgang, dem einigermaßen verlässliche Kriterien zugrunde liegen müssen – und diese Kriterien beziehen sich immer auf „Defizite", die in Abgrenzung zum „Normalen" zu definieren sind. Welche Fragwürdigkeiten darin liegen, muss hier kaum erörtert werden. Sozialpädagogik, die sich implizit auf eine humanistische Tradition bezieht, die davon ausgeht, dass der „Wert" jedes einzelnen Menschen unbezweifelbar ist, und dass jedem Mensch ein Entwicklungspotenzial innewohnt, das es zu entfalten gilt,[48] kennt den Begriff der Normalität kaum und sieht darin eher eine zivilisatorische und soziale Norm mit großen Fragwürdigkeiten. Aus Abweichungen von einer fragwürdigen Norm kann folglich kaum ein sozialpädagogisches Handlungskonzept begründet werden – obwohl die Einrichtung und Finanzierung sozialpädagogischer Maßnahmen in den allermeisten Fällen gerade mit solchen Abweichungen legitimiert werden. Der gesellschaftliche Konsens über solche „Sozialisationslücken" war regelmäßig der Auslöser zur Gründung von Institutionen zur sozialpädagogischen Betreuung, und die Fortbildungsschulen – als Vorläufer der Berufsschulen – sind ebenso entstanden.

Der Kompetenzansatz hat sich in den vergangenen Jahren zu einem Grundmerkmal sozialpädagogisch orientierter Berufsausbildung entwickelt.[49] Trotzdem stehen in den Passagen, in denen die Sozialpädagoginnen und Sozialpädagogen die Jugendlichen beschreiben, häufig die Defizite im Vordergrund. Das muss jedoch nicht verwundern, weil die Defizite eben jene Gründe benennen, die die berufliche Integration immer wieder erschweren oder

---

47 Auch die sozialpädagogischen Fachkräfte haben ein klares Bewusstsein von den Defiziten ihrer Jugendlichen (013/32; 018/45, 83; 029/9; 042/16; 050/3; 085/15, 087/26; 089/31; 097/40; 110/58; Arbeitsmarkt, Familienstruktur, Migration und Sprachprobleme, Lernschwäche/Lernbehinderung und fehlender Schulabschluss, Schulmüdigkeit, fehlende Ausbildungsreife, Leistungsminderung, Delinquenz; 027/29: „Marktgeschädigte"/Entwicklungsverzögerte/Bildungsdefizitäre; 076/12: „soziale Behinderung".

48 Dieser humanistische Bezug findet sich zum Beispiel in den drei Postulaten, die Ruth Cohn ihrem Konzept der themenzentrierten Interaktion voranstellt (Litt 1949). Vgl. auch den aristotelischen Begriff der Entelechie (ebd.).

49 Vgl. Lippegaus et al. 1998, S. 110

verhindern. Ein Sozialpädagoge beschreibt diese Problemlage völlig zutreffend folgendermaßen:

> „Also, ich gehe daran, dass ich erst mal gucke: ‚Was kannst du eigentlich, was machst du eigentlich? Du bist so kompetent, du machst so viel, du bist so gut!' Also, eigentlich gucken, wo die Stärken sind, weil die Schülerin oder Auszubildende, die ich jetzt im Kopf habe, die –. Man kann ein ganzes Buch schreiben, wie aktiv, wie viele wirkliche Kompetenzen sie hat. Nur, sie geht in die Berufsschule und kriegt sechs, sechs, sechs. Kriegt von zu Hause aus, vom Vater entweder: ‚Ich wollte nicht, dass du im Hotel Dreck wegmachst, die Betten von fremden Leuten. Ich wollte ja sowieso nicht, dass du diese Ausbildung machst.' Diese Stärke, durchzuhalten, die hat sie schon eineinhalb Jahre bewiesen, und ganz häufig ist es wichtig, dass man Auszubildenden – und das braucht Zeit –, dass man rausarbeitet, rauspuzzelt, dass sie in vielen gesellschaftlichen Bereichen eine Persönlichkeit sind, dass sie wirklich Kompetenzen haben, und wenn man das zur Bestärkung oder das als Anfang der Arbeit nimmt, dann hat man auch die Möglichkeit zu sagen ‚Ja, hier kriegst du immer einen Misserfolg und hier wird dir immer bescheinigt, dass du nicht gut bist, aber guck hier rauf! Hier bist du gut!' Denn häufig ist es so, dass gerade Schüler, die von ihren Voraussetzungen sehr, sehr schwach sind, in der Berufsschule also, wirklich ein Defizit haben und scheitern, dass sie in Ausbildungsberufen praktisch, sehr, sehr gut sind. Das ist ja so, so klafft das auseinander und dieses praktische Gutsein, das hervorzuheben, das schaffen Betriebe oft nicht. Sie gehen davon aus, gut, sie haben eigentlich die Vergleiche, aber sie bestärken nicht positiv. Das ist so schade." (056/38, vgl. 011/90)

Ohne Frage handelt es sich hier um eine Einzelfallschilderung, aber sie zeigt eine zentrale Problematik sehr deutlich auf: Das Scheitern von Jugendlichen an schulischen oder betrieblichen Anforderungen ist ein höchst selektives Geschehen, weil hier genau jene Fähigkeiten abverlangt werden, die bei den Jugendlichen nicht genug entwickelt sind oder die sie aus den verschiedensten Gründen nicht entfalten können. Gerade der Kompetenzansatz macht den Blick für dieses Phänomen frei, weil er prinzipiell unterstellt, dass Kompetenzen vorhanden sind, die es aufzufinden gilt. Stattdessen erfolgt im Bildungssystem (und in der betrieblichen Ausbildung) durch das doppelt selektive Scheitern[50] eine Etikettierung und Stigmatisierung, die nur mit Mühe oder gar nicht reparabel ist.[51]

Der Kompetenzansatz macht deutlich, dass es darum geht, die Stärken von benachteiligten jungen Menschen in den Blick zu nehmen. Üblicherweise werden „Stärken" als „besondere Leistungsfähigkeit" wahrgenommen. In dem oben angesprochenen, gesellschaftlich verbreiteten Denken liegt darin eine positive Abweichung von einer allgemeinen Leistungsnorm: „besser sein als andere". Im Umgang mit schwachen Jugendlichen ist das jedoch nicht so zu sehen. Hier geht es darum, in einem persönlichen Leistungsprofil die „starken" Seiten hervorzuheben. Das ist ein Vorgang, der eine individualisierende Sicht auf den Jugendlichen erfordert – was in den Betrieben und in anderen gesellschaftlichen Bereichen viel zu wenig erfolgt, wie das oben eingefügte Zitat zeigt. Auch für sozialpädagogische Fachkräfte ist diese individualisierende Betrachtung eine Herausforderung,

---

50 Doppelt selektiv ist dieses Scheitern, weil es sich einerseits auf ganz speziell selektierte Fähigkeiten bezieht und andererseits, weil dieses Scheiten vielfache soziale Selektionswirkungen auslöst und verstärkt.

51 Nur am Rande sei hier erwähnt, dass neuere konstruktivistische didaktische Ansätze mit diesem Vorurteil brechen und unterstellen, dass hier Sinnstrukturen nicht anschlussfähig sind. Über subjektorientierte Lernprozess- und Fehleranalysen lassen sich die kognitiven Strukturen herausarbeiten, an denen deutlich wird, wo genau die Punkte liegen, an denen das Scheitern eintritt.

die sie annehmen müssen: „… es fällt meistens schwer, diese Stärken sofort zu erkennen, das kommt dann erst in der Zusammenarbeit mit dem Jugendlichen nach einer bestimmten Weile. Am Anfang sind sie eben da, und dann ist man eben bemüht, die langsam rauszufiltern" (009/11). Angesichts dieses Prozesscharakters des Erkennens der vorhandenen Potenziale erklärt sich, warum die Stärken nicht gleich offenkundig werden. Bei genauerem Nachfragen gibt es jedoch klare Bereiche, in denen solche individuellen Stärken sichtbar werden. Das sind:

- praktische Fähigkeiten,[52] die bei den Jugendlichen besser ausgeprägt sind als die Fähigkeiten zum Lernen theoretischer Inhalte,
- sportliche Fähigkeiten und das Engagement in Vereinen,[53]
- spezielle Interessen, z. B. an modernen Kommunikationsmitteln, wie Handy und Computer,[54]
- kommunikative und soziale Fähigkeiten,[55]
- Orientierungsfähigkeiten im Alltagsleben, zum Beispiel im Verkehr,[56]
- der grundsätzliche Wille, eine Ausbildung zu absolvieren und arbeiten zu wollen,[57]
- Ausdauer und Willensstärke,[58] da die Jugendlichen gelernt haben sich „durchzubeißen"; die Fähigkeit, mit der eigenen, schwierigen sozialen Situation umzugehen, und die Lebenserfahrungen, die Jugendliche bereits mitbringen.[59]

Diese Aufstellung zeigt, dass es durchaus Sozialpädagoginnen und Sozialpädagogen gibt, die auch mit dem Kompetenzansatz an ihre Jugendlichen herangehen. In den Interviews wird jedoch kaum deutlich, wie mit diesen Kompetenzen gezielt gearbeitet wird. So ist in den Gesprächen überwiegend die Rede von Defiziten, die behoben werden, von Krisen, die zu bewältigen sind, von Problemen, die zu lösen sind, oder von Hilfen, die geleistet werden:

> „Ja, dass man (sich) halt besonders um die Jugendlichen kümmert und diese Hilfestellungen halt auch gibt. Und, ja, die Schwächen praktisch erst mal auch rauskristallisiert, um dann speziell auf diese Schwächen auch einzugehen, um dann den Jugendlichen auch die Unterstützung zu geben." (107/61)

Insgesamt entsteht der Eindruck, dass die sozialpädagogischen Fachkräfte ihr Hauptaugenmerk doch auf die Defizite legen, z. B. in der Förderplanarbeit oder bei der Kompe-

---

52 Praktische Fähigkeiten: 009/11; 014/104; 015/17; 016/38; 021/36; 022/18; 022/120; 056/38; 062/33.
53 Sport und Vereine: 009/11; 012/23; 014/116; 017/104; 040/54; 050/73-75; 052/73; 056/4; 062/94; 068/9; 069/29, 080/43; 091/43.
54 Handy/Computer: 012/23; 056/30; 078/107; 088/31; 095/283.
55 Kommunikative und soziale Fähigkeiten: 006/62; 033/28; 050/73-75; 056/40; 057/27; 069/29; 085/43; 091/45; 096/28
56 Orientierung im Alltag: 009/11; 010/110
57 Ausbildungsbereitschaft: 014/8; 035/22; 084/55; 086/19
58 Ausdauer, Willensstärke, Lebenserfahrung: 006/93, 109; 040/22; 068/9; 099/31; 102/9, 25
59 Bei der Interpretation dieser Auflistung muss allerdings davor gewarnt werden, diese Angaben zu generalisieren. Zu allen angeführten Stärke-Bereichen lassen sich auch gegenteilige Einschätzungen in den Interviews finden! So zum Beispiel ist die Generalisierung „benachteiligte Jugendliche sind im praktischen Bereich leistungsfähig" falsch. Das gilt besonders auch für den sportlichen Bereich.

tenzfeststellung. Mit Ausnahme der Verstärkungswirkung von Erfolgen in der praktischen oder der berufstheoretischen Ausbildung wird nicht genau deutlich, an welchen Stellen Kompetenzen bewusst berücksichtigt werden. Dafür gibt es Gründe:

> „Gut, jetzt ist klar, im Rahmen der ganzen Diskussion und der Theoriebildung in dem Bereich wird stark eben auf den so genannten Kompetenzansatz abgehoben. Ist mir schon klar. Trotzdem, auf der anderen Seite kommen die Leute jetzt erst mal, nach meiner Meinung, in die Maßnahme, nicht wegen spezieller Kompetenzen, sondern erst mal wegen spezieller Benachteiligung. Das ist eigentlich auch von der Definition her so gesehen. Sie haben bestimmte Probleme, Schwierigkeiten, dass sie auf dem üblichen Ausbildungsstellenmarkt einfach keine Möglichkeit, keine Chance haben unterzukommen." (029/9)

Hier wird das didaktische Dilemma des Kompetenzansatzes in seiner ganzen Breite deutlich. Aus diesem Ansatz lassen sich kaum didaktische und methodische Konsequenzen ziehen.[60] Aber er kennzeichnet eine Art Grundaxiom, das eine grundsätzlich positive, akzeptierende pädagogische Haltung gegenüber den Jugendlichen unabdingbar voraussetzt. Diese Haltung ist bei den sozialpädagogischen Fachkräften sehr verbreitet. Allerdings könnte der Kompetenzansatz auch darüber hinaus einen Reflexionsanlass darstellen, der die verkannten Potenziale der Lebensbewältigung der jungen Menschen freilegt. Ein Sozialpädagoge ist in seiner Beschreibung der Stärken der jungen Menschen diesem Ansatz gefolgt:

> „Ich würde auf jeden Fall als eine Stärke, die bei vielen da ist, ist eine gewisse Kontaktfreudigkeit (nennen). Das ist jetzt nicht unbedingt die ‚von oben' gewünschte Teamfähigkeit immer, also,, oder sie äußert sich nur in bestimmten Bereichen, die ihnen halt näher liegen. Also, eine Teamfähigkeit im Betrieb muss nicht unbedingt nur deswegen erreicht werden, weil sie in einer Fußballmannschaft spielen, obwohl es immer wieder natürlich im Bewerbungsschreiben mit reingeschrieben wird. ... Und was ich als Stärke empfinde, ist auch noch, dass sie oft ein Gespür für ... ihre Umgebung haben, aber das nicht jetzt unbedingt ... artikuliert rüberkommen kann. ... Ich glaub, sie sind sich sehr wohl beispielsweise ihrer Position in der Sozialhierarchie bewusst, aber es wird natürlich jetzt nicht intellektuell irgendwie nach außen gebracht, das ist einfach nicht. Also, sie haben ... oftmals einen bestimmten Habitus, der ... einfach auch ... eine Stärke sein kann in bestimmten Zusammenhängen. Jetzt will ich vielleicht noch mal ... andersrum (sagen): ‚Ja, die Jugendlichen haben doch Möglichkeiten, und sie haben auch Stärken und so weiter, warum kommt das ... nicht produktiv dann, ... im Sinne von Arbeit und Ausbildung.' Was sie sehr gut können, ist diese Kontaktfrische, also, (was) sozusagen ein soziales Kapital ist, (das) ist schon vorhanden, also, sie können auch Kontakte aufbauen so. Nur ist das jetzt halt, die sind, glaub ich, manchmal, ist ein bisschen extrem, ja, es sind manchmal einfach verschiedene Welten. Also, diese wirk-

---

60 Bei Ketter stützt sich der Kompetenzansatz in der Benachteiligtenförderung im Wesentlichen auf vier Säulen, das Lernen lernen, das ganzheitliche Lernen, das psychosoziale Lernen sowie die sozialpädagogischen Handlungsansätze. Allerdings geht Ketter hier lediglich auf diese methodisch-didaktischen Ansätze ein und stellt diese nicht in den Kontext eines spezifischen Kompetenzmodells. Er beschreibt beispielsweise, dass es beim Lernen lernen u. a. darum geht, den Jugendlichen positive Lernerfahrungen zu vermitteln, um so neue Motivation für neues Lernen zu schöpfen oder um neue Zugänge zum Lernen zu finden. Unklar bleibt dabei jedoch, inwieweit spezifische Voraussetzungen und bisherige Erfahrungen von Bedeutung sind. Lediglich die negativen scheinen hier eine Rolle zu spielen, da diese negativen Lernerfahrungen der Jugendlichen den Einsatz einer solchen Strategie notwendig erscheinen lassen. Insofern entsteht der Eindruck, dass der erste Blick der Pädagogen offenbar zwangsläufig auf die Defizite erfolgt, so wie es auch in den Interviews deutlich wird, da selbst die Legitimation des Methodeneinsatzes auf den Defiziten der Jugendlichen oder auf Schwächen bisheriger Methoden fußt (vgl. Ketter in Münchmeier 2002, S. 821).

liche Welt der Ausbildung, wenn ich das manchmal so seh', ist fast komplett anders als die Welt der Jugendlichen. Und da gibt es eher Szenen und Milieus, die ihnen anderweitig sehr viel näher stehen, wo sie auch sehr viel Engagement reinbringen können, Kleinkriminalität, also, was ich mitbekomme, das sind Sachen, wo sie einfach dann auch leichter reinwachsen können. Das läuft über ganz andere Bahnen so, es ist eine Stärke, sich als Kleinkrimineller durchzuschlagen. Es ist aber keine Stärke, in dem sozialen Raum, den, in dem die, in dem sie sich dann da bewegen müssen oder so, ein Subraum ist es eigentlich mehr." (069/29)

Hier wird sehr deutlich mit den Kategorien aus Bourdieus (1985) Kultursoziologie argumentiert. Die fast unüberbrückbare alltagskulturelle Differenz der sozialen Räume und der Milieus, in denen die Jugendlichen sich bewegen, wird zur Ursache für die begrenzte Integrationsfähigkeit in die Arbeitswelt. Der Eindruck erheblicher persönlicher Defizite entsteht, weil die Jugendlichen in einer dem Habitus nach ihnen fremden Arbeitswelt platziert werden sollen. Sozialisationstheoretisch ließe sich zeigen (Bronfenbrenner 1989), dass solche virtuellen Übergänge[61] kaum gelingen können – und dann den Eindruck des Scheiterns aufgrund persönlicher Defizite erwecken. Insgesamt hat dieser Interpretationsversuch viel Plausibilität. Würde er weiter verfolgt, dann könnten sich die Funktionen der Maßnahmen neu interpretieren lassen. Es würde sich zeigen, dass sie weniger auf die Kompensation persönliche Defizite zielen, sondern dass sie ein Ansatz sind, um junge Menschen mit einem neuen Habitus auszustatten, der die Integration in die alltags- und soziokulturellen Ordnungsstrukturen der Betriebe erleichtert. Zugleich würden junge Menschen damit vor einer dauerhaften Integration in problematische soziale Milieus bewahrt, und damit würden wiederum diese Milieus zugleich begrenzt.[62]

Von der Realität der Benachteiligtenförderung ist dieser Gedankengang jedoch weit entfernt. So ist es doch gerade die Zuschreibung von spezifischen Defiziten und Problemen, die aus der Sicht der Agentur für Arbeit gleichsam ein Rechtsanspruch auf professionelle, sozialpädagogische Hilfe eröffnet. Die vorhandenen Kompetenzen spielen dabei keine Rolle. Mit dem sozialpädagogischen Kompetenzansatz soll aber streng darauf geachtet werden, dass diese Defizitzuschreibungen durch die pädagogischen Fachkräfte nicht fortgeschrieben werden[63] und dass sie keine stigmatisierende Wirkung entfalten können.[64]

---

61 Von „virtuellen Übergängen" ist hier die Rede, weil es sich eigentlich nicht um einen gelingenden Übergang handelt: es bestehen keine stützenden Verbindungen der sozialen Subsysteme des Meso- und Makrobereichs, so dass eher von einem Bruch als von einem Übergang gesprochen werden müsste.

62 Allerdings muss hier angemerkt werden, dass die Teilnehmergruppen der Benachteiligtenförderung viel zu heterogen sind, um gleichen oder ähnlichen sozialen Milieus zugerechnet werden zu können. Darüber sind in diesem Forschungsprojekt aber keine Daten erhoben worden.

63 Thiersch (2003) weist auf das Problem, welches sich hinter dieser Sichtweise verbirgt hin. Er beschreibt z. B. in Bezug auf alleinerziehende Frauen, dass sie in einer defizitären Situation gesehen werden, obwohl ihre Lebensverhältnisse auch ein Ausdruck des Wandels familiärer Lebensformen sind. Ähnlich könnte dies auch für andere Problemlagen von Jugendlichen gelten, wie z. B. nicht erreichte Schulabschlüsse, Lernbehinderungen usw. Somit wird an diesem Punkt möglicherweise eine Ursache von Benachteiligungen deutlich. Diesbezüglich lässt sich hier kritisch die Frage stellen, ob Benachteiligung nicht eine Art von Diskriminierung darstellt. Benachteiligung beruht offenbar auf einem von der Normalität abweichenden Lebensentwurf, wobei fraglich ist, inwieweit diese Normalität gültig ist und als normative Ausgangslage gesehen werden kann.

64 Nur am Rande seien hier die erziehungstheoretischen Implikationen eines Defizitansatzes erwähnt. So finden sich Ansätze, die gerade darin die „Erziehungsbedürftigkeit" des Menschen erkennen. So wird der Mensch bei Gehlen als Mängelwesen beschrieben, das keine spezialisierten Sinne be-

Eine spezifische Wendung erhält die hier dargestellte Diskussion im Kontext des 2004 eingeführten Neuen Fachkonzepts zur Berufsvorbereitung. Mit einer zweiwöchigen Eignungsfeststellung soll hier die Berufsfindung und -einmündung auf eine fundierte Basis gestellt werden. In den Interviews[65] mit den sozialpädagogischen Fachkräften, die nach dem neuen Fachkonzept arbeiten und mit Bildungsbegleitern kooperieren, wird sehr deutlich, dass sie die Defizite der jungen Menschen wieder deutlicher in den Vordergrund stellen, allerdings jetzt unter anderen Vorzeichen. War der „Kompetenzansatz" eingeführt worden, um die etikettierende, vielleicht sogar stigmatisierende Wirkung von Defizitzuschreibungen abzuwehren, so wird der „Defizitansatz" jetzt zu einer Abwehr von vorschnellen Positiv-Etikettierungen durch Eignungsfeststellungsverfahren! Es darf aus sozialpädagogischer Sicht nicht darum gehen, über die Eignungsfeststellung und eine darauf folgende angemessene und „passgenaue" bausteinförmige Qualifizierung eine schnelle Einmündung in gering qualifizierte Beschäftigung herbeizuführen. Der damit verbundene Verzicht auf berufliche Ausbildung wäre zugleich eine institutionelle Begrenzung pädagogischer Förderung, und das wäre aus sozialpädagogischer Sicht ein fragwürdiger Rückschritt.[66]

Eine „kleine Form" des Kompetenzansatzes, die abschließend erwähnt werden soll, ist das „alte" sozialpädagogische Prinzip der „Hilfe zur Selbsthilfe". Auch hier wird davon ausgegangen, dass die Jugendlichen die nötigen Potenziale haben, um ihr Leben zu regeln (056/36). Den sozialpädagogischen Fachkräften kommt es hier darauf an, mit den Jugendlichen gemeinsam ihre Probleme so zu lösen, dass sie dabei exemplarisch Lösungsstrategien und -wege erkennen und für sich selbst nutzen können.[67] Ziele sind die Festigung der Persönlichkeit (001/45) und die Fähigkeit, „… selbstständig irgendwelche Entscheidungen zu treffen", denn „… der Jugendliche muss halt auch wissen, dass er irgendwo mal selber auf eigenen Füßen steht" (002/40). Die jungen Menschen sollen lernen, wie sie „die Sachen selber hinkriegen und die Verantwortung … übernehmen" (029/140), und schließlich auch „ein Stück weit sich auch selber zu helfen" (075/29). Aktiv und gestaltend in ihrer Umwelt zu leben, ist das Ziel dieses Ansatzes. Oftmals fehlen elementare Voraussetzungen, die auch als einfachste „Kulturtechniken" beschrieben werden können: Körperpflege, Ernährung, Sport, ärztliche Vorsorge, Benutzung öffentlicher Nahverkehrsmittel, hier insbesondere das Lesen von Fahrplänen, der Umgang mit Geld, der Umgang mit Mit-

---

sitzt, keine seiner Umwelt entsprechenden Organe. An die Stelle der verloren gegangenen Instinkte seien soziale Institutionen getreten. Darin liegt die Begründung der Erziehungsbedürftigkeit des Menschen (vgl. A. Gehlen: Der Mensch. Seine Natur und seine Stellung in der Welt. 1940/1958).

65 Hier handelt es sich um die ergänzende Erhebung, die im Frühjahr 2005 durchgeführt worden ist und die explizit auf die Arbeitsbedingungen und die Arbeitsteilung zwischen Sozialpädagogischen Fachkräften/Bildungsbegleitern nach dem Neuen Fachkonzept gerichtet ist.

66 „Ich, von meinem Selbstverständnis, sehe meine Aufgabe darin, den Jugendlichen soweit zu stabilisieren, zu unterstützen, dass nicht bestimmte Schwächen, bestimmte familiäre Hintergründe, die jetzt den Jugendlichen in seiner Ausbildung behindern, dass die ausgeglichen werden können. Soziale Defizite, dass die ausgeglichen werden können, so dass er eben am Ende des Lehrganges dazu in der Lage ist, eine Ausbildung aufzunehmen, beziehungsweise für sich eine Perspektive entwickelt, wie für ihn die weitere Entwicklung stattfinden kann." (E 01/87, ähnlich: E 05/88, 90)

67 vgl. 056/36; 026/83; 075/29; 080/175.

menschen, das Auftreten gegenüber Vorgesetzten und bei Behörden und das Ausfüllen von Formularen.

„Hilfe zur Selbsthilfe" heißt schließlich auch, die Jugendlichen in den Maßnahmen weniger zu behüten und den Maßnahmerahmen weniger als pädagogischen Schon- und Schutzraum zu sehen. Ziel ist es, die Jugendlichen auf die Realität, auf die Anforderungen des beruflichen Alltages vorzubereiten.[68] Trotz der Relativierung der pädagogischen „Schonraumfunktion" der Maßnahmen wird immer versucht, ein Gleichgewicht zwischen Schutz, als sozialpädagogische Kategorie, und der Realität und den Anforderungen des gesellschaftlichen Raumes zu finden (vgl. hierzu z. B. Mollenhauer 2001, S. 104f.). Wenn dieser Prozess idealtypisch erfolgreich verlaufen würde, wäre Sozialpädagogik in der beruflichen Benachteiligtenförderung lediglich eine Starthilfe, die sich im Laufe der Maßnahme immer mehr zurückzieht und nur auf spontane Anforderungslagen reagiert. In der Maßnahmerealität ist das allerdings selten der Fall.

Der Ansatz „Hilfe zur Selbsthilfe" ist sicher deutlich älter als der „Kompetenzansatz". Er zeigt, dass Sozialpädagogik und Sozialarbeit hier in einer (Bildungs-)Tradition steht, die auf die Selbstentfaltungskräfte des Individuums setzt und für ihre integrativen Zielsetzungen in Dienst zu nehmen sucht.[69]

Ein Vergleich der unterschiedlichen Positionen der Mitarbeiterinnen und Mitarbeiter der Berufsberatung, der Einrichtungsleitungen und der sozialpädagogischen Fachkräfte zeigt einerseits deutliche Parallelen hinsichtlich der Erwartungen, die an die Sozialpädagogik gestellt werden. Andererseits gibt es unterschiedliche Akzentsetzungen. Was sich für die Arbeitsagenturen eher als ein Problem der Nichtvermittelbarkeit in Ausbildung darstellt, ist aus sozialpädagogischer Sicht ein Entwicklungs- und Förderungsproblem. Die Integration von persönlicher Entwicklung, Lebensbewältigung und Berufsbefähigung bildet den Schnittpunkt ihrer Arbeit. Die unterschiedlichen sozialpädagogischen Arbeitsansätze und Tätigkeitsformen sollen im Folgenden dargestellt werden.

---

68 „Ansonsten leisten wir da Hilfe zur Selbsthilfe, dass die Jugendlichen da selbst hingehen, und dass muss halt vorbereitet werden: Wie geh ich zum Betrieb, was zieh ich an, was sag ich da, was nehm' ich mit? Solche Sachen" (052/41; ähnlich: 077/35).

69 Als Bildungstradition ist dieser Ansatz sehr alt. Er nimmt das Prinzip der Entelechie, der Entwicklungs- und Entfaltungskräfte der Seele bei Aristoteles auf, findet sich auch in der Leibnitzschen Monadenlehre, bei W. v. Humboldt, bei Herder und bei Schleiermacher, weiter in der Reformpädagogik und neuerlich unter dem Begriff der „Autopoieses" in der Systemtheorie und im Konstruktivismus.

4. Sozialpädagogische Arbeit in den Maßnahmen der Benachteiligtenförderung

Bereits bei den ersten Handreichungen des Bundesministeriums für Bildung und Wissenschaft (BMBW – Bundesministerium für Bildung und Wissenschaft 1982) zum „Benachteiligtenprogramm" war in deren Titel zu lesen, worum es gehen sollte: um „sozialpädagogisch orientierte Berufsausbildung" benachteiligter junger Menschen. Die Zielgruppe hat sich hier im Wesentlichen bereits herauskristallisiert: Jugendliche ohne Hauptschulabschluss, Absolventen der Sonderschulen, junge Ausländer und sozial benachteiligte Jugendliche. Bei benachteiligten Jugendlichen, so die Handreichung weiter, handelt es sich um „... Jugendliche, die aufgrund der unterschiedlichsten sozialen und persönlichen Schwierigkeiten im dualen System derzeit keine Chancen haben, eine Ausbildung zu beginnen und diese auch durchzustehen" (a.a.O., S. 19). Die Sammlung von beispielhaften Problemlagen, die anschließend folgt, hat bis heute nicht an Aktualität verloren. Sie zeigt ein höchst komplexes Feld von individuellen und sozialen Benachteiligungen[70], die sich einerseits als persönliche Defizite, andererseits aber auch als soziale Problemlagen beschreiben lassen. Beide Interpretationen sind ineinander verwoben und lassen sich kaum voneinander trennen. Lernprobleme und Schulängste haben ihre Genese wenigstens teilweise im Schulsystem, Verhaltensauffälligkeiten und Störungen in der persönlichen Entwicklung korrelieren mit sozialen Problemlagen in der Familie oder im sozialen Milieu, Motivationsdefizite haben ihre eigene biographische und soziale Genese. Alle diese Schwierigkeiten werden durch gesellschaftliche Strukturen überlagert, die ihrerseits die Wirkungen potenzieren: Das gilt insbesondere für die ungünstige Lage auf dem Ausbildungsstellen- und Arbeitsmarkt. Die alte berufspädagogische Hoffnung, dass Sozialisationsmängel mit dem Eintritt in eine Berufsausbildung und einen Ausbildungsbetrieb geheilt werden, erweist sich dort als Illusion, wo dieser Eintritt verwehrt bleibt. Das Benachteiligtenprogramm kann als Versuch gewertet werden, den betroffenen jungen Menschen durch eine Verbesserung der persönlichen Voraussetzungen – von der Ausbildungs- und Berufsvorbereitung bis zum erfolgreichen außerbetrieblichen Berufsabschluss – eine günstigere Startposition zu sichern, um Benachteiligungen zu überwinden und den Einstieg in das Beschäftigungssystem zu finden. Benachteiligtenförderung ist ein Teil der Sozialpolitik. Als Arbeitsmarktpolitik ist sie dem Ziel der sozialen Integration untergeordnet, denn die Schließung einer möglichen Facharbeiterlücke ist derzeit kaum ein Thema. Nicht zufällig ist diese Politik deshalb seit Jahren im Sozialgesetzbuch verankert.

---

70 Eine generalisierende Aussage über die verschiedenen individuellen und sozialen Problemlagen der Jugendlichen in den Maßnahmen lässt sich kaum treffen. Einerseits ist die Vielfalt der Probleme sehr unterschiedlich, andererseits kann aber auch die Intensität sehr unterschiedlich sein. So heißt es in einem Interview, dass manche Jugendliche „mit argen Verhaltensauffälligkeiten zu uns kommen" (059/71). Andere Problembeschreibungen zielen eher auf die sozialen Bedingungen: „Und wir haben auch welche, die sind intellektuell eigentlich ganz gut ausgestattet, aber die Umfeldbedingungen sind so miserabel, dass so etwas entsteht wie Pseudodebilität. Die Leistungsfähigkeit ist eigentlich vom Grundsatz her da, aber andere Gegebenheiten hindern sie daran, diese wirksam werden zu lassen." (077/19). Es gibt aber auch Situationsbeschreibungen, die die Probleme in manchen Gruppen deutlich relativieren: „Ich muss sagen, dass meine Jugendlichen sich als sehr unproblematisch entpuppt haben oder nachher entwickelt haben. Es gab wenige Probleme, außer bei zwei oder drei Leuten, die haben sich alle tatsächlich alle ausbildungsreif und ausbildungsfähig ergeben." (für BaE, 075/13).

Die Benachteiligtenförderung als „sozialpädagogisch" auszuweisen unterstellt wie selbstverständlich, dass es nicht ausreichend ist, die zu fördernden jungen Menschen nur in einer Ausbildungswerkstatt und nur von berufspädagogisch orientierten Ausbildern betreuen zu lassen. Der Sozialpädagogik kommen zentrale Aufgabenstellungen zu, insbesondere die Förderung der persönlichen Entwicklung an jenen Stellen, an denen die kompensierende Sozialisations- und Integrationskraft der Werkstattpraxis an ihre Grenzen stößt. Hier ist Sozialpädagogik gefragt, und hier ist sie eine echte Gruppenpädagogik. Sie versucht, die soziale Integration durch die entsprechende pädagogische Kultur der Einrichtung und durch Steuerung von Gruppenstrukturen zu verbessern. Dieser Ansatz hat bis in die Mikrostrukturen der Interaktionen hinein seine Konsequenzen, und er verfügt über eine Palette von eigenen Angeboten, Aktionsformen und Methoden. Sozialpädagogik versucht aber auch, zur individuellen Lösung von Problemen beizutragen. Hier sind alle Formen individueller Betreuung und Beratung angesprochen, auch die kontrollierenden und sanktionierenden sozialpädagogischen Aktionen.

Im Tätigkeitsspektrum der sozialpädagogischen Fachkräfte wird das hier angesprochene Feld von gruppen- und einzelpersonbezogenen Aktionsformen sehr deutlich. Beide Aktionsformen und -ziele sind in der sozialpädagogischen Praxis kaum voneinander zu trennen. Sozialpädagogisch gestaltete Einrichtungen zielen immer auf die Herstellung eines pädagogischen Raumes, in dem eine besondere Kultur des sozialen Umgangs herrscht, die entwicklungsfördernde Potenziale frei setzt. Darin liegt aber auch die alte Dialektik, die aus der Theorie der Schule hinlänglich bekannt ist: einerseits ein Schon- und Förderraum zu sein, andererseits genau dadurch immer auch einer gewissen Lebensfremdheit zu verfallen.[71] Auch die Maßnahmen sind von dieser unhintergehbaren Dialektik betroffen – und sie lassen sich als pädagogischer Schonraum beschreiben, der die jungen Menschen einer „künstlichen" sozialen Kultur unterwirft und damit zugleich auf die reale Welt vorbereiten will. Dass dadurch Übergangs- und Umstellungsprobleme entstehen müssen, verwundert nicht. Eine Lösung des Problems wird durch die Re-Dualisierung (Gericke und Deutsches Jugendinstitut 2003) der Maßnahmen zu erreichen versucht, mit der eine deutlich größere Nähe zu den Betrieben aufgebaut wird. Wo das gelingt, ist dieser Weg sicher richtig, wo jedoch die betrieblichen Arbeits-, Ausbildungs- oder Praktikumsplätze nicht zur Verfügung stehen, ist dieser Weg nicht gangbar. Wenn die Sozialisations- und Integrationspotenziale von Betrieben nicht verfügbar sind, muss konsequent sozialpädagogisch entschieden werden, wie die Balanceprobleme von Fördern und Fordern, von Tolerieren oder Sanktionieren, von Interessenorientierung und Pflichterfüllung, von Motivieren und Disziplinieren gelöst wird. Zu diesem Spannungsfeld gehört auch die Klärung der Frage, inwieweit individuelle persönliche Profile weiter ausgeprägt oder standardisierte Qualifikationsanforderungen[72] erfüllt werden sollen. Entwicklungstheoretisch betrachtet geht es um die

---

71 In den Interviews mit den sozialpädagogischen Fachkräften wird dieser Bruch häufiger beim Übergang in betriebliche Praktika thematisiert. Hier gäbe es eine völlig andere Welt, und von den jungen Menschen werde verlangt, dass sie sich darin zurechtfinden (069/96). In einem anderen Interview wird das Praktikum positiv hervorgehoben, weil hier viele Erfahrungen möglich sind, die in den überbetrieblichen Ausbildungswerkstätten nicht möglich sind (071/157).

72 Zu diesen standardisierten Qualifikationsmustern gehören auch die in den letzten Jahren entwickelten Qualifizierungsbausteine (vgl. Kloas/Kramer 2005).

pädagogisch gesteuerte Interaktion von Subjekt und Umwelt, um die Gestaltung von Sozialisationsmilieus und von Entwicklungsaufgaben (Havighurst 1972; Bronfenbrenner 1989), die entwicklungsfördernde Einflüsse entfalten. Diese genuin sozialpädagogische Arbeit bezieht sich immer auf zwei unterschiedliche Ebenen: Auf die Herstellung entsprechender pädagogisch gestalteter Milieus, in denen die entwicklungsfördernden Anforderungen entstehen, und auf die individuelle Betreuung und Förderung, um die zur Bewältigung erforderlichen persönlichen Potenziale freizusetzen. Insofern ist es sicher zutreffend davon auszugehen, dass Sozialpädagogik immer eine soziale und eine individuelle Orientierung miteinander verbindet (Reyer 2000). Die Förderplanarbeit und das pädagogische Tagebuch (001/71; 009/94) dokumentieren diese sozialpädagogischen Aktivitäten, die das individuelle Potenzial zur Bewältigung von Entwicklungsaufgaben zu steuern versuchen.

Neben das hier dargestellte Konzept sozialpädagogischer Arbeit könnte allerdings auch ein anders treten, bei dem schwerpunktmäßig die individuellen Defizite und deren Aufarbeitung den Maßnahmealltag bestimmen. Hier stehen Betreuung und Beratung im Vordergrund. Die Bewältigung individueller Problemlagen, vielleicht auch die individuelle Qualifizierung durch Förderunterricht oder durch Qualifizierungsbausteine gewinnen stark an Bedeutung. Dieser Trend lässt sich in manchen Interviews deutlich finden. Er tritt besonders dort auf, wo Träger keine Ausbildungswerkstätten vorhalten und der berufspraktische Teil in Betrieben durchgeführt wird (029; 030; 031; 059; 075). Hier ist die Sozialpädagogik deutlich mehr auf individuelle Hilfen festgelegt. Möglicherweise wechselt sie hier unter der Hand ihr eigenes pädagogisches Konzept und wird zu einer Form von Individualpädagogik. Inwieweit auch das Neue Fachkonzept diesen Trend fördert, wird später noch zu diskutieren sein. Bemerkenswert ist allerdings, dass schon jetzt sozialpädagogische Fachkräfte, die in der Funktion der Bildungsbegleitung arbeiten, darüber berichten, dass der Kontakt zu den Jugendlichen zunehmend schwächer wird (005/12).[73]

4.1 Sozialpädagogische Tätigkeiten im Überblick

Auf den ersten Blick sind die Tätigkeiten der sozialpädagogischen Fachkräfte außerordentlich vielfältig. Unterschiede zeigen sich in den Akzentsetzungen, Profilbildungen und im Umfang der Tätigkeiten. Unabhängig von diesen Unterschieden zielen sozialpädagogische Tätigkeiten immer darauf,
– persönliche Entwicklung zu fördern, persönliche Probleme zu bearbeiten und die Fähigkeiten zum selbstständigen Problemlösen auszubauen,
– soziale Situationen zu schaffen, in denen soziales Lernen möglich ist,
– soziale Ordnungen im Sinne einer sozialpädagogischen „Maßnahmekultur" herzustellen, die die Regeln des sozialen Umgangs klärt und die Integration in den Maßnahmekontext verbessert.

---

73 Bemerkenswert ist, dass es in der Theorietradition der Pädagogik, und zwar in der Entgegensetzung von Kant und Herder, einen sehr ähnlichen Dualismus gibt. Bei Herder geht es eher um Entwicklungsförderung in entsprechenden Milieus und in Bezug auf die Ganzheitlichkeit der einzelnen Person, bei Kant eher um die Ausrüstung eines autonomen Subjekts mit Handlungspotenzialen. Diese Entgegensetzung ist von Theodor Litt sehr überzeugend dargelegt worden (Litt 1949).

Um die persönliche Entwicklung zu fördern ist es aus sozialpädagogischer Sicht unabdingbar erforderlich, ein Vertrauensverhältnis zu den jungen Menschen und eine tragfähige pädagogische Beziehung aufzubauen:

> „Das Wichtigste ist, ein vertrauensvolles Verhältnis aufzubauen, und dann kommt als Resultat auch eine entsprechende Rückkopplung. Dass man genau weiß, was geht in dem jungen Mensch vor, wo hat er seine Probleme, und die er dann auch im Einzelgespräch tatsächlich offen legt. ... Natürlich ist es so, gerade speziell in dieser Einzelfallhilfe, wenn man das Vertrauen des Jugendlichen gewonnen hat, dann kommen mit Sicherheit auch diese kleinen Probleme, die auf privater Basis beruhen, wo sie unbedingt Hilfe brauchen, und man spürt ja auch, dass dann gern die Hilfe angenommen wird. Ich sage jetzt nur mal ein Beispiel, ein Drogenproblem ..." (038/107, 25; ähnl: 017/90)

Zur Entwicklung eines solchen Vertrauensverhältnisses werden vielfältige Kontaktanlässe gesucht: zu Beginn der Maßnahme durch Erstgespräche[74] und Kennenlernwochen[75], durch die tägliche Anwesenheitskontrolle in den Werkstätten[76] und sehr häufig auch durch den Stützunterricht.[77] Sicher ist, dass ein gutes Vertrauensverhältnis zwischen den Jugendlichen und den sozialpädagogischen Fachkräften viele Möglichkeiten eröffnet, um persönliche Probleme gemeinsam zu lösen und damit zu vermeiden, dass hier größere Schwierigkeiten entstehen, die den Erfolg der Maßnahme zunichte machen können. Vielfach geschieht das so, wie ein Sozialpädagoge im Folgenden beschreibt:

> „... indem ich einfach präsent bin, indem ich ... mich für den Einzelnen ... interessiere, indem ich mich auch mit dem Einzelnen auseinandersetze, auch Fragen stelle, wenn es einem nicht gut geht morgens, oder ich denk ‚au, der sieht aber verschlafen aus', dann sag ich das auch, dass man so ins Gespräch kommt, einfach diese Dinge auf relativ niedrigem Niveau. Und dann muss man immer aufpassen, was entwickelt sich draus." (033/44, ähnl. 038/107)

Die hier angesprochene Form der individuellen Betreuung und Einzelberatung[78] kann vielerlei Inhalte haben. Sie zielt auf sehr umfassende Hilfestellung, die keine Probleme ausschließt:

> „Wir unterstützen sie bei Problemen im Betrieb, mit Kollegen, mit den Vorgesetzten. Wir unterstützen sie bei Problemen mit dem Ausbildungsplan im Betrieb. Dass es da einfach Defizite gibt, wo der Jugendliche nicht mehr weiter kommt, nicht mehr weiß, wie er das jetzt umsetzen muss, was er zu tun hat. Wir unterstützen sie bei privaten Problemen von Liebeskummer über Stress mit den Eltern, bei Behördengängen, bei Gerichtsdingen. Also, eigentlich bei allen Problemen, die anliegen, versuchen wir, soweit wir das können, sie zu unterstützen." (025/25)

Trotz dieses verbreiteten sozialpädagogischen Anspruchs einer „Rundumbetreuung" stehen doch jene Probleme besonders im Vordergrund, die unmittelbar mit der Durchführung der Maßnahme zu tun haben. Das sind zum Beispiel mangelnde Anwesenheit und Pünktlich-

---

74 Erstgespräche: 010/24; 051/107; 054/65;
75 Kennenlernaktivitäten: 002/94; 017/25; 024/63; 025/94
76 Anwesenheitskontrolle als Kontaktanlass: 001/23; 002/32; 008/63; 011/36; 014/92; 015/29; 020/138; 029/20; 033/40; 062/76; 063/53; 068/20, 69/37; 077/37; 080/39; 081/23; 101/101
77 Stützunterricht: 012/39; 014/10-11; 015/19; 024/44; 038/98; 039/45; 056/24; 069/37; 072/25; 088/86; 038/98; 039/15, 45; 062/70; 072/25; 088/86; 098/71; 100/50
78 Einzelberatung: 008/63; 014/31; 017/25, 49, 90; 024/44; 037/34; 039/31; 040/52; 055/32; 059/69; 068/11

keit[79] oder Alkoholismus und Drogen[80]. Die Einzelbetreuung kann aber auch Probleme mit Eltern[81], mit Beziehungspartnerinnen und -partnern[82] oder mit der Suche einer eigenen Wohnung[83] zum Inhalt haben. Auch Probleme von Straffälligkeit, die eine Zusammenarbeit mit der Jugendgerichtshilfe erfordern, werden mehrfach angesprochen.[84] Hier geht es immer um Problemlagen, die im sozialen Umfeld des einzelnen jungen Menschen entstehen. Aus sozialpädagogischer Sicht würden diese Probleme, wenn sie ungelöst bleiben, zu Entwicklungshemmnissen werden. Sie erschweren die Integration in die Bildungsmaßnahme. In betrieblichen Ausbildungskontexten und Arbeitszusammenhängen würden derartige Problemlagen weitgehend ausgeblendet werden. Sie würden dort als „Privatsphäre" des Einzelnen kaum zur Kenntnis genommen und ihre Lösung gegebenenfalls an andere Instanzen delegiert. Allerdings entsteht bei der Durchsicht der Interviews deutlich der Eindruck, dass die sozialpädagogische Intensität der Exploration und Bewältigung persönlicher Problemlagen sehr unterschiedlich sein kann. So lassen sich auch Strategien im Handlungsrepertoire sozialpädagogischer Fachkräfte finden, die deutlich darauf abzielen, Probleme an andere Instanzen zu delegieren und Problemlösungen von dort zu erwarten (z. B. 054/65).

Nicht alle der hier angesprochenen Problemlagen werden in Einzelgesprächen und -beratungen geklärt. Manches lässt sich durch entsprechende Gruppenarbeit[85] weitaus sinnvoller lösen. Das gilt – in Grenzen – für Krisenintervention, mehr jedoch für Strategien zur Konfliktlösung und zur Gewaltprävention.[86] Manche Verhaltensweisen werden explizit durch Trainingsangebote verbessert. Hierbei geht es um Sozial-, Verhaltens- und Konflikttraining[87] sowie um Bewerbungstraining.[88] Letzteres wird besonders intensiv angeboten. Hier entstehen soziale Lernsituationen, in denen soziales Lernen systematisch gefördert werden soll.

---

79 Pünktlichkeits-/Anwesenheitsprobleme: 010/36; 012/25; 014/13; 025/94; 037/40; 070/19; 075/12; 084/77;

80 Alkohol- und Drogenprobleme: 009/94; 011/98; 012/96; 014/23; 015/23; 030/26; 033/22; 035/25; 037/21; 038/43; 050/77; 070/68; 102/11; 103/59 (wobei hier anzumerken ist, dass es auch sozialpädagogische Fachkräfte gibt, die Jugendliche mit Drogenproblemen eigentlich nicht in der Maßnahme haben wollen, vgl. 037/100; 102/11; 103/59).

81 Elternprobleme: 015/23; 022/24; 024/27; 025/25; 032/63; 037/21, 115; 039/31; 050/5; 080/52; 083/34

82 Probleme mit Beziehungspartner: 015/23; 017/35; 025/25; 039/31; 050/5

83 Wohnungssuche: 012/136; 015/23; 049/31;086/26

84 Straffälligkeit: 006/83; 012/29; 014/31; 025/25; 055/30

85 Gruppenarbeit: 008/63; 009/84; 012/96; 014/10-11; 017/146; 026/111; 026/116; 033/73; 037/40; 045/97; 050/45; 052/121;059/71; 068/58; 070/19; 078/57; 080/43; 081/93; 085/137; 088/86; 091/21; 098/79; 107/93

86 Krisenintervention, Konfliktlösung und Gewaltprävention: 002/96; 005/12; 006/77; 009/34; 011/98; 020/60; 029/64; 077/83; 078/53; 085/47; 086/163; 091/21

87 Soziale Trainings: 002/54; 008/60; 020/34; 031/37; 032/39; 050/5-7, 070/68; 071/31

88 Bewerbungstrainings: 001/12; 008/95; 002/94; 006/75; 008/93; 012/157; 014/122; 020/59; 022/34; 025/74; 026/74; 032/39; 045/57; 050/17; 051/49; 052/3; 071/136; 072/137; 074/71; 077/126; 083/98; 084/73; 085/29; 086/58; 087/58; 088/33; 090/96; 091/21; 099/119; 100/138; 101/90; 103/71; 105/84

Der zuletzt angesprochene Bereich, die Förderung einer pädagogischen und sozialen Maßnahmekultur, zielt ebenfalls auf soziales Lernen, allerdings nicht durch Formen des Trainings, sondern durch die Förderung der Sozialisationswirkungen eines positiven sozialen Milieus. Entsprechende alltagskulturelle Angebote können in Maßnahmen vielfältige Gestalt annehmen. Die schon erwähnten „Kennenlernwochen" sind nur ein Beispiel dafür. Weitaus umfangreicher sind die Bereiche der Freizeit- und Erlebnispädagogik[89], der Sportangebote[90], der Kulturarbeit[91] und der Feste[92], die im Maßnahmeverlauf durchgeführt werden. Allerdings gibt es auch kritische Stimmen gegenüber der Freizeitpädagogik.[93] Zum Teil wird die Einschätzung vertreten, dass die Jugendlichen nur noch schwer dafür zu motivieren seien, zum Teil gibt es aber auch finanzielle Restriktionen (z. B. 085/14) oder andere Schwerpunktsetzungen: „… das ist eigentlich mein Slogan, eine Jugendclub-Pädagogik kann man hier nicht groß führen, im Vordergrund steht die Berufsausbildung, die Orientierung und die Berufsausbildung selber, ja, und da muss man auch gewisse Prämissen setzen …" (037/126).

Wenngleich sehr viel von sozialpädagogischer Gruppen- und Freizeitpädagogik in den Interviews zur Sprache kommt, so steht doch immer völlig eindeutig fest, dass es hier wirklich nicht um eine „Jugendclub-Pädagogik" geht, sondern um persönliche und sozialkompetenzbezogene Entwicklung mit dem Ziel der Berufs- und Betriebsintegration. Darauf ist eine große Zahl sozialpädagogischer Tätigkeiten ausgerichtet. Die großen Stichworte sind: Praktikumsakquise und -betreuung, Kooperation mit Betrieben und Berufsschulen, Unterstützung bei der Berufswahl und der Praktikums- oder Ausbildungsstellensuche, und nicht zuletzt die Übergangsbetreuung. Allerdings sind diese Aktivitäten je nach Maßnahmeform unterschiedlich vertreten und gewichtet. Deshalb wird im Folgenden nach den drei großen Maßnahmeformen unterschieden: Berufsvorbereitung (BvB), außerbetriebliche Berufsausbildung (BaE) und ausbildungsbegleitende Hilfen (abH). Hinzu kommt aber noch eine Vielzahl weiterer Tätigkeiten, die von Sozialpädagogen übernommen werden. Vieles davon fällt in den Bereich der koordinierenden, verwaltenden und dokumentierenden Tätigkeiten und hat mit unmittelbarer Sozialpädagogik wenig oder gar nichts zu tun. Darauf wird am Ende des Kapitels einzugehen sein.

89　Freizeit und Erlebnispädagogik: 008/61; 009/34; 010/80; 014/60; 017/25; 022/53; 025/94; 026/95; 030/99; 045/63; 059/43; 071/95; 072/29; 078/57; 084/73; 085/143; 090/96; 100/123 103/3; 105/84; 107/93

90　Sportangebote: 009/34, 84; 010/80; 011/98; 025/94, 116; 030/33; 033/71; 038/90; 040/52; 054/156; 056/44; 071/95; 080/43; 083/40; 103/61; 105/84

91　Kulturarbeit: 009/84; 012/025; 026/95; 037/126; 039/102

92　Feste: 034/65; 025/94; 030/33; 037/115; 045/97; 049/133; 054/156; 056/44; 084/73

93　Geringes oder kein Freizeitangebot: 051/105; 052/123

4.2 Sozialpädagogische Arbeit in den unterschiedlichen Maßnahmeformen

4.2.1 Besonderheiten der sozialpädagogischen Arbeit in den Maßnahmen der Berufsvorbereitung (BvB)

Berufsvorbereitende Maßnahmen sind ein Angebot für Jugendliche, die keinen Ausbildungsplatz oder keine Arbeitsstelle gefunden haben und die zum angesprochenen Problemkreis der „Benachteiligten" zählen. Häufig sind sie aus den allgemeinbildenden Schulen oder aus berufsvorbereitenden Bildungsangeboten der berufsbildenden Schulen entlassen worden, ohne ein Anschlussangebot gefunden zu haben. Zum Teil haben sie schlechte Erfahrungen auf dem Ausbildungsstellenmarkt und viele erfolglose Bewerbungen hinter sich. Pädagogisch interpretiert heißt das: Der Übergang von der Schule in die Arbeitswelt, in Ausbildung und Beschäftigung – als ein wichtiger Schritt in die Welt der (jungen) Erwachsenen – ist nicht gelungen. Das kann auf individuelle Defizite zurückzuführen sein, denn häufig korrelieren solche Defizite mit den angesprochenen Misserfolgen. Aus soziologischer Sicht können aber auch ganz andere hemmende Faktoren hier ihre Wirkung entfalten: Die erforderlichen sozialökologischen Rahmenbedingungen, wie soziale Netzwerke und Elternunterstützung und die subjektiven Handlungspotenziale zur Bewältigung der Übergangsschwierigkeiten (Kontaktpotenziale, Bewerbung und Selbstdarstellung, Selbst- und Fremdwahrnehmung, Pünktlichkeit und Disziplin) sind nicht hinreichend ausgeprägt und müssen besonders gefördert werden. Die Berufsorientierung ist nicht genug entwickelt, der Berufswunsch nicht klar oder nicht realistisch ausgeprägt.[94]
Daraus ergibt sich das zentrale Problemfeld der Maßnahmekonstruktion: In welchem Umfang muss die Bewältigung dieser Defizite und Problemlagen durch systematische (sozial-)pädagogische Angebote kompensiert werden, und wie müssen diese pädagogischen Angebote aussehen? Der maßnahmeübergreifende, typisch sozialpädagogische Arbeitsansatz ist oben bereits dargestellt worden. Jetzt geht es darum, das Augenmerk darauf zu richten, was aus Sicht der sozialpädagogischen Fachkräfte zur Lösung des Berufsintegrationsproblems getan werden kann.

Berufswunschklärung, Ausbildungsfähigkeit und Einmündung in Ausbildung

Das Berufswahl- und -einmündungsproblem wird in unterschiedlichen Schritten anzugehen versucht: Der erste Schritt ist die Berufsorientierung und -information. Hier werden, soweit die Teilnehmerinnen und Teilnehmer ihren Berufswunsch noch nicht ausgeprägt haben, die Profile von Berufen systematisch erarbeitet, zum Teil durch den Besuch des Berufsinformationszentrums[95] oder durch berufsorientierende Gruppenarbeit.[96] Der zweite Schritt zielt auf die Klärung der Berufseignung. Hier werden zum Teil Kompetenzfeststellungs-,

---

94 Berufswunschprobleme: 009/99; 012/047/89; 051/25; 074/113; 080/3; 084/61; 085/41; 090/14; 044/158; 076/26; 094/19; 094/21; Bemerkenswert ist, dass bei den sozialpädagogischen Fachkräften das Problem der Misserfolgserfahrungen durch viele erfolglose Bewerbungen selten thematisiert wird (Ausnahme: 052/13). Bei den Einrichtungsleitungen ist das anders.
95 Berufsinformationszentrum/Berufsberatung: 006/29; 049/37; 060/62
96 Berufsorientierende Gruppenarbeit: 031/101; 045/31; 049/63;052/45; 059/11; 088/70

Eignungs- oder Assessment-Verfahren[97] durchgeführt, „Stärken-Schwächen-Analysen" vorgenommen oder durch andere Formen der Eignungsfeststellung und durch klärende Gespräche[98] die Berufsmotivation und -eignung zu ermitteln versucht. Die Vermittlung von berufsorientierenden Erfahrungen kann auch durch Exkursionen[99] geschehen. Weitaus bedeutsamer sind aber die Erfahrungen in den Werkstätten[100] und ganz besonders die Praktika in Betrieben.[101] Hier können Berufsanforderungen konkret kennen gelernt und Berufswünsche erprobt werden. Ein Sozialpädagoge beschreibt dieses Strategiebündel sehr überzeugend:

> „Also, wir haben versucht, relativ früh ein Praktikum zu finden, manche kamen bereits mit einem Praktikum an, wenige natürlich, manche wollten erst gerne die Berufsfindungsphase richtig ausprobieren, haben dies und das und jenes probiert. Einfacher war es natürlich bei denen, die gleich genau wussten, was sie wollten, die schon eine relativ gute Vorstellung hatten von ihrem Beruf, und dort haben sie dann verschiedene Praktika gemacht in verschiedenen Firmen, auch die, die Kfz-ler machen wollten. Wir haben mit zunehmender Dauer immer mehr darauf geachtet, dass die Betriebe auch ausbilden und auch jemanden suchen in dem Bereich, so dass wir dort auch relativ große Erfolgsquoten hatten, …" (045/7)

Insgesamt stellt sich das Problem, dass der Berufswunsch „passen" muss – oder „passend gemacht" werden muss –[102], und zwar im Hinblick auf die Wünsche und die Eignung des einzelnen jungen Menschen, aber auch in Bezug auf den Ausbildungsstellen- und Arbeitsmarkt. Das ist ein relativ komplexes und prozessorientiertes Geschehen. Deshalb gehören Strategien zum Auffinden eines geeigneten Praktikums-, Ausbildungs- oder Arbeitsplatzes[103] mit zum sozialpädagogischen Programm. Bei der Auswahl der Praktikumsbetriebe spielt die Frage, ob die Chance einer sich anschließenden Ausbildung in diesem Betrieb eröffnet werden kann, eine große Rolle. In der Sprache der Hartz-Reformen ist hier von „Klebeeffekt" die Rede.[104] Um diese Einmündung besser abzusichern, wird von den Trägern teilweise auch Nachbetreuung angeboten.

Neben diese Berufseinmündungsunterstützung treten viele sozialpädagogische Arbeiten, mit denen die Rahmenbedingungen für die Integration abgesichert werden. Das ist die oben schon angesprochene Arbeit mit Eltern, die allerdings sehr unterschiedlich eingeschätzt wird.[105] Hinzu kommen die Arbeitskontakte zu den Berufsschullehrkräften und die Unterstützung bei den theoretischen Anforderungen, die durch den bereits angesprochenen

---

97 Kompetenzfeststellungsverfahren/Assessments/Stärken-Schwächen-Analyse/Eignungsanalyse: 006/29; 026/74; 031/101; 045/97; 052/73; 059/53; 070/6; 074/113; 080/68; 103/71
98 Eignungsfeststellung durch Gespräche: 022/21; 045/97; 031/39; 051/19
99 Exkursionen: 037/126; 060/62;081/11; 103/3
100 Berufseignung in Werkstätten testen: 037/62;051/107; 054/83;060/20; 090/118
101 Berufseignung in Betrieben testen (Praktikum): 009/106; 020/57; 022/126; 037/72; 044/119; 045/7; 049/63; 051/27; 059/11; 060/39; 069/90; 088/70;090/118; 094/19; 095/71
102 Berufswunsch muss „passen": 008/61; 026/35; 032/110; 0051/29
103 Finden von Praktikums-/Ausbildungsbetrieben: 008/61; 020/64; 026/84; 031/39; 032/70; 037/72; 051/65; Jugendliche selbst suchen lassen und die Suche anleiten: 005/65; 009/107; 022/129; 088/62; 063/29
104 Klebeeffekte für BvB: 005/65; 006/131; 012/208; 022/36; 069/92; 078/15; 080/29; für BaE: 002/51; 038/84; 098/128
105 Elternarbeit wichtig oder nicht wichtig oder falsch? Eltern als Problem: 012/19; 022/24, 037/19; 049/125; 054/65; Eltern als Unterstützung: 032/63; 080/52 (Reha)

Stützunterricht sichergestellt werden. Zum Teil wird auch das Nachholen eines Schulabschlusses ermöglicht (020/61). Dieses Kontakt-Netzwerk der sozialpädagogischen Fachkräfte umfasst selbstverständlich auch die Berufsberater bzw. die entsprechenden Akteure bei der Arbeitsagentur, und es enthält ein ganzes Bündel von Kontakten zu Beratungsstellen und anderen sozialen Diensten, die für die sozialpädagogische Arbeit insgesamt von Bedeutung sind. Nicht zuletzt bestehen die Kontakte auch zu den Betrieben.

Betriebe und Betriebspraktika

Ein weiteres, höchst bedeutendes und in den Interviews sehr häufig angesprochenes Thema sind die Praktikums- und Ausbildungsbetriebe.[106] Hier werden unterschiedliche Netzwerke aufgebaut[107], in denen die sozialpädagogischen Fachkräfte Kontakte pflegen und dafür sorgen, dass die Vermittlung in Praktikumsstellen möglichst reibungslos verläuft.[108] Auf Seiten der sozialpädagogischen Fachkräfte besteht teilweise ein großes Problembewusstsein in Bezug auf die betrieblichen Anforderungen. Jugendliche in Betriebe zu vermitteln, die dort nicht erfolgreich sind, sich nicht integrieren können und das Praktikum unvermittelt abbrechen, gilt teilweise als fahrlässig:

> „Und meine Haltung in den Jahren zuvor ist immer gewesen, ich möchte einen Teilnehmer erst mal selber kennenlernen, bevor ich ihn in den Betrieb schicke, – weil es natürlich auch für zukünftige Zusammenarbeit wichtig ist, dass der Betrieb weiß, dass du nicht Teilnehmer dahin schicken, die nach einem Tag schon nicht mehr kommen oder die in die Kasse greifen oder sonstiges. … also, aus meiner Erfahrung läuft die Zusammenarbeit sehr wohl positiv." (090/125)[109]

Solche Ereignisse können zur Folge haben, dass die Betriebe nicht mehr bereit sind, neue Praktikanten anzunehmen (026/162).[110] Da aber diese Bereitschaft einen hohen Wert dar-

---

106 „Das (Anm.: die Betriebskontakte) machen auch die Sozialpädagogen. Wir haben hier eine Betriebsdatenbank im Hause aufgebaut, in der ungefähr jetzt 500 Betriebe drin sind, mit denen wir alle schon mal irgendwie Praktika gemacht haben. Wir haben auch eine rote Liste dabei. Die ist allerdings Gott sei Dank sehr klein. Wir haben sehr, sehr positive Erfahrungen mit Betriebspraktika. Es sind natürlich immer wieder mal ein paar schwarze Schafe dabei, aber sehr wenige" (059/25).

107 Es gibt aber auch sozialpädagogische Fachkräfte, die neben ihrem vorhandenen Netzwerk auch durch telefonieren anhand der „Gelben Seiten" des Telefonbuchs weitere Praktikums- und Ausbildungsstellen suchen (BvB und BaE): 012/210; 014/122; 026/160; 090/119; 105/114.

108 „Ich bin viel in die Betriebe gegangen, weil ich ja aus (…) komme und da die besten Kontakte hier auch zu den Betrieben hatte." (045/31). Ähnliche Berichte über langjährige Kontakte (alle Maßnahmeformen): 005/65; 006/130; 024/39; 026/45; 038/88; 049/153; 070/23; 029/69; 038/68; 039/138; 047/41; 050/115; 060/43; 074/119; 078/110; 080/108. In einem Interview heißt es dazu: „Wir haben ja sehr, sehr gute Betriebskontakte, das ist ja einer der tragenden Säulen eben überhaupt in den Jugendlichen-Lehrgängen." Damit sind insbesondere die persönlichen Kontakte zu den betreuenden Mitarbeiterinnen und Mitarbeitern in den Betrieben gemeint. Einleuchtend ist, dass sich auf einer solchen Ebene sehr viel regeln lässt (070/23, ähnl.: 071/149).

109 Vereinzelt wird aber auch von Kontakten berichtet, die so gut sind, dass ein Jugendlicher auch mal zur Probe in den Betrieb geschickt werden kann und dass das Praktikum auch scheitern darf (103/92).

110 Einige Betriebe ziehen sich nach einer negativen Erfahrung mit Auszubildenden entweder zeitweise oder für immer aus der betrieblichen Berufsausbildung zurück. Ähnliche Mechanismen wirken wohl im Kontext von Praktika.

stellt, gehen die sozialpädagogischen Fachkräfte damit zum Teil äußerst vorsichtig damit um und investieren relativ viel Zeit, um die Teilnehmerinnen und Teilnehmer in den Betrieben zu betreuen, ohne gegenüber den Betrieben aufdringlich zu wirken. Andererseits gibt es aber auch Hinweise darauf, dass langjährige Träger einen guten Stamm von Praktikums- und Ausbildungsbetrieben aufgebaut und dabei jene Betriebe, mit denen die Kooperation nicht funktioniert[111], aussortiert haben (070/25). An dieser Problematik wird deutlich, dass hier längerfristig Netzwerke aufgebaut worden sind, die durch einen Verlust der Maßnahmen im Rahmen von Ausschreibungsverfahren zerstört werden können.[112] Hier zeigt sich auch, dass gerade bei der Einmündung in die betrieblichen Praktika sehr subtile und differenzierte Qualitätsaspekte zu berücksichtigen sind, die sich keineswegs mit der oberflächlichen Frage „Praktikum ja/nein?" beantworten lassen. Ein „falsches" Praktikum kann sowohl auf Seiten der Jugendlichen als auch auf Seiten der Betriebe viel zerstören:

> „Also, das kommt sehr häufig vor, dass eben die Jugendlichen nach ein, zwei Tagen sagen: ‚Nein, ist nichts für mich.', die hauen einfach ab und stehen dann bei uns vor der Tür. Wo die Betriebe dann natürlich irgendwann sagen: ‚Nein danke, nie wieder.' Das ist bei uns das Hauptproblem, dass manche Jugendliche uns einfach das sehr, sehr schwer machen, für die Zukunft immer wieder Praktikumsplätze zu finden." (026/162)

Insgesamt gesehen ist die Kooperation mit den Betrieben unterschiedlich intensiv. Es gibt sozialpädagogische Fachkräfte, die sehr positiv von einer stabilen Kooperation berichten und ihren Kontakt folgendermaßen beschreiben:

> „Der ist eigentlich sehr gut. Also, die kennen ja unser Klientel und ja wissen halt auch so um die, die Problemchen der Jugendlichen. Gut, ich meine, der eine geht mehr und der andere weniger darauf ein. Aber so die Zusammenarbeit ist schon wirklich gut, dass man sich wirklich auch absprechen kann: ‚Können wir noch mal das probieren?' und ‚Würden sie da uns mal ein Stück weit entgegenkommen, vielleicht mit dem Dienst, oder dass man da noch was tauschen kann.' oder so." (001/148)[113]

Trotz dieser teilweise guten Kontakte, ist die Kooperation mit den Betrieben nicht immer einfach. Teilweise gibt es falsche Erwartungen hinsichtlich der Leistungsfähigkeit der Jugendlichen und manchmal auch Überforderungssituationen.[114] Außerdem sei es für die Jugendlichen auch nicht gut, wenn sie von den sozialpädagogischen Fachkräften überbehütet würden, das käme in den Betrieben nicht gut an. Die Kontakthäufigkeit wird auf die Erwartungen des jeweiligen Betriebes abgestimmt (002/139).

> „Also, ich habe jetzt Betriebe, die sind halt wirklich gestandene Handwerker und da muss ich auch mit denen anders reden als mit irgendjemandem vom Arbeitsamt. Und ich muss den

---

111 Damit sind insbesondere Betriebe gemeint, die die Jugendlichen nur als „billige Hilfskräfte" einsetzen (070/27; vgl. 038/75; 59/25).

112 Solche Kontakte, die auf guten Erfahrungen mit einem Träger beruhen, lassen sich auch nicht umstandslos von anderen Trägern übernehmen (vgl. 070/42).

113 Anzumerken ist, dass die sozialpädagogische Fachkraft davon berichtet, dass in ihrer Einrichtung die Betriebskontakte besonders von den Ausbildern (001/616; 008/61; ähnlich: 069/118) gehalten werden. Sie hätten „jahrelange Kontakte" (002/139).

114 Auch wenn eine gute Zusammenarbeit besteht, kann es vorkommen, dass Betriebe doch zu hohe Erwartungen haben, die dann relativiert werden müssen. Immerhin sei es in den BvB-Praktika ja so, dass viele Jugendliche hier ihre ersten Arbeitserfahrungen im Betrieb sammeln (032/73; 02/138; 105/110).

> Leuten immer das sagen, was sie hören wollen. Egal ob ich deren Meinung bin oder nicht. Das ist zwar jetzt nicht pädagogisches Handeln, aber man kommt weit damit." (020/124)

Diese Bereitschaft, sich sehr behutsam auf die Betriebe, ihre Vorstellungen und Anforderungen einzustellen, ist weit verbreitet. Sie betrifft insbesondere die Balance zwischen Nachfragen, Kontrollieren und Nicht-Einmischen, und sie ist sehr sensibel gegenüber sozialpädagogischen Aktivitäten, die schnell auch als Aufdringlichkeiten erlebt werden:

> „Und ich kann jetzt nicht …, wenn er zwei Wochen im Praktikum ist, da drei Mal in den Betrieb hinlaufen und den ganzen Arbeitsablauf da aufhalten. Das geht nicht, und das wollen auch die Betriebe nicht. Also, … sie sind auch teilweise genervt, wenn ich dann mal zum zweiten Mal anrufe und nachfrage, ob immer noch alles in Ordnung ist. Werde ich teilweise wirklich angeschnauzt: ‚Ja, wieso denn nicht?' und: ‚Wir kommen mit unseren Leuten schon klar, und jetzt kümmere du dich um dein Zeug' und: ‚Das ist mein Geschäft, und wir machen das schon.' Also, da … muss man schon ein bissel aufpassen, dass (man) den Leuten einfach nicht auf die Pelle rückt. Die haben andere Sorgen, und die wollen dann nicht ständig genervt werden, und wenn sie schon einen Praktikanten nehmen, da wollen sie nicht, dass da noch ständig jemand rumhüpft und sie noch Arbeit haben." (020/179)

Diese Distanz der Betriebe gegenüber einer – aus ihrer Sicht überzogenen – sozialpädagogischen Beaufsichtigung hat durchaus einen Sinn. Für sie ist der Spielraum für Betreuungsarbeiten und Betreuungszeit sehr begrenzt. Die (weitgehend reibungslose) Integration in den Betrieb sei das entscheidende Kriterium, an dem auch die Unterstützung durch Sozialpädagogen nicht viel ändern könne. Eine Sozialpädagogin bringt das sehr klar zum Ausdruck:

> „Also, einfach mal nachfragen, wie sich der Teilnehmer macht. Wenn es Probleme gibt, vielleicht auch irgendwie versuchen, noch einige Wogen zu glätten oder gemeinsam irgendwie so eine Lösung zu erarbeiten. Aber im Prinzip ist es einfach so, also, wenn einer absolute Schwierigkeiten macht, dann muss er sowieso gehen, und wenn er gut mitarbeitet, dann brauch ich eigentlich nicht mehr viel machen. Dann sagt er: ‚Ja super, der macht alles, das ist ganz toll.' Und dann habe ich keine Probleme mehr." (020/176)

Dieser „Selbstlauf" in den Betrieben wird häufig sehr ähnlich beschrieben. Wenn es gut klappt, soll dieses Potenzial allerdings nicht ungenutzt bleiben, sondern für die Ausbildungs- oder Arbeitsstellengewinnung genutzt werden. Aber die Autonomie der Betriebe in ihrem Umgang mit ihrem Personal – und dazu gehören auch die Praktikanten – sollte dabei besser nicht in Frage gestellt werden:

> „Ja, es läuft ja jetzt hauptsächlich über das Praktikum, also, eigentlich überwiegend. Gut, der macht sein Praktikum, dann wird natürlich nachgefragt: ‚Wie macht er sich, wie schaut es aus?' Ja, dann gibt es Betriebe, die sagen: ‚Alles toll, alles super.' Gut, dann wartet man halt noch ein bisschen und fragt dann noch mal nach, wie es ausschaut mit einer Ausbildung, mit einer Übernahme. Und dann gibt es natürlich auch so die Spezialfälle, da ruf' ich an am zweiten, dritten Tag: ‚Um Gottes Willen, ja Hilfe!' und dann ist mir … eigentlich klar, da brauch ich nicht mehr drängen, weil unmöglich. Oder ich krieg die am zweiten, dritten Tag zurück, also, dann ist mir das eigentlich klar. Aber sagen wir mal, ich muss auch nicht allzu viel vermitteln. Weil, es ist von den Betrieben her schon so, die wollen das auch gar nicht, dass Ihnen jemand reinredet und dann sagt: ‚Der ist doch toll, der ist doch super.' Weil, der Betrieb weiß es am besten, wen er brauchen kann, und der sucht sich seine Leute auch aus. Also, der sagt immer: ‚Schicken Sie mir die Leute vorbei, und dann entscheide ich, wie und was.' Also, es muss nicht viel vermittelt werden. Ich muss wirklich bloß schauen, dass ich Leute irgendwo in einen Betrieb bringe, der ausbildet. Aber die Entscheidung, die fällt der Betrieb. Da kann ich eigentlich machen, was ich will. Also, ich kann da nicht hin reden oder irgendwas, weil

letzten Endes entscheidet der Betrieb. Die lassen sich da auch ungern (!) rein reden." (020/164; ähnl.: 029/111)

Vereinzelt gibt es aber auch Hinweise darauf, dass Betriebe ihre Praktikanten nur als „billige Arbeitskraft" nutzen, sie nur für schlichte Hilfsarbeiten einstellen: „Das ist ja nun erfahrungsgemäß so, dass in vielen Betrieben die Praktikanten auch ganz gerne mal für Hilfsarbeiten ausgenutzt werden". Aber das bleibt nicht ohne Folgen: Das „... haben wir auch gehabt, aber von denen trennen wir uns auch ganz schnell. Das merkt man ja ganz schnell" (047/132). Andererseits ist der wirtschaftliche Nutzen durch die Praktikanten ein nicht zu unterschätzender Aspekt, der die Aufnahmebereitschaft der Betriebe deutlich fördert: „Die Zusammenarbeit läuft dann immer gut, wenn Auszubildende kostenfrei für Betriebe arbeiten" (105/112). So einleuchtend dieses Argument auch ist, so ist es doch sicher keine hinreichende Erklärung für die Bereitschaft, Maßnahmeteilnehmerinnen und -teilnehmer in ein Praktikum zu übernehmen. Am Ende ist es doch die sozialpädagogische Sicht, die in der Arbeit der Fachkräfte immer mitschwingt und der eine besondere Bedeutung beigemessen wird:

> „... unser Hauptauftragsziel ist natürlich die dauerhafte Integration in Ausbildung oder Arbeit. Und dazu reicht es nicht, die Jugendlichen nur fachlich zu qualifizieren, sie auf bestimmte Berufe vorzubereiten, sondern da ist es ganz, ganz wichtig, an der Persönlichkeitsentwicklung zu arbeiten. Das ist also das A und O dabei, denn das wird uns auch immer wieder von Betrieben gesagt, die fachlichen Geschichten, die können wir ihnen auch selber beibringen, aber es ist uns wichtig, dass das Arbeits- und Sozialverhalten in Ordnung ist. Und das ist natürlich eine Geschichte, an der wir arbeiten, aber wir wissen auch ganz genau, ohne eine stabile Persönlichkeit wird ein Jugendlicher einfach auch sonst keine Chance haben, um zu überstehen, (um) mit einem gewissen Selbstbewusstsein und Selbstvertrauen auch daran zu gehen. Das ist uns schon ganz wichtig. Und wir haben auch immer noch den Anspruch, auch lebensweltorientiert zu arbeiten und nicht nur arbeitsweltorientiert. Wobei das immer mehr in den Hintergrund rückt, also, auch was die Neuen Fachkonzepte angeht. Aber es ist uns auch schon wichtig zu sagen: ‚Okay bei den Jugendlichen, wir können nicht davon ausgehen, dass sie immer Arbeit haben, immer.' Das ist ganz klar, das ist die Normalbiographie, die gibt es ja so nicht mehr, dass wir auch schauen, ‚Okay, wie können sie denn in ihrem privaten sozialen Umfeld, wie können sie da sich ein stabiles aufbauen, das sie auch auffängt, wenn sie arbeitslos werden?', dass wir ihnen auch da Hilfen, auch Freizeithilfen durchaus geben, so dass sie auch solche Zeiten überstehen, also, weiterhin sozialen Kontakt haben, weil das etwas ist, was viele Jugendliche durchaus vorher nicht hatten, als sie so arbeitslos zu Hause rumsaßen, sag ich mal so ganz platt, dass da auch die Kontakte weiter bestehen, so dass sie dann auch leichter wieder in Arbeit kommen." (059/41)

Hier wird sehr gut deutlich, dass die sozialpädagogische Arbeit trotz aller Integrationsziele in die Arbeitswelt doch auch eine eigene Zielsetzung hat, die in jeder Hinsicht von Bedeutung ist: die Bewältigung der Anforderungen der Arbeitswelt und der „Lebenswelt", und dass beides nicht voneinander getrennt werden kann. Vielleicht kommt hier auch die Einschätzung zum Ausdruck, dass selbst eine gelingende Integration in einen (Ausbildungs-) Betrieb nicht hinreichend ist, um das Potenzial zur persönlichen Entwicklung wirklich ausschöpfen zu können. Die besondere Förderung dieser Entwicklung wird als Kernanliegen und als besondere Kompetenz der Sozialpädagogik herausgestellt.

Was allerdings bei der Einschätzung der sozialpädagogischen Arbeit häufig weitgehend unbeachtet bleibt, ist die Bedeutung der Übergangsbetreuung, einschließlich des sehr differenzierten Förderungs- und Selektionsprozesses. Bei der Klärung des Berufswunsches zu helfen, dann diesen Berufswunsch in den Ausbildungswerkstätten zu erproben und erste konkrete berufliche Orientierungen herzustellen, die Integrationsfähigkeit und die Belastbarkeit abzuschätzen und anschließend einen geeigneten Betrieb zu finden, sind ganz wichtige Leistungen der sozialpädagogischen Fachkräfte! Dazu gehört schließlich auch die begleitende und betreuende Funktion beim Übergang in den Praktikumsbetrieb. Hier können sich viele kleine Fehler und Fehlverhaltensweisen einschleichen, die gravierende Folgen nach sich ziehen. Gute sozialpädagogische Fachkräfte antizipieren aufgrund ihrer Erfahrungen die riskanten Situationen und stellen vorsorgend die entsprechenden Orientierungen und Kontakte her.

> „Richtig, also, das ist aus meiner Sicht ein ganz wichtiger Punkt, dass man im Vorfeld die Jugendlichen vorbereitet, ihnen die Firma vorstellt, zeigt, wo befindet sich die Firma, dass ich am ersten Tag auch gleich pünktlich ankomme, die Kontaktpersonen herstelle, wo man sich in erster Linie hinzuwenden hat, dass man ihnen klar macht, dass dieses Praktikum Bestandteil der Ausbildung ist, dass man da eine Beurteilung bekommt. Also, bestmöglichst oder soviel wie möglich aus diesem Umfeld an Wissenswertem mitnimmt und dann den Vergleich zu den Bildungszentren rausfiltert: Dort hat es mir besser gefallen, wo habe ich mehr gelernt, wie werde ich dort behütet, wie werde ich hier angenommen?" (038/80)

Durch diese vorbereitende, betreuende und auswertende Arbeit werden viele Stolpersteine aus dem Weg geräumt und wahrscheinlich auch die Praktikums- und Ausbildungsbereitschaft der Betriebe dauerhaft gefestigt. Wichtig sind dabei sicher auch die persönlichen Beziehungen der sozialpädagogischen Fachkräfte zu den Mitarbeiterinnen und Mitarbeitern der Betriebe, das Werben um ein besonderes Verständnis für die Jugendlichen und schließlich die Tatsache, dass es in schwierigen Situationen einen sozialpädagogischen Kooperationspartner gibt. Im Extremfall kann der Betrieb sich so auch sehr schnell von einem Jugendlichen trennen, ohne dass weitere Probleme folgen.[115] Die in diesen vielfältigen Aktivitäten enthaltenen Selektions- und Allokationsleistungen sollten bei der Einschätzung der Bedeutung der sozialpädagogischen Arbeit keinesfalls übersehen werden!

4.2.2 Besonderheiten der sozialpädagogischen Arbeit in den Maßnahmen der außerbetrieblichen Berufsausbildung (BaE)

Verglichen mit den sozialpädagogischen Arbeiten in den berufsvorbereitenden Maßnahmen (BvB) zeigt sich auf den ersten Blick kein besonderer Unterschied, wenn die außerbetriebliche Berufsausbildung (BaE) betrachtet wird. Die Problemlagen der Jugendlichen sind ähnlich, die Betreuungsformen auch. Allerdings sind ein Teil der Rahmenbedingungen doch etwas anders. Die Maßnahmeteilnehmer befinden sich in einem Bildungsgang, der wenigstens zwei, häufig drei Jahre dauert und mit einer Abschlussprüfung in einem anerkannten Ausbildungsberuf endet. Damit ist der Teilnehmerkreis weniger diffus, als das in der Berufsvorbereitung der Fall ist. Die Teilnehmerinnen und Teilnehmer an einer außerbetrieblichen Ausbildung müssen „ausbildungsreif" sein, d. h. sie haben fast immer bereits eine ausbildungsvorbereitende Maßnahme erfolgreich ab-

---

115 Eine befragte Frisörmeisterin berichtet sehr positiv über ihre Erfahrungen mit Praktikantinnen die sozialpädagogisch betreut werden und über das selten auftretende Problem, sich von einer Praktikantin trennen zu müssen: „Wenn wir zum Beispiel jemanden gehen lassen mussten, weil es nicht geklappt hat – was ja auch schon vorgekommen ist, dann war das überhaupt kein Problem. Das ging von heute auf morgen. Und die haben sich dann einfach um eine andere Stelle für die Mitarbeiterin oder für die Jugendliche – um die Jugendliche bemüht."

solviert. Sie sind mit den Grundstrukturen der Arbeit in den Maßnahmen und den Betrieben vertraut, und sie steuern auf das Ziel des Berufsabschlusses zu. Zwar ist der dann folgende Übergang in eine Beschäftigung häufig noch nicht gesichert, aber die zentrierende Wirkung dieser Abschlussorientierung darf nicht übersehen werden. Trotzdem gibt es eine Vielzahl von Problemlagen, die die jungen Menschen bewältigen müssen, für die sie Unterstützung brauchen, und die sich – aus sozialpädagogisch-praktischer Sicht – doch nicht sehr von den Problemen der Jugendlichen in BvB unterscheiden. Hier geht es – wie oben bereits angesprochen – um die morgendliche Anwesenheitskontrolle als alltäglichen Kontaktanlass, um Einzelberatung, Krisenintervention, Alkohol-, Drogen- und Suchtprobleme, Unterstützung bei Behördenangelegenheiten, bei Beziehungsfragen und Wohnproblemen, aber auch um Maßnahmen zur Sicherung der Disziplin (insbes. bei Fragen der Pünktlichkeit, der Fehlzeiten[116] und der Arbeitssicherheit) und um Förderplanarbeit. Gruppenarbeit, Sozial-, Verhaltens- und Konflikttraining, Bewerbungstraining, Freizeit- und Erlebnispädagogik ergänzen das sozialpädagogische Spektrum ebenso wie die Elternarbeit, die teilweise durchgeführt[117], teilweise aber auch abgelehnt[118] wird, weil die Adressaten der Maßnahmen im Erwachsenenalter sind.

Ein besonderer Schwerpunkt der Arbeit liegt darin, die jungen Menschen in der Ausbildung zu halten und zum Erfolg zu führen. Diese Zielsetzung muss über drei Jahre verfolgt werden, und es ist zu vermuten, dass hier ganz unterschiedliche Phasen auftreten.[119] Ein wichtiger Punkt ist die Dauer der Ausbildung. Gibt es in den BvB-Maßnahmen sozialpädagogische Fachkräfte, die ausdrücklich die Kürze der zur Verfügung stehenden Zeit beklagen – „… ein Jahr ist verflucht kurz" (070/23)[120] –, so ist es hier die lange Dauer von drei Jahren, die zu bewältigen ist und die hohe Anforderungen an das Durchhaltevermögen stellt. Gerade das ist aber bei den Teilnehmerinnen und Teilnehmern nicht besonders stark ausgeprägt.[121] Die daraus entstehenden Motivationsprobleme sind ein zentraler Arbeitsauftrag für die sozialpädagogischen Fachkräfte.[122] Der Ansatz zur Lösung der Probleme beginnt mit der richtigen Wahl des Ausbildungsberufs (029/69) und des Betriebes. Das setzt voraus, dass schon in der Berufsvorbereitung gut gearbeitet worden ist. Die Durchhalteprobleme zeigen sich besonders an den beiden externen Lernorten, dem betrieblichen Arbeitsplatz und der Berufsschule. Beide Institutionen werden von den sozialpädagogischen

---

116 Fehlzeiten: 001/32; 010/36; 017/46; 025/94, 138; 029/20; 038/47; 055/48; 068/27; 098/126

117 Elternarbeit: 010/36; 015/23; 017/46; 025/25; 033/108; 038/47; 050/5; 071/52; 091/51; 107/55

118 Elternarbeit kritisch (063/29) oder „findet weniger statt" (068/21).

119 Zu diesen Phasen des Verlaufs einer außerbetrieblichen Ausbildung sind in den Interviews keine Informationen erfragt worden. Allerdings lassen sich Problemlagen erkennen, die auf eine solche Phasenspezifik hindeuten.

120 „Aber sie müssen auch bedenken, wir haben elf Monate, die sind so schnell rum immer, die sind so schnell rum und so zwei Monate vor Beendigung des Lehrgangs, da denk ich immer, jetzt könnt ich noch das mit denen, jetzt sind die so weit, jetzt könnte ich noch das mit denen, noch weiter ausholen und dann sind sie halt schon nicht mehr da. Ich hätte mir ja immer gewünscht für alle Teilnehmer zwei Jahre eine BBE-Maßnahme. Denn nach zehn, elf Monaten da geht's los, da platzt der Knoten, da kommen die auch selbst mal. Das, das hätte ich mir gewünscht. Aber ich mein, das ist so typisch, aber das hätte was gebracht, ganz bestimmt." (047/67).

121 Wie weit hier auch die als ungünstig eingeschätzten Chancen auf dem Arbeitsmarkt nach Abschluss der Ausbildung eine Rolle spielen, lässt sich hier nicht klären.

122 Ausbildung durchhalten: 015/23; 033/42; 068/45; 098/126; 056/14

Fachkräften in spezifischer Weise begleitet. Bei den Betrieben[123] beginnt das mit der Auswahl und der intensiven Kontaktpflege, wie sie oben schon angesprochen worden ist.[124] Die Teilnehmerauswahl, die „Vermittlung" und die Betreuung während der Betriebsphasen, insbesondere die Sicherstellung der pünktlichen Anwesenheit und ggf. die korrekte Fehlzeitenklärung bzw. Krankmeldung (098/37) sind wichtige Aufgaben der sozialpädagogischen Fachkräfte.

In Bezug auf die Berufsschulen und die hier auftretenden Lern- und Motivationsprobleme ist der Stützunterricht das entscheidende Förderinstrument. Auch das ist eine Aufgabe, die sehr oft von den sozialpädagogischen Fachkräften wahrgenommen wird. Dieser Unterricht wird zum Teil in Abstimmung mit den Berufsschullehrern[125] durchgeführt. Teilweise wird der Stützunterricht[126] in Gruppen organisiert, teilweise auch als Einzelbetreuung, wenn die individuellen Schwierigkeiten diesen Zugang erfordern. Auch die Prüfungsvorbereitung[127] muss in diesem Zusammenhang erwähnt werden.

Eine letzte wichtige Aktivität der sozialpädagogischen Fachkräfte ist die Betreuung des Übergangs in Beschäftigung und die Nachbetreuung.[128] Wo sie durchgeführt wird, gilt sie teilweise auch als ein wichtiger Beitrag zur Erfolgs- und Qualitätssicherung der Maßnahme. Es kommt darauf an, dass die Absolventen „... nie ins Nichts fallen, sondern dass die hinterher auch noch mal ein halbes Jahr betreut werden von uns" (002/54).[129] Allerdings wird die Nachbetreuung nicht durchgängig angeboten. Teilweise gibt es auch informelle Kontaktangebote nach Abschluss der Ausbildung, die die Nachbetreuungsfunktion übernehmen.

Schließlich ist eine mehrfach erwähnte Aufgabe der sozialpädagogischen Fachkräfte und der Ausbilder die Organisation von Auslandspraktika.[130] Hier wird im Ausland gearbeitet, dabei werden wichtige Erfahrungen gesammelt. Dazu gehört auch, den jungen Absolventen die Perspektive zu eröffnen, nach der Ausbildung im Ausland zu arbeiten, wenn hier das entsprechende Arbeitsangebot vorliegt.[131]

---

123 Anzumerken ist, dass es auch hier Träger und Regionen gibt, in denen der gesamte praktische Teil der Ausbildung in einem Ausbildungsbetrieb durchgeführt wird (029 Ravensburg; 075; 107) oder nach dem ersten Jahr, soweit möglich, in Betrieben fortgesetzt wird (030 Ravensburg).

124 Betriebskontakte pflegen: 001/23, 30; 002/56; 010/36; 014/73; 017/46; 025/94, 140; 029/64; 033/40; 038/63; 050/47; 055/75; 062/57; 068/21; 071/25; 091/21

125 Kontakt mit den Berufsschulen: 001/23; 014/91; 017/46; 025/94; 029/64; 038/27; 091/21

126 Stützunterricht: 001/16; 014/10; 033/112; 038/98; 038/27; 071/95; 098/71; 107/45

127 Prüfungsvorbereitung: 014/120; 015/31; 017/165; 024/55; 029/46; 030/33; 039/43; 040/102; 054/115; 056/10; 057/94; 063/139; 071/95; 072/45; 080/50; 086/90; 096/70; 107/45

128 Nachbetreuung: 001/122; 002/96, 115; 015/99; 025/151; 050/25; in informeller Form: 033/111

129 Hier wird insbesondere Bewerbungstraining, Sozial- und Verhaltenstraining angesprochen. Auch die Unterstützung des Kontakts mit der Arbeitsagentur (Arbeitsberater) zählt zur Übergangsvorbereitung und zur Nachbetreuung.

130 Auslandspraktika: 017/34; 098/131

131 Arbeitsvermittlung ins Ausland: 001/12; 002/56; 040/128; 055/11

4.2.3 Besonderheiten der sozialpädagogischen Arbeit in den ausbildungsbegleitenden Hilfen (abH)

Teilnehmerinnen und Teilnehmer an ausbildungsbegleitenden Hilfen befinden sich – ähnlich wie die an BaE-Maßnahmen – in einer Berufsausbildung, und zwar in der Regel in einer „normalen", betrieblichen Ausbildung. Ihre Teilnahme an der abH-Maßnahme ist immer freiwillig, und sie findet in der Freizeit, fast immer am Abend statt.[132] Die Betreuung erfolgt in kleinen Gruppen oder als Einzelbetreuung.[133] Das Ziel liegt darin, Ausbildungsabbrüche zu verhindern und den Ausbildungserfolg sicher zu stellen, das gilt insbesondere für die erfolgreiche Abschlussprüfung. Der Anlass, ausbildungsbegleitende Hilfen in Anspruch zu nehmen, ist fast immer ein Leistungsdefizit, das sich im Berufsschulkontext zeigt und auch bei der Prüfungsvorbereitung deutlich wird.[134] Dieses Defizit aufzuarbeiten ist Aufgabe der abH-Angebote. Die drei wesentlichen Instrumente dazu sind Stützunterricht, sozialpädagogische Betreuung und Prüfungsvorbereitung (039/13). Die formal auslösende Institution der abH-Betreuung ist die Arbeitsagentur, die den Trägern entsprechende Arbeitsformen abverlangt und die bei allen Trägern übliche Förderplanerstellung erwartet.[135]

Im Laufe der Betreuung im Rahmen des Stützunterrichts können sich über die fachlichen Lernschwierigkeiten hinaus auch ganz andere Problemlagen zeigen. Das ist in der abH-Arbeit der Regelfall.[136] Vielfach handelt es sich um jene typischen Probleme, mit denen die sozialpädagogischen Fachkräfte in allen Maßnahmen konfrontiert werden, und zwar in gleicher Vielfalt und Komplexität.[137] Gefördert wird dieser sozialpädagogische Zugang sicher auch dadurch, dass der Stützunterricht in vielen Fällen von sozialpädagogischen Fachkräften durchgeführt wird.[138]

> „Da überlappt sich sehr viel, denke ich, zwischen der Tätigkeit als Stützlehrer und der Tätigkeit als Sozialpädagoge. … und da es sich ja in der Regel um Lernbeeinträchtigungen handelt und um benachteiligte Jugendliche, ist der Übergang vom Stützunterricht zu dem sozialpädagogischen Gespräch oder zu irgendwelchen sozialpädagogischen Angeboten … eigentlich immer sehr fließend." (039/15; ähnl.: 039/45; 072/25; 096/24)

---

132 Dass es den Auszubildenden gelingt, diese zusätzliche und große Belastung auf sich zu nehmen und zugleich auch mit ihren Schwächen offen umzugehen, wird als besondere Stärke angesehen (030/20), daraus kann auch eine besondere Motivation erwachsen (039/29; 040/27; 096/28).

133 Organisationsformen abH / Einzel- und Gruppenbetreuung: 024/9; 039/39; 096/5

134 Dieses Leistungsdefizit ist i. d. R. auch der Grund, aus dem die Arbeitsagenturen eine Teilnahme an abH bewilligen. Allerdings können auch andere Probleme ausschlaggebend sein, aber in fast allen Fällen gehen sie mit Leistungsproblemen einher.

135 In allen Interviews wird die Förderplanarbeit ausführlich dargelegt: 024/70; 030/108; 039/91; 040/104; 056;28; 057/150; 072/125; 096/55; 100/60; 101/26; 108/67

136 Ausnahmen: 100 und 101

137 Komplexe Problemlagen: 039/25; 056/12; 096/24, 26

138 Das soll nicht heißen, dass nur sozialpädagogische Fachkräfte den Stützunterricht durchführen. Es gibt auch Lehrer oder Ausbilder, die diese Arbeit übernehmen (024: ca. 50% Sozialpädagogen, 50 % Lehrer/Ausbilder).

Anzumerken ist, dass die sozialpädagogischen Fachkräfte jeweils in ganz unterschiedlichen Berufsfeldern den Stützunterricht übernehmen.[139] Bemerkenswert ist, dass an keiner Stelle von fachlichen Problemen die Rede ist. Offensichtlich gibt es kaum Tendenzen von Seiten der Fachkräfte, die Förderarbeit an jeweilige Fachleute oder an Honorarkräfte zu delegieren. Nur dort, wo die erforderlichen theoretisch-fachlichen Kompetenzen nicht angeeignet werden können und die Personalkapazität begrenzt ist, kommen solche Lösungen in Frage.[140]

Die hier sehr klar angesprochene Überlagerung von fachlicher Lernförderung und sozialpädagogischer Betreuung hat aber keineswegs nur mit der organisatorischen Personalunion von Sozialpädagogen und Stützlehrern zu tun. Sie ist zugleich sozialpädagogisches Programm. Eine Sozialpädagogin drückt diesen verbreiteten Ansatz sehr klar aus:

> „… dass ich dieses Modell, in Personalunion zu arbeiten, als das Idealmodell sehe. Also,, ich kann mir nicht vorstellen, dass ich meine Teilnehmer aus den Unterricht heraus oder nach dem Unterricht oder anstelle eines Unterrichtstermins zu einem Sozialpädagogen geben könnte, der mit ihnen arbeitet. Es würde Zeit kosten, und viele Teilnehmer sind auch nicht so aufgeschlossen … Es dauert ja erst einmal eine Zeit, bis wir uns kennen gelernt haben, Vertrauen gefasst haben, und die Zeit ist nicht da, bei diesen kurzen abH-Zeiten." (057/89)

Die individualisierte Arbeit in den kleinen Gruppen des Stützunterrichts ist eine sehr günstige Möglichkeit, um eine vertrauensvolle Beziehung zu den Jugendlichen aufzubauen. Das gilt nicht nur für die sozialpädagogischen Fachkräfte in abH-Maßnahmen, sondern auch für die BvB- und BaE-Angebote. Wie bereits dargestellt, wird diese Chance überall sehr intensiv genutzt. Andererseits ist diese Beziehung für den Erfolg des Stützunterrichts von großer Bedeutung. Aus sozialpädagogischer Sicht stehen Lernschwierigkeiten und Lernblockaden fast immer im Zusammenhang mit Problemlagen im individuellen, lebensweltlichen Kontext. Die Vorstellung, dass allein kognitive Defizite die Ursache von Lernproblemen sind, ist nur am Rande von Bedeutung.[141] Zwar berichten Sozialpädagogen als Stützlehrkräfte davon, dass sie oft „ganz unten anfangen" und sehr viel üben und wiederholen müssen. Auch von begrenzter Konzentrations- und Aufnahmefähigkeit und geringer

---

139 040: Metall, KfZ-Berufe und Eisenbahner-Berufe; 056: verschiedene Ernährungsberufe; 057: Hotel- und Gastro; 072: Holz, Bau, Frisöre, Post; 091: Elektro; 096: Ernährung, Kosmetik, Frisöre, Hotel und Gastro; 100: Kaufleute und Elektroinstallateure; 101: Gas- u. Wasserinstallateure, KfZ-Mechatroniker, Schreiner.

140 „Für Ausbildungsberufe, in denen wir uns nicht geeignet fühlen, den Fachunterricht zu machen, haben wir die Möglichkeit, Honorarkräfte zu beschäftigen, wobei wirklich geprüft wird, ob es wirklich sinnvoll ist, denn die Zusammenarbeit mit Honorarkräften stellt sich manchmal kompliziert dar, weil es zum Teil tatsächlich Berufstätige sind, die dann in ihren Freizeit- und Abendstunden aktiv in abH arbeiten. Wir haben jetzt Berufe, wie Arzthelferin und Rechtsanwaltsgehilfinnen und chemietechnische Assistenten abgegeben." (056/4).

141 Hervorgehobene Bedeutung der Lernprobleme nur bei 100/38 und bei 101/3. Hier handelt es sich um zwei sehr junge Sozialpädagoginnen, die in die sozialpädagogische Arbeit erst eingestiegen und befristet beschäftigt sind. Der Träger hat vermutlich an vielen Standorten erstmalig die Ausschreibungen gewonnen. Daher resultieren die befristeten Arbeitsverhältnisse. Bei diesen beiden befragten Sozialpädagoginnen zeigt sich eine deutliche Unzufriedenheit mit ihren Arbeitsverhältnissen. In ihrer abH-Arbeit sind sie stark auf Lernförderung ausgerichtet, der sozialpädagogische Arbeits- und Förderauftrag, der in diesem Kapitel ausführlich dargelegt wird, tritt hier weit zurück.

Ausdauer ist öfter die Rede.[142] Darauf muss der Stützunterricht abgestimmt sein. Das scheint gut zu gelingen, denn in den Interviews finden sich keinerlei Klagen darüber, dass der Stützunterricht erfolglos sei, weil die intellektuelle Leistungsfähigkeit oder die Motivation der Jugendlichen nicht ausreiche. Allerdings ist aus sozialpädagogischer Sicht eine unabdingbare Voraussetzung für erfolgreiche Lernförderung, dass die aktuellen alltags- und lebensweltlichen Probleme geklärt werden, damit eine Konzentration auf das Lernen überhaupt möglich ist.[143] Dazu muss eine gute, vertrauensvolle Beziehung aufgebaut werden.

> „Ich gehe erst einmal so ran, und das mag jetzt sein, weil wir eben Pädagogen sind, ... ich muss erst die anderen Probleme versuchen, auch mit auf die einzuwirken oder das Vertrauen zu gewinnen, dass sie überhaupt im Kopf frei ist. Theoretische Kenntnisse hineinzubringen, also, dass man einfach sagt: ‚So, jetzt geh her und jetzt machen wir aber die Matheaufgaben.' Also, ich mache das nie, dass ich sage: ‚Das ist mir egal, was Du jetzt für Sorgen hast, tu dein Buch raus, ihr habt jetzt die Schulaufgabe oder die Hausaufgabe zu machen.' Das bringt ... ja nichts, weil dann ... der Stoff geht da rein und da raus." (024/23)

Hinter diesem Ansatz, der von fast allen befragten sozialpädagogischen Fachkräften geteilt wird, steht eine implizite Theorie der Lernblockaden. Sie unterstellt, dass lebensweltliche Probleme schulisches Lernen behindern. Erfolgreiche Lernprozesse verlangen positive emotionale Beziehungen und Vertrauen, persönliche Stabilität und Sicherheit[144], und sie dürfen nicht von gravierenden Problemlagen überschattet sein. Dabei handelt es sich häufig um Schwierigkeiten im Elternhaus, im Betrieb, in der Berufsschule oder im persönlichen Bereich: „Sie sind unkonzentriert, weil ihr privates Leben nicht organisiert ist" (056/12, vgl. 024/27; 039/27). Diese Probleme können auch dazu führen, dass die Identifikation mit dem Beruf und mit der Berufsausbildung in Mitleidenschaft gezogen wird. Lustlosigkeit ist die Folge. Hier muss durch sozialpädagogische Betreuung die entsprechende Lernmotivation zurück gewonnen oder neu hergestellt werden.[145] Dazu ist es wichtig, die Bedeutung des erfolgreichen Abschlusses hervorzuheben[146] und durch die Eröffnung von Erfolgserlebnissen eine neue Erfolgsmotivation aufzubauen[147]. Auch resignative Einstellungen in Bezug auf die Arbeitsmarktverwertbarkeit des Berufsabschlusses müssen dabei relativiert werden.[148] Daraus resultieren die Aktionsschwerpunkte der sozialpädagogischen Fachkräfte und die Betreuungsaktivitäten. Als übergreifendes Ziel aller Betreuungsarbeit wird aber in allen Fällen der erfolgreiche Ausbildungsabschluss benannt:

---

142 Begrenzte Konzentration/Aufmerksamkeit/Ausdauer: 024/25; 039/25; 039/49; 056/14; 096/99;101/28; 108/10

143 Besondere Problemgruppe Spätaussiedler: 030/18; 040/48

144 Defizite im Bereich persönlicher Stabilität: 024/19; 040/46; 056/14

145 Lernmotivation fördern: 030/16; 039/49; 040/27; 056/24; 072/23; 096/111; 100/80. Etwas abweichend davon: „... ich habe einfach diese Eigenmotivation eingefordert von Anfang an" (101/54).

146 Die große Bedeutung des erfolgreichen Abschlusses bzw. des Gesellenbriefes steht in allen Interviews völlig außer Frage (explizit: 024/53).

147 „... der hat jetzt einfach keinen Bock zum Lernen, aber wenn man ihm da behilflich ist, wenn man ihm bestimmte Wege aufzeigt, dann hat der durchaus auch die Chance, eine gute Prüfung abzulegen." (024/21).

148 Ein Beispiel für diese resignative Haltung: „Wozu mache ich das? Warum strenge ich mich so an? Ich finde sowieso hier am Ort und in meinem Bereich keinen Arbeitsplatz." (056/14).

„... sobald der hier bei uns teilnimmt, dass man halt da versucht, sämtliche Lebenslagen mit einzubeziehen, die notwendig sind, um nach ein, zwei oder drei Jahren, je nachdem, das Ziel zu verwirklichen, ihren Abschluss zu kriegen" (024/29, ähnl.: 039/42; 056/14; 072/33; 101/18).[149]

Grundsätzlich ist die Betreuung in abH ähnlich aufgebaut wie in den anderen Maßnahmen. Es werden Erstgespräche geführt, Förderpläne festgelegt und „Kennenlernaktivitäten" entfaltet. Auch die Jugendlichen, die an abH teilnehmen, müssen sich als Gruppe finden.[150] Dazu gehören – in begrenztem Umfang – auch Freizeitaktivitäten[151].

Auch die Netzwerkarbeit der sozialpädagogischen Fachkräfte ist hier kaum anders. In fast allen Interviews wird darauf hingewiesen, dass Kontakte zu Betrieben, Berufsschulen und zu Eltern hergestellt werden müssen, teilweise telefonisch, teilweise auch durch Besuche. Aber auch das differenzierte institutionelle Netzwerk zur sozialpädagogischen Beratung und Unterstützung kann zur Betreuung aktiviert werden, falls es erforderlich ist.

Insgesamt zeigt sich, dass abH vordergründig auf die Behebung von Lernproblemen und auf Prüfungsbewältigung abzielt. Von den sozialpädagogischen Fachkräften wird aber das gesamte Arsenal ihrer Handlungsansätze genutzt, um die hinter vielen Lernschwierigkeiten steckenden Probleme im Betrieb, in der Berufsschule, mit den Eltern und im persönlichen Bereich zu lösen. Dieser Ansatz, bei dem sich Stützunterricht und sozialpädagogische Arbeit untrennbar miteinander vermischen, kommt auch das gesamte Spektrum der Problemlagen der Jugendlichen in den abH-Maßnahmen zum Vorschein. Es muss mit den oben bereits beschriebenen sozialpädagogischen Handlungsansätzen bearbeitet werden. Folglich ist der sozialpädagogische Teil der Arbeit der Fachkräfte in abH kaum von den anderen Maßnahmen der Benachteiligtenförderung zu unterscheiden.

4.3 Weitere Tätigkeiten von sozialpädagogischen Fachkräften

Bei der Übersicht über die Interviews fällt auf, dass alle sozialpädagogischen Fachkräfte über die „Schreibarbeit" klagen. Sie nehme extrem viel Zeit in Anspruch, und eigentlich sei sie keine sozialpädagogische Arbeit. Die Bereiche, in denen diese Schreibarbeit anfällt, sind unterschiedlich. Es betrifft insbesondere die Förderplan- und die Dokumentationsarbeit, die von den Arbeitsagenturen verlangt werden. Die zum Teil eingeführten Qualitätsmanagementsysteme steigern diese Anforderung noch. Teilweise werden diese Arbeiten akzeptiert, teilweise als sinnlos und lästig wahrgenommen.

4.3.1 Förderplanarbeit

Der Förderplan ist schon seit vielen Jahren Bestandteil der sozialpädagogischen Arbeit in den Maßnahmen[152], und die sozialpädagogischen Fachkräfte sind hier besonders zuständig.

---

149 Beratung in allen Problemlagen als Grundlage, explizit: 030/2; 040/29; 108/12
150 Gruppenfindung – besonders wichtig bei Aussiedlern: 040/48
151 Kennenlern- und Freizeitaktivitäten: 024/9, 64; 030/33; 039/102; 056/64; 040/52; 072/29; 096/99; 100/121; 108/30
152 Bonifer-Dörr hat die erste Handreichung zum Förderplan in den abH-Maßnahmen 1991 vorgelegt. (BMBW 1992).

In der einschlägigen Literatur wird die Aufgabenstellung, die mit dem Förderplan verbunden ist, relativ eindeutig festgelegt. Auf der Basis entsprechender Eingangsgespräche, einer fundierten Kompetenzdiagnostik und eines Kompetenzprofils sollen der individuelle Förderbedarf und die Entwicklungsziele und -schritte abgestimmt werden. Der Erfolg soll kontrollier- oder messbar und damit kritisch überprüfbar sein. Bei Abweichungen, so das Modell, soll nachgesteuert werden können (BMBF 2005, S. 97ff.). Förderplangespräche im Team, zusammen mit dem jeweiligen Jugendlichen, sollen durch gemeinsame Zielverabredungen Verbindlichkeit herstellen.

In der sozialpädagogischen Praxis wird der Förderplan sehr unterschiedlich eingeschätzt. Von den sozialpädagogischen Fachkräften wird der Dokumentationsteil besonders hervorgehoben, weil hier offensichtlich eine dauerhafte und aufwändige Arbeitsanforderung und -belastung entstanden ist. So kann er „… eine zusätzliche Arbeit zu unserem sozialpädagogischen Tagebuch (werden,) was wir eh führen, und (er) ist für uns in dem Sinne eigentlich mehr so ein … Schreibaufwand" (001/110). Dort, wo diese Parallelarbeit nicht vorgenommen wird, kann die Einschätzung aber auch anders sein. Mit den im Förderplan konkret festgelegten Zielen wird er „zum täglichen Arbeitsmittel" (002/88) und hat für die alltägliche Arbeit eine große Bedeutung.[153] Diese Einschätzung wird weitestgehend geteilt, weil die Förderplanerstellung eine intensive Auseinandersetzung mit jedem

---

153 Große Bedeutung des Förderplanes: 005/34 (Integration von Qualifizierungs- und Förderplan); 006/127 („Entwicklungsfortschritte sichtbar machen"); 008/87 (Entwicklungsziele setzen, Beobachtung durch Assessment-Center, systematische individuelle Förderung von fachlichen, sozialen und schulischen Zielen); 009/87, 94 (Förderplan als „zentrales Instrument" und systematisches Dokument und Nachweis der sozialpädagogischen Arbeit neben dem sozialpädagogischen Tagebuch. Förderplangespräche. Kritisch: die externe Kontrollmöglichkeit); 010/19 (Förderplan als wichtiges Hilfsinstrument, Kompetenzorientierung, monatliche Besprechung im Team, erreichbare Ziele festlegen, Selbstkontrolle für alle Beteiligten); 014/155 (nach einigen Wochen erstellt, ist positiv für den Jugendlichen); 015/97 (umfangreich, positiv für die Jugendlichen); 017/107 (müsste kontinuierlicher gemacht werden); 022/95 (Förderplan als umfangreiches Dokumentationsinstrument für das Arbeitsamt, ist wichtig wegen des Überblicks und der Selbstkontrolle); 024/70 (abH: Eingangsanalyse, Ziele, Vorgehensweise, Erfolgskontrolle, Dokumentation aller Aktivitäten – positiv), ähnl.: 077/91; 025/43, 103 (Verwaltungsarbeit, ist aber wichtig, weil hier die Probleme reflektiert werden); 026/104 (Förderplanarbeit wichtig); 029/64, 104 (systematische Förderplanarbeit); 030/108 (baut seinen Förderplan selbstständig auf und schreibt ihn fort), ähnl.: 068/0; 040/103–107 (abH: Förderplan wichtig); 047/68, 049/128 (wichtig zur Förderung und Erfolgskontrolle); 050/86,87 (wichtig, Computer wird genutzt); 052/118, 057/150 („gute Sache", gemeinsam Ziele festlegen); 054/56, 73 (arbeitet sehr intensiv mit dem Förderplan. „… der Förderplan ist eigentlich so für den Sozialpädagogen das Non-Plus-Ultra und die größte Schreibarbeit. Das ist also, das Verwalterische an sich"); 055/72 („Viel Schreibarbeit, aber man kann immer wieder darauf zurückgreifen"); 056/14 („Diese individuelle Förderplanerstellung ist sinnvoll, braucht aber ganz viel Zeit"); 059/11 (Förderplan und Qualifizierungsvereinbarung: „ich halte es für ein sehr, sehr gutes Instrument, weil man sich wirklich mit dem Jugendlichen auseinandersetzen muss"), ähnlich: 060/208, 071/56; 070/63 („Der Förderplan, oder wie er ja heute heißt Qualifizierungsplan, ist das A und O und ist es im Übrigen immer gewesen." Erfordert viel Selbstdisziplin beim Führen des Planes); 072/126, 129 (abH: Lernblockaden herausfinden!); 074/61 (Qualifizierungsplan viel aufwändiger als früher der Förderplan), ähnl.: 075/154; 078/100 (Förderplan früher als lästig angesehen, heute als wertvolle Hilfe); 080/123 (Verabredungen wichtig), ähnl: 081/77; 084/79 (Förderplan wichtige Sache, aber viel „Schreibkram"), ähnl.: 085/54, 086/174, 090/108, 091/90, 099/82; 087/71 („Ich finde ihn auf jeden Fall wichtig! Ich finde ihn nur kaum durchführbar so, wie es oft gefordert ist. Es ist eine Verbürokratisierung, wie man das so nennt"); 103/69 („wichtig"), ähnl.: 105, 107, 108.

einzelnen Jugendlichen verlangt. In manchen Interviews wird allerdings der ganz erhebliche Schreibaufwand beklagt. Durch die Einführung von „Qualifizierungsplänen", in den beiden Modellregionen der Neuen Förderstruktur, steigt dieser Aufwand noch, aber er wird deswegen keineswegs abgelehnt.

Teilweise enthält der Förderplan aber auch eine Dokumentationsanforderung, mit der gegenüber der Arbeitsagentur der Arbeitsnachweis erbracht wird.[154] So können Zweifel entstehen, ob diese schriftliche Form der Arbeitsplanung und -dokumentation wirklich sinnvoll ist:

> „… dadurch, dass ich natürlich jeden Tag mit den Jugendlichen zusammen bin, habe ich meinen Förderplan sozusagen im Kopf und das geht dem Ausbilder ja genauso. Also, wenn ich das alles aufschreiben würde, was da nun getan wird oder wie man das nun alles zusammenfügt oder einordnet, also, da würde ich aus dem Schreiben nicht mehr rauskommen. Das hätten die gerne, aber dann brauche ich dort nicht mehr arbeiten, dann sitze ich nur noch am Schreibtisch." (011/78).

Trotz der vielen positiven Rückmeldungen ist diese kritische Position kein Einzelfall:

> „Ja, das ist eigentlich bloß für die Mappe. Also, ich schreib es, aber ich finde es unsinnig. Muss ich ganz ehrlich sagen, den Förderplan, den finde ich unsinnig. Ich kann aufschreiben, wo ich sage, diese und jene Auffälligkeiten in einem Protokoll, oder einfach so Verbesserungen, was sich mittlerweile getan hat. Aber jetzt diese Förderpläne, wenn ich rein schreibe ‚ja, der ist zappelig' oder irgendwas, dann ist mir klar, dass mein Ziel ist, der die nicht mehr zappelig ist, und das muss ich nicht alles fein aufschreiben oder mit dem Teilnehmer irgendwelche schriftlichen Vereinbarungen treffen. Weil, wenn ich das dem sage und der kapiert es nicht, dann hilft ihm ein Zettel auch nicht. Entweder es macht Klick im Hirn, da brauch ich nicht mit tausend Zetteln arbeiten. Also, weil es wirklich ein Schmarrn ist, sag ich ganz ehrlich, weil ich denke mir, jetzt in Schulen, da sind die Leute 9 Jahre oder noch länger, je nach Schulart. Ja, da hat aber kein Lehrer einen Förderplan, und der soll aber die 9 Jahre lang erziehen. Da müssten die alle vor die Hunde gehen, die Schüler, weil keiner einen Förderplan hat. Also, ich finde es unsinnig. Ich finde es wirklich total unsinnig." (020/155).

---

154 Förderplanarbeit eher formal: 012/65 (als Nachweis für die Arbeitsagentur, wird erst nach einigen Wochen erstellt); 031/98 („Der Förderplan, das ist … meines Erachtens, irgendwie was Lästiges, das man einfach zur Dokumentation eben hinschreibt, (dass) das Arbeitsamt sowieso nicht interessiert, die tun das abheften, mir bringt's nicht viel"); 033/77 (ein tägliches Instrument, um den Jugendlichen zu beteiligen, und damit man nichts vergisst); 035/64 (Förderplan von geringer Bedeutung); 037/182 („Ja, ich bin auch ein bisschen gegen diese, diesen bürokratischen Aufwand, sage ich Ihnen ganz ehrlich, und ich sage Ihnen noch was: ‚Dieses Thema Förderplan schmeckt mir nicht so'. Weil ich aus meiner zehnjährigen Erfahrung, was die Berufsvorbereitung betrifft, keinen großen Erfolg sehe. Den einzigen Erfolg, den ich da drin gesehen habe, ist, dieses Ding zu archivieren und irgendeinem mal vorzulegen, der eine Kontrolle durchgeführt hat, und wollte wissen, was wir machen"); 038/31–40 (ambivalentes Verhältnis zum Förderplan, „unwahrscheinlich hoher Arbeitsaufwand"); 039/91 (Förderplan persönlich sehr wichtig, aber: „… schwer umsetzbar, niemals vollständig und insgesamt sehr aufwändig"); 051/65, 111 („hört sich gut an", „frisst viel Zeit"); 063/105 („Die Arbeit mit dem Förderplan. Ja, er droht, er hängt oben. Ich mach also, die Anamnese und dann laufe ich sehr, sehr häufig hinter den Ausbildern hinterher, ja, um Lernerfolge zu bekommen, also, um Ergebnisse zu bekommen. Da liegt manches im Argen. Er ist sehr wichtig und ich bemühe mich, also, regelmäßig da diese Förderplangespräche zu machen. Das heißt also, Förderplangespräch mit Ausbildern, Lehrern und dem Azubi zusammen, aber es ist unregelmäßig oft, ja, aus verschiedenen Gründen").

Insgesamt sind die sozialpädagogischen Stimmen, die der Förderplanarbeit positiv gegenüberstehen, deutlich in der Mehrzahl. Der „Verwaltungsaufwand", die „Schreibarbeiten" und der Vorwurf der „Verbürokratisierung" sollten indes nicht unterschätzt werden.

4.3.2 Verwaltungs-, Schreib- und Büroarbeit

Viele der sozialpädagogischen Fachkräfte klagen sehr darüber, dass die Schreib-, Büro- und Verwaltungsarbeiten erheblich zugenommen haben (010/36). Zu den verwaltenden Arbeiten gehören in hohem Massa die formalen Aspekte der Förderplanarbeit, was oben bereits dargestellt worden ist. Viele weitere sozialpädagogische Aktivitäten sind ebenfalls mit erheblichen Verwaltungsarbeiten verbunden: die formalen Aspekte der Betriebseinsätze (025/39) und die Betriebsakquise, die mit den erforderlichen Dienstleistungs- oder Ausbildungsverträgen, Gehaltsabrechnungen etc. (025/43; 035/48; 075/121 086/78) verbunden sind. Hinzu kommen die organisatorischen Dinge in den Maßnahmen, die Teilnehmer- und Anwesenheitslisten (030/33; 102/198; 108/28), die Krankmeldungen (031/41), Urlaubs-, Kindergeld- und andere Anträge (033/38). Nicht zuletzt auch die Koordination innerhalb der Maßnahmen, zum Beispiel des Unterrichts in den abH-Angeboten. Die Zunahme dieser Arbeiten ist auch durch die Dokumentationspflichten (088/51) und die Kontrollfunktionen der Arbeitsagenturen sowie durch die Qualitätsmanagementsysteme (033/57) bedingt. Der sozialpädagogischen Selbsteinschätzung nach belaufen sich die verwaltenden Tätigkeiten auf mehr als ein Drittel der gesamten Arbeit.[155]

> „Ich sag mal, in den letzten Jahren ist der Verwaltungsaufwand enorm gestiegen. Einfach dadurch, dass auch diese Qualitätsanforderungen an die Bildungsträger jetzt auch sind. Wir arbeiten ja jetzt auch mit so einem Qualitätsmanagementsystem, was natürlich, auch jede Menge, Nachweisführung und Schriftkram mit sich bringt. Das geht natürlich auch von der Zeit ab, die man für die Lehrlinge hat." (015/31)

Allerdings lässt sich nicht ganz eindeutig trennen, was von dieser Verwaltungsarbeit „sozialpädagogisch" ist und was reine Verwaltungstätigkeiten sind (029/42). Jedoch besteht der Verdacht, dass auch durch die Rationalisierung der innerbetrieblichen Organisation immer mehr Verwaltungstätigkeiten auf die Sozialpädagogen verlagert werden:

> „Und es wird ja auch immer mehr Personal im Verwaltungsbereich eingespart, und das kriegen die Sozialpädagogen auch noch ein bisschen dazu, weil die ja sowieso schon Verwaltungstätigkeiten machen." (085/177)

Aus sozialpädagogischer Sicht ist auch der steigende Dokumentationsaufwand ein Problem. Das kostet nicht nur viel Zeit, es zieht auch von der Kernaufgabe, der sozialpädagogischen Betreuung der Jugendlichen, immer mehr Ressourcen ab. Dass das die sozialpädagogischen Fachkräfte zunehmend unzufrieden macht, ist durchaus verständlich, und es führt zu verdecktem Widerstand gegen diese Entwicklung.

> „Ich glaube aber trotzdem, dass sehr viel Verwaltungsarbeit auf uns zukommt. Und ich habe so ein bisschen Angst und Bedenken, dass der Teilnehmer dabei so ein bisschen auf der Strecke bleibt oder wir als Mitarbeiter." (087/162)

---

155 Der Anteil der Verwaltungsarbeiten an der gesamten Tätigkeit von Sozialpädagogen: 30–40% benennen: 020/51; 029/44; 033/38; 054/55; 103/29; 107/40. Etwa die Hälfte: 030/35. Mehr als die Hälfte: 071/38. ähnl.:075/114. Dominanz der Verwaltungsarbeiten: 101/69.

> „Zunächst mal, würde fast schon sagen, die wichtigste Funktion ist, wir sind leider, immer mehr Verwaltungsangestellte geworden, bei denen sehr viel Zeit, wenn man es idealtypisch und der Form nach sehen würde, für Statistiken und Dokumentationen draufgeht. Wenn man das so machen würde, wie es im Idealfall vorgesehen ist, dann hätten wir keine Zeit mehr, mit den Teilnehmern zu arbeiten. Da setzen wir uns einfach drüber hinweg, da muss manchmal eine Dokumentation eben sehr, sehr kurz ausfallen und das Eine oder Andere dokumentiert man eben nicht." (088/58)

Als weitere große Sorge kommt hinzu, dass die Qualität der sozialpädagogischen Arbeit in Zukunft vielleicht nicht mehr in der alltäglichen pädagogischen Wirklichkeit, sondern nur noch an der Form der schriftlichen Dokumentation gemessen wird. Auch das wäre aus Sozialpädagogen-Sicht eine katastrophale Entwicklung. Zu vermuten ist, dass dahinter auch die Befürchtung steht, dass der persönliche Kontakt zu den Arbeitsagenturen abreißt. Angesichts der Anonymisierung der Einkaufs- und Vergabepraxis der Maßnahmen, wie sie von der Bundesagentur betrieben wird, ist eine solche Sorge keineswegs völlig unbegründet. Sie würde die Kontakte zur regionalen Arbeitsagentur entpersonalisieren.

> „Ich fürchte noch mehr Verwaltungsarbeit. Ich denke, dass die Bundesagentur für Arbeit Qualität an Berichten misst, alles verschriftlicht haben möchte, aber nicht mehr die Qualität vor Ort und auch keine Inhalte mehr prüft. Hauptsache irgendwo auf irgendeinem Papier steht etwas. Insofern fürchte ich, dass die Verschriftlichung, die wir schon erfahren haben, die Verschriftlichung unserer Arbeit, immer weiter fortschreitet. Dabei will ich diese Verschriftlichung nicht nur als negativ ansehen, also, sie hat auch durchaus ihre positiven Seiten, da man ja beim Schreiben auch reflektiert. Und auch mit Kollegen dann noch mal intensiver über Förderpläne – wie auch immer – spricht. Das ist nicht die Frage, aber ich habe Sorge, dass die Berufsberater oder die Fachkräfte für Berufsberatung, wie auch immer sie jetzt heißen, irgendwann von uns nur noch Förderpläne oder Berichte gemailt bekommen, ohne selber zu erscheinen und auch mit den Jugendlichen zu sprechen. Ich denke, die Zukunft wird da so hin gehen." (086/220)

> „Das ist die zweite Perspektive, die mir gar nicht behagt, wir werden immer mehr Verwaltungsbeamte und eigentlich weniger Personen, die mit den Menschen etwas machen. Die Dokumentation ist wichtiger als die Maßnahme. Und das find ich eine ganz, ganz grauenhafte Entwicklung, das muss dringendst zurückgeschraubt werden." (088/88)

Ein bisschen verbinden sich die hier zutage tretenden Bedenken mit einer Kritik an den zum Teil bereits eingeführten Qualitätssicherungssystemen, durch die ein großer Formalisierungs- und Bürokratisierungsschub eintritt.

> „Und ich hab so das Gefühl, es wird auch unheimlich viel Wert gelegt auf dieses Formelle und, also, wenn ich so generell jetzt mir die, wenn sie jetzt, ich die letzten Jahre so angucke, also, es wird jetzt auch verstärkt gerade dieses Controlling betrieben, das interne Controlling, glaub ich, ist ganz wichtig. Und oftmals hat es für mich den Anschein, man muss sich jetzt mehr um die Akten kümmern als um die Jugendlichen." (091/132)

> „Und ansonsten gibt es hier bei diesem Träger sehr viel administrative Dinge, wie auch verwaltungstechnische Dinge. Hier sind zum Beispiel die ganzen Formulare sind alle zertifiziert und wir müssen eben auch gucken, dass da ziemlich viel, also, sehr viel Büroarbeit. Zum Beispiel, wenn man Stundenzettel ausfüllt, da muss man erst mal schauen, wer darf jetzt, also, es darf nur in bestimmten Farben, in bestimmten Schriftgrößen, alles muss genau stimmen, das kenn ich jetzt von dem anderen Träger auch nicht so." (101/3)

Angesichts der Tatsache, dass die sozialpädagogischen Fachkräfte sehr genaue Vorstellungen darüber haben, wie der Erfolg ihrer Arbeit aussehen soll, trifft die sehr formalisierte Seite der Qualitätsmanagement- und -sicherungssysteme auf deutliches Unverständnis. Sie erschweren die Arbeit erheblich und lenken von deren Substanz ab. Die Arbeitsbedingungen, die dadurch entstehen könnten, werden als sehr unbefriedigend antizipiert. Hier wird in der Zukunft sicher noch erheblicher Entwicklungsbedarf bestehen, wenn das Anliegen einer formalisierten Qualitätssicherung mit den Arbeitsvorstellungen der Fachkräfte in Einklang gebracht werden soll. Allerdings zeigt auch die Einführung der Förderpläne, dass eine solche, auf den ersten Blick unbefriedigende Formalisierung, in einer zweckmäßigen Form doch Anerkennung finden könnte.

5. Sozialpädagogik in besonderen Aufgabenstellungen und Phasen des Maßnahmeveraufs

In der bisherigen Darstellung ist die sozialpädagogische Arbeit unter der Tätigkeitsperspektive betrachtet worden. Im Folgenden soll es darum gehen, besondere Aufgabenstellungen herauszuarbeiten, die sozialpädagogische Fachkräfte übernehmen.

5.1 Unterstützung der Berufswahl

Vor allem in den berufsvorbereitenden Maßnahmen stellt die Berufswahl bzw. die Unterstützung der Berufswahlprozesse einen wesentlichen Aspekt dar. Da die Berufswahl selbst eher als ein individueller Such- und Entscheidungsprozess zu sehen ist, kann in diesem Sinne hier eigentlich nur von Berufsorientierung die Rede sein. In erster Linie geht es dabei um die Bereitstellung von Informationen und Anleitung individueller „Suchbewegungen", die den Jugendlichen helfen sollen, sich auf dem Arbeitsmarkt zu orientieren. Insofern zielen sämtliche Hilfen und Angebote der Sozialpädagogen auf eine berufliche Orientierung der Jugendlichen sowie auf die Unterstützung bei der Berufswahl ab. Das Aktionsspektrum der berufsorientierenden Angebote ist groß. Es reicht von der Erarbeitung von Berufsprofilen im Rahmen von Gruppenarbeiten, erkundenden Exkursionen und Besuchen in den Berufsinformationszentren über systematische Tests, die auch über die Berufseignung Informationen geben sollen, bis hin zu (Selbst-)Erprobungen in den Werkstätten, Übungsfirmen oder in Praktika in einschlägigen Betrieben. Wenngleich solche Berufserprobungen immer mit Risiken behaftet sind (Eckert und Stratmann 1978), kann hier doch ein erster Eindruck entstehen, der vor falschen Vorstellungen und Illusionen schützt. Außer Frage steht, dass die gesamte Integrationsarbeit in der Benachteiligenförderung besser funktioniert, wenn es gelingt, das Berufsinteresse herauszufinden und die Berufsmotivation zu fördern. Gerade die Interviews mit den betreuenden Betriebsmitarbeitern zeigen deutlich, dass das Berufsinteresse und die Motivation ganz entscheidende Faktoren bei der Betriebsintegration und beim Erfolg der Praktika sind. Eine Kindergartenleiterin – hier in der Rolle als Chefin eines Praktikumsbetriebes – trägt diese Problematik sehr präzise vor:

> „Erfolgreich läuft es bei der Berufsvorbereitung, wenn der Praktikant sagt: ‚Also, das möchte ich so erlernen. Das macht mir Freude.' Und dann kann ich eigentlich auch nur mit persönlichem Engagement rechnen. Vorbeigegangen am Ziel ist es, wenn ein Praktikant sagt: ‚Das gefällt mir überhaupt nicht. Ich habe keinen Spaß daran.' Und wäre eigentlich in einer Berufsausbildung analog. Deshalb ist die Vorbereitung eigentlich sehr wichtig, dass der Praktikant reingeschaut hat in den Beruf, den er sich erwählt, bevor er angefangen hat." (114/118)

Dass es sich hier nicht um einen Einzelfall handelt, zeigen die anderen Interviews mit den Betriebsmitarbeitern. Die Aussage, dass die Berufsmotivation der entscheidende Faktor für die Betriebsintegration ist, lässt sich generalisieren.[156] Im optimalen Fall wird diese Motivation durch das Praktikum noch verstärkt (115/64; 120/67), im ungünstigsten Fall zeigt sich, dass „… der Mann am falschen Ort und am falschen Platz" ist (116/114; ähnl: 122/31). Damit ist das Praktikum zu Ende. Ob es damit auch erfolglos gewesen ist, lässt

---

156 Berufsmotivation als entscheidender Faktor für Integration: 111/139; 112/67; 113/71; 118/55; 120/80; 121/63

sich aus den Interviews jedoch nicht klären. Sicher ist, dass die Erkenntnis, dass das der falsche Beruf oder der falsche Betrieb war, auch einen pädagogischen Wert hat, wenngleich die Berufsfindung im positiven Sinne damit nicht voran gekommen ist. Es wurde bereits herausgestellt, dass die Vermittlung in eine Berufsausbildung für die Sozialpädagogen, die in BvB-Maßnahmen arbeiten, die beste Alternative einer beruflichen Entwicklung darstellt. Eine berufliche Einmündung in unqualifizierte Beschäftigung ist nicht das vorrangige Ziel. Trotz aller bekannten Krisenerscheinungen des Dualen Systems sowie des Ausbildungs- und Arbeitsmarktes wird eine berufliche Ausbildung als bester Zugangsweg in eine berufliche Tätigkeit und eine relativ sichere Erwerbskarriere angesehen. Außerdem wird eine Berufsausbildung als gute Förderung der weiteren persönlichen Entwicklung betrachtet. Dies lässt sich u. a. an der Orientierung erkennen, mit der die sozialpädagogischen Fachkräfte in der Berufsausbildung arbeiten. Es geht ihnen sehr klar darum, die Motivation für den Beruf, in dem die Jugendlichen ausgebildet werden, zu steigern und eine Identifikation mit diesem Berufsbild zu unterstützen. Insofern deutet alles darauf hin, dass es den Sozialpädagogen auch darum geht, den Jugendlichen durch eine solide Berufsausbildung in dem gewählten Beruf auf eine dauerhafte Beschäftigungschance zu sichern.[157] Dazu gehört unabdingbar der erfolgreiche Berufsabschluss. Er gilt als eines der wichtigsten Ziele in BaE und abH. Im Vorfeld hat die gewissenhaft durchgeführte Berufsorientierung in den berufsvorbereitenden Maßnahmen einen hohen Wert.

In diesem Zusammenhang muss kritisch angemerkt werden, dass zahlreiche Gesellschaftstheorien und -kritiken seit längerem darauf hindeuten, dass der moderne Arbeitsmarkt eine dauerhafte Beschäftigung in einem gelernten Beruf nicht mehr gewährleisten kann.[158] Somit besteht in Zukunft trotz abgeschlossener Berufsausbildung ein deutliches Beschäftigungsrisiko für die Jugendlichen. Jedoch ist davon auszugehen, dass eine abgeschlossene Berufsausbildung dieses Risiko mindern kann. Das ist eine Einschätzung, die vermutlich alle Akteure der Benachteiligtenförderung teilen.[159] Dennoch ist die Motivationsarbeit gerade bei jenen Jugendlichen schwierig, die Beschäftigungsrisiken und Arbeitslosigkeit im eigenen sozialen Umfeld erleben und die nicht den Optimismus aufbringen, um für sich selbst eine sichere Zukunftsperspektive zu entwickeln.[160] Viele Jugendliche sind sich der Beschäftigungsrisiken durchaus bewusst. Das kann eine eher demotivierende Wirkung für sie haben. Sozialpädagogen, Ausbilder und betreuende Betriebsmitarbeiter sehen eine Lösung darin, die intrinsische Motivation durch Erfolgserlebnisse zu verbessern.[161] Das setzt aber voraus, dass bei der Einmündung in die betrieblichen Praktika

---

157 Bedeutung des Abschlusses für die Arbeitsmarktintegration: 069/27
158 vgl. hierzu z. B. Arendt 1958; Sennett 1998; Beck 1986; Rifkin 2001
159 Bei den Berufsberatern gibt es eindeutige Stellungnahmen. Bei den Einrichtungsleitern und bei den Sozialpädagogen wird mit viel Aufwand die Berufsintegration zu forcieren versucht (siehe Kap. 2.1).
160 Das Beschäftigungsproblem nach Abschluss der Maßnahmen als Folge des schlechten Arbeitsmarktes wird von vielen sozialpädagogischen Fachkräften angesprochen (010/126; 014/58; 014/192; 020/23; 022/32; 024/53; 052/17; 054/120; 059/27074/73; 081/116; 083/54; 084/157; 085/29; 091/134).
161 Eine Sozialpädagogin in BaE: „Das ist also eine spinnerte Idee, ich möchte also, dass sie hier so viel Spaß am Lernen bekommen, dass sie also auch dann ihren Kindern oder in ihrer Familie auch eben sagen: ‚Es macht Spaß und es lohnt sich!'" (063/122). Ähnlich der Chef eines KfZ-Betriebes: „Also, aus den Medien oder so, kriegen die nicht gerade viel Hoffnung gemacht, sage ich mal, bei

aus den diffusen oder sogar unrealistischen Berufsvorstellungen eine relativ klare Orientierung und Identifikation entwickelt worden ist.

Ähnlich schwierig ist die Bewerbungsphase, in der die Jugendlichen sich um eine Ausbildungsstelle kümmern müssen. Manche der befragten Sozialpädagogen klagen darüber, dass es Jugendliche gibt, die zu leichtfertig an ihre Bewerbungsaktivitäten herangehen. Das mag verschiedene Gründe haben. Eine Ursache könnte in der falschen Sicherheit liegen, die Jugendliche aus politischen Aussagen in den Medien ableiten.

> „… die nehmen natürlich die Meldungen aus der Presse auch ganz anders wahr, ungefiltert wahr zum Teil, und sagen: ‚Ich brauch eigentlich gar nichts machen, weil es bringt nichts.' Oder gestern kam einer und sagte: ‚Also, ab nächstem Jahr soll ja jeder eine Lehrstelle kriegen.' Als ich ihn gestern drauf angesprochen hab, ‚Ja du musst deine Bewerbung machen', da hat er gesagt: ‚Na ja, ich brauch mir jetzt gerade keinen Kopf machen.'" (006/141)

Der weitaus wichtigere Grund für die Schwierigkeiten in der Bewerbungsphase ist jedoch die Erfahrung der Erfolglosigkeit, die viele Jugendliche bei ihren Bewerbungsbemühungen gemacht haben. Aus diesem Grund konzentriert sich ein Großteil der sozialpädagogischen Aktivitäten in diesem Bereich auf die Unterstützung der Jugendlichen bei der Stellensuche und bei der Erarbeitung der Bewerbungsunterlagen. Dabei ist besonders wichtig, die frustrierenden Misserfolgserlebnisse und Zurückweisungen durch Motivationsarbeit zu kompensieren.

Die Arbeit der sozialpädagogischen Fachkräfte wird auch dadurch erschwert, dass sie ihren Jugendlichen keine Sicherheit bieten können, dass eine Vermittlung in eine Berufsausbildung oder eine Beschäftigung im Anschluss an die jeweilige Maßnahme wirklich erfolgt.[162] Für die Motivationsarbeit mit schwierigen Jugendlichen wäre eine größere Erfolgswahrscheinlichkeit sicher vorteilhaft. Die Hoffnung mancher Jugendlicher auf eine solche „Garantie" ist verständlich, aber weitgehend unrealistisch. Sozialpädagogen können lediglich dazu beitragen, dass Jugendliche die sich bietenden Chancen aktiv nutzen und sich intensiv um eine Lehrstelle oder eine Beschäftigung bemühen. Eine Sozialpädagogin in der Berufsvorbereitung beschreibt diese Problematik an einem Einzelfall, der aus ihrer Sicht offenbar typisch ist für die Mehrzahl der Jugendlichen.

> „Ah, es ist ganz unterschiedlich. Es sind Gespräche, es sind auch Beispiele aus vergangenen Jahren. Also ich erzähle denen dann schon auch was, was möglich ist. Beispielsweise letztes Jahr, da hatte ich ein Mädchen, die am Anfang noch im Maßregelvollzug war und hinterher eine betriebliche Ausbildung gekriegt hat, weil sie einfach wollte! Also dass man, dass es einfach eine Möglichkeit gibt, wenn man sich reinhängt und wenn man wirklich was will. Dass sich dann ab und zu mal Türchen auftun, nicht immer und nicht garantiert, aber dass es doch passieren kann – dass es eine Chance gibt –, das es 'ne Chance gibt, ja." (006/61)

---

hat man dann doch schon wieder das Selbstwertgefühl gestärkt und packt wieder an am Leben, bevor man das hinschmeißt und aufgibt"(115/64). Auf die Frage, wie er Erfolgserlebnisse vermitteln könne, antwortet er: „Ich lasse sie arbeiten und nicht nur fegen. Das ist ganz wichtig" (115/66). Ähnliche Erfahrungen gibt es aus der Sicht der sozialpädagogischen Fachkräfte (017/155).

162 So ist die Rede von Unsicherheit und schlechten Erfolgsaussichten bei der Vermittlung in Ausbildung (z. B. 006/141; 012/214). Von daher kann es nur das Ziel sein, diese schlechten Integrationschancen des Jugendlichen in Ausbildung zu verbessern (z. B. 005/67). Eine besondere Funktion kommt in diesem Kontext dem Praktikum zu (z. B. 033/42). Vermittlungsgarantieren können Sozialpädagogen dabei freilich nicht übernehmen.

Die Interviews mit den sozialpädagogischen Fachkräften in den BvB-Maßnahmen zeigen deutlich, dass neben die Förderung der Ausbildungsreife und die Vermittlung in Ausbildung die persönliche Entwicklung und Stabilisierung des Jugendlichen tritt. Die Ausbildungsfähigkeit ist keineswegs mit einer Berufsentscheidung hergestellt. Vielmehr geht es auch um das Erlernen von Arbeits- oder Sekundärtugenden, die die Sozialpädagogen häufig mit „Schlüsselqualifikationen" gleichsetzen. Die Interviews mit den Betriebsmitarbeitern haben klar gezeigt, dass diese „Tugenden" für die Integration in die Betriebe im Rahmen der Praktika wirklich von ganz besonderer Bedeutung sind.[163] Es ist aus entwicklungspsychologischer Sicht jedoch denkbar, dass die Entwicklung von Ausbildungsfähigkeit den Jugendlichen aufgrund des dahinter vermuteten individuellen Reifungsprozesses ein Stück näher zur „Berufswahlreife" führt. Die Vermittlung dieser Tugenden erfolgt oft unabhängig von einer Berufswahl.

Von den sozialpädagogischen Fachkräften werden verschiedene Tätigkeiten benannt, die zu den berufsorientierenden Aktivitäten zählen. Dazu gehören:
– die Erprobung in spezifischen Berufsfeldern sowie die Vermittlung und Vertiefung von beruflichen Erfahrungen, z. B. durch Exkursionen und vor allem durch Praktika[164],
– die Durchführung von Testverfahren zur Feststellung der Berufseignung (Eignungsanalysen), wobei anhand der Ergebnisse der weitere Maßnahmeverlauf ausgerichtet werden soll[165],
– der Besuch des Berufsinformationszentrums und der Berufsberatung der regionalen Arbeitsagenturen[166],
– die Vermittlung von Kenntnissen über Berufe (016/128),
– das Aufzeigen von beruflichen Alternativen, persönlichen Entwicklungschancen und Karrierewegen für die Jugendlichen (008/95; 012/147).

Im Wesentlichen werden zwei große Strategien deutlich, unter denen sich die Aktivitäten zur Berufsorientierung zusammenfassen lassen. Dabei handelt es sich (a) um Praktika und (b) um Bewerbungstrainings. Insbesondere Praktika zielen bereits auf die Vermittlung erster betrieblicher Erfahrungen ab. In Bewerbungstrainings geht es mehr um das Zusammentragen und Auswerten von Informationen und um Formen der Selbstpräsentation im Bewerbungsverfahren.

---

163 Gemeint sind „Sekundärtugenden" wie Pünktlichkeit, Engagement, äußerliches Erscheinungsbild. Dazu ein betrieblicher Mitarbeiter: „Pünktlichkeit als Grundvoraussetzung. Ich sage mal, wenn einer um Acht zur Arbeit zu erscheinen hat, an seinem Arbeitsplatz sein muss, dann gucke ich mir das einen Tag an. Und wenn er am dritten Tag fünf nach Acht da ist, dann braucht er nicht mehr wiederkommen." (112/155, ähnl.: 115/78; 116/69; 119/133). Sozialpädagogische Fachkräfte: „Also … darüber muss er sich im Klaren sein, also Wohlverhalten im Praktikumsbetrieb ist angesagt." (063/169, ähnl.: 006/98; 014/77; 067/162).

164 Zur Bedeutung von Praktika zur Berufsorientierung (Berufswünsche können sich durch Praktika konkretisieren): 005/67; 006/129; 008/91; 020/158; 026/35, 75; 047/89; 049/137; 051/27; 059/11; 069/90; 070/66; 090/118

165 Berufswahltests: 006/129; 054/83; 060/20; 070/66; 075/89; 088/70

166 Besuch des BIZ und der Berufsberatung: 006/129; 008/95; 012/147; 020/158; 070/66; 088/70

Berufsorientierung und Praktika

Für die Jugendlichen bietet das Praktikum die Möglichkeit, ihren Berufswunsch zu erproben und die Berufs- und Betriebswirklichkeit kennen zu lernen. BvB- und BaE-Teilnehmer sollen optional in ein Ausbildungs- oder ein Beschäftigungsverhältnis übergehen. Ein Praktikum bietet hier die Möglichkeit, sich einem Betrieb „vorzustellen" und durch gutes Auftreten und gute Arbeit eine Ausbildungs- oder Beschäftigungschance zu erhalten.[167] Eine sozialpädagogische Fachkraft fasst das komplexe Gefüge der Praktikumserfahrungen sehr gut zusammen:

> „Die Verantwortung gegenüber dem Betrieb ist natürlich, ... jemanden zu vermitteln, der für den Betrieb tragbar ist und da wirklich eine Perspektive hat und der sich da vielleicht auch weiterentwickeln kann. Und die Verantwortung gegenüber dem Teilnehmer ist natürlich auch klar: Erstens ihm zu helfen und die Wege zu ebnen, dass er die Ausbildung da machen kann, wo er das gerne machen möchte, und zweitens abzugleichen, dass er mit seinen Fähigkeiten oder mit denen, die er mit der Zeit auch noch erwerben kann, da wirklich nicht eine Frustration erlebt, sondern auch Erfolgserlebnisse haben kann, eine Perspektive hat, und das Dritte, dass er eben, wie ich vielleicht schon gesagt habe, in einem Praktikumsbetrieb nicht ausgenutzt wird, sondern dass er wirklich ein Berufsfeld kennen lernt, um eine vernünftige begründete Entscheidung zu treffen, denn es ist letztlich eine Berufsfindung, eine Berufsvorbereitung und, ja, nicht das Ausbeutertum des 21. Jahrhunderts." (088/64)

In diesem Zitat werden die Erwartungen an das Praktikum sehr klar zum Ausdruck gebracht. Bemerkenswert ist, dass aus sozialpädagogischer Sicht ein Praktikum nicht eine unmittelbare Begegnung mit der „Wirklichkeit des Betriebes" ist, sondern dass diese „Begegnung" vorbereitet, gesteuert und reflektiert werden muss – und dass sie auch misslingen kann, wenn die Jugendlichen völlig lustlos sind oder nur zu schlechten Hilfsarbeiten eingeteilt und ausgebeutet werden. Auch dieser Prozess der Betriebsintegration kann sozialpädagogisch betreut werden:

> „... wir versuchen das natürlich den Jugendlichen ... auch beizubringen, sich im Praktikum eben auch zu präsentieren und eben sich ihrer Stärken und Schwächen auch bewusst zu sein, und gehört ja auch zum Bewerbungstraining im Endeffekt mit dazu, wie sie auftreten, wie sie sich geben, wie sie ‚Guten Tag' sagen, wenn sie in (den) Betrieb kommen, da entscheidet sich ja meistens relativ viel." (006/75, ähnl.: 007/79)[168]

Interessant ist, wie hier ein sozialpädagogisches Bewerbungstraining aussieht. Mit den Mitteln des Feedback und des Rollenspiels wird systematisch das Auftreten im Betrieb angeleitet und reflektiert und Misserfolgserlebnisse aufgearbeitet (006/77).

Vielleicht ist der Kontakt zu einem potenziellen Ausbildungsbetrieb noch wichtiger als das Ziel der Berufswahlentscheidung. Aber das hängt wahrscheinlich davon ab, in welcher Entwicklungsphase sich der junge Mensch gerade befindet. Die Ziele können unterschiedlich sein:

---

167 Eine Sozialpädagogin aus BaE: „Und während der Ausbildung versuchen wir natürlich auch schon durch Praktika, die Kontakte mit den Praktikumsbetrieben, die wir haben, vielleicht das eine oder andere Mal auch schon Jugendliche da zu vermitteln. Das eine oder andere Mal funktioniert's" (002/56, ähnl.: 078/15).

168 Unterstützung, wenn die Suche eines Praktikumsplatzes nicht erfolgreich ist: 008/61; 032/42; Vorbereitung auf die Erwartungen der Betriebe: 007/33

„Ob es das Ziel ist, dass der Jugendliche einfach über drei Wochen was durchhält außerhalb der Gruppe hier und da einfach Erfahrungen sammelt, oder ob es ganz brennend notwendig ist, dass der (einen) Betrieb findet, wo er übernommen wird." (006/83)

Die Interviews haben gezeigt, dass es Träger gibt, die davon ausgehen, dass der Jugendliche seinen Praktikumsbetrieb selbst sucht. Diese Strategie wird auch pädagogisch begründet: Sie fördere die Selbstständigkeit bei der Suche.[169] Bei manchen Trägern machen sich auch die sozialpädagogischen Fachkräfte auf die Suche.[170] bei anderen gibt es ein Netz von Praktikumsbetrieben, mit denen teilweise schon lange Kontakt besteht.[171] Auch diese Suche lässt sich strategisch anlegen und kann deutlich auf Vermittlung in eine Ausbildung angelegt sein. Ein Sozialpädagoge beschreibt sein Vorgehen:

„Ganz einfach per Telefon und dann durch dieses letzte oder durch dieses jetzige erste Ausbildungsjahr haben wir ungefähr Kontakt mit 80 Betrieben. Der wird gepflegt, und wir werden jetzt für das nächste Ausbildungsjahr nicht mehr als Bittsteller ... auftreten, sondern wir versuchen dem Ausbildungsbetrieb klarzumachen: ‚Hör zu, wir haben hier vier Industriemechaniker. ... davon kannst du dir einen auswählen, die sind alle gut. Komm, schau sie dir mal an. Wenn du willst, kriegst du sie zu einem Praktikum, aber ich will von dir eine Ausbildungsstelle haben.' Das heißt also, wir oder ich versuchen, so ein bisschen Arbeitsvermittlung zu betreiben. Einfach um dem Arbeitgeber die Sache ein bisschen schmackhaft zu machen." (033/117, Sozialpädagoge im Süddeutschen Raum, ähnl: 088/62)

Neben den eher offenen, die Berufswahl unterstützenden Strategien, scheinen die Sozialpädagogen punktuell aber auch selbst steuernden Einfluss auf die endgültige Berufswahl der Jugendlichen zu nehmen. Auf diese Allokationsfunktion, die Sozialpädagogen hier wahrzunehmen versuchen, wird später noch einzugehen sein.

Bewerbungstraining

Eine weitere Strategie der Berufswahlunterstützung ist das Bewerbungstraining. Es kann als eine spezifische Form der Berufswahl gesehen werden, da es häufig mit dem Sammeln von Informationen über einen Ausbildungsberuf einhergeht. Wird Berufswahl als ein auf Informationen beruhender Entscheidungsprozess verstanden, so tragen die Bewerbungsstrategien der Sozialpädagogen, die auf einer breiten Informationsbasis beruhen und die im Vorfeld die individuellen Eignungen und Interessen des Jugendlichen erheben (026/41), durchaus zur Berufswahl bei.

Auf der Grundlage der Interviews lassen sich hier unterschiedliche, mehr oder weniger komplexe Modelle herausarbeiten. In den meisten Fällen handelt es sich um sehr individuell gestaltete Vorgehensweisen. Einige Sozialpädagogen greifen auf verschiedene Strategien zur Berufsorientierung zurück. Es werden zusätzliche Informationen zu verschiedenen Berufsbildern erarbeitet sowie berufliche Perspektiven und Alternativen aufgezeigt:

---

169 Selbstständige Suche der Teilnehmer, aber mit Unterstützung durch die sozialpädagogischen Fachkräfte, wenn es erforderlich ist: 016/128; 063/29; 077/18; 090/118; 007/35.
170 Sozialpädagogen suchen Praktikumsbetriebe: 050/107; 052/157; 060/40; 071/43; 088/51
171 Diese Kontakte werden teilweise auch von den Ausbildern aufgebaut und gehalten: 001/161; 008/61; 008/61. Sozialpädagogische Fachkräfte, die die langjährigen, guten Kontakte herausstellen: 063/174; 078/110.

"Ich für meinen Teil habe es eigentlich immer so gemacht, dass nach dem eigentlichen Interview, was der Jugendliche sich vorstellen kann, zu machen, ihm noch mal ein paar Perspektiven einfach anschaulich dar(zu)stellen, nicht nur unbedingt Ausbildung, sondern vielleicht auch, die Jugendlichen eine Weiterführung, zum Beispiel zur Teilnahme an der Fachhochschule oder an der Berufsfachschule dort eine Ausbildung zu beginnen. Dann gehen wir immer mehrmals ins Berufsinformationszentrum der Arbeitsagentur. Ich mit der Gruppe, dann zwischendurch auch mal einzeln, ziehe dort einfach bestimmte Berufsfelder raus, das machen auch die Jugendlichen, gucken sich an, was ist Inhalt des Berufsfeldes, was ist Inhalt der Ausbildung, wie muss ich bewerben, welche Voraussetzung habe ich. Entwickle auch Alternativen, was passiert oder welche Alternative kann ich dann ziehen, wenn ich keinen Erfolg habe bei meinen Bewerbungen. Das ist so ein bisschen dann die, ja, die Berufsorientierung." (008/95; ähnlich 012/147; 052/3)

Die einfachste, aber vermutlich nicht weniger anspruchsvolle Form beinhaltet lediglich das Formulieren und Gestalten einer Bewerbung und eines Lebenslaufes mit den Jugendlichen (z. B. 008/93; 012/157; 055/101).[172] Die Jugendlichen sollen im Ergebnis über eine individuelle Mustervorlage für ein Bewerbungsschreiben verfügen. Die Vorgehensweise im Bewerbungstraining ist wohl stark von den individuellen Voraussetzungen des Jugendlichen abhängig. Insbesondere in BvB wird die Feststellung beruflicher Interessen und Fähigkeiten als wesentlicher Bestandteil von Bewerbungstrainings gesehen, z. B. durch Testverfahren.[173] In einigen Einrichtungen werden in Rollenspielen verschiedene Situationen eines Vorstellungsgesprächs simuliert und geübt. In diesem Sinne stellen Bewerbungstrainings auch Verhaltenstrainings dar. Oft finden Bewerbungstrainings auch im Rahmen von sozialpädagogischen Stützunterrichten statt.[174]

Bewerbungstrainings werden häufig zwar von den Sozialpädagogen selbst durchgeführt, in einigen Fällen sind dabei auch dritte Personen eingebunden, wie Lehrer oder Sozialpädagogen, die sich in den Einrichtungen darauf spezialisiert haben. Ziel ist es, Bewerbungstrainings möglichst professionell durchzuführen. In einigen Einrichtungen wurden sogar Lehrgangsmodule hierfür entwickelt.[175] Praktika stellen in diesem Kontext eine weitere sinnvolle Ergänzung dar. Im Rollenspiel eingeübte Verhaltensweisen können hier vom Jugendlichen angewendet und erprobt werden (006/77).

Allokationsfunktion der Sozialpädagogik

Wenn der Berufswunsch eines Jugendlichen nach Auffassung der Sozialpädagogen nicht dem Leistungsvermögen des Jugendlichen entspricht, wird häufig auf die weitere Berufswahl aktiv Einfluss genommen. Weitere Einflussgrößen für diese Interventionsentscheidung sind die Bewertung der Zugangschancen und der beruflichen Perspektiven auf dem regionalen Arbeitsmarkt. Ein Einrichtungsleiter setzt dies zusätzlich in Bezug zu den Anforderungen der Arbeitsagentur als Auftraggeber:

---

172 Ein Sozialpädagoge weist hier auf Konflikte hin, die beim Formulieren von Bewerbungsschreiben gerade dann entstehen können, wenn unterschiedliche Institutionen gleichzeitig mit dem Jugendlichen in diesem Kontext arbeiten. Er deutet damit auf unterschiedliche Kenntnisse, Vorstellungen und Ansprüche im Hinblick auf das Formulieren und Gestalten von Bewerbungen hin.
173 vgl. 006/129; 026/75, 054/83; 060/20; 070/66; 075/89; 088/70
174 Zu den verschiedenen Facetten von Bewerbungstrainings: 002/112, 115; 006/75, 77, 78; 008/93; 012/157; 014/122; 020/59; 026/75; 052/3; 072/137
175 Bewerbungstraining in Lehrgangsform und unter Einbindung dritter Personen: 006/87; 008/94

„Also, wir haben in Besprechungen ganz klar auch thematisiert den Zwiespalt zwischen dem, was wir erreichen sollen und dem, was eigentlich vor dem gesellschaftlichen Kontext zu erreichen ist. Und in erster Linie arbeiten wir an der Zufriedenstellung unseres Auftraggebers. Also, wir versuchen nach Kräften auch wirklich Plätze zu akquirieren, um die Teilnehmer zu vermitteln, und brechen dabei Jugendliche auch, ich sage mal, vom Wunsch Kaufmann für Grundstücks- und Wohnungswirtschaft runter auf einen Einzelhandelskaufmann. Weil es für jemanden, der nur einen Hauptschulabschluss hat und geringe mathematische und schriftsprachliche Fähigkeiten, nicht möglich ist, so einen Ausbildungsberuf zu erreichen. So, das führt bei den Teilnehmern teilweise zu Frustration, das führt zum Abbrechen. Aber letztendlich bei denen, die das durch haben, führt das ja dann doch noch zum Ausbildungsplatz. Ob die da für den Rest ihres Lebens glücklich sind, das steht natürlich auf einem anderen Blatt. Wir müssen das denen schön verkaufen." (104/27)[176]

Eine „typische" sozialpädagogische Position zeigt diese Beschreibung nicht. In vielen Einrichtungen wird deutlich, dass die Sozialpädagogen in den meisten Fällen eher auf die Wünsche der Jugendlichen eingehen und versuchen, alles zu ermöglichen, was im Rahmen der Maßnahmen und auch in Anbetracht der Leistungsfähigkeit der Jugendlichen denkbar ist. Interessant ist an diesem Beispiel die Einschätzung, dass ein bestimmter Beruf aufgrund seiner Zugangsvoraussetzungen und Anforderungen nicht für einen Jugendlichen mit den geschilderten Eigenschaften geeignet ist. Dies ist nicht der einzige Fall, in dem dies erfolgt, und dieses Vorgehen ist bei verschiedenen Sozialpädagogen zu finden. Die Rede ist oft auch von einer „realistischen" Berufswahl.[177] Offenbar erfolgt bei einigen Sozialpädagogen im Vorfeld eine Selektion der möglichen Berufe, bei denen sich die Vermittlungschancen für die Zielgruppen der Benachteiligtenförderung besser darstellen. In einigen Fällen geht es sogar nur um Vermittlung in Arbeit, ohne eine Ausbildung anzustreben, um zumindest das Leben materiell bewältigen zu können (054/131). Diese Perspektive kann auch durch die regionalen Arbeitsmarktbedingungen beeinflusst werden. Durch eine solche Selektion wird möglicherweise das Berufswahlspektrum für diese Jugendlichen unzulässig eingeschränkt. Es zeigt auch, dass eine Form der Berufshierarchie zu existieren scheint, die sich an den Zugangschancen für bestimmte Zielgruppen und den vermuteten Anforderungen der Ausbildung bzw. der ausbildenden Betriebe ausrichtet. Offenbar orientieren sich Sozialpädagogen daran bei der Bestimmung eines realistischen Berufszieles für die Jugendlichen. Somit kommen bei der Berufswahl der Jugendlichen in der Benachteiligtenförderung anscheinend auch Faktoren zum Tragen, welche die Jugendlichen selbst nicht beeinflussen können. Diese Faktoren sind die Bedingungen des Ausbildungsmarktes, die Besonderheiten der Einrichtungen oder sogar die Einschätzungen der Sozialpädagogen. Damit nimmt die berufliche Integrationsförderung bei der Unterstützung der Berufswahl bewusst oder unbewusst eine Allokationsfunktion wahr.[178] Es besteht die

---

176 Inwieweit dies durch die bei diesem Träger arbeitenden Sozialpädagogen umgesetzt wird, lässt sich nicht klären. In dieser Einrichtung ist kein in der Berufsvorbereitung tätiger Sozialpädagoge befragt worden.

177 Von unrealistischen Berufsvorstellungen der Teilnehmerinnen und Teilnehmer berichten: 022/16; 045/17; 047/85; 051/19; 052/71, 75; 074/113; 087/97; 088/68;

178 Arnold, Böhnisch und Schröer (2005, S. 95) bspw. sehen dies als Konsequenz eines der Benachteiligtenförderung immanent innewohnenden Defizitansatzes. Auf diese Weise begrenzt die Benachteiligtenförderung das zur Verfügung stehende Spektrum an Ausbildungsberufen bzw. das Berufswahlspektrum der Jugendlichen und verschlechtert damit sogar die Einmündungschancen von Jugendlichen.

Gefahr, dass der steuernde Eingriff der Sozialpädagogen in die Berufswahl an der Stelle zu weit geht. Sozialpädagogen nehmen in dem Fall eine Funktion wahr, die ihnen nicht zusteht und die weit über ein angemessenes Maß an zu gewährender Orientierungshilfe hinausgeht, möglicherweise auch an Manipulation oder Bevormundung grenzen kann.

Strategisches Vorgehen

Wie werden nun die verschiedenen Strategien in sinnvoller Art und Weise miteinander verbunden? Hier lassen sich die Aktivitäten zur Berufszielfindung in eine strategische Abfolge bringen. Der eben dargestellte Ablauf stellt gleichsam ein idealtypisches Bild dar, was sich in den Interviews widerspiegelt. Zu Beginn erfolgt eine Kompetenzfeststellung oder eine Eignungsanalyse.[179] Ausgehend von den dort festgestellten Eignungen, Fähigkeiten und Interessen erfolgt die gezielte Suche nach Informationen zu den möglichen Berufen mit Hilfe verschiedener Informationsquellen. In Zusammenarbeit mit den Sozialpädagogen werden dann die für den Jugendlichen möglichen Wege in den Beruf skizziert. Dabei werden die individuellen und formalen Voraussetzungen des Jugendlichen berücksichtigt. Mit Hilfe des Praktikums soll die praktische Eignung des Jugendlichen festgestellt und der Kontakt zu einem möglichen Ausbildungsbetrieb hergestellt werden, wenn fest steht, dass der Jugendliche diesen Beruf erlernen kann und möchte. Ein Sozialpädagoge in der Berufsvorbereitung beschreibt diesen Prozess mit den Worten:

> „Wir gehen ins BIZ, Berufsinformationszentrum, und gucken uns da um, nachdem die Kompetenzfeststellung stattgefunden hat, also nachdem (sich) die Jugendlichen zumindest schon mal für ein Berufsfeld mehr oder weniger entschieden haben oder da rein gerutscht sind und schon mal ein bisschen Einblick gewinnen konnten. Da versuchen wir das dann eben zu spezifizieren und nachzufragen, ob das das Berufsfeld ist, das sie sich vorstellen können oder ganz und gar nicht oder ob sie was ähnliches, also zum Beispiel einen Garten-Landschaftsbau. Die Gruppe, die ich jetzt habe, ist Garten-Landschaftsbau. Da sagt mir dann einer: ‚Okay, ich kann mir vorstellen, mit Pflanzen zu arbeiten, aber diese Landschaftsbau, diese Baurichtung ist nicht meins.' Dass man dann eben da gezielt in die Richtung weiter sucht und da sich Informationen sucht, dass man da diesen Berufswahltest macht. Dann, bei den Arbeitsamtsgesprächen mit den Berufsberatern gibt es dann eben auch noch mal weitere Informationen zu den Berufen, die es gibt, und dann ist eben das Praktikum wieder ein zentraler Punkt. Also das erste Praktikum ist relativ kurz, das sind zwei Wochen, da können sich die Jugendlichen noch relativ frei entscheiden, wo sie das absolvieren, um einfach ein Berufsfeld besser kennen zu lernen. Also es könnte sein, in dem sie jetzt momentan sind, also Garten-Landschaftsbau im Gartenbaubetrieb, oder sie können aber auch sagen: ‚Also Gartenbau ist ja ganz nett, aber eigentlich möchte ich Verkäufer werden', und da können sie dann auch in (den) Verkauf gehen. Und was da dann in der Auswertung oder im Gespräch dann hinterher dabei rauskommt, wie auch die Einschätzung des Betriebs ist, also wenn der Betrieb sagt: ‚Wenn der Verkäufer werden will, dann muss er aber ein bisschen freundlich sein', solche Sachen, dass das da eben auch mit einfließt. Und dass da dann die Suche nach einem Beruf intensiviert wird, also dass man dann weiter sucht und eben je nachdem, wenn das jetzt beim Verkauf bleiben soll, dass man eben dran arbeitet, dass der Jugendliche vielleicht auch die Scheu einfach überwindet, jetzt auf Menschen zuzugehen, oder ob man einfach mit ihm überlegt, ob das tatsächlich das (Richtige) ist, wenn der jetzt ganz zurück gezogen ist und eigentlich kein Interesse hat, mit

---

179 Diese gehörten in den bisherigen Berufsvorbereitungen noch nicht zum Standardprogramm der Maßnahmen, sondern lassen sich erst in der „Neuen Förderstruktur" oder jetzt in den Maßnahmen nach dem „Neuen Fachkonzept" finden. Dennoch haben einige Maßnahmeträger in der jüngeren Vergangenheit diese Instrumente bereits zur Unterstützung der Berufswahl eingesetzt.

Menschen zu reden. Ja, und dann im nächsten Praktikum wird das dann entweder intensiviert, also dass es dann noch mal ein Praktikum in der Richtung wird, wenn möglich in einem anderen Betrieb, dass er dann mal einen Abgleich hat, dass er es mal woanders sieht. Da dann natürlich schon mit so einem ganz leichten Blick auf eventuelle Berufsausbildung, wobei das auch wieder – ja – das ist so das Sahnehäubchen, wenn das dann klappt, meistens klappt es nicht, aber so ist es im Hinterkopf, und das wird zum Beispiel auch vom Arbeitsamt gefordert, ganz massiv, dass wir die Jugendlichen in die betriebliche Ausbildung bringen. Aber das ist schwer, ganz schwer." (006/129)[180]

Vor allem in den letzten Sätzen kommt zum Ausdruck, dass dieser idealtypische Weg, der hier skizziert wird, nicht immer einzuhalten ist, u. a. aufgrund der regionalen Gegebenheiten des Ausbildungsmarktes. Dies gilt besonders für den letzten und eigentlich wichtigsten Schritt, den Übergang in betriebliche Ausbildung.

Der bisher geschilderte Weg wird mit Jugendlichen gegangen, die noch keine Vorstellungen über einen möglichen Ausbildungsberuf haben. Obwohl sich die Berufserprobung in den Werkstätten der Maßnahmeträger in den dort angebotenen Berufsfeldern erschöpft, sind in den meisten Fällen die Berufswahlmöglichkeiten offen. Häufig wird versucht, diese Einschränkung durch Praktika zu kompensieren.

Ziel der Sozialpädagogen ist es auch, dass sich die Jugendlichen nicht auf einen Beruf versteifen. Dadurch sollen ihre Chancen auf dem Ausbildungsmarkt durch eine größere Flexibilität verbessert werden.

Geschlechtsspezifische Berufswahl

Die Ansätze, welche Berufswahl als ein Allokationsmodell beschreiben, gehen davon aus, dass geschlechtsspezifische Erwartungen sowohl bei der Berufsorientierung als auch bei der Berufswahl von Bedeutung sind. Eine wichtige Frage ist somit, inwieweit im Rahmen von Eignungsfeststellungen, Informationsgewinnungsstrategien, Bewerbungstrainings oder Praktika geschlechtsspezifische Aspekte berücksichtigt werden. Zunächst lässt sich auf der Grundlage der Interviews nur sagen, dass die Abläufe und Maßnahmen zur Unterstützung der Berufswahl unabhängig vom Geschlecht der Teilnehmer stattfinden. Somit lässt sich vermuten, dass hier zunächst von einem geschlechtsneutralen Standpunkt ausgegangen wird. Insofern finden bei der Durchführung von Testverfahren offenbar keine geschlechtsspezifischen Differenzierungen statt. Die Auswahl der Praktikumsbetriebe obliegt größtenteils den Jugendlichen selbst, somit ist anzunehmen, dass die Auswahl entsprechend ihren Wünschen und somit auch ihrer Vorstellung von Geschlecht und geschlechtsbezogener Berufswahl erfolgt.

Fraglich ist auch, ob und wie geschlechtsspezifische Aspekte in Beratungssituationen mit den sozialpädagogischen Fachkräften einfließen oder inwieweit bereits gesammelte Erfahrungen der Jugendlichen hier zum Tragen kommen. Zudem stellt sich die Frage, inwiefern eine geschlechtsspezifische Vorselektion durch die Agentur für Arbeit bei der Zuweisung der Jugendlichen in die Maßnahmen erfolgt ist.

---

180 Es ist anzumerken, dass dieses Beispiel aus den Interviews, die mit Sozialpädagogen in der „Neuen Förderstruktur" geführt wurden, stammt.

5.2 Übergangshilfen und Nachbetreuung

Verschiedene Untersuchungen (Bylinski 2002) zeigen auf, dass es jungen Menschen, die aus der Berufsvorbereitung oder der Berufsausbildung für benachteiligte Jugendliche austreten, vergleichsweise schwerer fällt, in eine betriebliche Ausbildung oder in Erwerbsarbeit überzugehen als dies bei den Jugendlichen der Fall ist, die nicht auf die Unterstützung dieser Maßnahmen angewiesen sind. Der Berufsbildungsbericht 2005 spricht z. B. davon, dass von 121.030 Jugendlichen, die im Berichtszeitraum, also im Jahr 2004, aus berufsvorbereitenden Maßnahmen ausgetreten sind, genau 38.380 (31,7 %) es geschafft haben, in eine Berufsausbildung überzugehen. Dabei trifft der Bericht keine Aussagen darüber, wie groß hier der Anteil derjenigen ist, die in außerbetriebliche Einrichtungen einmündeten. Des Weiteren gingen 4.916 (4,1 %) Jugendliche in eine Berufsschule über, 5.571 (4,6 %) in Arbeit. Bei den restlichen Absolventen ist der Verbleib entweder unbekannt (38.936, dies entspricht 32,1 %), oder die Jugendlichen sind nicht vermittelt worden (18.502, dies entspricht 15,3 %), oder sie sind in eine weitere BvB übergegangen (14.725 entspricht 12,2 %).[181] Ausgehend von der eigentlichen, ursprünglichen Zielsetzung der Maßnahmeformen in BvB, die Jugendlichen in Ausbildung zu integrieren, bedeutet dies eine Erfolgs- bzw. Vermittlungsquote von durchschnittlich 35,8 %. Anders ausgedrückt: 35,8 % der Jugendlichen, die an einer Berufsvorbereitung teilgenommen haben, sind in eine betriebliche oder außerbetriebliche Ausbildung übergegangen. Werden die Jugendlichen hinzu gezählt, die in Arbeit vermittelt wurden, dann sind 40,4 % erreicht.[182]

Über den Verbleib der Jugendlichen, die aus einer außerbetrieblichen Berufsausbildung austreten, werden vom Berufsbildungsbericht keine näheren Aussagen getroffen. Für die in der Benachteiligtenförderung ausgebildeten Jugendlichen gestaltet sich der Übergang in Arbeit an der zweiten Schwelle schwerer als für Jugendliche in einer betrieblichen Ausbildung, da hier für alle Jugendlichen zwangsläufig ein Betriebswechsel stattfinden muss. Diesem Wechsel ist eine Bewerbungsphase vorgeschaltet, wobei die Jugendlichen hier mit den Bewerbern, die eine betriebliche Ausbildung absolviert haben konkurrieren. Fraglich ist natürlich, inwieweit die Absolventen der Benachteiligtenförderung hier konkurrenzfähig sind. Ausgehend von einer der zentralen Zielstellungen der Benachteiligtenförderung, und in anbetracht der Tatsache, dass die Ausbildung in der beruflichen Integrationsförderung einer betrieblichen Ausbildung ebenbürtig sein soll, erscheint diese Frage irrelevant. Dennoch ist es offensichtlich, dass für die Jugendlichen der Benachteiligtenförderung dieser Übergang erheblich schwerer ist, als für andere.

Die Absolventen einer betrieblichen Ausbildung betrifft dies nur teilweise. So betrug die Übernahmequote im Jahr 2002 57 % in den alten und 44,1 % in den neuen Bundesländern. Entsprechend Berufsbildungsbericht 2004 gingen im Jahr 2002 21,3 % der

---

181 Vgl. Berufsbildungsbericht 2005, S. 180: Übersicht 69. Die Prozentangaben beruhen auf eigenen Berechnungen.

182 Als Zielstellung der BvB-Maßnahmen wird formuliert: Vermittlung in Ausbildung oder Arbeit. Wertet man diese Festlegung als ein Erfolgskriterium, so ist fraglich, ob alle gezählten Übergänge in eine Berufsschule als Erfolg für die Maßnahme gesehen werden können, da nicht ersichtlich ist, in welche Schulform die Jugendlichen übergegangen sind. So kann dies auch in eine schulische Berufsvorbereitung oder eine weiterführende Schulform erfolgt sein, die nicht zu einem berufsqualifizierenden oder weiterführenden Abschluss führt. Eben dies wird teilweise kritisch gesehen und führt zu der Einschätzung, dass Jugendliche hier nur Warteschleifen absolvieren.

Jugendlichen, die erfolgreich eine betriebliche Ausbildung absolvierten, in die Arbeitslosigkeit
über. Werden diese Zahlen zu der für das Jahr 2002 ermittelten Eingliederungsquote der Bundesagentur für Arbeit für die Benachteiligtenförderung kontrastiert, wird bereits der erhebliche Unterschied in den Übergangschancen deutlich. So wurde 2002 für BaE und abH zusammen im Bundesdurchschnitt eine Eingliederungsquote von 32,1 % erreicht.[183] Was mit den übrigen 67,9 % geschehen ist, wird hier nicht ersichtlich. Somit muss davon ausgegangen werden, dass ihr Verbleib unbekannt oder der Übergang in die Arbeitslosigkeit erfolgt ist.[184]

Als Gründe für diese deutlich schlechteren Übergangschancen werden verschiedene Aspekte aufgeführt. Ein wichtiger Faktor ist die Qualität des Schulabschlusses der Jugendlichen. Belege für diese Einschätzung lassen sich auch in den geführten Interviews finden:

> GP: „Ja, also meine ehrliche Meinung ist, dass die Chancen für eine betriebliche Ausbildung relativ gering sind. Also, ich sage mal, ganz praktisch gesagt, denke ich, dass die Chancen gegen Null gehen."
>
> I: „Liegt das an persönlichen Faktoren der Jugendlichen oder eher an strukturellen Problemen, was die Ausbildungsmarktsituation anbelangt?"
>
> GP: „Da spielen sicherlich beide Faktoren eine Rolle, aber ich sage mal, wenn ich als Arbeitgeber oder als Anbieter eines Ausbildungsplatzes die Wahl habe, ich sage mal, teilweise ja bis zum Gymnasiasten hin, dann ist natürlich derjenige, der einen etwas schlechteren Schulabschluss hat oder vielleicht mit einem Hauptschulabschluss, oder … mit einem vergleichbaren Abschluss kommt, sind die Chancen eher gering. Und sicherlich ist es also auch so, dass, ja, ein Teil der Praktikanten oder der jungen Leute sicherlich auch aufgrund von persönlichen Handicaps, realistisch betrachtet, muss ich sagen, chancenlos sind, einen betrieblichen Ausbildungsplatz zu bekommen. Ist so. Ich meine, ich habe selber- oder wir selber haben zwei Kinder, die lange um einen Ausbildungsplatz gekämpft haben, beziehungsweise der eine hat nun angefangen zu studieren. Unser Sohn hat Gott sei Dank bei einem großen Betrieb in Berlin eine Ausbildung machen können. Aber wenn ich dort alleine die Anforderungen sehe. Wenn ich sehe, die Stellenanzeigen oder beziehungsweise die Ausbildungsplatzanzeigen hier in der örtlichen Presse, wo für … Berufsbildungsangebote Abitur verlangt wird, wo ich also sage, da müsste normalerweise ein normaler Gesamtschulabschluss reichen,

---

[183] Anmerkung: Die Übergangszahlen beziehen sich auf das Jahr 2002, da von der Agentur für Arbeit zum gegenwärtigen Zeitpunkt z. T. noch keine aktuelleren Daten erhältlich sind. Lediglich für einige Agenturbezirke lassen sich aktuellere Daten finden, aber auch dort endet die derzeitige Berichterstattung im Jahr 2003. Dies hat allerdings auf die weitere Untersuchung keinen erheblichen Einfluss, da die hier dargelegten quantitativen Daten in erster Linie der Darstellung der Brisanz dieses Themas dienen und einen Begründungszusammenhang für die Notwendigkeit von sozialpädagogischen Übergangshilfen in der Benachteiligtenförderung herstellen sollen. Es lässt sich zudem nicht davon ausgehen, dass sich die geschilderte Situation für Jugendliche aus BvB oder BaE verbessert hat, da sich die Zugangschancen zum Arbeitsmarkt selbst für Jugendliche aus betrieblichen Ausbildungen offenbar verschlechtert haben. Dieser Einschätzung liegt ein Anstieg der Übergangsquote von betrieblicher Ausbildung in Arbeitslosigkeit von 27 % im Jahr 2002 auf 32,4 % im Jahr 2003 zugrunde (vgl. Berufsbildungsbericht 2005, S. 196).

[184] Es ist ebenso anzumerken, dass zwischen den Absolventen einer regulären betrieblichen Form der Berufsausbildung und der außerbetrieblichen Form quantitativ erhebliche Unterschiede bestehen. So registriert der Berufsbildungsbericht 433.299 erfolgreiche, betriebliche Ausbildungsabschlüsse im Jahr 2002. Eine außerbetriebliche Berufsausbildung haben demgegenüber 28.866 abgeschlossen.

dann ist natürlich klar, dass für Absolventen oder für Schulabgänger, die für Jugendliche, wie sie beim (...Träger) betreut werden, die Chancen wirklich gegen Null gehen, muss ich so sagen."

I: „Also würden sie es eher so an der Hürde des Schulabschlusses festmachen?"

GP: „Ja, denke ich, denke ich so. Denke ich einfach so, dass einfach die schulischen Leistungen nicht ausreichen, um in irgendeiner Art und Weise auf dem Ausbildungsplatzmarkt eine Chance zu haben." (112/71–75)

Speziell hier wird kritisiert, dass berufsvorbereitende Maßnahmen in den meisten Fällen nicht dazu beitragen, einen höheren oder qualitativ besseren Schulabschluss zu erreichen. Damit laufen diese Maßnahmen Gefahr, als Warteschleifen degradiert zu werden. Hier besteht das Risiko, dass sich die Chancen einer beruflichen Integration infolge der angespannten Lage auf dem Ausbildungsstellenmarkt nicht wesentlich verbessern.

Jugendliche, die aus BaE austreten, müssen in jedem Fall nach Abschluss der Ausbildung einen Betriebswechsel vornehmen. In der dualen Ausbildung ist dies nicht zwangsläufig so. Von daher ergibt sich für alle Jugendlichen, die hier ihre Ausbildung abschließen, das Problem der Arbeitsplatzsuche. Demgegenüber gestaltet sich die Übergangsquote aus abH deutlich besser. Hier handelt es sich um Jugendliche, die eine betriebliche Ausbildung absolviert haben. Einige von ihnen werden nach der Ausbildung vermutlich im Ausbildungsbetrieb bleiben. Die Eingliederungsquoten für abH bestätigen, dass Jugendliche, deren berufliche Ausbildung eng an einen Betrieb gekoppelt ist, deutlich bessere Eingliederungschancen haben, als Jugendliche in einer reinen außerbetrieblichen Ausbildungsform. Im Jahr 2002 betrug die Eingliederungsquote für abH 64,4 %[185], was vermutlich auf die starke Betriebseinbindung der Jugendlichen zurückzuführen ist.

Ein nicht unwesentlicher Aspekt, der den Jugendlichen aus BvB und BaE den Übergang in Ausbildung bzw. Arbeit erheblich erschweren wird, ist die – fragwürdige – Stigmatisierung dieser Absolventen.[186] Als Grund dafür wird der Zielgruppenansatz dieser Maßnahmeformen gesehen. In den Maßnahmen handelt es sich um benachteiligte Jugendliche. Das Attribut der Benachteiligung weist auf ein individuelles Defizit des Betroffenen hin. Das heißt, Benachteiligung impliziert in erster Linie eine subjektbezogene, weniger eine strukturbezogene Perspektive. Infolge dessen sind die Unzulänglichkeiten des Subjektes

---

185 Alle Daten aus: Bundesagentur für Arbeit: Eingliederungsbilanz 2002, Onlineausgabe, Stand 18. Mai 2005 www.pub.arbeitsamt.de/hst/services/anba/jg_2003/ebilanz2002/index.shtml; Bundesministerium für Bildung und Forschung: Berufsbildungsbericht 2004; Berufsbildungsbericht 2005, Onlineausgabe, Stand 18. Mai 2005 www.bmbf.de/pub/bbb_2005.pdf

186 Goffman beschreibt dieses sozial-psychologische Phänomen, seine Folgen für das Individuum und Strategie, wie stigmatisierte Personen mit dieser „virtuellen Identitätszuschreibung" umgehen. Auf dieser Grundlage lässt sich annehmen, dass die zur Zielgruppe der Benachteiligten gehörenden Jugendlichen z. T. in mehrfacher Hinsicht stigmatisiert werden, z. B. im Hinblick auf ihren Migrationshintergrund und ihre ethnische Zugehörigkeit, was Goffman als „phylogenetisches Stigma" bezeichnen würde, oder im Hinblick auf ihre psycho-sozialen Problemlagen, also ihre „geistige Verfassung". Nun lässt sich kritisch die Frage stellen, ob der Aspekt, dass die Jugendlichen ihre Ausbildung in der Benachteiligtenförderung absolvieren, nicht verstärkend auf das bereits vorhandene Stigma wirkt oder ob er den Jugendlichen die Möglichkeit nimmt, ein Stigma zu verbergen, was nach Goffman möglich ist. Ebenso ist zu fragen, ob durch den Zugang ausbildungsloser Jugendlicher in die Benachteiligtenförderung über die Agentur für Arbeit ein virtuelles Stigma erzeugt wird (Mansel und Hurrelmann 1994).

Ursache seiner Desintegration und nicht die Rahmenbedingungen (Goffman 1975) des Arbeitsmarktes.[187] Dies wird in den verschiedenen Begriffs- und Zielgruppenbestimmung deutlich.[188] Auch die Umbenennung der Förderstruktur von „Benachteiligtenförderung" in „Berufliche Integrationsförderung" oder „Förderung von Jugendlichen mit besonderem Förderbedarf" hat an dieser Defizitorientierung nichts wesentliches verändert. Die Kritik an dieser Form des Zielgruppenansatzes ist, dass dieser durch die Stigmatisierung verschiedener Gruppen eine strukturelle Benachteiligung nach sich ziehen kann, was sich nachhaltig auf die Integrationschancen der Betroffenen auswirkt.[189]

5.2.1 Übergangshilfen und Nachbetreuung als Problemlösung

Die weiteren Betrachtungen beziehen sich weniger auf die Ursachen schlechter Übergangschancen von Jugendlichen als vielmehr auf die Aktivitäten der Sozialpädagogen, diese Probleme zu überwinden. So sind Übergangshilfen und Nachbetreuung[190] zu einem wichtigen Bestandteil der Berufsvorbereitung und Berufsausbildung geworden. Sie sollen den nachhaltigen Erfolg der Maßnahmen sicherstellen. Andererseits betrachten auch die Sozialpädagogen die Formen der Nachbetreuung als notwendig, um die erzielten Entwicklungserfolge des Jugendlichen sicherzustellen (070/23). Es wird befürchtet, dass diese bei Übergang in die Erwerbslosigkeit wieder verloren gehen und die Jugendlichen in alte Verhaltensmuster zurück fallen. Nachbetreuungsangebote sind nicht nur notwendig für die Jugendlichen, sondern stellen auch eine Form der Beziehungsarbeit zwischen Sozialpädagogen und Betrieben dar (ebd.).

Angebotsformen der Nachbetreuung

Als formale Angebote lassen sich Übergangshilfen lediglich in BaE und abH finden (RdErl 8/98). In der Berufsvorbereitung (RdErl 42/96) sind Übergangshilfen nicht vorgesehen. Auch nicht im Neuen Fachkonzept. Dort ist vielmehr die Rede von einer „Stabilisierungs- und Ablösungsphase" am Ende des Maßnahmezeitraums. In der Praxis hat sich allerdings gezeigt, dass es auch hier zwischen den formalen Beschreibungen und der Realität des Förderalltags erhebliche Unterschiede gibt. In der Praxis können zwei Formen von Übergangshilfen unterschieden werden: Die formale Form, die bei der Agentur für Arbeit bzw. dem zuständigen Berufsberater beantragt werden kann und durch die Agentur für Arbeit finanziert wird. Die Zahl der Jugendlichen, die diese Form von Übergangshilfen offiziell in Anspruch nehmen, ist vergleichsweise gering. Dies belegt nicht nur der Berufsbildungs-

---

187 vgl. Böhnisch, Arnold und Schröer 1999, S. 95
188 Benachteiligungen werden z. B. auf psychische Probleme, Verhaltensstörungen, Lernbeeinträchtigungen, Drogenabhängigkeit, Delinquenz, Schulmüdigkeit, auf Sprachschwierigkeiten oder auf einen Migrationshintergrund zurückgeführt (vgl. Schierholz 2001, S. 13). Es zeigt sich, dass Benachteiligungen nicht nur an Persönlichkeitsmerkmalen festgemacht werden, sondern auch an spezifischen Sozialisationserfahrungen und Biografieverläufen. Damit zählen zu den Benachteiligten auch Haupt- und Sonderschüler ohne Schulabschluss, Absolventen des Berufsvorbereitungsjahres, Langzeitarbeitslose, Abbrecher von Maßnahmen der Arbeitsverwaltung und Ausbildungsabbrecher (vgl. ebd., S. 12).
189 vgl. hierzu Brüning und Kuwan 2002, S. 36
190 Die beiden Begriffe werden im weiteren Verlauf der Untersuchung synonym verwendet.

bericht, auch in den Interviews wird diese Form der Übergangshilfen kaum angesprochen. Demgegenüber stehen Übergangshilfen, die als freiwillige, offene Angebote der Sozialpädagogen verstanden werden können, und die nicht von der Agentur für Arbeit finanziert werden.[191] Diese Form der Nachbetreuung wird von Sozialpädagogen in allen Maßnahmeformen angeboten und ist wohl die häufiger zu findende Form der Nachbetreuung.

Hauptsächlich geht es in den Angeboten der offenen Nachbetreuung darum, die Bewerbungsaktivitäten der Jugendlichen über das offizielle Maßnahmeende hinaus sozialpädagogisch zu unterstützen. Von daher nehmen wohl hauptsächlich Jugendliche, die nach dem Maßnahmeende unversorgt bleiben, dieses Hilfsangebot in Anspruch. Der Kontakt zu den Jugendlichen, die im Anschluss an die Maßnahme in eine Beschäftigung oder Ausbildung übergehen, bricht demnach schneller ab als zu unversorgten Jugendlichen. Eine Sozialpädagogin schilderte dies mit den Worten

> „Ich hab da noch keine Erfahrung, weil ich dieses Jahr das erste Mal die Jugendlichen hab, aber ich weiß, dass es dann so ein halbes Jahr eine Übergangshilfe gibt und dass da Gespräche geführt werden mit den Jugendlichen, dass dann Bewerbungsschreiben noch gemacht werden, dann mehrere Betriebe auch angeschrieben werden, dass sie erst mal überhaupt einen finden, und wenn die dann aber in dem Betrieben arbeiten, dass dann der Kontakt eigentlich schon weniger wird, direkt wenn sie dann eine Arbeit haben. Aber diese Hilfe, eine Arbeit zu finden, das wird, glaub ich, bis zu einem halben Jahr ausgebaut, und der Kontakt wird auch gehalten, ja." (017/110)[192]

Ein anderer Sozialpädagoge berichtet diesbezüglich aus eigenen Erfahrungen:

> „Ist natürlich individuell unterschiedlich. Es ist so bei uns geregelt, dass, oder generell ist es ja so geregelt, dass die Übergangshilfen von den jeweiligen ehemaligen Auszubildenden in Anspruch genommen werden, das heißt, es basiert auf Freiwilligkeit. Wenn sie diese Sachen in Anspruch nehmen, steht in erster Linie natürlich weiterhin die Suche nach einem Arbeitsplatz. Es ist in der Regel so, dass die, die schon einen Arbeitsplatz haben, die Hilfen dann auch gar nicht mehr in Anspruch nehmen, sondern im Regelfall sind das Auszubildende, die eben noch einen Ausbildungsplatz suchen." (050/24)[193]

Der unmittelbare Übergang der Jugendlichen in Ausbildung oder Arbeit muss nicht zwangsläufig bedeuten, dass in dem Fall keine Nachbetreuung stattfindet. In einem Beispiel orientiert sie sich dann stärker auf die Unterstützung des Betriebes, der einen ehemaligen Maßnahmeteilnehmer bei sich aufgenommen hat (086/108). Es wird auch davon berichtet, dass in diesem Rahmen Probleme im Ausbildungsbetrieb, z. B. Konflikte bearbeitet werden (033/111). Von daher beschränkt sich das Angebot der Nachbetreuung nicht in jedem Fall auf die Unterstützung der Bewerbungsaktivitäten. Darüber hinaus geht es wohl auch darum, die Zeit der Arbeitslosigkeit zu bewältigen und Möglichkeiten der Alltagsbewältigung aufzuzeigen (050/25).

Weiter wird berichtet, dass der Kontakt zwischen Jugendlichen und Sozialpädagogen auch im Rahmen der Nachbetreuung langsam abnimmt. Allerdings geschieht dies wohl un-

---

191 Übergangshilfe als offenes Angebot: 025/151; 033/111; 038/88; 039/133; 049/138 – 149; 050/25; 060/130; 070/23, 72; 072/137; 084/103

192 Hinzuweisen ist hier darauf, dass das geschilderte Wissen der Sozialpädagogin vermutlich die Sichtweise ihrer Vorgesetzten, Kolleginnen und Kollegen darstellt, ohne dass sie dies selbst, auf der Grundlage eigener Erfahrungen, bisher prüfen konnte. Insofern zeigt sich hier, dass diese Erfahrungen mit Übergangshilfen zumindest in dieser Einrichtung weit verbreitet sind.

193 Ähnlich auch 072/135

abhängig vom Erfolg der Nachbetreuung. Auch wenn keine erfolgreiche Vermittlung stattfindet, nimmt die Kontakthäufigkeit zwischen Sozialpädagogen und Jugendlichen langsam ab.

> „Die Abstände werden dann immer größer, dass sie kommen. … so nach und nach nabeln sie sich … dann schon ab." (025/151)

Andere Sozialpädagogen bewerten dies als einen Erfolgsindikator:

> „Das ist bekannt, zum Lehrgangsende wird gesagt, jeden ersten Donnerstag im Monat ab 19 Uhr, da und da, wer Lust hat, auch ohne Themenschwerpunkte. Und das bröckelt dann, und das ist ja auch gut so. Wenn dann nach einem Jahr sich keiner mehr meldet von denen, die sich vorher regelmäßig gemeldet haben, dann ist es für uns ein gutes Zeichen." (070/72)

Insgesamt geht es den Sozialpädagogen wohl hauptsächlich um die Gestaltung von Ablösephasen und Übergangsprozessen der Jugendlichen aus den Maßnahmen. Demnach haben Übergangshilfen in erster Linie nichts mit den oben dargestellten Problemstellungen der Berufseinmündung zu tun, sondern unterstützen vielmehr die psychosoziale Verarbeitung eines biografischen Übergangs. So scheint es Fälle zu geben, in denen Jugendliche infolge der Angst vor einem Wechsel und dem damit einhergehenden Gefühl des „Verlassen-Werdens" eine Ausbildungsstelle nicht annehmen, um in der Maßnahme, im gewohnten Umfeld verbleiben zu können. Dies ist nun ein sehr extremes Beispiel, andere Sozialpädagogen schildern jedoch ähnliche Erfahrungen. So ist anzunehmen, dass die Ablösung vom vertrauten Umfeld der Maßnahme für einige Jugendliche ein großes Problem darstellt.[194] Dies zeugt möglicherweise auch von dem „pädagogischen Klima"[195], dass Sozialpädagogen in den Maßnahmen aufbauen.

In einigen Fällen wird der Kontakt zwischen Jugendlichen und Sozialpädagogen jedoch nach Maßnahmeende auch ohne Nachbetreuung abgebrochen. Die Sozialpädagogen formulieren, dass mit dem Maßnahmeende auch die Betreuung endet[196]:

> „Was heißt unterstützen. Also eigentlich ist es halt so, die haben jetzt im Verlauf dieser Maßnahme, das sind 10 Monate, da mussten sie sich einfach selbst bewähren. Da ist keiner mehr da, der sie an der Hand führt. Also, da gibt es eigentlich auch keine Unterstützung. Was es dann natürlich gibt, sind Unterstützungen in andere Formen. Also, es gibt ja diese Betreuung von Jugendlichen in der Ausbildung. Wenn es da ein Problem gibt, aber für diesen Übertritt, da müssen sie einfach selbst durch. Da ist auch keine Zeit vorgesehen, da noch irgendwie einen Kontakt zu den Betrieben zu halten, wenn sie von einer Maßnahme in die Ausbildung gehen. Da ist auch keine Zeit jetzt irgendwie eingeplant. Die Maßnahme endet und dann in die Ausbildung." (020/162)

Wie bereits beschrieben werden Übergangshilfen darüber hinaus in der Praxis offenbar auch so verstanden, dass sie den Übergang in Ausbildung oder Arbeit insgesamt anleiten, unterstützen und angesichts der erheblichen Vermittlungsprobleme sicherstellen sollen. Darunter können also auch sämtliche Vermittlungsaktivitäten der Sozialpädagogen zusammengefasst werden, die an anderer Stelle bereits angesprochen wurden, wie Berufswahl, Bewerbungen oder Praktika. Diese finden bereits weit im Vorfeld des anvisierten

---

194 vgl. insb. 085/109, auch 025/151; 084/103

195 Was dies beinhaltet, wurde bereits mehrfach angedeutet. Dabei geht es um Beziehungsarbeit, um ein vertrauensvolles Verhältnis zwischen Sozialpädagogen und Jugendlichen usw.

196 vgl. z. B. auch: 025/148–151; 026/74–81; 075/93

Maßnahmeendes statt und sollen perspektivisch den Übergang in Ausbildung oder Arbeit vorbereiten.

abH als Chance zur Nachbetreuung im Anschluss an BvB

Da für BvB eine Nachbetreuung nicht vorgesehen ist, wird z. T. auf die Möglichkeit zurückgegriffen, durch die Beantragung von abH eine sozialpädagogische Betreuung des Jugendlichen weiterhin sicherzustellen.[197] In einigen Fällen wird dies den Betrieben als Unterstützungsangebot unterbreitet. Von daher ist dieses Angebot auch als Anreiz für Betriebe zu sehen, benachteiligten Jugendlichen die Chance einer betrieblichen Ausbildung zu geben. Für die Betriebe stellt es ein Hilfsangebot im Umgang mit den Jugendlichen dar. Dabei wird nicht nur sozialpädagogische Unterstützung gewährt, sondern auch fachliche. Was durch diesen Ausweg nicht sichergestellt ist, ist die Kontinuität des Betreuungspersonals. Insofern kann durch die nachfolgenden abH ein wichtiges Kriterium, die personelle Kontinuität in der Betreuung, nicht garantiert werden. Aber gerade darauf scheint es einigen Jugendlichen bei der Inanspruchnahme der Angebote zur Nachbetreuung anzukommen.[198] Möglicherweise stellen sich aus diesem Grund die oben angesprochenen, offenen Übergangshilfen für die Jugendlichen attraktiver dar.

Ablehnung offener Angebote in Übergangssituationen durch die Jugendlichen

In den Fällen, in denen offene Übergangsangebote wahrgenommen werden, gibt es offenbar eine überwiegend positive Resonanz bei den Jugendlichen. In einigen der untersuchten Einrichtungen wurde jedoch deutlich, dass die Angebote nur von wenigen Jugendlichen wahrgenommen werden. Als Gründe dafür benennen die Sozialpädagogen, dass die Jugendlichen es vorziehen, selbstständig nach Beschäftigungsmöglichkeiten zu suchen. Offenbar stellt sich für sie der Druck, den die Sozialpädagogen im Hinblick auf Bewerbungsaktivitäten sowie auf Mobilität und Flexibilität bei der Suche nach Ausbildungs- oder Beschäftigungsangeboten ausüben, als Belastung oder als unerwünschte Bevormundung dar:

> „Gut, es gibt welche, die sagen: ‚So, ich bin jetzt, ich war jetzt in der Maßnahme. Ich bin jetzt fertig mit der Ausbildung, ich hab die Ausbildung geschafft, ich möchte mit der Maßnahme jetzt erst mal nichts zu tun haben.' Die sehen also dann weniger als Hilfe, sondern die sehen dieses Ganze als Maßnahme irgendwo, und da wollen sie halt einfach, wo sie sagen: ‚Nee, ich will nicht mehr, ich will, ich will, auch wenn ich es alleine (nicht) schaffe, aber ich möchte keine Hilfe annehmen, in dem Moment.' Da gibt's welche, ... wo ich den Eindruck hab, dass die denken, dass ... die Hilfe zu viel ist. Also sprich, dass man zu sehr möchte, dass die irgendwo tatsächlich Arbeit finden. Vor allem, viele von den Auszubildenden haben wirklich ganz enge Vorstellungen. Also das heißt, die möchten nur in einen ganz bestimmten Raum, sei es noch ein kleines Dorf, möglichst ihre Arbeit haben. Die möchten auch nur, ja nur in dem ganz speziellen Bereich, also die möchten dann auch als Hauswirtschaftshelferin eingestellt werden, mit den und den Bedingungen, möglichst keine Wochenendarbeit und so weiter und so fort. Und da hab ich den Eindruck, dass die ein bisschen Angst haben, dass wir, – weil unser Ziel ist natürlich, dass wir sie in Arbeit bringen –, auch mal sagen: ‚Mensch, nur

---

197 Nachbetreuung nach BvB durch die Bereitstellung von abH: 070/23; 072/137; 085/31; 086/108

198 Um diese durch abH nicht sicherzustellende Kontinuität im sozialpädagogischen Betreuungsprozess zu gewährleisten, wurden Übergangshilfen im Anschluss an abH oder BaE gemäß Runderlass 8/98 freihändig von den regionalen Agenturen vergeben.

in Nordtorf, da kannst du noch zehn Jahre warten. Wie sieht's mit Rendsburg aus?' Oder dass wir auch sagen: ‚Mensch, guck doch mal drüber hinweg, wenn du in der Hauswirtschaft, Hauswirtschaftshelferin nicht direkt was bekommst, du hast einen Schwesternhelferinnenkurs, was wir dann anbieten, geh doch dort in die Pflege oder bewerbe dich im Hotel erst mal, auch saisonbedingt, irgendwo.' Weil da es doch, wie gesagt, einige gibt, die das strikt ablehnen und sagen: ‚Entweder volle Stelle in diesem Gebiet oder gar nichts.' Und da hab ich den Eindruck, dass die natürlich ein bisschen Angst haben, dass wir das zu sehr puschen. Und deswegen sagen die: ‚Nee, will ich nicht', und dann gibt's andere, ... die wollen noch gar nicht arbeiten, die sagen: ‚Mensch, ich hab jetzt meine Ausbildung und ja, da brauch ich jetzt auch keinen mehr, der mir noch irgendwo versucht, was zu sagen.'" (050/29)

Womöglich hängt die Inanspruchnahme von Nachbetreuungsangeboten durch die Jugendlichen auch sehr stark davon ab, was für Erfahrungen die Jugendlichen in der Maßnahme gesammelt haben.

5.2.2 Zusammenfassung

Es wurde gezeigt, dass Übergangshilfen einerseits als formale Angebote existieren, hier allerdings nur in den Maßnahmen abH und BaE. In der Förderpraxis gibt es eine offene bzw. freiwillige Form der Übergangshilfen, die in allen Maßnahmebereichen zu finden ist. Diese offene Form wird von Sozialpädagogen und Jugendlichen zwar bevorzugt, sie wird aber dennoch eher selten in Anspruch genommen, hauptsächlich dann, wenn die Jugendlichen davon bedroht sind, in die Arbeitslosigkeit überzugehen. In diesen Fällen dienen Nachbetreuungsangebote der Fortführung von Bewerbungsaktivitäten. Des weiteren wurde gezeigt, dass Nachbetreuung auf die Gestaltung von Übergangsprozessen abzielt. Dabei rücken die psychosozialen Probleme, die Jugendliche bei der Einmündung in den Betrieb haben, in den Vordergrund.

Insgesamt gesehen gehen Übergangshilfen bzw. Nachbetreuung also weit über das eigentliche Ziel und die sich daran anknüpfende Aufgabenstellung der Vermittlung hinaus. Sie erzeugen förderliche Rahmenbedingungen, damit Jugendliche den Übergang in Ausbildung oder Arbeit als biografischen Übergang besser bewältigen können. Dadurch stellen Übergangshilfen auch ein Instrument zur Abbruchprävention dar.

5.3 Praktikumsbetreuung[199]

Die Betriebspraktika stellen einen wesentlichen, konzeptionellen Maßnahmebestandteil dar. Sie dienen zum einen der Vertiefung theoretischen Wissens und praktischer Fähigkeiten, zum anderen sollen den Jugendlichen hier erste Erfahrungen im betrieblichen Alltag vermittelt werden. Darüber hinaus sollen sie Kontakte zu potenziellen Arbeitgebern oder Ausbildungsbetrieben aufnehmen.[200]

---

199 Auf die Besonderheiten der Betriebspraktika, insb. im Rahmen von BvB, wurde an anderen Stellen der vorliegenden Untersuchung bereits intensiv eingegangen (vgl. z. B. Kap. 3.2.1, Kap. 4.1). Im vorliegenden Kapitel sollen im Schwerpunkt die Intentionen von Praktika sowie die konkreten Tätigkeiten, die für die Sozialpädagogen mit der Anbahnung und Durchführung von Praktika einhergehen, systematisch beschrieben werden. Wiederholungen werden sich punktuell nicht vermeiden lassen und dienen nicht zuletzt dem besseren Verständnis.

200 Häufig wird diesbezüglich der Begriff „Klebeeffekt" verwendet, der dies zum Ausdruck bringen soll. D. h., im Rahmen eines Praktikums sollen Jugendliche oder auch andere Zielgruppen aktiver

Im BaE-Maßnahmebereich besteht das Ziel, die Jugendlichen am Ende des ersten Ausbildungsjahres in einen Betrieb zu überführen und dort die Ausbildung fortsetzen zu lassen. Dieser Schritt soll durch Praktika gefördert werden. So werden Praktikumsbetriebe in den meisten Fällen als potenzielle Abnehmer (Ausbilder oder Arbeitgeber) für Maßnahmeteilnehmer gesehen. Von daher haben Sozialpädagogen bei der Anbahnung von Praktika immer ein Vermittlungs- und Integrationsziel im Blick.[201] Bereits im Rahmen der Praktikumsvorbereitungen wird großer Wert auf die Anleitung der Jugendlichen gelegt. Sie sollen sich im Praktikum so gut wie möglich präsentieren.[202] Offenbar ergeben sich im Rahmen von Praktika die meisten Chancen für eine erfolgreiche Vermittlung in den Betrieb. Dies soll nicht darüber hinwegtäuschen, dass die Erfüllung dieser Anforderung nach Aussage einiger Sozialpädagogen eher schwierig ist.[203] Darüber hinaus bietet sich für die Jugendlichen, vor allem in BvB, die Möglichkeit, eine Berufswahlentscheidung zu festigen oder zu verwerfen bzw. die eigene Eignung für einen bestimmten Beruf oder ein Tätigkeitsfeld zu überprüfen.[204]

Bei allen Trägern stellt die Vorbereitung, Begleitung und Nachbereitung der Betriebspraktika ein wesentliches Aufgabenfeld für die Sozialpädagogen dar. Durch eine verantwortungsvoll durchgeführte Vorbereitung soll bereits im Vorfeld der Erfolg des Praktikums sichergestellt werden. Das beinhaltet die Gewährleistung einer adäquaten fachlichen (Grund-)Ausbildung, eine angemessene Betreuung durch qualifiziertes Personal in den Betrieben und – wenn möglich – die Vermittlung in Ausbildung oder Arbeit in diesen Betrieb.

Vorbereitung der Praktika, Akquise

Vor allem die Vorbereitung der Praktika nimmt einen großen Teil der sozialpädagogischen Arbeitskapazität in Anspruch (020/67). Sie wird z. T. in enger Zusammenarbeit mit den Ausbildern oder Praxisanleitern wahrgenommen. Der Hauptanteil der sich hier ergebenden Aufgabenstellungen obliegt jedoch fast ausschließlich der Verantwortung von Sozialpäda-

---

und aktivierender Arbeitsmarktförderung ihre Leistungsfähigkeit in Betrieben unter Beweis stellen. Dieser Begriff tauchte in diesem Kontext u. a. im Bericht der Kommission „Moderne Dienstleistung am Arbeitsmarkt" im „Innovationsmodul 8: PersonalServiceAgenturen" auf. Für die Betriebe haben diese Vorgehensweisen den Vorteil, sich langwierige Personalrekrutierungsverfahren zu ersparen.

201 Praktikumsbetriebe als potenzielle Arbeitgeber: 001/16; 002/56; 006/73; 009/99

202 Jugendliche sollen sich im Praktikum bestmöglich präsentieren: 006/75. Dies wird sogar soweit betrieben, dass Jugendliche durch Verhaltenstrainings (als Bestandteil von Bewerbungstrainings) auf die Praktika vorbereitet werden (006/77). In dem Fall kommen sogar Theaterpädagogen zum Einsatz.

203 Von Schwierigkeiten bei der Vermittlung der Jugendlichen in eine betriebliche Berufsausbildung nach dem ersten Ausbildungsjahr in BaE berichten: 006/133; 012/215; 015/42; 029/140; 071/168–171. Ein Sozialpädagoge geht davon aus, dass dieses Ziel unrealistisch sei, weil die Jugendlichen in den Maßnahmen eine gewisse Entwicklungszeit benötigen. Stellenweise sei ein Jahr zu wenig (107/63).

204 Das Praktikum dient als Erprobung und Orientierungshilfe. Manche Sozialpädagogen nennen Praktik, bei denen diese Intention im Vordergrund steht, auch „Schnupperpraktikum": 006/73, 131; 008/47; 009/107; 045/7; 059/23; 103/93

gogen.²⁰⁵ Ausbilder werden in die Betriebsakquise eingebunden, da sie eine fachliche Einschätzung der Betriebe bezüglich deren Eignung für die Durchführung von Praktika leisten können. Entscheidend ist dabei auch, dass sie aufgrund ihrer Zugehörigkeit zu den Innungen und Prüfungskommissionen der Kammern oftmals bereits über Kontakte zu den Betrieben in der Region verfügen (008/61; 062/198). In einigen Einrichtungen gibt es Mitarbeiter, deren alleinige Aufgabe es ist, Betriebe zu akquirieren (002/145). Die Betreuung der Jugendlichen während der Praktikumszeit obliegt häufig allein den Sozialpädagogen. In einigen Fällen betreuen aber auch Ausbilder die Jugendlichen während der Praktikumszeit. Dies wird damit begründet, dass nur die Ausbilder Verständnis für die im Betrieb auftauchenden Probleme aufbringen könnten. Zudem können die Ausbilder die fachliche Leistungsfähigkeit der Betriebe am besten einschätzen.²⁰⁶ So sind die Ausbilder vielerorts in die Vorbereitung der Praktika mit eingebunden, die eigentliche Betreuung wird von den Sozialpädagogen gewährleistet.

Einen großen Anteil der Vorbereitung der Praktika nimmt aus Sicht der Sozialpädagogen die Suche und Auswahl geeigneter Betriebe ein. Diesbezüglich gibt es sehr unterschiedliche Strategien. So gibt es Wege, die eher zielgerichtet erscheinen, d. h. denen offenbar gewisse Auswahlkriterien zugrunde liegen. Andererseits existieren Strategien, die unter Berücksichtigung der konzeptionellen Zielstellung der Praktika (Erprobung und Vermittlung) einen eher willkürlichen bzw. zufälligen Charakter aufweisen. In den meisten Fällen vermischen sich die unterschiedlichen Vorgehensweisen der Sozialpädagogen. Folgende Strategien lassen sich finden:
– Ein großer Teil der Sozialpädagogen greift auf bereits bestehende Betriebskontakte zurück, bei denen es bereits positive Erfahrungen gibt oder zu denen ein besonderes Vertrauensverhältnis besteht, d. h., hier wird z. T. mit festen Praktikumsbetrieben gearbeitet. Viele Sozialpädagogen beschreiben ein gutes Verhältnis als wichtigste Grundlage für eine erfolgreiche Vermittlungsarbeit. Dabei sind nicht nur eigene Kontakte relevant, sondern auch die von Kollegen, anderen Sozialpädagogen oder Ausbildern. Bei manchen Trägern existieren hierfür elektronische Datenbanken, in denen alle Betriebe, mit denen bereits zusammengearbeitet wurde, erfasst sind. Vor allem diese Vorgehensweise erleichtert den Sozialpädagogen ihre Arbeit erheblich, zumal die Zeit der Suche nach Betrieben deutlich verkürzt wird. Weiterhin wird eine gewisse Kontinuität in der Kooperation mit Betrieben gewährleistet. Aufgrund der bestehenden Erfahrungen und

---

205 Zu einem ähnlichen Befund kommen bereits Zielke und Lemke (1988). In ihrem Sample der befragten Träger gab es lediglich zwei Einrichtungen, in denen die Praktikumbetreuung zu den Aufgaben der Ausbilder gehörte (Zielke und Lemke 1988, S. 66).

206 Diese Meinung deutet bereits darauf hin, welche Sensibilität wahrscheinlich von den Einrichtungen der Benachteiligtenförderung im Umgang mit den Betrieben als notwendig erachtet wird. Zudem wird eine Funktionszuweisung deutlich, die den Ausbilder als Experten zur Beurteilung der fachlichen Leistungsfähigkeit von Betrieb und Praktikanten betrachtet. Damit soll die Qualität des Praktikums sichergestellt werden. In einigen Fällen ist die Organisation und Durchführung der Praktika demnach eine Gemeinschaftsleistung von Sozialpädagogen und Ausbildern (005/65; 008/61; 014/77; 063/118; 085/101). An einer Stelle wird aber auch deutlich, dass diese Funktionsteilung aufgrund der sich verändernden Rahmenbedingungen, insbesondere in der Berufsvorbereitung, zu einem organisatorischen Problem wird. Aufgrund des gesunkenen Personalschlüssels würden die Ausbilder die Jugendlichen in der Werkstatt allein lassen, wenn sie sich um die Kontakte zu die Praktikumsbetrieben kümmern würden. So bewältigen Sozialpädagogen die Aufgabe der Betriebsakquise wohl zunehmend allein (085/68).

einem kollegialen Verhältnis zwischen Sozialpädagogen und Betriebsmitarbeitern, wird die Arbeit der Sozialpädagogen während der Praktikumsphase zusätzlich erleichtert.[207]

- In einigen Fällen berichten Sozialpädagogen davon, dass die Betriebe nach Praktikanten anfragen. In erster Linie handelt es sich dabei um Betriebe, die in der Vergangenheit von Sozialpädagogen oder Ausbildern akquiriert wurden. Es handelt sich demnach auch hierbei ausschließlich um Betriebe zu denen bereits Kontakte bestehen.[208] Häufig wird dies als ein Indikator für gut funktionierende Außenkontakte beschrieben. Eine dauerhafte Vermittlung von Jugendlichen in Ausbildung oder Beschäftigung erfolgt dabei allerdings eher selten, was darauf schließen lässt, dass Betriebe nicht nur dann nach Praktikanten fragen, wenn ein Bedarf nach Auszubildenden oder künftigen Mitarbeitern besteht.

- In einigen Einrichtungen obliegt die Verantwortung, einen geeigneten Praktikumsbetrieb zu finden, zunächst den Jugendlichen selbst.[209] Erst wenn deren Bemühungen erfolglos bleiben, greifen die Sozialpädagogen ein. In den Interviews wird nicht klar, mit welchen Strategien die Jugendlichen bei der Suche nach Betrieben vorgehen. Die Probleme, die damit einhergehen können, werden noch zu diskutieren sein. Obwohl die Sozialpädagogen hier zunächst eine eher passive Rolle spielen, entsteht nicht der Eindruck, dass die Jugendlichen während ihrer eigenen Bemühungen sich selbst überlassen werden. Die Sozialpädagogen unterstützen die Jugendlichen durch verschiedene Interventionen und unterstützende Maßnahmen, beispielsweise in der Form, dass die Sozialpädagogen den Erstkontakt zu den Betrieben aufnehmen, bevor sich die Jugendlichen dort bewerben. Sozialpädagogen geben auch Hilfestellungen bei der Erkundung von Betrieben und entsprechenden Kontaktmöglichkeiten. Zudem müssen die Jugendlichen ihre Bemühungen z. B. auf „Laufzetteln" dokumentieren. Ziel dieses Ansatzes ist, dass die Jugendlichen „Kontakt-" oder „Schwellenängste" (009/107) überwinden. Sie sollen selbstständig werden (010/89 und 049/157).

- Eine Strategie lässt sich unter dem Begriff „kriterienbezogene Strategie" zusammenfassen.[210] Die Suche nach Betrieben erfolgt anhand verschiedener Qualitätskriterien. Diese Kriterien spielen besonders in der Berufsvorbereitung eine Rolle. Sie werden den Einrichtungen z. T. von außen, z. B. durch die Agentur für Arbeit angetragen. Es wird beispielsweise darauf geachtet, dass der jeweilige Betrieb Erfahrungen in der Ausbildung von Jugendlichen hat, dass beim Betrieb zumindest eine Ausbildereignung vorliegt oder der Betrieb bereit ist, auszubilden.[211] Um speziell letzteres sicherstellen zu

---

207 Zurückgreifen auf bestehende, langjährige Betriebskontakte: 001/161; 005/65; 015/125; 022/124; 024/40; 025/144; 026/156; 049/157; 054/142; 062/198; 080/112; 084/137; 090/119; Verwendung einer Betriebsdatenbank: 005/65; 022/124; 032/45; 059/25, 106; 060/44

208 Betriebe fragen nach Praktikanten nach: 006/99; 017/155; 062/198; 084/133

209 Jugendliche suchen selbst nach einem Praktikumsbetrieb: 005/65; 008/61; 009/107; 010/89; 022/118; 055/79

210 Kriterienbezogene Strategie: 014/124; 022/118; 055/81; mit dem Ziel, dass Jugendliche, ihre Ausbildung im Betrieb fortsetzen: 062/196

211 Dies scheint damit begründbar zu sein, dass nur Betriebe mit einem Nachweis der Ausbildereignung in der Vergangenheit ausbilden durften, was allerdings noch keine Garantie dafür war, dass sie auch den vermittelten Praktikanten qualifizieren. Zudem stellte dieses Zertifikat vermutlich eine Form von Qualitätsnachweis dafür dar, dass auch in den Betrieben pädagogisch mit den Jugendlichen gearbeitet werden konnte bzw. dass die Betriebe in der Lage sind, planvoll Wissen und Fähigkeiten zu vermitteln. Allerdings ist die Pflicht zum Nachweis der Ausbildereignung im

können, greifen Sozialpädagogen auch auf Stellenangebote in Tageszeitungen oder im Internet zurück (026/81). Weiterhin achten die Sozialpädagogen verstärkt darauf, dass die Jugendlichen im Praktikum Arbeiten ausführen können, die für ihre Ausbildung relevant sind bzw. dass sie Tätigkeiten ausüben können, die beim Träger nicht möglich sind. Allerdings gelten einige der „harten" Auswahlkriterien, wie die Bereitschaft, den Jugendlichen in Ausbildung oder Arbeit zu übernehmen, wohl eher erst gegen Ende der Maßnahme, wenn es darum geht, einen potenziellen Arbeitgeber für den Jugendlichen zu finden. An diesem Punkt steht wiederum das Kriterium der Erfahrungen des Betriebes in der Berufsausbildung im Vordergrund.

– Eine Strategie stellt die Suche nach Betrieben mit Hilfe von Branchenbüchern, Internet o. ä. dar. Einige Sozialpädagogen fahren mit einem Kollegen in die Gewerbegebiete und sprechen dort gezielt Unternehmen an. Häufiger erfolgt der erste Kontakt jedoch telefonisch. Die Kriterien der regionalen oder lokalen Nähe zum Träger, die Erreichbarkeit mit öffentlichen Verkehrsmitteln sowie die Nähe zum Wohnort des Jugendlichen spielen bei der Betriebsakquise eine große Rolle. In ländlich geprägten Regionen sind diese Kriterien besonders wichtig. Zudem sind der Berufswunsch des Jugendlichen und die berufliche Ausrichtung des Lehrganges relevant. Häufig erfolgt diese Form der Akquise, wenn neue Betriebe akquiriert werden oder wenn Träger speziell für eine Maßnahme neue Betriebe ansprechen.[212]

– Weniger systematisch erfolgt die Vermittlung der Jugendlichen in Betriebe, die eine offene Lehrstelle in der Zeitung oder in anderen Medien offerieren. Hier wird „aufgepasst", sogar die Eltern der Jugendlichen leisten manchmal einen Beitrag. Ein Problem ist, dass diese Lehrstellen z. T. nur bedingt für die Teilnehmer passen, zumindest nach Auffassung der Sozialpädagogen (006/99). Diese Akquiseform lässt sich auch zielgerichtet durchführen. Dann suchen Sozialpädagogen und Ausbilder – hauptsächlich im Juli und August – gezielt nach Stellenanzeigen, die für ihre Jugendlichen geeignet sind.[213]

– Eine besondere Form der Praktika stellen die Auslandspraktika dar. Sie werden in allen Fällen zentral, z. B. über Projekte der Europäischen Union, der Bundesregierung oder über Stiftungen organisiert und vermittelt. Hierbei wird häufig auf bestehende Kontakte und Partner zurückgegriffen, so dass die Sozialpädagogen und die Jugendlichen nur begrenzt Einfluss auf die Auswahl der Länder, der Regionen und der Betriebe haben. Dies bedeutet auch, dass die Akquise in verstärktem Maße durch die Trägerleitungen ausgeführt wird und häufig einschlägige Projekterfahrungen und Netzwerkkontakte voraussetzt.[214]

Rahmen der „Ausbildungsoffensive 2003" der Bundesregierung zunächst für fünf Jahre aufgehoben worden, wodurch dieses Kriterium offenbar an Bedeutung verloren hat. Möglicherweise ist damit den Trägern der Benachteiligtenförderung auch ein wesentliches Kontroll- und Steuerinstrument, vor allem bei der Akquise neuer Betrieb, abhanden gekommen.

212 Suche nach neuen Betrieben: 012/213; 015/125; 022/118, 124; 026/160; 031/46; 060/44; 071/149, 155
213 Stellenanzeigen: 006/99; 025/48; 026/81; 098/45
214 Auslandspraktikum: 002/56; sehr ausführlich 014/95, 99, 104; 017/35; 098/133. Die Jugendlichen sollen dabei auch die Möglichkeit ins Auge fassen, eine Beschäftigung im Ausland aufzunehmen: 078/116; 084/109.

Anhand dieser Auflistung wird deutlich, dass Sozialpädagogen eine Vielzahl von Strategien zur Praktikumsakquise entwickelt haben. Viele dieser Strategien beruhen auch auf dem persönlichen Engagement der Sozialpädagogen, der Betriebsmitarbeiter und der Jugendlichen selbst, zum Teil auch ihrer Eltern. Fest steht auch, dass die Sozialpädagogen niemals nur auf eine Strategie zurückgreifen, vielmehr versuchen sie alle Möglichkeiten auszuschöpfen. In einigen Fällen müssen Sozialpädagogen auch Überzeugungsarbeit leisten, damit Betriebe Praktikanten einstellen und ihnen damit eine Chance geben.[215] Wichtiges Auswahlkriterium für die Betriebe ist, dass der Jugendliche zu dem Betrieb „passen" muss (059/25).

Probleme und kritische Aspekte der Praktikumsakquise

Trotz des großen Engagements aller Beteiligten müssen an der Stelle auch einige kritische Punkte angesprochen werden. Eine Strategie beinhaltete, die Jugendlichen selbst versuchen zu lassen, ihren Praktikumsplatz zu finden. Sozialpädagogen beschreiben, dass es Jugendliche gibt, die dabei erhebliche Probleme haben:

> „Das ist ganz unterschiedlich. Also wir haben wirklich Jugendliche, die sehr engagiert sich ein Praktikum suchen, die teilweise auch lieber im Praktikum sind als hier, aufgrund unterschiedlicher Sachen. Es gibt in Ausnahmefällen Jugendliche, die sich sogar im Internet die Betriebe erst mal anschauen, wie sie sich präsentieren, hatten wir auch Fälle, aber da saß eben einer mit Realschulabschluss da. Andere Jugendliche, die müssen erst mal dazu gedrängt werden, dass sie aktiv werden hinsichtlich Praktikum. Die meisten Praktika werden von Jugendlichen in ihrem Kiez gewählt." (009/109)

---

215 Ein Sozialpädagoge schildert, dass er Betriebsmitarbeiter von den Vorteilen überzeugt, die ein Praktikant mit sich bringt. Eigentlich überzeugt der Sozialpädagoge die Betriebe auch mit den Dienstleistungen, die die Träger für Betriebe erbringen können, mit der Erleichterung bei der Personalrekrutierung: „Also, man muss die Vorteile, die sie (die Betriebe) letztendlich haben, und die sind real einfach auch vorhanden. Die haben die Möglichkeit, über die 50 Bewerber, die sie vielleicht haben, sich ein Bild zu machen, und dann haben sie ein Haufen Arbeit, sie müssen erst mal die ganzen Bewerbungen lesen. Da hocken sie zwei Tage dran, dann müssen sie einen Einstellungstest machen. Die Auswertung kostet Geld, also betriebswirtschaftlich auch betrachtet, kostet so ein Auswahlverfahren Geld. Die Bewerbungsgespräche führen, kosten Geld. Und jetzt komm ich und sag: 'Hey du, ich bin hier. Ich hab da einen Praktikant, den kannst du einfach mal zwei Wochen testen. Wenn er passt, dann weißt du, dass er passt, du hast ein Bild, und wenn du eben die andere Möglichkeit nutzt, was weiß ich, ein Zweier-Kandidat, dann weißt du nicht, ob er ins Team passt. Du weißt nicht, ob der, bei einem Handwerker z. B., zwei linke Hände hat. Bei dem kannst du das'. Ich versuche, ihm diese Vorteile einfach darzustellen. Das ist ein Vorteil. Ein weiterer Vorteil ist, vielleicht, wenn es passt, bleibt der bei dir im Betrieb bis zum Lehrgangsende. 'Du hast quasi auch einfach Kohle eingespart, du hast vielleicht einen Arbeiter', je nachdem, in was für einem Betrieb er dann auch ist, aber manche Betriebe, da geht's schon in Richtung, ja, einfach: 'Ich hab dann ein halbes Jahr jemand, der mir produktive Leistung bringt. Und ich weiß dann, dass der pünktlich ist, dass der zuverlässig ist. Das weiß ich bei jemand, den ich nicht über ein Praktikum kennen lerne, nicht'. Und das versuche ich einfach darzustellen, und dann versuch ich natürlich auch, den Jugendlichen auch gut da rüberzubringen, diese Fähigkeiten, die er hat, einfach noch mal darzustellen, und versuch eigentlich auch ... nicht zu lügen oder, jetzt einen Schlechten einfach so, unehrlich darzustellen oder so. Ich denk, das ist auch wichtig, dass er nicht sich verarscht fühlt. Und das gelingt mir manchmal schon, weil die, die Vorteile sind einfach da. Das Praktikum ist ein ganz, ganz wichtiger Punkt, ohne das würde fast gar nichts gehen, würde ganz wenig gehen." (031/78).

Der Sozialpädagoge führt hier zwei weitere Aspekte auf. Zum einen, dass die Bereitschaft und die Fähigkeit dazu, sich selbstständig einen Praktikumsplatz zu suchen, offenbar vom Niveau des erreichten Schulabschlusses abhängig ist. Zum anderen suchen Jugendliche zunächst in ihrer näheren Umgebung nach einem geeigneten Betrieb, womit vermutlich nicht nur die örtliche Nähe gemeint ist, sondern auch die soziale. Das heißt, sie sprechen Unternehmen an, in denen sie den Chef oder die Mitarbeiter kennen, möglicherweise gehören sie sogar zur Verwandtschaft. Vielleicht stellt dies eine Form von Vermeidungsverhalten der Jugendlichen bezüglich der benannten „Schwellenängste" dar. Fraglich ist, ob die Betriebe, auf die die Jugendlichen dann zugreifen, für die Jugendlichen und für ihr Praktikum geeignet sind. Fraglich ist auch, ob die Ziele, die ein Praktikum verfolgt, insbesondere die betriebliche Integration, auf diese Weise verwirklicht werden können. Um dies auszuschließen, suchen die Sozialpädagogen zusätzlich selbst den Kontakt zu den von den Jugendlichen akquirierten Betrieben:

> „Die sollen ja selbstständig werden. Also ich wähle nicht unbedingt aus, sondern wir machen das so, dass die Auszubildenden selbst losgehen und sich einen Praktikumbetrieb suchen, und wenn ich den Betrieb nun gar nicht kenne, dann wäre ein zweiter Schritt, dass ich Kontakt zu der Firma aufnehme, mich dort mal vorstelle, die Firma mal anschaue, um auch mal zu sehen, was für Arbeiten werden durchgeführt, kann der Lehrling dort auch sein Praktikum absolvieren." (010/89).

In der hier zitierten Interviewpassage wird noch einmal der Ansatz deutlich, der Sozialpädagogen dazu veranlasst, auf diese Strategie zurückzugreifen[216], die Jugendlichen sollen Selbstständig werden.

In diesem Zusammenhang ist ein weiteres Problem zu benennen: Ein Berufsberater wies im Interview darauf hin, dass es in seinem Agenturbezirk zu einer „Ghettoisierung" verschiedener ethnischer Gruppen bzw. Migrantengruppen in bestimmten Stadtteilen käme. Ihm sei aufgefallen, dass auch die Vermittlung der Jugendlichen[217], überwiegend in die Betriebe erfolgt, die im jeweiligen Stadtteil angesiedelt sind und deren Inhaber zur jeweiligen ethnischen Gruppe gehören.[218] Vor diesem Hintergrund stellt sich die Frage, ob diese Tendenzen bei den Jugendlichen mit Migrationshintergrund, im Kontext ihrer Bemühungen einen Praktikumbetrieb zu finde, ebenso zutrifft. Dies scheint in sehr engen Grenzen der Fall zu sein. In Grenzen aus dem Grund, da die Betriebe z. B. aufgrund ihrer Größe, ihres Aufgaben- und Tätigkeitsspektrums oder ihrer Branchenzugehörigkeit nur bedingt für die Durchführung von Praktika geeignet sind und von den Sozialpädagogen nicht akzeptiert werden.

---

216 In Anbetracht der Vielzahl an Anforderungslagen und Aufgabenstellungen, die Sozialpädagogen zu bewältigen haben, ist der Verdacht, dass Sozialpädagogen diese Strategie wählen, um ihren eigenen Arbeitsaufwand ein Stück weit zu reduzieren, nicht von der Hand zu weisen. Dennoch erscheint er aus pädagogischer Sicht durchaus sinnvoll zu sein.

217 Der Interviewpartner spricht hier hauptsächlich türkische Mitbürger an. Er merkt diesbezüglich auch an, dass eine Berufsausbildung für diese Jugendlichen bzw. aus Sicht ihrer Familien weniger von Bedeutung ist. Er benennt dies als einen der Gründe, warum ihre Chancen auf dem Arbeitsmarkt deutlich schlechter sind. Vor allem in dieser Gruppe wird auch die Notwendigkeit höherer Bildungsabschlüsse und vor allem höherer Berufsabschlüsse zur Verbesserung der Erwerbschancen nicht erkannt.

218 vgl. hierzu Berufsberater 018.

Ein Problem ergibt sich bei der Praktikumsvermittlung junger Frauen mit Migrationshintergrund. Offenbar gibt es Fälle, in denen z. B. Mädchen türkischer Herkunft aus persönlichen, meist familiären oder religiösen Gründen, nicht in jedem Betrieb ein Praktikum absolvieren können bzw. dürfen. Es wird beschrieben, dass diese Mädchen nicht in einem Betrieb arbeiten dürfen, in dem das Kopftuch abgelegt werden muss oder in dem sie in der Öffentlichkeit arbeiten, wie z. B. bei Verkäuferberufen.[219] Daraus resultiert vermutlich auch, dass das Berufswahlspektrum dieser jungen Frauen stark begrenzt wird.[220]

Trotz des Zugangs zu zahlreichen Betrieben mit Hilfe der benannten Strategien bleibt doch fraglich, ob die Betriebe für die Betreuung der Jugendlichen und die fachgerechte Ausbildung in allen Fällen geeignet sind. Dies kann nur mit einigen wenigen der geschilderten Vorgehensweisen zumindest teilweise sichergestellt werden. Dabei wird es insgesamt immer schwieriger, geeignete Betriebe zu finden. In verschiedenen Regionen wird geschildert, dass immer weniger Betriebe dazu bereit sind, Praktikumsplätze anzubieten. In anderen Regionen mussten zahlreiche Betriebe infolge von Insolvenzen schließen. Dadurch hat sich die Zahl potenzieller Praktikumsbetriebe reduziert (038/63). In Anbetracht der geschilderten Probleme werden Anfragen der Betriebe nach Praktikanten gerne angenommen, auch wenn eine anschließende Vermittlung in Ausbildung oder Beschäftigung in diesen Betrieben unwahrscheinlich ist.

Während in einigen Regionen immer intensiver nach Betrieben gesucht werden muss, die überhaupt Praktikanten annehmen können, wird es in anderen Regionen immer schwieriger, trotz einer ausreichenden Zahl an Unternehmen solche Betriebe zu finden, die die verschiedenen, bereits benannten Auswahlkriterien erfüllen. So wird es bspw. zunehmend schwerer, den Punkt der Übernahme in Ausbildung oder Beschäftigung zu erfüllen (070/25; 078/114).[221] Dies betrifft ebenso das Vorhandensein eines Ausbilders oder einer Ausbilderin (Ausbildereignung) im Betrieb (054/142; 098/45). Eine Sozialpädagogin schilderte diese Probleme mit den Worten:

> „Von daher müssen wir sagen, also haben wir eigentlich trotz dieser schwierigen Zeiten nie das Problem gehabt, nicht nur, überhaupt Praktikumsplätze zu finden, sondern wirklich auch gute Praktikumsplätze zu finden, wo wirklich auch mit viel Engagement von den Beteiligten und den Betrieben her eine ordentliche Arbeit gemacht wurde und nicht immer nur das Negative und das ‚Noch nicht' an dem Jugendlichen gesehen wurde. Aber das Problem ist eben, dass die Betriebe im wesentlich kleineren Umfang als früher ausbilden, ja, und das ist eben heute, ... bis vor drei, vier Jahren haben wir gesagt, wir nehmen nur in ganz, ganz kleinen Ausnahmefällen auch solche Praktikumsplätze dankend an, wo wir schon zu Praktikumsbeginn wissen, dass kein Ausbildungsverhältnis im Anschluss folgen kann. Sagen wir, das haben wir manchmal gemacht, wenn eben klar war, dass es trotzdem zur beruflichen Orientierung was gebracht hat, und man hat dann eben rechtzeitig umgesetzt, den Jugendlichen, auf einen Platz, wo klar war, dass, wenn er die Marge erreicht, er in Ausbildung gehen kann." (070/25)

---

[219] Gerade die Normen, die sich vor allem für Jugendliche aus ihrer moslemischen Religionszugehörigkeit ergeben, scheinen die Arbeit der Sozialpädagogen erheblich zu erschweren, vor allem bezüglich der Betreuung von jungen Frauen (068/53; 099/101).

[220] Probleme ausländischer Jugendlicher, insbesondere weiblicher, ein Praktikum zu finden; das „Kopftuchproblem": 045/19; 068/53; 099/103.

[221] Diesbezüglich wird formuliert, dass einige Betriebe regelmäßig Praktikanten nehmen aber noch nie einen übernommen haben. Hier beginnen Sozialpädagogen Forderungen bezüglich der Übernahme von Jugendlichen zu stellen (insb. 078/114).

In anderen Regionen ergeben sich diese Schwierigkeiten mehr in Abhängigkeit von der Jahreszeit und der Branche. Dort beschreiben die Sozialpädagogen, dass es im Winter und im Frühjahr deutlich schwieriger ist, aufgrund der saisonbedingten schlechten Auftragslage geeignete Praktikantenplätze zu finden (017/155; 081/63; 083/40). Besonders betroffen ist das Bauhandwerk. Insofern besteht vor allem in auftragsschwachen Zeiten das Risiko, dass von den Praktikanten keine ausbildungsrelevanten Tätigkeiten ausgeführt werden können, sondern nur Tätigkeiten, „die kein anderer machen möchte":

> „Ansonsten, in den Wintermonaten nehmen sie (die Betriebe) unsere Jugendlichen nicht gerne, weil sie dann selber mit Aufträgen ganz, ganz minderbestückt sind. Und jetzt, so Sommer, Herbst, da läuft es eigentlich ganz gut auch mit Praktika." (017/155, ähnlich 011/52)

Die Befürchtung, dass die Praktikanten ausbildungsfremde Arbeiten oder Hilfsarbeit ausführen müssen bzw. im Betrieb „ausgenutzt" werden, spielt bei der Auswahl der Betriebe auch eine Rolle, wenngleich nur unterschwellig.[222] In diesem Fall kommt es oft auch zu vorzeitiger Beendigung der Praktika durch den Sozialpädagogen.

> „Na ja, im Prinzip ist ja die Erste meistens, das erste Telefonat, die erste Kontaktaufnahme, und da merkt man schon, wie der Gegenüber antwortet, oder wie, wenn man Betriebe sucht und nachfragt, ob sie denn Praktikanten möchten, merkt man das doch schon ein bisschen: ja, die sind wirklich daran interessiert oder die brauchen bloß jemanden, der den Hof fegt. Ja, wie merke ich das? Beim Gespräch, weil, ich fahre ja dann danach hin. Entweder sind es schon bekannte Betriebe, wo wir wissen, die arbeiten ordentlich mit Lehrlingen oder haben betriebliche Lehrlinge, die da ausgebildet sind, die auch bei uns dann sind, oder wenn es eben ganz neue Betriebe sind, lasse ich mir auch erst erzählen, was für Arbeiten sind, und wie sie sich das vorstellen, und wie sie gedenken, mit dem Praktikanten zu arbeiten." (081/75; ähnlich 081/67)

Praktikanten werden gerne genommen, wenn es darum geht, personelle Lücken in den Betrieben zu schließen, z. B. in Branchen, die sehr saisonabhängig sind, oder während der Urlaubszeit (005/65). Dennoch bietet sich für Jugendliche hier eine Chance, die es zu ergreifen gilt (055/81). So wird das geschilderte Risiko ausbildungsfremder Arbeiten wohl akzeptiert.

Insgesamt wird es zunehmend schwieriger, geeignete Praktikumsstellen zu finden. Sozialpädagogen vermuten verschiedene Gründe für die Probleme, die sie bei der Betriebsakquise haben. Dies betrifft sowohl die Praktikumsstellen- als auch Ausbildungsstellenakquise[223]:
– Keine Aufträge, so dass die Betriebe nicht wissen, wie sie die Jugendlichen einsetzen sollen. Das trifft insbesondere in den Herbst und Wintermonaten für die Gastronomie und die Baubranche zu.
– Unternehmen sind personell ausgelastet oder zu klein. Sie benötigen keine zusätzliche Arbeitskraft. Das Risiko, dass Praktikanten nur Hilfsarbeiten oder Reinigungsarbeiten ausführen ist sehr hoch.
– Keine personellen Kapazitäten, um einen Praktikanten oder sogar Auszubildenden zu betreuen, z. B. bei kleinen Familienbetrieben.

---

222 Risiken der Betriebsauswahl, insb. berufsfremder Einsatz oder Praktikanten als billige Arbeitskraft: 010/91; 011/52; 012/217; 014/1260; 17/155, 157; 037/52; 038/75; 050/105
223 Probleme, Praktikumsstellen zu finden: 010/122; 012/213; 017/155; 054/129; 060/141; 083/40

Diese Probleme werden hauptsächlich für kleine und mittelständische Unternehmen geschildert. Dies deutet auch darauf hin, dass Bildungsträger in erster Linie dort ihre Praktikumsbetriebe akquirieren.

In den Aussagen der Sozialpädagogen entsteht insgesamt der Eindruck, dass große qualitative Unterschiede bei den Betrieben bestehen So gibt es Betriebe, denen offenbar ernsthaft daran gelegen ist, den Jugendlichen eine Chance zu bieten, ihr Können unter Beweis zu stellen. Aber es gibt auch Unternehmen, die die Jugendlichen wohl eher als kostenlose Saisonarbeitskräfte betrachten.

Angesichts der benannten Probleme und Hürden bei der Vorbereitung der Praktika und bei der Vermittlung von Jugendlichen in angemessene Stellen wird sehr deutlich, in welchem Dilemma die Sozialpädagogen sich hier befinden. Auf der einen Seite besteht die Verpflichtung der Einrichtungen, die Jugendlichen in ein ausbildungsadäquates Praktikum zu vermitteln, wobei hier in den meisten Fällen verschiedene (Qualitäts-)Kriterien, die ihnen von externen Stellen auferlegt werden, zu erfüllen sind. Im Interesse der Jugendlichen scheint dies durchaus richtig und sinnvoll zu sein. Auf der anderen Seite ist es den Trägern allerdings nur schwer möglich, aufgrund der gesamtwirtschaftlichen Verhältnisse sowie der Veränderungen der Rahmenbedingungen alle auferlegten Kriterien zu erfüllen. Zudem schränkt es die Träger zunehmend erheblich in ihrem Entscheidungs- und Handlungsspielraum ein, wenn es darum geht, einen Betrieb als Praktikumsbetrieb auszuwählen. So wird der begrenzte Entscheidungsspielraum eigenmächtig von den Sozialpädagogen erweitert, indem über einzelne fehlende Qualitätskriterien bzw. -anforderungen bei der Wahl eines Praktikumsbetriebs hinweggesehen wird. Dafür müssen andere Kriterien erfüllt werden. So wird stillschweigend in Kauf genommen, dass die Betriebe diese Kriterien nicht mehr vollständig erfüllen können. Das wichtigste Kriterium bleibt die anschließende Übernahme in ein Ausbildungs- oder Beschäftigungsverhältnis. Aus dieser Situation resultiert für die Träger und vor allem die Sozialpädagogen eine Zwangslage. Dies könnte dazu führen, dass von den Sozialpädagogen und Ausbildern z. B. genau selektiert wird, welcher Jugendliche in einen Betrieb vermittelt wird, in dem die Wahrscheinlichkeit einer Übernahme in Ausbildung oder Beschäftigung sehr hoch ist. Ein Sozialpädagoge sagt diesbezüglich selbst aus, es sei wie ein kleiner Lottogewinn, einen solchen Betrieb zu finden (006/99), entsprechend selten kommt das wohl vor. Ebenso ist zu vermuten, dass im Interesse angemessener, maßnahmebezogener Vermittlungsquoten sehr hoher Druck auf den Jugendlichen ausgeübt wird, sich den Bedürfnissen des Betriebes und der Arbeitswelt anzupassen.[224]

Vorbereitung der Jugendlichen auf den Praktikumseinsatz

Einen weiteren Schwerpunkt in der Vorbereitung der Praktika stellt die Vorbereitung der Jugendlichen dar. Hierbei geht es hauptsächlich um Bewerbungs-, Verhaltens- und Kommunikationstraining. Den Sozialpädagogen kommt es hauptsächlich darauf an, dass die

---

224 Dies könnte auch als „Matching-Prozess" bezeichnet werden. Dabei gibt es zwei Herangehensweisen: Zum einen werden die Jugendlichen gezielt an die Bedürfnisse und Anforderungen der Betriebe angepasst, zum anderen können gezielt Jugendliche ausgewählt werden, die für die Beschäftigung in dem Betrieb geeignet sind. Dies wurde bereits eingehend erörtert (vgl. Kap. 3.2.1).

Jugendlichen lernen, sich den Betrieben bestmöglich „zu verkaufen", um dort „einen Fuß in die Tür zu bekommen":

> „Ja, na klar, und wir versuchen das natürlich den Jugendlichen aber auch … beizubringen, sich im Praktikum eben auch zu präsentieren und eben sich ihrer Stärken und Schwächen auch bewusst zu sein, und (es) gehört ja auch zum Bewerbungstraining im Endeffekt mit dazu, wie sie auftreten, wie sie sich geben, wie sie ‚Guten Tag' sagen, wenn sie in Betrieb kommen, da entscheidet sich ja meistens relativ viel." (006/74)

Unmittelbar vor Beginn des Praktikums werden die Jugendlichen häufig noch einmal über verschiedene Verhaltensweisen und Pflichten belehrt, wie z. B. das Einhalten der Hausordnung in den Betrieben, Verhalten gegenüber Vorgesetzten oder Kollegen, Einhalten der Meldepflicht bei Fehlzeiten usw. In einigen Fällen bekommen die Jugendlichen hier auch die Pflicht auferlegt, einen Praktikumsbericht zu verfassen, wofür von den Sozialpädagogen Fragen vorgegeben werden, auf die einzugehen ist.[225] Dies dient der Nachbereitung des Praktikums und soll dazu beitragen, das Erlebte für den Jugendlichen bewusster zu machen und zielgerichtet für sich auszuwerten. Für andere Sozialpädagogen gehört zur Vorbereitung auch die Vermittlung von Vorinformation über die Betriebe, in denen die Jugendlichen ihr Praktikum absolvieren werden.

Einige Sozialpädagogen berichten, dass auch eine gezielte fachliche Qualifizierung in Bezug auf die Anforderungen des jeweiligen Praktikumsbetriebes zur Vorbereitung gehört. Diese speziellen Anforderungen der Betriebe werden im Rahmen der Akquisetätigkeiten der Sozialpädagogen oder Ausbilder eruiert. Damit werden offenbar verschiedene Ziele verfolgt: Zum einen sollen die Jugendlichen mit gewissen, für das Praktikumsunternehmen relevanten Grundfertigkeiten ausgestattet werden, um dort nicht das Risiko einzugehen, aufgrund mangelnder Fähigkeiten und Fertigkeiten nur für Hilfsarbeiten eingesetzt zu werden. Zudem sollen die Jugendlichen als Arbeitskräfte attraktiver für die Unternehmen werden, was ihre Chancen auf Einstellung erhöht.[226]

Es ist anzunehmen, dass aus rechtlichen Gründen in allen Fällen mit den Betrieben ein Praktikumsvertrag bzw. eine Vereinbarung abgeschlossen wird. Dies dient offenbar nicht nur der rechtlichen Absicherung des Praktikumsverhältnisses und der Klärung der Rechte und Pflichten von Jugendlichen, Betrieben und Trägern. Darüber hinaus soll es den Betrieb symbolisch in die Verantwortung nehmen, das Praktikum entsprechend den Anforderungen der Berufsvorbereitung oder Ausbildung durchzuführen. Leider lassen sich in den Beschreibungen der Sozialpädagogen nur wenige Ausführungen dazu finden.[227]

Praktikumsbetreuung

Die Arbeit der Sozialpädagogen während der Praktikumszeit ist darauf ausgerichtet, den Kontakt zu den Betrieben und zu den Jugendlichen nicht abreißen zu lassen. Dafür werden im Rahmen von Anrufen im Betrieb[228] und persönlichen Besuchen[229] vielfältige Kontakt-

---

225 Praktikumsbericht schreiben: 009/107; 063/118;
226 vgl. hierzu: 062/196; 063/165
227 Praktikantenvertrag: 009/107; 052/33; 059/107; 081/67; 084/111
228 Telefonischer Kontakt zu den Betrieben: 009/107; 011/50; 012/205; 014/73; 017/163; 020/72; 026/45; 033/123; 088/51; 090/121

anlässe geschaffen. Diese sind nicht nur auf den Jugendlichen gerichtet, es geht auch darum, zu den Betrieben eine fruchtbare und krisenfeste Kooperationsbeziehung aufzubauen und zu pflegen.

Inhaltlich zielen die Telefonate und persönlichen Kontakt auf folgende Fragestellungen ab:
- Wie kommen die Jugendlichen im Betrieb zurecht?
- Wie fügen sich die Jugendlichen in die Arbeitsteams im Betrieb ein? Wie sind die sozialen Kontakte zu den Betriebsmitarbeitern? Gibt es Konflikte?
- Erfüllen die Jugendlichen die Anforderungen der Arbeitswelt (Arbeitstugenden, Pünktlichkeit, Zuverlässigkeit)?
- Führen die Jugendlichen ihren Fähigkeiten entsprechende Tätigkeiten aus?

Von daher haben die Sozialpädagogen ein großes Interesse am „Funktionieren" des Jugendlichen im Betrieb, weil genau das seine Vermittlungschancen erhöht.[230] Einige Sozialpädagogen legen die Verantwortung dafür in die Hände des Jugendlichen.[231] Darüber hinaus sind die Sozialpädagogen offenbar daran interessiert[232]:
- den Kontakt zu den Jugendlichen zu halten,
- Kontaktpflege zu den Betrieben zu betreiben. Diese sollen auch künftig als Praktikumsbetriebe den Bildungsträgern zur Verfügung stehen[233],
- eine Kontrollfunktion auszuüben (sowohl im Hinblick auf das Verhalten des Jugendlichen als auch auf die Qualität des Praktikums),
- Probleme rechtzeitig zu erkennen und zu lösen,
- die Betriebe kennen zu lernen,
- die Betriebe auf die spezifischen Bedürfnisse und Problemlagen der Jugendlichen vorzubereiten,
- durch die organisatorische Gestaltung des Praktikums und die Abstimmung von Bildungsträger und Betrieb den Berufsschulbesuch, die Wahrnehmung sozialpädagogischer Begleitung und den Stützunterricht sicherzustellen,
- die Entwicklung des Jugendlichen zu dokumentieren und
- betriebliche Ausbildungsplätze zu akquirieren.

Von daher zielen Anwesenheitskontrollen (011/50; 012/205) oder kurze informelle Gespräche insbesondere auf die Klärung der Zufriedenheit des Jugendlichen im Praktikum, auf eine Kontrolle und rechtzeitige Krisenintervention sowie auf eine gelingende betriebliche Integration (insb. 009/107; 088/51). Insofern dient dies auch der Prävention von Praktikumsabbrüchen.

---

229 Praktikumsbesuche: 011/50; 012/105; 014/77; 025/135; 032/69; 033/38, 40; 052/39; 060/46; 062/202; 088/62

230 Als Ziel wird formuliert, den „Fuß in die Tür zu bekommen". Dies geschieht durch gezieltes Nachfragen, wie die Chancen des Jugendlichen auf eine betriebliche Ausbildung stehen. Das erfordert oftmals auch eine Verhaltensänderung des Jugendlichen: 006/73, 75; 014/77; 060/42.

231 Die Chancen auf Einmündung in den Betrieb hängen stark davon ab, wie sich der Jugendliche im Betrieb präsentiert: 033/123; 099/117.

232 vgl. hierzu 009/107; 014/73; 017/163; 026/45; 037/; 038/63; 059/107; 062/202, 206 und 208; 071/163; 088/62; 090/121

233 In Anbetracht der oben geschilderten, zunehmenden Probleme bei der Gewinnung von Praktikumsbetrieben stellt dies wohl eine besonders wichtige Aufgabe dar.

Die Besuche in den Betrieben finden entweder in festen Intervallen statt, oder es wird eine vorgesehene Anzahl von Besuchen festgelegt, z. B. alle zwei Wochen, einmal wöchentlich, drei Besuche pro Praktikum oder zwei- bis dreimal pro Monat.[234] Ein Sozialpädagoge war sogar täglich vor Ort in den Betrieben (033/38, 40). Allerdings handelte es sich dabei um eine kooperative Form der BaE, bei der die Jugendlichen ihre praktische Ausbildung ausschließlich im Betrieb wahrgenommen haben.[235] Die Sozialpädagogen beschreiben Praktikumsbesuche als festen Bestandteil ihrer sozialpädagogischen Arbeit.[236] Andererseits gehen damit wohl auch sehr spontane Anforderungen, z. B. der Krisenintervention, einher.[237]

Ähnliche Verfahrensweisen gibt es bei den telefonischen Kontakten. Einige Sozialpädagogen nehmen wöchentlich telefonischen Kontakt zu den Betrieben auf, hauptsächlich um die Anwesenheit der Jugendlichen zu prüfen oder um Probleme zu erfragen, andere machen dies täglich.[238]

Einige Sozialpädagogen bemängeln, dass sie nicht mehr Zeit für den Kontakt zu den Betrieben zur Verfügung haben:

> „Also sie wären sicherlich intensiver möglich, wenn ich mehr da gewesen wäre. Es ist sehr unterschiedlich, die Betriebe. Es gibt welche, die, denen ist wirklich dran gelegen – wie mir scheint, jedenfalls – den Jugendlichen da irgendwie eine Brücke zu bieten. Es gibt aber auch welche, ich hab jetzt konkret den Fall nicht, aber ein anderer Kollege hat das aus einer großen Lebensmittelkette, die haben, ich muss als sehr vorsichtig ausdrücken, die hat man schon mal gestutzt. Das sind die, (da) stimmen die anfangs geäußerten Sachen nicht mit der Praxis überein. … Der Kontakt, der Kontakt der zu den Betrieben ist, könnte mehr sein, ist aber alles in allem nicht so schlecht, könnte mehr und besser sein, aber-." (069/94)

Worauf dieses knappe Zeitbudget zurückzuführen ist, lässt sich nicht erkennen. Zu vermuten ist, dass die Zahl der zu betreuenden Jugendlichen und ihre vielfältigen Problemlagen, der Einsatz der Sozialpädagogen in verschiedenen Maßnahmebereichen (zum Teil in Personalunion), die Einbeziehung der Sozialpädagogen in verschiedene administrative Aufgaben oder Ausschreibungsaktivitäten des Trägers u. a. die Gründe dafür sind.[239]

Die Verfahrensweise und die Intensität der Praktikumsbetreuung richtet sich an verschiedenen Rahmenbedingungen und Anforderungen aus. Das beinhaltet einmal die Anforderungen der Betriebe. Einige Sozialpädagogen gehen davon aus, dass die Betriebe die Betreuung der Praktikanten mit möglichst geringem Aufwand betreiben wollen. So wird bspw. bei der Praktikumsbewertung auf standardisierte Fragebögen oder Beurteilungsbögen zurückgegriffen. Die Sozialpädagogen kritisieren jedoch, dass selbst diese von den

---

234 Häufigkeit Betriebsbesuche: 031/37; 037/52; 060/46; 080/112

235 In einer anderen Region war dies ähnlich. Allerdings war diese Sozialpädagogin nicht so in den Betrieben präsent. Der Kontakt zu den Jugendlichen erfolgte hier vielmehr in festgelegten Terminen, zu den die Jugendlichen in der Bildungseinrichtung zu erscheinen hatten. Bei einigen Jugendlichen brach der Kontakt im Maßnahmeverlauf sogar ganz ab (075/72 – 79).

236 vgl. hierzu z. B. 052/39; 60/46; 102/135

237 Praktikumsbetreuung als Reagieren auf spontane Anforderungslagen, z. B. Fehlzeiten oder Probleme mit dem Betrieb: 020/70; 026/48; 077/120

238 Häufiger telefonischer Betriebskontakt: 011/50; 012/205

239 Welche Faktoren die Intensität und den Handlungsspielraum der sozialpädagogischen Arbeit begrenzen, wird noch zu untersuchen sein.

Betrieben nicht immer korrekt ausgefüllt werden (005/65; 061/163; 062/206). Umso wichtiger erscheint eine kontinuierliche Praktikumsbetreuung und ein intensiver Kontakt zu den Betrieben.[240]

Hier bewegen sich die Sozialpädagogen permanent auf einem schmalen Grat zwischen zu viel oder zu wenig Betriebskontakten. Wie ihre Bemühungen durch die Betriebsmitarbeiter aufgenommen werden, ist den meisten Sozialpädagogen offenbar unbekannt. Eine intensive Betreuung des Jugendlichen während des Praktikums kann von den Betrieben durchaus positiv aufgenommen werden.[241] Demgegenüber schildern andere Sozialpädagogen eine gewisse Zurückhaltung gegenüber den Betrieben, und dass es manche Betriebe gar nicht gerne sehen, wenn die Sozialpädagogen sich zu viel „einmischen".[242]

> „Und ich kann jetzt nicht einem, wenn er zwei Wochen im Praktikum ist, da drei Mal in den Betrieb hinlaufen und den ganzen Arbeitsablauf da aufhalten. Das geht nicht, und das wollen auch die Betriebe nicht. Also … sie sind auch teilweise genervt, wenn ich dann mal zum zweiten Mal anrufe und nachfrage, ob immer noch alles in Ordnung ist. Werde ich teilweisen wirklich angeschnauzt: ‚Ja, wieso denn nicht?', und: ‚Wir kommen mit unseren Leuten schon klar, und jetzt kümmere du dich um dein Zeug' und: ‚Das ist mein Geschäft, und wir machen das schon.' Also da ist auch, muss man schon ein bissel aufpassen, dass (man) den Leuten einfach nicht auf die Pelle rückt. Weil, die haben andere Sorgen, und die wollen dann nicht ständig genervt werden, und wenn sie schon einen Praktikanten nehmen, da wollen sie nicht, dass da noch ständig jemand rumhüpft und sie noch Arbeit haben. Also dann gibt es ja auch Bewertungsbögen!, die sie ausfüllen sollen und dieses und jenes und irgendwann sagt der Betrieb: ‚Jetzt stopp.'" (020/179)

Einerseits besteht so die Anforderung, nicht zu sehr in die betriebliche Autonomie einzudringen. Damit ist der Jugendliche immer auch ein Stück weit auf sich allein gestellt.[243] Andererseits besteht immer das Risiko, wenn etwas schief geht, nicht nur den Jugendlichen, sondern auch den Betrieb als Kooperationspartner zu verlieren. Nicht zuletzt aus diesem Grund lassen sich die Sozialpädagogen als vermittelnde Person zwischen Betrieb und Jugendlichen beschreiben, die für die Schlichtung auftretender Probleme zuständig ist. Dabei finden sich Sozialpädagogen vermutlich in einer Doppelfunktion wieder: als Interessenvertreter des Bildungsträgers einerseits und als „Anwalt" des Jugendlichen andererseits. In dieser Doppelfunktion gehen sie offenbar sehr sensibel und diplomatisch mit den Betrieben um. Zusammengefasst weisen diese Aspekte darauf hin, dass die Sozialpädagogen offenbar eher zurückhaltend und vorsichtig sind, wenn es darum geht, Forderungen an die Betriebe zu stellen.

Eine weitere Einflussgröße sind die regionalen Gegebenheiten. In eher ländlich geprägten Regionen hat sich gezeigt, dass die Betriebe regional sehr verteilt sind. Infolge dessen müssen die Sozialpädagogen für Praktikumsbesuche große Entfernungen zu den Betrieben zurücklegen. Um dies zu optimieren, ist dem persönlichen Besuch vor Ort eine

---

240 Beurteilung und Bewertung von Praktikanten als Gegenstand sozialpädagogischer Praktikumsbesuche: 014/77; 025/135

241 Beispiel dafür: 049/155

242 Einschätzung, dass die Betriebe nicht so häufig Kontakt haben wollen: 020/179; 072/41; 077/120; 078/120; 098/125

243 Vermutlich formulieren einige Sozialpädagogen aus diesem Grund, dass die Hauptverantwortung für eine gelingende berufliche Integration während des Praktikums, und dabei „den Fuß in die Tür zu bekommen", beim Jugendlichen selbst liegt: 033/123; 099/117.

telefonische Kontaktaufnahme zum Betrieb vorgeschaltet (033/123). Der Besuch erfolgt häufig erst dann, wenn es konkrete Anforderungslagen gibt, die die persönliche Anwesenheit der Sozialpädagogen notwendig machen:

> „Und wir versuchen natürlich den Kontakt einmal telefonisch zu halten, also dass man jetzt sagt: ‚Die erste Woche ist rum, dann rufen wir einfach mal an und fragen, ob alles in Ordnung ist', und wenn der Betrieb sagt ‚Ja', dann fahren wir nicht hin, und wenn der Betrieb sagt ‚Nein, es ist furchtbar', dann fahren wir natürlich hin, im Grunde genommen so schnell wie möglich. Ja, aber wie gesagt, durch die Größe hier, das sind ja schon Tagesreisen, um alle 16 abzuklappern. Das ist dann ein Zeitproblem, was wir dann haben, und deswegen ist es die Verantwortung des Azubis. Man hat denen aber im Grunde genommen im Vorfeld schon mehr als einmal klar gemacht, wo die Chance liegt, was sie machen müssen (!) und so weiter und so weiter." (033/123; ähnlich: 011/50; 029/19)

Eine andere Sozialpädagogin versucht, die Besuche in den Betrieben mit ihrem privaten Tagesablauf zu synchronisieren. Die Sozialpädagogin beschreibt, dass sie die Jugendlichen auf ihrem Heimweg oder beim Einkaufen im Betrieb besucht (045/152–155). Bei ihr ließ sich diese Vorgehensweise auf ihr Beschäftigungsverhältnis – eine halbe Stelle – zurückführen, das diese Rationalisierung nötig macht.

An einigen Stellen in den Interviews kann durchaus der Eindruck entstehen, dass die Sozialpädagogen während der Praktika überwiegend auf spontane Anforderungslagen reagieren oder eine Kontroll- und Kriseninterventionsfunktion wahrnehmen:

> „Ich führe auch darüber Protokoll, also kurze Notizen. Ich führe turnusmäßig dann Kontrollen durch. Fahre die Praktikumsbetriebe ab, im Monat mindestens drei, vier Mal, das muss ich machen. Dass ich auch einen gewissen Überblick über die Anwesenheit bekommen habe, wie läuft das, und da unterhalte ich mich einmal mit dem Firmeninhaber oder derjenige, der dafür verantwortlich ist, und dann auch mit den Jugendlichen, und da erfahre ich eben, wie das ist." (037/52).

Es wurde bereits angesprochen, dass dieses Verhalten auch der Kontaktpflege zu den Jugendlichen und Betrieben dient. Von daher ist die Kontrollfunktion nicht nur auf die Jugendlichen, sondern auch auf die Betriebe gerichtet. Wegen des Autonomiestrebens der Betriebe, wird diese Funktion aber sehr sensibel ausgeübt und auf die jeweilige Situation abgestimmt. Da die Sozialpädagogen in den Betrieben nicht so präsent sind, wie es während der Ausbildungszeit in den Einrichtungen der Fall ist, sind sie häufig darauf angewiesen, dass die Betriebe den Kontakt rechtzeitig aufnehmen.[244] Dieser Erwartung kommen die Betriebe jedoch in einigen Fällen wohl nicht nach. Deswegen appellieren Sozialpädagogen hier verstärkt an das Verantwortungsbewusstsein der Jugendlichen, d. h., sie sollen rechtzeitig anzeigen, wenn sich Probleme im Praktikum abzeichnen (063/171).

Spontane Anforderungen ergeben sich für die Sozialpädagogen offenbar dann, wenn ein Jugendlicher aufgrund von Fehlverhalten kurzfristig aus dem Praktikumsbetrieb entlassen wird oder wenn er eigenmächtig das Praktikum abbricht. Wie schon angedeutet, entsteht in dieser Situation auch das Risiko, einen Betrieb für immer als Praktikumsbetrieb zu verlieren:

> „Also, das kommt sehr häufig vor, dass eben die Jugendlichen nach ein, zwei Tagen sagen: ‚Nein ist nichts für mich.' Die hauen einfach ab und stehen dann bei uns vor der Tür. Wo die Betriebe dann natürlich irgendwann sagen: ‚Nein danke, nie wieder.' Das ist bei uns das

---

[244] Kontaktaufnahme muss durch die Betriebe erfolgen: 033/123; 060/52; 063/170; 084/101

Hauptproblem, dass manche Jugendlichen uns einfach das sehr, sehr schwer machen, für die Zukunft immer wieder Praktikumsplätze zu finden." (026/162)

Da die Praktikumszeiten in den meisten Fällen festgelegt sind und die Jugendlichen in dieser Zeit ihr Praktikum absolvieren müssen, sind die Sozialpädagogen hier gezwungen, den Jugendlichen möglichst zeitnah in ein neues Praktikum zu vermitteln, was sich z. T. als nicht unproblematisch darstellt. In verschiedenen Branchen, z. B. Gastronomie und Bau, führen saisonale Bedingungen dazu, dass es äußerst schwierig werden kann, zeitnah einen neuen Ausbildungs- oder Praktikumsplatz bereit zu stellen. Dieses Problem wurde bereits dargelegt.

Betreuung von Auslandspraktika

In einigen der befragten Einrichtungen wird es den Jugendlichen ermöglicht, ein Auslandspraktikum zu absolvieren.[245] Dies erfolgt in den meisten Fällen Kontakte zu Betrieben oder kommunalen Einrichtungen, die über Netzwerke, zentral gesteuerte Projekte der Europäischen Union oder andere Partner akquiriert wurden. Dabei handelt es sich um Praktika, die zusätzlich aus Mitteln des Bundes oder der EU gefördert werden. Diese Praktika scheinen eine besondere, auch persönliche Erfahrung und eine besondere Herausforderung sowohl für die Jugendlichen, als auch für die Sozialpädagogen darzustellen. So werden diese Praktika mit der gesamten Teilnehmergruppe durchgeführt. Sie werden aber auch einigen Jugendlichen als Belohnung für besondere Leistungen eröffnet (014/103–107). Aufgabe der Sozialpädagogen ist es hier, die Jugendlichen weitestgehend ganztägig zu betreuen und zu begleiten. Die Sozialpädagogen kennzeichnen als einen Vorteil dieser Praktikumsform, dass sie die zu betreuenden Jugendlichen auch in ihrer Freizeit kennen lernen.

Eine besondere Herausforderung stellen diese Praktika nicht zuletzt auch deshalb dar, weil die Sozialpädagogen hier unter anderen Rahmenbedingungen mit den Jugendlichen arbeiten als das sonst üblich ist. Zu den besonderen Bedingungen zählen:
– in erster Linie die Tatsache, dass das Praktikum im Ausland, unter anderen regionalen, sogar geografischen und z. T. klimatischen Bedingungen stattfindet[246],
– dass die Jugendlichen gezwungen sind, sich dieser Situation anzupassen,
– dass es eine Ganztagsbetreuung ist, wobei die Sozialpädagogen permanenten Kontakt zu den Jugendlichen haben,
– dass die Sozialpädagogen mit den Jugendlichen und ihren Problemen unter weitestgehender Loslösung vom üblichen institutionellen Rahmen arbeiten,
– dass die Arbeit im Praktikumsbetrieb sehr belastend für die Jugendlichen ist, z. B. aufgrund anderer Arbeitszeiten als sie in Deutschland oder in der Einrichtung üblich sind,
– dass sich für einige Jugendliche aus dieser Situation neue Problemlagen ergeben und sich die Veränderungen auch emotional auf die Jugendlichen auswirken. Die Sozialpädagogen schildern, dass einige Jugendliche mit Heimweh umgehen müssen (014/107).

---

245 Auslandspraktika: 014/95; 017/34; 084/111
246 Eine Sozialpädagogin beschreibt, dass die von ihr zu betreuenden Jugendlichen in Italien erhebliche Probleme hatten, in diesem warmen Klima zu arbeiten und sich dem anzupassen (017/35–44).

So wird den Sozialpädagogen in diesen Situationen auch sehr deutlich, welche Schwächen die Jugendlichen haben. Vermutlich lässt sich dies darauf zurückführen, dass die Sozialpädagogen hier einen engeren und intensiveren Kontakt zu den Jugendlichen haben und im Rahmen dieses Praktikums häufig die einzige unmittelbar verfügbare Bezugsperson sind. Eine Sozialpädagogin (017) meint, dass sie hier verstärkt feststellen musste, dass die Jugendlichen nicht wirtschaften können und so das Taschengeld der Jugendlichen vorzeitig aufgebraucht war. Ein anderer Sozialpädagoge musste erfahren, dass Jugendlichen, die den Beruf des Kochs lernten, nicht in der Lage waren, sich selbst zu verpflegen.

Zusammenfassung zentraler Probleme im Praktikum

Offenbar besitzen betriebliche Praktika einen sehr hohen Motivationscharakter für die Jugendlichen in den Maßnahmen der Benachteiligtenförderung. Eine Sozialpädagogin berichtet diesbezüglich sogar von einer Leistungssteigerung der Jugendlichen im Praktikum (014/116). An anderer Stelle wird berichtet, dass die Jugendlichen lieber ins Praktikum gehen, als in die Werkstätten der Träger (009/109). Hier erfahren sie erstmals, dass ihre Arbeit zur Wertschöpfung in einem Betrieb beiträgt:

> „Also auch einfach, das soll ja auch praktisch erlebbar sein, weil das nun bei uns oftmals so ist, dass die Jugendlichen irgendwas dort bauen, also wenn ich jetzt mal Baubereich nehme, dort wird eben ein bestimmter Verband (geübt). Also Verband ist die Art und Weise, wie ich die Steine dort zusammenpacke, um es mal so zu nennen. Dann mauern die so eine kleine Wand und hinterher wird die dann wieder eingerissen und das ist natürlich nicht sehr motivierend, wenn man das jeden Tag macht. Dort haben sie dann eben auch mal die Möglichkeit …, dass dann auch mal was stehen bleibt. Vielleicht auch sichtbar, jetzt gerade so bei den Malern, wenn jetzt eine Fassade oder so was geputzt wird, dann ist das schon so ein bisschen was Nachhaltigeres als das, was wir in der Ausbildung können." (011/58)

Von daher trägt wohl speziell der Realitätsbezug des Praktikums zur dargestellt Motivationssteigerung bei. Allerdings wird auch hier eine Dialektik deutlich. So ist es wohl die Realität der Arbeitswelt, an der einige Jugendliche bereits im Praktikum zu scheitern drohen. Sozialpädagogen berichten, dass für manche Jugendliche der Unterschied zwischen Maßnahmealltag und betrieblicher Realität zu groß ist, z. B. hinsichtlich Arbeitszeiten.[247] Andere Sozialpädagogen berichten, dass die Jugendlichen mit dem geforderten Arbeitstempo und den Leistungsanforderungen nicht mitkommen.[248] Diese Faktoren tragen dazu bei, dass Jugendliche ihr Praktikum vorzeitig abbrechen. Das geschieht teilweise sogar ohne Rücksprache mit den Sozialpädagogen. Häufig werden von den Jugendlichen Fehlzeiten erzeugt, die zu Kündigungen durch die Betriebe führen. Umso wichtiger erscheint ein ausbildungsadäquater, teilnehmerorientierter Praktikumseinsatz, weil Probleme mit der Arbeitszeit, Unzufriedenheit im Praktikum, Einsatz der Praktikanten für Hilfsarbeiten sehr sensibel von den Jugendlichen wahrgenommen werden. Das kann zu Fehlzeiten und zum Abbruch der Praktika führen.[249]

---

[247] Unterschied zwischen Maßnahmerealität und betrieblichem Alltag: 037/54; 055/75; 060/42; 062/208

[248] Probleme der Jugendlichen, mit den betrieblichen Leistungserwartungen mithalten zu können: 025/137; 062/66; 063/170

[249] Anforderungen an das Praktikum: 017/155, 157; 037/52; 038/75; 077/118

Demgegenüber gibt es auch Jugendliche, die durch ihr eigenes Verhalten zu einem Abbruch des Praktikums beitragen. Die Sozialpädagogen berichten von Demotivation der Jugendlichen und von Jugendlichen, die im Praktikum „nicht mitziehen" und durch Fehlverhalten auffallen.[250] Andere Sozialpädagogen berichten, dass manche Jugendliche versuchen, ihre Zeit im Betrieb „rumzubekommen" (037/54). Wo die konkreten Ursachen dafür liegen, ist oftmals unbekannt. Die größte Gefahr für die Sozialpädagogen besteht an dieser Stelle darin, dass die Betriebe als Praktikumsbetriebe zurückziehen.

Die wohl größte Bedeutung wird dem Praktikum hinsichtlich seines Beitrages zur Vermittlung der Jugendlichen in Ausbildung oder Erwerbsarbeit beigemessen. Es geht um den erhoffte „Klebeeffekt". Jedoch scheint es zunehmend schwieriger zu werden, entsprechende Betriebe zu finden, die im Anschluss an das Praktikum den Jugendlichen weiter ausbilden. Dennoch oder gerade deshalb haben Sozialpädagogen eine Vielzahl an Suchstrategien für Praktikumsbetriebe entwickelt. Ziel ist es, die Jugendlichen in einen geeigneten Betrieb zu vermitteln. An dieser Stelle wurden die Besonderheiten bei der Betriebssuche und die wesentlichen Probleme bei der Durchführung von Praktika beschrieben. Es ist schwierig, Betriebe zu finden, in denen die Jugendliche nicht nur Hilfsarbeiten ausführen. Mit der Durchführung der Praktika geht ein enormer Aufwand einher, z. B. für die Durchführung von Betriebsbesuchen in ländlichen Regionen. Ferner bestehen Unsicherheiten dahingehend, was den Betrieben bei der Betreuung von Praktikanten abverlangt werden kann und wie intensiv der Kontakt zu den Betrieben sein darf, ohne dass er als aufdringlich oder unangemessen empfunden wird.

5.4 Maßnahmeabbruch

Ein Grundsatz bzw. eine Zielstellung sozialpädagogischer Arbeit in der beruflichen Integrationsförderung ist es, Maßnahmeabbrüche zu vermeiden. Dennoch lässt es sich in einigen Fällen nicht verhindern, dass Jugendliche eine Maßnahme vorzeitig beenden. Insgesamt werden vorzeitige Maßnahmeabbrüche als problematisch angesehen, da sich dadurch die Risiken der beruflichen Einmündung für den Jugendlichen verschärfen. Die Gründe und Ursachen von Maßnahmeabbrüchen sind sehr vielschichtig.[251] Auch für die Sozialpädagogen sind Maßnahmeabbrüche ein kritisches Ereignis. Es impliziert einerseits ein Versagen sozialpädagogischer Interventionsstrategien, andererseits lässt es Vermutungen über die sozialpädagogische Leistungsfähigkeit zu. Da es ein Grundanliegen der Sozialpädagogen ist, Jugendlichen in kritischen Lebenslagen zu helfen, dürfte es ihnen nicht immer leicht fallen, ein vorzeitiges Maßnahmeende zu veranlassen. Im Folgenden soll sich nun der Frage zugewandt werden, was die Ursachen von Maßnahmeabbrüchen sind? Gibt es einen typischen Abbruchverlauf, ein typisches Abbruchgeschehen? Und was sind hier die konkreten Aufgaben der Sozialpädagogen?

---

250 „Jugendliche ziehen im Praktikum nicht mit": 012/207; 026/162; 063/165
251 Zu dieser Erkenntnis kommen bspw. auch (Faßmann 1998a; Vock 2000a)

Gründe und Ursachen für einen Maßnahmeabbruch[252]

Verschiedene Abbruchgründe wurden in den bisherigen Ausführungen bereits angedeutet. Ausgangspunkt der weiteren Betrachtungen ist der Hauptgrund für Maßnahmeabbrüche: die unentschuldigten Fehlzeiten der Jugendlichen.[253] In vielen Interviews mit sozialpädagogischen Fachkräften entsteht der Eindruck, unentschuldigte Fehlzeiten und regelmäßiges Zuspätkommen seien die gravierendsten Probleme. Im unentschuldigten Fernbleiben des Jugendlichen, also im bewussten Sich–Entziehen aus der Maßnahme und des Einflussbereichs des Sozialpädagogen kommen andere, schwerwiegendere Probleme zum Ausdruck. In der Betrachtung der sozialpädagogischen Fachkräfte kommt eine sehr reflexive Sichtweise auf Fehlzeiten als Gründe für Maßnahmeabbrüche zum Ausdruck. Es wurde in den Interviews jedoch nicht deutlich, inwieweit diese Probleme von den sozialpädagogischen Fachkräften erkannt und bearbeitet werden.[254]

Fraglich bleibt trotzdem, warum vor allem das Problem des unentschuldigten Fernbleibens der Jugendlichen eine solche Bedeutung und Relevanz für die Sozialpädagogen hat. Es ist zu vermuten, dass dieses Problem eine so große Bedeutung hat, weil es auch nach außen, gegenüber dritten und vor allem auch gegenüber der Agentur für Arbeit sichtbar wird, und als objektiver, juristischer Abbruchgrund gelten kann. Zudem hat es erheblichen Einfluss auf den Verlauf der Maßnahme. Die Einrichtungen sind verpflichtet, die Fehlzeiten der Agentur mitzuteilen. Vor allem durch die Agentur kann das zum Anlass genommen werden, die Maßnahme für den Jugendlichen zu beenden, weil der erfolgreiche Abschluss in Frage steht oder der Jugendliche seiner Pflicht zur aktiven Teilnahme nicht nachkommt.

Darüber hinaus wurden auch andere Ursachen benannt, die jedoch bei weitem nicht den Stellenwert erreichen, wie unentschuldigte Fehlzeiten. Einige davon werden auch als Ursachen für Fehlzeiten gesehen:
– Der Jugendliche verweigert die Teilnahme und seine Mitarbeit. Interventionsmaßnahmen greifen nicht. Sozialpädagogen formulieren hier, dass es einfach „kein Herankommen" an den Jugendlichen gibt.[255]

---

252 Hier soll differenziert werden zwischen Abbruchgründen und Ursachen. Als Abbruchgründe sollen die Verhaltensweisen gelten, die zu einem Maßnahmeabbruch führen. Die Untersuchungsergebnisse deuten darauf hin, dass dies in erster Linie Fehlzeiten und Fehlverhalten von Jugendlichen sind. Unter Abbruchursachen sollen psychosoziale, psychische und andere Probleme verstanden werden, die vermutlich die oberflächlichen Gründe von Abbrüchen (z. B. Fehlzeiten) auslösen.

253 Somit werden u. a. die Ergebnisse der INBAS-Begleituntersuchung zur Neuen Förderstruktur bestätigt. Hier werden unentschuldigte Fehlzeiten mit rund 44 % als Hauptursache für Maßnahmeabbrüche benannt (INBAS 2005, S. 33). Unentschuldigtes Fehlen als Abbruchursache wurde benannt von: 001/32; 002/127; 009/60; 010/71; 012/69; 014/29; 017/32, 136; 038/47; 068/27; 069/57; 080/72; 086/159; 098/41; 102/157

254 Interessanterweise werden von den Sozialpädagogen zahlreiche Abbruchgründe benannt, aber nur in den seltensten Fällen die tatsächlichen Ursachen für diese Abbruchgründe. Insofern bestätigt sich offenbar das Bild, welches Zielke und Lemke (1988) bereits kennzeichneten. Bezüglich der Maßnahmeabbrüche von Jugendlichen meinten sie: „So gibt es Modellversuche, in denen zwar Anlässe für Kündigungen genannt werden, z. B. hohe Fehlzeiten, nicht jedoch die Ursachen dafür." (Zielke und Lemke 1988, S. 71).

255 Verweigerung, Konflikte: 002/127; 012/75

- Andere Gründe, die nach dem Berufsbildungsgesetz zu einer Kündigung führen können (z. B. i.S. von §9 BBiG), hierzu zählen z. B. Pflichtverletzungen durch den Jugendlichen, Nichtbefolgen von Weisungen, wiederholte Verstöße gegen Arbeitsschutzbestimmungen, Arbeitszeitregelungen usw.[256]
- Verstöße gegen die im Teilnehmer- bzw. Ausbildungsvertrag vereinbarten Regelungen und Pflichten, Verstöße gegen Hausordnungen. Dies geht eng einher mit unentschuldigten Fehlzeiten. So ist es Pflicht, bei Erkrankungen innerhalb von drei Werktagen einen Krankenschein abzugeben. Dieser Pflicht kommen die Jugendlichen nicht nach.[257]
- Vernachlässigung der Vereinbarungen in der Eingliederungsvereinbarung mit der Agentur für Arbeit, z. B. Vernachlässigung der Bewerbungsbemühungen.
- Probleme mit der Unterordnung unter Autoritäten.[258]
- Gewalttätiges Verhalten oder Diebstahl in der Einrichtung.[259]

Die Maßnahme wird dann durch die sozialpädagogische Fachkraft beendet, wenn beim Jugendlichen trotz aller Sanktionen und Interventionsversuche keine Verhaltensänderung eintritt, d. h. alle sozialpädagogischen Bemühungen ergebnislos sind, das Fehlverhalten des Jugendlichen unvermindert auftritt oder dieser sich der Maßnahme bzw. der Betreuung durch die Sozialpädagogen weiterhin entzieht.

> „…ich hatte das vorhin schon gesagt, es ist mein oberstes Ziel, einen Ausbildungsabbruch zu verhindern. Aber es gibt auch Situationen, wo es sich nicht vermeiden lässt. Wo man ganz einfach merkt, hier wird Hilfe nicht angenommen, und wenn alle gut gemeinten Hinweise nichts fruchten, aus dem ganzen Ausbildungsteam heraus, aus der ganzen Leitung dieses Bildungszentrums, dann muss man sicherlich auch irgendwo den Schlussstrich ziehen und sagen: ‚Okay, soweit und nicht weiter', damit das nicht negativ für die anderen Jugendlichen, die ja auch diesen Prozess verfolgen, mit Fehlzeiten, mit Fehlstunden oder Nichterfüllen von Praktika, das wissen die ja auch untereinander, und wenn der sich das erlauben kann, dann kann ich das auch. Das ist ein ganz sensibles Thema, wo man auf der einen Seite sagt, jetzt gerade so als Sozialpädagoge: ‚Ich möchte dich retten, ich möchte dir helfen', und der Ausbilder sieht es auch wieder aus einer ganz anderen Sicht. Wenn der (Jugendliche) nicht da ist, dann kann er nichts lernen, wenn er nicht in der Prüfung ist, dann kann er keinen Wissenszuwachs bekommen und das ist eben so die Diskrepanz zwischen den einzelnen Lernorten auch, wo auch ein Praktikumbetrieb sagt: ‚Mein Gott, jetzt hat der die ganze Woche gefehlt. Ich habe versucht, den irgendwo mit zu integrieren in unsere Montagegruppe, und der kommt ganz einfach nicht', und wenn das sich ständig wiederholt, dann muss man auch schon irgendwo mit Konsequenzen arbeiten." (038/47)

Insofern stellt ein Maßnahmeabbruch in gewisser Weise auch ein Scheitern sozialpädagogischer Arbeit dar. Darin sehen einige Sozialpädagogen gleichzeitig eine Grenze. In dem Interviewauszug wird auch deutlich, dass diese Grenze bzw. dieser symbolische „Schlussstrich" von dem Sozialpädagogen in diesem Zusammenhang sprechen, von ihnen selbst bestimmt wird. In vielen Fällen wird diese Grenze sehr weit hinausgezögert. Sozialpädagogen versuchen viele Chancen und Möglichkeiten zu eröffnen, mit denen die be-

---

256 Dieser Aspekt deutet darauf hin, dass Abbrüche in einigen Fällen vordergründig wohl als ein rechtliches Problem gesehen werden.
257 Verstöße gegen Vereinbarungen: 002/127; 012/71; 020/91; 102/73
258 Problem damit, sich Autoritäten unterzuordnen: 008/57; 062/59
259 Gewalt und kriminelle Handlungen als Abbruchursache: 012/75; 081/45

troffenen Jugendlichen den Weg zurück in die Maßnahme finden können.[260] Allerdings ergibt sich für die Sozialpädagogen nun das Problem, eine Toleranzgrenze zu setzen. Die Frage, die sich so den Sozialpädagogen stellt, ist, an welchem Punkt eine Maßnahme beendet werden muss.[261] Besonders bei Jugendlichen, die bereits mit zahlreichen Problemen in die Maßnahme gekommen sind, scheint dies schwierig zu sein (002/129). Offenbar befinden sich die Sozialpädagogen hier sehr schnell in einem Konflikt zwischen Helfen wollen und Konsequenzen aufzeigen zu müssen. In der Beantwortung der Frage nach den Grenzen sozialpädagogischen Verständnisses kollidieren sie wohl gelegentlich mit Ausbildern oder Berufsberatern. Dabei gehen die Sozialpädagogen natürlich auch ein gewisses Risiko ein, nämlich dann, wenn ihre Interventionen nichts bewirken. Vermutlich können sie sich hier aber auf ihren professionellen Standpunkt zurückziehen.

Als mindestens ebenso problematisch stellen sich gewalttätiges und deviantes, von Rechtsnormen abweichendes Verhalten dar. Speziell diese Verhaltensformen scheinen zu einem unmittelbaren Maßnahmeabbruch zu führen, häufig sogar ohne dass der sonst übliche Weg eines Maßnahmeabbruches eingehalten wird. Dies hat unterschiedliche Ursachen. Zum einen versuchen die Sozialpädagogen die eigene körperliche Unversehrtheit sowie die der anderen Kräfte, der Lehrer, Ausbilder und vor allem der anderen Teilnehmer sicherzustellen. Zudem werden in diesen Verhaltensformen Gefahren für den Maßnahmeverlauf gesehen, z. B. im Hinblick auf gruppendynamische Prozesse. Zum anderen stellen körperliche Gewalt, selbst dessen Androhung oder Diebstahl, gesellschaftlich nicht akzeptierte Verhaltensformen dar. Darüber hinausgehen die Pädagogen und Einrichtungsleiter diesbezüglich davon aus, dass sie selbst in der Benachteiligtenförderung mit Jugendlichen arbeiten, die aufgrund ihres Entwicklungsstandes „den Unterschied zwischen mein und dein" kennen sollten, und dass Konflikte nicht mit der Faust zu regeln sind. Vor diesem Hintergrund wird die Bedeutung der Benachteiligtenförderung in Bezug auf Integration in Ausbildung oder Arbeit hervorgehoben, d. h. in dieser Hinsicht besteht offenbar die Meinung, dass die Benachteiligtenförderung nicht zuständig ist für die Besserung verhaltensauffälliger Jugendlicher.[262]

So lassen sich einige wenige Ursachen erkennen, die das Fehlverhalten des Jugendlichen, welches letzten Endes zu einem Maßnahmeabbruch führt, auslösen. Dazu zählen:
– Konflikte zwischen Ausbildern oder Lehrern und den Jugendlichen (012/75; 008/57).
– Konflikte in der Familie oder mit Lebenspartnern.
– Probleme in den Praktikumsbetrieben, z. B. eintönige Arbeiten, die zu Motivationsverlust bei den Jugendlichen führen, Konflikte mit den Betriebsinhabern oder anderen Mitarbeitern, nicht ausbildungsadäquate Arbeiten, nicht angemessene Arbeitszeiten usw.[263]

Insofern bestätigen diese Ergebnisse für die berufliche Integrationsförderung, was im betrieblichen Kontext bereits untersucht wurde. Bohlinger (2002) fasst dies entsprechend

---

260 Hinauszögerung von Maßnahmeabbrüchen: 002/127; 014/29; 024/55; 025/85; 038/47, 109; 074/100; 102/73

261 Problem der Grenzziehung: 002/128; 024/55; 038/47; 071/91; 081/121; 103/85

262 Siehe hierzu z. B. Interview 106/13.

263 Dies wurde im vorangegangenen Kapitel bereits ausführlich erörtert.

ihrer Häufigkeit in den unterschiedlichen Untersuchungen zusammen. Von diesen sollen hier nur die ersten drei benannt werden:
- Schwierigkeiten mit Ausbildern und Vorgesetzten. Bohlinger merkt an, dass hierfür oft auch die Begriffe „Konflikte" und „Probleme" verwendet werden, ohne sie inhaltlich näher zu bestimmen. Vor diesem Hintergrund formulieren einige Untersuchungen die Fragestellung um, und fragen nach der Zufriedenheit mit Vorgesetzten.
- Der Beruf entspricht nicht den eigenen Vorstellungen. Dies wird häufig auch auf Fehlinformationen über einen Beruf oder auf „Schönreden" der realen Ausbildungsbedingungen zurückgeführt. Bohlinger vermerkt hier zu Recht, dass dieses Ergebnis erstaunlich ist, zumal rund 70 % der Jugendlichen in ihrem künftigen Ausbildungsbetrieb ein Praktikum absolvieren.
- An dritter Stelle sind eine schlechte Ausbildungsqualität bzw. ausbildungsfremde Tätigkeiten zu finden. Hierzu zählen z. B. das tägliche Reinigen der Ausbildungsstätte und des Arbeitsmaterials, teilweise wohl auch der Privatwohnung und des Fahrzeuges der Ausbilder. Darüber hinaus werden hier auch ausbildungsfremde Routineaufgaben benannt, die über einen längeren Zeitraum hinweg wiederholt werden müssen.[264]

In diesem Kontext deutet alles darauf hin, dass das Fehlverhalten der Jugendlichen darauf zurückzuführen ist, dass sie nicht in der Lage sind, die in diesen Problemdimensionen auftauchenden Konflikte anders zu bewältigen, als mit den Verhaltensstrategien, welche Sozialpädagogen als Fehlverhalten wahrnehmen. Scheinbar läuft es in den meisten Fällen auf eine Vermeidungsstrategie hinaus, womit Fehlzeiten zu erklären wären. So gehen die Jugendlichen beispielsweise Konflikten eher aus dem Weg oder fühlen sich durch die Konflikte an der Wahrnehmung ihrer Pflichten behindert.[265] Insbesondere bei den Konflikten, die in der Familie auftreten, scheint die Bewältigung dieser Probleme eine höhere Priorität einzunehmen als die Teilnahme an der Maßnahme, was ebenso zu Fehlzeiten führen kann. Das heißt, für die Jugendlichen sind offenbar die Probleme im eigenen Lebenszusammenhang schwerwiegender, als die Teilnahme an der Maßnahme. Das könnte auch ein Indiz dafür sein, dass Erwerbsarbeit und Beruf im Bewusstsein der Jugendlichen keinen so großen Stellenwert haben, was durchaus auf die aktuellen gesellschaftlichen Krisenerscheinungen zurückgeführt werden kann. Den Jugendlichen in den Maßnahmen ist demnach eher daran gelegen, in Krisensituationen bereits bestehende, bisher für sie verlässliche soziale Systeme und Beziehungen aufrecht zu erhalten bzw. zu stabilisieren. Dies wirft die Frage auf, welche Relevanz die Maßnahmen für die Jugendlichen haben, inwieweit also Berufsvorbereitung oder Ausbildung stabilisierend auf die individuelle Verfassung der Jugendlichen Einfluss nehmen können.

Neben den eher individuellen Ursachen scheint es auch Gründe zu geben, die in der Struktur und Organisation der Benachteiligtenförderung bzw. in der aktuellen Förderpraxis

---

264 Vgl. Bohlinger 2002, S. 44.

265 Zu ähnlichen Ergebnissen kommen Casper und Mannhaupt und weisen dies einer defizitären „sozialen Intelligenz" von benachteiligten Jugendlichen in abH-Maßnahmen zu (Casper und Mannhaupt 1997). Anhand einer späteren Untersuchung zu Abbrüchen in BaE-Maßnahmen (2001) ließen sich diese Ursachen auf eine nicht erfüllte Entwicklungsaufgabe wie die mangelnden Fähigkeiten der Jugendlichen zum Aufbau sozialer Kontakte am Ausbildungsplatz zurückführen (Casper, Mannhaupt und Ivankovic 2001 2001).

liegen. So deutet sich an, dass die folgenden Punkte ebenso zu einem Abbruch führen können:
- Die Maßnahmezuweisung durch die Agentur für Arbeit entsprach nicht den Wünschen der Jugendlichen. Hier wird formuliert, die Jugendlichen seien durch ihre Berufsberater „geschickt" worden.
- Das, was in den Maßnahmen stattfindet, oder der Beruf, in dem ausgebildet wird, entspricht nicht den Vorstellungen der Jugendlichen.
- Es stellt sich heraus, dass ein Jugendlicher für eine Ausbildung im jeweiligen Berufsbild nicht geeignet ist.

Deshalb sehen sich die Sozialpädagogen offenbar in der Verantwortung, mit Fehlentscheidungen umzugehen, die an anderer Stelle entstanden sind. Aus diesen Ursachen resultieren häufig nicht nur Fehlverhalten, sondern auch offen formulierte Abbruchwünsche der Jugendlichen. Diesbezüglich versuchen die Pädagogen zunächst, den jungen Menschen in der Maßnahme zu halten und andere Vermittlungsalternativen zu eröffnen.[266]

Offenbar resultiert aus einer Fehlzuweisung durch die Agentur für Arbeit häufig eine Demotivation der Jugendlichen. Das wiederum führt dazu, dass diese eher nachlässig mit den damit einhergehenden Pflichten umgehen. Möglicherweise versuchen Jugendliche durch ihr Fehlverhalten bewusst ihre Entlassung aus der Maßnahme zu beschleunigen, ohne sich der weiterführenden Konsequenzen, wie z. B. der Verlust des Förderanspruches, bewusst zu sein. Hier versuchen die Sozialpädagogen durch Informationen und Aufklärungsstrategien gegenzusteuern.

Maßnahmeabbruch in abH

Die bisherigen Ausführungen beziehen sich hauptsächlich auf die Gründe und Ursachen von Maßnahmeabbrüchen in BvB und BaE. Deutlich undurchsichtiger sind Ursachen für einen abH-Abbruch. Es lässt sich nur vermuten, dass die Ursachen hier ähnlich gelagert sind. Dabei können andere Bedingungsgefüge wirken, als in den beiden anderen Maßnahmetypen, da die Jugendlichen zum einen freiwillig an abH teilnehmen und zum anderen in den meisten Fällen die Ausbildungsbetriebe als motivierender Faktor im Hintergrund stehen und möglicherweise zusätzlichen Druck erzeugen.

Hinter einem abH-Abbruch kann auch eine Kündigung des Ausbildungsbetriebes stehen, da für diesen die Situation mit dem Auszubildenden nicht mehr tragbar ist. Ein weiterer Grund kann auch sein, dass der Jugendliche die Situation im Ausbildungsbetrieb aufgrund von Konflikten im Betrieb, zu Kollegen, Vorgesetzten oder Mitauszubildenden nicht mehr durchsteht und die Ausbildung beendet.

Ein weiteres Problem in abH, welches nicht zwangsläufig zum Abbruch führt, aber doch in diese Richtung weist, ist die unregelmäßige Teilnahme der Jugendlichen. Dies kann zum einen durch Motivationsdefizite entstehen, zum anderen auch auf einer schlechten Einbindung der Jugendlichen in den Betrieb beruhen. Vor allem in der Gastronomie oder in speziellen Bereichen des Lebensmittelhandwerks scheint dies ein Problem zu sein. Zudem legen die Betriebe speziell hier offenbar großen Wert darauf, dass abH nicht wäh-

---

266 Maßnahme entspricht eigentlich nicht den Wünschen des Jugendlichen; Jugendliche möchte eigentlich etwas anderes: 010/72; 011/104; 081/43; 083/94; 108/14

rend der Ausbildungszeit stattfindet. Eine Sozialpädagogin dieses Maßnahmebereiches beschreibt das mit den folgenden Worten:

> „Inzwischen ist es so, dass die Betriebe, wenn sie von abH hören gleich erst mal so (reagieren): ‚Kein Geld soll es kosten!' Kostet es ja auch nicht, aber (dass) auch keine Minute Arbeitszeit berührt wird davon. Weil in vielen Augen der Betriebe sind Jugendliche faul, und sie wollen sich dann ja im Grunde nur da rausziehen, so dass sie sagen: ‚Okay, wenn der das dann will, dann soll er es machen, aber bloß nicht während der Arbeitszeit.' So dass gar keine Rücksicht genommen wird, und das ist in vielen Berufsfeldern, die ich betreue ganz, ganz kompliziert. Wenn man das Hotel sieht. Sie arbeiten von morgens zehn bis nachmittags um 15 Uhr, und dann arbeiten sie geteilten Dienst von 15 Uhr bis 22, 23, 24 Uhr. Da arbeiten wir ja nun nicht mehr, so dass für die Auszubildenden es wirklich kompliziert ist, wenn sie bis abends um 11 Uhr gearbeitet haben. Morgens könnte man ja dann nur um 8 Uhr den Unterricht machen. Das ist einfach unrealistisch, dass man sie dann wirklich an diese Maßnahme bindet. Also, ... von den Bedingungen hat sich das wirklich verschlechtert, weil man insgesamt sagen kann, in allen Bereichen, die ich betreue, dass die gesetzlichen Ausbildungszeiten nicht eingehalten werden. Ich habe viele Bäcker, die arbeiten von Mitternacht bis ja 12 Uhr mittags also auch 12 Stunden, und das wird sich auch in Zukunft, weil der Druck so groß ist und der Mangel an Ausbildungsplätzen vorhanden ist, sicherlich nicht ändern, so dass wir ganz feinfühlig eigentlich auch in den Betrieben natürlich darauf immer wieder drängen, dass die Theorie wichtig ist, dass die Betreuung wichtig ist, dass wir wirklich auch mit ihnen sozialpädagogisch nur arbeiten können, wenn sie überhaupt Zeit finden." (056/18)

Eine Form der Intervention besteht darin, dass die Sozialpädagogen in Krisensituationen Kontakte zu den Betrieben aufnehmen. Offenbar besteht hier das Problem, dass die Sozialpädagogen in abH-Maßnahmen als zusätzliche Akteure gesehen werden, die kaum Einfluss auf betriebliche Prozesse haben, da die Betriebe natürlich gegenüber den Sozialpädagogen autonom arbeiten und in keiner Verpflichtung stehen. Insofern beschränken sich die Interventionsmöglichkeiten der Sozialpädagogen darauf, durch Gespräche mit den Verantwortlichen in den Betrieben zu führen, sie haben offenbar kaum eine Möglichkeit der direkten Einflussnahme. Dies kann auch darauf beruhen, dass die Kooperationsbeziehungen zwischen Sozialpädagoge und Betrieb nur auf einer eher schwachen Grundlage basieren, was die Interventions- und Hilfsmöglichkeiten des Sozialpädagogen natürlich sehr einschränkt. So ist es notwendig, dass die Sozialpädagogen hier sehr feinfühlig und sensibel mit den Betrieben bzw. den dort Verantwortlichen umgehen.[267] Insofern scheint der Kontakt zu den Betrieben eher zwiespältig zu sein. Einerseits werden die Beziehungen als sehr gut gekennzeichnet, andererseits ist es scheinbar schwer, den richtigen Umgang miteinander zu finden. Eine Sozialpädagogin beschreibt dies folgendermaßen:

> „Das ist sehr unterschiedlich. Zum Teil wird es weniger gern gesehen, dass man sich einmischt. Und zum Teil wird die Hilfe natürlich auch ganz gerne angenommen. Und es wird dann auch wirklich gut zusammengearbeitet." (072/41)

Insgesamt entsteht der Eindruck, dass die Toleranz für die Aktivitäten der Sozialpädagogen in abH bei den Betrieben nicht sehr hoch ist. Vermutlich hängt dies auch damit zusammen, dass die Betriebe erwarten, dass es in abH eher um die Bewältigung fachlicher bzw. theoretischer Probleme geht, weniger um persönliche Krisen der Auszubildenden. Dies scheint

---

267 Dies wird allgemein sehr deutlich, auch in BvB oder BaE. Hier wird sehr häufig geäußert, dass man sehr sensibel mit den Betrieben umgehen muss, um sie als Praktikantenbetrieb oder potenziellen Ausbildungsbetrieb nicht zu verlieren.

ein gewisses Konfliktpotenzial zu bergen, was durchaus zum vorzeitigen Abbruch der abH-Teilnahme führen kann.

Maßnahmeabbrüche als prozesshaftes Geschehen

Insgesamt kommen vor dem Wirksamwerden einer Kündigung auch zahlreiche Interventionsschritte zum Einsatz, wodurch ein Maßnahmeabbruch sich als ein Prozess oder als eine „Abbruchspirale" (049/83) darstellt. Von daher wird das Bild bestätigt, bei Abbrüchen handele es sich um prozesshafte Geschehen und nicht um plötzlich auftretende Ereignisse.[268]

Allgemein, um nicht zu sagen formal üblich, ist ein Mahnverfahren. Dies beinhaltet in einigen Fällen zunächst ein oder mehrere schriftliche Ermahnungen. Im Anschluss daran erfolgen mindestens zwei Abmahnungen. In Abhängigkeit von der Schwere des Fehlverhaltens des Jugendlichen scheint dieser Mahnweg wahlweise länger oder kürzer zu sein. Er ist davon abhängig, wie der Jugendliche auf Sanktionen und Interventionen reagiert. Diesbezüglich wird von einem Sozialpädagogen beispielsweise gefordert, dass auch andere Instrumentarien hier zum Einsatz kommen könnten. Abmahnungen, so seine Auffassung, haben keinen Einfluss auf die Jugendlichen, die nehmen sie ohnehin nicht ernst (025/84). Erfolgt keine Veränderung, findet ein Maßnahmeabbruch sehr zügig statt. Kündigungen dürfen nur in Absprache mit der Agentur erfolgen, nachdem dargelegt wurde, welche Aktivitäten mit dem Jugendlichen stattgefunden haben. Im Hinblick auf die Entscheidungsgewalt über den Maßnahmeabbruch gibt es trägerspezifische Unterschiede. In einigen Einrichtungen wird die Entscheidung vom Berufsberater getroffen, in anderen Einrichtungen vom Sozialpädagogen, in wieder anderen Einrichtungen von der Geschäfts- oder Maßnahmeleitung.[269]

Sozialpädagogen formulieren, dass ein Abbruch die letzte Konsequenz sei und zwangsläufig am Ende aller Sanktionen und Interventionen stehe. Dem liegt die Einsicht zugrunde, dass irgendwann weitere Interventionsversuche sinnlos werden (025/86; 082/101). Einige Sozialpädagogen ziehen diese letzte Konsequenz, um ihre Glaubwürdigkeit gegenüber anderen Jugendlichen der Teilnehmergruppe, die das Abbruchgeschehen durchaus mit verfolgen, nicht zu verlieren. Andere begründen dies damit, die Gruppe „retten" zu wollen. Vor allem hier wird formuliert, dass potenzielle Abbrecher erheblichen Einfluss auf die Gruppendynamik haben können.[270] Offenbar haben Ermahnungen, Abmahnungen und andere Sanktionen bzw. Interventionen vordergründig die Funktion des „erhobenen Zeigefingers" der die Jugendlichen auf ihre Fehler hinweisen und möglicherweise strafend wirken soll.[271] Dem liegt die Hoffnung zu Grunde, dass der Jugendliche auf diese Sanktionen durch Verhaltensänderung reagiert. Fraglich ist, ob Sozialpädagogen durch die Initiierung bzw. das Auslösen einer solchen „Abbruchspirale" sich nicht selbst in eine

---

268 Maßnahmeabbruch als prozesshaftes Geschehen: 011/104; 045/151; 049/87; 052/157; 060/189; 062/218; 071/91, 127; 081/45; 083/88; 086/151; 102/73

269 Abbruchentscheidung: 062/218; 072/175; 071/127; 083/90

270 Einfluss der Abbrecher auf die Gruppendynamik: 024/55; 038/42; 062/228

271 Andererseits wird formuliert, dass die Kündigung an sich dem Jugendlichen Konsequenzen von Fehlverhalten aufzeigen soll: 025/84; 038/47.

Zwangssituation bringen, mit dem Zwang, weiter zu handeln bis an den Punkt, wo es nur noch eine Möglichkeit gibt, nämlich den Abbruch.

Vor dem Hintergrund, dass Abbrüche auch der Korrektur gruppendynamischer Prozesse dienen, wird der Eindruck gewonnen, dass ein Maßnahmeabbruch darauf zielen kann, an einem Jugendlichen ein Exempel zu statuieren. Somit dient ein Abbruch offenbar auch dazu, die gesamte Teilnehmergruppe zu stabilisieren. Dies wird in den Interviews zum Teil auch so angesprochen.

Neben dem oben geschilderten formalen bzw. schriftlichen Mahnweg ist der Abbruchprozess zudem durchsetzt von zahlreichen, flankierenden Interventionsmaßnahmen. Hierzu sind zu zählen[272]:
- Hausbesuche
- sozialpädagogische Beratungsgespräche und Einzelgespräche
- Belehrungen, z. B. über die Inhalte des Ausbildungsvertrages,
- Gespräche mit den Einrichtungsleitungen und den zuständigen Berufsberatern
- Einbeziehung der Eltern, wobei dies nicht immer möglich ist und auch nicht von allen Sozialpädagogen mit getragen wird, da die Jugendlichen in den meisten Fällen bereits volljährig sind.
- Abbruchprävention als Gegenstand der Förderplanarbeit
- Fallbesprechungen mit Kollegen zur Absicherung der eigenen Arbeit.

Wie schon dargestellt, stehen die sozialpädagogischen Fachkräfte bei allen Interventionsbemühungen vor der Frage, wie weit sie mitgehen können, wie weit sie die Entschuldigungen und Begründungen der Jugendlichen für deren Fehlverhalten akzeptieren können, wo die Grenze der Akzeptanz liegen muss. Häufig werden den Jugendlichen auch Unehrlichkeit und Täuschungsversuche unterstellt. Allerdings ist die Bestimmung eben dieser Grenze, bei deren Überschreitung der Maßnahmeabbruch erfolgt, allgemein sehr schwierig. Sie ist auf den Einzelfall bezogen und von jedem einzelnen Sozialpädagogen abhängig.

Fazit: Der Toleranz der Sozialpädagogen, gerade wenn es um unentschuldigte Fehlzeiten geht, sind nicht nur professionell, sondern auch strukturell bzw. formal Grenzen gesetzt. Diese Grenzen werden sowohl von den Pädagogen in den Einrichtungen als auch von den Mitarbeitern der regionalen Arbeitsagenturen gesetzt. So ist die Rede von drei unentschuldigten Fehltagen (z. B. 049/83), in einer anderen Region sogar von 10 bis 12 Fehltagen, bis eine Abmahnung oder Kündigung erfolgt (z. B. 012/71). Demnach existieren sehr differenzierte Regelungen, die auf individuellen Absprachen beruhen. Insgesamt sind diese Regelungen angemessen, flexibel und auf den Einzelfall bezogen umzusetzen (083/86). Hier formulieren auch die Sozialpädagogen, dass die Entscheidung über einen Abbruch nicht nur von bestimmten Kriterien abhängig ist, sondern dass das Gesamtbild mitbestimmend ist, das z. B. durch die Einstellung des Jugendlichen zur Maßnahme oder durch seine erbrachten Leistungen geprägt wird.[273] So spielt auch das Verhalten des Jugendlichen eine Rolle, sein Auftreten in der Ausbildung, sein Engagement, sein gezeigtes Interesse, spürbare Verhaltensänderungen infolge der Sanktionen und Inter-

---

[272] sonstige Maßnahmen der Abbruchprävention: 011/104; 045/151; 049/87; 052/157; 060/189; 062/218; 071/91, 127; 081/45; 083/88; 086/151; 102/73
[273] Einstellung zur Maßnahme: 037/44, 47; 072/175; 074/100

ventionen usw. Demzufolge lässt sich für das Abbruchgeschehen und die damit einhergehenden Interventionsstrategien der Sozialpädagogen kein typisches Bild beschreiben.

Fortführung der Maßnahme als Ziel abbruchpräventiver Maßnahmen

Die Sozialpädagogen gehen häufig davon aus, dass sich die Situation für den Jugendlichen durch einen Maßnahmeabbruch nicht verbessert (011/104). Oft wird auch angenommen, dass dadurch sozialer Abstieg und zunehmende Chancenlosigkeit der Jugendlichen auf dem Ausbildungs- und Arbeitsmarkt die unmittelbaren Konsequenzen sind. Zudem stellt ein Maßnahmeabbruch für den Jugendlichen die erneute Erfahrung des Scheiterns dar.[274] Aus diesem Grund versuchen Sozialpädagogen einen Abbruch so lange wie möglich zu verzögern, in der Hoffnung, mit ihren Interventionsmaßnahmen den Jugendlichen zu erreichen und einen Abbruch zu vermeiden.[275] Dieses Interesse der Sozialpädagogen wurde bereits dargestellt. Aufgrund der Rahmenbedingungen der Maßnahmen ist dies jedoch nur begrenzt möglich, da sich für die Sozialpädagogen hier auch Legitimationsprobleme ergeben können. Diese Situation, in der sich Sozialpädagogen befinden und wie sie damit umgehen, soll an dieser Stelle geschildert werden.

Als wichtigster Abbruchgrund wurden Fehlzeiten benannt. Es stand die Frage im Raum, warum gerade dies ein so großes Problem für Sozialpädagogen darstellt. Eine regelmäßige Teilnahme wird als Grundvoraussetzung für eine pädagogische Arbeit mit dem Jugendlichen gesehen.[276] Fehlzeiten und Drogenprobleme[277] führen dazu, dass die Jugendlichen große Teile der Ausbildung nicht mitbekommen. Daraus resultiert die Befürchtung, dass sie aufgrund ihrer Fehlzeiten die Maßnahme nicht erfolgreich abschließen können. Das kann ein wichtiges Motiv für die vorzeitige Beendigung von Maßnahmen sein. Erfolgreich bedeutet in erster Linie das Erreichen von Qualifizierungszielen und das Bestehen von Abschlussprüfungen. Aufgrund umfangreicher Fehlzeiten können diese Ziele in Frage stehen. Daher kommt es vor, dass Sozialpädagogen die Maßnahme vorzeitig abbrechen oder die Jugendlichen nicht zu Prüfungen zulassen.[278]

Im Falle einer falschen Maßnahmezuweisung, oder wenn die Maßnahme nicht den Vorstellungen des Jugendlichen entspricht, gibt es Fälle, in denen die Jugendlichen die Maßnahme aufgrund eigener Entscheidungen beenden wollen. Hier versuchen die Sozialpädagogen aktiv gegen zu steuern. In einem Fall versucht der Sozialpädagoge den Jugendlichen davon zu überzeugen, zumindest solange in der Maßnahme zu verweilen, bis eine andere Vermittlungsalternative eröffnet wurde (001/5). Insgesamt stehen sozial-

---

274 Vgl. Vock 2000a, S. 7.

275 Hinauszögern von Abbrüchen: 002/127; 014/29

276 Möglicherweise kommt in dieser Sichtweise der Sozialpädagogen ihr Grundverständnis von „Fördern und Fordern" zum Ausdruck.

277 Aufgrund von Drogenproblemen sind Jugendliche über einen längeren Zeitraum nicht in der Maßnahme anwesend, z. B. wenn sie sich in Therapie begeben. Sozialpädagogen schildern, dass die Maßnahme dann nicht zwangsläufig abgebrochen werden muss, sie ruht vorrübergehend und das ermöglicht den Jugendlichen, später wieder einzusteigen. Dennoch werden die Erfolgsaussichten an einigen Stellen angezweifelt. (hierzu 033/22, 24; 054/66–69; 062/59; 102/10–15)

278 Erfolgsaussichten der Maßnahme als Leitprinzip für vorzeitige Maßnahmeabbrüche: 033/24; 038/47; 068/17; 071/91

pädagogische Fachkräfte den Veränderungswünschen der Jugendlichen aber eher aufgeschlossen gegenüber. Wie bereits angedeutet, wird versucht, die Jugendlichen zunächst in der Maßnahme zu halten, bis sie etwas anderes gefunden haben, d. h. der weitere Werdegang der bzw. des Jugendlichen abgesichert ist. Dabei ist den Sozialpädagogen wichtig, speziell auf die Wünsche des Jugendlichen einzugehen, und dass die Jugendlichen dabei aktiv mitwirken:

> „Ja, also ich versuche schon dann den Jugendlichen, na ja halt schon so über die Strecke ‚was hast du denn für Alternativen', ihn halt schon so lange wie möglich hier in der Ausbildung zu halten. Dass er dann halt nicht ohne irgendwas da steht. Das ist nicht so ein ganz unwirtschaftlicher Aspekt, wenn er dann hier bleibt. Ja aber sonst schon auch das Unterstützen und ihm, ja Hilfsangebote oder wo er sich überhaupt informieren kann und schon mit ihm gemeinsam dann halt was anderes zu suchen. Aber halt schon auch so drauf bedacht (sein), dass er selber auch Initiative zeigt und selber auch sich da mehr einbringt. Nicht, dass ich dann halt los renne, und ich suche dem jetzt eine neue Lehrstelle oder so. Also, er muss dann auch schon selber Initiative zeigen." (001/5)

Die Sozialpädagogen versuchen Veränderungswünsche bzw. Signale eines bevorstehenden Maßnahmeabbruches rechtzeitig zu erkennen. Im Idealfall wäre dies bereits zu Beginn einer Maßnahme. Ein Sozialpädagoge, der in der Berufsausbildung tätig war, beschreibt hier:

> „Also, zum Beispiel, wenn jetzt am Anfang klar wird, da will jemand völlig woanders hin, also, dass der überhaupt keine Ambitionen hat, dass man das dann schon so ein bisschen als Achtungszeichen zu nutzen (hat). Also, dass die anderen merken, sie können hier nicht Tun und Lassen was sie wollen. Also, das ist wieder dieses Fördern und Fordern. Also, hier wird nicht nur gefördert, sondern hier wird auch gefordert. Das man dann einfach auch mal, wie sagt man, … na Ausrufezeichen setzt." (011/104)

Dass es Fälle gibt, in denen versucht wird, auch in extremen Härtefällen die Maßnahme fortzusetzen, wird an einem anderen Beispiel sehr deutlich. So versucht hier der Sozialpädagoge, die Förderung des Jugendlichen trotz dessen Inhaftierung fortzuführen. Auf diese Weise soll dem Jugendlichen die Sicherheit gegeben werden, er könne nach Verbüßung seiner Strafe, oder möglicherweise sogar im offenen Strafvollzug, die Ausbildung abschließen. Dies scheint allerdings viel mehr von äußeren Faktoren abhängig zu sein, als nur vom guten Willen des Sozialpädagogen, z. B. vom Gericht, welches das Strafmaß bestimmt, oder von der Bereitschaft der Agentur für Arbeit, dies mit zu tragen. Prinzipiell möglich erscheint das nur in der Berufsausbildung. In dem angesprochenen Interview wird dieser spezielle Härtefall und der Umgang damit sehr ausführlich beschrieben:

> „Ja, in der Regel ist es dann so, dass wir uns dann auch mit den Betreuern in Verbindung setzen, da gibt es ja auch die gerichtlichen Betreuer für die Jugendlichen, das war, schon mal im Vorfeld. Es ist ja nicht so, wenn da also eine Straftat (vorliegt), dann ist je meistens immer noch 'ne Zeit bis zur Verhandlung … Ich mein, es ist ja auch keine einfache Zeit für den Jugendlichen, der schwebt ja da zwischen Hoffnung und Ängsten und weiß ja eigentlich nicht, was auf ihn zukommt. Erst mal kriegt er die Gewissheit von unserer Seite mit, selbst, wenn es zum Schlimmsten kommt, also das würde immer eine Inhaftierung sein, … , (so) heißt das für ihn nicht, dass er nicht weiterlernen darf, sondern dass es eventuell nur eine Unterbrechung für ihn ist. Im Endeffekt, ob er weiterlernen darf oder im offenen Strafvollzug weiterlernen darf, es gibt ja auch die Möglichkeit. Das entscheidet immer das Gericht. Das entscheiden nicht wir, aber er kriegt von uns das erstmal … mit auf den Weg, selbst wenn er über, ich sag mal, sechs Monate oder ein Jahr eben inhaftiert ist, er kann die Ausbildung dann bei uns vollenden. Also, wir stehen dann an seiner Seite, und ich denke mal, auch in der Arbeitsvermittlung haben wir das auch schon gehabt, dass die da auch sehr mitziehen und sagen: ‚Okay,

das ist unser …, die Ausbildung, er kann dann, wenn er sich entsprechend dann führt, kann er eben weiter machen." (014/31)

Ein ähnliches Beispiel ist ein heroinabhängiger Jugendlicher (033/22–24). Dieser hatte sich im Laufe der Maßnahme gegenüber den Sozialpädagogen zu seiner Sucht bekannt und schilderte dabei seine Befürchtungen, aus der Maßnahme genommen zu werden. In diesem Beispiel wurde der Jugendliche durch den Sozialpädagogen in eine Beratungsstelle und von hier in ein Methadonprogramm vermittelt. Es zeigt sich bei diesem Beispiel auch, wie stark die Sozialpädagogen vom Wohlwollen und von der Toleranz der Agentur für Arbeit in ihren Aktivitäten abhängig sind. So antwortete der Sozialpädagoge auf die Frage, ob die Drogensucht Ausschlusskriterium für die Maßnahme sein könnte:

> „Also, es ist kritisch. Wäre er noch heroinabhängig gewesen, dann kann ich mir nicht vorstellen, dass er noch hier wäre. Weil er aber im Methadonprogramm ist, und das ja eine Ersatzdroge ist, macht das Arbeitsamt keinen Unterschied, weil er arbeitsfähig ist, wie jeder andere Jugendliche auch. Ist schon eine ganz interessante Angelegenheit, ja, wobei die Sache mit Drogenabhängigkeit, generell die Frage der, ja einfach, die Erfolgsaussichten sind natürlich da relativ gering, muss man klipp und klar so sagen. Und dann ist das Arbeitsamt relativ schnell dabei, natürlich auch herzugehen und so eine Maßnahme zu beenden, das kostet ja alles einen Haufen Geld. Und dementsprechend müssen wir damit auch sehr vorsichtig umgehen, weil wir dann den Jugendlichen die Möglichkeit geben, ihr Leben wieder in den Griff zu bekommen, und das haben wir halt bei dem ganz genauso gemacht. Das heißt, wir haben erst mal zusammen einen Schlachtplan entwickelt mehr oder weniger, und das haben wir dann dem Arbeitsamt entsprechend präsentiert, wobei es für diesen Azubi schon hart ist, das müssen wir so sagen. Also die Vorgaben sind völlig klar, also er muss im Grunde genommen jetzt diesen Entzug durchziehen, er darf nicht abbrechen. Dann müsste er allerdings diese Ernsthaftigkeit einfach hinter seinem Entschluss sehen und dann würden wir, wenn er den Entzug erfolgreich beendet, würden wir ihn im Grunde genommen wieder nehmen ins zweite Ausbildungsjahr, ganz normal. Und so lange werde ich (ihn) normal weiter betreuen, bis er in die Langzeittherapie geht. Dann setzen wir die Ausbildung aus und er kann dann, wenn er die Therapie erfolgreich, immer dieses erfolgreich, abgeschlossen hat, im Grunde genommen im zweiten Ausbildungsjahr dann irgendwann einmal wieder einsteigen, wenn er es dann noch möchte. Ja, das Arbeitsamt hat also ‚Ja' gesagt, und so steht dieser Geschichte nichts mehr im Weg, wenn der Jugendliche mitspielt. Das ist … dieser wesentliche Punkt." (033/24)

Zusammenfassend lässt sich sagen, dass Sozialpädagogen sich sehr wohl der Probleme der Jugendlichen, die das Fehlverhalten verursachen, bewusst sind. Jedoch arbeiten nicht alle Sozialpädagogen in einer angemessenen Weise an diesen Problemen. Sie versuchen, lediglich die Symptome zu lindern und die Jugendlichen zu einer kontinuierlichen Teilnahme an der Maßnahme zu bewegen. Eine wirkliche Bearbeitung der ursächlichen Probleme wird nur in den wenigsten Fällen deutlich. So scheinen einerseits die diesbezüglich eher rigiden formalen Vorgaben der Agentur für Arbeit und andererseits die professionellen Grenzen der Sozialpädagogen doch eher eng gesteckt zu sein und entsprechend umgesetzt zu werden.

Hinzu kommt, dass hier die unterschiedlichen professionellen Zielsetzungen der einzelnen Akteure gelegentlich miteinander kollidieren, wodurch auch Konflikte zwischen den Akteuren Sozialpädagoge, Ausbilder und Stützlehrer entstehen können. In anderen Fällen funktioniert die Zusammenarbeit zwischen den Akteuren offenbar so gut, dass sich der geschützte Rahmen, in welchem sich der Jugendliche bewegt, sogar ausweitet, d. h. die Betreuer und Ausbilder versuchen auf ihre Art und Weise, den Jugendlichen zum Maßnahmeabschluss zu führen. Dies scheint gerade in den Fällen so zu sein, in denen die Zusammenarbeit zwischen den Akteuren insgesamt gut funktioniert.

Insgesamt gehen die Sozialpädagogen sehr flexibel und am Jugendlichen orientiert mit derart kritischen Problemen um. So entsteht der Eindruck, dass ein Maßnahmeabbruch erheblich abhängt
– vom professionellen Selbstverständnis und Leistungsvermögen der Sozialpädagogen,
– von der Toleranz der Einrichtungsleitungen und anderen Akteuren, die mit dem Jugendlichen zu tun haben sowie
– von der Toleranz und dem Verständnis der zuständigen Berufsberater.

Einrichtungsleitungen und Berufsberater beziehen in den meisten Fällen die Einschätzung und das Urteil des Sozialpädagogen in ihre Entscheidung über einen Maßnahmeabbruch mit ein. Sozialpädagogen wiederum können ohne Konsultation und Einstimmung von Trägerleitungen und Berufsberatern keine eigenmächtige Entscheidung treffen. Häufig folgen die Berufsberater den Empfehlungen der Sozialpädagogen. Andere Akteure, wie Ausbilder oder Lehrer, scheinen eher keine Rolle bei einem Maßnahmeabbruch zu spielen. Sie veranlassen vielmehr den Sozialpädagogen zum Handeln.

Kontroverse: rechtliche Konsequenzen

Die rechtliche Grundlage, auf der ein Maßnahmeabbruch, der ja nichts anderes ist, als eine Kündigung des Teilnehmer- bzw. Ausbildungsvertrages, erfolgt, ist keineswegs völlig eindeutig. In der Berufsausbildung basiert das Teilnehmerverhältnis auf der Grundlage eines regulären Ausbildungsvertrages, wie er auch in betrieblichen Ausbildungsverhältnissen abgeschlossen wird. Das heißt, es gelten grundsätzlich die rechtlichen Bestimmungen des Berufsbildungsgesetzes, des Jugendarbeitsschutzgesetzes, des im BGB geregelten Vertragsrechtes und des Arbeitsrechtes. Somit müssen Kündigungen diesen Bestimmungen standhalten und den gesetzlich vorgeschriebenen Weg beachten. Dies bedeutet, es muss ein Mahnweg eingehalten werden, und die Kündigung muss einen relevanten Grund haben. Das bedeutet wiederum, dass eine Kündigung aufgrund der Tatsache, dass Agentur für Arbeit, Trägerleitung, Ausbilder oder Sozialpädagogen den erfolgreichen Abschluss der Maßnahme aufgrund leistungsbezogener Defizite, Schwangerschaft, Drogenkonsums o. ä. in Frage stellen oder sozialpädagogische Interventionsmaßnahmen für gescheitert erklären, nicht rechtskräftig und auch nicht haltbar ist. Insofern kann nur das Fehlverhalten, welches sich diesen Problemen in den meisten Fällen anschließt, als Kündigungsgrund gelten. Damit rücken wieder die unentschuldigten Fehlzeiten in den Fokus der Aufmerksamkeit. Diese stellen sich als häufigster, vielleicht sogar als typischer Kündigungsgrund dar. Vermutlich ist das der Fall, weil hier mehrere rechtskräftige Kündigungsgründe zusammenkommen:
– Verstoß gegen die Meldepflicht (Anzeigen von Krankheit oder Schwangerschaft),
– Verstoß gegen die Pflicht zum Berufsschulbesuch, zumal die Jugendlichen hierfür vom Betrieb freigestellt werden müssen und andererseits gesetzlich dazu verpflichtet sind, die Berufsschule zu besuchen,
– nicht Beachten der Ordnung der Ausbildungsstätte,
– nicht Befolgen von Weisungen usw.

Insofern kann das Fehlverhalten, aus dem eine Kündigung resultiert, theoretisch nur als ein Verstoß gegen diese Regelungen und Gesetzmäßigkeiten ausgelegt werden. Es ist fraglich, ob hier die Agentur für Arbeit als entscheidende Instanz darüber befinden kann, eine Maßnahme zu beenden, ohne dass ein rechtskräftiger Grund vorliegt. Es lässt sich nicht belegen, dass dies die gängige Praxis des Maßnahmeabbruches ist. Allerdings entsteht an einigen Punkten der Eindruck, dass eine Kündigung erfolgt, wenn sozialpädagogische Maßnahmen gescheitert sind oder wenn der Maßnahmeerfolg, z. B. aufgrund von Drogenkonsum, bezweifelt wird. So kann gerade Drogenkonsum möglicherweise als Gefährdung des Arbeitsschutzes in den Werkstätten gesehen werden oder als Verstoß gegen die Hausordnung, aber auch nur dann, wenn er während der Arbeitszeit in der Einrichtung erfolgt.

Zumindest die Trägerleitungen scheinen sich dieser rechtlichen Probleme eines Maßnahmeabbruchs bewusst zu sein. Eine Trägerleiterin berichtete:

> „Manchmal muss man die Berufsberater auch belehren, über das, was ein Gesetz zulässt und was nicht. Wenn dann das Arbeitsamt denkt, ja, sie stehen mit ihren Runderlassen über den Gesetzen, ob es das Grundgesetz ist oder das Berufsbildungsgesetz. Ja, ich bin schon zweimal vorm Arbeitsgericht rausgeflogen, weil, das Arbeitsamt hat die Bewilligung aufgehoben und abgesehen davon, dass die junge Dame ein Strolch war vor dem Herrn, die hat am Bahnhof Zoo angeschafft. Ne, so. Aber da hat sie einen cleveren Anwalt sich gesucht, (die) junge Frau im dritten Ausbildungsjahr. Und die Richterin hatte Recht, die hat gesagt: ‚Sie haben zwei Jahre lang Zeit gehabt, der jungen Dame zu kündigen. Jetzt ein halbes Jahr vor der Abschlussprüfung geht das nicht mehr, das Kündigungsschutzrecht ist Arbeitnehmerkündigungsschutzrecht. Und die junge Dame muss das alles nicht wissen, was Sie hier wissen. Sie müssen das wissen.' Und das Arbeitsamt musste sie wieder reinnehmen." (076/242)

Insgesamt scheint jedoch der Toleranzrahmen, bis eine Kündigung erfolgt, deutlich größer zu sein, als es wahrscheinlich in einer betrieblichen Ausbildung der Fall ist. Eine Sozialpädagogin in der Berufsausbildung beschreibt dies folgendermaßen

> „Also, wir haben sicherlich den einen oder anderen auch schon wegen Drogendeliktes, weil es immer wieder vorgekommen ist, gekündigt, beziehungsweise weil er im Knast gelandet ist. Und damit natürlich auch die Ausbildung für 2–3 Jahre unterbrochen worden ist. Damit mussten wir ihm dann kündigen, oder wie gesagt, wenn Drogenprobleme anstehen, die nicht, gar nicht aufzufangen sind. Also, wo der Jugendliche dann wirklich komplett unter der Hand weg rutscht, und wo wir dann sagen müssen, also, da ist dann auch für uns als Bildungsträger nicht mehr, da können wir uns nicht mehr drum kümmern. Da also, wenn dann wirklich alles abgedeckt ist. Wir versuchen recht viel, und ich denke, teilweise wirklich auch über die Grenzen hinaus viel zu machen für einen Jugendlichen. Bis mal eine Kündigung geschrieben wird, da vergeht unwahrscheinlich viel Zeit." (002/127).

Seitdem die Berufsvorbereitung gemäß Berufsbildungsgesetz zur beruflichen Bildung gehört, gelten die Bestimmungen des BBiG auch für diesen Bereich. Wie es zuvor, vor allem in der Berufsvorbereitung, mit Fehlverhalten und Fehlzeiten gehandhabt wurde, ist nicht eindeutig zu klären. Es lässt sich nur vermuten, dass hier die Bestimmungen der Agenturen und die Hausordnungen der Einrichtungen stärker zum Tragen gekommen sind. Es ist anzunehmen, dass es rein rechtlich gesehen deutlich einfacher war und möglicherweise auch noch ist, eine berufsvorbereitende Maßnahme abzubrechen als eine Berufsausbildungsmaßnahme. Vor allem dort werden „Fördern und Fordern" sowie die Sanktionierungsmöglichkeiten nach dem SGB II zum Tragen kommen.

Maßnahmeabbruch und mögliche Konsequenzen für Akteure und Träger

Aus der Sicht der Einrichtungen gibt es zusätzliche problematische Gesichtspunkte, die mit einem Maßnahmeabbruch zusammenhängen. Dies ist zum einen das wirtschaftliche Risiko für den Träger, das sich mit jedem zusätzlichen Maßnahmeabbruch erhöht. Zum anderen könnte eine Häufung von Maßnahmeabbrüchen die Unfähigkeit des Trägers bzw. seiner

Mitarbeiter beim Auftraggeber, also der Agentur für Arbeit implizieren. Zudem könnte die Wirksamkeit der jeweiligen Maßnahmeform in Frage gestellt werden, was auf lange Sicht die Durchführung gleicher oder ähnlicher Fördermaßnahmen in der Region gefährden würde. Sollte dieser Fall eintreten, steht die weitere Existenz des Trägers in Frage.[279]

Zum wirtschaftlichen Aspekt: Jeder Maßnahmeabbruch bedeutet, einen Teilnehmer weniger in der Maßnahme zu haben. Die Agentur für Arbeit ist berechtigt, bei Verringerung der Teilnehmerzahl ab einem bestimmten Prozentsatz, der vertraglich festgelegt wird, den Preis, den sie für die Maßnahme an den Träger zahlt, neu zu verhandeln. Aus diesem Grund haben die Einrichtungen auch ein wirtschaftliches Interesse daran, die Teilnehmer in der Maßnahme zu halten.[280] Für die Akteure in den Einrichtungen bedeutet somit die Vermeidung von Maßnahmeabbrüchen in gewissem Rahmen auch die Sicherung der eigenen Beschäftigung.

> „Na ja, man versucht natürlich, das zu vermeiden. Also, da sind auch ein paar sinnvolle Regularien in diesen ganzen Beantragungen mit drin. Also, dass beispielsweise, wenn man unter einen bestimmten Schlüssel rutscht, gibt es auch weniger Geld für den Träger, das heißt, dann ist die volle Finanzierung der Stelle nicht mehr gegeben. Das heißt, von daher ist schon ein Regularium da, dass man hier jetzt nicht einfach Leute entlässt, ..." (011/104)

In Bezug auf das Ansehen der Einrichtung stellt jeder zusätzliche Abbruch eines Jugendlichen einen Imageverlust dar, weil dadurch Zweifel an der Leistungsfähigkeit des Trägers aufkommen können.[281] Nicht zuletzt dadurch stehen Sozialpädagogen und Einrichtungen in dem Zwang, Teilnehmerabbrüche zu verhindern.

Abschließend sollt kritisch die Frage gestellt werden, ob Sanktionen in der geschilderten Art einen Maßnahmeabbruch nicht eher fördern als ihn zu verhindern. So hoffen Sozialpädagogen offenbar, dass durch Sanktionen und Interventionen das Verhalten des Jugendlichen in einer gewünschten Art verändert wird. Das bedeutet im Fall von Fehlzeiten oder Unpünktlichkeit, dass dies im weiteren Maßnahmeverlauf nicht mehr auftritt. Wenn dieser erwünschte Effekt nicht eintritt, kommen Sozialpädagogen mit ihren Strategien häufig an den Punkt, an dem es nicht mehr anders geht, als die Maßnahme für den Jugendlichen abzubrechen. Die Gründe dafür wurden bereits dargelegt, wie z. B. Verlust der Glaubwürdigkeit gegenüber anderen Teilnehmern.[282] Trotz aller Erfahrungen mit den benannten Sanktionsstrategien, die zeigen, dass die Sozialpädagogen in einigen Fällen damit nicht erfolgreich sind, scheint die Initiierung neuer oder die Weiterentwicklung bestehender Strategien in weiter Ferne zu liegen. Die Erhöhung des Drucks auf den Jugendlichen, z. B. mit Ansätzen von „Fördern und Fordern", können wohl kaum eine Lösung sein, da sich in der Praxis ja bereits zeigt, dass man damit nur bedingt erfolgreich ist. Dabei muss auch berücksichtigt werden, dass die Agentur für Arbeit möglicherweise nicht bereit ist, andere Ansätze mit zu tragen. Somit scheinen eben die althergebrachten Strategien zumindest aus ökonomischer Sicht für die Agentur richtig und ihre Handhabung im gewissen Rahmen auch verständlich zu sein. Allerdings könnte eine aktive Vermeidung von Maß-

---

279 Vgl. hierzu Vock2000a.
280 Wirtschaftliche Einbußen der Träger durch Maßnahmeabbrüche: 011/104; 054/212; 062/226; 083/7
281 Vgl. Vock 2000a, S. 7.
282 Siehe S. 48.

nahmeabbrüchen auch dazu beitragen, in einigen Fällen Maßnahmekarrieren zu vermeiden, die dadurch entstehen, dass Jugendliche Maßnahmen abbrechen und in andere übergehen.

Auf jeden Fall erscheint es wenig sinnvoll, sich durch die über den Jugendlichen verhängten Sanktionen gleichsam unter Handlungszwang zu setzen, um gegenüber anderen Teilnehmern nicht an Glaubwürdigkeit zu verlieren. Ratsamer wäre es, intensiver mit den Ursachen des Fehlverhaltens, das zum Abbruch führt, zu arbeiten. Hier sind die Handlungsmöglichkeiten sicher nicht ausgeschöpft, zumal sie den Sozialpädagogen ohne Zweifel bekannt sind, z. B. aus der Förderplanarbeit.

5.5 Förderplanarbeit

Der Förderplan stellt ein wesentliches Instrument für die Planung, Durchführung, Reflexion und Evaluation sozialpädagogischer Aktivitäten und Zielstellungen dar. Förderplanarbeit soll:
– die Qualität der Maßnahme sichern, indem sie individuelle Maßnahmeerfolge dokumentiert und nachvollziehbar macht.
– die sozialpädagogische Arbeit strukturieren, z. B. indem mittels Förderplanung Ziele und Zuständigkeiten bestimmt werden. Insofern bildet der Förderplan eine professionelle Grundlage für das Handeln des Förderpersonals.
– Kooperation zwischen den beteiligten Akteuren zulassen, z. B. indem sie einen gezielten Informationsaustausch ermöglicht.[283]

In einem Förderplan sollen Kompetenzprofil, Problemhintergrund sowie Stärken und Schwächen[284], die ein Jugendlicher mitbringt, dokumentiert werden. Mit Hilfe dieser Dokumentation können Entwicklungen und Erfolge des Jugendlichen abgebildet und reflektiert werden.[285] Nicht zuletzt aus diesem Grund stellt die Arbeit mit individueller Förderplanung auch ein zentrales Merkmal der Benachteiligtenförderung in den allgemeinen Durchführungsanweisungen und Leistungsbeschreibungen der Agentur für Arbeit dar. Sie ist zwingend durch die Einrichtungen der beruflichen Integrationsförderung vorzuhalten.[286]

5.5.1 Bedeutung und Relevanz des Förderplanes

Bedeutung aus Sicht der Sozialpädagogen

Insgesamt lassen sich verschiedene Funktionen erkennen, die der Förderplan für die Sozialpädagogen erfüllt:

---

283 Vgl. Projektgruppe Förderplan 2000, S. 7.
284 Dieses Anliegen des Förderplanes, die Dokumentation von Stärken und Schwächen, ist auch in den Interviews zu finden, z. B.: 005/34; 012/63; 014/158; 015/95; 017/108; 022/96; 024/71; 029/104; 033/40; 100/19.
285 Vgl. BMBF 2005, S. 147.
286 Vgl. Projektgruppe Förderplan 2000, S. 4; vgl. auch z.B. Entscheidungsleitfaden zur Vergabe berufsvorbereitender Bildungsmaßnahmen; Entscheidungsleitfaden zur Vergabe von Maßnahmen in der Benachteiligtenförderung (§§ 235, 240 bis 246). Vgl. grundlegend dazu Dienstblatt/Runderlass 50/99, Bundesanstalt für Arbeit.

- als Dokumentationsinstrument, welches auch nach außen, z. B. gegenüber dem Auftraggeber, Transparenz bezüglich sozialpädagogischer Aktivitäten erzeugt. Aufgrund dessen wird die Förderplanarbeit von den Sozialpädagogen z. T. auch als Bestandteil des Qualitätsmanagements wahrgenommen.[287]
- als Dokumentationsinstrument, in dem Stärken, Schwächen, Selbsteinschätzung, familiäre Verhältnisse, finanzielle Verhältnisse, Interessen und erbrachte Leistungen der Jugendlichen[288] erfasst werden. Dies dient auch dazu, einen ersten Zugang zu den Jugendlichen zu finden. Aus diesem Grund dient der Förderplan auch
- als wichtiges Dokumentationsinstrument für Eingangsgespräche, Eingangsanalysen oder Beratungsgespräche.[289]
- als Dokumentation über Bestimmung und die Verwirklichung kurz-, mittel- oder langfristige Zielvereinbarungen zwischen Sozialpädagogen und Jugendlichen. Sozialpädagogen bezeichnen diese auch als Nah- oder Fernziele. Einige Sozialpädagogen stehen dem jedoch skeptisch gegenüber. Den Sozialpädagogen erscheint es dabei wichtig, kleine Ziele, Nahziele zu stecken, z. B. um Erfolge des Jugendlichen schneller würdigen zu können, was wiederum bestärkend auf den Jugendlichen einwirken soll.[290] Dies beinhaltet Ziele wie Pünktlichkeit, Durchhaltevermögen oder eine regelmäßige Maßnahmeteilnahme.[291]
- als Informationsgrundlage und Ansatzpunkt für Beratungsgespräche oder andere weiterführende sozialpädagogische Aktivitäten.[292]
- als Instrument zur Visualisierung von Veränderungen, Erfolgen und Entwicklungsverläufen der Jugendlichen.[293]
- als Informationsgrundlage für zu treffende Entscheidungen oder die Planung von Interventionen und Sanktionen, z. B. bei sich anbahnenden Maßnahmeabbrüchen.
- als Grundlage für gemeinsame Beratungen im Ausbildungsteam.[294]
- als ein Instrument zur Erzeugung von Verbindlichkeit, z. B. bezüglich der Zielabsprachen mit den Jugendlichen.[295]

---

[287] Förderplan als Dokumentationsinstrument: 001/71–76; 002/88; 006/127; 008/61, 93; 009/88; 010/20; 011/76; 012/65; 014/161; 015/97; 020/156; 022/36, 98; 025/40–43; 026/124; 030/111; 031/99; 032/104; 035/64; 045/107; 054/63; 068/76; 080/124. Förderplan ist Gegenstand des QM: 078/101; 081/143; 083/112–114.

[288] Erfassen von Stärken, Schwächen familiärer Situation, Probleme usw.: 010/20; 014/157; 015/95; 039/92; 054/59; 055/71; 059/11; 063/107; 072/125; 077/89; 083/44; 096/57; 098/162

[289] Förderplan als Dokumentationsinstrument für Testergebnisse und Gespräche: 060/211; 077/89

[290] Im Förderplan werden Ziele mit dem Jugendlichen vereinbart: 002/88; 008/61; 009/88; 015/95; 022/360; 24/71; 026/120; 038/35; 040/106; 051/101; 052/119; 054/59; 059/11; 069/84; 074/64; 080/124; 084/77; 090/108; 096/55; 107/65; 108/67. Die formulierten Ziele müssen nicht zwangsläufig mit der Ausbildung zu tun haben: 033/77. Es ist wichtig, kleine Ziele zu stecken: 069/84. Andere meinen, dass es eine Wunschvorstellung sei, mit dem Förderplan Ziele vereinbaren zu können, die dann umsetzbar seien. Nicht alle Ziele sind erreichbar: 017/108, ähnlich skeptisch: 035/96; 051/101

[291] Im Förderplan vereinbarte Ziele: 008/93; 015/95; 037/182; 051/111; 108/68

[292] Als Grundlage für Beratungsgespräche: 051/113; 052/117; 060/215; 086/189; 103/65

[293] Förderplan, um Entwicklungen und Veränderungen sichtbar zu machen: 005/31; 006/127; 008/93; 014/160; 015/97; 022/100; 024/73; 026/124; 033/42; 038/35

[294] Grundlage für Beratung im Ausbilderteam: 014/161

Insgesamt wird deutlich, dass die Sozialpädagogen eine zwiespältige Position zum Förderplan einnehmen. Einerseits stehen die Sozialpädagogen diesem Instrument sehr aufgeschlossen gegenüber und schätzen ihn als wichtiges Diagnose- und Förderinstrument ein. Andererseits wird er jedoch auch als eine zusätzliche Belastung wahrgenommen, mit der eine Menge Schreibarbeit verbunden ist. Dennoch übernimmt der Förderplan für die Vertreter beider Positionen ähnliche Funktionen, die allerdings unterschiedlich akzentuiert sind. Als Beispiel: Es wurde gezeigt, dass der Förderplan in erster Linie als ein Dokumentationsinstrument betrachtet wird. Die Sozialpädagogen, die den Förderplan als wichtig erachten, akzentuieren ihn in dieser Funktion als ein Instrument, in dem Entwicklungsziele mit dem Jugendlichen vereinbart und ihre Umsetzungen deutlich werden. Die andere Gruppe der Sozialpädagogen sieht darin eher eine Nachweiserbringung für die Agentur für Arbeit.[296] Letztere beschreiben den Förderplan als eine zusätzliche Verwaltungsaufgabe. Von daher sehen sie ihn eher als zusätzlichen oder sogar unnötigen Schreibaufwand, der gemacht werden muss, weil er gefordert ist. Sie sind der Meinung, dass eine Arbeit ohne Förderplan ebenso gut möglich wäre. Dies würde die sozialpädagogische Arbeit sogar deutlich vereinfachen. Ein Förderplan ist ja doch nur „der schriftliche Nachweis für alle Beteiligten, dass irgendetwas unternommen wurde" (011/76). Damit stelle er lediglich eine Art „Protokoll" dar.[297] Aufgrund dessen erscheint er in seiner Wirksamkeit und seinem Sinn eher begrenzt zu sein.[298]

> „Ja, der ist eigentlich bloß für die Mappe. Also, ich schreib es, aber ich finde es unsinnig. Also, muss ich ganz ehrlich sagen, den Förderplan, den finde ich unsinnig. Ich kann aufschreiben, wo ich sage, diese und jene Auffälligkeiten, in einem Protokoll, oder einfach so Verbesserungen, was sich mittlerweile getan hat. Aber jetzt diese Förderpläne, wenn ich rein schreibe ‚ja, der ist zappelig' oder irgendwas, dann ist mir klar, dass mein Ziel ist, dass der nicht mehr zappelig ist, und das muss ich nicht alles fein aufschreiben oder mit den Teilnehmer irgendwelche schriftlichen Vereinbarungen treffen. Weil, wenn ich das dem sage, und der kapiert es nicht, dann hilft ihm ein Zettel auch nicht. Also entweder es macht Klick im Hirn, und da brauch ich nicht mit tausend Zetteln arbeiten. Also weil es wirklich ein Schmarrn ist, sag ich ganz ehrlich, weil ich denke mir, jetzt in Schulen, da sind die Leute neun Jahre oder noch länger je nach Schulart. Ja, da hat aber kein Lehrer einen Förderplan, und der soll aber die neun Jahre lang erziehen. Da müssten die alle vor die Hunde gehen, die Schüler, weil keiner einen Förderplan hat. Also ich finde es unsinnig. Ich finde es wirklich total unsinnig." (020/156)

Die Förderplanarbeit ist als ein Maßnahmebestandteil bzw. Qualitätsmerkmal in den Runderlassen der Agentur für Arbeit zu finden. Von daher wird es von außen als Pflicht den Sozialpädagogen auferlegt. Vermutlich ist darin die Ursache dafür zu sehen, dass die Sozialpädagogen den Förderplan für ein Kontrollinstrument der Auftraggeber halten, welches sie in ihrer Handlungsfreiheit einschränkt. Aus ihrem Blickwinkel heraus erzeugt es mehr Aufwand als Nutzen. Ein Sozialpädagoge formuliert, dass im Förderplan nicht deutlich wird, was konkret in der Praxis gemacht wird. Von daher besitzt er sogar als Kontroll-

---

295 Verbindlichkeit erzeugen, Ernstcharakter symbolisieren: 006/127; 014/161; 015/97; 026/124; 032/103; 033/79; 068/76
296 Förderplan als Verwaltungsaufgabe, Nachweis- und Kontrollinstrument: 009/88; 010/150; 011/76; 017/108; 020/156; 030/109; 031/99; 037/182; 068/70
297 Förderplan als Protokoll: 011/76–78; 020/156
298 vgl. hierzu z. B. 017/107–108

instrument eng gezogene Grenzen (038/182). Sozialpädagogische Arbeit wird dadurch für Außenstehende transparenter, nachvollziehbarer und prüfbar. In diesem Sinne wird der Förderplan nicht als Instrument zur Qualitätssicherung, sondern als Kontrollinstrument angesehen.

Bedeutung der Förderplanung aus Sicht der Einrichtungsleiter

Anders, und zwar deutlich einheitlicher, stellt sich dieses Bild bei den Einrichtungsleitungen dar. So heben diese übereinstimmend die große Bedeutung des Förderplanes für die sozialpädagogische Arbeit hervor. Ein Einrichtungsleiter bezeichnete sie sogar als Herzstück sozialpädagogischer Arbeit (048/116). Vermutlich lässt sich diese grundsätzlich positive Einstellung in einem engen Zusammenhang mit der Verantwortung der Führungspersonen sehen, ihre Einrichtung nach außen zu repräsentieren. Die Leiter tragen auch die Verantwortung dafür, dass die von außen, durch den Auftraggeber geforderten Qualitätskriterien erfüllt werden. Aus der „Innenperspektive" heraus bedeutet die Erfüllung von Qualitätsanforderungen gleichzeitig die Sicherung von Arbeitsplätzen. In einigen Einrichtungen wird von den Leitern die Ansicht vertreten, dass Förderplanarbeit ausschließlich im Interesse der Jugendlichen gemacht wird und es nicht darum geht, vordergründig externe Anforderungen zu erfüllen.[299]

Die Einrichtungsleiter verstehen die Förderplanarbeit ähnlich wie die Sozialpädagogen als eine von außen angetragene, aber notwendige (014/43) Pflicht. Allerdings verstehen die Leitungen deutlicher als die Sozialpädagogen die Förderplanarbeit in diesem Kontext als eine Form der Qualitätssicherung. Darin kommt auch der Gedanke der Kontrolle zum Tragen. Ein Einrichtungsleiter formuliert sogar, dass Sozialpädagogik dadurch messbar wird.[300] Ein anderer unterstellt, dass sozialpädagogische Arbeit dadurch planbarer bzw. planvoller wird.[301] Im Vergleich zu den Sozialpädagogen wird bei den Leitungen eine ähnlich starke Differenzierung der verschiedenen Funktionen des Förderplanes deutlich:

– Er dient der Dokumentation sämtlicher Aktivitäten der Sozialpädagogen sowie der Entwicklung der Jugendlichen. Dementsprechend soll der Förderplan Ansatzpunkte für die weitere Förderung bereitstellen und der Nachvollziehbarkeit sozialpädagogischer Arbeit dienen. Diese Nachvollziehbarkeit ist vor allem dann relevant, wenn es z. B. um die Rechtfertigung von Maßnahmeabbrüchen geht.[302]

– Der Förderplan dient der Erhebung eines Ist-Standes zu Beginn der Förderung und visualisiert somit im Förderprozess die Entwicklungen der Jugendlichen im Verlauf der Maßnahme.[303]

– Förderplanarbeit stellt einen Kontaktanlass zwischen Sozialpädagogen und Jugendlichen dar.[304]

---

299 vgl. 076/74–80
300 Förderplanung dient als Kontrollinstrument: 048/118; 095/271. Sie ermöglicht die Messbarkeit sozialpädagogischer Arbeit: 048/111–114.
301 Förderplanarbeit macht Sozialpädagogik planbar: 076/98
302 Förderplan als Dokumentation aller sozialpädagogischer Aktivitäten: 003/95; 028/111; 073/112; 082/59
303 Erhebung Ist-Stand zu Beginn der Maßnahme: 044/81; 076/74

- Im Förderplan werden Ziele und Übereinkünfte zwischen Förderpersonal und Jugendlichen fest- und fortgeschrieben.[305]
- Aufgrund der Dokumentations- und Belegfunktion, die der Förderplan sowohl bei den Sozialpädagogen als auch bei den Einrichtungsleitern hat, erzeugt er eine gewisse Verbindlichkeit der Übereinkünfte und Verabredung zwischen dem Förderpersonal und den Jugendlichen.[306]

Zusammenfassend formuliert: Von den Einrichtungsleitern wird davon ausgegangen, dass der Förderplan durch die benannten Funktionen planvolles sozialpädagogisches Handeln ermöglicht. Die Dokumentation eines Ist-Standes sowie der bisherigen Aktivitäten und Zielvereinbarungen stellt die Ausgangslage sozialpädagogischen Handelns in den Maßnahmen dar und gibt gleichsam die Richtung des pädagogischen Handelns vor. Zusätzlich wird dadurch eine Erfolgskontrolle ermöglicht. Durch die Zielvereinbarung wird zwischen Sozialpädagogen und Jugendlichen Verbindlichkeit erzeugt.

Bedeutung der Förderplanung für die Berufsberater

Eine ähnlich konkrete Sicht auf die Förderplanarbeit haben die Mitarbeiter in den befragten regionalen Agenturen für Arbeit. Die Ursache dafür kann in der Tatsache liegen, dass die Förderplanarbeit als Qualitätskriterium eingefordert wird. Dies hängt auch damit zusammen, dass die Berufsberater als eher außenstehende Akteursgruppe für ihre weitere Beratungs- und Vermittlungsarbeit am Jugendlichen auf die Informationen der Einrichtungen angewiesen sind.[307] Ein Berufsberater formuliert, dass der Förderplan die Möglichkeit bietet, die Förderung in den Maßnahmen für weitere Angebote anschlussfähig zu machen, d. h. anschließende Fördermaßnahmen können auf bestehende Informationen, die im Förderplan festgehalten sind, zurückgreifen. Damit wird die Notwendigkeit der Verschriftlichung des Förderplanes begründet (093/95). Die Argumente der Sozialpädagogen, sie hätten den Förderplan im Kopf, und die Verschriftlichung wäre zusätzliche Schreib- und Verwaltungsarbeit, werden damit entkräftet.[308] Das Gegenteil ist der Fall. Ein Berufsberater schildert, dass der Förderplan nicht als zusätzliche Schreibarbeit zu sehen ist. Er ist nicht dafür gedacht, der Bürokratisierung Vorschub zu leisten (110/246 und 242). Vielmehr soll die Zeit mit dem Jugendlichen verbracht werden (010/246). Womöglich sehen die Berufsberater die Kontaktanlässe, die sich im Rahmen der Förderplanarbeit zwischen Jugendlichen und Sozialpädagogen bieten, als entscheidendes Erfolgskriterium an. In diesem Sinne ist die Arbeit mit dem Förderplan aus der Sicht der Agenturmitarbeiter nicht nur Diagnose, Fördermethode oder auferlegte Pflicht. Sie sehen in diesem Instrument

---

304 Förderplanarbeit als Kontaktanlass: 021/91. Ähnlich wurde dies von den Sozialpädagogen formuliert, die die Förderplanarbeit als ersten Kontaktanlass zu den Jugendlichen nutzten, um seine Stärken, Schwächen Probleme usw. kennen zu lernen.

305 Bestimmung, Prüfung und Fortschreibung von Zielen: 008/91; 013/62; 016/89; 021/116; 028/111; 076/80; 082/64

306 Erzeugen von Verbindlichkeit zwischen Sozialpädagoge und Jugendlichen: 082/66. Dieser Aspekt kam bei den Sozialpädagogen deutlich stärker zum Ausdruck als bei den Einrichtungsleitern.

307 Förderplan als Beratungsgrundlage der Berufsberater: 018/90–6; 027/96–97; 086/189; 103/65

308 Förderplanarbeit als Verwaltungsarbeit und zusätzliche Schreibarbeit, aus Sicht der Sozialpädagogen: 009/88; 010/150; 011/76; 017/108; 020/156; 030/109; 031/99; 037/182; 068/70

vielmehr auch die Chance, Förderaktivitäten und Handlungen der Sozialpädagogen zu systematisieren und zu reflektieren. Insofern wird der Förderplan als durchaus notwendiges und sinnvolles Instrument betrachtet (018/91, auch bei den Sozialpädagogen zu finden, z. B. 025/104). Speziell in der Berufsvorbereitung geht es auch darum, den Förderplan als wichtige Grundlage für die Durchführung und Auswertung von Eingangsanalysen zu sehen.[309] Dennoch kann das Argument, der Förderplan wäre ein Kontrollinstrument, nicht entkräftet werden. Von einem Berufsberater wird es sogar bestätigt (043/79).

Bezüglich der Kontinuität der Förderplanarbeit und der damit gewährleisteten Anschlussfähigkeit weiterer Fördermaßnahmen schilderte ein Sozialpädagoge bereits, dass er im Normalfall bei Null anfängt. Aus diesem Grund bezweifelte er die Wirksamkeit des Instruments.[310] Dennoch stellen Förderpläne eine zentrale Informationsquelle und zudem eine Grundlage für die Zusammenarbeit zwischen Berufsberater und Sozialpädagogen in den Einrichtungen dar (027/97). Dies dient auch dem Zweck, dass alle Beteiligten über den aktuellen Stand der Förderarbeit informiert sind, selbst die Jugendlichen (018/96; 094/156). Ähnlich wie schon bei den Sozialpädagogen und Einrichtungsleitern wird auch von den Berufsberatern der Vertragscharakter, den der Förderplan besitzt, angesprochen. Demnach sehen wohl auch die Berufsberater, dass der Förderplan zwischen Sozialpädagogen und Jugendlichen Verbindlichkeit erzeugen kann (066/99).

Hinsichtlich der Intensität, mit der die Berufsberater in die Förderplanarbeit eingebunden sind und in der die Berufsberater auf die Informationen der Förderpläne zurückgreifen, werden erhebliche Unterschiede deutlich. Einige Berufsberater arbeiten offenbar sehr intensiv mit diesem Instrument. Für sie spielt die Aktualität der Informationen des Förderplanes eine große Rolle. Von daher nehmen sie regelmäßig Einsicht in die Förderpläne (109/398). Bei anderen Berufsberatern erfolgt dies wohl weniger intensiv. Ein Berufsberater schildert, dass er die Förderpläne einmal zu Beginn der Maßnahme zugeschickt bekommt (066/101). Ein anderer konnte keine Auskunft über die Förderplanarbeit geben (065/111). Dies zeigt auch, wie flexibel die angebotenen Hilfestellungen der Berufsberatung, die auf den Informationen der Förderpläne beruhen, hinsichtlich Berufsorientierung und Berufswahl sind. So beschreiben einige Sozialpädagogen den Förderplan als ein starres Instrument, was sich im Laufe der Förderung kaum verändert (079/175). Hier erfolgt zu Beginn der Maßnahme eine Bestimmung von Förderbedarfen, die ggf. zusätzlich in den Eingliederungsvereinbarungen zwischen Berufsberater und Jugendlichen festgehalten werden. Eine Anpassung und Korrektur der Vereinbarungen erfolgt in dem Falle eher selten. Im Wesentlichen stellt der Förderplan hier lediglich eine Bestandserhebung und Orientierungshilfe zu Beginn der Maßnahme dar. Für die Berufsberatung ist der Förderplan in dieser Perspektive lediglich zu Beginn einer Maßnahme von Bedeutung (036/92). Hier verliert der Förderplan im weiteren Maßnahmeverlauf zunehmend an Be-

---

309 Förderplan als Instrument zur Dokumentation von Eingangsanalysen: 018/93; 027/97; 036/92; 079/175

310 Der Sozialpädagoge kritisierte, dass Förderplanarbeit nicht schon in der Schule stattfindet. Dadurch würde eine Kontinuität in der Förderung erreicht, die so im Moment nicht gegeben ist. Sozialpädagogen in den Maßnahmen, müssen sich die notwendigen Informationen erst erarbeiten, wodurch die Wirksamkeit des Förderplanes begrenzt bleibt: 017/108.

deutung, da er explizit als Instrument der Sozialpädagogen bzw. Einrichtungen gesehen wird (079/175).

Ein anderer Berufsberater hingegen beschreibt den Förderplan als ein flexibles Instrument (066/99). Erstaunlicherweise hat das gerade jener Berufsberater formuliert, der den Förderplan lediglich zu Beginn der Maßnahme einmal zugeschickt bekommt. Er legt die weitere Arbeit damit in die Regie der Sozialpädagogen.

5.5.2 Einsatz des Förderplanes und Verfahrensweise

Offenbar basieren die meisten Förderpläne auf der Erarbeitung und dem Engagement der Sozialpädagogen oder anderer Mitarbeiter in den Einrichtungen. Trotz der Vielfalt wird eine einheitliche Struktur im Aufbau und auch in der Anwendung der Förderpläne deutlich. Grundsätzlich wird der Förderplan in den oben dargestellt Funktionen verwendet. Damit der Förderplan diesen Funktionen entsprechen kann, gibt es Sozialpädagogen, die permanent alle Aktivitäten im Förderplan festhalten, ihn also schwerpunktmäßig als Dokumentations- und Beleginstrument sozialpädagogischer Aktivitäten nutzen. So wird der Förderplan zu jedem Gespräch mit dem Jugendlichen hinzugezogen. Bezüglich der Zeitpunkte und Ereignisse, zu denen der Förderplan hinzugezogen wird, werden insgesamt drei Grundlinien erkennbar:

– Es gibt Einrichtungen, die offenbar, abgesehen von einem fixen Termin zu Maßnahmebeginn, keine weiteren festen Termine für die Fortschreibung des Förderplanes vorsehen. Diese sind vielmehr von besonderen Anforderungs- und Problemlagen der Jugendlichen abhängig und werden offenbar individuell festgelegt oder mit jeder sozialpädagogischen Intervention oder Sanktion fortgeschrieben (071/56).
– Andere setzen den Förderplan in einem regelmäßigen Rhythmus, zunächst unabhängig von einer bestimmten Bedarfslage, also eher präventiv oder proaktiv ein, z. B. im Abstand von vier Wochen, drei Monate nach Maßnahmebeginn, zwei Wochen vor Maßnahmeende usw. Hier kommt der Förderplan ebenso in bestimmten, spontanen Anforderungslagen und Krisensituationen zum Einsatz.[311]
– In verschiedenen Einrichtungen wird der Förderplan an bestimmten markanten Punkten im Maßnahmeverlauf eingesetzt, z. B. Ende des Lehrjahres, am Ende der Probezeit, vor Prüfungen usw.[312]

Eine maßnahmebezogene Differenzierung der Einsatzformen wird nicht deutlich. Aufgrund der Tatsache, dass die Berufsvorbereitung bisher keinem rigiden Phasenmodell unterlag, lässt sich vermuten, dass die ersten beiden Formen speziell dort zur Anwendung gekommen sind, da die markanten Orientierungspunkte fehlten. Wie dies im „Neuen Fachkonzept" und dem Einsatz des dort verankerten „Qualifizierungsplanes" aussieht, wird sich zeigen.

---

311 Fortschreibung des Förderplanes zu bestimmten Zeitpunkten: 014/161; 015/95; 022/96; 038/35; 072/125; 084/77

312 Fortschreibung des Förderplanes zu markanten Punkten im Maßnahmeverlauf: 015/95; 033/40; 086/183. Manche Sozialpädagogen formulieren, dass die Erstellung eines Förderplanes erst nach der Probezeit oder nach dem ersten Lehrjahr möglich ist. Man muss die Jugendlichen erst mal kennen lernen: 015/95; 055/71.

In den Modellregionen der „Neuen Förderstruktur" zeichnete sich ab, dass sich hier der Einsatz des Förderplanes an den Phasen der Maßnahme orientiert. So findet beispielsweise am Ende der Orientierungs- bzw. Einstiegsphase ein Förderplangespräch statt, welches sich allerdings zunächst nur auf den weiteren Qualifizierungsweg des Jugendlichen zu konzentrieren scheint. Speziell hier kommen zusätzliche bzw. ergänzende Instrumente zum Einsatz. In einer Region existiert neben dem Förderplan ein „pädagogisches Tagebuch", in dem alle Aktivitäten des Sozialpädagogen bezogen auf den Jugendlichen dokumentiert werden. Aufgrund der Führung dieses Tagebuches halten einige Sozialpädagogen in dieser Region den Förderplan für überflüssig.[313] In der anderen Region basiert die Erstellung des Förderplanes zusätzlich auf Beobachtungen in Erprobungs- und Orientierungseinheiten.

Ausgehend davon, dass die Entwicklungsinitiative „Neue Förderstruktur" ein unmittelbares Vorläufermodell des „Neuen Fachkonzeptes" ist lässt sich aufgrund der Beobachtungen in den Modellregionen vermuten, dass der Aufwand für die Erstellung und Bearbeitung des Förderplanes künftig erheblich zunehmen wird. In Anbetracht der Tatsache, dass hier ein zusätzlicher Akteur in die Förderung einbezogen wird, nämlich der Bildungsbegleiter, der als Koordinator auf dieses oder andere Instrumente angewiesen sein wird, ist davon auszugehen, dass die Relevanz derartiger diagnostischer Förderinstrumentarien künftig noch zunimmt.

Ebenso scheint es Sozialpädagogen zu geben, die hierbei eher offen mit dem Instrument des Förderplanes arbeiten und dabei auch keine spezifische Verfahrensweise, Form oder Organisation haben. Im Gegensatz dazu gibt es Sozialpädagogen, die genauer mit diesem Instrument verfahren und darauf achten, dass die Informationen über den Jugendlichen fortlaufend in den Förderplan einfließen – täglich, wöchentlich, monatlich. Hier wird der Eindruck gewonnen, dass diese akribische Fortschreibung des Förderplans auf dem Anspruch beruht, den Anforderungen der Auftraggeber oder Einrichtungsleitung gerecht zu werden. Diese Fortschreibung stellt sich aus diesem Grund für Sozialpädagogen teilweise auch als Pflicht dar. Daraus resultiert anscheinend die Sicht auf den Förderplan, dass es sich hierbei um ein Verwaltungsinstrument handelt, welches einer genaueren Prüfung bzw. unterliegt und standhalten muss:

> „Ja, dann müssen diese individuellen Förderpläne kontrolliert werden, ob wirklich jede Woche ein Eintrag, ob nicht irgendwo was vergessen worden ist. Es ist oben eine Problembeschreibung dabei, die man ausfüllen sollte und wir in BüE-Reha, wir müssen zum Beispiel diesen individuellen Förderplan auch zweimal im Jahr aktuell schreiben. Also mit Problem, Förderschwerpunkte etc. Ja und das … halt dann noch durchzulesen, noch mal zu kontrollieren. Das ist also hauptsächlich die Verwaltung. Ja, genau das ist die Verwaltung." (025/43)

Grundsätzlich scheinen alle an der Förderung beteiligten Akteure in den Einrichtungen in die Erstellung, Bearbeitung und Fortschreibung der Förderpläne eingebunden zu werden. Dies erfolgt beispielsweise im Rahmen von Teambesprechungen o. ä. In der Wirksamkeit der Förderpläne nach außen zeigen sich doch gewisse Grenzen, z. B. gegenüber der Agentur für Arbeit. So werden von den Sozialpädagogen gewisse Informationen vertraulich behandelt. Diesbezüglich gehen die Pädagogen davon aus, dass in den Plänen auch

---

313 Einsatz sozialpädagogisches Tagebuch: 001/74; 002/88; 003/91; 009/90

Informationen festgehalten werden, die den Jugendlichen unangenehm sind[314] und die aus diesem Grund möglichst nicht in die Kenntnis Anderer gelangen sollten.

Häufig wird sehr viel Wert darauf gelegt, dass die Jugendlichen aktiv in die Erarbeitung und Fortschreibung von Förderplänen eingebunden werden, z. B. bei der Festschreibung von Förderzielen.[315] Von daher werden sie für die Zielerreichung mit in die Verantwortung genommen. Bei nicht erreichen vereinbarten Zielstellungen kann die Übernahme von Verantwortung durchaus so gewendet werden, dass die Ursache für das Versagen beim Jugendlichen verortet wird. Dies scheint ein Beispiel dafür zu sein, wie die Partizipation aller Beteiligten[316], als grundsätzliche Voraussetzung für die Förderplanarbeit, negativ gewendet werden kann. So wird bei Nichterreichen eines vereinbarten Zieles die Verantwortung an den Jugendlichen abgegeben, der dafür aufgrund seines eigenen Handelns verantwortlich ist. Häufig lässt sich dies vermutlich darauf zurückführen, dass die Jugendlichen mit der Verwirklichung festgestellter Zielstellungen allein gelassen werden. In einer deutlich positiveren Wendung argumentieren Sozialpädagogen in diesen Fällen, dass – selbst wenn ein gestecktes Ziel nicht vollständig erreicht wurde –, hier doch kleine Erfolge gesucht werden müssen, um den Jugendlichen dazu zu motivieren, weiter an sich zu arbeiten.

---

314 vgl. hierzu z. B. 086/179–185

315 Einbindung von Jugendlichen in die Förderplanarbeit: 002/88; 008/61; 009/88; 015/95; 022/360; 24/71; 026/120; 038/35; 040/106; 051/101; 052/119; 054/59; 059/11; 069/84; 074/64; 080/124; 084/77; 090/108; 096/55; 107/65; 108/67

316 Hierzu sind auch die Jugendlichen zu zählen.

6. Zusammenarbeit der sozialpädagogischen Fachkräfte mit Ausbildern, Stützlehrern und anderen Sozialpädagogen – Integrationsgrad der Sozialpädagogik in die Maßnahmen der Benachteiligtenförderung

In diesem Berichtsteil soll der Frage nachgegangen werden, inwieweit sozialpädagogische Handlungsansätze die Maßnahmen der Benachteiligtenförderung durchdringen und als Orientierungspunkte für alle an der Förderung beteiligten Berufsgruppen von Bedeutung sind. Eine sozialpädagogische Maßnahmeorientierung bedeutet:
– eine positive und akzeptierende Sicht auf die Jugendlichen
– Berücksichtigung der individuellen Voraussetzungen, Problemlagen und Kompetenzen
– die Auswahl lernfördernder Ausbildungsmethoden
– die Bewältigung kleiner, für den Jugendlichen überschaubarer und seinem Entwicklungsstand angemessener Zielstellungen
– die maßvolle und sinnvolle Anwendung von Sanktionierungsmaßnahmen und
– die integrative Rolle der Sozialpädagogen und ihrer Denk- und Handlungsansätze.[317]

Insgesamt bedeutet „sozialpädagogische Orientierung", dass sozialpädagogische Ansätze auf das berufliche Selbstbild aller beteiligten Akteure Einfluss nehmen soll. Es zeigt sich, dass den Ausbildern und Stützlehrern häufig unklar ist, wie dieses sozialpädagogisch orientierte Selbstbild aussehen kann. So haben die sozialpädagogischen Fachkräfte häufig den Eindruck, dass die Vorstellungen, die Ausbilder und Stützlehrer von ihnen und ihrer Arbeit haben, eher verschwommen und diffus sind.[318]

Die Frage ist, ob der Einfluss sozialpädagogischer Handlungsprinzipien die Maßnahmen durchdringt und ihre Akteure so weitreichend beeinflusst, wie es vorgesehen und gefordert ist. Ebenso fraglich ist, inwieweit Sozialpädagogen bei ihren Aufgaben von den anderen Akteuren unterstützt werden.

Ähnlich wie bei den Kontakten zu den externen Kooperationspartnern in den Arbeitsagenturen und den Berufsschulen betonen die Sozialpädagogen, dass auch bei der internen Kooperation vieles auf der „menschlichen Komponente" basiert (006/95; 015/105). Große Bedeutung wird hier auch der gegenseitigen Wertschätzung der Arbeit beigemessen. Ebenso zeigt sich, dass bei der Zusammenarbeit mit den Ausbildern, Stützlehrern und anderen Sozialpädagogen eine thematische Arbeits- und Aufgabenteilung erfolgt. Diese entspricht

---

317 Insbesondere in diesem Punkt besteht das Problem, dass diese Ansätze und Denkweisen häufig nicht objektiv greifbar sind. Dies ist darauf zurückzuführen bzw. kommt darin zum Ausdruck, dass sozialpädagogische Arbeit häufig stark mit Empathie, Einfühlungsvermögen, Verständnis usw. in Zusammenhang gebracht wird. So stellt sich in den Interviews auch das Bild dar, dass Sozialpädagogen ein deutlich größeres Verständnis für die individuellen Lebensweltbezüge der Jugendlichen aufbringen als andere Akteure, was die Sozialpädagogen von diesen abgrenzt.

318 Diese Einschätzung beruht auf den Beschreibungen der interviewten Sozialpädagogen. Diese formulieren, basierend auf ihrer Wahrnehmung und Erfahrung, dass ihre Arbeit beispielsweise durch die an der Förderung beteiligten Ausbilder schwer einschätzbar ist (vgl. z.B. 006/103). Dies kann u. a. darauf zurückgeführt werden, dass „sozialpädagogische Erfolge", Ergebnisse oder sozialpädagogische Arbeit nur bedingt objektiv eingeschätzt und dargestellt werden können. Speziell dieses Problem der Diffusität sozialer Arbeit lässt sich auch in der gesamten sozialpädagogischen Fachliteratur wieder finden.

den professionellen Fähigkeiten und den festgelegten Zuständigkeiten. Für die Ausbilder oder Praxisanleiter in den Einrichtungen bedeutet das, dass sie aufgrund ihrer größeren Nähe zu den betrieblichen und fachlichen Anforderungen einer Ausbildung besonders für die Vermittlung arbeitsweltbezogener Werte und Normen mit verantwortlich sind.[319]

6.1 Integration der Sozialpädagogik in die fachpraktische Ausbildung – Ausbilder als Kooperationspartner

Der Kontakt und die Zusammenarbeit mit den Ausbildern wird durch die Sozialpädagogen überwiegend als gut und sehr eng beschrieben.[320] So wird formuliert, die Sozialpädagogik habe ein gutes Ansehen und arbeite mit den Ausbildern auf Augenhöhe zusammen (002/78). Die Ausbilder holen sich sogar den Rat der Sozialpädagogen ein, wenn es zum Beispiel um die methodische Ausgestaltung der Ausbildung geht. Dabei wird versucht, die individuellen Voraussetzungen der Jugendlichen zu berücksichtigen und die Ausbildung möglichst abwechslungsreich zu gestalten (015/23). Die Sozialpädagogen halten diesen engen Kontakt zu den Ausbildern für dringend notwendig. Nur so kann Förderarbeit wirklich erfolgreich funktionieren.

Der Ausbilder ist derjenige, der den häufigsten Kontakt zu den Jugendlichen hat (012/185; 084/91). Infolge dessen ist der Ausbilder „der Erste, der merkt, wenn etwas schief läuft" (033/87). So muss davon ausgegangen werden, dass die Ausbilder aufgrund des engeren Kontaktes zu den Jugendlichen über einen deutlich besseren Kenntnisstand bzgl. der aktuellen Situation und der akuten Probleme verfügen. Das trifft genauso für ihr Beurteilungsvermögen über die Leistungsfähigkeit und die Stabilität der Jugendlichen zu. Aus dem Grund sind die Ausbilder wichtiger Kooperationspartner für die Förderung und die Förderplanarbeit. Allerdings ist es für die sozialpädagogischen Fachkräfte oft nicht einfach, an die notwendigen Informationen und Daten von den Ausbildern zu kommen. Hier gibt es kein besonderes Mitteilungsbedürfnis und keine Informationspflicht, das erschwert an dieser Stelle die Zusammenarbeit zwischen Sozialpädagogen und Ausbildern (063/134).

> „Die Arbeit mit dem Förderplan. Ja, er droht, er hängt oben. Ich mach also die Anamnese und dann laufe ich sehr, sehr häufig ich hinter den Ausbildern hinterher, ja, um Lernerfolge zu bekommen, also um Ergebnisse zu bekommen. Da liegt manches im Argen. Er ist sehr wichtig und ich bemühe mich, also regelmäßig da diese, diese Förderplangespräche zu machen. Das heißt also, Förderplangespräch mit Ausbildern, Lehrer und dem Azubi zusammen, aber es ist unregelmäßig oft, … aus verschiedenen Gründen. Der eine Ausbilder ist im Urlaub, dann ist der Azubi krank, dann ist der andere Ausbilder in der Fortbildung … oder es sind Aufträge von außen. Es ist sehr durchlöchert, und das schwächt natürlich auch dieses Instrument, weil der Azubi sich dann natürlich auch sagt: ‚Da sitz ich dann eben und die oder der erzählt uns was, aber es hat dann keine Konsequenz'". (063/104)

Aus diesem Grund sind die Sozialpädagogen auf die Einschätzungen und Beurteilungen der Ausbilder angewiesen, und sie legen darauf auch großen Wert. Insbesondere wenn es um die Vermittlung der Jugendlichen in Ausbildung oder Arbeit oder um die Beurteilung der Eignung des Jugendlichen für einen bestimmten Beruf geht, ist die Meinung der Aus-

---

319 Ausbilder verantwortlich für die Vermittlung arbeitsweltbezogener Tugenden: 069/118; 102/108–117
320 Guter Kontakt zu den Ausbildern: 002/76; 006/87; 011/46; 014/63, 77; 015/23; 033/81, 87; 085/107

bilder für die Sozialpädagogen von großer Bedeutung.[321] Andererseits greifen auch die Ausbilder auf die Informationen der Sozialpädagogen zurück, insbesondere dann, wenn sich Probleme oder Krisen anbahnen. Aus diesem Grund ist Förderarbeit zwangsläufig Teamarbeit, bei der berufliche Ausbildung und Sozialpädagogik ineinander greifen (008/61; 011/42).

Für die zu treffenden Absprachen und die Zusammenarbeit gibt es in den Einrichtungen sowohl festgelegte formelle, als auch informelle Formen des Austausches zwischen Ausbildern und Sozialpädagogen. Zu den formellen Formen der Zusammenarbeit zählen Teamsitzungen (010/22; 054/162) oder regelmäßig angesetzte Förderplangespräche (063/104). Darunter wird auch die tägliche Anwesenheitskontrolle in den Werkstätten als täglicher Kontaktanlass zu den Ausbildern verstandenen (002/32; 084/91). Als informell und eher zufällige Treffen benennen Sozialpädagogen die Zusammenkünfte kurz vor Feierabend oder während der Pausenzeiten. Durch die verschiedenen Formen der Zusammenarbeit soll den Jugendlichen bspw. die Möglichkeit genommen werden, Ausbilder und Sozialpädagogen gegeneinander auszuspielen.[322]

Bereits in den letzten Absätzen deuten sich einige kritische Punkte an, die darauf hinweisen, dass die Zusammenarbeit von Ausbildern und Sozialpädagogen nicht immer völlig reibungslos verläuft. Dabei steht außer Frage, dass die Qualität der Zusammenarbeit von Ausbildern und Sozialpädagogen Auswirkungen auf den Erfolg von Förderinstrumente hat. Hier ist der Förderplan angesprochen (063/104), an anderer Stelle ist es das Praktikum (006/87). So wird die Zusammenarbeit mit den Ausbildern in manchen Interviews auch als schwierig, teilweise sogar als konfliktbeladen beschrieben.[323] Die Sozialpädagogen beschreiben Schwierigkeiten, den berufs- und betriebspädagogisch orientierten, praktischen Ausbildungsteil mit den Arbeiten und Ansätzen der Sozialpädagogik zu verzahnen. Diese Einschätzung wird darauf zurückgeführt, dass Ausbilder und Sozialpädagogen von ihren Professionen her ein grundsätzlich unterschiedliches Verständnis von Förderung, Aufgabenerfüllung und Arbeit mit dem Jugendlichen haben. Ebenso sind beide Berufsgruppen an unterschiedlichen Wert- und Qualitätsmaßstäbe orientiert, an denen sie ihrer Arbeit mit den Jugendlichen ausrichten. Ein wesentlicher Punkt ist beispielsweise die Einstellung zur strikten Einhaltung von Regeln. Ausbilder sind diesbezüglich wohl deutlich rigider als Sozialpädagogen (102/125). Während es den Sozialpädagogen um die Berücksichtigung individueller Voraussetzungen des Jugendlichen und um unterstützende Angebote geht, sind die Ausbilder verstärkt daran orientiert, Aufträge termingerecht und qualitativ angemessen

---

321 Bereits hier wird eine deutliche Aufgabenteilung bzw. Aufgabenzuweisung deutlich: Der Sozialpädagoge ist für die Vermittlung der Jugendlichen in Ausbildung oder Arbeit zuständig sowie für das Berichtswesen gegenüber Agentur für Arbeit. Für die Wahrnehmung dieser Aufgaben ist er auf die Unterstützung durch die Ausbilder angewiesen, da die wiederum über das Fachwissen und z. T. auch über die notwendigen Kontakte zu den Betrieben verfügen.

322 Eine solche Strategie könnte aufgrund der von Sozialpädagogen und Ausbildern unterschiedlich gehandhabten Umgangsformen und Alltagskulturen und der unterschiedlichen persönlichen Beziehungen durchaus möglich sein. So wird befürchtet, dass die Jugendlichen die Konfliktbereiche zwischen Ausbildung und Sozialpädagogik zu ihrem Vorteil nutzen, z. B. zur Ausdehnung der Pausenzeiten o. a. (017/126; ähnlich 006/105).

323 Kritische Beziehung zwischen Ausbilder und Sozialpädagoge: 001/82–94; 002/80; 006/95; 011/42; 015/105; 017/126; 051/63; 055/54–67 (hier sehr ausgeprägt); 063/140; 071/121; 103/83

zu erfüllen oder Lerninhalte zu vermitteln und Fähigkeiten und Fertigkeiten zu trainieren. Besonders in handwerklich orientierten Einrichtungen kommt dieser Unterschied zum Tragen. Hier zeigt sich auch, dass die Erfolge der Ausbilder und die Qualität ihrer Arbeit überprüfbarer zu sein scheinen, als das für die Arbeit der Sozialpädagogen möglich ist. Vielleicht ist auch das ein Grund, warum die Ausbilder ihrer konkreten Ausbildungsarbeit oder ihrer Arbeit an einem realen Auftrag eine größere Bedeutung beimessen als der Sozialpädagogik.[324] In den Beschreibungen der Sozialpädagogen wird auch deutlich, dass die sozialpädagogische Arbeit, ihre Handlungsstrategien und Erfolge für die Ausbilder offenbar weniger greifbar sind, als die Resultate ihrer eigenen Arbeit.

Die Ursachen der angedeuteten Probleme lassen sich nicht ausschließlich auf das Verhältnis der beiden unterschiedlich strukturierten pädagogischen Handlungsfelder „Berufsausbildung" und „Sozialpädagogik" zurückführen, sondern auch auf das jeweilige persönliche Verhältnis von Ausbildern und Sozialpädagogen. Von den interviewten Sozialpädagogen wird herausgestellt, dass die Qualität der Beziehung auch von der Persönlichkeit des Ausbilders abhängt (006/95). Ein Sozialpädagoge schätzt bspw. die direkte Art der Ausbilder im Handwerk und ihre unkomplizierte Form der Rückmeldung (102/125). Vermutlich kann er gut mit den Ausbildern zusammenarbeiten. Fraglich ist jedoch inwieweit diese Wertschätzung von den Ausbildern erwidert wird. In manchen Beschreibungen kommt der Eindruck der Geringschätzung auf: Sozialpädagogik wird als „Gequatsche" abgetan (006/103), wird nicht als „Arbeit" anerkannt und erfährt aus diesem Grund keine besondere Anerkennung (055/54–67).

Von den Sozialpädagogen wird auch beklagt, dass Ausbilder ihre Aufgaben und Tätigkeiten teilweise sehr rigide und stringent durch- bzw. umsetzen. Daraus ergibt sich dann eine strikte Aufgabentrennung zwischen Ausbildern und Sozialpädagogen. Konsequenzen aus der Perspektive der Sozialpädagogen sind dann[325],

– dass sie ihre sozialpädagogische Arbeit in den Hintergrund gedrängt sehen,
– dass die Hilfs- und Gesprächsangebote der Sozialpädagogen nicht anerkannt werden bzw. schwer durchzusetzen sind oder
– dass die Ausbilder verschiedene Aufgaben an die Sozialpädagogen delegieren, die ihnen unangenehm sind. Die Sozialpädagogen sprechen von „aufdrücken".

Auch wenn die sozialpädagogische Arbeit dadurch erschwert wird, lässt sich doch Verständnis bei den Sozialpädagogen für die Situation der Ausbilder finden. Sie beschreiben, dass auch die Ausbilder sich in einer „Zwangssituation" befinden. Diese resultiert aus Anforderungen des Ausbildungsplanes, durch die die Ausbilder gezwungen sind, Ausbildungsinhalte bis zu einem bestimmten Zeitpunkt (zur Zwischen- oder Abschlussprüfung) an die Jugendlichen zu vermitteln (001/86). Hierbei kollidieren die Anforderungen der Ausbilder mit denen der Sozialpädagogen. Die vorhandene Ausbildungs- bzw. Maßnahmezeit wird im Ausbildungskontext als eng gesteckter Rahmen wahrgenommen. Darüber hinaus wird unterstellt, dass für die Sozialpädagogen der Jugendliche mit seiner

---

324 Sozialpädagogen formulieren hier auch, dass ihre sozialpädagogische Arbeit durch die Ausbilder weniger wertgeschätzt wird, als deren Ausbildertätigkeiten. Andererseits stellen die Sozialpädagogen aber auch heraus, dass eine gegenseitige Wertschätzung unabdingbar ist für eine erfolgreiche Zusammenarbeit: 051/63; 055/54.

325 Zu Konsequenzen, die aus den Problemen zwischen Ausbilder und Sozialpädagogen gezogen werden: 001/82; 055/54–67; 063/142

persönlichen Entwicklung im Vordergrund steht, während für den Ausbilder das Erreichen des Ausbildungszieles und die zu vermittelnden Inhalte von besonderer Bedeutung sind (006/95). Trotz ihres akzeptierenden Verständnisses bemängeln die Sozialpädagogen, dass eine engere Kooperation mit den Ausbildern manchmal nur schwer möglich ist.

Die Sozialpädagogen führen die beschriebenen Probleme nicht zuletzt auch auf die sehr unterschiedlichen professionellen Selbstbilder von Sozialpädagogen und Ausbildern zurück. Aber auch die Ausbilder selbst sind unterschiedlich, und ihre Arbeit in der Berufsausbildung ist anders als in der Berufsvorbereitung. Dazu erläutert eine Sozialpädagogin, die ihre Zusammenarbeit mit den Ausbildern als „im Allgemeinen wirklich gut" bezeichnet, die Unterschiede zwischen Ausbildern in der Berufsausbildung und in berufsvorbereitenden BBE-Maßnahmen:

> „Hängt damit zusammen, dass die Ausbilder, die mit der Maßnahme jetzt befasst sind, da ein anderes Einstellungsverhältnis haben, … als Ausbilder, die über Jahre nur in der Lehrlingsausbildung waren. Die haben andere Ansprüche. … In der Lehrlingsausbildung gibt es klare Vorgaben. Da gibt es Einführungen in die verschiedenen Arbeitsaufgabenbereiche, in die Hausordnung, die herrscht. Dann ist das verkündet, damit ist das klar. So und dann wird das vorausgesetzt, dass die das begriffen haben und umsetzen. Das ist natürlich in der Berufsvorbereitung nicht so. Da machen wir einen zweiten, dritten, fünften, siebenten Anlauf an einzelnen Punkten. Und da denke ich, sind Unterschiede. Jemand, der nur die Lehrlingsausbildung kennt, der wird beim zweiten, dritten Mal sagen: ‚Pass mal auf, den müssen wir rausschmeißen, der will nicht, der hält sich nicht daran.' Und wo man in der Berufsvorbereitung einfach die Spielräume ein bisschen weiter fasst." (103/83, 85)

Grundsätzlich gehen die Sozialpädagogen davon aus, dass sie selbst als der Verständnisvollere im Umgang mit den Jugendlichen gelten. Der Ausbilder ist demgegenüber ein anderer „Typ" von Pädagoge[326],
- der einen deutlich „ruppigeren" Umgang mit den Jugendlichen pflegt, der dem entspricht, was vermeintlich im realen Berufsleben, z. B. auf der Baustelle, üblich ist (011/44)
- der einen anderen Blick auf den Jugendlichen hat als die Sozialpädagogen[327]
- der bodenständiger, praxisorientierter und realitätsnäher mit den Jugendlichen arbeitet, aber damit einen sinnvollen Gegenpart zur Sozialpädagogik darstellt, die in der Gefahr steht, zu „liebevoll" an die Arbeit mit dem Jugendlichen heranzugehen (011/44; 033/81)
- der mit anderen Ausbildungsmethoden arbeitet, als es der Sozialpädagoge tun würde (063/140)
- der deutlich strenger im Umgang mit den Jugendlichen ist und deutlich klarer auf die Einhaltung von Regeln pocht (103/85).

Offenbar beinhaltet gerade der letzte Punkt auch, dass Ausbilder leichter und öfter mit Sanktionen arbeiten (084/89). Es wird darüber hinaus angenommen, dass die Ausbilder autoritärer arbeiten, als die Sozialpädagogen: Die Jugendlichen müssen Anweisungen folge

---

326 Der Ausbilder ist ein anderer „Typ" von Pädagoge, Sozialpädagogen versuchen verständnisvoller mit den Jugendlichen umzugehen und deren Interessen zu vertreten: 006/95; 011/42; 033/81; 063/140; 071/121; 084/84–91

327 Die Sozialpädagogen formulieren hier, dass den Ausbildern oft auch der ganzheitliche Blick für die individuelle Situation, die Probleme und Lebenslagen der Jugendlichen fehlt, den wiederum die Sozialpädagogen haben (006/95).

leisten. Die Sozialpädagogen arbeiten dagegen mit einer höheren Toleranzgrenze als die Ausbilderkollegen.[328]

6.2 Integration der Sozialpädagogik in die fachtheoretische Ausbildung – Stützlehrer als Kooperationspartner

Aufgrund der beschriebenen schulischen Probleme der zu betreuenden Jugendlichen in den Maßnahmen ist anzunehmen, dass der Kontakt zu den Stützlehrern eine besondere Bedeutung hat. Ebenso ist zu vermuten, dass die Stützlehrer darum bemüht sind, ihre Arbeit an sozialpädagogischen Grundsätzen auszurichten, um die schulischen Defizite der Jugendlichen mit allen ihren Folgen besser auffangen zu können.

Ähnlich wie bei den Ausbildern wird auch hier deutlich, dass die Stützlehrer aufgrund ihrer Fachlichkeit bzw. Professionalität andere Ansprüche an ihre Arbeit stellen als die Sozialpädagogen (103/87). Dennoch lassen die Beschreibungen der Sozialpädagogen eine deutlich stärkere Annäherung der Stützlehrer an die Sozialpädagogen vermuten, als es bei den Ausbildern der Fall ist. Dies lässt sich u. a. darauf zurückführen, dass Sozialpädagogen häufig auch Stützlehrertätigkeiten wahrnehmen, so dass hier eine fachliche und professionelle Annäherung von beiden Seiten stattfindet. Anders formuliert, die Stützlehrer als einfühlsamer und individualisierender „Typ von Pädagoge" sind den Sozialpädagogen deutlich ähnlicher und sozial näher als der Ausbilder.

In erster Linie bezieht sich der Kontakt zwischen Sozialpädagogen und Stützlehrern darauf, die Stützlehrer auf spezifische Probleme einzelner Jugendlicher hinzuweisen. Insbesondere zu Beginn einer Maßnahme erscheint den Sozialpädagogen dies wichtig zu sein (031/116). Offenbar gehen die Sozialpädagogen davon aus, dass die Stützlehrer in der Lage sind, methodisch auf die Problemlagen und Anforderungen einzelner Jugendlicher zu reagieren. Zumindest wird das von ihnen erwartet. Die Sozialpädagogen betonen auch, dass es darauf ankommt, einzelne Probleme wie Rassismus, Gewalt, Sucht oder arbeitsweltbezogene Themen, wie Pünktlichkeit oder Fehlzeiten in der Gruppe, im sozialpädagogisch orientierten Stützunterrichten zu thematisieren. Es zeigt sich, dass Gruppenaktivitäten häufig in Stützunterrichtssituationen durchgeführt werden, die die Sozialpädagogen selbst organisieren (008/61). Dafür ist mit Ausbildern und Stützlehrern zu klären, welche Probleme gerade in der Gruppe anliegen. Oftmals geht es hier um Probleme, die auch im Unterrichtskontext ähnlich und verbreitet sind, z. B. Fehlzeiten oder Probleme der Pünktlichkeit.

> „Ja, ich sag jetzt einfach mal, die Sozialpädagogen untereinander und auch Stützlehrer. Also das, man tauscht sich da aus oder sagt: ‚Mensch, was hast'n du mit deinen Lehrlingen gemacht?' oder so, dass man auch mal sagt: ‚Ja, Mensch, das könnte ich mit meinen auch mal machen', oder: ‚Das ist ne gute Veranstaltung.' Dass man sich darüber austauscht oder eben auch über Probleme, wenn Fehlzeiten auftreten und so weiter, oder auch im Unterricht so nach dem Motto: ‚Die, wir haben, wir haben ja oftmals dieselben Probleme und dann wird auch der Erfahrungsaustausch auch dann da drüber gemacht. Da geht's auch darum, wenn man jetzt Veranstaltungen organisiert, … wo der Verkehrstag war, oder das Sportfest, wo alle mit dabei sind, was ja nicht nur eine Berufsgruppe ist, da arbeitet man dann schon automatisch zusammen." (015/103)

---

[328] Sozialpädagogen haben eine höhere Toleranzgrenze im Umgang mit den Jugendlichen: 011/42; 033/81; 063/137 – 142; 103/83–85

Auf Grundlage der vorhandenen professionellen Nähe von Sozialpädagogen und Stützlehrern werden methodische und inhaltliche Absprachen in einer kollegial-vertrauteren Weise getroffen, als es mit den Ausbildern möglich ist. Dies haben bereits die Betrachtungen zur Zusammenarbeit von Ausbildern und Sozialpädagogen gezeigt. So formulieren die Sozialpädagogen, dass es ihnen möglich ist, hier auch eigene Erwartungen an den durchzuführenden Stützunterricht weiterzugeben oder auf die Inhalte und methodischen Vorgehensweisen der Stützlehrer Einfluss nehmen zu können, um z. B. Aspekte wie das „Lernen lernen" zu betonen oder Über- bzw. Unterforderungen zu vermeiden.[329]

Es wurde bereits dargelegt, dass Sozialpädagogen häufig selbst die Funktion des Stützlehrers übernehmen, woraus für sie die Notwendigkeit der Vorbereitung von Unterricht entsteht. Allerdings sind die meisten Sozialpädagogen nicht als Lehrer ausgebildet[330] und benötigen dabei Unterstützung. Auch hierfür gibt es Formen der Zusammenarbeit von Sozialpädagogen und Stützlehrern, in denen sie sich über Inhalte austauschen oder Anregungen für den bevorstehenden Unterricht geben (015/103; 029/88). Diese Form der Zusammenarbeit zielt u.a. darauf, thematische Überschneidungen zu vermeiden. Die Gegenseitige Unterstützung und der informelle Austausch von Sozialpädagogen und Stützlehrern dient nicht nur dem inhaltlichen Austausch, sondern auch dem Erfahrungsaustausch über den Umgang mit Verhaltensauffälligkeiten oder dem Fehlverhalten von Jugendlichen (015/103; 085/70).

Stellenweise wird allerdings deutlich, dass Stützlehrer von den Sozialpädagogen Interventionen erwarten bzw. Sozialpädagogen Interventionen anbieten, damit der Stützunterricht durchgeführt bzw. fortgesetzt werden kann (085/47). Von daher beinhaltet die Zusammenarbeit mit den Stützlehrern in dem Fall auch das Reagieren auf spontane Anforderungen (087/50). In erster Linie werden hier Verhaltensprobleme angesprochen, ähnlich wie schon bei den Berufsschullehrern.

6.3 Gegenseitige Unterstützung der Sozialpädagogen

Bei der Wahrnehmung ihrer Aufgaben greifen sozialpädagogischen Fachkräfte auch auf die Unterstützung anderer sozialpädagogischer Kolleginnen und Kollegen zurück. Die Zusammenarbeit erfolgt ähnlich wie in der bereits beschriebenen Kooperation mit den anderen pädagogischen Akteuren, in festen Strukturen wie Arbeitskreisen oder Teamsitzungen. Auch hier gibt es aber auch, ähnlich wie bei der Zusammenarbeit der Sozialpädagogen mit den Ausbildern, informelle Formen der Zusammenarbeit: in Pausen, „wenn man sich auf dem Flur begegnet", kurz vor Feierabend, auf dem Heimweg usw.

Bei größeren, überregional aktiven Einrichtungen erfolgt diese Zusammenarbeit auch einrichtungsübergreifend. Diese organisierten Zusammenkünfte dienen in erster Linie[331]
– der kollegialen Fallbesprechung
– der Erarbeitung einheitlicher Verfahrensweisen und Dokumente sowie
– dem Erfahrungsaustausch und der gegenseitigen Beratung.

---

329 Einflussnahme auf den Stützunterricht durch Sozialpädagogen: 077/51; 085/47; 091/47
330 Diese Aussage kann hier nur für die Stichprobe geltend gemacht werden.
331 Formen der Zusammenarbeit von Sozialpädagogen mit anderen Sozialpädagogen: 002/70; 015/103; 029/88; 032/93; 035/129; 057/77; 083/86; 085/70

Darüber hinaus kommen Sozialpädagogen auch dann zusammen, wenn es darum geht, Weiterbildungen, an denen einzelner Kollegen teilgenommen haben, zu „multiplizieren" und auszuwerten oder die gesammelten Erfahrungen und das erworbene Wissen weiterzugeben.[332]

Zusammenfassend lässt sich festhalten, dass die Integration sozialpädagogischer Ansätze in die Förderung dort hoch ist, wo die Wertschätzung und das Verständnis für das, was die Sozialpädagogen tun, ausgeprägt ist. Sozialpädagogische Arbeit und ihre Erfolge sind aber nur für die wenigsten Akteure objektiv erfassbar, was den sozialpädagogischen Fachkräften auch rückgemeldet wird (006/103; 055/54–67). Differenzen in der Wertschätzung der sozialpädagogischen Arbeit lassen sich auch auf die unterschiedlichen Zielstellungen und das differierende professionelle Selbstverständnis von Ausbildern, Berufsschullehrern, Stützlehrern und Sozialpädagogen zurückführen. Für die sozialpädagogischen Fachkräfte ist es bereits ein Erfolg, wenn manche Jugendliche regelmäßig und pünktlich in der Maßnahme erscheinen oder wenn sie ihre Suchtprobleme in den Griff bekommen. Für die Ausbilder hingegen bedeutet der Maßnahmeerfolg das Bestehen der Ausbildung. Eine zu enge Fokussierung auf dieses Erfolgskriterium kann aber auch dazu führen, dass die sozialpädagogischen Beiträge zu diesem Erfolg außer Acht gelassen und übersehen werden. Wenn eine solche Entwicklung eintritt, ist die Integration des sozialpädagogischen Ansatzes in das professionelle Selbstverständnis der Akteure in der Benachteiligtenförderung nicht gelungen bzw. noch nicht abgeschlossen.

Möglicherweise tritt in diesen Ziel- und Interessenkonflikt zu Tage, was in der Fachdiskussion bzw. Fachliteratur bereits länger diskutiert wird: die Diffusität sozialpädagogischer Handlungsfelder, ein Methoden- bzw. Technologiedefizit im sozialpädagogischen Handeln, verbunden mit einer Vieldeutigkeit sozialpädagogischen Handelns und einer scheinbaren Allzuständigkeit von Sozialpädagogen. Diese Sicht auf die Sozialpädagogik hat weitreichende Folgen bis in die Professionalisierungsdebatte, die für die Sozialpädagogik bisher nicht abschließend geklärt worden ist[333], ebenso wie für die Methodendiskussion in der sozialen Arbeit. Diese Problemfelder können hier aber nur angerissen werden. Im Rahmen einer deskriptiven Untersuchung sollten solche externen, normativen Maßstäbe nicht vorschnell an das Untersuchungsfeld herangetragen werden. Sie würden verdecken, was die sozialpädagogischen Fachkräfte in der Praxis wirklich tun, welche Verantwortungen sie übernehmen, mit welchen Handlungsstrategien und Kooperationsformen und welchen impliziten pädagogischen Modellen sie ihre Arbeit bewältigen.

---

332 Erfahrungsaustausch nach Weiterbildungen: 002/92; 054/171; 057/104
333 (vgl. z. B. Niemeyer 1999; Galuske 2002; vgl. z. B. Winkler 2003)

7. Außenorientierung und Kooperationsbeziehungen

Zur Umsetzung des Förderkonzeptes und der erfolgreichen Vermittlung der jugendlichen Teilnehmer bedarf es der engen Kooperation mit externen Partnern, die an der Qualifizierung und an der Vermittlung auf dem ersten Arbeitsmarkt beteiligt sind. Hierbei handelt es sich in erster Linie um die Lehrer der Berufsschulen und die Berufsberater der regionalen Agenturen für Arbeit. Andere Partner wie die Mitarbeiter der Jugendhilfe, von Beratungsstellen oder Kammern werden von den Interviewpartnern zwar benannt, sie sind aber im Förderprozess eher von nachrangiger Bedeutung.[334] Die Betriebe als Kooperationspartner sollen an der Stelle nicht weiter betrachtet werden, da die wichtigsten Punkte der Kooperation von Sozialpädagogen und Betriebsmitarbeitern in Kapitel 4.3 (Praktikumsbetreuung) und auch an anderen Stellen bereits ausgewertet wurden.[335]

Es wird deutlich, dass die Kooperation zwischen den einzelnen Lernorten und den beteiligten Institutionen keineswegs immer so reibungslos funktioniert, wie es gefordert bzw. gewünscht wird. Häufig wird das auf die Interessen der jeweiligen Lernorte und Institutionen zurückgeführt. Speziell die Berufsschule stellt hier ein besonderes „Sorgenkind" dar.[336] Die Schulmüdigkeit der Jugendlichen führt zu Problemen, die durch die teilweise geringe Kooperationsbereitschaft der Lehrkräfte und durch ungünstige Lehrmethoden noch verstärkt werden. Darüber hinaus werden auch Über- oder Unterforderung als Ursache für Probleme der Jugendlichen an den Lernorten Berufsschule und Betrieb genannt.[337]

7.1 Agentur für Arbeit

Von den befragten Sozialpädagogen gehen viele davon aus, dass es sich bei der Agentur für Arbeit um den wichtigsten externen Kooperationspartner handelt. Insofern bewertet die Mehrzahl der Sozialpädagogen den Kontakt zur Agentur bzw. zu den Beratern als gut, und als sehr häufig bis intensiv. Der geringere Teil der Pädagogen beschreibt den Kontakt als sporadisch oder lose.[338] In der Mehrzahl der Beschreibungen ist der Kontakt zwar intensiv, beschränkt sich aber offenbar verstärkt auf Telefongespräche oder E-Mails. Die qualitativen Urteile über die Zusammenarbeit mit der Agentur beziehen sich auch auf den Handlungsspielraum, den die Berufsberater bzw. die Kontaktpersonen in den regionalen Arbeitsagenturen den Sozialpädagogen einräumen. So geht die Mehrzahl der Sozial-

---

334 Dieser Eindruck entsteht aufgrund der Häufigkeit ihrer Nennung.

335 Die Kooperation von Sozialpädagogen und Betriebsmitarbeitern bezog sich besonders auf die Punkte der Kontaktaufnahme (Akquise) und -pflege sowie der gemeinsamen Betreuung der Praktikanten. Probleme und Konflikte ergaben sich hauptsächlich aus dem berufsfremden Einsatz der Jugendlichen in den Betrieben. Sozialpädagogen formulierten, dass die Jugendlichen für Hilfsarbeiten eingesetzt werden oder den ganzen Tag putzen (vgl. Kap. 4.3).

336 Die Probleme benachteiligter Jugendlicher in der Berufsschule sind nicht neu. So verweist bereits Siehlmann (1988) auf die Probleme benachteiligter Jugendlicher im Berufsschulunterricht, die aus Sprachproblemen der Jugendlichen oder aus der mangelhaften sonderpädagogischen Befähigung der Lehrkräfte resultieren (Siehlmann 1988).

337 ebd. S. 234

338 Sporadischer oder loser Kontakt zur Berufsberatung: 030/115; 031/60; 040/33; 050/113; 059/127; 069/47; 070/35

pädagogen davon aus, dass sie durch die Agentur einen sehr großen Handlungsspielraum erhalten[339], was sie als vorteilhaft empfinden.

Deutliche Unterschiede gibt es in der Organisation der Zuständigkeit von Berufsberatern für einzelne Maßnahmen. So gibt es Einrichtungen, die einen konkreten Ansprechpartner in der jeweiligen Agentur haben. Bei anderen Trägern stellt der Berufsberater des jeweiligen Jugendlichen den Ansprechpartner für den Sozialpädagogen dar.

Ebenso deutlich sind die Unterschiede in der Qualität des Kontaktes zwischen Berufsberatern und Sozialpädagogen. Einige Berufsberater sind verstärkt vor Ort, in den Einrichtungen und suchen den Kontakt zu Jugendlichen und Sozialpädagogen von sich aus. Vereinzelt halten Berufsberater sogar feste Sprechstunden ab oder erscheinen zu regelmäßigen Terminen in den Einrichtungen.[340] Einige Einrichtungen binden die Berufsberater auch in verschiedene Maßnahmehöhepunkte oder in besondere Anlässe wie Eröffnungsveranstaltungen (010/150), Tag der offenen Tür (077/10), Elternabende oder Elterngespräche[341], Weihnachtsfeiern (049/169), Zeugnisvergaben oder das Maßnahmeende ein.

Wie bereits an anderer Stelle angedeutet, kann die große Bedeutung der Agentur für Arbeit als Kooperationspartner möglicherweise damit begründet werden, dass die Agentur einerseits Auftraggeber und andererseits letzte Entscheidungsinstanz über sozialpädagogische Interventionsmaßnahmen wie Kündigungen, Abmahnungen oder andere Sanktionen ist. Oft geben Sozialpädagogen an, dass der Kontakt zum Berufsberater oder zum zuständigen Ansprechpartner in der Agentur für Arbeit dann aufgenommen wird, wenn es Probleme mit einem Jugendlichen gibt, wenn Abmahnungen usw. anstehen. Dabei können die Beweggründe unterschiedlich sein. Einige Sozialpädagogen gehen davon aus, dass der Berufsberater über Interventionen oder Probleme lediglich informiert werden möchte. Andere geben an, dass der Berufsberater die letzte Entscheidungsinstanz ist, und dass es wichtig ist, in Krisenfällen Kontakt aufnehmen, um die eigene Interventionshandlungen abzusichern und zu legitimieren. Dabei können sich die Berufsberater durchaus auch gegen die vorgeschlagene Interventionsmaßnahme des Sozialpädagogen aussprechen und diese verhindern. Diesbezüglich äußern einige wenige Sozialpädagogen ihren Unmut[342], weil diese Entscheidung als Einschränkung der professionellen Autonomie bewertet werden kann:

> „Ja, das vielleicht ganz kurz geschildert: Es waren Zwillinge in der Maßnahme in …, die ich hatte, und die haben ihren Ausbilder tätlich angegriffen. So, und da war eben Gefahr im Verzuge, wenn man das jetzt mal so nennen will, und dann haben wir gefordert, fristlose Kündigung, also weil, irgendwo sind dann Grenzen überschritten, also da ist dann nicht mehr hinterher mit Händchen geben und sagen: ‚Jetzt sind wir wieder friedlich', das geht dann nicht und der Arbeitsberater war eben im Urlaub und die Kollegin, die ihn dort vertreten soll, hat gesagt: ‚Die Entscheidung treffe ich nicht. Warten sie da mal noch drei Wochen.' So, und

---

339 Dies kann auch so ausgelegt werden, dass die Berufsberater keine Zeit oder kein Interesse daran haben, sich um die Maßnahmen bzw. um die Jugendlichen in den Maßnahmen zu kümmern. Speziell diese Jugendlichen sind vorübergehend versorgt und fallen speziell nach BaE oder abH nicht mehr in den Zuständigkeitsbereich der Berufsberater. Diese haben an dieser Stelle ihre Verantwortung erfüllt.

340 Sprechstunden der Berufsberater in den Einrichtungen: 049/169; 052/147; 054/125; 056/58

341 Anwesenheit der Berufsberater bei Elternabenden oder Gesprächen: 006/83; 049/169; 080/86

342 Konflikte Berufsberater und Sozialpädagogen: 011/108; 012/71; 031/120

dann haben wir die (Jugendlichen) dann sozusagen vom Dienst suspendiert. Also einfach gesagt, das macht jetzt hier keinen Sinn, bevor dann hier eine Entscheidung getroffen ist, und die kam dann so drei Wochen später. Aber weil, wir hätten sonst auch nicht anders agieren können. Also wenn das dort weitergegangen wäre, dann hätte ich die Gefahr gesehen, dass die den wirklich körperlich schädigen und ich meine, es war ein Mann von Anfang 60, ... " (011/108)

In speziellen Problemlagen entscheidet der Berufsberater über die Fortführung der Maßnahme. Oftmals soll der Berufsberater als Vertreter der Agentur im Vorfeld „Druck" auf den Jugendlichen ausüben und ihm den „Ernst der Lage" anzeigen.[343] Die Berufsberater schilderten, dass sie in diesem Fall festlegen, ob und unter welchen Bedingungen die Maßnahme fortgeführt wird (018/81; 042/36). Hier werden Berufsberater durch die Sozialpädagogen instrumentalisiert, wenn der Jugendliche seine Mitarbeit und Kooperation in der Maßnahme verweigert.[344] Dieser Punkt wird von Agenturmitarbeitern teilweise nicht unkritisch gesehen. Bei ihnen entsteht der Eindruck, dass die Sozialpädagogen versuchen, einen Teil ihrer Arbeit auf die Berufsberater abzuwälzen (042/34). Einige der Sozialpädagogen, beschreiben, dass der Kontakt zur Agentur überwiegend in Krisenfällen gesucht wird. Sie betonen, dass das nur sporadisch oder selten erfolgt, wenn es keine besonderen Vorfälle gibt.

Ein weiterer wichtiger Gegenstand der Kooperation zwischen Sozialpädagogen und Agentur für Arbeit ist der Informationsaustausch, wobei dieser stärker in eine Richtung verläuft, vom Sozialpädagogen zur Agentur. Der Informationsaustausch bezieht sich hauptsächlich auf Fehlzeiten und Probleme der Jugendlichen[345]
– auf den Ausbildungsstand und die Beurteilung der Jugendlichen, z. B. durch Einsichtnahme in die Förderpläne[346]
– auf den Vermittlungsstand in der jeweiligen Maßnahme
– auf die Veränderung von Berufs- und Vermittlungswünschen der Jugendlichen
– auf die Inhalte der Förderplanung und die Erreichung der in den Förderplänen bestimmten Förderziele oder

---

343 Berufsberater sollen Ernst der Lage anzeigen: 012/78; 025/92; 038/98; 055/87

344 Hier könnte auch die Vermutung auftauchen, dass diese Funktionszuweisung aus dem professionellen Selbstverständnis der Sozialpädagogen resultiert. So verstehen sich Sozialpädagogen üblicherweise eher in der Position des Helfenden, der sich eher verständnisvoll dem Jugendlichen verbunden sieht, als jemand, der den Jugendlichen abweist. Die Entscheidung darüber, ob diese Hilfe institutionell, im Rahmen der Maßnahme abgebrochen wird, kann der Sozialpädagoge von daher nicht treffen, da er dann seine Arbeit möglicherweise für gescheitert erklären muss. Von daher stellen sich die institutionellen Rahmenbedingungen der Benachteiligtenförderung für den Sozialpädagogen möglicherweise als hilfreich dar, denn der Sozialpädagoge trifft die Entscheidung über Fortführung oder Beendigung der Maßnahme nicht. Er kommt lediglich seiner Pflicht nach und meldet das Fehlverhalten des Jugendlichen dem Berufsberater, der dann die Entscheidungen zu treffen hat. Dennoch gibt es auch Beispiele, in denen die Entscheidung über einen Abbruch beim Sozialpädagogen liegt, was wiederum Ausdruck des Handlungsspielraumes ist, den Berufsberater den Sozialpädagogen in solchen Fällen einräumen (z. B. 066/53).

345 Informationsaustausch bezieht sich auf Probleme der Jugendlichen: 001/177; 002/131; 006/89; 009/46; 010/136; 011/106; 015/131; 017/143; 033/40; 050/113; 059/127; 090/149; 091/89; 098/192, 204; 102/157

346 Informationsaustausch bezieht sich auf Ausbildungsstand und Beurteilung des Jugendlichen: 006/83; 009/46; 012/55; 015/131; 080/90; 086/189; 091/25

– auf die Inanspruchnahme spezieller Dienste der Agentur, wie dem medizinischen oder dem psychologischen Dienst.

Es ist anzunehmen, dass die Berufsberatung auch verstärkt daran beteiligt ist, die Jugendlichen auf dem ersten Arbeitsmarkt oder in eine Ausbildungsstelle zu vermitteln. Dies bestätigt sich jedoch nur in wenigen Beschreibungen der Sozialpädagogen, zumindest was die persönliche Einbeziehung des Berufsberaters betrifft.[347] Einige Sozialpädagogen beschreiben, dass sie mit den Jugendlichen zwar zur Berufsberatung gehen, dort aber lediglich auf die Internetzugänge bzw. Stelleninformationssysteme zugreifen. Andere Sozialpädagogen suchen hierfür nicht die Räumlichkeiten der regionalen Arbeitsagentur auf, sondern greifen über die technischen Möglichkeiten der eigenen Einrichtung auf diese Angebote zu. Die besonderen Vermittlungstätigkeiten der Berufsberater liegen beim Übergang Jugendlicher von der Berufsvorbereitung in eine außerbetriebliche Berufsausbildung. Speziell in dieser Zuweisungsfunktion kommt die Bedeutung der Agentur für Arbeit als Kooperationspartner der „vertikalen" Kooperationsform zum Ausdruck.

Kritik an den Berufsberatern oder an der Zusammenarbeit mit der Agentur wird von den Sozialpädagogen kaum geäußert. Die wenigen Punkte wurden oben bereits angesprochen. Sie bezogen sich auf das eher geringe Interesse der Berufsberater an den Maßnahmen und dem Kontakt zu den Sozialpädagogen oder auf eine – nach Auffassung der Sozialpädagogen – nicht angemessene Reaktion auf Probleme mit den Jugendlichen. Darüber hinaus kritisieren einige Sozialpädagogen, dass die Mitarbeiter der Agentur zu unflexibel seien und sich nicht schnell genug auf problematische Situationen oder Notlagen der Jugendlichen einstellen würden.[348] Andererseits zeigen sich die Sozialpädagogen hier sehr verständnisvoll und gehen davon aus, dass die Berufsberater oder anderen Kontaktpersonen in den Arbeitsagenturen auch „Opfer" der institutionellen Rahmenbedingungen seien. Dies wird damit erklärt, dass die Agentur für Arbeit gegenwärtig zahlreichen und tiefgreifenden Reformen unterworfen sei.

Insgesamt stellt sich jedoch ein überwiegend positives Bild der Zusammenarbeit zwischen Sozialpädagogen und Berufsberatern dar. Häufig wird dies auf die langjährige Zusammenarbeit zurückgeführt, wodurch sowohl Sozialpädagogen als auch Berufsberater wissen, was sie vom jeweils anderen zu erwarten haben, worauf der andere in der Zusammenarbeit Wert legt und an welchen Punkten mit der wechselseitigen Unterstützung gerechnet werden kann.

---

347 In den Beschreibungen der Berufsberater zeigt sich, dass sie in ihrer Vermittlertätigkeit erst kurz vor Ende der Maßnahmen aktiv werden, wenn sich ein Vermittlungserfolg für einzelne Jugendliche nicht abzeichnet. Speziell hierfür erscheinen die Informationen, die mit den Sozialpädagogen ausgetauscht werden notwendig (027/100–107).

348 Hierbei wird auf die Anweisung und die Verwaltung von Geld angespielt. Viele der Jugendlichen bekommen Berufsausbildungsbeihilfe, die von der Agentur für Arbeit gewährt wird. Aufgrund der längeren Bearbeitungszeiten kommt es wohl vor, dass Jugendliche in Geldnot geraten. Ähnlich gilt diese Kritik für Kindergeld und andere Sozialleistungen, also auch für andere Behörden.

7.2 Berufsschule

Ein weiterer wichtiger Kooperationspartner für die Sozialpädagogen der beruflichen Benachteiligtenförderung sind die Berufsschulen bzw. die Berufsschullehrer.[349] Die Berufsschulen stellen neben den Betrieben und dem Maßnahmeträger einen der drei wesentlichen Lernorte einer Bildungsmaßnahme dar. Die Berufsschule übernimmt die theoretische Ausbildung der Jugendlichen, die durch den Stützunterricht weiter gefördert wird. In manchen Fällen kann der Berufsschulbesuch das Nachholen von Schulabschlüssen ermöglichen. In Anbetracht der Lernortteilung und der Zielgruppen in BvB, BaE und abH stellen sich hier besondere Anforderungen an die Berufsschullehrer, die durch eine enge Zusammenarbeit mit den pädagogischen Fachkräften in den Maßnahmen, insbesondere den Sozialpädagogen besser zu bewältigen sind. Bei diesen Anforderungen handelt es sich um:
– sozial- bzw. förderpädagogische Bedürfnisse der Jugendlichen aufgrund ihrer psychosozialen Problemlagen und Defizite
– spezielle Methodenansätze, die den Jugendlichen das Lernen im Unterricht erleichtern sollen und
– die Entwicklung individueller Föderansätze aufgrund der Heterogenität der Teilnehmergruppen
– die Verzahnung der Handlungsabläufe mit den Einrichtungen der BNF
– die Abstimmung von Inhalten und Materialien der Berufsschule und der Bildungsträger
– das gemeinsame Tragen pädagogischer Interventionen oder um
– die gemeinsame Entwicklung neuer Lehr- und Lernkonzepte (BMBF – Bundesministerium für Bildung und Forschung 2005, S. 232).

Aus Sicht der Sozialpädagogen stellt der Berufsschulbesuch für die Jugendlichen ein besonderes Problem und eine große Herausforderung dar. Die Pädagogen gehen davon aus, dass ihre Jugendlichen erhebliche schulische Defizite aufweisen, insbesondere bezüglich der Aneignung theoretischer Lerninhalte. Die Jugendlichen werden häufig als schulmüde beschrieben, sie leiden z. T. sogar an Schulphobie oder haben Angst davor, etwas nicht zu begreifen.[350] Unter Berücksichtigung dieser Problemstellungen und schulischen Defizite, zielen verschiedene Aktivitäten der Sozialpädagogen darauf ab, die Berufsschule den Jugendlichen wieder „schmackhaft" zu machen (085/33) und Ängste abzubauen. Die Jugendlichen müssen Berufsschule als einen notwendigen Bestandteil der Berufsausbildung akzeptieren lernen.[351] Ein Sozialpädagoge schildert, er mache den Jugendlichen verständlich, dass jede Ausbildung auch unangenehme Seiten habe. Die Berufsschule gehöre dazu (051/41). Die Sozialpädagogen sehen ihre Aufgabe zumeist darin, den Jugendlichen klar

---

349 Einschätzung der Berufsschule als wichtigen Kooperationspartner: 005/63; 010/100; 045/114; 063/35; 086/194 (an zweiter Stelle nach der Agentur für Arbeit). Andere Sozialpädagogen gehen davon aus, dass die Berufsschule nicht der wichtigste Kooperationspartner ist, sondern dass es darauf ankommt, den Kontakt zur Berufsschule zu halten. Grund dafür sind verschiedene spezifische Probleme, die mit dem Berufschulbesuch der Jugendlichen einhergehen: 024/91; 025/131; 026/150; 030/33; 068/27; 080/39; 084/45; 090/153; 091/21; 098/177; 102/163.

350 Probleme der Jugendlichen mit Schule: 005/68; 006/53; 009/99; 010/20; 037/76; 039/141; 049/53; 062/29; 069/15; 081/35; 085/33; 087/20; 088/29, 55; 090/14; 105/70

351 Berufsschule als Ausbildungsbestandteil akzeptieren: 005/63; 006/135; 026/150; 087/131

zu machen, dass der Besuch der Berufsschule rechtlich verpflichtend geregelt und unabdingbar für den weiteren beruflichen Werdegang erforderlich ist"[352]:

> „(Man muss den Jugendlichen) schon auch sagen, dass es darum geht, ... dass du auch Pflichten hast, die du erfüllen musst. Du bist jetzt in einer Ausbildung, du sollst ja Deine Ausbildung schaffen, schon auch in der Berufsschule mitarbeiten, Schulstoff bearbeiten. Hausaufgaben haben sie fast nie." (024/44)

Zur Wahrnehmung dieser Pflicht zählen die Sozialpädagogen auch, dass sich die Jugendlichen im Berufsschulunterricht angemessen verhalten.[353] Die Berufsschullehrer erwarten von den sozialpädagogischen Fachkräften, dass sie den Jugendlichen dieses Pflichtbewusstsein bezüglich des Berufsschulbesuches vermitteln. Dabei zeigt sich auch, dass die Berufsschullehrer in den meisten Fällen nur dann den Kontakt zu den Sozialpädagogen suchen, wenn sie Interventionsmaßnahmen aufgrund des Fehlverhaltens einzelner Jugendlicher von den Sozialpädagogen einfordern.[354] Es wird jedoch auch beschrieben, dass einige Lehrer gar nicht oder zu spät auf auftretende Probleme in der Berufsschule hinweisen. Meistens geschehe dies erst dann, wenn es kaum noch möglich sei, sozialpädagogisch zu intervenieren. Vor allem Anwesenheits- und Verhaltensprobleme der Jugendlichen werden zu spät angezeigt (z. B. 068/37; 050/101).

Die Berufsschullehrer neigen dazu, die Probleme mit den Jugendlichen an die sozialpädagogischen Fachkräfte beim Träger zu delegieren.[355] Von einigen Sozialpädagogen wird darin auch ein Abschieben von Aufgaben gesehen. Sie begründen ihren Ärger damit, dass die Berufsschullehrer genauso in der Lage sind, mit Sanktionen oder Interventionen zu arbeiten, wie sie:

> „Wenn es Probleme in der Schule gibt, dann rufen die uns eher an. Wir sollen reagieren, und die müssen eigentlich mal lernen, dass sie in der Schule auch disziplinarische Maßnahmen haben, wie einen Klassenleiter oder Klassenbucheintrag oder mal einen Schulverweis oder wie sich das nennt, ich glaube Schulverweis. Was bei uns halt eine Abmahnung ist, aussprechen zu können. Wenn die Lehrer Probleme haben, rufen sie an und sagen, der läuft nicht, der läuft nicht, der läuft nicht. Also, die Lehrer verstecken sich oft hinter uns, ganz konkret. Verstecken sich hinter uns oder wir sollen reagieren, wenn sie Probleme haben, sollen wir die Probleme klären. Das geht halt nicht immer." (055/83)

Ähnlich ist dies auch in einem anderen Interview zu finden:

> „Ich versuche, die Sache, – und das passt der Schule nicht –, im Grunde genommen so zu gestalten, dass die Schule für ihre Bereiche selbst auch verantwortlich ist. Das heißt, es bringt mir nichts, wenn der Klassenlehrer bei mir anruft und sich über einzelne Jugendliche beschwert, weil die zu spät kommen und von mir verlangt, dass ich was tu. Das ist im Prinzip, ja, man schiebt die Schwierigkeiten mit beiden Händen weg. Das bringt mir nichts. Die Schule kriegt dann im Grunde genommen von mir jede Form von Unterstützung, die sie benötigt,

---

352 Berufsschulbesuch als Pflicht, auch im Hinblick auf eine zu erfüllende Berufsschulpflicht: 001/4; 010/8; 017/58; 024/44; 026/144; 047/85; 059/3, 11; 075/53
353 Verhalten im Unterricht: 025/131
354 Lehrer rufen an, wenn es Probleme gibt: 022/132; 025/44; 055/83; 098/188
355 Möglicherweise zeigt sich in diesem Bild auch, welches Verständnis von Aufgabenteilung und Funktionszuweisung die Berufsschullehrer hier haben. Sozialpädagogen sind im Verständnis der Lehrer für die Bearbeitung von Problemen, Defiziten und Krisen verantwortlich, hingegen sind sie selbst ausschließlich für die Vermittlung von Wissen zuständig. Diese Vorstellung ist weit verbreitet.

um auch Sanktionen durchziehen zu können. Und das hat eigentlich auch, nachdem sie es begriffen haben, funktioniert, wobei es dann im Grunde genommen, beim Abschlussgespräch, wollten sie es wieder anders haben. Ganz goldig." (033/137; ähnlich: 020/183).

Verhaltensauffälligkeiten, Abwesenheit, Konflikte der Jugendlichen mit den Berufsschullehrern sowie Leistungsprobleme schildern die Sozialpädagogen als Fehlverhalten, das in der Berufsschule zu Problemen führt. Leistungsprobleme der Jugendlichen entstehen bspw. dann, wenn die Jugendlichen nicht den Leistungsanforderungen des Lehrers entsprechen oder nicht mit dem Lerntempo der Berufsschulklasse mithalten können. Fraglich ist dabei, ob die gestellten Anforderungen dem Leistungsvermögen der Jugendlichen angemessen sind. Speziell dieser Punkt wird an einigen Stellen in den Beschreibungen der Sozialpädagogen kritisiert. Ein Sozialpädagoge führt dies bspw. darauf zurück, dass seine Jugendlichen in Klassen mit regulären betrieblichen Auszubildenden integriert sind. Die Jugendlichen der Benachteiligtenförderung zählen dort zu den Leistungsschwächsten der Klasse. Dies führe zu Demotivation und ziehe andere Probleme, wie Fehlzeiten und Leistungsschwäche, nach sich.[356]

In den Berichten der Sozialpädagogen über die Kooperationsbeziehungen zu den Berufsschulen zeichnet sich ab, dass die Qualität der Zusammenarbeit zwischen den Institutionen Schule und Bildungsträger sowie den dort arbeitenden Pädagogen sehr stark vom Interesse des Berufsschullehrers an einer solchen Kooperation abhängt. So ergibt sich aus den Interviews mit den Sozialpädagogen, dass bei ihnen das Interesse an einer Kooperationsbeziehung generell vorhanden ist und dort sogar als wichtige Voraussetzung für eine erfolgreiche Förderarbeit gesehen wird. Dies wurde eingangs bereits dargelegt. Bezüglich der Form der Zusammenarbeit weisen die Sozialpädagogen jedoch auf zwei Ausprägungen hin, die zeigen, dass die Qualität der Kooperation sehr stark von der Initiative der Lehrer abhängt. Zum einen gibt es Lehrer, die ebenfalls sehr an einer Kooperation interessiert sind. Speziell in diesem Fall wird hervorgehoben, dass die Lehrer Eigeninitiative entwickeln und ihren (Lehrer-)Dienst weit über das sonst übliche Maß hinaus ausüben.[357] Diese Lehrer besuchen selbst die außerbetriebliche Ausbildungseinrichtung.[358] Weiterhin zeichnen sich diese Lehrer dadurch aus, dass sie von sich aus die Sozialpädagogen zeitnah über Probleme und Fehlzeiten der Jugendlichen informieren. Die Sozialpädagogen betonen, dass sie aufgrund der Initiative der Lehrer relativ schnell z. B. auf Fehlzeiten reagieren können.

Das andere Extrem stellen Lehrer dar, die offenbar kein Interesse an einer Kooperation mit den Sozialpädagogen haben. Hier scheinen z. T. auch keine persönlichen Kontakte

---

356 Z. B. 001/152; ähnlich 009/113: hier steht allerdings das Problem im Vordergrund, dass die Jugendlichen auf verschiedene Schulen verteilt sind, was die Betreuung in der Berufsschule zusätzlich erschwert.

357 Ein Sozialpädagoge differenziert hier beispielsweise in Lehrer, die Dienst nach Vorschrift machen, und Lehrer, die sich darüber hinaus engagieren (037/76). Dies beinhaltet hier in erster Linie, dass die Berufsschullehrer ihre Unterrichtsthemen so lange bearbeiten, bis die Jugendlichen sie verstanden haben, d. h. sie dehnen beispielsweise die im Lehrplan für ein Thema vorgesehene Stundenzahl aus.

358 Lehrer besuchen die Einrichtungen: 010/108; 084/47; 102/163

zwischen Sozialpädagogen und Lehrern zu bestehen.[359] Entweder haben die Sozialpädagogen von diesen Lehrern noch nie etwas gehört oder sie sind sehr schwer zu erreichen. Der Kontakt findet nur auf Klassen- bzw. Schulleiterebene statt oder er wird nur zu Lehrern gesucht, mit denen die Sozialpädagogen bereits gute Erfahrungen gesammelt haben (039/102).

Das Verhältnis dieser wenig kooperativen Lehrer zu den Jugendlichen wird als eher konfliktreich beschrieben. Allerdings gehen die Sozialpädagogen auch davon aus, dass dies nicht nur auf die Lehrer zurückzuführen ist, sondern auch auf unangemessenes Verhalten der Jugendlichen im Unterricht. Dabei steht durchaus zur Debatte, ob die Berufsschullehrer dieses Fehlverhalten durch ihre ablehnende Haltung selbst provozieren. So stellt hier die Schlichtung der Konflikte zwischen Jugendlichen und Lehrern eine wichtige Aufgabe der Sozialpädagogen dar (002/137; 006/135; 015/23). Andererseits schildern Sozialpädagogen auch, dass insbesondere diese Lehrer keinen „Draht" zu den Jugendlichen finden oder kein Verständnis für deren individuelle Situation haben (037/78).

In den Interviews wird deutlich, dass sich die Mehrzahl der Kooperationsbeziehungen allerdings in einem Zwischenfeld zwischen den beiden beschriebenen Extremen abspielt. Hier ergibt sich das typische Bild der Kooperation[360]: Der Kontakt zwischen Sozialpädagoge und Berufsschullehrer findet eher häufig bzw. regelmäßig statt, erfolgt aber überwiegend auf Initiative der Sozialpädagogen.[361] Entweder wird viel miteinander telefoniert oder die Sozialpädagogen sind regelmäßig persönlich in der Berufsschule anwesend. Wie bereits oben beschrieben, geht die Initiative der Kontaktaufnahme meist nur dann von den Berufsschullehrern aus, wenn Probleme bestehen, für deren Bearbeitung die Sozialpädagogen oder andere Mitarbeiter der Bildungsträger zuständig sind bzw. für zuständig erklärt werden. Diesbezüglich wird von den Sozialpädagogen meist bemängelt, dass die Berufsschullehrer die Probleme der Jugendlichen in der Berufsschule eher zeitlich verzögert zur Sprache bringen und auch erst dann, wenn sie extreme Formen annehmen, bei denen der Berufsschulunterricht massiv gestört wird. Dadurch wird den Sozialpädagogen die Möglichkeit genommen, rechtzeitig zu intervenieren oder sogar einen Maßnahmeabbruch zu vermeiden (009/111; 068/29). Hauptsächlich geht es hierbei um Fehlzeiten der Jugendlichen, Zuspätkommen, Leistungsverweigerungen, Vergessen von Unterrichtsmaterialien, unangemessenes Verhalten oder um Konflikte zwischen Lehrern und Schülern. Weitere Probleme, die beschrieben werden, sind unangemessenes Verhalten im

---

359 Kaum oder keine persönlichen Kontakte zwischen Berufsschullehrer und Sozialpädagogen: 002/135; 017/151 dieser Sozialpädagoge beschreibt, dass er in diesem Fall auf die Informationen der Jugendlichen angewiesen ist; 020/180–187; 025/133

360 Das hier beschriebene Bild der Kooperationsbeziehung zwischen Sozialpädagogen und Berufsschullehrer stellt sich in verschiedenen Interviews ähnlich dar: 001/152; 002/135; 006/135; 010/100; 014/73, 93–95; 017/147–153; 020/132 in diesem Fall erscheint es besonders vorteilhaft für den Sozialpädagogen zu sein, dass die Berufsschule direkt an das Gelände des Trägers anschließt; 024/46, 91; 025/44, 125, 131; 030/123; 031/121; 037/88; 038/105; 039/33; 045/127; 047/105; 051/37; 052/139; 055/9; 068/27; 084/45. Sehr häufig ist in dem hier entstehenden Bild die Rede von guten Beziehungen zu den Berufsschullehrern.

361 Sehr deutlich beschreibt dies 017/147

Unterricht (Zeitung lesen und essen), oder die Jugendlichen haben ihre Unterlagen und Materialien vergessen.[362]

Ein typisches Bild der Kooperation zwischen Berufsschullehrern und Sozialpädagogen zeichnet sich weiterhin dadurch aus, dass die Sozialpädagogen die Berufsschule wöchentlich aufsuchen bzw. immer dann, wenn die Jugendlichen auch in der Schule sind. Ziel ist es, permanent Präsenz an der Schule, auch gegenüber den Jugendlichen zu zeigen. Einige Sozialpädagogen formulieren, dass es ergänzend zu diesen persönlichen Kontakten auch ein Pendelheft gibt, das zwischen Einrichtung und Berufsschule geführt und ausgetauscht wird. In diesem sind Anwesenheit, besondere Vorfälle und Noten der Jugendlichen dokumentiert. Eine Intention dieser Vorgehensweisen ist, den Jugendlichen einen engen Kontakt zwischen Träger und Berufsschule aufzuzeigen. Problemen und Fehlverhalten soll so vorgebeugt werden. So soll auch vermieden werden, dass die Jugendlichen Berufsschullehrer und Sozialpädagogen „gegeneinander ausspielen" können (025/131).

Langfristig gesehen sollen die Kooperationsbeziehungen zwischen Berufsschullehrern und Sozialpädagogen vereinfacht werden. Die Beziehung soll dadurch von einer formalen auf eine mehr informelle Ebene gehoben werden, in der bspw. spontane Kontakte sowie kurze Kommunikationswege möglich sind. Dabei sind die persönlichen Beziehungen zwischen Berufsschullehrern und Sozialpädagogen entscheidend für eine gute Zusammenarbeit. In einigen Fällen funktioniert dies wohl schon (047/105; 051/45).

Zweck der persönlichen Besuche der Sozialpädagogen ist es jedoch in erster Linie, die Noten und Leistungsstände der von den Sozialpädagogen betreuten Jugendlichen zu erfahren und die Anwesenheit zu überprüfen. Darüber hinaus sammeln die Sozialpädagogen Informationen, die sie für die Vorbereitung des Stützunterrichts oder für andere Interventionsmaßnahmen benötigen. Des Weiteren werden Lehrinhalte und Lehrpläne sowie der Einsatz von verschiedenen Unterrichtsmaterialien besprochen (z. B. 024/91; 038/105). Möglicherweise versuchen die Sozialpädagogen so Einfluss auf das methodische Vorgehen der Lehrer zu nehmen, um den Erfolg ihrer Jugendlichen sicherzustellen.[363]

Es kommt auch vor, dass Sozialpädagogen im Unterricht der Berufsschule hospitieren[364], wobei sich nur bedingt abzeichnet, welchem Zweck diese Hospitationen vordergründig dienen. Gar nicht deutlich wird, wie oft dies vorkommt. Ein Sozialpädagoge redet lediglich von größeren Zeitabständen zwischen den Hospitationen (077/39). Angesprochen wird, dass die Sozialpädagogen ihre Jugendlichen im Unterricht, und das Unterrichtsgeschehen insgesamt, beobachten möchten, um dadurch ihren Stützunterricht besser organisieren zu können.

Die Berichte der Sozialpädagogen über ihre Arbeit mit den Berufsschullehrern deuten auf eine Reihe von Konflikten hin, die sie ausgetragen haben. So berichteten zwei Sozialpädagoginnen in abH[365] von den massiven Problemen, die sie hatten, als sie die abH-Maßnahmeform erstmalig an die Berufsschulen in ihrer Region herangetragen haben. Teilweise sind diese Probleme bis heute nicht ausgeräumt: Die Berufsschullehrer zweifeln

---

362 Probleme in der Berufsschule: 010/108; 015/118; 017/149; 062/192
363 Dies wird zumindest in einem Interview angedeutet: 038/21
364 Sozialpädagogen hospitieren in der Berufsschule: 010/100; 015/29; 037/86; 038/21; 077/39; 078/124; 080/39; 081/77
365 vgl. 056/52; 057/93

an der Fähigkeit der Sozialpädagoginnen, adäquaten und qualitativ guten Unterricht durchführen zu können, der ihren eigenen Unterricht ergänzt. Manche Berufsschullehrer lehnen dieses Angebot sogar ab und unterstellen, dass sie alles selber können und den Förderunterricht für ihre Schüler selbst anbieten. Es wird wohl auch formuliert, dass die Jugendlichen, die den Berufsschulunterricht nicht bewältigen können, überlegen sollten, ob der Ausbildungsberuf sie nicht überfordere. Darüber hinaus raten manche Lehrkräfte den Schülern sogar von der Inanspruchnahme von abH ab. Die Sozialpädagoginnen beklagen, dass diese Berufsschullehrer es offenbar nicht verstehen, dass es bei abH auch um sozialpädagogische Begleitung geht, und dass dabei die Vermittlung theoretischen Wissens nur bedingt im Vordergrund stehe. Es wird auch berichtet, dass eine Zusammenarbeit mit diesen Lehrern zwar erfolgen muss, aber nur schwer möglich ist. Die Sozialpädagoginnen sind mit ihrem abH-Angebot hier auf großen Widerstand gestoßen. Möglicherweise sehen die Berufsschullehrkräfte die Sozialpädagoginnen als unmittelbare Konkurrenz, die ihre Arbeit in Frage stellt. Die Probleme, die der Jugendliche in der Berufsschule hat, stehen nicht im Vordergrund. Die Berufsschullehrer befürchten vielleicht auch, dass die Probleme, die der einzelne Jugendliche hat, auf ihre Arbeit zurückgeführt werden: der Jugendliche ist schlecht, weil der Lehrer schlechte Arbeit geleistet hat. Höchstwahrscheinlich liegt den Sozialpädagogen eine solche Bewertung fern, und sie ist auch nicht Gegenstand ihrer Arbeit. Lernprobleme werden nicht kausal auf die Arbeit der Berufsschullehrkräfte zurückgeführt.

Solche oder ähnliche Probleme kommen nicht nur in abH, sondern auch in anderen Maßnahmen vor. So fällt es auch den Sozialpädagogen in der Berufsvorbereitung und der Berufsausbildung sehr schwer, von einigen Berufsschullehrern anerkannt zu werden.[366] Ein grundlegendes Problem ist dabei, den Berufsschullehrern zu verdeutlichen, dass die sozialpädagogische Arbeit eine Unterstützung ihrer Arbeit darstellen kann und nicht als Bedrohung der eigenen Arbeit, geschweige denn als ein Kontrollinstrument zu verstehen ist.

Darüber hinaus werden weitere Probleme von den Sozialpädagogen geschildert:
– Da die Maßnahmen der Benachteiligtenförderung vergleichsweise spät im Ausbildungs- bzw. Schuljahr zusammengestellt werden bzw. beginnen und demzufolge auch die Teilnehmer und die Teilnehmerzahlen erst spät feststehen, ist die Organisation von Berufsschulplätzen in einigen Regionen schwierig. Offenbar haben die Berufsschulen hier Probleme damit, den Stundenplan umzuarbeiten und Unterricht oder Personal nachträglich bereitzustellen. In diesem Zusammenhang wird von den Sozialpädagogen die Verantwortung für die hier entstehenden Schwierigkeiten auch beim zuständigen Schulamt gesucht.[367]
– Es wurde oben bereits angesprochen, dass die Berufsschullehrer dazu tendieren, die Bearbeitung von Problemen an die Sozialpädagogen zu delegieren. Darüber hinaus beklagen Sozialpädagogen, dass einige Berufsschullehrer Störungen ihres Unterrichtes sogar vollständig ignorieren. Dies führt wiederum dazu, dass andere Schüler gestört werden bzw. ein Unterricht eigentlich unmöglich wird. Teilweise führen die Lehrer jedoch ihren Unterricht unbeirrt fort, so dass die Schuld für schulische Misserfolge auch den Jugendlichen zugewiesen werden kann.

---

366 vgl. z. B. 039/102; 040/37; 096/91
367 vgl. 005/64; 070/30

- Die Lehrer in den Berufsschulen sind nur schwer und wenn, dann nur in ihren Pausenzeiten zu erreichen. Dadurch wird die Zusammenarbeit erheblich erschwert.
- Informationen über die Schüler kommen eher selten von den Lehrern und wenn, dann nur auf Anfrage der Sozialpädagogen.
- Mangelnde Bereitschaft mancher Lehrkräfte, mit den Jugendlichen aus der Benachteiligtenförderung zu arbeiten.
- Die Selbsteinschätzung der Berufsschullehrer in einer gegenüber den Sozialpädagogen übergeordneten Position. Dies führt dazu, dass die Bereitschaft zur Kooperation sehr stark von den Lehrern abhängt und die Sozialpädagogen in die Bittsteller-Rolle gedrängt werden.

Außerdem schildern die Sozialpädagogen einige schultypische Probleme, die auch in den Medien häufig angesprochen werden. Gemeint sind insbesondere:
- Überalterung des Lehrerkollegiums, wobei sich ältere Kollegen teilweise offenbar nur schwer auf die jugendtypischen oder die für die Zielgruppe der Benachteiligtenförderung typischen Probleme einstellen können.
- Hohe Ausfallzeiten im Berufsschulunterricht. Dadurch kommt es auch dazu, dass Unterrichtseinheiten, die für den nachträglichen Erwerb von Schulabschlüssen erforderlich sind, nicht durchgeführt werden können.
- Finanznot der Schulen, was zu Mängeln in der materiellen und räumlichen Ausstattung der Schulen führt.
- Die Berufsschullehrer arbeiten mit sehr großen Schülerzahlen, wodurch eine zielgruppengerechte Arbeit nur schwer möglich ist und auf den einzelnen Schüler nur bedingt eingegangen werden kann.

Trotz aller geschilderten Probleme und Widerstände wird die Zusammenarbeit mit den Berufsschulen überwiegend als reibungslos und unproblematisch dargestellt. Demnach stellen die geschilderten Schwierigkeiten Einzelfälle dar. Diese Sichtweise kann auch darauf zurückgeführt werden, dass die Sozialpädagogen offenbar doch nicht unbedingt auf die Unterstützung der Berufsschullehrer angewiesen sind. Kritisch ist für die Sozialpädagogen, dass die Berufsschullehrer ihrerseits zwar die Zusammenarbeit teilweise erschweren, z. B. da sie vermeintlich nicht auf die Unterstützung der Sozialpädagogen angewiesen sind, und andererseits die Sozialpädagogen von den Lehrern in die Pflicht genommen werden, wenn es zu Problemen oder Konflikten mit den Jugendlichen kommt.

7.3 Kontakte zu den Eltern der Jugendlichen

Als ein weiterer wichtiger Kontaktpartner können die Eltern der Jugendlichen gesehen werden. Allerdings wird darin eine Dialektik deutlich: Einerseits sind die Eltern, die Familie, als soziales Herkunftssystem ein wichtiger Faktor für die Arbeit mit den Jugendlichen. Eltern können ein wichtiger Faktor für den Erfolg von Sanktions- und Interventionsstrategien der Sozialpädagogen sein. Aus diesem Grund binden einige Sozialpädagogen die Eltern in diese Strategien ein.[368] Das setzt eine positive Beziehung zu und die Akzeptanz der sozialpädagogischen Angebote durch die Eltern voraus (080/29). Sozialpädagogen

---

368 Einbinden der Eltern in sozialpädagogische Interventionen und Sanktionen: 001/22; 009/9; 014/154; 035/25; 038/100; 102/17; 103/89; 107/35

nutzen dazu Elternabende oder Elternsprechstunden.[369] Einige binden die Eltern in Beratungsgespräche, z. B. bei der Berufsberatung, mit ein. Allerdings reden Sozialpädagogen häufig auch davon, dass viele Eltern kaum daran interessiert sind, was mit ihren Kindern in den Einrichtungen geschieht.[370] Umso erschrockener reagieren manche Eltern, wenn sie hören, dass ihre Kinder Probleme machen (012/107). Von daher wird besonders dann der Kontakt zu den Eltern gesucht, wenn es um Fehlzeiten oder um Fehlverhalten geht und der Jugendliche selbst für den Sozialpädagogen nicht greifbar ist (012/101; 083/133). Vereinzelt gehen Sozialpädagogen auch davon aus, dass die Eltern selbst ein Fehlverhalten der Jugendlichen sanktionieren können. Das ist jedoch keineswegs sicher. Insgesamt werden sehr große qualitative Unterschiede in der Intensität der Zusammenarbeit von Eltern und Sozialpädagogen deutlich.

Andererseits kann das Elternhaus allerdings auch als Ursache für manche Probleme der Jugendlichen gesehen werden.[371] In schweren Konfliktfällen versuchen Sozialpädagogen entweder zwischen den Jugendlichen und seinen Eltern zu schlichten oder sie leiten eine Ablösung des Jugendlichen vom elterlichen Haushalt ein (083/24). An dieser Stelle wird auch klar, dass von Seiten mancher Eltern nicht der Wunsch besteht, in die Arbeit des Sozialpädagogen einbezogen zu werden. Hausbesuche sind z. T. sogar unerwünscht (001/43; 024/27). In Bezug auf Migrantenfamilien wird geschildert, dass die Jugendlichen hier häufig in die Betreuung der Geschwister einbezogen werden, wodurch es zu Problemen kommen kann (098/65). Andere Sozialpädagogen schildern Erfahrungen mit Alkoholismus und Gewalt in den Familien der Jugendlichen.

Die Kontakte zu den Eltern müssen mit den Jugendlichen im Vorfeld abgestimmt werden. Das hat verschiedene Ursachen. Zum einen sind die Jugendlichen z. T. über 18 Jahre alt, folglich müssen die Sozialpädagogen die Jugendlichen um Erlaubnis fragen, wenn Kontakt zu ihren Eltern aufgenommen wird.[372] Da zwischen den Sozialpädagogen und den Jugendlichen ein Vertrauensverhältnis bestehen soll, kann der Kontakt zu den Eltern dieses Verhältnis stören. Dies trifft vor allem dann zu, wenn es ohnehin Probleme mit den Eltern gibt. Dennoch gehen Sozialpädagogen davon aus, dass es gut ist, die Eltern zu kennen, um sich ein umfassendes Bild von dem Jugendlichen und von seiner Lebenswelt machen zu können (047/39).

Die Kontakte zu den Eltern der Jugendlichen ergeben sich auch, wenn die Eltern selbst aktiv werden. Das geschieht, wenn sie selbst Informationen darüber haben möchten, was ihr „Kind" in der Maßnahmen macht und wo die Probleme liegen. In diesem Sinne versuchen die Eltern teilweise auch, die Interessen ihrer Kinder zu vertreten. Dann zielen diese Kontakte nicht nur darauf ab, die Arbeit der Sozialpädagogen zu unterstützen

---

369 Elternabende und Elternsprechstunden: 001/22; 009/9; 026/166; 030/26; 049/174; 054/146

370 Geringes Interesse der Eltern am Kontakt zu den Sozialpädagogen: 009/9; 026/166; 030/26; 045/157; 049/177; 071/77; 077/87; 103/89; 107/33. Das liegt wohl daran, dass die Eltern mit der Erziehung ihrer Kinder ohnehin überfordert sind: 054/65. Demgegenüber gibt es jedoch auch Sozialpädagogen, die den Elternkontakt von sich aus nicht wünschen. Es widerstrebt ihnen, die Eltern als Druckmittel gegen die Jugendlichen einzusetzen: 063/29; 100/712. Von einem Sozialpädagogen werden die Eltern dagegen bewusst als Druckmittel verwendet: 102/21.

371 Elternhaus als Ursache der Probleme von Jugendlichen: 031/43; 054/65; 055/32; 098/65; 107/33

372 Wenn Jugendliche älter als 18 Jahre alt sind, ist die Elternarbeit schwieriger oder findet gar nicht statt: 008/61; 012/112 – 117; 030/26; 059/71; 068/21; 071/77; 072/47; 099/109

(005/14). Gerade hier handelt es sich wohl um eine wechselseitige Beziehung, bei der die Eltern auch eine Chance sehen, ihre eigenen Probleme mit ihren Kindern in den Griff zu bekommen. So suchen einige Eltern selbst die Hilfe der Sozialpädagogen und formulieren damit auch Anforderungen an die Sozialpädagogen.

> „Ja, Eltern tragen auch häufig die Erwartung an uns heran, dass ihre Söhne und Töchter fleißiger werden, dass sie strebsamer werden, dass sie vielleicht doch auch mal den Ernst der Lage in unserer Gesellschaft auf dem heutigen Arbeits- und Ausbildungsmarkt von uns vermittelt bekommen. Ja, wir als Experten, in den Augen der Eltern, sollen das den Jugendlichen häufig auch noch mal vermitteln. Da kriegen wir regelmäßig diesen Auftrag: ‚Erklären sie es doch meinem Jungen, wie wichtig das ist, und ich bin ja so froh und –.‟ (006/89; ähnlich 025/44; 039/53; 080/11)

Darin liegen offenbar zwei Intentionen verborgen. Die eine entspricht der „funktionalen Perspektive" der sozialpädagogischen Arbeit, in der es darum geht, den Jugendlichen in der Maßnahme zum „Funktionieren" zu bringen. Die Eltern versuchen, den Problemen, die ihre Kinder in der Maßnahme haben könnten, gegenzusteuern, indem sie die Arbeit der Sozialpädagogen unterstützen. Andererseits geht es ihnen wohl auch darum, ihre Kinder auf dem Weg in die Berufswelt zu unterstützen, und sie sehen in der Kooperation mit dem Sozialpädagogen eine Wahrnehmung ihres eigenen Erziehungsauftrages. Möglicherweise geschieht dies auch in der Sorge darüber, dass ihr Kind die Probleme anders gar nicht bewältigen kann. Die Sozialpädagogen versuchen, diese Bedenken zu relativieren (037/126; 049/99). Einige Sozialpädagogen beobachten mit Sorge, dass einige Eltern ihre Kinder „überbehüten" und damit „unselbstständig machen" (017/90–92; 077/87).

Widersprüchlich sind die Erfahrungen der Sozialpädagogen hinsichtlich des Elternkontaktes bei Ausländerfamilien. Einerseits werden sie als problematisch beschrieben. Stärker als bei Jugendlichen deutscher Abstammung werden ausländische Jugendliche durch ihre Eltern beeinflusst, sie unterliegen hier stärker den Regeln des eigenen Kulturkreises. Dies wurde bspw. in der Betrachtung der Praktika deutlich. Die Berufsfelder und Betriebe, in denen junge Frauen mit türkischer Abstammung Praktika machen konnten, wurden durch die Wertvorstellungen der Familien stark beeinflusst. Insgesamt sind sozialpädagogische Interventionen und Aktionen bei diesen Jugendlichen stärker als bei deutschen Jugendlichen von der Akzeptanz der Eltern abhängig. Kontakte bestehen hier wohl nur zu den „Familienoberhäuptern" (045/21). Besonders kritisch werden hier die Sprachprobleme mancher Eltern gesehen, die eine Zusammenarbeit fast unmöglich machen können (098/65–69). Andererseits werden manche Kontakte zu den Eltern ausländischer Jugendlicher positiver bewertet, als zu den Eltern deutscher Jugendlicher. Hier wird ein größeres Engagement der Eltern für ihre Kinder deutlich (069/17).

7.4 Sonstige Außenkontakte

Neben der Agentur für Arbeit sowie den Berufsschulen bestehen auch zu anderen Partnern Kontakte. Im Vergleich zu den bereits geschilderten Verbindungen zu Betrieben, zur Agentur für Arbeit und zu Berufsschulen, sind diese Kontakte eher sporadisch und themenspezifisch. Die weiteren Beschreibungen beziehen sich nun auf die Kontakte zu Beratungsstellen, anderen Trägern und auf die Kontakte zu den Kammern, insbesondere der IHK oder HWK.

Vor allem die Kontakte zu Beratungsstellen oder zum Jugendamt kommen offenbar dann zum Tragen, wenn die Betreuung durch die Sozialpädagogen einen Punkt erreicht, an dem sie sich selbst als nicht mehr zuständig sehen und ihre professionellen Grenzen erreicht sind (083/24; 086/155). Diese Grenzen der Zuständigkeit resultieren punktuell wohl auch aus den Gegebenheiten in den Maßnahmen.

7.4.1 Kontakte zu Beratungsstellen

Während bei den Kontakten zu Betrieben, Berufsschulen und der Agentur für Arbeit eine eher kontinuierliche Arbeit anzunehmen ist, wird bei den Kontakten zu den Beratungsstellen eine einzelfallorientierte, themenspezifische und bedarfsorientierte Zusammenarbeit deutlich. Feste Strukturen werden nicht beschrieben (035/125). In erster Linie bestehen die Kontakte zu Schuldner- und Drogenberatungsstellen.[373] Ein sozialpädagogisches Hauptanliegen ist es, den Jugendlichen in der Maßnahme zu stabilisieren. Dazu müssen auch die Drogen- und Schuldenprobleme gelöst werden. Die Sozialpädagogen stellen die erforderlichen Kontakte her, damit der Jugendliche die Unterstützungsangebote in Anspruch nehmen kann (063/29; 071/93). Ein Ziel ist es, dass der Jugendliche diese Angebote ab einem bestimmten Punkt der Förderung selbstständig wahrnimmt. Auch hier steht offenbar der Grundsatz der „Hilfe zur Selbsthilfe" im Vordergrund. Ein Sozialpädagoge betont die höheren Erfolgsaussichten, wenn der Jugendliche selbst aktiv wird (071/93). Wenn bereits Kontakte der Jugendlichen mit Beratungsstellen bestehen, werden diese aufgenommen, auch um Doppelangebote der Förderung zu vermeiden (011/30).

Ein besonders sensibles Thema ist der Drogenkonsum der Jugendlichen. Die Jugendlichen nehmen dies wohl weniger als Problem wahr, dagegen reagieren die Sozialpädagogen deutlich empfindlicher. Darin liegt möglicherweise ein Hinweis verborgen, welches gesellschaftliche Bild bei den Sozialpädagogen über Drogen und Drogenkonsum vorherrscht: Drogen führen zwangsläufig zu sozialem und gesellschaftlichem Abstieg. Der Drogenkonsum trägt dazu bei, dass Jugendliche ihre Berufsausbildung vernachlässigen. An Drogen- und Suchtprobleme schließt sich leicht Beschaffungskriminalität und Armut an. Ein Sozialpädagoge schildert die Schwierigkeiten, um Jugendliche davon zu überzeugen, dass sie die flankierenden Angebote von Suchtberatungen benötigen.

> „Wir müssen viel mit ihnen reden. Die sind ja der Meinung, ‚So ein bisschen Kiffen, ich habe das unter Kontrolle.' Und die merken auch nicht, wenn sie so weit sind, dass wir das merken. Das wollen sie nicht wahrhaben. Also da muss man schon sehr eingehend mit ihnen reden, das sie dann wirklich bereit sind, so eine Beratungsstelle aufzusuchen." (012/143)

Offenbar liegt eine Hauptaufgabe der Sozialpädagogen darin, bei den Jugendlichen die Akzeptanz für die Angebote der Beratungsstellen zu erzeugen.

Schuldenprobleme entstehen hauptsächlich durch nicht bezahlte Handyrechnungen (026/27; 071/93; 078/63), Zeitschriftenabonnements (014/37) oder Rechnungen durch Katalogbestellungen (014/37; 026/27). Es wird deutlich, dass die Sozialpädagogen im Rahmen von sozialpädagogischem Stützunterricht oder Einzelgesprächen selbst präventive Arbeit leisten, bspw. erstellen sie mit den Jugendlichen gemeinsam Haushaltspläne

---

373 Kontakte zu Schuldner- und Drogenberatungsstellen: 001/144; 002/96; 009/101; 012/140–145; 014/37; 015/23; 035/25; 063/29; 071/93; 086/187; 087/54

(014/37; 056/44).[374] Diese Probleme sind aus der Sicht der Sozialpädagogen entweder typisch für Benachteiligte oder sogar „jugendtypische" Probleme. Ein Sozialpädagoge schildert, dass er und seine Kollegen extra dafür von Schuldnerberatern geschult wurden, um hier richtig vorzugehen (086/187). Der Kontakt zu den Beratungsstellen erfolgt zu dem Zeitpunkt, an dem die Sozialpädagogen selbst nicht mehr weiter kommen (083/24).

Der Punkt, an dem Sozialpädagogen externe Beratungsstellen einbinden, ist bei Sucht- oder bei psychischen Problemen wohl deutlich schneller erreicht als bspw. bei Schulden. Vermutlich lässt sich dies darauf zurückführen, dass der Umgang mit Geld, möglicherweise sogar der Umgang mit finanziellen Problemen, ein Teil der Lebenswelt darstellt, den Jugendliche und Sozialpädagogen miteinander teilen, also auch gemeinsam thematisieren und bearbeiten können. Bei psychischen Problemen wie Suizidgefährdung oder Suchtproblemen ist dies wohl anders. Hier ist die Grenze der individuellen und professionellen Handlungsfähigkeit des Sozialpädagogen schneller erreicht. Hier erklären sich die Sozialpädagogen z. T. auch für nicht zuständig.

> „Ganz unterschiedlich. Also das fängt teilweise bei finanziellen Dingen an. Das sind meist langwierige Sachen. Oft ist es auch so, dass man das gar nicht lösen kann. Aber man kann vielleicht auch Wege aufzeigen, und dass man dann vermittelt, oder wir gehen zur Schuldnerberatung, oder wie auch immer. Ganz unterschiedlich. Wo ich Probleme habe, persönlich, ist bei Drogenproblematiken. Also jetzt nicht so, ich sage mal, weiche Drogen, aber bei harten Drogen, finde ich schon, da sind einfach Grenzen, da gehe ich nicht gerne mit um. Die Jugendlichen habe ich auch nicht gerne in der Maßnahme." (102/11; ähnlich: 006/83; 054/65; 068/41)

Die Einrichtungsleiter sprechen von einer Gratwanderung, die die Sozialpädagogen hier gehen und warnen sogar davor, Probleme bearbeiten zu wollen, für die sie nicht qualifiziert sind.[375]

7.4.2 Kontakte zu anderen Trägern

Kontakte der befragten Sozialpädagogen zu anderen Trägern wurden nur von wenigen Sozialpädagogen angesprochen. Dies geschah nur in den Einrichtungen, bei denen die Maßnahmen in einem Trägerverbund oder einer Bietergemeinschaft, d. h. auf einer formalen Grundlage durchgeführt wurden. In anderen Einrichtungen wurden Beziehungen zu anderen Trägern zwar angedeutet, allerdings ohne genauer zu spezifizieren, worauf sich diese Zusammenarbeit bezieht (068/21; 069/41; 080/52).

In einem Interview wurde dargelegt, dass die Zusammenarbeit mit anderen Trägern zu Beginn der Maßnahme erfolgt, wenn es darum geht, die Jugendlichen in die verschiedenen Einrichtungen aufzuteilen (091/19). Dies erfolgt auch unter Einbindung der Agentur für Arbeit. Andere Sozialpädagogen, deren Träger in Bietergemeinschaften arbeiten, schildern, dass ein Kontakt zu anderen Trägern lediglich zu Beginn der Maßnahme stattfindet. Während der Orientierungsphase sind die Werkstätten aller Träger eingebunden, was eine enge

---

374 Auch im Hinblick auf Drogen: 020/147 – 150; 038/25; 062/70: speziell hier wird die Eigenaktivität der Jugendlichen betont. Mehrere betroffene Jugendliche bearbeiten zunächst unter Anleitung der Sozialpädagogen, später allein ihre Suchtprobleme; 070/68; 071/93

375 Einrichtungsleiter legen Grenzen der sozialpädagogischen Betreuung fest: 019/103; 021/103; 067/87; 106/59

Zusammenarbeit notwendig macht (102/53; 103/16–19). Später erfolgt die Zusammenarbeit, wenn die Jugendlichen im Ergebnis der Eingangsanalyse einem bestimmten Berufsfeld und einer entsprechenden Werkstatt zugewiesen werden (006/73). Insgesamt ist festzuhalten, dass die Kontakte zwischen den Mitarbeitern der verschiedenen Träger in den meisten Fällen dann stattfinden, wenn es um die Allokation der Jugendlichen innerhalb der Trägerverbünde geht.

Eine wirklich intensive Zusammenarbeit von Sozialpädagogen verschiedener Träger wurde nur in einem Interview geschildert (005). Dabei handelt es sich jedoch um eine Bildungskoordinatorin in einer Modellregion der „Neuen Förderstruktur". Die Bildungskoordinatoren fungieren als zentrale Schnittstelle zwischen den verschiedenen Trägern der Förderstruktur. Es ist anzunehmen, dass die Bildungsbegleiter im Fachkonzept eine ähnliche Funktion wahrnehmen. Damit ist zu vermuten, dass die Kooperation der Träger untereinander im Zuge der Einführung des Fachkonzeptes zugenommen hat. Dem ist später noch nachzugehen.

Im Fall der Bildungskoordinatorin wird geschildert, dass die Ausbilder, Stützlehrer und Sozialpädagogen der verschiedenen Träger in Arbeitskreisen sehr eng zusammenarbeiten (005/4). Hier geht es vor allem um die Diskussion und Klärung inhaltlicher Fragestellungen der Berufsvorbereitung. Der Arbeitskreis der Ausbilder setzt sich mit den Fragen der Qualifizierungsbausteine auseinander, die Stützlehrer mit den Verfahren zur Kompetenzfeststellung, und die Sozialpädagogen mit einem sogenannten Regelkatalog. Dabei geht es um die Bestimmung einheitlicher Qualitätsstandards, die Gestaltung und Einführung einheitlicher Formulare wie Beurteilungen, Beobachtungsbögen oder Vertragsvorlagen (005/10). Ziel ist es, die organisatorischen Abläufe innerhalb des Netzwerkes zu vereinfachen und einheitliche Standards im Einsatz pädagogischer Instrumentarien zu vereinbaren.

Besonders schwierig war es für die Bildungskoordinatorin, einen Zugang zu den verschiedenen Trägern zu finden. Möglicherweise sind hier Konkurrenzgedanken und die Sorge, dass von außen jemand Einblick in die Arbeit des Trägers nimmt, von Bedeutung. Es ist nicht zu vergessen, dass die Träger, selbst wenn in dem Bereich der Berufsvorbereitung zusammenarbeiten, doch in anderen Bereichen Konkurrenten sind. Um die Zusammenarbeit zu vereinfachen finden viele informelle Kontakte der Bildungskoordinatorin statt. Dadurch wird hier die Zusammenarbeit von einer formellen in eine informelle, stark persönliche Beziehungsebene übersetzt. Ähnliches wurde bereits bei den Berufsschullehrern beobachtet. Möglicherweise geschieht dies hier mit einer ähnlichen Intention, die Kommunikation zu verbessern und die Kommunikationswege zu verkürzen.

Zusammenfassend ist festzuhalten, dass die Kontakte zu anderen Trägern sehr begrenzt, um nicht zu sagen gar nicht vorhanden waren. Zumindest wurden sie in den Interviews kaum deutlich. Dort wurde zwar darauf hingewiesen, dass derartige Kontakte bestehen, es wurde allerdings nicht klar, was diese beinhalten und wodurch sie sich qualitativ auszeichnen.

7.4.3 Kontakte zu den Kammern

Die Kontakte zu den Industrie- und Handelskammern bzw. zu den Handwerkskammern wurden kaum angesprochen. Dennoch sind sie wohl nicht weniger wichtig, da sie einmal zu den „zuständigen Stellen der Berufsausbildung" gehören, zum anderen sind sie wichtige Akteure auf dem Ausbildungs- und Arbeitsmarkt der Regionen. Die Kooperation mit den Kammern ist bspw. bei der Vermittlung der Jugendlichen in den ersten Arbeitsmarkt von Bedeutung (006/139; 071/139; 087/54). Die Kammer stellt auch eine Unterstützung für die Betriebsakquise dar. Hier werden die Kontakte der Ausbildungsberater zu Betrieben oder die Angebote von Lehrstellenbörsen (006/89) genutzt. Die Kammern sind eine Schnittstelle zum Arbeitsmarkt und ein strategischer Partner bei der Vermittlung der Jugendlichen in den ersten Arbeitsmarkt.

Weiterhin sind die Kammern für die Entwicklung und Zertifizierung von Qualifizierungsbausteinen oder Teilqualifikationen zuständig. Auch hier findet eine enge Zusammenarbeit zwischen Trägern und Kammern statt. Das gilt vor allem für die Berufsvorbereitung (005/61; 062/210).

Des Weiteren sind die Kammern für die Durchführung von Zwischen- und Abschlussprüfungen zuständig. Die Zusammenarbeit der Sozialpädagogen mit den Kammern erfolgt besonders dann, wenn die Sozialpädagogen in die Vorbereitung und Durchführung von solchen Prüfungen eingebunden sind (062/210; 100/147–154). Allerdings sind dafür insgesamt eher die Ausbilder zuständig, die teilweise in den Prüfungskommissionen der Kammern sitzen. Das wurde bereits angesprochen. Die dort entwickelten Kontakte zu anderen Prüfern werden bspw. für die Akquise von Praktikumsbetrieben genutzt (008/61; 062/198). Offenbar pflegen nur die wenigsten Sozialpädagogen Kontakte zu den Kammern. Dies hängt damit zusammen, dass die Bedeutung der Kammern für die sozialpädagogische Arbeit sehr begrenzt ist und sich stärker auf fachliche bzw. inhaltliche Aspekte der Berufsvorbereitung und der Ausbildung bezieht.

8. Handlungsspielräume und Grenzen sozialpädagogischer Arbeit

8.1 Einschätzung des Handlungsspielraumes der Sozialpädagogen

Allen Pädagogen obliegt in ihren Handlungsfeldern direkt oder indirekt die Verantwortung für die Erziehung nachwachsender Generationen. In demokratischen Gesellschaftsformen wird den Pädagogen, wie z. B. Lehrern, in ihrem Aufgabenfeld und Verantwortungsbereich ein umfassender Handlungs- und Entscheidungsspielraum eingeräumt, damit sie den gesellschaftlich an sie gestellten Anforderungen gerecht werden und diese auf eine pädagogisch begründete Weise mit den individuellen Lebenslagen, Entwicklungspotenzialen und Bildungsinteressen ihrer „Zöglinge" in Einklang bringen können. Speziell für Lehrer in den staatlichen Schulen sind diese Freiräume sogar gesetzlich abgesichert, z. B. durch die Schulgesetze der Länder. Zu klären ist hier, inwieweit diese Handlungsautonomie auch für die Sozialpädagoginnen und Sozialpädagogen im Handlungsfeld der Benachteiligtenförderung gilt.

Grundsätzlich zeigen alle Interviews, dass auch den Sozialpädagogen in der beruflichen Integrationsförderung ein großzügiger Handlungsspielraum gewährt wird.[376] So wird es von der Mehrheit der Sozialpädagogen beschrieben. Sie kennzeichnen ihre Handlungsfreiheit im Wesentlichen an den folgenden Punkten:
- die Freiheit der Methodenwahl[377]
- die (relativ) freie Arbeitseinteilung
- die guten Möglichkeiten, kurzfristig auf spontane Anforderungslagen reagieren zu können[378]
- die Freiheit, eigene Entscheidungen treffen zu können ohne diese bei der Trägerleitung absichern zu müssen
- die Möglichkeit, den Jugendlichen in den Maßnahmen einen Entwicklungsraum zu gewähren, in dem sie auch Fehler machen können, ohne dass diese sofort sanktioniert werden müssen. Zu diesem Punkt zählt auch die Freiheit, zu entscheiden, wann Sanktionsmaßnahmen eingeleitet werden.
- das Recht, in der Arbeit eigene Schwerpunkte setzen zu können und das, was ihnen wichtig erscheint, zu realisieren. Dies geschieht unabhängig von der Einflussnahme anderer Akteure. Den sozialpädagogischen Fachkräften schreibt keiner vor, was zu tun und zu lassen ist.[379]
- die Freiheit, bei der inhaltlichen Ausgestaltung spezieller Angebote, wie beispielsweise von Freizeitangeboten oder anderen sozialen Lerneinheiten
- die Freiheit bei der Arbeitsorganisation, z. B. in Bezug auf die Organisation und Durchführung der Praktikumsbetreuung.

---

376 Die Aussage basiert auf 32 Nennungen, in denen die Sozialpädagogen ihren Handlungsspielraum als ausreichend beschreiben. Dem gegenüber stehen acht Beschreibungen, in denen deutlich wird, er sei zu klein.

377 Ein Sozialpädagoge formuliert hier, dass es ihm zwar freigestellt ist, wie er seine Ziele erreicht oder seine Aufgaben wahrnimmt. Was ihm nicht freigestellt ist, sind die Aufgaben die er zu erfüllen hat. Diese werden ihm offenbar vorgegeben (030/103)

378 vgl. 012/125

379 vgl. 022/86; 025/82; 029/96; 045/89; 047/47; 052/89

Auch von Seiten der Agenturen und der Berufsberater werden offensichtlich kaum Einschränkungen des sozialpädagogischen Handlungsraumes vorgenommen. In den Interviews kommt zum Ausdruck, dass oftmals ein Vertrauensverhältnis zwischen den Einrichtungen bzw. dem Sozialpädagogen und den Berufsberatern besteht. Dieses Verhältnis ist im Laufe der Maßnahmejahre entstanden[380] und stellt die Grundlage für dieses Vertrauen dar.

Darüber hinaus erstreckt sich die Handlungsfreiheit auch auf die selbstständige Bestimmung der Zielstellungen für das sozialpädagogische Handeln. Hier stehen den Pädagogen oft mehrere Optionen offen, die sich zum Teil widersprechen können, zum Beispiel die Vermittlung in Ausbildung oder in Arbeit. Hier entscheiden sich die meisten Sozialpädagogen für die Vermittlung in Ausbildung, weil eine berufliche Ausbildung aus ihrer Sicht, die einzige Chance auf individuelle Weiterentwicklung, Bildung und vor allem dauerhafte berufliche Integration darstellt.[381] Nach Auffassung der Sozialpädagogen wird durch eine Berufsausbildung die Grundlage für „lebenslanges Lernen" gelegt und der Zugang zu weiterführenden Bildungsgängen eröffnet. Die Vermittlung in Arbeit, stellt insofern nur eine kurzfristige Not- oder Übergangslösung dar.

In den Fällen, in denen die Sozialpädagogen neben der sozialpädagogischen Begleitung und Betreuung auch für die Maßnahmeleitung verantwortlich sind, geht die Handlungsfreiheit mit verschiedenen Weisungsbefugnissen einher. Offenbar ist in diesen Fällen nicht nur der Integrationsgrad der Sozialpädagogik in die Maßnahme am größten, sondern auch die Handlungsautonomie der sozialpädagogischen Fachkräfte.

Einige wenige Sozialpädagogen beschrieben indes ihren Handlungsspielraum als eher eingeschränkt. In erster Linie begründeten sie diese Einschätzung
– mit der Einflussnahme durch die Agentur bzw. die Berufsberater sowie durch die formalen Vorgaben und Richtlinie in den geltenden Durchführungsanweisungen sowie den Dienstblättern und Runderlassen der Agentur für Arbeit
– mit dem Einfluss anderer Akteure, insbesondere Ausbilder und Trägerleitung und
– mit dem Fehlen zeitlicher Ressourcen für eine zufriedenstellende, sozialpädagogische Arbeit.[382]

Zwei Sozialpädagogen können ihren Handlungsspielraum nicht eindeutig beurteilen. Sie stellen heraus, dass es Bereiche gibt, in denen sie über Handlungsfreiheit verfügen, andererseits werden sie an anderer Stelle wieder eingeschränkt.[383]

Angesichts des überwiegend als groß wahrgenommenen Handlungsspielraumes lässt sich zunächst vermuten, dass die Sozialpädagogen und ihre Arbeit kaum einer Kontrolle unterliegen. Das ist jedoch genauer zu betrachten. Von den übergeordneten Instanzen, den Trägerleitungen und der Berufsberatung bei der Agentur für Arbeit wird anscheinend großer Wert auf die Dokumentation und Nachvollziehbarkeit sozialpädagogischer Arbeit ge-

---

380 vgl. 025/61; 031/93; 052/151; 056/127

381 Auch Trägerleitungen und Berufsberater heben die große Bedeutung der Vermittlung in berufliche Ausbildung hervor. In Anbetracht dessen hat Berufsausbildung aus Sicht der Akteure in der Benachteiligtenförderung eine nach wie vor ungebrochene, hohe Relevanz für die Jugendlichen (vgl. 020/109; 030/70–71; 074/66–75; 102/63).

382 vgl. 008/89; 011/116; 020/203; 024/109; 025/179; 080/78; 098/155

383 vgl. 005/55; 081/120–125

legt. So wird auch in den Interviews häufig von den Sozialpädagogen beschrieben, dass die Nachweisführung einen wesentlichen Teil ihrer Arbeit einnimmt. Die sozialpädagogischen Aktivitäten müssen also trotz aller gegebenen Freiheit gegenüber anderen vertretbar und vor allem nachweisbar sein.[384] Ziel ist es offenbar auch, in der Form eine Legitimation für die sozialpädagogischen Aktivitäten zu erhalten. Allerdings finden sich in den Interviews überhaupt keine Hinweise darauf, dass aufgrund der Nachweisführung jemals die sozialpädagogische Arbeit massiv kritisiert oder andere, negative Konsequenzen gezogen worden seien.

Aus Sicht der Akteure Berufsberater und Einrichtungsleiter werden die bisher geschilderten Aussagen bezüglich des Handlungsspielraums der Sozialpädagogen bestätigt. Von den befragten Mitarbeitern der Agentur für Arbeit wird die Inanspruchnahme bzw. Wahrnehmung eines Freiraumes durch die Sozialpädagogen sogar vorausgesetzt, da sie dadurch die Arbeit der Berater offenbar entlasten und besser agieren können. Die Berufsberater erwarten von den Sozialpädagogen eine relativ große Selbstständigkeit und die Fähigkeit, eigenständige Entscheidungen zu treffen. Die Sozialpädagogen sollen die Probleme mit den Jugendlichen zunächst allein zu klären versuchen und sie nicht auf den Berufsberater abwälzen.[385] So äußert ein Mitarbeiter der Agentur für Arbeit:

> „Ja! In der Regel sind es ja Träger, mit denen wir zusammenarbeiten, die in der Berufsvorbereitung auf eine gewisse Erfahrung aufbauen, die über Jahre hinweg dort ihre eigenen Erfahrungen gesammelt haben und die im Prinzip, sage ich mal so, die Erwartung, die die Bundesagentur an sie setzt, an und für sich kennen. Fakt ist natürlich eins, dass wir davon ausgehen, wenn wir einen Jugendlichen in diese Maßnahme vermitteln, dass der Jugendliche also von dem Sozialpädagogen begleitet wird, betreut wird. Und dass bei auftretenden Problemen der Sozialpädagoge versucht, die Probleme erst mal mit dem Jugendlichen zu klären, selber zu klären, und die Probleme nicht an den zuständigen Berufsberater weiterdelegiert. Es gab da sicher auch mal Tendenzen vor Jahren, dass also jeder kleine Verstoß sofort nun dem Berufsberater gemeldet wurde, der ja nun noch hunderttausend andere Aufgaben zu erledigen hatte und sicher da auch überfordert war im Detail, diese Dinge zu machen." (043/68–69)

Die Mitarbeiter der Agentur verstehen sich offenbar lediglich als letzte Entscheidungsinstanz vor einer Interventionsmaßnahme, die vom Sozialpädagogen oder der Einrichtung nicht alleine getragen werden kann, dar. Im Extremfall ist das beispielsweise der Maßnahmeabbruch. Speziell in diesem Fall müssen vorher Absprachen getroffen und ein bestimmter Weg eingehalten werden. Üblicherweise ist diesem Weg die Entscheidung der Trägerleitung vorgeschaltet. An dieser Stelle wird deutlich, dass sich der Kontakt der Berufsberater zu den Maßnahmen zum Teil auf spezielle Ereignisse (Sanktionsmaßnahmen) oder auf bestimmte Maßnahmezeitpunkte (zum Maßnahmeende) beschränkt.[386] Andererseits gibt es auch Berufsberater, die formulieren, sie wären regelmäßig im Maßnahmeverlauf vor Ort und in den Einrichtungen präsent, da sie für die Einhaltung einer bestimmten Qualität verantwortlich sind.[387]

Offenbar gibt es insbesondere für Sanktionen einen vorgeschriebenen, standardisierten oder normierten Weg, der einzuhalten ist. Maßnahmeabbrüche, Abmahnungen oder andere

---

384 vgl. z. B. 068/64; 083/56; 084/139–141; 107/127
385 vgl. 042/34
386 vgl. 018/76–81
387 vgl. 027/67; 036/84–87

Sanktionen – die rechtliche Konsequenzen nach sich ziehen – sowie die Förderplanarbeit und Beurteilung von Teilnehmern sind Aktivitäten, welche einer Zusammenarbeit und Zustimmung von und mit Einrichtungsleitung und Agenturmitarbeitern bedürfen.[388] Die Planung von Exkursionen, Freizeitaktivitäten, die Präsentation des Trägers nach außen usw. sind Aktionen, die in den meisten Fällen lediglich gegenüber der Einrichtungsleitung gerechtfertigt bzw. von ihr legitimiert werden müssen und häufig auch mit anderen Mitgliedern des Ausbildungsteams besprochen werden. An dieser Stelle werden bereits einige Einschränkungen in der sozialpädagogischen Handlungsfreiheit deutlich.

8.2 Grenzen sozialpädagogischen Handelns

Resümierend lässt sich sagen, dass es trotz einer allgemein sehr weit gefassten Handlungsautonomie anscheinend doch einige Faktoren gibt, die die Sozialpädagogen in ihrer professionellen, pädagogischen Kreativität und Freiheit einschränken.

Aufgrund der eher offenen Aussagen, worauf sich sozialpädagogische Handlungsautonomie oder Handlungsfreiheit erstreckt, lässt sich in den Interviews nur vage erschließen, wie flexibel z. B. mit den formalen Anforderungen und Bestimmungen, die einen begrenzenden Einfluss ausüben, umgegangen werden kann. Dies beinhaltet beispielsweise die Möglichkeit, einen Maßnahmeabbruch aufgrund umfangreicher unentschuldigter Fehlzeiten zu verzögern. So wird hier nur in einem Einzelfall geschildert, dass die Jugendlichen dazu aufgefordert werden, auch wenn sie verschlafen haben, in die Einrichtung zu kommen, damit kein unentschuldigter Fehltag gegenüber der Agentur für Arbeit nachgewiesen werden muss bzw. damit die reguläre „Abbruchspirale", also schriftliche Ermahnung, zwei Abmahnungen und letztendlich die Kündigung möglichst weit hinaus geschoben werden kann.

Wie bereits angedeutet, ist es kaum möglich zu beschreiben, wie dieser Spielraum von den Sozialpädagogen genutzt wird, um die gewährte Handlungsautonomie auszudehnen. Gerade durch diese Elastizität im Umgang mit normierenden Vorgaben ist es dem Sozialpädagogen möglich, auf individuelle Anforderungslagen oder Krisen, wie am Beispiel bereits beschrieben, flexibler zu reagieren. Also ist die Frage zu stellen, durch welche Faktoren der grundsätzlich vorhandene und gewährte pädagogische Handlungsspielraum begrenzt wird. Einige Punkte wurden bereits angedeutet wie z. B. der Umgang mit formalen Bestimmungen in Bezug auf Fehlzeiten.

Die Begrenzungen der sozialpädagogischen Arbeit werden von den Sozialpädagogen sehr vielschichtig wahrgenommen und beschrieben. Um hier ein möglichst überschaubares und systematisches Bild zu erzeugen, sollen diese begrenzend wirkenden Faktoren in strukturelle und professionelle Grenzen unterschieden werden. Dabei stellen strukturelle Begrenzungen die Aspekte dar, welche offenbar aus dem System bzw. der formalen Struktur und den formalen Anforderungslagen der Benachteiligtenförderung resultieren. Im Unterschied dazu werden unter dem Begriff der professionellen Grenzen die Punkte zusammengefasst, die aus dem beruflichen Selbstverständnis, aus den professionellen Zielstellungen der Sozialpädagogen oder auch aus dem individuellen Leistungsvermögen der Sozialpädagogen sowie aus der Verfassung ihrer Klienten entstehen. Insofern sind profes-

---

388 vgl. z. B. 002/123; 009/76; 011/108; 012/77–79; 025/92; 080/72

sionelle Grenzen teilweise auch mit individuellen Grenzen verbunden. An einigen Punkten lässt sich eine eindeutige Differenzierung und Zuordnung nur schwer vornehmen. Ebenso ist darauf hinzuweisen, dass die Beschreibung der Grenzen unabhängig von der quantitativen Einschätzung des gewährten Handlungsspielraumes erfolgt ist.

8.2.1 Strukturelle Grenzen sozialpädagogischer Arbeit

Zunächst muss noch einmal darauf hingewiesen werden, dass sich die Begrenzungen der Sozialpädagogen weniger auf die Erfüllung der übertragenen Aufgaben auswirkt, sondern vielmehr bezogen ist auf die Möglichkeiten und Freiräume, die den Sozialpädagogen für die direkte einzelfall- oder gruppenbezogene Arbeit zur Verfügung stehen. Die darzustellenden strukturellen Grenzen wirken hauptsächlich in Bezug auf das, was Sozialpädagogen im Kern als ihre sozialpädagogische Arbeit verstehen, nämlich die unmittelbare Arbeit mit den Jugendlichen.

Zunehmender Anteil administrativer Aufgaben

Als eine Einschränkung des Handlungsspielraumes stellt sich der immer größer werdende Anteil administrativer Aufgaben in der sozialpädagogischen Arbeit dar.[389] Durch die Wahrnehmung und Erfüllung dieser Aufgaben kommen die Sozialpädagogen einer von der Agentur für Arbeit und von der Trägerleitung geforderten Nachweispflicht nach. Viele der befragten Sozialpädagogen befürchten, dass diese administrativen Aufgaben zu Lasten der eigentlichen sozialpädagogischen Arbeit gehen. Sie beschreiben, dass die Zeit, die für den Jugendlichen und die Bewältigung seiner Probleme zur Verfügung steht, geringer wird.[390] Die administrativen Aufgaben, zu denen die Sozialpädagogen offenbar jeglichen „Schriftkram" zählen, umfassen im Konkreten:
– das Führen von Anwesenheitslisten oder anderen Listen
– das Führen von pädagogischen Tagebüchern
– das Anfertigen von Nachweisen, z. B. für die Umsetzung des QM-Systems
– das Schreiben von Berichten
– das Anfertigen von Briefen an Betriebe, Eltern, Behörden oder Berufsberater
– die Beteiligung an der Erstellung von Ausschreibungsunterlagen für neue Maßnahmen oder
– das Erstellen von Abrechnungen.

Diese Tätigkeiten werden als Einschränkung des pädagogischen Handlungsspielraumes angesehen, weil sie von den Sozialpädagogen nicht als pädagogische Arbeiten betrachtet werden und einen Großteil der zur Verfügung stehenden Arbeits- und Betreuungszeit in Anspruch nehmen. Stellenweise wird selbst die Förderplanarbeit hierzu gezählt, da einige Sozialpädagogen dieses Instrument offenbar als ein zusätzliches, formales Dokumentationsinstrument sehen und dementsprechend einsetzen.[391]

---

389 vgl. hierzu z. B. 085/55; 086/177
390 vgl hierzu z. B. 002/161; 010/36; 015/30–31; 020/134
391 vgl. 011/76

Einige Sozialpädagogen versuchen diese Einschränkung der „eigentlichen" sozialpädagogischen Arbeit zu umgehen, indem sie sich bei anstehenden Problemen für den Jugendlichen entscheiden, d. h. die „Schreibarbeit hintanstellen". Manche akzeptieren hierfür auch Überstunden oder konzentrieren diese Arbeiten auf einen Tag in der Woche, an dem die Jugendlichen in der Berufsschule sind. Wieder andere pflegen offenbar einen sehr flexiblen, z. T. permanenten bzw. prozessimmanenten Umgang mit diesen Aufgabenstellungen. So werden Nachweise, Qualitätsnachweise des QM, selbst der Förderplan auf Notizzetteln fortgeführt und in die entsprechenden Dokumente, Vorlagen bzw. Instrumente eingefügt. Das schriftliche Übertragen würde wiederum zu viel Zeit in Anspruch nehmen.

Vielfalt der Aufgabengebiete und Zuständigkeiten von Sozialpädagogen

Es wurde bereits dargelegt, dass Sozialpädagogen eine Vielzahl von Aufgaben wahrnehmen. Insgesamt entsteht der Eindruck, dass diese Vielzahl von Aufgaben durch ihre Komplexität die Sozialpädagogen in ihrem Handlungsspielraum begrenzen. So werden sie neben ihren sozialpädagogischen Aufgaben offenbar in allen Maßnahmeformen sehr stark in die Durchführung von Stützunterrichten eingebunden. Die inhaltliche Ausgestaltung des Unterrichtes obliegt zwar in erster Linie den Sozialpädagogen selbst[392], jedoch sind dabei die Anforderungen der Ausbildung, des theoretischen Unterrichtes in der Berufsschule und die dort entstehenden Defizite und Probleme der Jugendlichen zu berücksichtigen.

Überwiegend in der Berufsvorbereitung nutzen viele Sozialpädagogen die Zeit des Stützunterrichtes für soziale Lerneinheiten. In der Berufsausbildung, also in BaE und abH, wird der Stützunterricht überwiegend als Lernarrangement für theoretische, berufsbezogene Inhalte genutzt. Hier wird offenbar von den Sozialpädagogen darauf geachtet, dass er sich von der Sozialform des Berufsschulunterrichtes, also dem Frontalunterricht, deutlich unterscheidet. Der Stützunterricht scheint einer der wenigen Aufgaben sozialpädagogischer Arbeit zu sein, die zeitlich geplant erfolgen kann, da die Termine im Vorfeld festgelegt werden.

Überwiegend in der Berufsvorbereitung und in abH-Maßnahmen obliegt den Sozialpädagogen z. T. auch die Aufgabe der Maßnahmeleitung und -organisation. Die sich daraus ergebenden Anforderungen und Aufgaben sind ebenfalls Faktoren, die die pädagogischen Handlungsressourcen für die direkte Arbeit mit den Jugendlichen einschränken.

Fehlende Rahmenbedingungen und Qualifikationen für die Bearbeitung spezifischer Problemlagen

Es wurde bereits angedeutet, dass es spezifische Krisen- bzw. Problemlagen bei Jugendlichen gibt, die von den Sozialpädagogen in der Benachteiligtenförderung nur bedingt bearbeitet werden können. Diesbezüglich werden hauptsächlich
– psychische Probleme
– Suchtprobleme
– Straffälligkeit

---

392 So werden im Rahmen von Stützunterrichten z. B. sozialpädagogische Gruppenangebote unterbreitet.

- Lernbehinderungen und
- Schulden

benannt.[393] Aus Sicht der Sozialpädagogen lassen sich diese Probleme nicht von ihnen allein bearbeiten, da ihnen hierfür z. T. die Qualifizierungen fehlen.[394] Viele Einrichtungen lösen dieses Problem durch den Aufbau von Netzwerken und Kooperationen zu den einschlägigen Stellen. Wie oben bereits beschrieben gibt es auch Träger, die durch Weiterbildung ihrer Sozialpädagogen oder durch andere pädagogische oder psychologische Fachkräfte versuchen, diese Probleme zunächst trägerintern und später auf der Grundlage eines „Case-Managements" zu bearbeiten.

Bis zu diesem Punkt scheint diese Grenze eine eher professionelle zu sein. Die strukturelle Grenze wird dadurch bestimmt, dass den Sozialpädagogen offenbar bestimmte Rahmenbedingungen fehlen, um diese Probleme zu bearbeiten bzw. behandeln zu lassen. Häufig wird der Maßnahmezeitraum als zu kurz eingeschätzt.[395] Trägerleitungen gehen hier auch davon aus, dass der Betreuungsschlüssel dafür zu niedrig und der Anteil der Sozialpädagogik zu gering ist. Im Falle von Lernbehinderungen sind die Sozialpädagogen der Auffassung, dass die Maßnahmen für diese Zielgruppe nur bedingt geeignet sind[396], zumindest wenn diese Probleme an einem Einzelfall in der Maßnahme auftreten.

Für Alkoholsucht oder Drogenkonsum gelten zusätzliche Aspekte. Hier wird der Maßnahmeerfolg für den Jugendlichen häufig in Frage gestellt.[397] Aus diesem Grund können diese Probleme auch zum Maßnahmeausschluss führen. Dies geschieht vor allem, wenn sich multiple Problemlagen und gravierendes Fehlverhalten des Jugendlichen innerhalb der Maßnahme an sein Suchtproblem anschließen. Insbesondere bei Drogenabhängigkeit scheint ein Maßnahmeausschluss auch aufgrund der Stigmatisierung durch soziale Folgen der Sucht, Verhaltensänderungen des Jugendlichen, auflaufende unentschuldigte Fehlzeiten, die mit Suchtverhalten zu begründen sind, das soziale Milieu, in welchem die Jugendlichen verkehren usw. zu erfolgen. Einige Einrichtungen verfahren hierbei offenbar

---

393 vgl. 006/83; 026/27; 030/22; 033/69 und 83; 063/149–154; 071/94; 108/84

394 vgl. 051/104; 059/75; 060/30; 074/105

395 Dieses Problem, einer zu kurzen Maßnahmedauer gilt offenbar nicht nur für die hier besprochenen Problemlagen, sondern auch für andere. Speziell dieser Punkt der zu kurzen Maßnahmedauer stellt aus Sicht der Sozialpädagogen jedoch eine weitere strukturelle Grenze dar und wird separat besprochen.

396 vgl. 040/114–116

397 Gemäß Runderlass 8/98 sind die Einrichtungen also die Sozialpädagogen dazu verpflichtet, eine Gefährdung des Maßnahmezieles gegenüber der Agentur für Arbeit anzuzeigen. Letztendlich obliegt es der Toleranz und dem Verständnis des Berufsberaters, die Maßnahme für den jeweiligen Jugendlichen fortzusetzen oder zu beenden. Da dieser sich in einer wirtschaftlichen Verpflichtung gegenüber seinem Dienstherren und dem Steuerzahler befindet, ist auch ein Berufsberater nicht unbedingt frei in seiner Handlungsfähigkeit. Der sozialpädagogischen Arbeit sollte andererseits ein gewisser professioneller, pädagogischer Optimismus bezüglich des Erfolges pädagogischer Arbeit zugrunde liegen, aufgrund dessen der Maßnahmeerfolg eigentlich an keiner Stelle in Frage gestellt werden kann. Offenbar kollidieren in einem solchen Fall sozialpädagogische Professionalität und Verwaltungsvorschrift bzw. Vertragspflichten. Allerdings kann nicht vorgeschrieben werden, an welchem Punkt der Maßnahmeerfolg in Frage gestellt werden kann, scheinbar ist dessen Bestimmung abhängig vom Sozialpädagogen und seinem professionellen Selbstverständnis.

sehr stringent mit generellem Maßnahmeausschluss.[398] Anderen Sozialpädagogen fehlt für dieses rigide Vorgehen das Verständnis.[399]

In Bezug auf diese besonderen Problemlagen, speziell Suchtprobleme und psychische Probleme, wird in den Interviews nicht eindeutig klar, inwiefern es Sozialpädagogen möglich ist, die weitere Teilnahme der Jugendlichen zu ermöglichen, obwohl das Erreichen des Maßnahmezieles in Frage gestellt wird. Offenbar kollidiert hier eine formale Anforderungslage, die berufliche Integration, die ein Erfolgskriterium für die Maßnahme darstellt, mit dem sozialpädagogischen Anspruch des Helfens. Dabei ist weniger die Ursache, z. B. die Sucht, das Problem, sondern vielmehr das sich daran anschließende Verhalten des Jugendlichen, wie unentschuldigtes Fehlen, aggressives Verhalten, Beschaffungskriminalität, Strafverfolgung usw., was zum Maßnahmeabbruch führen kann. Es wird nicht deutlich, wie die Sozialpädagogen konkret damit umgehen, wie weit ihre Toleranz reicht, ob die Jugendlichen gegenüber der Agentur in Schutz genommen werden oder ob die Situation der Jugendlichen bei Sanktionen berücksichtigt wird.

Gerade hier wird deutlich, dass zahlreiche Faktoren, strukturelle wie professionelle Begrenzungen, offenbar zusammenwirken und so den Handlungsspielraum der sozialpädagogischen Arbeit einschränken.

Fehlzeiten der Jugendlichen

Unentschuldigte Fehlzeiten sind offenbar eines der häufigsten Probleme, mit dem sich Sozialpädagogen in den Maßnahmen konfrontiert sehen. So stellt es zwar ein zu bewältigendes Problem, aber gleichzeitig eine facettenreiche Grenze der sozialpädagogischen Arbeit dar.

Zunächst bedeuten Fehlzeiten immer auch, dass sich die Jugendlichen dem Einfluss der Sozialpädagogen entziehen.[400] Zudem stellt es eine besondere Anforderung an die Sozialpädagogen in den Maßnahmen dar, möglichst zeitnah auf die Fehlzeiten der Jugendlichen zu reagieren, wodurch andere Aktivitäten zunächst eingeschränkt werden müssen. Weiterhin wird angenommen, dass sich dem Fernbleiben der Jugendlichen von der Maßnahme ein größeres, noch zu bewältigendes Problem im Hintergrund anschließt.

Die Begrenzung für die Sozialpädagogen liegt zunächst darin, dass die Fehlzeiten der Jugendlichen gegenüber der Agentur für Arbeit nachgewiesen werden müssen.[401] Ab einer bestimmten Anzahl an unentschuldigten Fehlstunden müssen die Sozialpädagogen gegenüber der Agentur belegen, welche Aktivitäten sie unternommen haben, um dem entgegenzusteuern. Einige Sozialpädagogen formulierten in den Interviews, dass hier die Frage an sie gerichtet wird, warum der Jugendliche sich immer noch in der Maßnahme befindet. Die Agentur begrenzt somit rein formal den flexiblen Umgang mit unentschuldigten Fehlzeiten und fordert so die aktive Teilnahme der Jugendlichen an der Ausbildungsmaßnahme ein.

---

398 vgl. 103/59; 102/11–15

399 vgl. 049/123

400 vgl. 103/47

401 Diese Pflicht der Träger gegenüber der Agentur für Arbeit ist vertraglich festgehalten (Bundesanstalt für Arbeit 1998)

Anderenfalls drohen Sanktionen. In einigen Fällen besteht dieser Rechtfertigungszwang auch gegenüber den zuständigen Ausbildern, sofern deren Toleranz deutlich begrenzt ist.

Für die betroffenen Sozialpädagogen entsteht hier eine Zwangslage, aufgrund dessen sie zunächst versuchen, das augenscheinliche Problem, die Fehlzeiten, in den Griff zu bekommen. In den Interviews wird nicht deutlich, ob dies über die Bearbeitung des dahinter stehenden Problems geschieht. Hier entsteht insgesamt der Eindruck, dass über Ermahnungen und Abmahnungen, durch Gespräche mit Trägerleitung oder mit dem zuständigen Berufsberater versucht wird, den Jugendlichen zunächst trotz seiner Probleme zu einer kontinuierlichen Teilnahme zu bewegen.

Letztendlich entscheidet die Agentur für Arbeit, ob der Jugendliche aus der Maßnahme ausgeschlossen wird oder bleiben kann. Rein formal kann ein Ausschluss bereits nach einer sehr begrenzten Zahl an unentschuldigten Fehltagen vom Agenturmitarbeiter vollzogen werden. Dies obliegt offenbar auch der Toleranz des Mitarbeiters oder der Dienststelle.

Eine weitere Facette ist, dass einige Sozialpädagogen meinen, ihre Aktivitäten auch gegenüber den anderen Teilnehmern in der Gruppe rechtfertigen zu müssen. Damit ist nicht gemeint ist, dass sie ihre Entscheidungen hier darlegen und begründen müssen. Vielmehr spielen hier die Aspekte der Fairness und Gerechtigkeit gegenüber den anderen Teilnehmern eine große Rolle. Die Sozialpädagogen bemühen sich aus diesem Grund, bei allen Teilnehmern mit gleichem Maß zu messen, da sie der Meinung sind, dass ihre Toleranz sonst auch ausgenutzt werden könnte. Auch könnte das tolerierte „schlechte Beispiel" schnell Maßstäbe setzen, die dann für alle gelten und die soziale Kultur einer Maßnahme oder einer Teilnehmergruppe in Mitleidenschaft ziehen.

Die Sozialpädagogen vertreten z. T. die Meinung, dass persönliche Probleme keine Rechtfertigung für unentschuldigte Fehlzeiten sein dürfen. Ein Zusammenhang dieser Aussage mit den Zielen der Maßnahmen, z. B. der Vermittlung arbeitsweltbezogener Tugenden, oder mit den hier angesprochenen Aspekten des Handlungszwanges und der Fairness gegenüber anderen Teilnehmern, wird nicht erkennbar. Insofern scheinen die Grenzen hier fließend zu sein in Bezug auf die Frage, ob es sich um eine professionelle oder strukturelle Grenze handelt.

Unzureichender zeitlicher Rahmen

Eine weitere Grenze sind die zeitlichen Rahmenbedingungen. Hier wird von manchen Sozialpädagogen kritisiert, dass zum einen die Maßnahmeformen über einen zu geringen zeitlichen Rahmen verfügen, um die Problemlagen der Jugendlichen grundlegend bearbeiten zu können: Die Dauer ist zu kurz. Zum anderen steht die sozialpädagogische Arbeit aufgrund der maßnahmeinternen Zeitverteilung unter zeitlichen Restriktionen, und sie ist dadurch nur begrenzt möglich.[402] Die Zeitanteile für sozialpädagogisches Arbeiten sind zu gering. Insbesondere für die Berufsvorbereitung, so wird eingeschätzt, ist ein Jahr zu kurz, um die Probleme wirklich aufzugreifen und die Jugendlichen zu stabilisieren. Damit sind besonders die Jugendlichen mit Lernbehinderungen gemeint. In Bezug auf diese Zielgruppe wird auch kritisch geäußert, dass sie eigentlich in den Maßnahmen fehlplatziert sei. Die sozialpädagogischen Fachkräfte könnten sich aufgrund der sehr heterogenen Teil-

---

402 vgl. zu diesem Thema 011/116; 030/115; 054/154; 057/106; 096/70; 107/127

nehmergruppen nicht so intensiv um die Jugendlichen kümmern können, wie es erforderlich sei.

Die Maßnahmen stellen also nur einen zeitlich sehr begrenzten Entwicklungsraum für die Jugendlichen dar. Während dieses Aufenthalts in den Maßnahmen, der üblicherweise die Acht-Stunden-Grenze nicht überschreitet (in abH ist das noch weitaus weniger), hat der Sozialpädagoge nur einen Bruchteil der Zeit Kontakt zu den Jugendlichen. Der Kontakt der Jugendlichen zu Ausbildern oder Stützlehrern wird häufig als der intensivere beschrieben. Außerhalb der Maßnahmen werden die Jugendlichen durch ihr Lebensumfeld und ihre sozialen Bezüge, in abH zusätzlich durch die Arbeit im Betrieb stärker beeinflusst als durch den Sozialpädagogen. Die Sozialpädagogen bezweifeln hier die Wirksamkeit und vor allem die Nachhaltigkeit ihrer Arbeit.[403]

Aufgrund der zeitlichen Einschränkungen kommt es auch zu einer Begrenzung der Ziele der sozialpädagogischen Arbeit. Ein Sozialpädagoge in abH, der dies problematisiert, meint hierzu (030/21–22): „… es gibt Bereiche, die betreffen uns nicht." Diese Eingrenzung erfolgt, wenn deutlich wird, dass bestimmte Ziele in der zur Verfügung stehenden Zeit oder mit den zur Verfügung stehenden Ressourcen nicht erreichbar sind. Ein Einrichtungsleiter setzt dies in Kontext der Ziele einer BvB-Maßnahme und meint hierzu:

> „Also unsere Ziele sind, denke ich mir, durch zweierlei Sachen vorgegeben. Zum einen durch die Anforderungen der Jugendlichen, zum anderen durch die Erwartungen, die der Auftraggeber, das heißt die Agentur für Arbeit, an uns stellt. Also für uns ist ganz klar, wir müssen eine Quote bringen, was Vermittlung, was Erfolg angeht. Und wir müssen, das ist ein Punkt, der auch kontrovers diskutiert wird, wir müssen da sicherlich pädagogische Belange, die einen längeren Zeitraum in Anspruch nehmen würden, teilweise auch zurückstellen zu Gunsten des Maßnahmeerfolgs." (104/21)

Die Sozialpädagogen orientieren sich offenbar auch an dem, was sie konkret leisten können, z. B. ohne fremde Unterstützung in Anspruch nehmen zu müssen, ohne den Ausbildungsprozess zu gefährden usw. In dieser Verkürzung kann aber auch eine Konzentration auf die wesentlichen Ziele der jeweiligen Maßnahmeform gesehen werden.

In der Berufsausbildung besteht für die Sozialpädagogen das Problem, dass der Ausbildungsprozess in den Werkstätten, Übungsfirmen, Übungsrestaurants usw. den überwiegenden Anteil an der gesamten zur Verfügung stehenden Zeit einnimmt. Dadurch wird die Maßnahme zeitlich und inhaltlich strukturiert. Die Sozialpädagogen müssen also ihre Aktivitäten in den Ausbildungsprozess zeitlich einbinden oder die Jugendlichen aus den anderen Lernbereichen herausholen, was sich teilweise als problematisch darstellt. So wird häufig angemerkt, dass die Ausbilder die Relevanz der praktischen Ausbildung über die Sozialpädagogik stellen. Dies scheint besonders in sensiblen Bereichen, in denen termingebundene Aufträge auszuführen sind, wie z. B. in der Gastronomie, der Fall zu sein. Extrem ungern werden sozialpädagogische Aktionen gesehen, wenn die Ausbilder gerade Anleitungen geben oder Aufträge verteilen.

---

403 vgl. 011/116

Aufteilung der Lernorte und unterschiedliche Lernarrangements

Diese Begrenzung entsteht, weil sich die Jugendlichen bzw. die Klienten der Sozialpädagogen im Laufe ihrer Ausbildung auch an anderen Lernorten aufhalten und sowohl räumlich als auch personell dem Einfluss der Sozialpädagogen entzogen werden Der Einfluss anderer Akteure wird hier stärker. Hier kann es vorkommen, dass mit den Jugendlichen anders gearbeitet werden, als die Sozialpädagogen es wünschen, und dass dabei Probleme entstehen, die sozialpädagogischen Handlungsbedarf nach sich ziehen. Diese Lage kann insbesondere im Kontext der praktischen Ausbildung, ganz besonders aber in den betrieblichen Ausbildungsphasen entstehen. Hier wird davon ausgegangen, dass die Sozialpädagogik nur einen sehr begrenzten Teil in den Maßnahmen einnimmt.[404] In der praktischen Berufsausbildung besteht hauptsächlich das Problem, die sozialpädagogische Arbeit mit dem Ausbildungsprozess abzustimmen. Hier sind enge Absprachen zwischen Sozialpädagogen und Ausbildern erforderlich. Dies kann wohl sogar soweit führen, dass Ausbilder die Einbindung der Sozialpädagogik in die praktische Ausbildung verweigern. Eine junge Sozialpädagogin in der Berufsausbildung beschreibt dies mit den folgenden Worten:

> „Und institutionell, da gibt es schon einige Grenzen also, ja finanziell auf alle Fälle, da gruppenarbeitsmäßig irgendwas dann zu machen und auch, dass sich das Sozialpädagogische immer so mit der Ausbildung vereinbaren lässt, da gibt es auch Grenzen. Also sprich, jetzt zum Beispiel Arbeitszeiten. Wird natürlich immer unten bedacht in der Ausbildung, dass die halt dann immer da sind, und wenn dann aber jemand zur Drogenberatung muss und das muss halt jetzt sein, dann ist es immer schwierig, das zu vereinbaren. Also wird die sozialpädagogische Arbeit eher erst einmal so in den Hintergrund gerückt." (001/77–96)

Hier wird der begrenzte zeitliche Rahmen für die sozialpädagogische Arbeit sehr hervorgehoben. Zudem wird deutlich, dass die zur Verfügung stehende Zeit in der Berufsausbildung eigentlich Ausbildungszeit ist. Das erfolgreiche Bestehen der Abschlussprüfung hängt – jedenfalls aus der Sicht der Ausbilder – weniger von der Qualität und dem Erfolg der Sozialpädagogik als von der Qualität der Ausbildung ab. Für dieses Problem sieht die bereits zitierte Sozialpädagogin folgende Ursachen:

> „Durch die Ausbilder, würde ich schon sagen. Also das die auch einen anderen Blickwinkel haben. Also die sehen: ‚Ich muss jetzt hier mit denen hier die Ausbildung durchziehen und muss den Stoff machen.' Aber das da vielleicht erst mal ein paar Voraussetzungen geschaffen werden müssen, die die Sozialpädagogik mit erfüllen kann oder sollte, oder dass (sie) ja dafür da ist. Ja das sehen die, glaube ich, nicht immer so." (001/77–96)

Dieser offensichtliche Konflikt zwischen Sozialpädagogin und Ausbilder kann sogar soweit führen, dass die sozialpädagogische Arbeit gänzlich brach liegen muss:

> „Na ja, dass halt dann, was weis ich zum Beispiel, wenn man jetzt ganz kurzfristig Termine vereinbart mit, zum Beispiel psychologischen Dienst oder der Drogenberatung, dass es dann schon Schwierigkeiten gibt und dass dann eventuell, wenn das bis zum Äußersten vielleicht dann ausgetragen wird, und dann meistens die Ausbilder oder die Ausbilder, wenn die denn dann, na ja sag ich jetzt mal so, ihre Ausbildung dann durchziehen, dass dann Termine abgesagt werden müssen." (001/77–96)

---

404 Dabei ist fraglich, inwieweit interne Kooperationsbeziehungen oder die Einbindung sozialpädagogischer Denkweisen in den Ausbildungsalltag das kompensieren können. Jedoch ist auch die Denkweise fragwürdig, nach der Sozialpädagogen glauben, sie seien die einzigen Akteure, die sozialpädagogische Ansätze und Denkweisen umsetzen können und wollen.

Neben diesem Extrembeispiel gibt es auch andere Fälle, in denen der Konflikt zwischen Sozialpädagoge und Ausbilder nicht so hart ausgetragen wird, wie in dem geschilderten Fall. Offenbar bestehen hier die einzelnen Akteure, also auch Lehrer und Stützlehrer, auf ihrer Souveränität. Erschwerend für dieses Verhältnis zwischen Ausbildern und Sozialpädagogen kommt hinzu, dass die Sozialpädagogen nicht alle Informationen, den Jugendlichen betreffend, weitergeben dürfen und der Ausbilder somit an dieser Stelle ein Informationsdefizit hat. Dadurch wird möglicherweise das mangelnde Verständnis für die Probleme der Jugendliche noch gefördert. Sozialpädagogen sehen in dem sehr behutsamen und vertraulichen Umgang mit sensiblen Informationen jedoch eine Grundlage für ihr Vertrauensverhältnis zum Jugendlichen und eine Anforderung professionellen Handelns.

Auch der Besuch der Berufsschule scheint ein besonderes Konfliktpotential zu bergen. Dabei kommen die bereits angedeuteten Probleme der Jugendlichen, die mit dem Besuch einer Schule einhergehen, also Schulmüdigkeit, Schulverweigerung usw., zum Tragen. Die Bearbeitung schulbezogener Problemlagen setzt eine intensive Zusammenarbeit mit den Berufsschullehrern voraus. Häufig wird von den Sozialpädagogen jedoch geäußert, dass gerade diese Zusammenarbeit schwer ist. Oftmals wird ein fehlendes Interesse der Berufsschulen von den Sozialpädagogen wahrgenommen. Vermutlich lässt sich dieser Konflikt damit begründen, dass hier zwei pädagogische Professionen aufeinander treffen, die jeweils auch um die Wahrnehmung ihrer pädagogischen Verantwortung und Souveränität bemüht sind. Ein Versuch der Einflussnahme, z. B. durch die Sozialpädagogen, könnte sich als Zweifel an der Professionalität und dem Können des Lehrers darstellen. Insofern überschneiden sich hier offenbar zwei pädagogische Handlungsspielräume, die sich aufgrund ihres häufig als defizitär beschriebenen Verhältnisses zueinander gegenseitig begrenzen.

Ähnlich begrenzend, aber offenbar nicht so konfliktbeladen und problematisch ist die Zusammenarbeit mit den Betrieben. Auch hier bemängeln Sozialpädagogen ihren fehlenden Einfluss und ihre eher passive Rolle. Allerdings scheint dies hier eher toleriert zu werden, denn auch die Betriebe wollen ihre Handlungsautonomie auf keinen Fall eingeschränkt sehen. An den Punkten, an denen es für die Sozialpädagogen offensichtlich ist, dass die Interessen des Jugendlichen nicht gewahrt oder eine wesentliche Zielstellung des Praktikums nicht gewährleistet werden kann, greifen die Sozialpädagogen ein. Dies kann dann soweit führen, dass der Praktikant aus dem Betrieb geholt wird und in einem anderen Betrieb untergebracht wird. Auf diese Probleme wird an anderer Stelle genauer eingegangen.

Ein möglicher Ansatz, um diese Schwierigkeiten zu beheben, wäre die Intensivierung der Kooperationsbeziehungen. Häufig wird jedoch in den Aussagen der Sozialpädagogen der Eindruck vermittelt, dass von den anderen Akteuren, also den Ausbildern, Berufsschullehrern und Betriebsmitarbeitern eben dies nicht gewollt oder unterstützt wird. Speziell in den Beschreibungen über die Beziehungen zu den Betrieben entsteht der Eindruck, dass die Sozialpädagogen aus Rücksicht auf die wirtschaftliche Situation und im Hinblick auf die Tatsache, dass die Betreuung von Praktikanten nicht die Hauptaufgabe der Betriebe ist, hier eher zurückhaltend und diplomatisch agieren.[405]

---

405 vgl. 056/50

Heterogenität der Zielgruppe

Bedingt durch die Vielfältigkeit der Problemlagen, die die Jugendlichen belasten und die von den Sozialpädagogen zu bearbeiten sind, sehen sich die Sozialpädagogen in ihren Handlungsmöglichkeiten begrenzt. Hier kann nicht jedem Jugendlichen die eigentlich erforderliche Aufmerksamkeit zukommt. Es wird nach der Dringlichkeit der Probleme selektiert. Häufig wird angemerkt, dass die unauffälligen Jugendlichen in einer Gruppe vernachlässigt werden, obwohl diese ebenso durch Problemen belastet sein können wie andere, mit dem Unterschied, dass sie nicht so deutlich zum Ausdruck kommen. Aufgrund der Heterogenität der Teilnehmergruppen, laufen Sozialpädagogen oft auch Gefahr, z. B. bei theoretischen Inputs oder sozialen Lerneinheiten den einen oder anderen Jugendlichen zu unter- oder überfordern.

Einschränkungen materieller Ressourcen und Veränderungen konzeptioneller Vorgaben

Diese Begrenzung ist eng im Zusammenhang mit den derzeit stattfindenden Reformen zu sehen. So gibt es seitens der Sozialpädagogen die Befürchtung, dass ihre Freiheit durch straffere konzeptionelle Vorgaben oder durch die Einschränkung materieller Ressourcen weiter eingegrenzt wird. Speziell bei den Sozialpädagogen, die in größere Netzwerke oder Trägerkonsortien eingebunden sind, wie dies z. B. bei der „Neuen Förderstruktur" der Fall ist, ist die Befürchtung, durch weitere konzeptionelle Vorgaben und Anforderungen eingeschränkt zu werden sehr groß. Darauf wird in dem Kapitel zum „Neuen Fachkonzept" genauer eingegangen.

Eine weitere Einschränkung wird in der Reduzierung der finanziellen Ressourcen gesehen. Einerseits werden sie nur noch in geringerem Maße von der Agentur für Arbeit bereitgestellt und durch die Ausschreibungspraxis weiter reduziert. Darauf wird an anderer Stelle weiter eingegangen. Zum anderen entscheiden die Leitungen der Träger darüber, welche Mittel für sozialpädagogische Aktivitäten eingesetzt werden. Das bedeutet, alle finanziellen Ausgaben durch die Sozialpädagogen, z. B. für Exkursionen, für Material usw., müssen durch die Trägerleitung bereitgestellt werden. Hier geht es nicht nur um ausschließlich sozialpädagogische Angelegenheiten, sondern auch um alltägliche und notwendige Dinge wie Lehrbücher, Lernsoftware oder kostenlose Kopien.[406]

Allgemein wird befürchtet, dass durch die Veränderungen und Reformen des Arbeitsmarktes und der Benachteiligtenförderung die sozialpädagogische Arbeit vernachlässigt wird bzw. ihr Einfluss auf die Förderung des Jugendlichen geringer wird. Ein Punkt ist z. B. die Einführung eines Bildungsbegleiters im Neuen Fachkonzept für die Berufsausbildungsvorbereitung. Dieser wird künftig einen Teil der Aufgaben abdecken, die bisher in der Verantwortung der Sozialpädagogen lagen. Die Befürchtungen gehen u. a. dahin, dass die Funktion des Sozialpädagogen abgewertet wird. Auch darauf wird später eingegangen. Ein weiterer Punkt ist die organisatorische Umgestaltung der Berufsvorbereitung, was einzelne Sozialpädagogen als Anzeichen einer zunehmenden Technisierung und Standardisierung sehen. Dadurch kann sich der Aufwand für Dokumentation und andere administrative

---

406 vgl. 001/82–96; 015/80–85; 033/95; 040/58; 045/89; 047/33; 054/154

Arbeiten weiter erhöhen. Andere vermuten eine Zunahme des Arbeitsaufwandes insgesamt, z. B. aufgrund der deutlich größeren Teilnehmerzahlen.

Regionale Bedingungen

Dieser Punkt beinhaltet im Wesentlichen drei Aspekte. Zu den als problematisch erscheinenden regionalen Bedingungen zählen
– die Bedingungen des regionalen Arbeitsmarktes
– die Kapazität der regionalen Förderstruktur und
– die regionale Verortung des Trägers und seine Anbindung an die regionale Infrastruktur, insbesondere seine Erreichbarkeit durch öffentliche Verkehrsmittel.

Die begrenzten Möglichkeiten des regionalen Arbeitsmarktes wirken sich aus, wenn es darum geht, Jugendliche in ein Praktikum, in Ausbildung oder in eine Beschäftigung zu vermitteln. Somit stehen die Bedingungen des regionalen Arbeitsmarktes in unmittelbaren Zusammenhang mit den Zielstellungen der Maßnahmen. Die Sozialpädagogen können bestimmten externen Anforderungslagen und möglicherweise auch den Anforderungen ihrer Jugendlichen nicht vollständig gerecht werden. Mit Problemen in den Betrieben muss sehr vorsichtig umgegangen werden, um keine Praktikumbetriebe zu verlieren. In wirtschaftlich schwachen Regionen, wo auch die Kommunikationswege zwischen den Betrieben sehr kurz sind, wo „jeder jeden kennt", erscheint dies von besonderer Brisanz.

Die Erreichbarkeit des Trägers mit öffentlichen Verkehrsmitteln stellt eine weitere Begrenzung dar, insbesondere wenn aufgrund seiner schlechten Erreichbarkeit die zeitlichen Spielräume durch einen sehr starren Rahmen begrenzt werden und es z. B. nicht möglich ist, Gesprächstermine mit einem Jugendlichen auf einen Zeitpunkt nach Feierabend zu verlegen. Drastische Folgen hat dies für Jugendliche, die auf öffentliche Verkehrsmittel angewiesen sind, wenn es darum geht, pünktlich zum Ausbildungsbeginn beim Träger zu erscheinen. In Abhängigkeit vom Wohnort der Jugendlichen beinhaltet dies z. T. Arbeitswege von Stunden. Verschlafen, und wenn es nur wenige Minuten sind, kann dann sehr weitreichende Folgen haben, vor allem wenn Busse nur dreimal pro Tag fahren. Speziell in ländlich geprägten Regionen ist dies ein größeres Problem.

8.2.2 Professionelle Grenzen sozialpädagogischer Arbeit

Bei diesen Begrenzungen handelt es sich in erster Linie um inhaltliche Grenzen, die den Sozialpädagogen aus professioneller Sicht einerseits beschränken, die andererseits z. T. aber auch als notwendig erachtet werden. Sie haben dann nicht nur einen störenden Einfluss, sondern eröffnen andere Freiräume.

Grenzen, die durch die Jugendlichen bestimmt werden: Verweigerung und begrenzte Wirksamkeit von Sanktionen und Interventionen

Insgesamt sind Verweigerungen, Konflikte oder Probleme der Sozialpädagogen mit ihren Klienten ein häufig benannter Fall, der Sozialpädagogen in ihrer Arbeit einschränkt.[407] Hier

---

[407] Insgesamt handelt es sich diesbezüglich um 27 Nennungen.

wird deutlich geschildert, wie sie in ihrer Arbeit und in ihrem Handeln begrenzt werden, zum Beispiel durch mangelnde Bereitschaft, Motivation und Leistungsfähigkeit der Jugendlichen. Es handelt sich dabei um Formulierungen wie:
– die Jugendlichen nehmen die Hilfen nicht an
– der Jugendliche will nicht mehr
– der Jugendliche entzieht sich oder
– der Jugendliche ist zu nichts zu motivieren.

Andererseits werden auch Formulierungen verwendet, die eine Hilflosigkeit des Sozialpädagogen zum Ausdruck bringen:
– der Sozialpädagoge weiß nicht mehr weiter
– der Sozialpädagoge hat keinen Einfluss mehr.

Grundsätzlich sind die Sozialpädagogen immer auf die Mitarbeit der Jugendlichen angewiesen. Die Angebote, welche Sozialpädagogen unterbreiten, müssen auch von denen auf die sie gerichtet sind, angenommen werden, um wirksam zu werden. Eine weitere Grundvoraussetzung ist die wechselseitige Ehrlichkeit. Hier schildern die Sozialpädagogen, dass den Jugendlichen häufig die notwendige Einsicht und auch die Bereitschaft fehlt, sozialpädagogische Angebote anzunehmen. Zurückgeführt wird dies häufig auf fehlende Motivation bei den Jugendlichen. Der schlimmste Fall tritt ein, wenn die Jugendlichen die Zusammenarbeit mit dem Sozialpädagogen verweigern. Hier wird die Möglichkeit genommen, mit dem Jugendlichen zu arbeiten.

Den Sozialpädagogen ist es möglich, auf Fehlverhalten der Jugendlichen mit Sanktionen und Interventionen zu reagieren. Das kommt häufig bei unentschuldigten Fehlzeiten zum tragen. Zu den in den Interviews benannten Sanktionen zählen
– Nacharbeiten
– Abzüge von der Ausbildungsvergütung
– Ermahnungen in schriftlicher Form
– Abmahnungen und
– Kündigungen.

Zu den Interventionen werden u. a. gezählt:
– Gespräche der Sozialpädagogen mit den Jugendlichen
– Gespräche der Sozialpädagogen unter Einbeziehung der Eltern, der Trägerleitung, dem Berufsberater oder anderen Akteuren und
– Vereinbarungen im Förderplan.

In einigen Fällen wird jedoch die Wirksamkeit dieser Strategien bezweifelt, und zwar aus verschiedenen Gründen: Einmal wird angenommen, dass die Jugendlichen diese Androhungen und Sanktionen nicht ernst nehmen. Zum anderen sind manche Sozialpädagogen der Meinung, dass ihre Strategien in ihren Konsequenzen für den Jugendlichen nicht weit genug reichen, abgesehen von einer Kündigung, und nicht frei genug eingesetzt werden können.

Erschwerend kommt hier hinzu, dass die Jugendlichen in einigen Fällen als unmotiviert beschrieben wurden und kein wirkliches Interesse an der Maßnahme haben. So wird unterstellt, dass die Jugendlichen in die Maßnahmen geschickt wurden oder dass sie nichts anderes gefunden haben. Es fallen Formulierungen wie „Die Agentur hat mich hergeschickt". Eine Sozialpädagogin in der Berufsausbildung beschreibt diesbezüglich:

> „Ja was, wenn halt zum Beispiel, es ist ja oft, dass die Jugendlichen, ja weil sie halt nichts anderes bekommen haben an Lehrstellen, dann vom Arbeitsamt, ich sag jetzt mal, in Anführungsstrichen, hier her geschickt werden und ‚Ihr müsst jetzt die Ausbildung machen', und dann natürlich sehr unmotiviert sind, die Ausbildung zu machen und das es viele schon vorziehen würden, was anderes zu machen und einfach hier auch auszubrechen und vielleicht dann auch, einfach die Ausbildung erst mal hinschmeißen und dann noch gar nicht wissen was sie machen wollen. Sich da anderweitig orientieren und, ja da wäre es dann natürlich zu sagen ‚Okay du willst das hier nicht machen dann muss ich dir halt beratend zur Seite stehen, was hast du für Alternativen, oder an wen kannst du dich dann wenden, um an Geld zu kommen', vielleicht Sozialhilfe oder wie auch immer. Ja und dann ist aber so, so wenn man halt hier in dieser Einrichtung ist, muss ich halt dann denen schon vielleicht eher so dahin biegen ‚Du musst aber erst mal die Ausbildung machen.' So dann vielleicht schon eher so kontrollierend und reglementierend da einzuwirken." (001/47)

Was die Sozialpädagogin interessanterweise auch aufzeigt ist, wie sie mit diesem Fakt einer offensichtlichen Fehlvermittlung professionell umgeht: Sie zeigt im Sinne einer Methodenkombination von sozialpädagogischer Beratung und Case-Management dem Jugendlichen andere, alternative Wege auf und welche Institution ihm dabei hilfreich sein könnte. Weiterhin vermittelt sie argumentativ dem Jugendlichen aber auch die Notwendigkeit einer Berufsausbildung. Vertiefend führt sie dazu aus:

> „Ja, also ich versuche schon dann den Jugendlichen, na ja halt schon so über die Strecke ‚was hast du denn für Alternativen?', ihn halt schon so, so lange wie möglich hier in der Ausbildung zu halten. Das er dann halt nicht ohne irgendwas da steht. Das ist nicht so ein ganz unwirtschaftlicher Aspekt, wenn er dann hier bleibt. Ja aber sonst schon auch das unterstützen und ihm, ja Hilfsangebote, oder wo er sich überhaupt informieren kann, und schon mit ihm gemeinsam dann halt was anderes zu suchen. Aber halt schon auch so drauf bedacht, dass er selber auch Initiative zeigt und selber auch sich da mehr einbringt. Nicht, dass ich dann halt los renne, und ich suche dem jetzt eine neue Lehrstelle oder so. Also er muss dann auch schon selber Initiative zeigen." (001/47)

Zudem wird geäußert, dass sich die Sozialpädagogen durch bestimmte Sanktionen selbst einschränken, z. B. durch die Androhung einer Kündigung in einem Gespräch oder einer Abmahnung. Weiterhin werden die Sozialpädagogen in der Ausführung von Sanktionen durch die Agentur für Arbeit beschränkt.

Professionelle Abgrenzung gegenüber Jugendlichen und anderen Akteuren

Fraglich ist, wie in dem oben als z. T. sehr eng beschriebenen Verhältnisses des Sozialpädagogen zum Jugendlichen eine professionelle Abgrenzung erfolgt. Dass sie notwendigerweise erfolgen muss, steht außer Frage, obwohl dies in einem dem Jugendlichen sehr zugewandten und offenen Verhältnis, wie es bereits beschrieben wurde, sehr schwierig sein kann. Eine Begrenzung sozialpädagogischer Handlungsfreiheit würde in diesem Fall dann erfolgen, wenn eine tiefe, emotionale Bindung zum Jugendlichen besteht und eine professionelle Abgrenzung kaum erfolgt. Eine Sozialpädagogin in der Berufsvorbereitung verdeutlicht dies am Beispiel, wie Jugendliche sie in ihre Probleme und Krisen einbinden:

> „Eigentlich sehr intensiv. Ich bin manchmal erstaunt, mit welchen Problemen sie zu mir kommen, und oft sind es ja so familiäre Probleme, gerade wir haben ja diese vielen Patchwork-Familien, Vater, Mutter, Freund, Freundin des Vaters oder der Mutter, und da haben einige doch ganz schön mit zu tun und ich bin immer ganz erstaunt, wie früh und wie schnell sie schon kommen und darüber sprechen." (047/39)

Dennoch scheinen die meisten Sozialpädagogen eine Balance zwischen Nähe und Distanz zu den Jugendlichen anzustreben. Es wird allerdings nicht klar, ob Sozialpädagogen gezielt auf eine bestimmte Beziehung zu den Jugendlichen hinarbeiten. Vielmehr entsteht der Eindruck, dass das Vertrauensverhältnis aus dem Umgang und der Arbeit mit den Klienten wie selbstverständlich entsteht. Eine Sozialpädagogin in der Berufsausbildung beschreibt hier:

> „Freundschaftlich, aber doch mit Respekt. Also, wir haben schon, ich meine, es ist ja nun eine ländliche Gegend, und man kennt sich, ob es nun von der Feuerwehr ist oder sonst was, so dass ich einige auch privat kenne und in den drei Jahren, jetzt also, die hatte ich ja nun wirklich von Anfang an, ja ist es schon so ein bisschen wie Kumpel, aber ich kann nicht sagen, dass sie mich ohne Respekt behandeln. Also, es ist respektvoll und auch mit einem gewissen Abstand, aber doch eine Vertrauensbasis." (083/80)

Eine professionelle Abgrenzung der Sozialpädagogen müsste dann in Frage gestellt werden, wenn es darum geht, dass Sozialpädagogen die Jugendlichen, an eigenen, persönlichen Wertvorstellungen und am eigenen Lebensentwurf, an eigenen Erfahrungen oder sogar ihren eigenen Kindern messen. Dies war an einigen Stellen in den Interviews der Fall. Hier ist anzunehmen, dass eine objektive Sicht auf die Jugendlichen zumindest punktuell verloren geht. Eine Sozialpädagogin in der Berufsvorbereitung sagte z. B.:

> GP: „Aber gleichzeitig ist es auch eine Chance verwirkt, wo man dann auch mal sagt ‚Oh, zum Glück sind es nicht meine Kinder', weil ich geh da, ich geh da auch eher persönlich so als Mutter ran also und denk immer, na ja, mit den Jugendlichen, ich kann das so im Beruf alles gut aushalten, und ich kann sie auch so annehmen, und ich hab auch die Geduld und die Konsequenz, aber ich hab sie mit den Kindern zu Hause lange nicht, mit den eigenen. Und, ja."
>
> I: „Fällt da öfter mal ein lautes Wort?"
>
> GP: „Ja, natürlich auch, klar. Also da bin ich nicht so geduldig und dann denk ich manchmal ‚Mein Gott, ja, zum Glück sind es nicht deine, sonst würde ich schon die Wände raufgehen', aber aus dieser Abstandsperspektive, aus der beruflichen Perspektive kann ich das, kann ich mich da gut einbringen und kann das auch gut aushalten, wenn es mal nicht so klappt. Und das muss man natürlich auch versuchen, den Eltern zu vermitteln, die ja in der anderen Rolle sind und, ja, das ist dann auch mal ganz nett, sich von Mutter zu Mutter zu unterhalten und dann aber wieder in die Sozialpädagogen-Rolle zu schlüpfen und zu sagen: ‚Ach, warten sie mal ab und meine Erfahrungen sind, und vielleicht machen sie auch die Erfahrung, und wenn sie andere Erfahrung machen, dann können wir da auch noch mal drüber reden.' Also ich, ich finde, es ist sehr emotional und es ist auch sehr anstrengend und man muss sehr viel, sehr viel von sich auch geben. So manchmal hab ich's da auch ein bisschen schwer, mich abzugrenzen, aber eigentlich geht's so. Wenn man gute Arbeit leisten will. Ich kann nicht meine Arbeitszeit nach der Uhr stellen und sagen: ‚Ich fang um halb acht an und um zwölf lass ich den Löffel fallen', das geht einfach nicht. Und manchmal muss ich auch nachmittags kommen, wenn's dann brennt und sagt ‚Okay, dann komm ich nächsten Vormittag nicht', ja es ist schon befriedigend und anstrengend und ein sehr persönliches Arbeiten finde ich." (049/97–99)

Dieses Beispiel ist sehr ambivalent. Einerseits gibt es große Identifikationen, andererseits auch eine professionelle Abgrenzung, beispielsweise an der Stelle, an der beschrieben wird, dass von der Sozialpädagogin in der Maßnahme eher geduldig mit den Jugendlichen umgegangen wird, während das zu Hause, mit den eigenen Kindern eher weniger der Fall ist. Die professionelle Sicht geht an dem Punkt verloren, an dem sich die Sozialpädagogin „von Mutter zu Mutter" mit den Eltern ihrer Teilnehmer unterhält, es sei denn, sie versteht

175

sich auch in ihrer Funktion als Sozialpädagogin in der Rolle einer Mutter – was keineswegs unproblematisch ist. Dieses Motiv lässt sich in der Geschichte der Sozialpädagogik häufiger finden (Müller 1988a; 1988b). Es ist aber möglicherweise auch ein Ausdruck mangelnder Professionalität des Sozialpädagogen bzw. der Sozialpädagogin.

Eine professionelle Abgrenzung wird auch nach außen deutlich, wenn es um die Umsetzung von Sanktionen geht. Hier wird eine klare Abgrenzung vollzogen[408], insbesondere wenn es um die Erteilung einer Abmahnung oder die Aussprache einer Kündigung geht. In diesem Zusammenhang formulieren die Sozialpädagogen, dass man auch loslassen können muss, was wiederum erst durch eine professionelle Distanz zum Jugendlichen ermöglicht wird.

Die befragten Sozialpädagogen versuchen ebenso, sich gegenüber anderen Akteuren professionell abzugrenzen. Streng genommen kann dies dem Grundsatz der Einbindung sozialpädagogischer Denk und Handlungsweisen in alle Maßnahmebestandteile widersprechen. So versuchen einige Sozialpädagogen, sich dadurch abzugrenzen, dass sie bestimmte, nach ihrer Einschätzung „sensible" Informationen über die Jugendlichen nicht weitergeben.[409] Sie versuchen, sich durch einen Informations- und Wissensvorsprung in Kombination mit der Exklusivität ihres Könnens und ihrer Funktion gegenüber anderen Akteuren abzugrenzen und hervorzuheben. Dies ist unter anderem eine mögliche Ursache für die Konflikte, die zwischen Sozialpädagogen und Ausbildern oder Berufsschullehrern entstehen und oben bereits beschrieben worden sind.

Arbeit in besonderen Problemlagen

An dieser Stelle soll die professionelle Seite der „nicht oder ungenügend zu bearbeitenden Problemlagen" noch einmal kurz angesprochen werden. Die begrenzten Handlungsmöglichkeit in Bezug auf spezifische Problemlagen der Jugendlichen, wie z. B. Drogen- oder Alkoholsucht, werden aus professioneller oder aus persönlicher Sicht häufig zurückgeführt auf fehlende Ausdauer, fehlendes Verständnis und fehlende fachliche Qualifikationen. Insbesondere die ersten beiden Aspekte werden am Beispiel einer Sozialpädagogin in der Berufsvorbereitung sehr plastisch dargestellt:

> „Ja, Sucht- doch -problematik. Ich hab auch in der Suchtberatung gearbeitet und hab festgestellt, dass ich also in Bezug auf Sucht wenig Verständnis habe, wenig Ausdauer, ja, in dem Moment, wo jemand Drogen nimmt und ein Suchtproblem hat, muss da jemand anders ran. Also dafür bin ich nicht geeignet. Weiß ich. Da würde ich dann also die Abbruchspirale gleich sofort, zack und tschüß. Und ja, Herr B. sieht das teilweise anders, aber ich denk, das ist dann mein Hintergrund, in der Suchtberatung gearbeitet zu haben. Die ganzen armen, weinenden

---

408 Hier bleibt unberücksichtigt, inwieweit rigorose Abgrenzungen eine Folge von Überidentifikationen und damit verbundenen persönlichen Enttäuschung bei Fehlverhalten ist. Gerade psychoanalytische Theorien haben diesen Zusammenhang von Identifikationen, Übertragungen und Enttäuschungen sehr gut aufgeschlüsselt.

409 Diese Kritik darf nicht missverstanden werden: Es geht hier nicht um die Außerkraftsetzung von Vertrauensschutz und Schweigepflicht, sondern um ein gutes, vertrauensvolles Informationsmanagement, dass selbstverständlich zuerst auch den Jugendlichen berücksichtigen und mit einbeziehen muss. Informationen dürfen aber auch nicht als persönliches Eigentum betrachtet werden und als Besitz, der für eine symbolische Abgrenzung und Statusaufwertung genutzt – vielleicht sogar missbraucht – werden kann.

Männer, die sich also von ihren Ehefrauen nicht verstanden gefühlt haben und deshalb zur Flasche greifen mussten, also das, das mein ich. So, persönlich, warum und wieso ich nun gerade an Drogen komme, und das ist ja alles so furchtbar, und ich kann doch gar nichts dafür, und ich kann auch nicht davon lassen. Das, da kann ich nicht, mach ich zu, muss jemand anders machen." (049/123)

Hier wird ein struktureller Konflikt beschrieben, der die Methoden und Handlungsstrategien in unterschiedlichen sozialpädagogischen Arbeitsfeldern betrifft. Offensichtlich ist die wohlwollend-akzeptierende Art in der Maßnahmebetreuung ein völlig anderes Vorgehen, als es in der Suchtberatung erforderlich ist. Hier sind teilweise sehr konfrontative und fordernde Strategien erforderlich, auch die Mitwirkungsbereitschaft der Klienten wird unhintergehbar eingefordert. Anderenfalls wird diese Arbeit abgebrochen, weil sie keinen Erfolg verspricht. An dieser sozialpädagogischen Handlungsdifferenz wird deutlich, warum es teilweise zwingend erforderlich ist, die Bearbeitung mancher Problemlagen an andere Institutionen zu verlagern.

Begrenzte Wahrnehmung der Lebenswelt des Jugendlichen

Manche Sozialpädagogen beklagen, dass es ihnen aufgrund des sozialen Abstandes zu den Jugendlichen kaum möglich ist, sich in deren Situation hineinzudenken und zu -fühlen. Das ist ein besonderes Problem bei der Migrantenarbeit, weil hier die Jugendlichen aus einem anderen Kulturkreis kommen.[410] Augenscheinlich beinhaltet diese Problemlage zwei Aspekte, in denen sich der Sozialpädagoge von seinen Klienten abgrenzt:
– die Zugehörigkeit zu einer anderen sozialen Schicht bzw. anderem Milieu und
– die Abgrenzung durch das Alter, d. h. die Zugehörigkeit zu einer anderen Generation, wodurch die Erinnerungen an die eigene Jugend und die jugendtypischen Probleme verblassen.

Zwang und Freiwilligkeit

Was in den Aussagen der Sozialpädagogen auch zum Tragen kommt, ist die Diskrepanz zwischen Freiwilligkeit und Zwang bei der Beteiligung an sozialpädagogischen Angeboten. Die Sozialpädagogen gehen davon aus, dass die Jugendlichen in den Maßnahmen sind, weil für sie eine besondere Unterstützung erforderlich ist. Folglich werden viele sozialpädagogische Unterstützungsangebote gemacht. Um hier wirksam werden zu können, muss eigentlich das Freiwilligkeitsprinzip gelten. Wenn aber problematische Jugendliche diese Angebote nicht wahrnehmen, kann der Maßnahmeerfolg in Frage stehen. An der schwierigen Schnittstelle zwischen Freiwilligkeit und Zwang und dem hier vorliegenden sozialpädagogischen Handlungsdilemma kann eine weitere Grenze der sozialpädagogischen Hand-lungsfähigkeit liegen. Kommt es nämlich zu einem Maßnahmeabbruch durch diesen Jugendlichen, müssen die Sozialpädagogen ihre Aktivitäten gegenüber der Agentur für Arbeit nachweisen. Insofern ist der Sozialpädagoge gezwungen, sein Angebot für alle Jugendliche wirksam umzusetzen. Um dieses Spannungsfeld zwischen Freiwilligkeit und Zwang zu entschärfen, gibt es offenbar freiwillige und verpflichtende Förderangebote, und es gibt Probleme, bei denen die Sozialpädagogen zwangsläufig ein-

---

410 vgl. 051/97; 099/100–107

greifen, z. B. bei unentschuldigten Fehlzeiten. Eine Sozialpädagogin in BaE differenziert zwischen Problemen, die mit der Ausbildung bzw. dem Träger zu tun haben, und „privaten" Problemen, die nicht zwangsläufig in den sozialpädagogischen Angeboten der Maßnahmen berücksichtigt werden müssen.

> „Also auf den Teilnehmer bezogen, würden für mich die Grenzen liegen, wenn ich irgendetwas festlege, was er nicht möchte. Aus dem privaten Bereich zum Beispiel. Zum Beispiel Schuldnerberatung, und er möchte das absolut nicht, er lehnt das ab, dann kann ich ihn also nicht zwingen, dahin zu gehen, es ist ein Angebot. Er muss aber mitspielen. Also ich würde nie etwas festlegen, was er nicht möchte, was jetzt im privaten Bereich liegt. Was die Ausbildung anbetrifft, dort muss ich natürlich Festlegungen treffen." (010/67)

Die Bedeutung der Nachweisführung gegenüber der Trägerleitung und der Agentur wurde bereits angesprochen. Demzufolge wird auch ersichtlich, wenn der Jugendliche sich dem Angebot der Sozialpädagogen entzieht bzw. diese nicht wahrnimmt. Entsprechend dem Grundsatz „Fördern und Fordern" wäre die Agentur für Arbeit prinzipiell berechtigt, hier die Maßnahme zu beenden, denn der Jugendliche kommt offenbar seiner Verpflichtung zur aktiven Teilhabe an der Maßnahme nicht nach. Die rechtliche Grundlage hierfür kann die zwischen Jugendlichen und Berufsberatern vereinbarte Eingliederungsvereinbarung sein oder in BaE der abgeschlossene Ausbildungsvertrag. Entzieht sich der Jugendliche trotz aller Bemühungen den Sozialpädagogen der Maßnahme, und lässt sich keine Verbesserung im Verhalten des Jugendlichen erkennen, kann es zu einem Maßnahmeabbruch führen. Damit ist auch die sozialpädagogische Arbeit an einem Misserfolg und an einer Grenze angelangt.

9. Praktika im Rahmen der Benachteiligtenförderung aus der Sicht der Betriebe

Betriebskontakte sind für die Träger und die sozialpädagogischen Fachkräfte außerordentlich wichtig, weil sie Praktikumsstellen und zukünftige Ausbildungsplätze für die BvB-Teilnehmerinnen und -teilnehmer akquirieren müssen und weil sie auch mit ihren Auszubildenden in BaE betriebliche Praktika durchführen müssen. Auch im Rahmen der abH-Angebote müssen vielfach Kontakte zu Betrieben aufgenommen werden. Insofern gehört die Arbeit mit den Betrieben zur Standardaufgabe der Fachkräfte, und sie nimmt in den Interviews einen relativ großen Raum ein. In der hier folgenden Darstellung geht es darum, die Perspektiven, Interessen und Problemlagen aus der Sicht der betrieblichen Mitarbeiterinnen und Mitarbeiter darzustellen. Dazu sind aus allen Arbeitsagenturregionen insgesamt 12 Betriebe befragt worden[411], sie sind in den folgenden Bereichen tätig: Tischlerei (111), Kraftfahrzeughandwerk (115), Schlosserei (118), Malerfirma (120), Frisörsalon (117), Blumengeschäft (122), Einzelhandelsgärtnerei (112), Heimwerkerfachmarkt (121), Einzelhandel für Heimtextilien (113), Einzelhandelsverbrauchermarkt (116), Kindertagesstätte (114), Altenhilfeeinrichtung (119). Die Betriebe sind Klein- und Mittelbetriebe. Zum Teil führen die Betriebe selbst auch Berufsausbildung durch.[412] Praktikanten werden häufiger im Betrieb angenommen, auch solche aus den allgemeinbildenden Schulen. Die Betriebe sind dem Praktikum gegenüber aufgeschlossen.

9.1 Motive der Betriebe, Praktikumsstellen anzubieten

Die Motive für das Praktikumsangebot sind etwas unterschiedlich. Auf der einen Seite wird eine soziale Verantwortung betont (112/61) und die Notwendigkeit herausgestellt, „… jungen Leuten die Möglichkeit zu geben, eben kennen zu lernen, wie es im Berufsleben ist" (113/67). Auf der anderen Seite geht es aber auch um Fragen der Nachwuchsgewinnung. Darauf soll später eingegangen werden. Manche der Betriebsleiter betonen, dass sie auch eigene Kinder haben und das Problem der Ausbildungsstellensuche auch persönlich kennen (113; 116). Es scheint aber auch Betriebskulturen zu geben, in denen die Fragen der Personalgewinnung und des Personaleinsatzes selbstverständlich sind. Das gilt insbesondere für jene Betriebe, in denen viele einfachere, personalintensive Arbeiten auszuführen sind, etwa im Gartenbaubereich, in der Malerfirma, teilweise auch in der Tischlerei und in dem Bereich Hauswirtschaft, der in der Kindertagesstätte und der Altenpflegeeinrichtung mit angeboten wird. Für die Einzelhandelsmärkte und -fachmärkte besteht ebenfalls ein Spektrum von Arbeiten, die von Praktikanten übernommen werden können. Hier gibt es zum Teil auch besondere Einsatzpläne, die bei der Lehrlingsausbildung besonders wichtig sind. Hinzu kommt, dass die Praktikanten selbst offensichtlich

---

[411] Die Interviews wurden als Telefoninterviews geführt. Die Betriebskontakte sind über die befragten Bildungsträger hergestellt worden, insofern handelt es sich um eine Auswahl von Betrieben, mit denen die Kooperation funktioniert. Repräsentativität ist hier noch weniger als in allen anderen Befragungen angestrebt worden.

[412] Betriebe bilden selbst aus: 111, 116; 117: 118; 119, 120, 121; bilden nicht selbst aus: 112, 113; 114, 115, 122

völlig unterschiedlich sind.[413] Nach der Einschätzung der Praktikanten befragt, antwortet der Kraftfahrzeugmeister:

> „Ganz verschieden. Kann man überhaupt nicht sagen. Also es gibt sehr engagierte und neugierige und es gibt eben welche, die es machen müssen. Und deswegen herkommen. Aber die bleiben nicht lange. Also die werden schnell aussortiert von mir." (115/60)

Hier wird ein ganz zentrales Problem benannt, das bei allen Betrieben zum Abbruch des Praktikums führt. Alle interviewten Betriebsmitarbeiter berichten, dass es auf der einen Seite sehr engagierte junge Leute gibt, die zum Teil auch in Ausbildung (111/13; 118/55; 120/110) oder Beschäftigung (112/63) übernommen werden können, dass es andererseits aber ebenso auch jugendliche Praktikantinnen und Praktikanten gibt, die lustlos und desinteressiert seien.[414] Mit denen wird das Praktikantenverhältnis ganz schnell wieder aufgelöst. Das ist relativ problemlos möglich. Manchmal lösen sich die Probleme mit Praktikantinnen und Praktikanten auch wie von selbst:

> „Also manche kriegen das ja wirklich super hin und äußern danach auch den Wunsch, doch vielleicht in diese Ausbildung zu gehen. Manche sagen ganz klar nein, das ist nicht meins. Was ja gut ist, wenn man das so erkennt, das eine oder das andere. Oder die Dritten, die nach einem Tag schon gar nicht mehr wieder kommen. Das gibt es auch." (119/98)

Da sich Praktikantenprobleme häufig schnell auf die eine oder andere Weise lösen, stehen die positiven Erfahrungen mit Praktikantinnen und Praktikanten[415] häufig im Vordergrund (117/97). Dort wächst auch das Interesse, solche Stellen anzubieten: „Warum? Eigentlich weil ich denen eine Chance geben möchte, weil das oft schwer vermittelbaren Jugendlichen sind. Und ich habe da ganz gute Erfahrungen gemacht, mit diesen Mädchen" betont die Chefin des Friseursalons (117/67, Praktikum in BaE). Dieser eher positive Eindruck herrscht bei allen befragten Betrieben vor. Die Chefin der Gärtnerei beschreibt ihre Erfahrungen so, dass sie für viele Betriebe gleichermaßen gelten können:

> „Es kommen aber auch welche zu uns, oder sind schon welche zu uns gekommen, die mit einem Audi Sport hier vorgefahren sind, und ja, eigentlich nur, sage ich mal ganz ehrlich, Zeit totgeschlagen haben. Es ist sehr unterschiedlich. Grundsätzlich ist es so, dass ich bei der weitaus größten Anzahl von Praktikanten, die in unserem Betrieb war, doch eine relativ große Bereitschaft festgestellt habe, was zu lernen, von Ausnahmen abgesehen. Aber in der weitaus größten Anzahl, muss ich sagen, die hier gewesen sind, ist es also zumindest so, dass die Be-

---

413 „Die sind alle individuell. Die haben alle individuelle Probleme – also jetzt die geförderten Praktikanten, die jungen Leute, die ihr Berufsvorbereitungsjahr hier machen. Die haben alle individuelle Probleme. Das sind alles Individualisten. Also die kann man nicht allgemein beschreiben." (121/55).

414 Dieses Desinteresse könnte auch durch soziale Milieus erzeugt sein. So berichtet die Mitarbeiterin aus der Kindertagesstätte: „Die Motivation ist sehr gering, da sie eigentlich auch, auch von zu Hause gesagt bekommen: ‚Na ja, mach das erstmal. Da hast du wenigstens was. Aber Aussichten gibt's keine', und (sie) sind sehr unbeholfen, unflexibel, wenig selbstständig, muss ich sagen. Also sie warten immer darauf, dass sie etwas gesagt bekommen, was sie machen sollen, wie sie es machen sollen. Eigeninitiative ist eigentlich sehr gering." (114, ähnl.: 115/60). Der Befragte des Malerbetriebes betont, dass sich die Teilnehmer etwa Dritteln. Das erste Drittel: ‚Na ja, machen wir mal ein Praktikum. Ein Praktikum, weil wir es machen müssen', so ungefähr. Ein anderes Drittel, recht und schlecht. Und das dritte Drittel will (120/40).

415 Anders: „Sie sind also wirklich sehr desinteressiert. Sie machen eben im Prinzip ihre Zeit runter: ‚Jeder Tag, den ich hinter mich gebracht habe, ist erledigt. Aber das Rieseninteresse in dem Sinne, ist die absolute Seltenheit." (113/153).

> reitschaft relativ groß war, etwas zu lernen, etwas mitzunehmen aus unserem Betrieb. Von Ausnahmen, wie gesagt, abgesehen." (111/67)

Einerseits ist das angesprochene Motivationsproblem, wenn es nicht schnell bewältigt wird, ein echtes Hindernis für das Praktikum. Andererseits können Praktikanten aber auch einen produktiven Beitrag leisten, wenn sie entsprechend eingearbeitet worden sind:

> „Also zum einen ist es so, dass unser Unternehmen ohnehin sehr orientiert ist im Bereich Ausbildung. Ich glaube, es gibt in unserer Branche kaum ein Unternehmen, was im gleichen Maße in Ausbildung investiert, auch was Weiterbildung anbetrifft, investiert. Und ich denke, dass wir auch eine gewisse soziale Verantwortung haben. Wenn wir die Möglichkeit haben, diese Stellen zur Verfügung- oder bereitzustellen, dann machen wir das gerne. Dann bieten wir das auch an. Und ich sage mal, das ist ja auch ein Geben und ein Nehmen. Die jungen Leute unterstützen natürlich hier auch nach einer gewissen Zeit, nach einer gewissen Eingewöhnungszeit die Prozesse, die hier im Markt ablaufen." (121/49)

Das andere Motiv, ein Praktikum anzubieten, liegt in der Nachwuchsgewinnung:

> „Es ist sehr schwierig, gute und vernünftige Leute im Handwerk zu bekommen. Von daher finde ich das ganz gut, mit dem Praktikum. Dass sie das vorab mal ein bisschen anschauen können, ob das überhaupt einen Sinn hat, für die Zukunft. ... Und das ist so fast die letzte Möglichkeit, einigermaßen vernünftige Leute zu bekommen, bei denen Sie – wie vorher gesagt – absehen können, ob sie in dem Beruf überhaupt irgend etwas auf die Reihe kriegen oder nicht." (118/107, 49)

Insgesamt gibt es also ein Bündel von Interessen, die die Betriebe bewegen, Praktikantenstellen anzubieten. Zugleich haben sie aber auch konkrete Vorstellungen, wie Praktikanten sich in den Betrieb einfügen, wie sie arbeiten und sich verhalten sollen.

9.2 Erwartungen an die Praktikanten und an den Erfolg der Praktika

In allen Interviews wird sehr deutlich, dass Eines von den „Chefs" gar nicht gern gesehen wird: Unpünktlichkeit. Darin drückt sich für sie mangelndes Interesse aus, und das wird ungern toleriert:

> „Wir haben auch schon einen gehabt, den habe ich nach drei, vier Tagen wieder nach Hause geschickt, weil, da ist es dann schon losgegangen mit Pünktlichkeit und auch vom Äußeren her so ein bisschen schmuddelig und so. Und da hat man also wirklich gemerkt, so, wie wir in Bayern sagen, so ein ‚Leck mich am Arsch – Gefühl' auf gut Deutsch gesagt." (116/69)

Manchmal gibt es eine gewisse Toleranz. Man ist von Seiten des Betriebes bereit, über das Fehlverhalten der Unpünktlichkeit zu sprechen. Aber wenn Unpünktlichkeit sich fortsetzt, wird das Praktikum schnell beendet:

> „Ich sage mal, wenn einer um Acht zur Arbeit zu erscheinen hat, an seinem Arbeitsplatz sein muss, dann gucke ich mir das einen Tag an. Und wenn er am dritten Tag fünf nach acht da ist, dann braucht er nicht mehr wiederkommen." (112/155)

Für diese Einstellung ließe sich eine lange Liste zusammenstellen.[416] Pünktlichkeit ist eine Grundvoraussetzung, die alle Betriebe erwarten. Andere Defizite, vielleicht eine anfängliche Gehemmtheit bei der Ansprache von Kunden, wird demgegenüber toleriert, und sie

---

416 Große Bedeutung der Pünktlichkeit: 111/221; 112/155; 115/78; 116/69; 117/103; 118/55, 61; 119/133; 120/80; 121/91

kann sich im Verlauf des Praktikums bessern (117/103). Dagegen ist die Integration in das betriebliche Team ebenfalls eine wichtige Voraussetzung, um im Praktikum erfolgreich zu sein (112/158; 117/149; 121/59).

Auf der anderen Seite gibt es aber von manchen Betriebsmitarbeitern echte Angebote, um die jungen Praktikantinnen zu motivieren. Sie sollen kleine Erfolgserlebnisse haben. Der Schlossermeister bringt das zum Ausdruck:

> „Ich habe so das Gefühl, es gefällt den Leuten auch – so ein kleines Erfolgserlebnis, wenn man morgens mit etwas anfängt und abends steht etwas vor einem, was sie mit Händen greifen können." (118/75)

Ähnlich beschreibt der KfZ-Meister seinen Praktikanteneinsatz. Er scheint sie an vielen Arbeiten zu beteiligen und erwartet auch von seinen Kunden, dass sie das tolerieren: „Ich lasse sie arbeiten und nicht nur fegen" (115/66).[417] Das allerdings scheint nur deswegen möglich zu sein, weil dieser Meister die Desinteressierten und Lustlosen bereits nach Hause geschickt hat. Dieser Selektionsprozess findet wohl nicht überall so schnell statt, und das Toleranzspektrum scheint unterschiedlich groß zu sein. Je größer es ist, umso größer sind auch die Erfahrungen mit jungen Menschen, die sich sehr schwer tun, sich in den Betrieb und in die dort anfallenden Arbeiten gut einzufinden. Folglich gibt es auch entgegengesetzte Stimmen, die von einem breiten Spektrum an Fähigkeiten bei den Praktikantinnen und Praktikanten, aber eben auch von entsprechend vorkommenden Defiziten sprechen:

> „Und dann erlebe ich die unglaublich unterschiedlich. Manche, die wirklich – sagen wir dann immer, von zu Hause so ganz wenig mitbringen, die wirklich nicht in der Lage sind, ein Kopfkissen zu beziehen, weil sie es zu Hause nie mussten. Oder andere, die da schon sehr viel selbstständiger sind. Also sehr unterschiedlich. Sehr davon abhängig, wie sie zu Hause auch so gefördert werden." (119/63: ähnl.: 112/107)

Zu vermuten ist, dass genau hier ein Arbeitsfeld der sozialpädagogischen Fachkräfte liegt. Es kommt darauf an, auf der einen Seite das Toleranzspektrum der Betriebe zu erweitern, auf der anderen Seite aber auch die beruflichen Interessen, Wünsche und Fähigkeiten und die Einstellungen der Jugendlichen so abzustimmen, dass ein „passendes" Praktikumsverhalten entstehen kann. Das ist nicht zuletzt auch deswegen wichtig, weil Praktikanten in den Betrieben keinen übermäßig großen Einarbeitungsaufwand erwarten oder gar einfordern können. Die Inhaberin des Blumengeschäfts beschreibt, was sicher für viele Praktikumsbetriebe gilt: „Praktikantinnen und Praktikanten, die erst lange eingearbeitet werden müssen, sind nicht so willkommen. Dafür ist im Betrieb zu wenig Zeit" (122/85; ähnl.: 118/187). Andererseits bestehen durchaus Anforderungen an die Arbeit der Praktikantinnen und Praktikanten. Auch bei den in der Regel einfachen Tätigkeiten muss Qualität sichergestellt werden, und es muss eine Einstellung vorherrschen, dass nur Arbeiten abgeliefert werden dürfen, die den Anforderungen der Kunden genügen können. Das gilt wohl für fast alle Betriebe, es wird hier von der Chefin des Gärtnereibetriebes besonders hervorgehoben:

---

417 Diese Haltung gegenüber den Praktikanten ist allerdings in manchen anderen Betrieben aus sachlichen Gründen begrenzt. So beschreibt die Mitarbeiterin der Tischlerei, dass es Grenzen des Einsatzes gibt, weil die Praktikanten noch keine Maschinen bedienen dürfen und deswegen viele Schleif-, Hilfs- und Handlangerarbeiten machen müssen. Trotzdem könne man das Interesse an der Sache durchaus erkennen, fände aber auch viel Interesselosigkeit bei den Jugendlichen vor (111/135, 181).

> „Natürlich ... gehört dazu, dass man, ja, versucht zu vermitteln, ja, eine gewisse Präzision bei der Arbeit, auch eine gewisse Sauberkeit und ein gewisses Qualitätsbewusstsein. Nicht, es geht nicht darum, dass das jetzt nur einfach irgendwie erledigt wird. Es geht letztendlich darum, dass durch unsere Tätigkeit Produkte erzeugt werden müssen, für die es am Schluss eben auch einen Käufer gibt, nicht. Und deswegen versuchen wir also auch den jungen Leuten beizubringen, dass es, ja, darauf ankommt, eben auch, ja, ein gewisses Qualitätsbewusstsein zu vermitteln." (112/87)

Die Interpretation der vorliegenden Interviews lässt allerdings nicht den Schluss zu, dass es sich hier in besonderer Weise um die Gewinnung billiger Arbeitskräfte handelt, die Qualitätsarbeit zum Nulltarif erbringen sollen. Eher geht es darum, dass Arbeit in einem Betrieb immer auch unter Qualitätsgesichtspunkten zu bewerten ist, sonst wäre es kein Betrieb, sondern nur die Werkstatt eines Bildungsträgers, die ihre Produkte nicht verkaufen muss. Der Erfolg eines Praktikums wird eher an den Erfahrungen der jungen Leute bemessen. Diese Erfahrung betrifft zum einen die berufliche Selbsterfahrung. Wenn ein junger Mensch seinen Beruf gefunden hat, ist das ein Erfolg.

> „Erfolgreich läuft es bei der Berufsvorbereitung, wenn der Praktikant sagt: ‚Also das möchte ich so erlernen. Das macht mir Freude.' Und dann kann ich eigentlich auch nur mit persönlichem Engagement rechnen. Vorbeigegangen am Ziel ist es, wenn ein Praktikant sagt: ‚Das gefällt mir überhaupt nicht. Ich habe keinen Spaß daran.' ... Deshalb ist die Vorbereitung eigentlich sehr wichtig, dass der Praktikant reingeschaut hat in den Beruf, den er sich erwählt, bevor er angefangen hat." (114/118, für den Erzieherberuf)

Hier ist eine erfolgreiche Berufserprobung angesprochen. Allerdings steht außer Frage, dass auch das Misserfolgserlebnis, die Klärung der Frage, dass das „nicht mein Beruf ist" durchaus positiv zu bewerten ist (vgl. 115/133; 119/127). Nicht allein der Berufswunsch, auch die Erfahrung, in einem Praktikum mit Interesse gut gearbeitet zu haben, zählt zum Erfolg:

> „Ein erfolgreiches Praktikum ist für mich, wenn der betreffende Praktikant oder die Praktikantin hier rausgeht und sagt: ‚Ich habe hier gelernt, dass es darauf ankommt, dass man gemeinsam – ich sage mal mit einem gewissen Ziel – Dinge bewegen kann.'" (12/158)

Allerdings gibt es auch betriebliche Interessen, die den Erfolg eines Praktikums definieren: „Ich denke ... am erfolgreichsten läuft es dann, wenn wir sagen, (den) können wir uns als Auszubildenden vorstellen. Das denke ich, ist der erfolgreichste Weg. Der zweiterfolgreichste ist, wenn wir sehen, dass der Jugendliche eine gewisse Selbstständigkeit erlangt, dass er zeigt, dass er Potential hat, dass er sich in Abläufe einfinden kann und dass er im Prinzip einen Draht zum ... Berufsleben bekommt" (121/129; 119/133).

9.3 Erwartungen an die sozialpädagogischen Fachkräfte des Bildungsträgers

Den Chefs oder den zuständigen Mitarbeitern der Betriebe ist es wichtig, dass die Zusammenarbeit mit den Bildungsträgern nicht zeitaufwändig und belastend wird:

> „Ja, es ist also keine schlechte Zusammenarbeit, weil, man beschränkt sich eben auf das, was wirklich nötig ist, weil, es (ist) ja eine zusätzliche Sache, dass ich hier also mit solchen Praktikanten mich beschäftige. Und wenn ich dann eben noch mit dem Umfeld dementsprechend viel zu tun hätte, wäre natürlich die Belastung größer. Deswegen ist das schon so, wie ich es gerne hätte." (113/173)

Für die sozialpädagogischen Fachkräfte kommt es darauf an, hier genau die Balance zu finden. Einerseits können sie sehr schnell als störend wahrgenommen werden, andererseits gibt es sehr konkrete Erwartungen, die von Seiten der Betriebe an sie gestellt werden und denen sie entsprechen sollten. Dazu gehört insbesondere, dass die Praktikantinnen und Praktikanten im Vorfeld darüber informiert worden sind, was sie im Betrieb erwartet. Ganz besonders wichtig ist die Beachtung der Pünktlichkeitsregeln, der Hierarchie und der Unterordnung unter die gegebenen betrieblichen Verhältnisse (115/145). Hier gibt es ganz klare Erwartungen. Ähnlich groß ist die Anforderung, im Vorfeld über die jeweiligen Jugendlichen informiert zu sein. „Nicht dass da erzählt wird: ‚So und so, der hat jetzt da schon gemacht und und und. Und hat da super Benotungen bekommen.' Und wenn er dann vielleicht acht oder 14 Tage bei uns ist, dass man sagt: ‚Also hör mal, entweder habe ich dich falsch verstanden oder mir ist bewusst was Falsches gesagt worden.' Also sagen wir mal, das ist eigentlich in meinen Augen (eine) Grundvoraussetzung." (116/116).

So klar, wie auf der einen Seite eine Abgrenzung vorgenommen wird, so deutlich ist doch, dass sich die sozialpädagogische Fachkraft auch weiter um den Jugendlichen, der gerade sein Praktikum machen muss, kümmert (116/116, ähnl.: 117/129). Gerade, wenn eine Situation mit einem Praktikanten schwierig wird, ist die sozialpädagogische Fachkraft gefragt. Immerhin gibt es Betriebe, die nicht gleich den Jugendlichen vor die Türe setzen, wenn mal etwas nicht so läuft, wie es soll. In dem entsprechenden Gespräch kommt es dann darauf an, Lösungen zu finden, die für alle Beteiligten in Ordnung sind.

Es gibt aber auch betriebliche Mitarbeiter, die ein ausgesprochen gutes, vielleicht sogar respektvolles Verhältnis zu der jeweiligen sozialpädagogischen Fachkraft haben. Der bereits zitierte Kraftfahrzeugmeister führt dazu aus:

> „Der guckt sich das auch mal an hier. Kommt mal her. Und die, sage ich mal, haben auch einen Riecher dafür, ... ob ich die Sache unter Kontrolle habe oder nicht. Also das kriegt man schon mit. Die fragen schon gezielt nach. Also ... die kennen auch ihre Pappenheimer, ja. Kennen die Schwächen und so und wundern sich teilweise auch, dass die sich gut machen hier. Was ich natürlich dann nur auf die Motivation zurückführe." (115/112)

Ganz wichtig ist, dass die sozialpädagogischen Fachkräfte sich in die Bedingungen der Betriebe hinein denken können und in Konfliktfällen auch die innerbetrieblichen Erwartungen und Schwierigkeiten genau wahrnehmen und gut damit umgehen können. Das wird sehr positiv wahrgenommen:

> „Also ich schätze die Art vom Herrn M. sehr, durch das er einfach – in meinen Augen – sehr realitätsnah ist. Ich habe zum Beispiel kein Problem gehabt, mit meinem zweiten Praktikant den Praktikumsvertrag aufzulösen. ... Dass ich ihm gesagt habe, Herr M., das geht so nicht weiter. Ich kann mit dem guten Mann nicht. Der kommt entweder morgens um halb acht oder um halb zehn oder um neun und dann Einstellung: ‚Hände in den Hosentaschen und durch den Betrieb durchlaufen, als wenn er gerade im Urlaub wäre.' Da ist er sehr offen dafür. Ich denke, da gibt es andere Leute, die dann sagen, der braucht jetzt noch ungefähr hunderttausend Chancen. Die gibt es bei mir (nicht). Also jeder kann mal einen Scheiß bauen, aber irgendwo ist dann mal Schluss. Und da muss ich sagen, da ist der Herr Mehrwert sehr realitätsnah. ... Und da diskutiert er mit mir auch nicht lange herum. Und also von daher gefällt mir das ganz gut, ... es muss nicht alles ausdiskutiert werden. Gewisse Entscheidungen, die fälle ich. Und da muss er einfach damit leben. Zumal ich sage, also ich biete den Leuten irgendwo eine Chance, und da muss ich mir nicht von denen auf der Nase herum tanzen lassen. Und das akzeptiert er." (118/93)

Diese Ebene des Respekts vor den betrieblichen Anforderungen führt offenbar zu einer guten Resonanz, sie wird als Unterstützung wahrgenommen und auch erwartet. In solchen Fällen werden die Fachkräfte auch hinzugezogen, wenn es Probleme gibt: „… dann bin ich schon so fair und halte dann Rücksprache mit den Kollegen von Kolping, und ich muss sagen, also das klappt eigentlich wunderbar, wenn wir da irgendwelche Probleme haben oder sonst was. Entweder wir klären das dann sofort (oder) am selben Tag" (116/106). Grundsätzlich gibt es durchaus die Anforderung, dass sich die sozialpädagogischen Fachkräfte kontinuierlich um ihre Jugendlichen kümmern, und dass sie ein offenes Ohr haben, wenn Probleme auftauchen, ohne dabei negativ in die betrieblichen Abläufe einzugreifen (118/61; 117/29). Dazu sollte es einen regelmäßigen Kontakt geben. Noch weitaus wichtiger als dieser Kontakt ist aber die damit verbundene Erwartung, dass nur eine sozialpädagogische Fachkraft, die sich wirklich kümmert, im entscheidenden Augenblick auch einen guten, steuernden Einfluss auf den einzelnen Jugendlichen ausüben kann. Genau das wird vorausgesetzt, ansonsten könne man von den Sozialpädagogen keine Unterstützung erhalten und auf ihr Auftreten besser verzichten. Das ist aber eine Position, die in den Interviews nicht vorgetragen worden ist.

10. Die Ausschreibungspraxis und ihre Folgen für die sozialpädagogischen Fachkräfte, ihre Beschäftigungssicherheit und ihre Arbeit

Die von der Agentur seit einigen Jahren begonnene Praxis, Maßnahmen nach der „Verdingungsordnung für Leistungen" (VOL) auszuschreiben, hat in den letzten Jahren alle Bildungsträger erreicht. Die Sozialpädagogen sind – anders als die Einrichtungsleitungen – nicht unmittelbar in den Prozess der Angebotserstellung einbezogen. Zum Teil leisten sie Zuarbeiten für die Angebote, die von der Leitung abgegeben werden. Was sie aber alle betrifft, ist das aus der Ausschreibungspraxis resultierende Risiko, eine, mehrere oder alle Maßnahmen zu verlieren und in Folge dessen auch keinen Arbeitsplatz mehr zu haben. Dieses Risiko ist existenziell, und es ist zu vermuten, dass es mit zunehmendem Alter der sozialpädagogischen Fachkräfte immer größer wird.[418] Zugleich geht die offensichtlich begründete Sorge um, dass „Billiganbieter" die eingesessenen und erfolgreichen Träger verdrängen:

> „Dass also so genannte Billiganbieter die Zuschläge bekommen haben, und wie in vielen Städten haben die das auch auf die Reihe gekriegt, die Lehrgänge einzurichten. Wenn man dann sieht, wonach die Leute da bezahlt werden, die da tätig sind, dass die gar nicht die Qualifikation und Erfahrung haben, die zum Beispiel hier unsere Kollegen haben. ... Und meine Angst ist, durch solche Billiganbieter, die ständig ihr Personal wechseln, also höchstens ein halbes Jahr Leuten Honorarverträge geben und und und. Dass das alles den Bach runter geht. Und ich habe auch die Befürchtung, dass die Bundesanstalt es nicht mehr interessiert, was inhaltlich ... und was ... entwicklungsmäßig bei Jugendlichen passiert." (085/175)[419]

Solche Einschätzungen treten öfters zu Tage. Weitaus weniger problematisch, aber auch nicht sonderlich günstig ist der entgegengesetzte Fall, wenn nämlich ein Träger Maßnahmen gewinnt, auf die er gar nicht vorbereitet ist. Jetzt müssen auf die Schnelle Räumlichkeiten und Personal besorgt werden, was nicht immer einfach ist (096/158). Und ob sich diese Investition dauerhaft lohnt, kann niemand wissen, weil der Ausgang der nächsten Ausschreibungsrunde wieder unsicher ist.

---

418 „Ich bin jetzt 52 Jahre, ich weiß, ich habe bis 53 Jahre eine Arbeit. Nächstes Jahr geht es dann mit dem Arbeitslosengeld dann anders rum. Also, wenn ich nächstes Jahr noch arbeitslos werden würde, würde ich noch knapp zwei Jahre Arbeitslosengeld bekommen, werde ich nächstes Jahr nicht arbeitslos, werde 2006 arbeitslos, habe ich nur noch Anspruch auf ein Jahr und dann wissen Sie, wie weit ich bin. Dann bin ich Mitte 50 und dann hat sich die Sache gegessen. Und so knabbert man eigentlich hier rum und versucht eine ordentliche Arbeit zu machen, dass man sich hier von Jahr zu Jahr womöglich noch durchhangeln kann. Das sind so meine knallharten Fakten, das ist so" (055/113). Von Einkommensverzicht, unbezahlten Überstunden, freiwilliger Tiefergruppierung und Verkürzung der Kündigungsfrist ist auch die Rede (056/18–20, 2; 057/7, 82; 062/242; 063/212), und von Personalabbau und -abwanderung ebenfalls (062/242; 063/212).

419 Der Träger, bei dem die Sozialpädagogin beschäftigt ist, hatte die BvB-Ausschreibung verloren, die Maßnahmen dann aber kurzfristig doch noch erhalten, nach dem sich herausgestellt hatte, dass derjenige Träger, der die Ausschreibung gewonnen hatte, zur Durchführung der Maßnahmen gar nicht in der Lage war.

10.1 Beschäftigungsrisiken für sozialpädagogische Fachkräfte

In dieser Flexibilisierung der Maßnahmedurchführung sehen die sozialpädagogischen Fachkräfte große Probleme. Hier sind zunächst die kurzfristigen Beschäftigungsverhältnisse zu erwähnen. Die Befristungen der Arbeitsverträge können eine Dauer von einem Jahr und darunter haben.[420] Durch Zehnmonatsverträge wird die Befristung der Maßnahmelaufzeit angepasst und möglicherweise auch für die betroffenen Fachkräfte eine Zeit der Arbeitslosigkeit – bis zum Beginn des neuen Maßnahmejahres – billigend in Kauf genommen (047/11; 049/191). Damit nähert sich diese Beschäftigungsform denen im Bau- und Gaststättengewerbe an:

> „Wir wissen im Sommer, wenn wir in die Ferien (gehen), nicht, ob es weitergeht nach den Ferien, also so solche Sachen. Es sind viele Entlassungen gewesen oder Zusammenlegungen auch. Ach, es macht sich bemerkbar. Und ich glaub auch nicht, dass man diese Qualität, die wir jetzt leisten, mit dieser Rundumbetreuung, die neue Form der BBE, ob das noch ... alles noch so hinhaut." (049/191)

Dadurch entsteht eine große Unsicherheit, wie eine Sozialpädagogin beschreibt:

> „Hoffen natürlich und bangen, jedes Jahr wieder auf's Neue, also das ist auch immer dieses Ding mit den begrenzten, befristeten Arbeitsverträgen, ... dass man weiß, nächstes Jahr läuft dein Vertrag wieder aus, hoffentlich wird er noch mal wieder verlängert." (060/243; ähnl.: 096/156)

Die Beschäftigungsunsicherheit[421] ist einerseits durch die befristeten Verträge bedingt, andererseits aber auch dadurch, dass betriebsbedingte Kündigungen möglich sind, wenn der Träger die Ausschreibungen verliert. Der Druck auf die Träger führt auch bei sozialpädagogischen Fachkräften dazu, dass „... man sich sehr, sehr im Ungewissen fühlt; man weiß gar nicht so richtig, in welche Richtung geht das jetzt alles" (014/178; 072/199). So beschreibt eine Sozialpädagogin, die seit der politischen Wende (1991) in der Benachteiligtenförderung arbeitet, ihre eigene Lage. Ähnlich eine andere Kollegin: „... was tödlich für uns ist, als Sozialpädagogen, das ist die Art wie wir beschäftigt werden, mit befristeten Verträgen von Maßnahme zu Maßnahme. Das ist tödlich für die Profession". Sie wünscht sich: „... für mich persönlich, aber das (ist) doch nur eine Vision, einen unbefristeten Arbeitsvertrag, immer die Möglichkeit von Weiterbildung und Qualifizierung, immer die Möglichkeit von flexibler Arbeitszeit und die Möglichkeit selbstständigen, eigenverantwortlichen Herangehens bei aller Kontrolle, die nötig ist" (039/51). Damit drückt dieses Zitat deutlich aus, dass vieles von dem, was eigentlich für eine qualifizierte Arbeit selbstverständlich und erforderlich ist, für diese Sozialpädagogin in den Bereich der Visionen abgewandert ist. Die mangelnde Beschäftigungssicherheit drückt negativ bis in die konkreten Arbeitssituationen hinein, insbesondere wenn daran auch Familien hängen:

> „... weil die Maßnahmen immer nur noch für ein Jahr ausgeschrieben werden, und man muss jedes Jahr bangen, ob man dann die Arbeit behalten darf oder nicht, oder ob man arbeitslos wird. Dass wir uns drei Monate vor dem Maßnahmeende immer arbeitslos- oder arbeitssuchend melden müssen, weil wir ja in drei Monaten arbeitslos werden können. Das beeinträchtigt die Arbeit schon, und macht den Kopf nicht freier, sondern macht einen schon betroffen, weil man auch selber Familie hat, und die Gedanken auch dann bei der eigenen

---

420 Befristeter Arbeitsvertrag, ein Jahr: 005/84;006/47; 008/42; 091/4; 014/5; 020/5; 026/5; 032/9; 035/5; 040/9; 054/7; 055/109; 059/5; 060/243; 091/5; 096/157; 098/9;100/23; 108/136

421 „Die Unsicherheit ist genauso da, wie bei den Jugendlichen" (055/109).

> Familie sind. ‚Was ist, wenn der Fall so und so eintritt, was machen wir dann, wie geht es einem persönlich dann?' ... Und förderlich für die Arbeit ist es bestimmt nicht, wenn man immer bangen muss, selber arbeitslos zu werden." (107/144; ähnl.: 098/9; 108/136)

Die Ambivalenz, die hier zum Ausdruck kommt, wird wohl für viele sozialpädagogische Fachkräfte gleichermaßen gelten. Einerseits geht es darum, gute Arbeit zu leisten und in einer professionellen Weise sich mit dieser Arbeit zu identifizieren, andererseits macht die Arbeitsplatzunsicherheit zunehmend mehr zu schaffen, so dass auch die Vorstellung eines Absprungs aus diesem Arbeitsfeld entsteht:

> „Ich versuche natürlich, ich hoffe, wie alle anderen Kollegen auch, gute Arbeit zu machen, mich zwar nicht direkt unentbehrlich zu machen, aber doch zu sagen, wenn es darum geht: „Bleibt Diejenige im Haus oder nicht?", dass dann das Pendel zum Positiven hin ausschlägt. Auf der anderen Seite bedeutet das aber auch ganz klar, dass ich Zeitung lese und mal gucke, was so auf dem Stellenmarkt noch angeboten wird und wenn etwas Attraktives wäre, würde ich mich auch bewerben." (108/136)

Die Darstellung der Beschäftigungsproblematik wäre unvollständig, wenn nicht wenigstens am Rande auf die neue Fluktuation hingewiesen wird. Der Prozess von Abbau und Neuaufbau, von Trägersterben und Trägerneuetablierung beinhaltet auch Stellenabbau und Stellenaufbau. Einige der befragten Fachkräfte berichten von solchen Arbeitsplatzwechseln[422]:

> „... ich (habe) vorher bei einem Träger gearbeitet ... in der Arbeitslosenberatung. Das hätte ich gerne auch noch weiter gemacht, nur auch da wurde die Ausschreibung von der Arbeitsagentur verloren. Das heißt, ich musste einen anderen Job suchen und das hat sich relativ schnell auch im Anschluss ergeben. Und da habe ich zugegriffen. Aber ich denke, jeder, der im sozialpädagogischen Bereich arbeitet und sich in Sicherheit wiegt, was seine Arbeitsstelle betrifft, der geht ein bisschen blauäugig an die Sache dran." (108/144)

Allerdings muss davor gewarnt werden, diese Vorgänge als eine Entschärfung des Beschäftigungsrisikos zu interpretieren. In vielen Interviews wird davon gesprochen, dass die „neuen" Träger, die häufig als „Billiganbieter" die Ausschreibungen gewinnen, ihr Personal in extrem ungünstigen, teils prekären Beschäftigungsverhältnissen arbeiten lassen (056/18). Für ältere Kollegen ist dieser Wechsel ohnehin kaum mehr möglich, für die jüngeren alles andere als attraktiv.

Als Folge dieser Entwicklung können deutliche Motivationsverluste eintreten, und zwar insbesondere bei den jungen Kräften, die für eine Maßnahme neu oder erst vor kürzerer Zeit eingestellt worden sind. Sie beschreiben zum Teil eine deutlich andere Herangehensweise, ein nachlassendes Engagement und eine Begrenzung der Identifikation mit den Jugendlichen. Dieser Motivationsverlust ist gut verständlich, er hat vielerlei Gründe. Sie sollen im Folgenden dargestellt werden.

---

[422] Über Arbeitsplatzwechsel im Bereich der Benachteiligtenförderung wird öfter berichtet. Unklar ist aber, ob solche Wechsel aufgrund von Trägerschließungen und -neueinführungen entstanden sind oder ob sie im Rahmen der üblichen Fluktuation stattgefunden haben. Zu vermuten ist, dass es einen großen Stamm von sozialpädagogischen Fachkräften gibt, die sich zu Spezialisten und Experten in der Benachteiligtenförderung entwickelt haben.

10.2 Bedeutungsverlust oder Bedeutungsgewinn der Qualität der sozialpädagogischen Arbeit?

Ein Grund für diesen Motivationsverlust resultiert daraus, dass der Eindruck entstanden ist, der Qualität der eigenen sozialpädagogischen Arbeit komme keinerlei Bedeutung mehr zu.[423] Es gehe nur noch um eine Konkurrenz über den Preis:

> „… man hat mittlerweile den Eindruck, dass eher der Preis entscheidet. Man kann sich, man legt wunderschöne Konzepte vor und macht sich unendlich viel Arbeit, aber oftmals wird eben, hat man das Gefühl, dass nur der Preis entscheidet. Und nicht nachdem, dass die Träger eben jahrelange Erfahrung haben und, eben jahrelang ihre Arbeit richtig gemacht haben." (015/153, ähnl.: 025/175; 047/159; 052/178; 055/111)

> „Da spielt der Preis 'ne Rolle und ich denke, der Preis spielt immer mehr eine Rolle leider, und die Qualität geht baden." (062/242)

Dort, wo sich jedoch diese resignative Haltung nicht durchgesetzt hat, herrscht eher die Vorstellung einer Qualitätskonkurrenz, die auch positive Wirkungen haben könnte: „… ich denke auch mal, überhaupt die ganze Qualität der Arbeit, dadurch dass … dann auch viel mit rübergebracht wird, was bei anderen Trägern nicht so gelaufen ist, was wir besser machen müssten, um wirklich auch erfolgreich zu sein" (017/187; 060/243). Diese Vorstellung entsteht auch dadurch, dass viele sozialpädagogische Fachkräfte in die Erstellung des Angebots mit eingebunden werden[424] und sie hier teilweise sehr konkret nach Verbesserungsmöglichkeiten für ihre eigene Praxis suchen (017/78; 022/68, 031/66; 040/75; 050/123; 052/174; 077/110). Es gibt Stimmen, die das positiv hervorheben (078/169), sie lassen sich jedoch nicht verallgemeinern. Es gibt auch die genau entgegengesetzte Position, die die Unklarheiten bei den Ausschreibungen beklagt.[425] So sei es möglich gewesen (für BvB nach dem neuen Fachkonzept), gleich nach der zweiwöchigen Eignungsfeststellung die Teilnehmerinnen und Teilnehmer in Praktika zu schicken. Damit sei die gesamte Arbeit im Wesentlichen auch mit Honorarkräften machbar, und das führe zu extremem Preisdumping: „Solche Träger haben aber die Zuschläge bekommen, weil die natürlich kein Personal vorhalten müssen, weil die natürlich keine Räume vorhalten müssen, keine Maschinen vorhalten müssen, sondern im Grunde genommen nur zwei, drei Unterrichtsräume mit entsprechenden Honorarlehrern, die sowieso nichts kosten" (033/163).[426] Dementsprechend resignativ fällt auch die Antwort dieses Sozialpädagogen auf die Frage nach der Zukunft der Benachteiligtenförderung und des eigenen Bildungsträgers aus:

> „Katastrophal. Es wird zu Sozialausfällen kommen, es wird zu Entlassungen kommen. Im Augenblick ist es noch nicht übersehbar, wie viel Stellen betroffen sind. Es sind Mitarbeiter, die natürlich langjährig in diesen Bereichen schon arbeiten, das heißt, es geht unwahrschein-

---

[423] Ausnahme: „Ich hoffe einfach, dass wir durch unsere gute Arbeit eigentlich, und ich glaube, das kann ich ruhig mal sagen, dass wir die eigentlich abliefern, auch immer wieder, zumindest gute Chancen haben, die Maßnahmen wieder zu kriegen." (060/243).

[424] Häufig wird betont, dass die Erstellung der Angebote sehr arbeitsaufwändig ist.

[425] Auch hier sind die Einschätzungen der Vorgaben sehr unterschiedlich: „Also, es ist so, dass man bei der Ausschreibung, also bei der Formulierung der Ausschreibung, ja an enge Richtlinien … sich halten musste und dass im Prinzip die Realisierung der Inhalte eine Gratwanderung war, die wir nicht wussten, richtig zu bearbeiten." (054/195).

[426] „Lohn- und Preisdumping" (072/190).

> lich viel Know-how und Professionalität verloren. Für mich persönlich sehr kritisch. Vor allem auch in Anbetracht der Tatsache, dass ich, ja so über verschiedene Arbeitsamtsbezirke jetzt weiß, welche Träger wie, um das WIE handelt es sich ja im wesentlichen, Zuschläge bekommen haben. Das ist sehr problematisch. Und mich interessiert oder würde interessieren, wie so was ... letztendlich überhaupt vonstatten geht, weil meines Erachtens können diese Träger keine vernünftige Arbeit leisten, in keiner Art und Weise. Hochproblematisch, meines Erachtens sehr gefährlich." (033/159; ähnl.: 062/142)

In dieser Stellungnahme kommt zum Ausdruck, was viele sozialpädagogische Fachkräfte befürchten: einen großen Qualitätseinbruch (038/117) und einen massiven Stellenabbau. Inwieweit die zukünftige Entwicklung hier richtig beurteilt wird, lässt sich schlecht beurteilen. Aber die Einschätzung sagt einiges über die eigene berufliche Lage der sozialpädagogischen Fachkräfte aus.

Belastend sind schließlich auch die Erfahrungen des Maßnahmeverlusts, obwohl die sozialpädagogischen Fachkräfte sehr engagiert und sehr erfolgreich gearbeitet haben. Auch hier gibt es einschlägige Berichte, die von sehr großen Enttäuschungen sprechen:

> „Ich finde, ich bin eigentlich von abH an sich selbst sehr positiv angetan. Also ich finde, es ist ein sozialpädagogisches Arbeitsfeld, also ich war früher richtig beseelt davon. Das war auch gut, deswegen habe ich auch sehr gerne und gut dort gearbeitet. Und die eine Maßnahme ist uns ja aus Kostengründen leider gestrichen wurden, die haben einen billigeren Träger genommen, obwohl Konzept und Erfolgsquoten nichts genützt haben. Also wir waren ja echt zu tiefst verbittert darüber, aber ist halt so." (101/61)

So, wie es hier die abH-Maßnahme getroffen hat, so kann es auch die anderen Maßnahmen treffen.

10.3 Begrenzungen der Beziehungsarbeit

Ein weiterer Grund für den angesprochenen Motivationsverlust hat vermutlich etwas mit den Besonderheiten der sozialpädagogischen Arbeit selbst zu tun. Diese Art der Arbeit ist – wie viele andere soziale und pflegerische Arbeiten auch – eine Form der Beziehungsarbeit. Diese Arbeit ist aber keineswegs nur eine Kommunikationstechnik, sondern ein Vorgang, der den Professionellen ebenso mit einbezieht wie den Klienten. Zwar gehört zu professionellem Arbeiten auch professionelle Distanz, aber zugleich ein verantwortungsvoller Umgang mit sich selbst und mit den Jugendlichen. Außerdem haben gerade die Jugendlichen, um die es hier geht, häufig wenig stabile Beziehungen erlebt. Sozialpädagogische Professionalität weiß um dieses Faktum, und deswegen wird viel Aufwand getrieben, um gerade diese vertrauensvolle Beziehungsebene herzustellen und sie zu dem späteren Zeitpunkt, am Ende der Maßnahme, auf eine gute Weise abzuschließen. Die durchaus öfter genutzte Chance, auch nach Ablauf noch Kontakt zu den Absolventen zu halten, ist genau auf dieser Ebene des langsamen und behutsamen Abschlusses einer pädagogischen Beziehung zu interpretieren. Insofern ist die durch die Befristung entstandenen Zurückhaltung der sozialpädagogischen Fachkräfte nicht nur ein emotionaler Selbstschutz, der aus einer Überidentifikation mit ihren Klienten resultiert, sondern auch die zwingende Folge eines verantwortungsvollen Umgangs mit den Jugendlichen, die ein gutes, der Situation und der zur Verfügung stehenden Zeit angepasstes Handeln verlangt:

> „Schauen sie mal, ich hab 'nen Jahresvertrag. Arbeiten, die ich heute anfange, weiß ich gar nicht, ob ich die nächstes Jahr weiterführen kann. ... jetzt ... betreu ich ein erstes Ausbildungsjahr, ob ich die nächstes Jahr noch betreuen kann, weiß ich nicht. Kommt ein neuer

> Sozialpädagoge, der geht ganz anders ran. Das ... wirkt sich negativ auf Jugendliche aus, also zwei Jahre sollten schon die gleichen pädagogischen Kräfte sein, wenn es möglich ist, weil es ja so einen Gewöhnungsprozess gibt. Ich weiß, was ich von den Jugendlichen zu halten habe, kenne ihre Stärken und Schwächen und die wissen das auch von mir. Die wissen also auch, was sie von mir halten können. Dieser Prozess beginnt dann neu. Und wir haben das erlebt hier, dass also in ein Ausbildungsjahr zwei ganz neue Kollegen reingekommen sind, das wirft sie, wirft die Gruppe zurück und das ist ne ganz schlimme Sache, find ich. Darüber sollte man sich eben im Klaren sein, ja, dass das also, es hat personelle Auswirkungen und letztendlich auch Auswirkung auf die Jugendlichen." (014/180, tätig in BaE)

Nun kann hier entgegnet werden, dass die berufsvorbereitenden Maßnahmen ja immer schon den Zeitraum von einem Jahr nicht überschritten haben.

> „Also, aber es ist halt schwierig, weil einem ja diese Erfahrung, die ich so, die ich gemacht habe (in abH-Maßnahmen), die ich nicht so mit einbringen kann. Das ist schon schade, weil es auch eine gute Erfahrung war, das ist halt schon schade, ja. Aber auf der anderen Seite denke ich mir auch, also wir waren ja, weil das auch meine, ja erste richtige Sozialpädagogenstelle war, hatte ich natürlich eine riesen Motivation gehabt, auch höhere Ziele und auch ein bisschen glorifiziert das gesehen. Also ich werde mich in solche Maßnahmen auch nicht mehr so hineinknien und hineinhängen, wie ich das vorher gemacht habe, einfach weil das, also wir waren total schockiert, als die Maßnahme weggebrochen war, weil wir keinen logischen Sinn gesehen haben. Wenn Erfolg da ist, denke ich mir, das ist doch das was zählt für eine Maßnahme. Und dadurch, dass in einer gewissen Logik nicht mal zu erklären war, wir waren auch nicht so teuer, also wir haben auch keine Spitzengehälter bekommen, wir haben vielleicht, was weiß ich, 100 Euro mehr bekommen als andere Träger und dass der neue Träger, deswegen konnte ich mir nicht erklären, dass da wirklich gestrichen wurde. Deswegen denke ich mal, um einen selbst auch ein bisschen zu schützen, werde ich mich auch nicht mehr so hineinhängen. Außerdem ist so eine, dieses Arbeiten, was wir vorher gemacht haben, also auch mit der Förderplanung, deswegen wenn, denke ich mal, dass wir die Jugendlichen auch persönlich, uns die Mühe geben, uns kennen zu lernen, war aber auch nur mit dem Gedanken, dass wir uns für mehrere Jahre in diesem Berufsfeld gesehen haben. Wenn ich weiß, dass es für ein Jahr hier ist, gehe ich natürlich noch mal anders Kontakte mit denen ein, als wie es vorher war." (101/63)

Insgesamt entsteht aber nicht nur durch die Kürze der Zeit, sondern auch durch den starken Vermittlungsdruck in betriebliche Praktika ein anderer Arbeitsstil. Ein Sozialpädagoge beschreibt das sehr kritisch: „Schon allein die begrenzte Zeit, dann dieser Druck oder dann dieses, dass man den Jugendlichen dann möglichst schnell vermitteln soll, dann diese Prämien, das ist wie Menschenhandel" (047/155).

10.4 Grenzen, die durch Abwicklung alter und Etablierung neuer Träger entstehen

Neben die Frage der eigenen Beschäftigungssicherheit treten aber auch Überlegungen, ob es überhaupt möglich sei, kurzfristig die erforderlichen Strukturen aufzubauen, um erfolgreich Maßnahmen anbieten zu können. Die neue Vergabepraxis sei für die Agenturen vielleicht sinnvoll, aber: „... man vergisst schon auch, dass man alles aus dem Nichts quasi wieder aufbauen muss", wenn Maßnahmen an neue Träger vergeben werden (031/144, ähnl.: 072/198).

> „Aber da stirbt auch Qualität und Erfahrung. Die Mitarbeiter, die dort waren die haben gute Arbeit geleistet, denke ich mir, und die werden jetzt einfach so wegrationalisiert und in drei Jahren könnte man die vielleicht wieder gebrauchen und da muss man einfach mal gucken, ob man da von diesem Konkurrenzgedanken mal wieder ein bisschen runterkommt." (054/195)

Schwierige Situationen entstehen auch immer dann, wenn aus einem geordneten Set von Maßnahmen, die ein Träger anbietet, einzelne, wichtige Elemente heraus gebrochen werden.[427] Ein Sozialpädagoge berichtet, dass sie vor zwei Jahren die ausbildungsbegleitenden Hilfen verloren haben. Das bedauert er sehr, weil diese Betreuungsmöglichkeit „… für mich ein sehr wichtiges Instrument für die Fortführung der betrieblichen Bildung unserer Teilnehmer war" (062/242). Dabei ist durchaus denkbar, dass auch ein anderer Träger eine gute abH-Begleitung anbietet. Schwieriger ist die Tatsache, dass die Vermittlung in Ausbildungsbetriebe, die ja – wie oben dargestellt – immer ein individualisiertes Geschehen ist, häufiger mit dem Stützangebot von abH verbunden wird und bei Problemen genau jene sozialpädagogischen Fachkräfte intervenieren können, die den Jugendlichen schon kennen und zu denen auch der Jugendliche selbst ein Verhältnis aufgebaut hat. Diese wechselseitige Beziehung kann bei Problemen im Betrieb dann nicht mehr genutzt werden, und – was fast schwerer wiegt – dem Betriebsleiter bei der Ausbildungsstellenakquise auch nicht mehr in Aussicht gestellt werden. Daraus könnte ein Vermittlungshemmnis entstehen.

Dass der Trägerwechsel auch die Netzwerke des alten Trägers in der Region zerstört, steht aus der Sicht der sozialpädagogischen Fachkräfte außer Frage. Gerade bei der Einwerbung von Praktikums- und Ausbildungsstellen wird über sehr langfristige Kontakte zu den entsprechenden Betrieben berichtet. Diese Kontakte sind teilweise träger-, teilweise personengebunden. Das ist an anderer Stelle bereits dargestellt worden. In welchem Umfang diese Kontakte durch den Wechsel zerstört werden, lässt sich nicht überprüfen, weil die Folgen dieses Wegbrechens erst sehr viel später sichtbar werden.

---

427 In der Studie lässt sich nicht zeigen, ob diese Entwicklung öfter auftritt.

11. Das „Neue Fachkonzept" in der Berufsausbildungsvorbereitung

11.1 Das Konzept der „neuen Förderstruktur" und des „Neuen Fachkonzepts" in der neuen Berufsausbildungsvorbereitung

Die Benachteiligtenförderung ist in unterschiedliche politische Dimensionen eingebettet. Diese sind in erster Linie:
– die (berufs-)bildungspolitische Dimension. Sie wird von dem Grundsatz „qualifizierte Ausbildung für alle" geleitet
– die sozialpolitische Dimension, die die Aspekte der sozialen und politischen Inklusion und Absicherung gegen individuelle Risiken umfasst
– die arbeitsmarkt- (beschäftigungs-)politische Dimension, die die Bereitstellung bedarfsgerecht qualifizierter Fachkräfte beinhaltet und
– die jugendpolitische Dimension, die auf das Recht auf Förderung der individuellen Entwicklung sowie auf die Erziehung zu einer eigenverantwortlichen und gemeinschaftsfähigen Persönlichkeit abzielt (von Bothmer 2003, S. 80).

Vor dem Hintergrund dieses politischen Zielsystems und der notwendigen Sparmaßnahmen, die im Rahmen der Diskussionen um die Hartz-Konzepte deutlich geworden sind, stellt es sich aus Sicht der Agentur für Arbeit eher als problematisch dar, dass die Benachteiligtenförderung als eine „versicherungsfremde Leistung" zu ihrem Leistungskatalog der aktiven Arbeitsmarktförderung zählt. Dieses Problem resultiert wohl in erster Linie daraus, dass hier ein Personenkreis gefördert wird, der noch nie in das Versicherungssystem der Arbeitslosenversicherung eingezahlt hat. Darüber hinaus stellt sich die Frage, warum die Agentur für Arbeit (AA) hier Bildungsaufgaben wahrnehmen muss, für deren Umsetzung doch auch andere, soziale und pädagogische Institutionen zuständig sein können. Die Konsequenzen dieser verkürzt dargestellten Debatte sind aus den Jahren 2003 und 2004 noch hinreichend bekannt, und kamen in dem großen Bündel der Hartz-Reformen und zum Beispiel in der Einführung von Weiterbildungsgutscheinen, aber auch in der Ausschreibung oder der Vergabe der verschiedenen Maßnahmen nach der Vergabeordnung (VOL/A) zum Ausdruck.

Durch die zentrale Vergabe der Maßnahmen nach VOL wurde eine höhere Markttransparenz erzeugt. Der Einfluss der regionalen Arbeitsagenturen auf die Trägerauswahl bei der Maßnahmevergabe war durch die zentrale Ausschreibung der Maßnahmen jedoch faktisch nicht mehr vorhanden. Die Agenturen kaufen die Maßnahmen seit dem über ein regionales Einkaufshaus ein. Dies führte dazu, dass manche Träger sich durch diese überregionale Ausschreibungspraxis neue regionale Märkte erschließen konnten bzw. mussten. Infolge dessen agierten sie auch in für die neuen Regionen und verdrängten zum Teil die ortsansässigen Träger vom Markt. Das Hauptargument der BA für diese Vergabepraxis war der günstigere Preis, zu dem die Maßnahmen von den jetzt konkurrierenden Trägern angeboten wurden. Ziel der BA war es, den Durchschnittspreis einer Maßnahme erheblich zu senken. Insofern erschlossen sich die Bildungsanbieter neue Märkte in erster Linie über einen möglichst niedrigen Maßnahmepreis. An diesem Punkt kamen die Diskussionen um den Qualitätsverlust in den Maßnahmen auf, da viele Einrichtungen davon ausgingen, dass zu den jetzt noch erzielbaren Preisen keine erfolgreiche Förderung von Jugendlichen stattfinden könne. Ruinöse Preispolitik und Preisdumping wurde den Einrichtungen, die diese

Preisspirale nach unten drehen, vorgeworfen. Für einige überregional arbeitenden Träger bot sich in dieser Strategie die Chance, zu expandieren, worin nicht zuletzt auch eine Überlebensstrategie zum Ausdruck kommt. Auch diese meist größeren Träger waren und sind von den Kürzungen und Veränderung betroffen. Sie können jedoch aufgrund ihrer Größe und Struktur besser und flexibler auf dem Markt agieren und Verluste kompensieren. Andererseits gehen die eingesessenen Träger, die bereits seit längerem in einer bestimmten Region aktiv sind, davon aus, dass die neu in die Region eintretenden Einrichtungen es schwer haben, Fuß zu fassen, da sie sich ihre Infrastruktur, soziale Netzwerke, Kooperationsbeziehungen, Betriebskontakte usw. neu aufbauen müssen. Diese Entwicklungen wurden auch in den Interviews von den Gesprächspartnern, insbesondere von Einrichtungsleitern beschrieben.

Zwei Kernaussagen des „Hartz-Konzeptes" erschweren diese ohnehin komplizierte Situation der Benachteiligtenförderung zusätzlich: die „Konzentration der Agentur für Arbeit auf die Kernaufgaben" und die „Entlastung der Agentur von Fremdaufgaben". Da die Benachteiligtenförderung, wie bereits geschildert, als versicherungsfremde Leistung angesehen werden kann, schien sie mit diesen Aussagen der Gefahr ausgesetzt, starke Einschränkungen zu erfahren oder zu Gunsten anderer Modelle – zumindest auf der Ebene der nach dem SGB III geförderten Maßnahmen – abgeschafft zu werden. Diese Gefahr sah zumindest der „Fachbeirat Benachteiligtenförderung" und forderte vor diesem Hintergrund die Einlösung der Zielsetzungen des Bündnisses für Arbeit, Ausbildung und Wettbewerbsfähigkeit, die Förderung benachteiligter Jugendlicher „… als Daueraufgabe anzusehen, für die ein Standardangebot von qualitativ hochwertigen und flexibel einsetzbaren Maßnahmen der Bundesagentur für Arbeit, der Kommunen und der Länder flächendeckend zur Verfügung stehen muss" (vgl. Fachbeirat Benachteiligtenförderung 2003, S. 3). In diesem Kontext wurde die Benachteiligtenförderung als ein Reformmotor für die Weiterentwicklung der gesamten Berufsausbildung gesehen. Stattdessen erfolgte jedoch eine stringente und restriktive Ausrichtung an den Grundsätzen des SGB III. Dies beinhaltete die konsequentere Ausrichtung der Maßnahmen und der gesamten Förderstruktur an den folgenden Zielen:
– schnelle, nachhaltige Integration in Arbeit oder Ausbildung
– Wirtschaftlichkeit
– Effizienz und Effektivität.

Speziell für die Benachteiligtenförderung kam an diesem Punkt der Diskussionen die Forderung nach einer schnellstmöglichen bundesweiten Umsetzung des Modellversuchs der „Entwicklungsinitiative: Neue Förderstruktur" (NFS) auf, obwohl dieser zu diesem Zeitpunkt noch nicht abgeschlossen war. Grund dafür war, dass erste Auswertungen der Projektbegleitung durch INBAS darauf hindeuteten, dass die Neue Förderstruktur das leisten könne, was in Anbetracht der Arbeitsmarktreformen gefordert war. So wurde im Februar 2004 das „Neue Fachkonzept" (NFK)[428] der Berufsvorbereitung durch die Bundesagentur für Arbeit verbindlich eingeführt. Damit rückte an die Stelle der bis dahin existierenden unterschiedlichen berufsvorbereitenden Maßnahmeformen ein für alle Zielgruppen der

---

428 Obwohl die beiden Begriffe „Neue Förderstruktur" und „Neues Fachkonzept" sehr ähnlich klingen und leicht verwechselt werden können, sind darin doch ganz erhebliche Unterschiede in wichtigen Details enthalten, auf die im Folgenden noch eingegangen wird.

Berufsvorbereitung einheitlich geltendes, integratives Förderkonzept. Infolgedessen wurden nicht nur die Maßnahmeformen des Grundausbildungslehrganges, des Lehrganges zur Verbesserung beruflicher Einmündungschancen (BBE), der verschiedenen Förderlehrgänge und des sogenannten „tip"-Lehrganges aufgelöst, sondern gleichzeitig die hohe Komplexität der berufsvorbereitenden Förderstruktur reduziert.[429] Beruflicher Erfolg und Ausbildungseinmündung sollen nun nicht mehr durch die Zuweisung zu einer standardisierten, teilnehmeradäquaten Lehrgangsform mit einer lehrgangshomogenen Teilnehmergruppe ermöglicht werden, sondern vielmehr durch eine binnendifferenzierte, individuelle und flexible Maßnahmegestaltung (Kornmann 2005, S. 121). Hierbei sollen nun nicht mehr nur die organisatorischen Eigeninteressen der Maßnahmeanbieter im Vordergrund stehen, sondern die individuellen Bedarfe der Jugendlichen unter Berücksichtigung des regionalen Arbeits- und Ausbildungsmarktes (INBAS 2004, S. 25). Die Teilnehmerinnen und Teilnehmer, so wurde unterstellt, standen bisher vor einem kaum unüberschaubaren „Maßnahmedschungel", in den sie – aus ihrer Sicht – in irgendeine Maßnahmeform hineinvermittelt wurden, ohne die objektiven Gründe für die Maßnahmezuweisung zu erfahren (Borsdorf und Petran 2002, S. 14). Dies sollte durch die NFS geändert werden. Die Ausrichtung an einer personenorientierten, zielgruppenübergreifenden, binnendifferenzierten Maßnahmengestaltung zielt darauf, Übergangsprozesse an der ersten Schwelle beim Übergang Schule – Beruf zu individualisieren (INBAS 2004). Obwohl der Begriff der Individualisierung gegenwärtig inflationär verwendetet wird und die Bedeutung einzelfallbezogener Förderung hervor hebt, stellt die „Individualisierung von Bildungs- und Betreuungsangeboten" in Anbetracht der Pluralisierung individueller Problemlagen und familiärer Lebenssituationen der Zielgruppen der Berufsvorbereitung, einen wichtigen Ansatz dar (Buck und Gaag 2002, S. 902; Schulte 2002, S. 11; Thiersch 2003, S. 20). Häufig wird diese Forderung unter dem Begriff der „passgenauen Förderung" zusammengefasst. Um diesem Anspruch auch in der Berufsvorbereitung gerecht zu werden, wird der gesamte Förderprozess im NFK in unterschiedliche Phasen eingeteilt. Die Einmündung der Jugendlichen erfolgt über eine Eingangs- bzw. Eignungsanalyse.[430] In Abhängigkeit von den dort erreichten Ergebnissen münden die Jugendlichen in unterschiedliche Förder- oder Qualifizierungssequenzen ein.

---

429 Im Hinblick auf die Auflösung zielgruppenspezifischer Maßnahmeformen und der Hinwendung zu einem integrativen Förderansatz kommt ein Perspektivwechsel in der beruflichen Integrationsförderung zum Ausdruck, der in integrativen Schulkonzepten bereits Anfang der 1970er seinen Niederschlag gefunden hat. Trotz der Maßnahmedifferenzierung hat es diesen integrativen Anspruch auch in der Benachteiligtenförderung immer gegeben.

430 In dieser Benennung des diagnostischen Eingangsverfahrens des NFK wird ein wesentlicher Unterschied zur NFS deutlich. In der NFS ist von einer „Handlungsorientierten Kompetenzfeststellung" die Rede. In den Empfehlungen von INBAS zur Fortschreibung des Fachkonzeptes wird diese begriffliche Umorientierung kritisch betrachtet. So wird empfohlen den Begriff der Kompetenzfeststellung beizubehalten, da diese Form der Diagnose alle Kompetenzen der Jugendlichen erfassen soll und nicht nur deren berufliche Eignung. Der Unterschied zwischen den beiden Konzepten kommt nicht nur in der Bezeichnung des Eingangsverfahrens zum Ausdruck, sondern auch in der hierfür zur Verfügung stehenden Zeit. Während in der NFS bis zu sechs Wochen für die Kompetenzfeststellung zur Verfügung stehen, sind es für die Eingangsanalyse lediglich zwei Wochen. Möglicherweise kommt darin auch die stringente Ausrichtung des NFK an Integration in den ersten Arbeitsmarkt oder die Effizienzbestrebungen der Agentur für Arbeit zum Ausdruck.

Im Rahmen der Qualifizierungssequenzen kommen sogenannte Qualifizierungsbausteine zum Einsatz, die der Orientierung und der Vorbereitung für einen Ausbildungsberuf dienen sollen. Diese Bausteine müssen im Vorfeld durch die zuständigen Kammern bestätigt bzw. zertifiziert werden. Eine wesentliche Voraussetzung hierfür ist, dass die Bausteine der Ausbildungsordnung eines Ausbildungsberufs entlehnt sein müssen. Dementsprechend sollen sie berufsübergreifende Grundqualifikationen und Teile von Berufsausbildungen beinhalten und arbeits- und ausbildungsrelevante Inhalte vermitteln (Bundesagentur für Arbeit 2004, S. 9). Qualifizierungsbausteine müssen sowohl den arbeitsmarktpolitischen Zielstellungen der Agentur für Arbeit als auch den berufsbildungspolitischen Anforderungen der Kammern und anderer Institutionen beruflicher Bildung entsprechen. Dem Anspruch nach sollen Qualifizierungsbausteine berufliche Handlungs- und Beschäftigungsfähigkeit herstellen, ohne eine vollständige Berufsausbildung zu vermitteln. Dadurch soll die Möglichkeit verbessert werden, mit einer Teilqualifizierung in den ersten Arbeitsmarkt einzumünden. Aus berufspädagogischer und jugendpolitischer Sicht wird diese Intention kritisch beurteilt. Andererseits bieten diese Bausteine aber auch einen wesentlichen Ansatz zur Modularisierung von Berufsausbildungen (Kloas 2002).

Um die formulierten Ansprüche wie die Individualisierung von Bildungsangeboten, flexible Ein- und Austritte, individuelle Förderdauer usw. gewährleisten zu können, soll die Berufsvorbereitung nicht mehr nur von einem Träger allein durchgeführt werden, sondern in Kooperation mehrerer Einrichtungen, die sich zusammenschließen und als „Bietergemeinschaften" auftreten. Durch diese Vernetzung von unterschiedlichen Förderangeboten sollen Qualifizierungsschleifen, Doppelqualifizierungen und Wartezeiten vermieden werden (INBAS 2005a).

Wie bereits dargestellt, beruht das Neue Fachkonzept inhaltlich in erster Linie auf dem Konzept der Modellversuchsreihe der „Entwicklungsinitiative: Neue Förderstruktur" (NFS). Von dort flossen viele Erfahrungen und Ergebnisse in die Entwicklung des Neuen Fachkonzeptes (NFK oder alternativ BvB-neu) ein. Insofern lassen sich viele der bisher skizzierten konzeptionellen Punkte sowohl in der NFS als auch im NFK wiederfinden. Allerdings wurden die meisten konzeptionellen Punkte in einer abgewandelten Form in das NFK übernommen. So wurde beispielsweise die maximale Förderdauer von ursprünglich 24 Monaten auf 10 bzw. für junge Menschen mit Behinderung auf maximal 18 Monate reduziert. Darüber hinaus hat sich in der Praxis gezeigt, dass viele Anforderungen an Berufsvorbereitung nicht erfüllt werden bzw. nicht erfüllt werden können. So finden wohl trotz der Forderung nach einer Trägerkooperation und Vernetzung von Akteuren die Mehrzahl der Maßnahmen nach wie vor bei Einzelträgern statt. Als kaum umsetzbar haben sich auch die flexiblen Übertritte in Ausbildung erwiesen. Hier hat sich gezeigt, dass es nur schwer ist, abweichend vom regulären Beginn des Ausbildungsjahres Jugendliche in betriebliche Ausbildung zu vermitteln.

Ein wesentlicher Aspekt des NFK, der bisher noch nicht angesprochen wurde, ist die Bildungsbegleitung. Mit dem Bildungsbegleiter erhielt die Berufsvorbereitung einen zusätzlichen Akteur, der den Jugendlichen durch die verschiedenen Phasen des NFK begleiten soll und seinen Übergang in den ersten Arbeitsmarkt gestalten soll. INBAS (2004) formuliert als Ziele der Bildungsbegleitung: Sie „… plant, fördert, gewährleistet, organisiert, koordiniert, begleitet und dokumentiert kontinuierlich individuelle Qualifizierungsverläufe über verschiedene Lernorte sowie Bildungs-, Hilfe- und Förderangebote hinweg"

(INBAS 2004, S. 32).[431] Folglich stellt der Bildungsbegleiter im NFK einen lernort- und einrichtungsübergreifenden Akteur dar.

11.2 Das Handlungsfeld der Bildungsbegleitung im Neuen Fachkonzept

Insbesondere im Hinblick auf einen integrativen sozialpädagogischen Ansatz wies die bisherige Praxis der Berufsvorbereitung – aus der Sicht der Konstrukteure des Neuen Fachkonzepts – Mängel auf und blieb wohl eher bei einem additiven Ansatz stehen. Als besonders kritischer Punkt wurde hier die Kooperationen der sozialpädagogischen Fachkräfte nach außen bewertet (INBAS 2004, S. 21). Der Kontakt und die Kooperation mit externen Stellen wie der Agentur für Arbeit, den (Praktikums-)Betrieben oder den Beratungsstellen zählte bisher zu einer wichtigen Aufgaben der Sozialpädagogen in BvB. Allerdings haben die Ergebnisse der vorliegenden Untersuchung deutlich gezeigt, dass die Wahrnehmung der damit einhergehenden Aufgaben und Anforderungen häufig durch andere sozialpädagogische Verpflichtungen oder institutionelle bzw. organisatorische Rahmenbedingungen begrenzt wurde. Damit entstand der Eindruck, dass sich die Kooperation mit externen Partnern auf informative und einzelfall- oder problembezogene Kontakte beschränkte. Für die sozialpädagogischen Fachkräfte lag darin kein Nachteil. Aus ihrer Sicht hatte das auf den Erfolg der Förderung nur geringen Einfluss. An diesem Punkt setzt die Neue Förderstruktur an und versucht die bisherigen starren Förder- und Maßnahmestrukturen aufzulösen. Dadurch soll nicht zuletzt auch das Selbstverständnis der handelnden Akteure in BvB verändert werden. Dem ersten Eindruck nach scheint das auch eingetreten zu sein. Unter dem Gesichtspunkt professioneller sozialpädagogischer Arbeit treten durch die NFS erhebliche Veränderungen ein, die im Folgenden weiter dargestellt werden.

Insgesamt wird deutlich, dass die Angebotsstruktur der BvB-Maßnahmen infolge der Veränderungen erheblich an Komplexität verloren hat. Das differenzierte Maßnahmeangebot in der Berufsvorbereitung ist vereinheitlicht worden. Andererseits ist jetzt die innere Struktur der unterschiedlichen Förder- und Qualifizierungsphasen und der unterschiedlichen Qualifizierungsangebote und Lernorten sehr unübersichtlich. Insofern hat an dieser Stelle die Komplexität der Förderstruktur für die Jugendlichen erheblich zugenommen. Bildungsbegleiterinnen und -begleiter sollen hier Abhilfe schaffen. Dieser zusätzliche Akteur ist erforderlich, weil die Forderung nach Kooperation und Vernetzung unterschiedlicher Förder- und Qualifizierungsangebote, die deutlich größere Heterogenität der Teilnehmergruppe und der Anspruch der Individualisierung der berufsvorbereitenden Bildungsangeboten die Komplexität der neuen berufsvorbereitenden Maßnahme (BvB-neu) erheblich steigert. Sie soll für den zu fördernden Jugendlichen reduziert werden, und die Bildungsbegleitung soll ihn bei der Planung und Umsetzung seines Qualifizierungsweges bis hin zur Integration in den ersten Arbeitsmarkt unterstützen und anleiten. Dabei stehen die individuellen Anforderungen und Förderbedarfe des Jugendlichen im Mittelpunkt. Vor diesem Hintergrund liegt der Bildungsbegleitung das „Case-Management" als traditionelles Konzept sozialer Arbeit zugrunde. Bildungsbegleitung soll den jungen

---

431 Diese Definition von Bildungsbegleitung lässt sich im Neuen Fachkonzept der Agentur für Arbeit als Qualitätsmerkmal zu Bildungsbegleitung wiederfinden (vgl. BA 2004, S. 28).

Menschen den Zugang zu einem auf sie zugeschnittenen Angebot sozialer Dienstleistungen und Ressourcen ermöglichen (INBAS 2004, S. 24). Damit verlagert sich das Aufgabenspektrum des Bildungsbegleiters als sozialpädagogisch handelnder Akteur in der BvB-neu „… von der psycho-sozialen Beziehungsarbeit zur organisierenden, planenden, koordinierenden und kontrollierenden Abstimmung von Angebot und Nachfrage nach Unterstützung …" (Galuske 1998, S. 196). In diesen Kontext wurde das Konzept des „Case-Management" für die berufliche Integrationsförderung bzw. spezifisch für die NFS und zuletzt für die NFK übersetzt. Daraus ergeben sich die unterschiedlichen Aufgaben der Bildungsbegleitung (INBAS 2004, S. 33–36):

- **Gewährleistung der personellen Kontinuität in der Begleitung der Jugendlichen** während des gesamten Qualifizierungsprozesses. Hierfür bekommt jeder Jugendliche bei Maßnahmeeintritt einen Bildungsbegleiter zur Seite gestellt, der über den gesamten Förderzeitraum hinweg kontinuierlicher Ansprechpartner für den Jugendlichen ist. Insofern sichern die Bildungsbegleiter über die Grenzen der unterschiedlichen Qualifizierungssequenzen sowie der verschiedenen Bildungseinrichtungen und Lernorte die permanente Begleitung des Jugendlichen.
- **Erstellung des Qualifizierungsplanes** auf der Grundlage der Kompetenzfeststellung bzw. der Eignungsanalyse. Auf der Basis dieses Qualifizierungsplanes werden – nach Abstimmung mit dem Kostenträger – gemeinsam mit dem Jugendlichen Zielvereinbarungen getroffen.
- Auf der Grundlage der Zielvereinbarung mit dem Jugendlichen erfolgt die **Organisation, Koordination und Dokumentation des individuellen Qualifizierungsverlaufes**. Dies beinhaltet, dass der Bildungsbegleiter innerhalb der Angebote des Trägers und des Trägerverbundes oder auch bei externen Anbietern entsprechende Angebote sucht, koordiniert und dem Jugendlichen zugänglich macht.
- **Zur Überprüfung und Fortschreibung des individuellen Qualifizierungsplanes** werden Kontrolltermine festgelegt, an denen der Bildungsbegleiter gemeinsam mit den Jugendlichen den Stand der Zielerreichung überprüft. Hierbei ist der Bildungsbegleiter auf die Informationen anderer pädagogischer Fachkräfte angewiesen. Konzeptionell ist es so vorgesehen, dass der Bildungsbegleiter die einzige konstante Bezugsperson für den Jugendlichen darstellt, dadurch ist nur er in der Lage, den Qualifizierungsplan kontinuierlich fortzuschreiben.
- **Einleitung von zusätzlichen Unterstützungsleistungen,** die zusätzliche Bildungs-, Qualifizierungs-, Förder- und Hilfebedarfe abdecken, die sich im Laufe des Förder- und Qualifizierungsprozesses ergeben. Dies beinhaltet auch, dass fehlende Angebote im Trägerverbund zusätzlich bereitgestellt werden müssen oder dass auf externe Angebote zurückgegriffen werden muss.
- **Akquise von Praktikums-, Ausbildungs- und Arbeitsstellen.**
- **Reintegration des Jugendlichen in den Qualifizierungsprozess bei Unterbrechung.** Mit Unterbrechung ist hier nicht der Abbruch des gesamten Förderprozesses, sondern lediglich der Abbruch eines Bildungs-, Qualifizierungs-, Förder- oder Hilfsangebotes zu verstehen. Demnach besteht die Aufgabe darin, dem Jugendlichen an diesem Punkt alternative Wege aufzuzeigen und zu eröffnen.
- **Begleitung des Jugendlichen an allen Schnittstellen des Qualifizierungsweges**, zum Beispiel am Übergang von der allgemeinbildenden Schule in die vorberufliche Bildung (Einmündung), Übergänge zwischen den einzelnen Grund- und Förderstufen, Quali-

fizierungsphasen, zwischen den beteiligten Trägern und Koopertionspartnern oder bei der Aufnahme einer betrieblichen Ausbildung.
– **Qualitätssicherung** der unterschiedlichen Angebote aufgrund der träger- und angebotsübergreifenden Funktionen der Bildungsbegleitung.

Diese Aufgaben gehen aus dem Material der wissenschaftlichen Begleitung des NFS hervor (INBAS 2004). Im neuen Fachkonzept der BA (2004, S. 14f.) (NFK) wird dieses komplexe Aufgabenspektrum reduziert auf
– die Erstellung und das Fortschreiben der Qualifizierungsplanung,
– die Formulierung und Erfolgskontrolle der Zielvereinbarungen mit den Teilnehmern,
– die Sicherstellung des Zusammenwirkens der verschiedenen Akteure,
– die Akquise von Ausbildungs- und Arbeitsstellen[432], um eine schnelle Integration in Ausbildung oder Arbeit sicherzustellen und auf
– die Sicherung und Dokumentation des Eingliederungserfolges.

Das NFK weicht auch in Bezug auf die Bestimmung der Dauer der Bildungsbegleitung von den INBAS-Empfehlungen (NFS) ab. So empfiehlt INBAS, dass die Bildungsbegleitung über den Förderzeitraum hinausgeht, wohingegen das Fachkonzept formuliert, dass die Begleitung mit dem Austritt oder dem Abbruch des Jugendlichen aus der Förderung endet.

Insgesamt zeigt sich, dass Bildungsbegleitung viele jener Aufgaben wahrnehmen soll, die bisher im Verantwortungsbereich der Sozialpädagogen lagen, z. B. die Qualifizierungsplanung und ihre Fortschreibung, die jetzt an die Stelle des alten Förderplans getreten ist, die Akquise von Praktikumsstellen, die Übergangshilfen bzw. die Begleitung der Jugendlichen an den verschiedenen Schnittstellen im Förderprozess usw.

Im Hinblick darauf entwickelt sich die die Rolle der Sozialpädagoginnen und Sozialpädagogen zu einer Dienstleistung, die nur noch eine von vielen Förderangeboten ist. Ob durch eine solche Struktur ein höherer Integrationsgrad der Sozialpädagogik erreicht werden kann, ist fraglich. Offenbar hängt dies weniger von einer „integrativen Kraft" des Bildungsbegleiters, sondern vielmehr von der Kooperations- und Vernetzungsbereitschaft der Einrichtungen und Akteure ab. Diese Sicht auf die höhere Integration der Sozialpädagogik in die Förderung beschränkt sich wohl vielmehr auf den Bildungsbegleiter, der mit dem „Case-Management" jedoch lediglich eine (!) von vielen sozialpädagogische Aufgabe wahrnehmen soll.

Im Hinblick auf die Anweisungen des Fachkonzeptes der BA entsteht der Eindruck, dass der Bildungsbegleiter in erster Linie die Qualität und den Erfolg der Förderung sicherstellen soll. Zu seinen Aufgaben gehört auch die umfassende Dokumentationsarbeit. Diese Verantwortung hebt den Bildungsbegleiter gleichzeitig in eine gegenüber den anderen pädagogischen Akteuren übergeordnete Rolle. Dies kommt auch in der Aussage des NFK zum Ausdruck, dass sozialpädagogische Prozesse durch die Bildungsbegleitung eingeleitet, begleitet und reflektiert werden sollen (Bundesagentur für Arbeit 2004, S. 10). Die sozialpädagogischen Fachkräfte sind häufig aber der erste Ansprechpartner vor Ort, sie leisten Krisenintervention und eine Vielzahl von Alltagshilfen (ebd.).

Mit dem Übergang administrativer Aufgaben einschließlich der Akquise von Betrieben an die Bildungsbegleiter scheinen die Sozialpädagogen von einem Großteil dieser Auf-

---

432 Anmerkung: Es ist nicht die Rede von Praktikumsstellen.

gaben entlastet worden zu sein. Zuvor wurde hier kritisiert, dass die extensive Wahrnehmung der administrativen Aufgaben die Zeit und den Handlungsrahmen der sozialpädagogischen Fachkräfte für ihre eigentliche Arbeit mit den Jugendlichen einschränkte. Damit dürften sich jetzt für die Sozialpädagogen zusätzliche Ressourcen für die Arbeit mit den Jugendlichen eröffnet haben.[433] Zumindest im Hinblick auf die Förder- bzw. Qualifizierungsplanung und Zielvereinbarung entsteht der Eindruck, dass ein wesentlicher Bereich sozialpädagogischer Arbeit durch „Outsourcing" aus dem Aufgabenspektrum der Sozialpädagogen herausgelöst wurde.

Auch wenn es sich bei der Tätigkeit der Bildungsbegleitung, in Anlehnung an das Konzept des „Case-Management", um eine Aktivität sozialer Arbeit handelt, so wurde doch im Kontext der Berufsvorbereitung damit ein neuer Typ von pädagogischer Fachkraft ins Leben gerufen (INBAS 2004, S. 38). Augenscheinlich zeichnet diese Fachkraft sich dadurch aus, dass sie, obwohl sie eine sozialpädagogische Aufgabe wahrnimmt, kein Professionsangehöriger der Sozialpädagogik bzw. Sozialen Arbeit sein muss. INBAS gibt diesbezüglich lediglich Empfehlungen, wodurch sich ein Bildungsbegleiter auszuzeichnen habe. Hierzu zählen u. a. (INBAS 2004, S. 39):
– Wissen über die Grundlagen der Struktur des Bildungswesens
– Allgemeine Kenntnis der Betriebe und Betriebsabläufe
– Erklärungs- und Handlungswissen
– Kenntnis der sozialen Infrastruktur
– Positive Grundeinstellung gegenüber den Kunden
– Ressourcenorientierung
– Verfahrenskompetenz in A.C. und Monitoring usw.

Das Fachkonzept der BA, das als grundlegende Umsetzungsanweisung zu verstehen ist, macht diesbezüglich keine weiterführenden Ausführungen. Zumindest innerhalb der pädagogischen Professionsangehörigen gewinnt die Bildungsbegleitung somit die Eigenschaft einer „pädagogischen Jedermannstätigkeit", solange nur die Anforderungen erfüllt werden.

11.3 Das Neue Fachkonzept in der Praxis der neuen Berufsausbildungsvorbereitung

Die bisherige Darstellung war auf das neue Konzept der Berufsausbildungsvorbereitung gerichtet. Bekanntlich lassen Konzepte noch keine präzisen Rückschlüsse darauf zu, wie sich die pädagogische Praxis vor Ort gestaltet. Viele Probleme werden erst in dieser Praxis sichtbar, und viele Lösungsmöglichkeiten werden hier entwickelt und konkretisiert. In diese Prozesse einen Einblick zu geben, ist ein Ziel der vorliegenden, ergänzenden Untersuchung.[434] Da es bei der Studie insgesamt besonders um die sozialpädagogische Arbeit in

---

433 Das gilt jedoch nur, wenn der Betreuungsschlüssel nicht negativ verändert wird, wovon einige der befragten Fachkräfte berichten. Darauf wird später in diesem Kapitel eingegangen.

434 Diese ergänzende Studie konnte infolge einer Verlängerung der Projektlaufzeit (von Mai bis November 2005) durchgeführt werden. In der ersten Phase der Erhebungen (Mai bis November 2004) war das NFK noch nicht eingeführt, lediglich die untersuchten Regionen Emden und Dresden waren Bestandteil des Modellversuchs NFS. Da aber das NFK während dieser ersten Erhebungsphase im Januar 2004 verbindlich vorgeschrieben und zum neuen Maßnahmebeginn im Herbst 2004 für die Berufsausbildungsvorbereitung bundesweit eingeführt worden ist, war diese ergänzende Studie zu den Arbeitsschwerpunkten und zum Verhältnis von Bildungsbegleitungen und sozial-

der Benachteiligtenförderung geht, werden Fragen der Neugestaltung dieses Arbeitsbereichs im Spannungsfeld von Bildungsbegleitung und Sozialpädagogik hier besonders im Vordergrund stehen.

Konzeptionell werden durch das NFK neue Akzente gesetzt und neue Strukturen geschaffen. Der berufsbezogene Qualifizierungsaspekt tritt gegenüber dem traditionellen ganzheitlichen und auf persönliche Entwicklung gerichteten Förderanliegen der Sozialpädagogik besonders hervor. Der „Qualifizierungsplan" ersetzt den bisherigen „Förderplan". Der Bildungsberater bekommt durch die Eignungsfeststellung und die Erstellung und Fortschreibung des Qualifizierungsplans viele systematische Kontaktanlässe zu jedem einzelnen Jugendlichen, die der Sozialpädagoge tendenziell verliert. Das traditionelle zentrale Moment der sozialpädagogischen Arbeit, der Aufbau einer verlässlichen und tragfähigen Beziehung, kann dabei erheblich erschwert werden. Auch die sozialpädagogische Arbeit in Gruppen und an den Gruppenstrukturen ist nur noch in geringerem Umfang möglich, weil die Gruppenbildung durch die Flexibilisierung der Lernprozesse viel weniger möglich ist. Offen bleibt schließlich auch, wie in der pädagogischen Praxis die Kooperation und die Aufgaben- und Arbeitsteilung zwischen Bildungsbegleitern und sozialpädagogischen Fachkräften erfolgt und wie die Angehörigen der beiden Funktionsgruppen ihre Arbeit nach der Einführung des Neuen Fachkonzepts gestalten und einschätzen.

Da die Verwaltungsvorschrift, mit der das Neue Fachkonzept der Berufsausbildungsvorbereitung verbindlich eingeführt worden ist, einige Punkte wie beispielsweise den Personalschlüssel für Sozialpädagogen und Bildungsbegleiter weitestgehend offen lässt[435] und offenbar der pädagogischen Verantwortung der Einrichtungen überträgt, stellt sich an diesen Punkten erst recht die Frage, wie die Praxis in der BvB-neu aussieht und wie sich die Förderstruktur gegenüber der bisherigen BvB verändert hat.

Für die Untersuchung wurden in den 12 Untersuchungsregionen[436] der Studie jeweils ein Bildungsbegleiter und ein Sozialpädagoge zu ihren ersten Erfahrungen in BvB-neu befragt. Damit beruhen die Ergebnisse insgesamt auf 12 Interviews mit Sozialpädagogen und auf 12 Interviews mit Bildungsbegleitern.[437] Aufgrund der geringen Fallzahl können die Ergebnisse keinerlei Repräsentativität beanspruchen. Allerdings zeigen sie Tendenzen auf, deren Informationsgehalt sicher über die Anzahl der vorliegenden Fällt hinausgeht.

Wie bereits dargestellt, sind die Qualifikationsanforderung und die Qualitätsansprüche, vor allem im Hinblick auf den Personaleinsatz in der Bildungsbegleitung, relativ vage. Um

---

pädagogischen Fachkräften eine sehr sinnvolle Ergänzung. Zur Zitierweise: Die Interviews werden jeweils mit einem „E" vor der zweistelligen Interviewnummer gekennzeichnet. Die Angaben nach dem Schrägstrich bezeichnen wie in den anderen Kapiteln die Absätze in den Interviews.

435 Hier existiert lediglich eine Empfehlung,e die für die Bildungsbegleitung einen Personalschlüssel von mindestens 1:20 bis maximal 1:30 vorsieht (INBAS 2004, S. 38).

436 Hier sind exakt die gleichen Regionen gewählt worden, in denen auch in der ersten Projektphase die Erhebungen durchgeführt worden sind.

437 Ebenso wurde bei jedem der befragten Akteure ein knapper standardisierter Fragebogen zu den biografischen Grunddaten und den Daten der Maßnahme, welcher der befragte Akteur tätig ist, verwendet. Die Ergebnisse zum Personaleinsatz basieren in erster Linie auf den so gewonnen quantitativen Informationen. Sowohl bei den Sozialpädagogen als auch bei den Bildungsbegleitern wurden 10 weibliche und zwei männliche Kollegen interviwt.

die geschilderten Aufgaben als Bildungsbegleiter wahrnehmen zu können, ist jedoch anzunehmen, dass die Einrichtungen hier verstärkt pädagogische Fachkräfte einsetzen, die bereits umfassende Erfahrungen mit der Zielgruppe gesammelt haben und ihre Problemlagen kennen. Darüber hinaus ist vorstellbar, dass Pädagogen als Bildungsbegleiter eingesetzt werden, die die regionalen Förder- und Arbeitsmarktbedingungen und die soziale Infrastruktur vor Ort kennen. Da Bildungsbegleiter und sozialpädagogische Fachkräfte zusammenarbeiten, ist auch die Frage des jeweiligen Betreuungsschlüssels von großer Bedeutung. Schließlich wird auch zu klären sein, inwieweit die beiden Gruppen durch systematische Information und Weiterbildung auf ihre Arbeit vorbereitet worden sind. In einem nächsten Schritt soll auf das jeweilige Aufgabenverständnis und die persönlichen Zielsetzungen eingegangen und dabei die Kooperationsformen und Arbeitsbeziehungen genauer beleuchtet werden. Abschließend wird es um kritische Einschätzungen und um Beispiele für gelingende Kooperationsformen gehen.

11.3.1 Personaleinsatz im „Neuen Fachkonzept"

Häufig wird Erfahrung im Beruf hinter einer hohen Zahl von Dienstjahren vermutet. Aufgrund der Anforderungen an Bildungsbegleiter ist anzunehmen, dass hier weniger Berufseinsteiger, sondern erfahrene Fachkräfte zu finden sind, die bereits eine gewisse Zeit in der Berufsvorbereitung oder in der Benachteiligtenförderung gearbeitet haben und die die Region kennen. Von den 12 interviewten Bildungsbegleitern arbeiteten drei seit einem Jahr in der Benachteiligtenförderung, vier sind bereits seit über fünf Jahren in diesem Bereich tätig und einer seit 20 Jahren.

Tabelle 1: Sozialpädagogen in BNF seit ... Jahren

in BNF seit…	weniger als 1 Jahr, bis zu 1 Jahr	mehr als 1 Jahr, max. 5 Jahre	mehr als 5 Jahre, max. 10 Jahre	mehr als 10 Jahren
Sozialpädagogen	4	2	5	1
Bildungsbegleiter	3	5	2	2

Zusammenfassend wird deutlich, dass sich die Dienstjahre sowohl der Sozialpädagogen als auch der Bildungsbegleiter über einen Zeitraum von 20 Jahren verteilen. Dennoch lässt sich die Aussage, bei Bildungsbegleitern handele es sich zum großen Teil um Fachkräfte, die auf mehrjährige Erfahrungen mit der Zielgruppe zurückblicken können, bestätigen. Insgesamt hat die Hälfte der Bildungsbegleiter vorher bereits in der Berufsvorbereitung gearbeitet. Lediglich ein Bildungsbegleiter kam direkt vom Studium. Bei den Sozialpädagogen ist die Zahl derer, die als Berufseinsteiger nach dem Studium in BvB beginnen, höher (4). Die übrigen Bildungsbegleiter waren vorher entweder arbeitslos oder als Sozialpädagogen in anderen Maßnahmeformen (BaE, abH oder FbW) tätig.

Bildungsbegleiter müssen offenbar nicht zwangsläufig über einen pädagogischen Studienabschluss verfügen. Obwohl es nicht gefordert wird, haben bis auf einen Verwaltungswirt jedoch alle befragten Bildungsbegleiter eine pädagogische Ausbildung absolviert, die Mehrzahl hat sogar einen Abschluss als Diplom-Sozialpädagoge (5), gefolgt von den Diplom-Pädagogen (3). Jeweils ein Bildungsbegleiter ist Lehrer (Sek. 2), staatlich anerkannter Erzieher oder Psychologe. Insgesamt unterscheiden sich die Bildungsbegleiter in dieser Struktur nicht wesentlich von den befragten Sozialpädagogen, auch nicht von der Struktur der ersten Erhebungsphase. Bei den Bildungsbegleitern lassen sich zwei Kollegen finden, die zusätzlich eine zweite schulische Ausbildung absolviert haben, drei von ihnen haben vor ihrem pädagogischen Studium eine Berufsausbildung absolviert. Vor allem hier ist anzunehmen, dass die Träger der BvB davon ausgehen, dass Bildungsbegleiter mit einer Berufsausbildung das Anforderungskriterium der „Kenntnisse über Betriebe und Betriebsabläufe" (INBAS 2004, S. 39) besser erfüllen. Von daher dürfte eine abgeschlossene Berufsausbildung als Einstellungsargument für die Träger zählen.[438] Die Begründung dafür liegt zunächst darin, dass die sozialpädagogischen Fachkräfte in ihrer Arbeit einen Arbeitsweltbezug herstellen können. Zum anderen findet die Arbeit in der beruflichen Integrationsförderung statt, von daher sollten die Sozialpädagogen wissen, worauf sie die Jugendlichen vorbereiten müssen. Dabei ist es vorteilhaft, die Realität im Betrieb zu kennen.[439]

Im Hinblick auf die Strategien der Träger bzgl. des Personaleinsatzes wird deutlich, dass die Einrichtungen wohl bevorzugt Pädagogen einstellen, die vielseitig einsetzbar sind. Möglicherweise ist dies eine Folge der gegenwärtigen Situation der Maßnahmevergabe. So steht für die Träger auch das Argument im Vordergrund, dass sie nicht wissen, ob sie in der nächsten „Vergaberunde" der BA eine neue BvB-Maßnahme zugewiesen bekommen. Dann stellt sich für die Träger die Frage, was mit dem Personal in diesem Maßnahmebereich geschehen soll. Hier bieten sich drei Alternativen: die Anstellung aufgrund maßnahmebezogener Arbeitsverträge (was die besonders verbreitete Form zu sein scheint), die Einstellung vielseitig einsetzbarer pädagogischer Fachkräfte (die auch zur Durchführung von Stützunterrichte oder der praktischen Ausbildung in der Lage sind) oder – im Falle des Maßnahmeverlusts – die betriebsbedingte Kündigung.[440]

In Bezug auf den Personalschlüssel ergeben sich zumindest aus dem Neuen Fachkonzept keine akteurspezifischen Vorgaben. So liegen den in der Praxis zu findenden Schlüsseln offenbar unterschiedliche Berechnungsmodelle zu Grunde, die in erster Linie aus den Verdingungsunterlagen der Agentur für Arbeit resultieren. Zu vermuten ist, dass die Träger den Personaleinsatz und den Personalschlüssel über das insgesamt zur Verfügung stehende Personal im Kontext der Qualitätsrichtlinien der BA für den Personaleinsatz errechnen. Demnach dürfen 20 % des eingesetzten Personals Honorarkräfte sein, was in den meisten Fällen Stützlehrer sind. Weiterhin müssen mindestens 10 % sozialpädagogische Fachkräfte sein und 20 % Ausbilder. Die restlichen 50 % können vom Träger selbst bestimmt werden. Damit lassen sich in der Praxis in Abhängigkeit von der Größe der gesamten Teilnehmer-

---

438 Diesbezüglich wies in der ersten Erhebungsphase der vorliegenden Untersuchung ein Einrichtungsleiter bereits darauf hin, dass auch Sozialpädagogen in der Benachteiligtenförderung über eine Berufsausbildung verfügen sollten.

439 vgl. Interview 106/5

440 Die Beschäftigungssituation der Bildungsbegleiter erfolgt in neun Fällen auf der Grundlage eines maßnahmegebundenen Arbeitsvertrages, der auf die Laufzeit der Maßnahme oder auf ein Jahr befristet ist. Lediglich zwei Bildungsbegleiter haben einen unbefristeten Arbeitsvertrag, einer arbeitet in einem auf vier Jahre befristeten Vertrag. Speziell in den Vertragsverhältnissen, in denen die Bildungsbegleiter arbeiten, kommt womöglich die Unsicherheit der Träger über die Auftragslage infolge der aktuellen Vergabepraxis der Agentur für Arbeit zum Ausdruck.

gruppe und der einzelnen Ausbildungsgruppen für die Akteure Sozialpädagogen, Stützlehrer und Ausbilder sehr unterschiedliche Personalschlüssel finden. Sie bewegen sich in einem Feld bewegen von:
- 1:6 bis 1:133 für Sozialpädagogen, wobei der Durchschnitt bei 1:30 liegt. Die sehr hohen Personalschlüssel stellen vereinzelt vorkommende Werte dar. Die Mehrzahl liegt zwischen 1:10 und 1:24.
- 1:7 bis 1:70 für Stützlehrer, wobei hier der Durchschnitt bei 1:24 liegt. Der Schlüssel von 1:70 stellt lediglich eine Ausnahme da.
- 1:10 bis 1:22 für Ausbilder. Damit streuen sich die Werte für die Ausbilder am wenigsten und konzentrieren sich um einen Durchschnitt von 1:15.

Für die Bildungsbegleiter hingegen ist dieser Personalschlüssel sehr einheitlich und liegt zwischen 1:21 bis 1:32, wobei die meisten Träger einen Bildungsbegleiter für 28 Jugendliche einsetzen. Allerdings ist bzgl. der Gültigkeit der hier getroffenen Aussagen darauf hinzuweisen, dass die befragten Akteure das genaue Verhältnis häufig nicht kannten und hier beschrieben, für wie viel Jugendliche sie insgesamt zuständig sind. Insofern können diese Zahlen von einem eventuell in den Einrichtungen formell festgelegten Personalschlüssel abweichen.[441]

11.3.2 Vorbereitung der Akteure auf ihre Aufgaben im Neuen Fachkonzept

Mit der bundesweiten Einführung des NFK wurde nicht nur ein neues Konzept der Berufsvorbereitung eingeführt, sondern auch ein neuer Akteur, in der Person des Bildungsbegleiters. Demnach konnten weder die Einrichtungen noch die Akteure auf Erfahrungen bei der Umsetzung des neuen Konzeptes zurückgreifen. Infolgedessen mussten die Bildungsbegleiter bzw. die Personen, die hierfür vorgesehen werden, auf diese Aufgabe vorbereitet werden. Dies geschah beinahe ausschließlich in trägerinternen Informations- und Weiterbildungsveranstaltungen. Häufig entsteht der Eindruck, dass die Bildungsbegleiter bei der Einarbeitung in ihr neues Aufgabenfeld bzw. der Erarbeitung ihres Tätigkeitsprofils weitestgehend auf sich allein gestellt waren:

> „Erst mal in Form von Informationsveranstaltungen. Dann auch in den Dienstberatungen. Und dann war auch die Maßgabe, sich mit dem neuen Fachkonzept persönlich zu beschäftigen. Also wir haben das dann ausgeteilt bekommen und mussten uns das dementsprechend auch angucken. Ich habe auch bei dem Träger, wo ich vorher beschäftigt war, an einer Ausschreibung mitgearbeitet. Und dort war das neue Fachkonzept schon beinhaltet. Und deshalb musste man sich dort zwangsläufig damit beschäftigen." (E12/53)[442]

---

[441] Insgesamt ließen sich bei einigen Trägern sehr günstige Personalschlüssel finden, die eine sehr geringe Belastung der jeweiligen Akteure zur Folge hatten. Dies lässt sich auf zwei Ursachen zurückführen: Auf die Rehabilitanden in den Maßnahmen, deren Personalschlüssel im Vergleich zu den Nicht-Reha-Fällen deutlich niedriger sind. Im Bereich der Ausbilder lässt sich dies möglicherweise auf die unterschiedlichen Berufsfelder, in denen die BvB-neu angeboten wird, zurückführen. So ist es im NFK so, dass nicht mehr nur ein Berufsfeld angeboten wird, in dem die Jugendlichen vorbereitet werden, wie das bisher z. B. in den G-Lehrgängen der Fall war, sondern mehrere. Die vergleichsweise niedrigen Personalschlüssel der Ausbilder lassen sich auch auf die unterschiedlichen beruflichen Interessen der Jugendlichen zurückführen.

[442] Ähnlich: E16/63; E06/65; E08/65; E10/52; E12/53; E14/52; E15/101; E16/64; E18/85; E22/45; E22/89

Teilweise haben die Bildungsbegleiter für ihre Vorbereitung entweder das Fachkonzept selbst oder die Verdingungsunterlagen und die Leistungsbeschreibung des Trägers für ihre Vorbereitung herangezogen. Einige konnten den Vorteil nutzen, dass sie an der Erarbeitung der Leistungsbeschreibung beteiligt waren.[443] Auch das Vorgehen zur Eignungsanalyse ist in diesem Rahmen oftmals trägerintern erarbeitet worden.[444] An Weiterbildungsveranstaltungen bei externen Institutionen wie hiba oder INBAS haben die Bildungsbegleiter offenbar eher selten und wenn, dann auch erst während des Maßnahmeverlaufes teilgenommen.

Bei den Sozialpädagogen stellt sich diese Situation ähnlich dar. Auch sie wurden relativ schnell und auf der Grundlage des zur Verfügung stehenden Materials in das Neue Fachkonzept und die veränderten Rahmenbedingungen und Tätigkeitsfeld eingeführt. Die Vorbereitung sah z. T. so aus, dass die Sozialpädagogen die Unterlagen zum Neuen Fachkonzept zur Verfügung gestellt bekommen haben. Damit entsteht stärker als bei den Bildungsbegleitern der Eindruck, dass viele Sozialpädagogen bei der Einarbeitung weitgehend auf sich allein gestellt waren und kaum zusätzliche Unterstützung erhielten: „Also ich habe die Konzeption bekommen und eine kurze Zusammenfassung. Das ging alles ziemlich schnell hier" (E09/54, 63–64). Weitere Einführungsveranstaltungen oder interne Weiterbildungen gab es für diese Sozialpädagogin nicht[445]:

Vermutlich lässt sich diese eher oberflächliche Einführung der Sozialpädagogen in das NFK auf die Annahme zurückführen, dass sich für die Sozialpädagogen wenig verändert habe und sie nur einen Teil ihrer Zuständigkeiten an einen anderen Akteur abgeben werden. Das freilich wird sich als schwerwiegender Irrtum herausstellen, was im Folgenden noch zu zeigen ist.

Sowohl bei den Bildungsbegleitern als auch bei den Sozialpädagogen gab es Fälle, in denen die Akteure erst nach Maßnahmebeginn ihre Arbeit in der Maßnahme begonnen haben. Sie mussten sich dann allein und relativ schnell in die neue Struktur, in die veränderten Rahmenbedingungen und in die neuen Aufgabenfelder einarbeiten

> „Also das hier lief hier sehr, würde ich mal sagen, unkompliziert. Ich hatte das Vorstellungsgespräch, wo mich die Leiterin natürlich schon darauf vorbereitet hat, was auf mich zukommen würde. Es war es auch so, dass natürlich sehr schnell eine Person gefunden werden musste. Ich habe ein bisschen von meinen Erfahrungen berichtet und sie hat mir ein bisschen von dem Konzept erzählt und mir sozusagen das ganze Konzept verschriftlicht gegeben, so dass ich mir die ersten drei Arbeitstage das alleine durchgearbeitet habe. Und dann hatte ich aber durch meine Kollegen eine sehr gute Einarbeitung. Auch was das Konzept angeht und … im Vergleich zu vorher…, haben die mir sehr viele Sachen schon gesagt, was sie zum Bei-

---

443 vgl. auch Interview E02/65

444 Da die Bildungsbegleitungen mit ihren Tätigkeiten einen Teil der früheren sozialpädagogischen Aufgaben wahrnehmen, ist anzunehmen, dass hier bei der Vorbereitung der Fördermaßnahme eine enge Zusammenarbeit und Absprache zwischen Sozialpädagogen und Bildungsbegleiter stattgefunden hat. Dies ist im Rahmen der Vorbereitung des NFK offenbar nur sehr begrenzt erfolgt. Zumindest werden solche systematischen Absprachen zwischen den unterschiedlichen Akteuren in den Interviews nur selten benannt (Auf vereinzelte Ausnahmen wird später eingegangen: E01/63 und E11/17). Die Arbeitsteilung zwischen den sozialpädagogischen Fachkräften und den Bildungsbegleitern hat sich in fast allen Fällen im Verlaufe der Maßnahmen ergeben.

445 Ähnlich: E04/48–51; E05/72; E07/54; E13/55; E17/48; E19/66; E23/64

> spiel vorher besser fanden oder was jetzt besser ist. Und dass ich glaube, dass ich dann ganz gut vorbereitet war, schon." (E13/55)[446]

Die Situation, welche die Sozialpädagogin hier schildert, wird kein Einzelfall sein und lässt sich vermutlich auf die gegenwärtige Personalpolitik der Träger zurückführen, insbesondere auf die Strategie, mit weniger Stammpersonal zu arbeiten und die zusätzlich benötigten Fachkräfte sehr flexibel und bedarfsorientiert einstellen.[447] Vermutlich lässt sich damit auch die recht oberflächlich anmutende Einführung der Akteure in das NFK erklären. Nur in wenigen der betrachteten Untersuchungsregionen wurden beispielsweise trägerinterne Weiterbildungsveranstaltungen durchgeführt oder vorbereitende Arbeitskreise gegründet.[448] In den meisten Regionen dienten die Veranstaltungen weitestgehend der schnellen Information der Mitarbeiter über das neue Konzept. Lediglich in einer Region wurden in diesem Kontext die Aufgaben für die einzelnen Akteure klar verteilt:

> „Ja, wir haben vor Beginn des Lehrganges gemeinsam das Konzept erarbeitet, für den neuen Lehrgang. Und da waren dann sämtliche Kollegen beteiligt, die mit dieser neuen Arbeit auch zutun hatten. Das heißt, da wurden dann die neuen Aufgaben der sozialpädagogischen Betreuung festgelegt und da war ich natürlich mit eingebunden. Das haben wir dann auch gemeinsam entwickelt." (E01/63)

Offenbar wurden in dieser Region im Vorfeld sogar eigene Konzeptionen für die einzelnen Bereich erstellt:

> „Ja, dass ich auch mit an der Konzeption gearbeitet habe. Also dass wir das Fachkonzept hier diskutiert haben und dann dementsprechend gemeinsam für die verschiedenen Bereiche die Konzeptionen erstellt haben." (E02/65)

11.3.3 Aufgaben, Ziele und Selbstverständnis der Bildungsbegleitungen

Einleitend wurden die verschiedenen Aufgaben, die Bildungsbegleiter wahrnehmen sollen, bereits dargestellt. In den Interviews wird deutlich, dass die Bildungsbegleiter in der Praxis diese für sie vorgesehenen Aufgaben tatsächlich auch vollständig wahrnehmen und umsetzen.[449] Im Einzelnen geht es um Folgendes:
– Durchführung der Eignungsanalyse;
– Planung und Koordinierung des Qualifizierungsprozesses jedes einzelnen Jugendlichen, insbesondere die Qualifizierungsplanung, die Zielvereinbarungen, die Erfolgskontrolle, -rückmeldung und Dokumentation;
– Betriebsakquise und Praktikumsbetreuung;
– Kontaktpflege zu externen Partnern wie der Agentur für Arbeit und den Berufsschulen;
– Dokumentation des Eingliederungserfolges.

---

446 Es ist anzumerken, dass es sich bei diesem Beispiel um eine jüngere Diplom-Pädagogin, eine Einsteigerin in das Berufsfeld handelt. Sie muss sich völlig neu einarbeiten. Andererseits kann die Berufseinsteigersituation für die junge Frau natürlich auch ein Vorteil bei der unbefangenen Einarbeitung ins NFK sein.
447 Die Hälfte der von uns befragten Bildungsbegleiterinnen und -begleiter sind befristet eingestellt. Häufig entspricht die Befristungsdauer der Maßnahmelaufzeit von 10 Monaten bis zu einem Jahr.
448 vgl. Interview E03/57–62; E05/69–74; E06/62–65; E11/14–19; E14/49–52
449 vgl.: E02/82–109; E03/77–100, 103–111, 160–171; E06/96, 95–125; E12/64–75; E14/68–92, E16/98

Bei diesen Aufgaben, die von den Bildungsbegleitungen durchgängig in allen Interviews genau so beschrieben werden, wirken die sozialpädagogischen Fachkräfte teilweise mit. Das gilt besonders für die Eignungsanalyse. Die Interviews zeigen, dass diese Eignungsanalyse nicht nur ein bildungstechnischer Vorgang, sondern zugleich auch die Einstiegsphase in die Berufsvorbereitung ist. Hier werden erste Vertrauensbeziehungen entwickelt, an die die sozialpädagogische Arbeit anknüpfen kann, und hier werden auch erste Weichen gestellt, ob der Bildungsbegleiter sozialpädagogische Arbeiten mit übernimmt oder ob die sozialpädagogische Fachkraft hier ihre besondere Rolle in der Beziehung zu den jungen Menschen finden kann. Immerhin berichten mehrere Bildungsberater, dass sie auch sozialpädagogische Aufgaben mit übernehmen, weil sie von den Jugendlichen diesbezüglich angesprochen werden. Sie in diesen Fällen einfach zum Sozialpädagogen „weiterzureichen", entspricht häufig nicht dem Selbstverständnis der Bildungsbegleitungskräfte. Dadurch kommt es zu einer Vermischung der beiden Aufgabenbereiche.[450] So nehmen manche Bildungsbegleiter punktuell sozialpädagogische Aufgaben wahr, wie zum Beispiel die Unterstützung der Jugendlichen bei der Bewerbung, Krisenintervention, Elternarbeit oder der Gewährung von Alltagshilfen. In diesen Fällen bleibt die Arbeit der Bildungsbegleiter oftmals nicht auf die formal vorgegebenen Aufgaben begrenzt.[451] Auch wenn in der Konzeption des Fachkonzeptes der Eindruck entsteht, dass bestimmte Aufgaben aus dem Tätigkeitsbild der Sozialpädagogen klar herausgelöst und eindeutig in den Zuständigkeitsbereich des Bildungsbegleiters gelegt wurden, so ist offensichtlich manchen Akteuren eine klare Differenzierung und Abgrenzung von sozialpädagogischen Aufgaben und Aufgaben der Bildungsbegleiter nur schwer möglich.

Teilweise können diese Abgrenzungsschwierigkeiten auch aufgrund der individuellen Biographie der Fachkräfte zu erklären sein. Die Arbeit der Bildungsbegleitung lässt sich durchaus in der Tradition der sozialpädagogischen Arbeitsformen interpretieren:

> „Ich meine, ich war immer total selbstständig als Sozialpädagogin und habe eigentlich schon immer ähnlich gearbeitet. Deshalb ist das jetzt schwer zu sagen. Ich sage mal, der größte Unterschied ist im Grunde der, dass ich jetzt viel mehr dokumentieren muss. Also, dass so Zielvereinbarungen, die man vorher mündlich getroffen hat, dass alles jetzt im Grunde schriftlich sein muss, und der Verwaltungsaufwand ist einfach viel höher." (003/146)

Organisatorisch können solche „sozialpädagogischen" Ansätze der Bildungsbegleitung in sehr kooperative Arbeitsformen einmünden, in denen Bildungsbegleitungen und sozialpädagogische Fachkräfte unmittelbar und ständig miteinander kooperieren oder in einem guten Team zusammenarbeiten, was öfter vorkommt (E06/154; E08/140; E10/62; E12/93;

---

450 „Also es ist manchmal schwierig, die Aufgaben abzugrenzen, wer was übernimmt. Ich sage mal, häufig kommen die Jugendlichen eher zu uns, als zu den Sozialpädagogen. ... Das liegt glaube ich daran, dass die Eignungsanalyse, da waren nur wir, die Bildungsbegleiter, und die Sozialpädagogen waren nicht da. Und da haben die uns gesehen und seitdem – verfolgen die uns" (Anm.: die Jugendlichen) (E03/130-134; ähnl.: E18/149).

451 In den Interviews gab es aber auch entgegengesetzte Fälle, bei denen Sozialpädagogen Aufgaben der Bildungsbegleiter wahrnehmen. In diesem Zusammenhang gaben 11 Bildungsbegleiter an, formell nur als Bildungsbegleiter zu arbeiten. Lediglich einer war zu 30 % auch als Sozialpädagoge tätig. Andererseits wurde auch deutlich, dass sich an einigen Stellen die Aufgaben der Bildungsbegleiter mit den Aufgaben der Sozialpädagogen oder der Stützlehrer vermischen. Dem entsprechend gaben acht Bildungsbegleiter an, informell auch andere Tätigkeiten wahrzunehmen, dies umfasste im wesentlichen Aufgabenstellungen der Sozialpädagogen und der Stützlehrer.

E22/241).[452] Der Regelfall ist diese enge Kooperation jedoch nicht. Oftmals wird für die Bildungsbegleitung eine den Qualifizierungsprozess leitende und damit übergeordnete Funktion angenommen:

> „Manchmal hat man ... so das Gefühl, man hat hier schon so eine halbe Leitfunktion, weil es doch sehr viel Verantwortung ist und einfach sehr, sehr bereit gefächert ist, einfach auch, was alles hier so auf einen zukommt, und was man machen muss." (E18/111)

Diese große Arbeitsbelastung der Bildungsbegleiter, die mit sehr viel Dokumentationsarbeit verbunden ist, lässt sich kaum bewältigen, wenn nicht eine gute Arbeitsteilung mit den sozialpädagogischen Fachkräften erfolgt. Deswegen gibt es auch eine Anzahl von Stimmen, die die Aufgabentrennung zwischen Bildungsbegleitung und Sozialpädagogik durchaus begrüßen und auf klare Zuständigkeiten hinarbeiten. Hier zeichnet sich ein neues Arbeitsprofil ab, das sich vom sozialpädagogischen Ansatz deutlich unterscheidet und den verstehenden, unterstützenden und akzeptierenden Zugang so nicht übernimmt. Bildungsbegleitung kann Anforderungen stellen, Erfolge kontrollieren und der Tendenz zur übermäßigen „Behütung" entgegenwirken (E02/196). Angesichts der Aufgabenfülle und der großen Verantwortung wird diese Trennung von den Bildungsbegleitern teilweise positiv bewertet:

> „Es ist schon so, dass der Bildungsbegleiter dadurch, dass diese sozialpädagogischen Dinge wegfallen, sich wirklich um Stellenakquise und Betriebe kümmert und wirklich um die Planung des Jugendlichen an sich bzw. des Weges des Jugendlichen, weil alle anderen Dinge, die sonst noch anfallen, der Sozialpädagoge übernimmt – also man kann sich speziell auf solche Dinge konzentrieren und ist nicht mit vielen tausend Aufgaben für zehntausend Jugendliche behaftet, sage ich mal. Wir haben unsere 28 Jugendlichen, haben mit jedem eine Zielvereinbarung und können dann gezielt losgehen. Und das ist, finde ich, ein großer Vorteil, dass es da eine klare Trennung gibt. ... (Ein) Problem ist, dass die Zeit am Jugendlichen sehr begrenzt ist, die direkte Arbeit am Jugendlichen. Das soll auch so sein. Aber es ist im Gesamtbild nicht ganz einfach. Ich meine, man muss ja den Jugendlichen bewerten, beurteilen. Und ich finde es nicht günstig, wenn man sich nur auf Beurteilungen vom Ausbilder und Lehrer stützen muss und nicht selber auch ein eigenes Bild hat. Das halte ich für ein bisschen schwierig. Weil letztlich sind wir ja die, die unterschreiben: ausbildungsreif, ja oder nein. Und da ist es schon günstig, wenn man sich auch selber ein Bild zu dem Jugendlichen gemacht hat ..." (E16/184–186)

Dieses Zitat zeigt sehr deutlich, dass eine Aufgabentrennung zwischen Bildungsbegleitung und Sozialpädagogik durchaus sinnvoll sein kann, wenn die Überschneidungsbereiche (hier: „sich ein eigenes Bild vom Jugendlichen machen") gut geregelt sind. Diese Klarheit muss nicht verwunden, weil die Bildungsbegleiter in ihrer Arbeit und ihren Erfolgen viel genauer kontrollierbar sind, als das für die Sozialpädagogen gilt. Die Bildungsbegleitungen sind auch diejenigen, die gegenüber der Arbeitsagentur und den Trägerleitungen sehr viel genauer Rechenschaft über ihre Arbeitserfolge ablegen müssen als von den sozialpädagogischen Fachkräfte erwartet werden kann. Ihre planende und dokumentierende Tätigkeit ist jederzeit einsehbar, ihre Eingliederungserfolge (in Grenzen) auch. Von ihrer Entscheidung über die Ausbildungsreife hängt für die Jugendlichen sehr viel ab! Deshalb zeigt sich bei der Einschätzung ihrer Ziele und Erfolge ein deutlicher Unterschied zu den

---

452 Hier muss angemerkt werden, dass die angesprochene Bildungsbegleiterin (E22/91) beklagt, die sozialpädagogische Fachkraft müsse mit einem viel zu ungünstigen Betreuungsschlüssel arbeiten, so dass sie durch ihre Aufgaben überlastet sei.

sozialpädagogischen Fachkräften. Hier ist weniger von „persönlicher Entwicklung", von Krisenintervention und von der Entwicklung sozialer und personaler Kompetenzen die Rede, es geht um konkrete berufliche Eingliederung. Der Eingliederungserfolg ist das zentrale Ziel und Erfolgskriterium der Bildungsbegleitung. Es kommt darauf an, die jungen Menschen „... zu vermitteln und sie ... berufs- bzw. ausbildungsreif zu machen. Also sie dabei zu unterstützen, die notwendigen Fähigkeiten zu erlernen, die zu einer Ausbildungsaufnahme notwendig sind" (010/64). Dieses Zitat lässt sich verallgemeinern[453]: „Es geht jetzt wirklich nur noch darum, sie möglichst schnell, in kürzester Zeit in Ausbildung zu kriegen. Das sehe ich immer so als meinen Job. Mir ist wichtig, dass ich sie in die Ausbildung oder Arbeit kriege. Da sind mir so ihre persönlichen Problemchen erst mal egal, Hauptsache ich kriege den Betrieb ..." (E06/163).[454] Hervorzuheben ist, dass dieses Ziel der Integration in Ausbildung oder in Arbeit ausnahmslos von allen befragten Bildungsbegleitern ausdrücklich hervorgehoben und in den Mittelpunkt gestellt wird.[455] Zwar bleibt die Ebene der persönlichen Defizite dabei keineswegs unbeachtet[456], aber sie gewinnt ihre besondere Bedeutung erst dann, wenn sie zu einem Vermittlungs- und Integrationshemmnis wird, und sie muss genau in dieser Hinsicht bearbeitet werden. Für die Bildungsbegleiter werden solche Defizite im Zuge ihrer Integrationsarbeit deutlich, sie müssen nicht so sehr auf der Basis eines besonderen persönlichen Vertrauensverhältnisses erschlossen werden. Häufig erwarten die Bildungsbegleiterinnen und -begleiter von den jungen Menschen, dass sie diese Defizite im Integrationsprozess selbst erkennen und sich selbst um eine entsprechende Lösung bemühen. Hier kann nun die sozialpädagogische Unterstützung ansetzen und weiterarbeiten.

Die Forderung nach mehr Selbstverantwortung der Teilnehmerinnen und Teilnehmer kann aber auch mit einer impliziten Kritik der traditionellen sozialpädagogischen Arbeit in den Maßnahmen verbunden sein. Eine Bildungsberaterin, die seit fast 10 Jahren als Diplom-Pädagogin in der Benachteiligtenförderung arbeitet, kritisiert reflektierend und selbstkritisch das aus ihrer Sicht überbehütende sozialpädagogische Betreuungsparadigma:

> „... ich finde persönlich, man sollte sich nicht so oft überlegen, was man noch alles tun kann, um das für die Jugendlichen besser zu machen. Ich finde nämlich, die kriegen immer weniger klare Augen, weil sie selber unheimlich wenig gefordert werden. Und je mehr man sich darüber Gedanken macht, was man noch alles tun kann, um die Jugendlichen weiter zu fordern, desto weniger müssen ja die Jugendlichen auch denken und selber handeln. Und ich habe manchmal das Gefühl, die kommen hier rein und geben vorne ihre Verantwortung völlig ab.

---

453 "Die Jugendlichen, die sollen eine Ausbildungsreife erlangen, die sollen Selbstverantwortung übernehmen und die sollen so etwas wie Interesse und Biss entwickeln" (E02/152).

454 Ebenso: E02/152; E03/178; E08/83; E10/64; E12/59; E14/63; E16/136; E18/119; E22/43; E24/109, ähnlich: E15/131

455 Auf den ersten Blick ist diese klare Zielorientierung sicher zu begrüßen. Ungeklärt bleibt das Risiko, Jugendliche allein um des Vermittlungserfolgs willen in irgendeine Ausbildung oder Beschäftigung zu bringen und dabei die persönlichen Wünsche und Entwicklungspotentiale außer Acht zu lassen. Ein weiteres Risiko liegt in einem möglichen Verzicht auf schwierige Such- und Vermittlungsprozesse zugunsten schneller Einmündung. Die Entwicklungspotentiale junger Menschen würden dann nicht ausgeschöpft. Dazu kann diese Studie allerdings keine empirischen Ergebnisse vorlegen.

456 Die Bildungsbegleiterinnen und -begleiter haben durchaus ein Bewusstsein dafür, dass sie es mit Jugendlichen zu tun haben, die erhebliche Probleme mitbringen (z. B. E06/163; E10/91), und die leistungsmäßig sehr heterogen sind (E22/221).

Uns wird dann gesagt, ja dann macht mal schön. Und das wird ja immer verstärkt, es wird immer auffälliger. Wenn sie keinen Ausbildungsplatz bekommen oder ähnliches, es liegt nicht an ihnen, sie haben nichts damit zu tun. Je mehr man sich überlegt, was man tun könnte, für die Jugendlichen, desto weniger tun sie auch selber. Weil im Grunde genommen, man macht alle Angebote für die Jugendlichen, im Grunde genommen sind ja alle Angebote, die man sich überlegt, sowieso dann in den Augen der Jugendlichen scheiße." (002/196)

Dieses Zitat ist sicher nicht verallgemeinerungsfähig. Es zeigt die über viele Jahrzehnte umfangreich diskutierte Problematik einer überbehütenden sozialpädagogischen Arbeit und einer Überidentifikation der sozialpädagogischen Akteure mit den Problemen der ihnen anvertrauten Jugendlichen (Schmidbauer 1996). Es zeigt aber auch, dass das neue Paradigma der Arbeitsmarktpolitik, dass „Fördern und Fordern" in den Köpfen von Bildungsbegleiterinnen und -begleitern einen Niederschlag finden kann. Hinter diesen Vorstellungen steht das Modell eines Subjekts, dass prinzipiell für seine persönlichen Verhältnisse selbst die Verantwortung übernehmen kann und muss.[457] Pädagogik kann diese Verantwortung wirklich nicht abnehmen, ohne den bildungstheoretisch unverzichtbaren Anspruch der Entwicklung von Mündigkeit und Autonomie zu hintertreiben. Das traditionelle sozialpädagogische Subjektmodell wirft aber die Frage auf, welche politischen, gesellschaftlichen, sozialen und persönlichen Bedingungen den Entwicklungs- und Freisetzungsprozess von Subjektivität behindern und welche pädagogischen Schritte erforderlich sind, um diese Hemmnisse soweit wie möglich zu überwinden und Entwicklungsprozesse in Gang zu setzen. Auch hier geht es um „Fördern und Fordern", und zwar im Rahmen der Förderung persönlicher Entwicklung. Sie zielt immer auch darauf, dass junge Menschen Anforderungen annehmen und bewältigen können, jedoch ohne dass hier explizit von „Fordern" die Rede sein muss. Im Kompetenzansatz oder in der griffigen Formulierung von der „Hilfe zur Selbsthilfe" kommt dieser Anspruch bescheiden, aber sehr klar zum Ausdruck. In der Arbeitsmarktpolitik – und das zeigt die Sanktionspraxis bei „unwilligen" Hartz IV-Beziehern überdeutlich –, geht es um einen anderen Dreischritt, um Fördern/Fordern/Strafen.[458] Im dritten Schritt, dem „Strafen", liegt die wesentliche Unterscheidung. Die zentrale Frage ist, ob „strafen" eine pädagogische Handlung sein darf oder ob sie sich durch persönliche Misserfolge in der Lebensführung als Konsequenz selbst ergibt. Sozialpädagogisches Handeln zielt darauf, jungen Menschen die Vorteile einer gelingenden Lebensbewältigung durch Erfahrungen zugänglich zu machen und daraus das Motivationspotential zu gewinnen, um die damit verbundenen Anstrengungen zu bewältigen. Wahrscheinlich würden die Bildungsbegleiterinnen und -begleiter diesen Ansatz teilen. Deshalb ist es unzulässig, ihnen das „Strafen" als konstitutives Handlungselement zu unterstellen. Aber sie leisten ihre Arbeit im Rahmen eines Konzepts, dass – wenn es sich im Rahmen dieser Denkfigur des Strafens weiterentwickeln würde – sozialpädagogisches Arbeiten ad absurdum führt. Diese Problematik würde sich an zwei Punkten zeigen, die aber in diesem Projekt nicht untersucht worden sind: Wie wird im Rahmen des

---

457 Als Kampfbegriff der Aufklärung hat Kant in seiner Schrift „Was ist Aufklärung" die politische Bedeutung einer a priori gegebenen Vernunft in jedem einzelnen Subjekts herausgestellt, um die politische und gesellschaftliche Bevormundung und die damit verbundene Entmündigung abzuweisen. Die pädagogische Dimension der Förderung der persönlicher Entwicklung lässt sich jedoch mit diesem Denkansatz nicht fassen.

458 Im politischen und publizistischen Raum ist der Begriff der Strafe im Zusammenhang mit „arbeitsunwilligen" Leistungsbeziehern gängig geworden.

Neuen Fachkonzepts mit den „erfolglosen" und den „problematischen" Jugendlichen umgegangen, und was ergibt sich für die Jugendlichen am Ende der 10monatigen Laufzeit der Berufsvorbereitung, wenn sie keine Ausbildungs- oder Arbeitsstelle gefunden haben? Ist es mit dem Konzept und der Idee der Bildungsbegleitung vereinbar, hier junge Menschen in den Hartz IV-Bezug abzuschieben, und für ihre weitere Entwicklung keine steuernde und beratende Funktion zu übernehmen?[459] Diese Fragen müssen aufgeworfen werden, auch wenn sie hier nicht zu beantworten sind.

11.3.4 Position der Bildungsbegleiter im Rollengefüge der am Förderprozess beteiligten pädagogischen Fachkräfte und das Verhältnis zu den sozialpädagogischen Fachkräften

Die Arbeit der Bildungsbegleitung im Rahmen des Neuen Fachkonzepts ist so geplant worden, dass sie die Jugendlichen über die Grenzen der Einrichtungen und die Förderphasen hinweg kontinuierlich begleitet und ihren Lern- und Entwicklungsfortschritt dokumentiert. Hier hat sich ein eigener Arbeitsbereich entwickelt, der mit ganz beträchtlichen Anforderungen verbunden ist. Darauf ist bereits hingewiesen worden. Des weiteren kommt auf die Bildungsbegleitung die zentrale Aufgabe der jeweils individuellen Qualifizierungsplanung und -dokumentation zu. Daraus können sich neue Rollenverteilungen und neue Zuständigkeiten ergeben, die entweder zu einer klaren funktionalen Differenzierung oder zu einer Aufgabenintegration führen. Eine weitere Frage ist die hierarchische Positionierung der Bildungsbegleiterinnen und -begleiter im Gefüge der am Förderprozess beteiligten Akteure. Beide Fragen betreffen besonders das Verhältnis von sozialpädagogischen Fachkräften und Bildungsbegleitungen. Die Arbeit der Ausbilderinnen und Ausbilder ist hier kaum berührt, die Kontakte zu den Betrieben und den betrieblichen Mitarbeitern ist ohnehin ein Privileg der Bildungsbegleiter. Auch die Arbeit der Stützlehrerinnen und -lehrer wird in den Interviews kaum angesprochen. So konzentriert sich die Frage besonders auf das Verhältnis von sozialpädagogischer und bildungsbegleitender Arbeit.

Außer Frage steht, dass mit der Bildungsbegleitung ein eigenes Arbeitsfeld entstanden ist, dass zwar mit sozialpädagogischer Arbeit eng verknüpft werden kann, das aber nicht selbst sozialpädagogisch ist. Darauf weisen viele Äußerungen der Bildungsbegleitungen hin:

> „Die Bildungsbegleitung ist ja in der Form keine Betreuung. Die Betreuung oder wie auch immer, die findet ja nicht über die Bildungsbegleitung statt. Sondern die Bildungsbegleitung die organisiert das ganze ja. Also die plant das, die gewährleistet das, die organisiert das, aber es ist ja nicht so, dass die Bildungsbegleitung direkt den Jugendlichen betreut. Sondern sie muss eine zuverlässige Größe für den Jugendlichen darstellen, also wenn der Jugendliche hinkommt und sagt, ich möchte das und das gerne, dass sie das auch umsetzen kann. Aber dazu gehört ja … keine sozialpädagogische Qualifikation in dem Sinne." (E02/180)

> „Originäre sozialpädagogische Beratung spielt in meinem persönlichen Arbeitsfeld keine Rolle. Ich versuche das ganze, ich sage mal, relativ pragmatisch anzugehen, so nach einer Kosten-Nutzen-Rechnung." (E02/120)

---

[459] Nur am Rande muss hier angemerkt werden, dass das der NFS vorlaufende NFK hier andere und bessere Regelungen vorgesehen hatte.

Aus dieser klaren Aufgabenbeschreibung ergeben sich zwei Probleme, erstens die Rollenverteilung und zweitens die analytische Trennung zwischen Qualifizierung und Bearbeitung persönlicher Problemlagen.

Einerseits bedingt die Funktion der Bildungsbegleitung eine gewisse „Außenseiterfunktion", vielleicht auch eine Führungsrolle, andererseits ist die Einbindung in das jeweilige Team vorteilhaft:

> „Also wir sind schon eine Zwischenschaltstelle. Also wir sind nicht direkt im Team, obwohl wir auch im Team sind. Würde ich mal so formulieren. Weil wir schon so ein Stück auch außen stehen und jetzt in die ganz normalen Abläufe nicht eingebunden sind." (003/68)

In diesem Zitat kommt die ganze Ambivalenz der Rolle des Bildungsbegleiters zum Ausdruck. So gibt es Bildungsbegleiterinnen und -begleiter, die ihre Nähe zu den anderen Teammitgliedern sehr positiv einschätzen und hervorheben.[460] Hier erhalten sie Unterstützung und agieren in Kooperationsformen, wie sie bisher auch für sozialpädagogische Fachkräfte typisch sind. Aus dieser Position heraus bestimmen die Bildungsbegleiter zwar den Förderverlauf des Jugendlichen, aber sie arbeiten dabei mit den anderen Fachkräften eng zusammen:

> „Ich finde, wenn es so ist, ist es so. Wichtig ist da die Zusammenarbeit, und zwar die ganz, ganz enge Zusammenarbeit, dass keiner meint, ohne den anderen irgendwelche Dinge entscheiden zu müssen. Das finde ich wichtig, wenn das Hand in Hand geht, und dann ist das ok." (E06/154, ähnl.: E14/85; E15/127)

Die hier vertretene Position der gleichberechtigten Kooperation im Team und der guten Zusammenarbeit von Bildungsbegleitung und sozialpädagogischen Fachkräften wird häufig und oftmals auch sehr eindeutig vertreten:

> „Wir arbeiten hier ..., alle sozialpädagogischen Fachkräfte und alle Bildungsbegleiter, gemeinsam in einem Team. Also da gibt es keine hierarchischen Unterschiede. Also es wird alles gemeinsam besprochen und die Arbeit wird auch untereinander aufgeteilt. Also das Team selber hat keine Leitung." (010/62)

Diese Art der Kooperation ist durch das spezifische Selbstverständnis der Bildungsberaterin bedingt. Sie ist eine junge Sozialpädagogin, die zugleich Funktionen der Bildungsberatung und der sozialpädagogischen Betreuung übernimmt und beides integriert:

> „Die strikte Trennung zwischen Bildungsbegleitung und sozialpädagogische Fachkraft finde ich nicht sinnvoll, weil ich muss meinen Teilnehmer kennen und es geht nicht, dass ich den ganzen Tag im Büro sitze und keinen Kontakt zu ihm habe und deswegen finde ich es ganz sinnvoll, wie wir es hier am Standort regeln. Also ich verstehe mich als Begleiter, als Berater, der auch mal den Auftrag kriegt, durch das Arbeitsamt oder die Agentur für Arbeit, den Teilnehmern auch mal zu sagen, wie es läuft und auch mal ein bisschen Druck zu machen." (010/112)

So klar hier das „Hand in Hand – Arbeiten" herausgestellt wird, so gibt es doch auch Tendenzen, den Bildungsbegleitungen eine Führungsrolle einzuräumen: „Manchmal hat man ... so das Gefühl, man hat hier schon so eine halbe Leitfunktion, weil es doch sehr viel Verantwortung ist" (E18/101). Vereinzelt ist auch eine klare hierarchisierende Position zu finden. Hier wird davon ausgegangen, dass die Bildungsbegleitungen – wenigstens tendenziell – den sozialpädagogischen Fachkräften und den anderen Kollegen gegenüber wei-

---

[460] vgl. Interview E12/71

sungsbefugt sein sollen.[461] Langfristig wird dies wohl nur selten von Trägern wirklich angestrebt:

> „Also wir sind verstärkt in das Team eingebunden, direkt dass man jetzt sagt, wir sind so richtig weisungsberechtigt, das machen wir noch nicht. Aber das wollen wir natürlich irgendwann mal perspektivisch versuchen, dass wirklich dann der Bildungsbegleiter ein Stück auch für das Gesamtteam den Hut auf hat." (E12/57)[462]

> „Also wir waren schon ein Team. Aber es war klar, dass ich so eine Vorgesetztenposition hatte. … Also es gab schon so eine kleine Hierarchie. Aber es kommt allein auch dadurch, dass man natürlich – das bei dem Bildungsbegleiter so die Fäden zusammenlaufen und der natürlich den Überblick über alles haben muss." (E24/95, 97)

Insgesamt gesehen nehmen die Bildungsbegleiter ihre Funktion eher aus einer „Außenseiterposition" gegenüber den anderen Akteuren bzw. aus einer „Metaposition" heraus wahr. Obwohl die meisten Bildungsbegleiter angeben, den Sozialpädagogen und anderen Akteuren der Förderung gegenüber nicht weisungsbefugt zu sein, wird der Bildungsbegleiter doch häufig als derjenige beschrieben, der in der Maßnahme die Fäden in der Hand hält[463] oder bei dem die Informationen zusammenlaufen. In Bezug auf die Zusammenarbeit mit anderen Akteuren wird auch formuliert, dass die anderen Akteure eine Bringschuld gegenüber dem Bildungsbegleiter haben. Das soll heißen, sie sind verpflichtet, den Bildungsbegleitern Informationen über jeden Jugendlichen zur Verfügung zu stellen. In diesem Ansatz wird gleichzeitig eine bestimmte Sichtweise auf das Verhältnis zwischen Bildungsbegleitern und den andere Akteuren deutlich, die den Sozialpädagogen, die Stützlehrer und die Ausbilder als Dienstleister für den Bildungsbegleiter betrachtet. Möglicherweise verlieren diese Akteure in dieser Perspektive einen Teil ihrer professionellen Autonomie.

Besonders zugespitzt ist diese Problematik im Verhältnis von Bildungsbegleitung und sozialpädagogischem Arbeitsbereich. Außer Frage steht, dass die Bildungsbegleiterinnen und -begleiter die individuellen und sozialen Problemlagen ihrer Jugendlichen erkennen, und dass hier zum Teil ein großer ein Betreuungsbedarf besteht. Bei stark integrativen Arbeitskonzepten, wie sie oben dargestellt worden sind, ergeben sich hierbei keine Zuständigkeitsprobleme. Weitaus schwieriger ist die Lage dort, wo eine scheinbar klare Trennung zwischen Bildungsbegleitung und Sozialpädagogik stattfindet und sich dieses Modell mit der Vorstellung verbindet, die sozialpädagogische Fachkraft könne auf Anforderung der Bildungsbegleitung tätig werden. Nach diesem Modell würden Bildungsbegleiterinnen und -begleiter mit ihren individuellen Befunden und Problemeinschätzungen auf die sozialpädagogischen Fachkräfte zugehen, Unterstützung einfordern und entsprechende Tätigkeiten veranlassen. In dieser Struktur ist eine Positionszuweisung für die sozialpädagogischen Fachkräfte enthalten, die außerordentlich problematisch ist. Eine Bildungsbegleiterin beschreibt aus ihrer Sicht diese neue Rolle des Sozialpädagogen:

---

461 vgl. E03/68; E12/58; E14/58; E22/17–18

462 Der hier interviewte Bildungsbegleiter betont ausdrücklich die gute Zusammenarbeit im Team. Er erläutert: „Aber ich habe es auch schon anders erlebt. Also dass … es das Ziel dann auch mal ist, dass vielleicht der Bildungsbegleiter dann in gewisser Weise weisungsberechtigt ist, dass man dort in der Art Teamführung, Teamfähigkeit eine Weiterbildung bräuchte" (E12/93).

463 vgl. E18/108–111

> „Ganz platt würde ich das so formulieren, dass der Sozialpädagoge geschickt wird, wenn es nötig ist. ... Also der Sozialpädagoge, der hat nichts mit der Entwicklung von beruflichen Perspektiven zu tun. Seine Aufgabe besteht darin, Hemmnisse, die der Entwicklung von beruflichen Perspektiven hinderlich sind, zu beseitigen. ... Also ich finde, der Aufgabenbereich der Sozialpädagogen hat dadurch sehr an Qualität verloren. Also es ist eher wie so eine Hiwi-Position, würde ich das mal so formulieren. ... Also für die jeweilige Person, die die sozialpädagogische Arbeit ausführt, ist es natürlich nicht schön, aber für mich ... hat (es) ja auch einen praktischen Nutzen, jemand zu sagen, kannst Du da mal eben hingehen, der fehlt unentschuldigt, oder solche Sachen." (E02/140, 54–56,164, 140)

Diese Einschätzung ist in den vorliegenden Befragungsergebnissen der Bildungsbegleitungen eher ein Einzelfall.[464] Trotzdem muss dieser Einzelfall so deutlich zu Wort kommen, weil hier ein Modell deutlich wird, das als absolut unpraktikabel eingeschätzt werden muss, weil sozialpädagogische Arbeit nicht wie eine Klempnerarbeit abgefordert werden kann, wenn der Wasserhahn tropft. Weitgehend unbedacht wird hier sozialpädagogische Arbeit überflüssig gemacht, weil sie in dieser Form der „Arbeit auf Abruf" ihre Wirksamkeit nicht entfalten kann. Wenngleich diese Vorstellung bei den Bildungsbegleitungen nicht verbreitet ist, so liegt darin ein zentrales Risiko des Neuen Fachkonzepts. „Arbeiten auf Abruf" heißt, die professionelle Handlungsautonomie zu verlieren, weil das Recht zur Planung der eigenen Arbeit und zur Einschätzung der eigenen Handlungserfolge in die Hände einer anderen Berufsgruppe gelegt wird. Das ist ein Deprofessionalisierungsvorgang, der sich in der Realität der Alltagspraxis abspielen kann und der weitgehend von der Art und Weise abhängig ist, wie die Bildungsbegleiterinnen und -begleiter ihre Arbeit verstehen und gestalten. Darin liegen ganz erhebliche Unberechenbarkeiten. Deshalb gibt es zahlreiche sozialpädagogische Fachkräfte, die eine solche Entwicklung befürchten. Diese Sorge wird noch dadurch verstärkt, dass es kaum Möglichkeiten gibt, eine solche Entwicklung anzuhalten, wenn sie einmal eingetreten ist. Darauf wird späte einzugehen sein.

Diese Problematik zeigt sich auch bei dem Arbeitsansatz einer Bildungsberaterin, die sehr weit an der Analyse der persönlichen Problemlagen arbeitet und dann unmittelbar, ohne Rückgriff auf die sozialpädagogische Fachkraft, externe Beratungsstellen einschaltet:

> „Teilnehmer mit einem schwierigen Hintergrund oder mit Problemen, die jetzt in der Persönlichkeit liegen, (die) werden ... zumindest von mir auch beraten, das, was ich tun kann, eventuell Verhaltensveränderungen, wie man zu Verhaltensveränderungen kommen kann. Allerdings findet die Beratung auch in anderen Bereichen statt. Also Erstkontakt zur Drogenberatung oder zur Schuldnerberatung, solche Sachen. Familienberatungsstellen, therapeutische Beratung, wobei ich mich da selber nicht in die Beratung einstelle, sondern nur versuche, den Teilnehmern die Angst zu nehmen vor der Beratungsstelle, den Erstkontakt vereinbaren,

---

[464] Allerdings gibt es Hinweise, dass die in diesem Einzelfall geäußerte Vorstellung durchaus öfter vorkommt: „Vorgesehen ist ja eine klare Trennung Bildungsbegleitung, Sozialpädagogik. Und vorgesehen ist auch so eine gewisse, ich sage jetzt mal, hierarchische Ordnung, also dass der Bildungsbegleiter quasi den Sozialpädagogen beauftragt, und dass der Sozialpädagoge dem Bildungsbegleiter zuarbeitet. Tatsächlich ist es so gewesen, dass wir Hand in Hand gearbeitet haben. Jeder so, wie er gerade war. Also es ist so, dass genauso gut auch der Sozialpädagoge in die Betriebe gefahren ist, wenn es für ihn sowieso auf dem Weg lag. Es ist einfach ökonomisch sinnvoll, dass wenn er sowieso gerade in einem Gewerk war, er dann da die Gespräche durchgeführt hat. Genauso umgekehrt der Bildungsbegleiter, wenn er irgendwo hin musste. Was gut funktionierte war der Austausch, Informationsaustausch. Die Kommunikationswege waren richtig schön kurz und auch regelmäßig. Also wir saßen quasi in einem Büro" (022/241).

dann auch zu den ersten Gespräch, wenn der Teilnehmer es wünscht, dazu zu kommen, oder ihn auch nur dahin begleite bis zur Tür, oder bis zum Wartezimmer." (010/91)

Hier zeichnet sich eine Problematik des Arbeitszuschnitts einer Bildungsbegleiterin ab, auf die genauer eingegangen werden muss. Da die Bildungsbegleitung für die Außenkontakte zuständig ist, kann der Kontakt zu externen Beratungsstellen in ihren Aufgabenbereich fallen. Auch die Bereitschaft, Teilnehmerinnen und Teilnehmer zum Erstkontakt mit diesen Beratungsstellen zu begleiten, ist ein sympathischer Ansatz. Aber das Zitat zeigt zugleich die von ihr definierte Grenze auf: was hinter der Tür des Beratungszimmers abläuft, fällt auch ihrem Zuständigkeitsbereich heraus. Das ist formal sicher völlig korrekt, aber eine gute sozialpädagogische Betreuung würde – mit Zustimmung der Klienten – therapeutische Prozesse zur Kenntnis nehmen und nachhaltig unterstützen. Diese sozialpädagogische Betreuung würde in diesem Modell aber gar nicht mehr vorkommen. Ebenso würde der eine gute sozialpädagogische Arbeit kennzeichnende Ansatz des „Aufsuchens" der Menschen mit ihren individuellen Problemlagen entfallen. In der Beratungspraxis der Bildungsberaterin müssen die Klienten selbst „kommen": „Die Beratungsgespräche laufen in der Regel so ab, dass ja der Teilnehmer kommt, wenn er irgendetwas möchte, oder wir haben etwas vereinbart, und dann versuche ich, auf den Teilnehmer einzugehen und mit ihm gemeinsam etwas zu erarbeiten" (E10/93). Hier zeichnet sich ein Beratungsparadigma ab, das für die Bildungsbegleitung kennzeichnend und richtig ist, aber es greift auf die sozialpädagogische Arbeit über und verdrängt sie, ohne deren Leistungen zu übernehmen. Dabei steht außer Frage, dass dieses Modell aus subjektiver Sicht von pädagogischer Verantwortung getragen wird, die sich jedoch in ihr Gegenteil verkehrt. Mit gut gemeinten Intentionen und ohne selbstkritische Beschränkung werden das Handlungsfeld der Sozialpädagogik und die sozialpädagogische Betreuung faktisch eliminiert.

Insgesamt zeigt sich eine große und relativ weit verbreitete Unklarheit über die Arbeitsteilung zwischen Bildungsbegleitung und Sozialpädagogik. So wird von einigen Bildungsbegleitungsfachkräften hervorgehoben, dass die Sozialpädagogen jetzt von verschiedenen Aufgaben entlastet würden, insbesondere von den „Schreibarbeiten" und Verwaltungstätigkeiten, von der Praktikumsakquise und -betreuung und von den Außenkontakten (E08/139; E14/128). So könnten sie sich mehr auf ihre eigene Arbeit konzentrieren oder hätten mehr Zeit für ihre Unterrichtsvorbereitung (!)(E08/165). In einigen Interviews wird auch das Problem der Arbeitsüberlastung der sozialpädagogischen Fachkräfte und der extrem ungünstige Betreuungsschlüssel angesprochen, so dass es sich zwangsläufig ergibt, dass die Bildungsbegleitungen hier Aufgaben mit übernehmen müssen.[465] So sympathisch und verständlich diese Argumentation ist, so steht doch die Frage im Raum, ob damit eine Demontage der sozialpädagogischen Arbeit verbunden ist. Wie diese Probleme vermieden werden können, soll in einer kleinen Fallstudie gezeigt werden.

---

465 „… wenn es hieß, es sind bislang 30 Teilnehmer pro Sozialpädagoge und jetzt sind es aber 45. Das ist albern, lächerlich und das kann man gar nicht. Also die Sozialpädagogen, die können nicht vernünftig arbeiten mit 45 Jugendlichen" (E06/163; ähnl.: E12/105; E22/231). In einem Fall ist die Lage besonders problematisch: „In unserer Einrichtung weiß ich das ja nicht, weil wir ja keinen Sozialpädagogen haben, zumindest nicht dieses Jahr" (E15/137).

Fallstudie: Gelingende Arbeitsteilung zwischen Bildungsbegleitung und Sozialpädagogik

Die sozialpädagogische Fachkraft, die hier dargestellt wird, ist seit ca. 10 Jahren im Agenturbezirk Merseburg/Querfurt in der Berufsvorbereitung tätig. Die Ausschreibung hat der Träger durch eine Bietergemeinschaft gewonnen. Die Sozialpädagogin ist nur für einen Träger zuständig. Mit der Einführung des neuen Fachkonzepts hat sich ein neues Team gebildet, dass zunächst die Eignungsanalyse und dann die Maßnahmedurchführung anhand des Fachkonzepts geplant hat. Ihre Aufgabe beschreibt sie folgendermaßen:

> „Also es geht ja hauptsächlich erst mal darum, die Jugendlichen durch die BvB zu führen. Also … mit Ihnen zusammen den Weg zu planen, vom ersten Tag an eigentlich, von der Eignungsanalyse über das Praktikum bis hin zum Ende. Natürlich mit dem Ziel der Vermittlung und eventuell halt auch Vermittlung in Arbeitsstellen. Was uns auch zum großen Teil schon gelungen ist. Natürlich nur bei einigen, aber es ist halt doch durchaus noch möglich. Und wir haben uns das auch untereinander anhand vom Konzept so aufgeteilt, dass die Sozialpädagogen wirklich sozialpädagogische Arbeit machen und die Bildungsbegleiter im Prinzip ein völlig neues Feld haben und auch ziemlich wenig Kontakt zum Jugendlichen. Wir haben ja nun mehr Schreibarbeit und Planungsarbeit als die eigentliche Arbeit am Jugendlichen. Und das war schwierig, zumal ich vorher als Sozialpädagoge gearbeitet habe. Aber es ist halt so vorgesehen und es funktioniert auch nur so, haben wir festgestellt." (E16/96)

Die Arbeitsteilung wird im weiteren Fortgang des Interviews genau beschrieben:

> „Der sozialpädagogische Teil ist schon der, dass persönliche Probleme, Probleme hier im Arbeitsalltag, mit den Sozialpädagogen besprochen werden. Und wir eigentlich diejenigen sind, die Gespräche dann führen, wenn Planungsschritte, Fortschreibung Qualifizierungsplan erfolgt. Wir Teilziele mit den Jugendlichen als Bildungsbegleiter feststecken im Qualifizierungsplan, die dann auch regelmäßig überprüft werden durch uns, und auch fortgeschrieben werden durch uns. Also das ist dann halt der Kontakt, den man zum Jugendlichen hat. Und die Sozialpädagogen sind halt die, die dann oft in der Gruppe mit sind und die Probleme und Antragsformulare und, und, und, und alles, was so zusammenhängt, Wohnungssuche, Drogenberatungsstellen, und, und, und. Das ist der sozialpädagogische Part. Und wir sind die, die im Prinzip die ganze Maßnahme durchorganisieren von der Planung her und das dann auch weitergeben an Stützlehrer, an Sozialpädagogen und Ausbilder. Also wir haben schon so die Koordinationsfunktion gemeinsam mit unseren Jugendlichen und auch für die ganze Maßnahme. Wo also das, was sich zum Sozialpädagogenfeld verändert hat, nicht mehr direkt am Mann arbeiten ist, es sei denn, es treten Probleme auf, massive. Dann wird mit dem Sozialpädagogen und dem Bildungsbegleiter zusammen getan. Ansonsten sind da Sozialpädagogen dafür zuständig. Und diese ganze Zusammenarbeit mit den Betrieben übernimmt natürlich auch der Bildungsbegleiter und nicht mehr der Sozialpädagoge, was ja früher auch Sozialpädagogen mit gemacht haben. Diese Arbeit machen jetzt wir. Und was Arbeitskonsequenzen, sprich Abmahnung, Beendigung, das erfolgt auch durch den Bildungsbegleiter, so als letzte Instanz, sage ich mal. Wenn es beim Sozialpädagogen nicht mehr weitergeht, dann Instanz Bildungsbegleitung." (EO16/98)

In Abgrenzung zur sozialpädagogischen Arbeiten und durch konsequente Orientierung am neuen Fachkonzept entsteht das Arbeitsprofil der Bildungsbegleiterin:

> „Es ist ja so, dass die Eignungsanalyse durchgeführt wird, die ersten zwei Wochen, die Kompetenzfeststellung das Ergebnis ist, und anhand dieser Kompetenzfeststellung die nächsten Ziele festgelegt werden. Also das erste Ziel ist ja dann erst mal die Festlegung, welches Berufsfeld – wir bieten fünf an –, für welches Berufsfeld Interesse und für welches Berufsfeld er auch geeignet ist. Die zweite Sache, die wir nach der Eignungsanalyse feststellen, ist, ob das Bedürfnis besteht, dass sie den Hauptschulabschluss bei uns absolvieren möchten. Und zweitens, ob sie das überhaupt können aufgrund ihrer Leistung. Das wird in der Eignungsanalyse

> theoretisch mit getestet in Form von Hauptschultests in drei verschiedenen Fächern. Mit diesen Ergebnissen planen wir erst mal die nächste Zeit. Das ist ja dann die Grundstufe, wo geplant wird, was mit dem Jugendlichen in der Grundstufe passiert. Das wird in den Qualifizierungsplan aufgenommen, und (das) wird dann auch in regelmäßigen Abständen mit dem Jugendlichen überprüft. Und wenn da schon Probleme aufgetaucht sind, was Verhalten anbelangt oder, oder, oder, dass da natürlich schon direkt auf dem Quali-Plan steht, dass der Sozialpädagoge mit dem Jugendlichen über die und die Sache spricht, und auch gibt es dann verschiedene Projekte, zum Beispiel Verhaltenstraining und, und, und, Umgang mit Ämtern und Behörden. Sie haben verschiedene Projekte, unsere Sozialpädagogen, wo wir dann aus allen Gruppen, weil das natürlich nicht abzudecken ist mit jedem einzelnen, aus verschiedenen Gruppen die Jugendlichen zusammentun, die in gewissen Bereichen Probleme haben. Was dann vom Sozialpädagogen weiterbearbeitet wird oder vom Stützlehrer oder vom Ausbilder. Je nachdem, wie man es eben koordiniert kriegt. Und dann kommt die Zeit der Überprüfung des Qualifizierungsplanes. Und dann kommt ja auch irgendwann die Entscheidung, gehst du in die Förderstufe, gehst du in die Übergangsqualifizierung und, und, und. So und dann ist halt diese regelmäßige Zusammenkunft mit dem Jugendlichen, um zu überprüfen, sind die Ziele erreicht und was ist jetzt das nächste Ziel." (E16/102, 104)

Anhand der detaillierten Arbeitsbeschreibung der Bildungsbegleiterin wird deutlich, dass hier kontinuierlich viele Aufgaben anfallen, insbesondere die Fortschreibung und Revision des Qualifizierungsplanes aufgrund der Informationen, die von allen Seiten zusammengetragen werden müssen, und die Arbeiten im Rahmen der Betriebspraktika:

> „Also wir haben jetzt Ergebnisse vorliegen und Beobachtungen. Wir kriegen in regelmäßigen Abständen Beurteilungen von Lehrern, Ausbildern, also von Lehrern und Ausbildern. Das ist so unser Bewertungsmaßstab. Anhand dieser Beurteilung von theoretischen Leistungen, Verhalten, Sozialverhalten und, und, und legen wir die Ziele fest und gucken auch schon, aha bei dir reicht es, wenn du die Grundstufe abbrichst, in die Förderstufe gehst, du brauchst keine Förderstufe, du kannst gleich in die Übergangsqualifizierung oder, oder, oder. Das heißt, aufgrund der Beurteilung, die wir vom Team bekommen, entscheiden wir, was weiter passiert, machen den Vorschlag dem Jugendlichen, dass wir aufgrund der und der Tatsache ihm das und das vorschlagen, um das und das zu erreichen, je nachdem. Und das ist ja meistens erst mal die Ausbildungsreife, die erreicht ist, was das große Ziel schlechthin ist. Und wenn das eben nicht funktioniert, dann Vermittlung in Arbeitnehmertätigkeit. Und das ist eigentlich so, dass wir gemerkt haben, dass die Jugendlichen gut damit arbeiten können, einfach weil sie merken, dass in regelmäßigen Abständen immer wieder etwas passiert und sie auch immer wieder kontrolliert werden in irgendeiner Form. Also es ist nicht nur Papier beschreiben, wie wir das am Anfang so dachten. Es hat schon seine Wirkung. Tja, und wenn es nicht erreicht ist, dann wird zusammen überlegt, was denn jetzt möglich ist, um das Ziel noch zu erreichen." (E16/109)

Durch die Bietergemeinschaft gibt es umfangreiche zusätzliche Angebote und Projekte, wie die Nutzung des Computer-Kabinetts, interkulturelle Angebote, Bildungs-, Begegnungs- und Präventionsprojekte, Kooperationen mit Polizei, Krankenkassen (Bewerbungsunterstützung), Beratungsstellen, Ämtern etc. Für die Praktika besteht ein gut ausgebautes Netz von Praktikumsbetrieben, in denen die Teilnehmerinnen und Teilnehmer flexibel eingesetzt werden und Qualifizierungsbausteine absolvieren können. Der Bildungs- und Qualifizierungsprozess erfordert eine intensive und kontinuierliche berufs- und berufsentwicklungsbezogene Beratung, das ist eine typische Aufgabe der Bildungsbegleitung. Die „... Beratung in allen Lebenslagen, was Probleme anbelangt (Kindergeldanträge, Halbwaisenanträge und, und, und. Wohnungssuche), ... das vermittle ich dann an den Sozialpädagogen weiter" (E16/152). Diese Funktionstrennung ist aus der Sicht der Bildungsbegleiterin unabdingbar erforderlich. Sie berichtet von den ersten Erfahrungen, die zu dieser Konsequenz geführt haben: „Und am Anfang haben wir das halt noch so gemacht, dass wir die sozialpädagogische Arbeit mit gemacht haben. Das war ein bisschen ein schwieriger Punkt, Sozialpädagogik und Bildungsbegleitung zu trennen, am Anfang. Aber irgendwann haben wir festgestellt, dass wir das nicht packen. Also wir mussten dann wirklich knallhart sagen, bis hierhin, der Rest ist nicht mein Part. Der Rest ist dem Sozialpädagogen" (E16/154). Ob es sich hier wirklich um einen „Rest" handelt, soll nicht geklärt werden. Sicher ist, dass einerseits die Arbeitskraft der Bildungsbegleiterin mit ihren Aufgabenstellungen vollständig ausgelastet ist. Andererseits werden die Sozialpädagogen ihr eigenständiges Aufgabenfeld abdecken müssen, und diese Leistungen von den Bildungsbegleitungen koordinierend in den Förderprozess eingebunden.

Dabei zeigt die Beschreibung sehr deutlich, dass die Bildungsbegleiterin ihre berufsbezogene Aufgabe sehr ernst nimmt und zielorientiert arbeitet: „... weil viele Jugendliche kommen und denken, jetzt mache ich hier noch ein Jahr so etwas wie BVJ oder sonst was. Die haben schon ganz viele Sachen durchlaufen mit dem Ergebnis Null. Und erst mal ihnen wirklich klar zu machen, dass es hier darum geht, zu sagen, du bist ausbildungsreif, wir vermitteln dich. Und wenn wir es nicht schaffen, dann eventuell noch das Arbeitsamt in eine BaE. Und wenn es dann immer noch nicht funktioniert, gucken wir weiter. Also so eine Perspektive aufzuzeigen ..." (E16/158).

Die Bildungsbegleiterin ist sich durchaus bewusst, dass es eine sehr große Bedeutung hat, wenn sie am Ende der Maßnahme einschätzen und attestieren muss, ob der Jugendliche die Ausbildungsreife erreicht hat oder nicht. Davon hängen nämlich die weiteren Vermittlungschancen und der weiterer beruflicher Entwicklungsweg ab. Die erfolgreiche Vermittlung ist ihr zentrales Erfolgskriterium (E16/124, 136).

Bemerkenswert an dieser Fallstudie ist die gelingende Trennung von Bildungsbegleitung und sozialpädagogischer Arbeit. Außer Frage steht, dass sich auch die Bildungsbegleiterin um einen guten Kontakt zu den Jugendlichen bemüht, dass sie Jugendliche auch mal in Werkstätten und anderen Räumen besucht und eine generelle Erreichbarkeit sicherstellen will. Aber der Arbeitsbereich der sozialpädagogischen Fachkräfte wird – ohne eine rigide Abgrenzung in den Gesprächssituationen mit den Jugendlichen – ausdrücklich respektiert und mit einer erheblichen Bedeutung verstehen. Darin liegt eine Selbstbeschränkung des eigenen Handlungs- und Zuständigkeitsbereichs, vielleicht auch eine (freiwillige) Begrenzung der Beziehung zu den Jugendlichen, neben der eine sozialpädagogische Fachkraft die Chance hat, ein eigenes Vertrauensverhältnis zu den zu betreuenden Jugendlichen aufzubauen und auf dieser Basis gute sozialpädagogische Arbeit zu leisten.

An dieser Stelle sollen die beiden Modelle der Kooperation von Bildungsbegleitung und Sozialpädagogik – das kooperative und das arbeitsteilige Modell – keineswegs gegeneinander abgewogen werden. Sicher ist aber, dass halbherzige Kooperationen oder halbherzige Arbeitsteilungen große Unklarheiten nach sich ziehen können, in denen die Funktionsfähigkeit der Förderung nach dem Neuen Fachkonzept in erheblichem Maße gefährdet ist. Völlig unakzeptabel ist ein Vorgehen, bei dem die Bildungsbegleitung ihre Autonomie überzieht, sozialpädagogische Fachkräfte instrumentalisiert und damit unbedacht das sozialpädagogische Handlungsfeld stark demontiert.

11.3.5 Aspekte der trägerübergreifende Arbeit der Bildungsbegleitungen

Bei der Auswertung der Interviews wird auch deutlich, dass nicht alle Bildungsbegleiter – wie vom Konzept vorgeschlagen – trägerübergreifend arbeiten, d. h. sie sind lediglich für die Jugendlichen in den Qualifizierungsangeboten der eigenen Einrichtung zuständig.[466] Einige der Bildungsbegleiter arbeiten für einen Träger, aber für unterschiedliche Niederlassungen bzw. arbeiten von einem aus der Einrichtung ausgegliederten Standort aus, was auf die Struktur der Einrichtung zurückzuführen ist.[467] Lediglich bei zwei Bildungsbegleitern deutet sich an, dass sie trägerübergreifend für ein Trägerkonsortium arbeiten[468], bei anderen Gesprächspartnern ist die Situation nicht eindeutig zu erschließen. Speziell im Hinblick auf die trägerübergreifende Funktion der Bildungsbegleiter wird deutlich, dass die Einrichtungen hier noch in klaren Maßnahmedimensionen denken und arbeiten. Damit entsteht das Problem an der Stelle, wo Bildungsbegleiter für einen bestimmten Träger arbeiten. Es ist zu vermuten, dass aufgrund dieser Arbeitsstruktur auch nur die Qualifizierungsangebote des jeweiligen Trägers dem Jugendlichen zugänglich gemacht werden, was zu einer deutlichen Einengung des Spektrums der beruflichen Angebote und zu einer problematischen Steuerung der Eignungsfeststellung führen kann. Aus diesem Grund war ursprünglich konzeptionell vorgesehen, dass die Bildungsbegleitung trägerextern angeboten ist. Dies ist wohl lediglich bei einem der von der Untersuchung betrachteten Träger der Fall gewesen (E22/187).

Die Probleme einer trägerübergreifenden Bildungsbegleitung entstehen vermutlich aus der Sicht heraus, dass eine Bildungsbegleitung nicht im Interesse und im Auftrag eines fremden Trägers tätig sein kann, der mit eigenen Formularen oder sogar einer anderen Förderphilosophie arbeitet. Von daher deutet dieses Problem vielmehr auf ein institutionelles Problem hin, was infolge unzureichender Vernetzungsstrukturen innerhalb von Bietergemeinschaften oder Trägerkonsortien existiert. Ein Interviewpartner beschreibt die Frage der trägerübergreifenden Bildungsbegleitung mit den Worten:

> „Das war Ziel, aber das haben wir irgendwie versicherungstechnisch dann nie hinbekommen, dass eben-, also wir haben es versucht, dass eben Jugendliche, die bei uns raus sind und zu einem anderen Träger gewechselt sind, dass ich die behalte, das war das Ziel. Aber das ließ sich dann ungünstig machen, weil wir bei dem neuen Moment, wo wir bei dem neuen Bildungsträger waren, konnte ich ja dann im Sinne des neuen Bildungsträgers dort nicht neue Praktikumsverträge machen. Und da gab es einfach vom Versicherungstechnischen her Schwierigkeiten." (E12/75)

Andererseits werden hier auch pädagogische Gründe aufgeführt. So ist es wohl sehr aufwendig und pädagogisch bedenklich, Jugendliche während einer Qualifizierungsphase an ein neues Trägerumfeld zu gewöhnen.[469]

---

466 E24/142
467 E06/88; E22
468 E14/88; E22/178-179
469 vgl. E12/75, 77

11.3.6 Persönliche Anforderungen an Bildungsbegleiter

Es wurde bereits darauf hingewiesen, dass das NFK keine persönlichen Voraussetzungen für Bildungsbegleiter vorgibt, sondern lediglich einen Qualitätsanspruch formuliert (Bundesagentur für Arbeit 2004, S. 28). Anders ist dies in den Empfehlungen von INBAS, die ein sehr umfassendes Kompetenzprofil von Bildungsbegleitern beschreiben. Auch bei den Akteuren selbst ergibt sich ein solches, jedoch deutlich einfacheres Kompetenzprofil. Von den Akteuren wird die pädagogische Handlungsfähigkeit als Voraussetzung benannt, wobei hier die Fähigkeit zum menschlichen Umgang mit den zu Fördernden, Freundlichkeit oder Menschenkenntnis im Vordergrund[470] stehen, was offenbar typisch ist für pädagogische Berufe:

> „Was muss er mitbringen? Also ich denke, was auf jeden Fall wichtig ist, dass er schon ein Sinn für die Arbeit mit Menschen hat. Also ich habe hier in dem Jahr schon erlebt, dass wir einige Mitarbeiter hier hatten, … ,die einfach zum Beispiel den Unterricht über die einzelne Teilnehmer gestellt haben oder die Teilnehmer einfach als doof hingestellt haben, sage ich jetzt so einfach mal. Dass da nicht auf den einzelnen Teilnehmer eingegangen wird und einfach nicht auf die Defizite oder auch auf die Stärken eingegangen wird, sondern dass einfach: ‚So, wie ich das sage, wird es gemacht und wenn du das nicht schaffst, dann bist du selber daran schuld.'" (E14/102–104)

Im letzten Teil der Aussage kommt eine individuelle Schuldzuweisung für Benachteiligung zum Ausdruck, wie sie gegenwärtig in Benachteiligtenförderung verbreitet ist. So wird Benachteiligung als unmittelbare Folge individuellen Versagens des Jugendlichen dargestellt, dessen Konsequenz die Einmündung in die Förderung ist. In dem letzten Zitat entsteht der Eindruck, dass diese defizitäre Sicht auf die zu Fördernden nicht nur auf administrativer, wirtschaftlicher und politischer Ebene zu finden ist, sondern offenbar auch bei Pädagogen in der Förderung.

In den Beschreibungen der Akteure wird weiterhin der Aspekt der Kooperationsfähigkeit als eine Voraussetzung für Bildungsbegleiter benannt. So wird hier in erster Linie auf die Fähigkeit verwiesen, sowohl mit Betrieben als auch dem Auftraggeber, der BA, zusammenarbeiten zu können.[471] Auch hierbei beruht offenbar sehr viel auf Empathie, persönlichen Kontakten und Erfahrungen:

> „Also ich weiß schon, inzwischen – ich kenne meinen Arbeitsberater, der für mich zuständig ist, schon seit einem Jahr, und ich weiß ganz genau inzwischen, das möchte er weniger gerne hören. Dann brauche ich ihn gar nicht anrufen oder das möchte er gerne. Also dass man wirklich auch so ein Gefühl hat für die Arbeitsagentur, ganz klar." (E14/106)

Dieser Sichtweise liegt die Vermutung darüber zu Grunde, was die Anforderungen und Erwartungen der Mitarbeiter der Agentur für Arbeit sind. Darin kommen auch Erwartungen der Arbeitsvermittler und der Berufsberater gegenüber den pädagogischen Fachkräften zum Ausdruck. Die Bildungsbegleiter übersetzen diese Erwartungen in konkrete Vorgehensweise und einen bestimmten Umgang mit der Agentur für Arbeit. Die Fähigkeit, diese Transferleistung erbringen zu können, wird hier offenbar als persönliche Anforderung an Bildungsbegleiter verallgemeinert.

---

470 vgl. E02/172; E06/137; E14/106
471 vgl. E03/157; E06/137; E14/106

Ähnlich geschieht dies für den Umgang mit Betrieben. Vor allem hier wird formuliert, dass der Bildungsbegleiter über eine gewisse Kommunikationsfähigkeit und ein gewisses Taktgefühl verfügen muss, er muss „Außenkontakte pflegen wollen und auch raus wollen" (E03/157). Andererseits muss ein Bildungsbegleiter ebenso dazu in der Lage sein, Konflikte mit Betrieben durchzustehen (E06/137). Es wird deutlich, dass den Kontakten nach außen durch die Bildungsbegleiter offenbar verstärkt Aufmerksamkeit geschenkt wird. In der Arbeit mit externen Kooperationspartnern wird ein zentraler Arbeitsschwerpunkt von Bildungsbegleitern gesehen.

Mehrfach wird von Bildungsbegleiterinnen und -begleitern betont, dass es vorteilhaft wäre, wenn für ihre Funktion Sozial- oder Diplom-Pädagogen eingesetzt würden, weil es trotz der Trennung zwischen Bildungsbegleitung und Sozialpädagogik erforderlich sei, dass sie manche kleineren sozialpädagogischen Probleme mit erledigen müssten (E12/90; E12/107).[472] Hier wird noch einmal das gesamte Spannungsfeld der Arbeitsteilung deutlich. Einerseits ist das Risiko des „Hineinregierens" in den sozialpädagogischen Arbeitsbereich sehr groß, andererseits ist aber auch eine gute Arbeitsteilung und Allokation der sozialpädagogischen Handlungsressourcen nur möglich, wenn die Bildungsbegleitungen die sozialpädagogischen Arbeitsweisen und Leistungen gut kennen und entsprechend im Qualifizierungsplan verankern können.

Als weitere persönliche Voraussetzung für die Arbeit in der Einrichtung wird stellenweise auch die Fähigkeit benannt, Kollegen zu instruieren und im Team dezent eine Führungsrolle zu übernehmen (E08/127). Darin kommt wiederum die Perspektive zum Ausdruck, dass andere Akteure wohl eher als Dienstleister für den Bildungsbegleiter gesehen werden, statt als gleichberechtigte Akteure mit einer eigenen professionellen Autonomie im Förderprozess.

11.4 Veränderungen und Problemlagen aus der Sicht der sozialpädagogischen Fachkräfte

Mit der Einführung des Neuen Fachkonzepts ist die Position des Bildungsbegleiters verbunden. Dieser Vorgang hat Auswirkungen auf die Aufgaben und Funktionen der sozialpädagogischen Fachkräfte. In den älteren Erlassen der Bundesanstalt für Arbeit zur Berufsvorbereitung, zur außerbetrieblichen Berufsausbildung und zu den ausbildungsbegleitenden Hilfen waren umfangreiche Vorgaben zur sozialpädagogischen Betreuung enthalten. Das Neue Fachkonzept verzichtet auf derartige umfangreiche Regelungen. Allerdings haben die Sozialpädagogen eine Reihe von Aufgaben an die Bildungsbegleiter abgeben müssen. Die Eignungsanalyse zu Beginn der Maßnahme und der daraus zu entwickelnde Qualifizierungsplan liegen primär in den Händen der Bildungsbegleiter, der sozialpädagogische Förderplan muss nicht mehr erstellt werden, die Dokumentationsarbeit, die Außenkontakte, die Betriebskontakte und die Praktikumsbetreuung, die Sanktionsmaßnahmen und die Vermittlungsaktivitäten liegen ebenfalls nicht mehr im Aufgabenbereich der Sozialpädagogen. Einerseits sind das deutliche Arbeitserleichterungen, insbesondere

---

472 Dieses Denken ist verbreitet, es gibt aber auch die entgegengesetzte Position. Eine Antwort auf die Frage, was Bildungsbegleiter können müssen: „Mir fällt als erstes pädagogisches Verständnis (ein), aber das will ich gar nicht, das habe ich gar nicht, das ist auch gar nicht wichtig, glaube ich" (E06/137).

wenn es um die Dokumentationsarbeit geht, andererseits dürfen einige traditionelle Aufgabenfelder von den Sozialpädagogen nicht mehr wahrgenommen werden. Das ist teilweise als Einschränkung und als Autonomieverlust wahrgenommen worden (E11/39). Zugleich sind viele Kontaktanlässe zur sozialpädagogischen Betreuung in die Hände des Bildungsbegleiters übergegangen. Das hat bei den sozialpädagogischen Fachkräften unterschiedliche Wirkungen hervorgebracht.

Ein ganz zentraler Faktor ist das Verhältnis, das sich zwischen Bildungsbegleitern und sozialpädagogischen Fachkräften herausgebildet hat. Hier gibt es – allerdings seltener – ein eher hierarchisches, aber ebenso auch ein kollegial-kooperatives Modell. Das hierarchische Modell enthält viele Punkte, die für die Sozialpädagogen eigentlich völlig unakzeptabel sind. Hier arbeiten sie auf Anforderung der Bildungsbegleiter und nehmen eine „Feuerwehrfunktion"[473] wahr, d. h. sie müssen intervenieren, wenn sozialpädagogisch zu bewältigende Problemlagen auftreten. In solchen Strukturen tritt auch die Bedeutung der Teamarbeit zurück. „... der Sozialpädagoge (ist) zwar eingebunden ... in dieses Team, aber insoweit etwas außen vor, weil, er bekommt jetzt direkt die Einsatzaufträge von den Bildungsbegleitern. Die Bildungsbegleiter, die ja unmittelbar mit den Jugendlichen die jeweiligen Pläne entwickeln, die gehen dann dazu über, wenn dann Störungen auftreten, sich an den Sozialpädagogen zu wenden, und der wird dann tätig, immer fallbezogen" (E01/81). Diese Arbeit am „Einzelfall" tritt in den Vordergrund (E04/37, ähnl.: E19/135; E05/166), und „... der Sozialpädagoge (wird) geschickt, wenn es nötig ist" (E02/14). Damit sind seine Funktion und seine Position definiert:

> „Also der Sozialpädagoge, der hat nichts mit der Entwicklung von beruflichen Perspektiven zu tun. Seine Aufgabe besteht darin, Hemmnisse, die der Entwicklung von beruflichen Perspektiven hinderlich sind, zu beseitigen. ... Also ich finde, der Aufgabenbereich der Sozialpädagogen hat dadurch sehr an Qualität verloren. Also es ist eher wie so eine Hiwi-Position[474], würde ich das mal so formulieren." (002/154, 156)

Deutlicher kann die Einschätzung einer Inferiorisierung der Sozialpädagogik gegenüber der Bildungsbegleitung kaum zum Ausdruck gebracht werden. Diese Inferiorisierung verbindet sich auch mit den beiden unterschiedlichen Zielsystemen, mit denen Bildungsbegleiter und Sozialpädagogen arbeiten. Dass für die Bildungsbegleiter der berufliche Integrationserfolg im Vordergrund steht, ist bereits dargestellt worden. Für die sozialpädagogischen Fachkräfte sind dagegen unverändert die üblichen sozialpädagogischen Zielsetzungen von besonderer Bedeutung. Es geht ihnen um persönliche Entwicklung und Selbstständigkeit (E04/69; E05/88), um Stabilisierung (E01/87; E19/101) und um Lebensbewältigung (E11/55; E17/81). Das kann Ausbildungsfähigkeit mit einschließen (E13/83; E19/101; E20/129), ist aber keinesfalls darauf begrenzt. Die sozialpädagogischen Fachkräfte befürchten, dass diese sozialpädagogischen Ziele zukünftig an Bedeutung verlieren und ihre Arbeitsmöglichkeiten eingeschränkt werden.

Es ist zu vermuten, dass auch die sozialpädagogischen Gruppenarbeiten in diesem hierarchischen Verständnis nicht erforderlich sind.[475] Sicher ist aber, dass hier die Möglich-

---

473 „Das ist dann dieser berühmte Feuerwehreinsatz, wo das Haus dann schon lichterloh brennt und dann holt man den (Sozialpädagogen) dazu und der kann dann versuchen noch irgendwie zu löschen. Das geht in der Regel in die Hose." (01/128).
474 Hiwi: Hilfswilliger, umgangssprachlich für: Hilfskraft.
475 Abweichend E11/41: „Also die Gruppenaktivitäten, die finden natürlich trotzdem statt."

keiten zum Aufbau von vertrauensvollen Beziehungen erschwert werden: „Es war also nach dem alten Konzept überhaupt möglich, eine tragfähige Beziehung aufzubauen, eine Vertrauensbeziehung zu den Jugendlichen. Das ist nach dem neuen Konzept so gut wie unmöglich" (E01/12).[476] Darin liegen sehr bedenkliche Einschränkungen des sozialpädagogischen Handlungspotentials.[477]

Solche Limitierungen der sozialpädagogischen Arbeit werden teilweise der Arbeitsweise der Bildungsbegleiter (hier „Fallmanager" genannt), teilweise auch dem Konzept selbst zugeschrieben:

> „Bei den Mitarbeitern, die Fallmanager sind, da kann es passieren, dass man da einen ganz kleinen Stellenwert hat und man dann in die Arbeit gar nicht mit aufgenommen wird. Der Fallmanager arbeitet munter vor sich hin und man selber hat zwar am Anfang einen Teilnehmer zugewiesen bekommen, aber man lernt ihn gar nicht kennen, weil er, wenn er im Praktikum ist, das ist ja auch das Neue im neuen Fachkonzept, wird er auch nicht vom Sozialpädagogen betreut, es sei denn, dass der Fallmanager sagt, du hör mal, da im Praktikum, da läuft das nicht rund, kannst du da mal gucken, ich habe das nicht herausbekommen, kannst du mal gucken, was da ist. Das ist auch wieder so etwas Gravierendes, was sich auch geändert hat." (005/166)

Sozialpädagogische Arbeit nur auf Anforderung, als Krisenintervention und ohne besondere vertrauensbildende Kontaktanlässe und Gruppenarbeitsformen ist eine Besorgnis erregende Vorstellung für Sozialpädagoginnen und -pädagogen. Damit geht die Befürchtung einher, dass die sozialpädagogische Arbeit insgesamt stark an Bedeutung verlieren könnte:

> „Der Bildungsbegleiter, der macht die berufliche Orientierung, die Eingliederung in das Praktikum, Ausbildungsplatzsuche, Bewerbungsmappen erstellen und so weiter. Der macht eigentlich diesen ganzen Komplex, und als Sozialpädagoge macht man eigentlich nur noch einen kleinen Teil. Ich will nicht sagen, dass der Teil unwichtig ist. Das jetzt so nicht. Aber an diesem ganzen Geschehen ist man eigentlich nur an einem ganz kleinen Teil beteiligt. ... Mein kleiner Teil ist eigentlich nur dann, wenn irgendetwas kriselt und wenn der Fallmanager meint, da ist eine Krise." (005/168, 170)[478]

Die hier angesprochene Arbeitsteilung zwischen Bildungsbegleitung und Sozialpädagogik schlägt sich auch in den Organisationsformen nieder. „Wir (hatten in den letzten Jahren) immer eine ganz wunderbare Teamarbeit gehabt", aber das hat sich geändert. „Diese Teams gibt es nicht mehr, seit Januar. Das macht die Arbeit so schwierig. Wir sind nicht gleichberechtigt. Ich würde das so sagen, der Fallmanager, hat das zu sagen und zu leiten und er setzt ja auch nur im Bedarfsfall den Sozialpädagogen ein" (005/84, 180). Insgesamt

---

476 Dabei wird von dieser sozialpädagogischen Fachkraft gerade die Beziehungsarbeit als besonders wichtig eingeschätzt: „... häufig sind beide Elternteile berufstätig, oder sehr viele Scheidungen spielen eine Rolle. Das heißt für den Jugendlichen, wechselnde Bezugspersonen. Gerade in diesem Rahmen erlebe ich immer wieder bei den Jugendlichen und immer verstärkter, dass die Jugendlichen enorme Schwierigkeiten haben, überhaupt Bindungen einzugehen. Und das ist natürlich nach dem neuen Konzept, meiner Meinung nach, erst recht verheerend." (E01/134).

477 Anzumerken ist, dass eine sozialpädagogische Fachkraft beschreibt, dass die Gruppenbildung jetzt mehr in der berufspraktischen Arbeit der Jugendlichen erfolgt und von den Ausbildern gesteuert wird (E04/147).

478 Der hier zitierte Sozialpädagoge betont, dass es bei ihm „Gott sei Dank" anders sei, aber es gäbe Fälle, bei denen Bildungsbegleiter und Sozialpädagogen an verschiedenen Orten säßen und nur schlecht zusammenarbeiten können.

verwundert es nicht, dass die etwas ältere und erfahrene Diplom-Pädagogin, die hier zu Wort kommt, sich die alten Arbeitsformen zurück wünscht und von dem Neuen Fachkonzept und seinen Auswirkungen enttäuscht ist.

Der Regelfall ist dieses hierarchische Modell jedoch durchaus nicht. Häufiger berichten die sozialpädagogischen Fachkräfte von einer ausgesprochen guten, teamförmigen Kooperation[479] und von fachlicher, organisatorischer und oft auch räumlicher Nähe zu den Bildungsbegleitern. Sie werden als sozialpädagogische Kolleginnen oder Kollegen angesehen, die besondere Aufgabenschwerpunkte bewältigen müssen und die für Einiges in besonderer Weise zuständig sind – und sie sind wegen mancher Dokumentations-, Organisations- und Schreibarbeiten nicht zu beneiden.[480] Deshalb sollte diese Kollegengruppe in vielerlei Hinsicht sozialpädagogisch unterstützt werden. Das ist möglich, wenn in Teams kooperiert und alle Planungs- und Organisationsarbeiten koordiniert werden:

> „Es finden immer wieder Aussprachen statt, oder Rückfragen statt, wo ich dann gefragt werde: ‚Hältst du den Jugendlichen schon für reif, dass der ein Praktikum macht?' Wir machen auch einmal die Woche eine Kleinteamsitzung, wo immer wieder geguckt wird, was könnte der nächste Schritt für den konkreten Jugendlichen sein. Also (in) unserer Kleinteamsitzung pro Woche ... (da) wird ... jeder einzelne Jugendliche durchgesprochen, das heißt, wir haben praktisch den Quali-Plan daneben liegen und dann heißt es, in der Praxis ist der nächste Schritt dieser, im Sozialverhalten ist der nächste Schritt der und im schulischen Bereich ist der nächste Schritt der. Und das heißt, dass immer wieder gekuckt wird, wo ist der nächste Schritt. Und das ist eine Sache, die ich sehr stark vernetze und kontrolliere und auch inszeniere, dass dieser Austausch immer stattfindet. Also den steuere ich sehr stark." (004/161)

Hervorzuheben ist, dass es sich hier wirklich um eine Sozialpädagogin handelt, die in diesem Zitat zu Wort kommt, und es verwundert nicht, dass sie von einer sehr guten Kooperation berichtet. Dabei übernimmt der Bildungsbegleiter die Kontakte nach außen, während sie die Steuerung im Innenbereich sicherstellt (E04/169). Solche Formen der Teamorientierung und der kollegial-kooperativen Arbeitsteilung werden häufiger beschrieben[481]:

> „Eigentlich waren wir alle ziemlich gleichwertig und haben alle zusammen hier angefangen und haben uns das alles hier zusammen aufgebaut. Einmal in der Woche hatten wir immer Teamsitzungen, und da sind sowohl sozialpädagogische Fachkräfte als auch Bildungsbegleiter dabei. ... Wir arbeiten sehr eng zusammen. Ich sitze hier auch im Büro neben einer sozialpädagogischen Fachkraft, und wir sind immer im regen Austausch über Teilnehmer, über Probleme. Hier ist schon ein sehr enges Verhältnis untereinander." (09/70, 173)

Sozialpädagogische Fachkräfte werden hier nicht „auf Abruf" eingesetzt, sondern an vielen Prozessen beteiligt, zum Beispiel an der Eignungsfeststellung und an der Qualifizierungsplanung in den unterschiedlichen Phasen der Berufsausbildungsvorbereitung. Hier zeigt sich – in der alltäglichen Praxis – ein ausgeglichenes Arbeits- und Vertrauensverhältnis zwischen Bildungsbegleitungen und sozialpädagogischen Fachkräften. Trotzdem werden die Bedenken gegenüber dem neuen Fachkonzept dadurch nicht grundsätzlich ausgeräumt (z. B. E20). Nach wie vor gibt es von Seiten der Sozialpädagogen Kritik an der Funktions-

---

479 E01/43; E04/61, 161; E07/135; E09/70; E113/57; E17/77; E20/103

480 „Ich würde mir eigentlich für den Bildungsbegleiter wünschen, dass er mehrere Sachen abgeben könnte." (007/144).

481 Berichte über gute Kooperation: E07; E09; E013/57; E17; E20/103

teilung, sie löse die ganzheitliche Betreuung auf (E09/192; E13/57-59) und führe zu künstlichen Trennungen von Betreuungsaufgaben (E05/152), sie schränke die Möglichkeiten zu präventiver Arbeit (E01/108) und zum Aufbau eines Vertrauensverhältnisses zu den Jugendlichen erheblich ein (E09/167). Hier liegt ein ganz zentraler Kritikpunkt am Neuen Fachkonzept:

> „Das alte Konzept fand ich wesentlich besser, qualitativ besser und für den Sozialpädagogen selbst, wesentlich befriedigender. Weil, ich finde eine Grundvoraussetzung für die Arbeit des Pädagogen ist die der Vertrauensbildung zum Jugendlichen, eine tragfähige Beziehung aufzubauen, weil erst dann besteht überhaupt die Möglichkeit, dass ein Pädagoge Einfluss nehmen kann. Wenn dieses Vertrauensverhältnis nicht wirklich eng ist, dann ist es ganz, ganz schwierig, auf den Jugendlichen Einfluss zu nehmen. Oder dass ein Jugendlicher überhaupt bereit ist, zuzuhören, abzuwägen und sich zu öffnen." (01/145)

Ein weiterer Kritikpunkt, der auch mit den Problemen des Beziehungsaufbaus in Zusammenhang steht, sind die großen Unterschiede zwischen den teilnehmenden Jugendlichen:

> „Dass ich es mit einer hoch differenten Gruppe zutun habe. Also bildungsmäßig, zum Beispiel, von der Sonderschule bis zum Fachoberschüler, und dass die typischen Lernbehinderten nicht die Zeit haben, oder mehr Zeit brauchen, und dass man sich nicht so verstärkt um die kümmern kann, wie sie es brauchen. Also die Lernbehinderten, die in der Gruppe sind, ... die haben doch auch ein ganz anderes Lerntempo und die Lernbehinderten verlangen mehr Beziehungsarbeit. Also die wollen Beziehung aufbauen und lernen über die Beziehung und (es) ist schwierig manchmal, dem so gerecht zu werden." (004/131; ähnl.: E07/129)

Wie sehr diese Funktionstrennung manchen sozialpädagogischen Fachkräften zu Schaffen macht, zeigt das folgende Zitat, das das Konzept selbst zwar durchaus positiv bewertet, aber die angesprochene Trennung unbedingt aufgehoben wissen will:

> „Das Konzept an sich finde ich gar nicht schlecht. Ich finde es wirklich gut, weil wir auch gute Erfolge damit erzielt haben. Ja, nur dieser eine Teil mit dem Bildungsbegleitern und Sozialpädagogen, den finde ich sehr schlecht. Und ich weiß, dass in manchen Standorten das auch strikt getrennt wird, was überall nur zu Problemen führt." (009/190)[482]

Diese Kritik scheint öfter durch: „Also auf alle Fälle die vielen Absprachen, dass man ja vor lauter Absprachen ja manchmal gar nicht mehr zur Arbeit kommt" (017/165). Absprachen sind eine Folge der Funktionstrennung, und für die sozialpädagogischen Fachkräfte ist der damit verbundene Autonomieverlust zum Teil nur schwer verschmerzbar:

> „Im Moment fühle ich mich so, als wenn ich mehr zuarbeite. Diese Eigenverantwortlichkeit und diese Selbstständigkeit ist mir genommen und das mag vielleicht auch ein bisschen was mit meinem Selbstwertgefühl zu tun haben…" (005/164)

Genau diese Trennung kann aber auch als Entlastung und als Befreiung von nicht-sozialpädagogischen Aufgaben interpretiert werden:

> „Also ich bin überrascht, wie sehr die Differenzierung zwischen Bildungsbegleiter und Sozialpädagogen –, diese Aufgabenteilung lässt mich auch effektiver arbeiten. Ich habe mehr Konzentration darauf eben, wie gesagt, diese Beziehungsarbeit zu leisten und Beratungsgespräche zu machen. Hat sich für mich, obwohl ich es mir anders vorgestellt habe, als viel positiver dargestellt." (004/135)

---

[482] Insbesondere zur Eignungsanalyse und zu den Qualifizierungsbausteinen gibt es positive Rückmeldungen (E17/229; E20/183).

Diese Einschätzung lässt sich keinesfalls generalisieren. Aber sie zeigt eine positive Perspektive auf die Entwicklungen, die durch das Neue Fachkonzept eingetreten sind. Auch wenn es sich hier um eine Einzelmeinung handelt, so wird daran doch deutlich, dass bei der Einschätzung der Praktikabilität des Neuen Fachkonzepts viele Faktoren zusammenwirken. Abzuweisen ist die Vorstellung, dass eine hierarchische Funktionsaufteilung zwischen Bildungsbegleitern und sozialpädagogischen Fachkräften zur Lösung der Differenzierungsprobleme einen konstruktiven Beitrag leisten kann. Sie nimmt den sozialpädagogischen Fachkräften die erforderlichen Handlungsspielräume, um im Rahmen professioneller Autonomie durch Beziehungsarbeit und Kommunikation erfolgreich zu arbeiten. Diese Spielräume bleiben dort gewahrt, wo die Bildungsbegleiterinnen und -begleiter mit den ihnen eigenen funktionalen Schwerpunktsetzungen

– entweder klare Abgrenzungen vornehmen, die den sozialpädagogischen Handlungsraum vor Eingriffen und Übergriffen bewahren,
– oder im Rahmen kollegial-kooperativer Arbeitsformen sowohl ihre eigenen Entscheidungen als auch die sozialpädagogischen Angebote und Interventionen miteinander koordinieren und kommunikativ abstimmen.

Dort, wo Bildungsbegleitungen selbst – häufig in guter Absicht und mit der subjektiven Überzeugung, hier aus berufsethischer Sicht völlig korrekt zu handeln – Teile der sozialpädagogischen Betreuung mit übernehmen, werden professionelle Autonomie, Berufsrolle und Handlungsfeld der Sozialpädagogen stark demontiert. Das ist ein aus sozialpädagogischer Sicht äußerst bedrohliches Szenario. In dem sich dann ergebenden Zwischenfeld des Gerangels um Kompetenzen, Autonomie und Weisungsbefugnisse wird das Neue Fachkonzept an dieser Stelle nur scheitern können.

12. Sozialpädagogische Arbeit in Zahlen: Versuch einer Quantifizierung sozialpädagogischer Tätigkeiten

Eine zentrale Fragestellung der Untersuchung richtet sich auf die konkrete sozialpädagogische Arbeit in den Maßnahmen der Benachteiligtenförderung. Dazu sind in den Interviews entsprechende Fragen gestellt worden. Dass es hier auf den ersten Blick viele Gemeinsamkeiten gibt, ist bereits dargestellt worden. Die geschilderten Probleme, die Aufgabenstellungen und die Anforderungen sind ähnlich und vergleichbar. Trotzdem lassen sich Strukturen erkennen, die unterschiedliche Schwerpunktsetzungen zeigen. Sie variieren nach Maßnahmeformen, nach konkreten Schwerpunktsetzungen der einzelnen Fachkräfte, teilweise auch nach spezifischen regionalen Problemlagen. Diese Unterschiede und Schwerpunktsetzungen der sozialpädagogischen Fachkräfte soll durch eine Quantifizierung des vorliegenden Datenmaterials erreicht werden. Der nun erfolgende Versuch einer quantitativen Auswertung zielt darauf, einen weiteren auswertenden Zugang zu eröffnen, bei dem die Grundfiguren der sozialpädagogischen Arbeit aufgrund ihrer inneren Struktur analysiert werden.

Grundsätzlich ist die Abgrenzung sozialpädagogischer Tätigkeiten keineswegs einfach. Zu vielfältig sind die Überschneidungen, zu wenig trennscharf die Unterscheidungsmerkmale. Das Kategoriensystem, das hier zur Analyse entwickelt worden ist, bezieht sich auf zwei zentrale Fragen in den Interviews und auf die Antworten der Probanden. Eine dieser Fragen zielt darauf, zu erfassen, was sozialpädagogische Fachkräfte in ihrem Arbeitsalltag wirklich tun. Dazu ist gefragt worden, wie ein „typischer Arbeitstag" und eine „typische Arbeitswoche" aussehen und welche Tätigkeiten darüber hinaus auch noch anfallen. Zwar hat sich in den Interviews gezeigt, dass die Erwartung eines „typischen" Arbeitstages eher unrealistisch ist – weil es eine solche „Typik" nur selten gibt – gleichwohl haben die sozialpädagogischen Fachkräfte an dieser Stelle beschrieben, was sie in ihrem Arbeitsalltag alles erledigen müssen. Darauf kam es bei dieser Frage an. Dass in dieser alltäglichen Realität weitaus mehr Tätigkeiten zu erledigen sind als nur die „eigentlichen sozialpädagogischen" Aufgaben, war zu erwarten. Um diese Differenz zu erfassen, ist auch gefragt worden: „Gibt es bei Ihnen spezielle, eigenständige sozialpädagogische Angebote?". Dabei ist im Interview darauf geachtet worden, dass hier sowohl die einzelfall- als auch die gruppenorientierten Angebote beachtet werden. Die Ergebnisse dieser Frage sind unter dem Stichwort „eigenständige sozialpädagogische Angebote" dargestellt (Abb. 1) und nach „einzelfallbezogenen" (Abb. 2) und „gruppenbezogenen" Tätigkeiten (Abb. 3) differenziert ausgewertet worden. Hier geht es immer um Tätigkeiten, die direkt auf die Jugendlichen bezogen sind. Sie sind eine Teilmenge jener Tätigkeiten, die insgesamt erledigt werden müssen und die an einem „typischen" Arbeitstag anfallen.

Darüber hinaus gibt es „weitere sozialpädagogische Tätigkeiten" (Abb. 4), die ebenfalls zum sozialpädagogischen Aufgabenspektrum und zum Arbeitsalltag gehören, insbesondere die Netzwerkarbeit, die Übergangsbetreuung und die Ausbildungsunterstützung. Hier soll untersucht werden, welche Arbeiten von den sozialpädagogischen Fachkräften übernommen werden, die nicht unmittelbar als „sozialpädagogische" wahrgenommen werden. Hier gibt es eine Vielzahl von Tätigkeiten, die für den Erfolg der Arbeit insgesamt durchaus bedeutungsvoll sind, wie zum Beispiel der große Bereich der Organisations- und Verwaltungsaufgaben, aber auch der Vernetzung mit anderen Lernorten und Institutionen.

Teilweise werden diese Arbeiten als Bestandteile einer guten Sozialpädagogik akzeptiert, teilweise aber auch als zusätzliche Belastungen empfunden und kritisch betrachtet. Ein systematischer Vergleich der Beschreibungen der Tätigkeitsschwerpunkte durch die einzelnen sozialpädagogischen Fachkräfte zeigt hier unterschiedliche Akzent- und Schwerpunktsetzungen.

Wenig hilfreich war indes die Frage nach der „Typik" eines Arbeitstages. Viele Sozialpädagogen betonen, dass es den typischen Arbeitstag nicht gibt.[483] Vielmehr wird deutlich, dass die sozialpädagogische Arbeit sehr stark durch spontane Anforderungslagen geprägt ist. Dennoch gibt es einige zentrale Tätigkeiten, die ihren festen zeitlichen Platz im Arbeitstag haben, wie z. B. Anwesenheitskontrollen, Stützunterricht und Förderplanarbeit. Um diese Tätigkeiten herum strukturiert sich offenbar der weitere sozialpädagogische Arbeitstag. Das folgende Kapitel nimmt diese Überlegungen auf. Es beschreibt die Struktur sozialpädagogischer Angebote auf der Grundlage dessen, was Sozialpädagogen als eigenständige sozialpädagogische Aufgaben beschreiben und was sie als weitere Tätigkeiten benennen.[484]

12.1 Tätigkeiten der Sozialpädagogen

Die sozialpädagogische Arbeit ist durch ein sehr vielseitiges Bild gekennzeichnet. Wesentliche Bestandteile dieses Bildes sind die Einzelfallarbeit, die gruppenbezogene Arbeit, die Übergangsbetreuung, die Lernortkooperation und die Verwaltungsarbeit. Diese Vielfalt soll anhand der folgenden Grafiken dargestellt werden (Abb. 1 bis 4). Dabei handelt es sich um die Quantifizierung der qualitativen Aussagen der Sozialpädagogen zu ihren „speziellen, eigenständigen sozialpädagogischen Angeboten", die sich aber auch in der alltäglichen Arbeit wiederfinden lassen. Deutlich wird, dass die Sozialpädagogen im Bereich der einzelfallbezogenen Arbeit mehr Aufgaben beschreiben als bei den gruppenbezogenen Aktivitäten. Zumindest werden diese Tätigkeiten deutlich stärker differenziert dargestellt, als das in den anderen Tätigkeitsbereichen der Fall ist. Allerdings lässt diese Differenzierung kei-

---

483 Von daher würde die Darstellung eines typischen Arbeitstages, wie es bspw. Hofmann, Brandtner und Gockel (2001, S. 7f.) getan haben, im Kontext der vorliegenden Untersuchung empirisch kaum zu fundieren sein.

484 Die Struktur des sozialpädagogischen Arbeitstages wird anhand einer Quantifizierung qualitativer Daten vorgenommen. Bei dieser Auswertungsform qualitativer Daten besteht das Risiko, dass die Ergebnisse lediglich darüber Auskunft geben, in welcher Reflexionstiefe Sozialpädagogen über ihre Arbeit Auskunft gegeben haben. Dennoch scheinen die sich deutlich abzeichnenden Tendenzen sehr nah an der Realität zu sein. Allein die Quantifizierung der qualitativen Daten gibt jedoch keinen Aufschluss über eine Schwerpunktsetzung der Sozialpädagogen im Bereich der Einzelfallarbeit oder der Gruppenarbeit. Aussagen lassen sich lediglich darüber treffen, in welchem der beiden Bereiche die meisten Methoden zum Einsatz kommen. Deutlich wird dies beispielsweise an Interview 107. Entsprechend der Quantifizierung würde der Sozialpädagoge seinen Arbeitsschwerpunkt eindeutig bei den einzelfallorientierten Tätigkeiten setzen. Im Interview betont er jedoch die große Bedeutung der Gruppenaktivitäten. Es kann auch nicht davon ausgegangen werden, dass Sozialpädagogen, die im Bereich der eigenständigen sozialpädagogischen Angebote im gruppenbezogenen Tätigkeitsbereich keine Aktivitäten benennen, diesbezüglich völlig untätig sind. Allerdings stellen sie in den Interviews solche Aktivitäten nicht explizit vor. Deshalb muss davon ausgegangen werden, dass die Relevanz des jeweiligen Tätigkeitsbereiches für die sozialpädagogische Fachkraft eher gering ist.

ne Aussage über die Relevanz der einzelnen Aufgabenbereiche im Arbeitsalltag der Sozialpädagogen zu. Es lässt lediglich den Schluss zu, dass das den sozialpädagogischen Fachkräften bewusst verfügbare Methodenrepertoire im Bereich der einzelfallbezogenen Aktivitäten größer ist. Dies ist möglicherweise aber auch ein Hinweis auf die Vielfältigkeit der Problemlagen und die Heterogenität der Zielgruppen, mit denen die Pädagogen bezogen auf den Einzelfall umgehen müssen. Folglich müssen hier die Vorgehensweisen stärker ausdifferenziert sein, als bei den gruppenbezogenen Aktivitäten der Fall ist.

Obwohl die Quantifizierung der Aussagen und Beschreibungen der Sozialpädagogen darauf hindeutet, dass die einzelfallbezogene Arbeit den größeren Anteil und die größte Vielfalt sozialpädagogischer Aktivitäten ausmacht (vgl. Abb. 2, 3 und 4), weisen die qualitativen Daten eher auf das Gegenteil hin. Dort stellen die Gruppenarbeit, die „Beziehungsarbeit" und die vielfältigen Aktivitäten zur Herstellung und Pflege einer sozialpädagogisch orientierten Maßnahmekultur die wichtigeren Ziele sozialpädagogischer Arbeit dar, zumindest wird ihnen in den Interviews ein höheres Gewicht beigemessen. Ein Sozialpädagoge bringt dies pointiert zur Sprache

> „Also, ich empfinde das schon so, dass diese ganze Arbeit außerhalb des Vermittelns von Unterrichtsstoff sozialpädagogische Arbeit ist. Ob ich das nun in der kleinen Gruppe hier mache, indem wir miteinander über den Film, den wir uns vor zwei Wochen gemeinsam angeschaut haben, sprechen oder ob wir einen Abend planen, an dem wir mit 10 oder 20 Personen kochen …, das ist Sozialpädagogik für mich. Es ist nicht Sozialpädagogik oder nicht nur Sozialpädagogik, wenn ich zu den Eltern den Kontakt aufnehme oder zum Ausbilder …" (057/67)

In der quantifizierenden Auswertung wird dieser zentrale Stellenwert der gruppenbezogenen Aktivitäten jedoch nicht deutlich. Hier wird ein ausgewogenes Verhältnis von gruppen- und einzelfallbezogener Arbeit sichtbar. Dies gilt insbesondere für den Bereich, den Sozialpädagogen als für sie besonders wichtigen, „eigenständigen sozialpädagogischen Arbeitsbereich" kennzeichnen (Abb. 1) und von anderen Aufgabenstellungen abgrenzen. Dieser „eigenständige sozialpädagogische Arbeitsbereich" wurde in den Interviews mit den sozialpädagogischen Fachkräften gezielt erfragt. In den Antworten wurde das bereits angesprochene, ausgeglichene Verhältnis von Gruppen- und Einzelfallarbeit deutlich. Die folgende Tabelle zeigt, dass beide Aktionsformen sehr gemischt und ausgewogen vorkommen.

Abb. 1: Bereiche eigenständiger sozialpädagogischer Tätigkeiten.

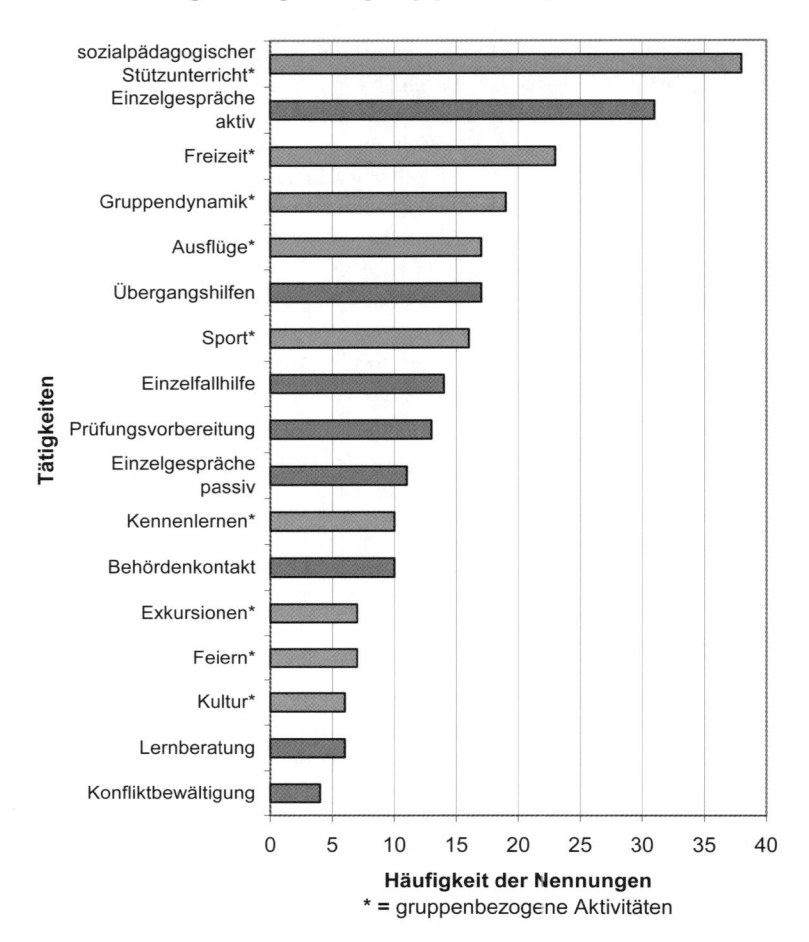

Tätigkeit	Häufigkeit der Nennungen
sozialpädagogischer Stützunterricht*	38
Einzelgespräche aktiv	31
Freizeit*	23
Gruppendynamik*	19
Ausflüge*	17
Übergangshilfen	17
Sport*	16
Einzelfallhilfe	14
Prüfungsvorbereitung	13
Einzelgespräche passiv	11
Kennenlernen*	10
Behördenkontakt	10
Exkursionen*	7
Feiern*	7
Kultur*	6
Lernberatung	6
Konfliktbewältigung	4

* = gruppenbezogene Aktivitäten

Bei der Darstellung der Einzelgesprächsangebote ist zwischen einer „aktiven" und einer „passiven" Form unterschieden worden. Damit soll auf zwei unterschiedliche Typen dieses sozialpädagogischen Angebotes hingewiesen werden. So trägt die Mehrzahl der Sozialpädagogen ihre Gesprächsangebote, z. B. bei persönlichen Problemen, aktiv an die Jugendlichen heran.[485] Diese Vorgehensweise kennzeichnet eine funktionalistisch orientierte Herangehensweise der Sozialpädagogen. Hier steht das Motiv im Vordergrund, die Probleme, die die Jugendlichen an der erfolgreichen Maßnahmeteilnahme hindern, zu bearbeiten und zu klären. Dieses Vorgehen entspricht dem sozialpädagogischen Selbstverständnis: Gerade dann, wenn die Gefahr besteht, dass individuelle Probleme den Maßnahmeverlauf beeinträchtigen, werden Gesprächsangebote initiativ an die Jugendlichen herangetragen. Neben diesem aktiv-initiierenden Zugang gibt es auch eine mehr unter-

---

485 vgl. Int. 001/32; 022/36; 026/43; 031/41; 032/29; 033/32; 035/48; 045/47; 050/45; 052/33

schwellige, passive Form."[486] Über viele Kontaktanlässe – zum Beispiel die Anwesenheitskontrolle oder den häufigen Aufenthalt in der Werkstatt bzw. im Lernbüro – wird den Jugendlichen signalisiert, dass sie den Sozialpädagogen jederzeit ansprechen können (060/90). Solche unterschiedlichen Kontaktanlässe werden bewusst genutzt, um Vertrauen aufzubauen und „sozialpädagogische Präsenz" deutlich werden zu lassen. Vereinzelt werden auch besondere „Sprechzeiten" angeboten (081/23), bei denen die „aktive" und „passive" Form der Gesprächsangebote vermischt sind. Denkbar ist aber auch, dass die Wahl der Gesprächsform von den Präferenzen des einzelnen Sozialpädagogen oder von den individuellen Problemlagen des Jugendlichen abhängig ist. So stellt die unterschwellige Gesprächsform auch eine behutsam-vertrauenschaffende und weniger aufdringliche Form der sozialpädagogischen Arbeit insgesamt dar. Der Jugendliche hat eher die Möglichkeit, sich zurückzuziehen. Dies gilt jedoch nur so lange, wie der Maßnahmeverlauf nicht gefährdet ist. In solchen Fällen ergreifen die sozialpädagogischen Fachkräfte die Initiative. Allerdings setzt die passive Gesprächsform voraus, dass ein gewisses Vertrauensverhältnis zwischen Sozialpädagogen und ihren Klienten bereits vorhanden ist, weil hier die Gesprächsinitiative von den Jugendlichen ausgeht.

Sehr viele Aktivitäten der sozialpädagogischen Fachkräfte weisen darauf hin, dass es ihnen besonders wichtig ist, eine vertrauensvolle Beziehung zu jedem einzelnen Jugendlichen aufzubauen.[487]

> „Es gibt keinen Schwerpunkt, wir machen alles. Also, gut, Kennenlernseminare ist natürlich eins der wichtigen Dinge, weil es am Anfang der Maßnahme ist und die Kids ja eigentlich von Anfang an Vertauen zu uns haben sollen. Und da ist es natürlich schon wichtig, dass die Maßnahmeteamleitung, die Mitarbeiter dabei sind, dass man da einfach schon mal eine Grundlage bildet." (025/100)

Diese Beziehung bildet demnach die Vertrauensgrundlage, auf der qualifizierte sozialpädagogische Arbeit erst stattfinden kann. Allerdings geht es nicht nur um die Beziehung zwischen dem Sozialpädagogen und den Jugendlichen. Wichtig ist auch, die Gruppenbildung und die Gruppenstruktur der Teilnehmer zu unterstützen. Dies ist besonders wichtig, wenn es um die Berufsausbildung in BaE geht, weil hier eine Lerngruppe über mehrere Jahre stabilen Bestand haben muss. In diesem Kontext lässt sich wohl auch die vergleichsweise häufige Nennung von gruppenbezogenen und gruppendynamischen Aktivitäten erklären.

---

486 vgl. Int. 006/83; 010/30; 015/29; 037/111; 047/35; 060/90; 062/78; 081/23; 102/43–44; 105/32; 107/51
487 vgl. auch Int. 008/63; 017/25 bis 27; 025/94; 057/67; 063/81; 068/57; 070/19; 085/143; 086/159; 102/135

Abb. 2: Differenzierte Darstellung der gruppenbezogenen Aktivitäten der Sozialpädagogen.

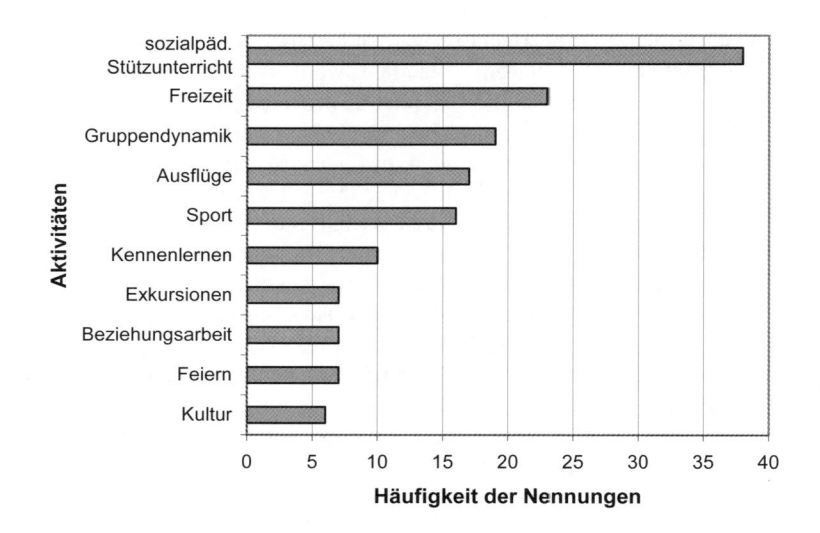

Die einzelnen Aktivitäten werden zwar im Folgenden noch etwas genauer betrachtet, dennoch soll zum besseren Verständnis der einzelnen Kategorien an dieser Stelle bereits auf einige Besonderheiten hingewiesen werden. Mit „sozialpädagogischem" Stützunterricht sind Unterrichtseinheiten oder Formen der Gruppenarbeit gemeint, die mit einer klaren sozialpädagogischen Intention angeboten werden. Hier stehen nicht die fachlichen, berufsbezogenen Inhalte im Vordergrund, sondern sozialpädagogische Themen, wie Sucht- und Drogen, Rechtsextremismus und Politik und viele Alltagsprobleme der Jugendlichen, wie der Umgang mit Geld und Schulden, der Kontakt zu Behörden, zum Beispiel das Ausfüllen von Formularen, oder Fragen der Sexualität. Auch die Steuerung gruppendynamischer Prozesse wird im Rahmen der sozialpädagogischen Gruppenarbeit angeleitet und geübt. Da die Sozialpädagogen aber häufig auch den beruflich-fachlichen Stützunterricht anbieten ist zu vermuten, dass dieser Unterrichtsrahmen wohl auch dazu genutzt wird, um einen vertrauensvollen Zugang zu den Jugendlichen zu finden und eine Beziehung aufzubauen.

Insbesondere die Gestaltung der sozialen Gruppenstruktur und -dynamik wird in den meisten der angesprochenen Gruppenaktivitäten als immanente, mit den Angeboten unmittelbar verbundene Zielstellung formuliert. Trotzdem ist unter dem Begriff „Gruppendynamik" in der Tabelle eine eigene Kategorie aufgeführt. Hier sind alle zusätzlichen Angebote und Gruppenaktivitäten zusammengefasst, die darauf zielen, die Gruppenstruktur der jeweiligen Teilnehmergruppe und die sozialen Kontakte insgesamt zu verbessern. Gemeint sind damit zum Beispiel gemeinsames Kochen, gemeinsames Frühstück oder Mittagessen.

Zur Förderung der gruppenbezogenen Struktur zählen auch Aktivitäten, die im Maßnahmekontext eine abgegrenzte und auch formal verankerte Position einnehmen, wie zum

Beispiel Ausbildungscoachings oder Einführungs- und Kennenlernwochen.[488] Aufgrund ihrer besonderen Bedeutung zu Beginn der Maßnahme, also, bei der Maßnahmeeinmündung, werden sie später unter dem Stichwort „Übergangsbetreuung" noch genauer betrachtet. Teilweise lässt sich die Kategorie der „Gruppendynamik" gegenüber anderen Kategorien schwer abgrenzen. So ist auch die Kategorie „Feiern" und „Rituale" sehr stark auf gruppendynamische Prozesse ausgerichtet. Andererseits wird deutlich, dass kleinere Feiern und Grillfeste eben auch dazu dienen, den Maßnahmealltag aufzulockern, symbolische Meilensteine im Maßnahmeverlauf zu setzen ("Bergfest", Jahresabschluss, Abschlussfeiern) oder auch dazu dienen, Jugendliche für bestimmte erbrachte Leistungen zu belohnen. Damit diese Aspekte in der weiteren Betrachtung der Untersuchungsergebnisse einen eigenen Stellenwert erhalten, wurden Grillnachmittage, Weihnachtsfeiern, Abschlussfeiern usw. in einer eigenen Kategorie zusammengefasst.[489] Ähnlich gilt dies für den Bereich der Beziehungsarbeit.[490] So hat sich gezeigt, dass die Beziehungsarbeit als Grundbestandteil sozialpädagogischer Arbeit in vielen Fällen ein der sozialpädagogischen Arbeit immanentes Grundanliegen ist. Dennoch haben einige Sozialpädagogen in den Interviews den Aufbau einer Beziehung zu den Jugendlichen als einen notwendigen Entwicklungsprozess gekennzeichnet, der auch einen gewissen Vertrauensvorschuss voraussetzt und „vertrauenbildende" Aktionen erfordert.

Der Bereich der erlebnispädagogischen Aktivitäten[491] wird nach drei Kategorien differenziert dargestellt: Freizeit, Ausflüge und Exkursionen. Mit Exkursionen sind insbesondere Betriebsbesichtigungen gemeint. Sie zielen inhaltlich auf die berufsfachliche Unterstützung, die arbeitsweltbezogene, praktische Ausrichtung der Maßnahme oder auf die Unterstützung der Berufswahl.[492] Ausflüge haben demgegenüber deutlich stärker eine erlebnis- und abenteuerpädagogische Orientierung. So geht es den Sozialpädagogen hierbei auch darum, die Jugendlichen für eine gewisse Zeit aus ihrer gewohnten Umgebung herauszuholen, ihnen neue Eindrücke zu vermitteln, oder aber auch darum, den Jugendlichen in einem anderen Kontext, außerhalb des Bildungsträgers, ein Stück näher zu kommen.[493] Ausflüge erstrecken sich im Gegensatz zu anderen Aktivitäten, die in der Kategorie „Freizeit" zusammengefasst sind, auf mehrere Tage. Bei der Durchführung von Freizeitaktivitäten geht es auch darum, den Jugendlichen verschiedene Möglichkeiten zur Freizeitgestaltung in der eigenen Umgebung aufzuzeigen. Aus diesem Grund wurden auch kulturelle Angebote (in der Kategorie „Kultur") als eigene Kategorie herausgearbeitet. Dort liegt der Schwerpunkt darin, den Jugendlichen die kulturellen Gegebenheiten der ei-

---

488 vgl. Int. 020/140; 026/116; 031/37; 032/41; 033/71;045/97; 047/35; 054/25; 057/67; 068/58; 078/96; 083/101; 098/77

489 Vgl. Int. 025/94; 039/102; 045/97; 054/156; 071/95; 084/73; 096/99. Die Kategorie „Beziehungsarbeit" ist in Abb. 3 nicht aufgeführt, weil sie als weitere Auswertungskategorie Aktivitäten zusammenfasst, die in dieser Abbildung noch nicht erfasst sind.

490 vgl. Int. 001/234; 032/106; 056/30; 060/90; 086/92; 070/23; 077/219

491 Der Begriff „Erlebnispädagogik" wird hier aus den Beschreibungen der sozialpädagogischen Fachkräfte übernommen, er enthält einen weiten Erlebnisbegriff und ist keinesfalls auf die heute übliche Outdoor-Erlebnispädagogik fixiert.

492 vgl. Int. 009/34; 011/98; 045/97; 054/156; 071/95; 083/101; 085/143

493 vgl. Int. 011/98; 017/25; 026/112; 038/17; 040/52; 039/102; 063/81; 078/50; 084/73; 086/159; 099/153

genen Region, bspw. Museen, Kino, Theater, landschaftliche und historische Besonderheiten, näher zu bringen.[494] Teilweise sind diese Aktivitäten nicht regional begrenzt, sondern werden im Rahmen von mehrtägigen Ausflügen durchgeführt. Durch die Planung und Durchführung aller dieser Aktivitäten soll bei den Jugendlichen auch die Mobilität in der eigenen Region, z. B. bei der Suche nach Lehrstellen, vergrößert werden (vgl. hierzu insb. 047/63).

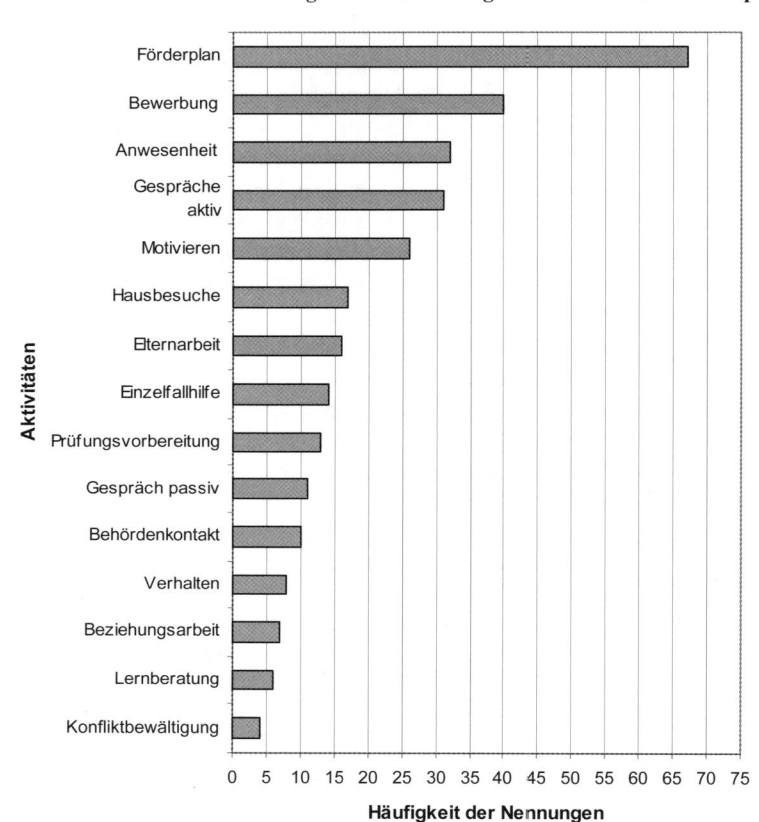

Abb. 3: Differenzierte Darstellung der einzelfallbezogenen Aktivitäten der Sozialpädagogen.

In der Betrachtung der einzelfallbezogenen Arbeit (Abb. 3) zeigte sich eine breite Streuung und Ausdifferenzierung der Tätigkeiten. Die Förderplanung, die Berufswahlunterstützung, die Bewerbungshilfen als Übergangsunterstützung sowie die unterschiedlichen Gesprächsangebote der Sozialpädagogen machen den größten Anteil in der sozialpädagogischen einzelfallbezogenen Arbeit aus. Werden „aktive" und „passive" Gesprächsangebote zusammengefasst, so zeigt sich hier der zweitgrößte Aktionsbereich.[495]

---

494 vgl. auch Int. 026/112; 039/102; 047/63; 078/50 – 55; 099/153; 103/61; 105/92
495 Als größter Aktionsbereich wird von den sozialpädagogischen Fachkräften die Förderplanarbeit benannt.

Auch an dieser Stelle muss auf einige Besonderheiten hingewiesen werden. Die Differenzierung zwischen aktiven und passiven Gesprächsangeboten ist oben bereits erläutert worden. Aus der Kategorie der „Einzelfallhilfen" sind einzelne Tätigkeiten herausgelöst worden, um eine differenziertere Darstellung zu ermöglichen. So stellt die Kategorie „Behördenkontakt" in diesem Sinne eine besondere Form der Einzelfallarbeit dar. Damit sind Kontakte gemeint, die sich explizit auf die Unterstützung des Einzelfalls beziehen. Hier geht es in erster Linie um die Unterstützung von Jugendlichen im Umgang mit Ämtern und Behörden, zum Beispiel bei der Antragstellung für Wohn- oder Kindergeld, für Berufsausbildungsbeihilfe und für andere Sozialleistungen.[496] Diese Tätigkeit wurde von der Kategorie der „Einzelfallhilfen" abgegrenzt, weil hierbei ein spezifischer Gegenstand der individuumbezogenen Unterstützung mehrfach von Sozialpädagogen benannt wurde. Die Kategorie der Einzelfallhilfe ist weiter gefasst. In diesem Tätigkeitsbereich kommt es zu einer Vermischung verschiedener Problemlagen, die aber von den Sozialpädagogen explizit als Gegenstand der Einzelfallhilfen benannt wurden. So geht es um psycho-soziale Problemlagen wie Drogen und Sucht, um Schulden, Beziehungsprobleme, Probleme in der Familie, Unterstützung bei der Kinderbetreuung u. a. Aus den gleichen Gründen erfolgt auch die Ausgrenzung des Bereichs der Konfliktbewältigung aus der Kategorie „Einzelfallhilfen". Bei der Konfliktbewältigung geht es um spezifische Beziehungsprobleme zwischen den Jugendlichen und ihren Eltern, den Ausbildern, Berufsschullehrern, Stützlehrern oder auch den Sozialpädagogen.

Die Kategorie „Anwesenheit" beinhaltet alle Aktivitäten, die in irgendeiner Form darauf abzielen, den Jugendlichen eine kontinuierliche Teilnahme an der Maßnahme zu ermöglichen bzw. sie im Fall von Fehlverhalten und unentschuldigten Fehlzeiten dazu zu bewegen. Weil es sich hier um ein „hartes", messbares Kriterium des Maßnahmeerfolges handelt (vgl. auch das folgenden Kapitel), wird der Sicherstellung der Anwesenheit eine sehr große Bedeutung zugemessen. Darüber hinaus werden die Punkte der regelmäßigen Maßnahmeteilnahme und des pünktlichen Erscheinens in den BvB-Maßnahmen als ein Kriterium für die zu fördernde Ausbildungsreife angesehen.[497]

Sowohl die kritische Durchsicht der vorliegenden Interviews als auch die Programmatik des Neuen Fachkonzepts für die Berufsvorbereitung lassen vermuten, dass die gruppenbezogenen Tätigkeiten gegenüber der Einzelfallbetreuung zurückgehen. Zu diskutieren ist, ob sich hier ein Paradigmenwechsel der sozialpädagogischen Arbeit in der Benachteiligtenförderung anbahnt. Die Folge wäre ein weiterer Rückgang der gruppenbezogenen Aktivitäten. Damit würde auch ein zentraler Ansatz der sozialpädagogischen Arbeit an Bedeutung verlieren. So wird von den Sozialpädagogen in den Interviews mehrfach betont, dass Freizeitaktivitäten oder erlebnispädagogische Angebote früher häufiger stattgefunden haben und dass die Organisation dieser Veranstaltungen jetzt zunehmend schwieriger wird. Dies bezieht sich zum einen auf die enger werdende finanzielle Situation der Träger, aber auch auf Veränderungen bei den Jugendlichen selbst. Mehrere Sozialpädagogen schildern den Eindruck, dass es schwieriger wird, Jugendliche für diese Angebote zu begeistern.[498]

---

496 vgl. Int. 015/29; 022//94; 031/43; 035/108; 038/90; 050/79; 051/65; 054/49; 083/30; 086/163
497 vgl. Int. 012/51; 061/102; 080/23
498 vgl. Int. 001/18; 015/25 und 87; 017/98; 024/65; 030/99; 056/44; 063/81

Als eine Ursache vermuten die sozialpädagogischen Fachkräfte, dass Freizeitaktivitäten außerhalb der regulären Ausbildungszeit stattfinden müssen und die Jugendlichen kaum mehr bereit sind, ihre Freizeit für die Teilnahme an diesen Gruppenangeboten zu investieren (056/44). Es zeichnet sich auch ab, dass dieses schwindende Interesse regional unterschiedlich ausgeprägt ist, weil sich die Jugendkulturen in den Regionen verschieden entwickeln. Möglicherweise deutet dies auch auf den Stellenwert der Maßnahmen für die Jugendlichen hin.

Hinzu kommt aber auch ein zunehmendes Begründungsproblem für diese sozialpädagogischen Angebote. So wird an mehreren Stellen in den Interviews deutlich, dass insbesondere freizeitpädagogische und kulturelle Angebote im jeweiligen Maßnahmekontext begründbar sein müssen, um ihre Refinanzierung durch die Agentur für Arbeit zu erreichen. So behalten offenbar manche sozialpädagogische Tätigkeiten ihren Stellenwert, andere büßen diesen ein. So ist es beispielsweise leichter, Exkursionen in Betriebe durchzuführen, um Jugendlichen die Arbeitswelt näher zu bringen. In diesem Kontext lässt sich wohl auch die herausragende Häufigkeit von „sozialpädagogischen Stützunterrichten" erklären. Damit sind an dieser Stelle nicht nur herkömmliche Unterrichtsformen gemeint, sondern auch Trainingsangebote (Kommunikation und Verhalten), Workshops oder Arbeitsgruppen. So stellen diese Unterrichts- oder Gruppenarbeitsformen den organisatorisch nahe liegenden Rahmen für sozialpädagogische Gruppenarbeit dar, zumal fast alle sozialpädagogischen Fachkräfte auch im Stützunterricht eingesetzt werden. In diesem Rahmen lassen sich auch sozialpädagogische und fachliche Ausbildungsinhalte ohne weiteres thematisieren und miteinander verknüpfen. Von daher lässt sich der Einsatz von Sozialpädagogen im Stützunterricht durchaus rechtfertigen. Möglicherweise sichern Sozialpädagogen hier auch einen Teil ihrer professionsbezogenen Autonomie. Der Stützunterricht wird zu einem Raum, in dem sie ungehindert und relativ autonom agieren können, ohne in Legitimationszwänge oder Erklärungsnotstände zu geraten. Folglich dienen Stützunterrichte, die von Sozialpädagogen durchgeführt werden, einerseits der Unterstützung des theoretischen Lernbereichs, andererseits der Durchführung sozialpädagogischer Gruppenarbeit. Aus diesem Grund werden in diesem Rahmen auch Inhalte wie Sucht, Geld, Rechtsextremismus und Fremdenfeindlichkeit oder Schulden thematisiert.[499]

In den Darstellungen der Abbildungen 2 und 3 sind aber noch nicht alle Tätigkeiten in ihrer jeweiligen Ausprägung erfasst. Es fehlen die unter der Kategorie „weitere sozialpädagogische Tätigkeiten" dargestellten Aufgabenbereiche, bei denen (1.) eine enge Verzahnung und Kooperation mit externen Partnern und eine entsprechende Netzwerkarbeit erfolgt; (2.) Tätigkeiten, die auf eine Unterstützung von Übergangsprozessen abzielen (Betriebseinmündung, Maßnahmeeintritt, Übergang in Ausbildung oder Beschäftigung) / Übergangsbetreuung und (3.) ausbildungsbezogene Tätigkeiten, die spezifisch auf die Unterstützung der theoretischen und praktischen Ausbildung abzielen (Ausbildungsunterstützung). Dass diese übergreifende Kategorie „weitere sozialpädagogische Tätigkeiten" eingeführt werden muss, hat zwei Gründe: Hier vermischen sich einzelfallorientierte und gruppenbezogene Arbeit, zum Beispiel bei Verwaltungsarbeiten oder bei Kontakten zu

---

[499] vgl. Int. 008/63; 010/76; 011/98; 012/97; 020/140; 025/94; 026/112; 039/100; 049/125; 050/77; 052/120; 085/143; 086/163; 087/56; 090/96; 096/99

Behörden.[500] In den Interviews wird deutlich, dass diese Tätigkeiten einen nicht unerheblichen Teil der sozialpädagogischen Arbeitskraft in Anspruch nehmen. Darüber hinaus gibt es noch einen weiteren Arbeitsbereich, den die sozialpädagogischen Fachkräfte definitiv nicht als „sozialpädagogisch" ansehen. Auf diese „sonstigen" Tätigkeiten wird später explizit eingegangen.

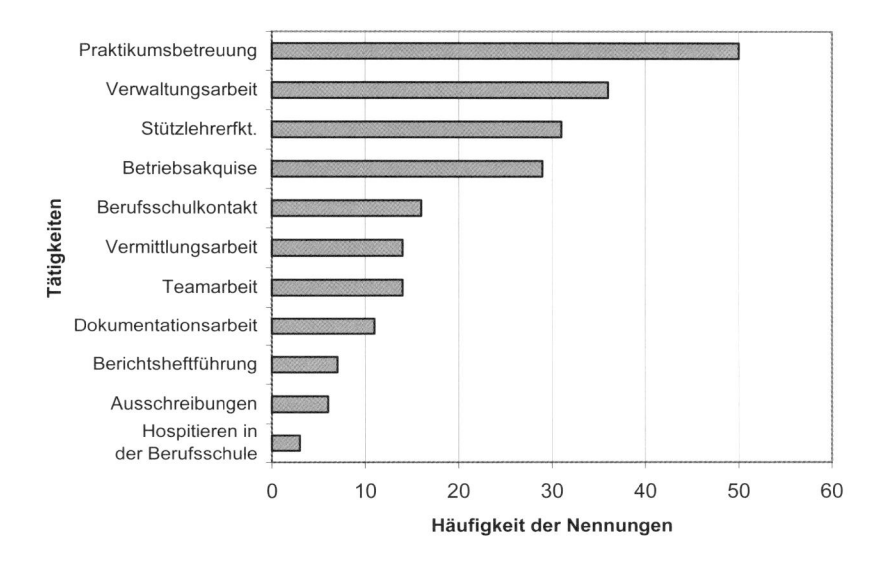

Abb. 4: Differenzierte Darstellung der „weiteren sozialpädagogischen Tätigkeiten" in den Bereichen Netzwerkarbeit, Übergangsbetreuung und Ausbildungsunterstützung.

Auch in diesen Tätigkeitsbereichen scheint eine Abgrenzung zu anderen Aufgabengebieten und Tätigkeiten schwierig. Unter dem Tätigkeitsbereich, der von den Sozialpädagogen als Dokumentationsarbeit gekennzeichnet wird, fällt beispielsweise auch die mit den Förderplänen verbundene Schreibarbeit und verschiedene nachweisbezogene Verwaltungsaufgaben.[501] Vor allem diese Tätigkeiten werden teilweise zwar nicht als Gegenstand originärer sozialpädagogischer Arbeit wahrgenommen, sie nehmen aber dennoch einen nicht unerheblichen Teil der Arbeitszeit in Anspruch, so dass die verbleibende Zeit für die Betreuung der Jugendlichen dadurch beschnitten werden kann. Fast alle befragten Fachkräfte betonen ausdrücklich, dass die „Schreibarbeiten" ganz erheblich zugenommen haben.

Auch das Führen von Anwesenheitslisten lässt sich dieser Kategorie zuordnen. So dienen Anwesenheitskontrollen nicht nur, wie oben geschildert, der Erzeugung von sozial-

---

500 Zum Teil wird von den sozialpädagogischen Fachkräften aber auch angezweifelt, ob diese Tätigkeiten insgesamt wirklich zu den sozialpädagogischen Tätigkeiten gehören oder ob sie vielmehr – wenigstens teilweise – einen zusätzlichen Aufgabenbereich darstellen. Es handelt sich hier um einen Grenzbereich.

501 vgl. Int. 010/36; 015/31; 020/55; 024/31; 050/45; 054/51; 069/39; 078/65; 083/30; 087/54; 088/51

pädagogischen Kontaktanlässen, sondern auch der Dokumentation der Anwesenheit und gegebenenfalls auch der Legitimierung von Sanktionen. Folglich sind sie auch eine Teil der Verwaltungsarbeit.[502] Ähnlich wie bei der Förderplanarbeit wird hier eine doppelte Perspektive deutlich: Einerseits geht es um ein sozialpädagogisches Instrument, andererseits um Verwaltungstätigkeiten. An dieser Stelle wird nicht nur erkennbar, dass sozialpädagogische Instrumentarien und Aktivitäten in verschiedenen Funktionszusammenhängen betrachtet und eingesetzt werden können. Es wird auch deutlich, dass verschiedene Instrumentarien und Aufgabenfelder aufgrund unterschiedlicher Sichtweisen der sozialpädagogischen Fachkräfte und der Sozialpädagogik eine unterschiedliche Bedeutung haben können.

12.2 Sozialpädagogische Tätigkeitsprofile

Bevor einzelne Tätigkeiten einer intensiveren Betrachtung unterzogen werden, erscheint es sinnvoll, den Versuch zu unternehmen, das Spektrum sozialpädagogischer Tätigkeiten in Bezug auf jeden einzelnen Sozialpädagogen darzustellen. Dies soll mit Tätigkeitsprofilen erfolgen. Die Profilbildung erfolgt auf der Grundlage der für die Abbildungen 3 bis 6 bereits vorgenommenen Quantifizierungen der von den sozialpädagogischen Fachkräften benannten spezifischen Tätigkeiten. Hier sollen diese Daten in Bezug auf den einzelnen Sozialpädagogen dargestellt werden. Aus der Zusammensetzung und dem Umfang der benannten Tätigkeiten lassen sich entsprechende Tätigkeitsprofile herausarbeiten. Diese Tätigkeitsprofile sollen anhand der folgenden beiden Gegensatzpaare dargestellt werden:
– Bereich der eigenständigen sozialpädagogischen Tätigkeiten: einzelfallbezogene Tätigkeiten / gruppenbezogene Tätigkeiten (Abb. 5)
– Eigenständige sozialpädagogische Tätigkeiten / sonstige Tätigkeiten von Sozialpädagogen (Abb. 6)
– Eigenständige und sonstige Tätigkeiten / weitere, nicht sozialpädagogische Tätigkeiten (Abb. 7).

Im ersten Schritt wird der Frage nachgegangen, ob sich anhand einer Profilbildung auf der Grundlage „eigenständiger sozialpädagogischer Angebote" Besonderheiten im Gegensatzpaar „einzelfallbezogen/gruppenbezogen" zeigen (Abb. 5). Die Profilbildung stellt damit eine Differenzierung der eigenständigen sozialpädagogischen Tätigkeiten für jeden einzelnen interviewten Sozialpädagogen dar.

Im zweiten Schritt wird gefragt, wie sich diese Profile unter Einbeziehung aller wahrgenommenen sozialpädagogischen Tätigkeiten verändern. Hier geht es um die einzelfall- und gruppenbezogenen Angebote auf der einen und die „sonstigen sozialpädagogischen Tätigkeiten" auf der anderen Seite. Es ist anzunehmen, dass sich die Profile einander annähern, wenn alle Tätigkeiten, die die sozialpädagogischen Fachkräfte ausführen, einbezogen werden. Das ist nicht verwunderlich, weil viele Fachkräfte – im Überblick betrachtet – viele ähnliche Aufgaben wahrnehmen, z. B. den Stützunterricht, die Verwaltungsarbeit, die Behördenkontakte, die Förderplanarbeit, die Praktikumsbetreuung. Hier handelt es sich um Tätigkeiten, die ihnen formal abverlangt werden und die für den Erfolg und den reibungslosen Ablauf einer Maßnahme unbedingt erforderlich sind. Aus

---

502 vgl Int. 011/76; 020/207; 052/35; 054/51; 057/51; 069/39; 083/34; 086/76; 098/87; 100/44; 108/28

diesem Grund ist anzunehmen, dass sich Sozialpädagogen nur in einigen Tätigkeitsfeldern deutlich voneinander abgrenzen. Das ist insbesondere der Bereich der eigenständigen sozialpädagogischen Tätigkeiten (vgl. Abb. 1, 2 und 3). Hier gibt es offensichtlich sozialpädagogische Gestaltungsspielräume, die unterschiedlich wahrgenommen werden können und die besonders in den Schwerpunkten der einzelfallbezogenen und der gruppenbezogenen Arbeit zu unterschiedlichen Tätigkeitsprofilen führen.

Durch die differenzierte Beschreibung der Tätigkeiten und deren Zuordnung in die verschiedenen Kategorien und Tätigkeitsbereiche lassen sich die Schwerpunkte, die Sozialpädagogen in ihren Darstellungen setzen, sehr klar erkennen. Die Profile, die auf der Grundlage der von den Sozialpädagogen beschriebenen Tätigkeiten erstellt werden, geben also, (1.) Auskunft über die Anzahl der wahrgenommenen Tätigkeiten anhand der oben erfolgten Kategorisierung. Des Weiteren geben sie (2.) Auskunft über die Tätigkeitsbereiche, in denen die Profil- und Schwerpunktbildung einzelner Sozialpädagogen erfolgt. So bedeutet Profilbildung an dieser Stelle nichts anderes, als zu erkunden, auf welchen Tätigkeitsbereich Sozialpädagogen ihr Hauptaugenmerk richten: auf den Bereich der Einzelfallarbeit, der Gruppenarbeit, der Übergangsbetreuung oder der Verwaltungsarbeit. Die Profile, die in diesen Tätigkeitsbereichen entstehen, lassen sich auch anhand von Einzelfallbeschreibungen darstellen. Aufgrund der Vielzahl von interviewten Sozialpädagogen werden nur Fälle beschrieben, die besonders hervortreten.

Es wurde bereits darauf verwiesen, dass die hier erfolgte Differenzierung und Zuordnung der Tätigkeiten, die auf den Aussagen der Sozialpädagogen beruht, Aussagen darüber zulässt, in welchen Funktions- und Sinnzusammenhängen Sozialpädagogen ihre Tätigkeiten ausüben. Vor diesem Hintergrund ließ sich die Förderplanarbeit bspw. einmal dem Bereich der einzelfallbezogenen Arbeiten zuordnen, zum anderen aber auch dem Bereich der Verwaltungs- und Dokumentationsarbeit. Ähnliches gilt für Anwesenheitskontrollen. Darauf ist bereits eingegangen worden. Anhand einer sozialpädagogischen Profilbildung auf der Grundlage der Interviewaussagen lässt sich möglicherweise ablesen, in welche funktionalen und institutionellen Zusammenhänge sich die Sozialpädagogen stärker eingebunden sehen: In eine eigenständige, sozialpädagogisch arbeitende Institution oder eine Institution, die stärker den externen Anforderungen der Arbeitsverwaltung unterliegt.

12.3 Profilbildung aufgrund eigenständiger sozialpädagogischer Angebote

In der grafischen Profildarstellung (Abb. 5) fällt auf, dass bei einem Fall (005) kein Profil im Bereich eigenständiger sozialpädagogischer Tätigkeiten zu finden ist. Dabei handelt es sich um eine Bildungskoordinatorin, die zum Zeitpunkt der Untersuchung in einer Modellregion der „Neuen Förderstruktur" mit dem Interviewleitfaden für Sozialpädagogen befragt wurde. Aufgrund dessen, dass ihre Aufgaben stärker im Bereich der Maßnahmebegleitung und Koordination zu finden sind, lassen sich keine ihrer Tätigkeiten im Bereich eigenständiger sozialpädagogischer Angebote zuordnen. So betont sie, dass der Kontakt zu den Jugendlichen sehr eingeschränkt ist und nur punktuell, z. B. bei Anhörungen in der Berufsberatung der Agentur für Arbeit, stattfindet. Dies wird sogar als Abgrenzungskriterium zu den Sozialpädagogen benannt (005/12). So begrenzt sich ihr Kontakt zu den Jugendlichen auf die Zeit der Kompetenzfeststellung und auf sporadische, einzelfallbezogene Kontakte,

z. B. bei Kriseninterventionen, die gemeinsam mit dem Sozialpädagogen stattfindet. Diese Kriseninterventionen beziehen sich jedoch weniger auf den Bereich psycho-sozialer Problemlagen, vielmehr auf kurzfristige berufliche Umorientierungen, die u. U. sogar zu einem Maßnahmeabbruch führen können. Ihr professionelles Profil entsteht offenbar dort, wo es um die Koordination der engen Zusammenarbeit von Ausbildern und Sozialpädagogen geht. Von daher stellt sie eine Schnittstelle zwischen den verschiedenen pädagogischen Fachkräften dar. So geht es ihr um die Optimierung von Kommunikationsprozessen und pädagogischen Handlungsformen in einem Netzwerk, hier in der „Neuen Förderstruktur". Die Vernetzungsaktivitäten und Netzwerkarbeit wurden jedoch nicht als eine eigenständige sozialpädagogische Angebotsform gekennzeichnet.

Bei der Clusterung der Tätigkeitsprofile werden fünf Cluster deutlich, denen Sozialpädagogen und ihre Tätigkeitsprofile zugeordnet werden können:
– Cluster 1: Dazu gehören Sozialpädagogen, deren Tätigkeitsprofil ausschließlich oder hauptsächlich im Bereich einzelfallbezogener Tätigkeiten liegt.[503]
– Cluster 2: Sozialpädagogen, deren Tätigkeitsprofil ausgewogen erscheint, allerdings mit einer stärkeren Orientierung auf einzelfallbezogene Arbeit.[504]
– Cluster 3: Sozialpädagogen, in deren Tätigkeitsprofil ein Gleichgewicht zwischen einzelfallbezogenen und gruppenbezogenen Tätigkeiten besteht.[505]
– Cluster 4: Sozialpädagogen, deren Tätigkeitsprofil ausgewogen erscheint, allerdings mit einer stärkeren Orientierung auf Gruppenarbeit.[506]
– Cluster 5: Sozialpädagogen, deren Tätigkeitsprofil ausschließlich oder hauptsächlich Gruppenarbeit beinhaltet.[507]

Abbildung 5 zeigt, dass es Sozialpädagogen gibt, deren sozialpädagogische Tätigkeiten schwerpunktmäßig auf die einzelfallbezogene Arbeit abzielen. Die Vermutung, dass die Sozialpädagogen in diesem Bereich keine Gruppenaktivitäten durchführen, ist unter Berücksichtigung der qualitativen Daten nicht zutreffend. Gesprächspartnerin 001 formulierte beispielsweise, dass sie Freizeitaktivitäten zwar unternehme, dass diese aber im Vergleich zu früher an Bedeutung verloren haben und weniger geworden sind. Dies hat hauptsächlich finanzielle Gründe (001/16–20). Manche der Sozialpädagogen sprechen Gruppen- und Freizeitaktivitäten zwar an, formulieren aber, dass diese kaum Bedeutung für die Arbeit mit den Jugendlichen haben. Grund dafür ist das geringe Interesse der Jugendlichen an diesen Angeboten, so dass nur ein Teil der Jugendlichen erreicht werden könnte. Vor diesem Hintergrund gewinnen Einzelfallarbeiten an Bedeutung. Nach Einschätzung mancher sozialpädagogischen Fachkräfte hat das auch damit zu tun, dass die Jugendlichen das sozialpädagogische Unterstützungsangebot eher diskret, ohne die Beteiligung anderer Teilnehmer in Anspruch nehmen wollen (072/108–113; 075/68–71).[508] Ähnliches gilt für den

---

503 Int. 001, 022, 029, 060, 069, 072, 074, 075, 088, 101, 108
504 Int. 015, 031, 032, 035, 049, 505, 051, 055, 081, 100, 102, 105, 107
505 Int. 002, 010, 012, 014, 030, 037, 056, 057, 063, 077, 083, 085, 086, 091, 099
506 Int. 006, 008, 017, 020, 024, 025, 026, 033, 038, 045, 047, 062, 070, 080, 084, 087, 090, 096, 103
507 Int. 009, 011, 038, 040, 059, 068, 071, 078, 098
508 Ein Sozialpädagoge, der zu der hier angesprochenen Gruppe gezählt werden kann, spricht Gruppenaktivitäten gar nicht an (060). Dies kann aber auch auf seine Fähigkeit zur Darstellung sozial-

Bereich der Gruppenarbeit in den Clustern 4 und 5. Auch hier ist anzunehmen, dass die Sozialpädagogen, die dort einzuordnen sind, ebenso einzelfallbezogene Tätigkeiten ausüben.

Abb. 5: Sozialpädagogische Profilbildung unter Berücksichtigung der als eigenständig gekenn-zeichneten sozialpädagogischen Tätigkeiten von Sozialpädagogen.

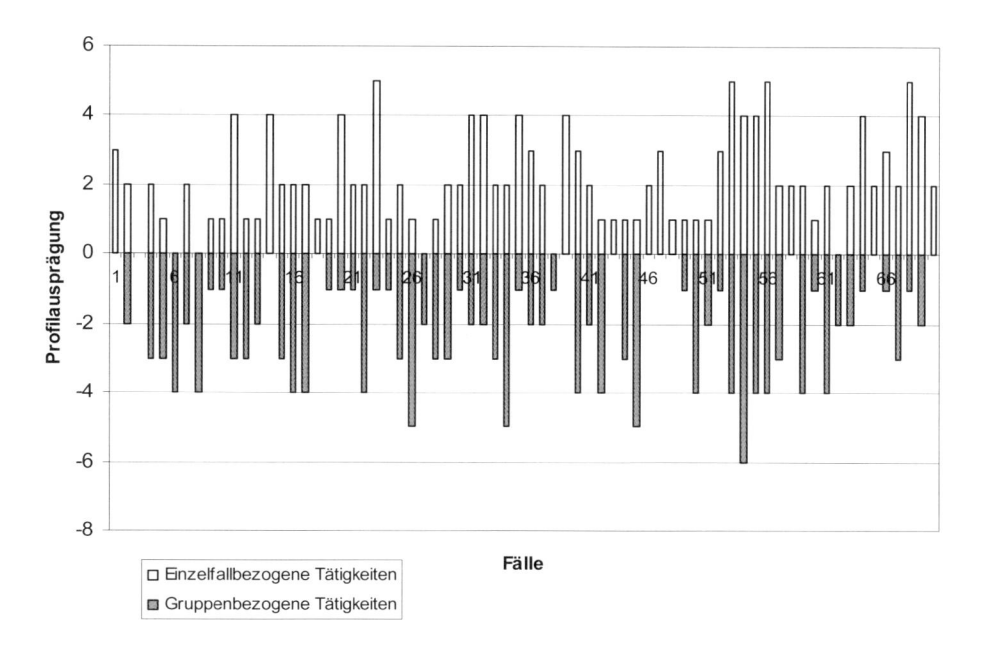

Neben den Betreuungswünschen der Jugendlichen gibt es aber auch organisatorische Gründe, aus denen der sozialpädagogische Arbeitsschwerpunkt im Bereich einzelfallbezogener Tätigkeiten liegt.[509] Diese sozialpädagogischen Fachkräfte arbeiten zum Teil in Maßnahmeformen, die durch eine starke betriebliche Orientierung gekennzeichnet sind. In diesen Maßnahmen erhalten die Jugendlichen ihre praktische Ausbildung nicht beim Träger, sondern von Anfang an in einem Betrieb. Dies betrifft sowohl BvB- als auch BaE-Maßnahmen (Int. 015, 031, 032, 035, 055, 075). Dieser Befund deutet darauf hin, dass die bevorzugte Form sozialpädagogischer Tätigkeiten auch stark von der Organisationsform der Maßnahme abhängig sein kann. Die Unterschiede werden damit jedoch noch nicht hinreichend erklärt. Weitere Faktoren liegen in den persönlichen Präferenzen und dem Selbstverständnis der sozialpädagogischen Fachkräfte, und nicht zuletzt auch in der Art, wie sie in die Maßnahme eingebunden sind. Auch berufsbiographische Einflüsse können sich hier geltend machen (Eckert 2000). So lassen sich hier auch Sozialpädagogen finden, die be-

---

pädagogischer Tätigkeiten zurückgeführt werden. So zählt dieser Sozialpädagoge auch zu denen, die kaum eigenständige sozialpädagogische Tätigkeiten benennen.

509 Gemeint sind Sozialpädagogen die sich Cluster 1 oder 2 zuordnen lassen.

reits in der Vergangenheit sehr stark einzelfallorientiert gearbeitet haben, z. B. in Beratungsstellen (069), in der Heimerziehung oder in anderen erzieherischen Hilfen (050). So gibt es auch einzelfallorientierte sozialpädagogische Fachkräfte, die sich teilweises als ein Elternersatz verstehen. Zumindest entsteht dieses Bild bei genauerer Betrachtung der sozialpädagogischen Aktivitäten (049, 060). Des Weiteren zeigte sich bei den Sozialpädagogen, die verstärkt einzelfallorientiert arbeiten, dass sie auch sehr stark in die Durchführung von Stützunterrichten eingebunden sind, die Lehrgangsleitung oder die Einrichtungsleitung[510] übernehmen oder als Bildungsbegleiter (Int. 072, 081) tätig sind. Dies deutet darauf hin, dass Einschränkungen, die aus der verstärkten Wahrnehmung anderer Aufgabengebiete resultieren, dadurch kompensiert werden, dass bestimmte gruppenbezogene Aktivitäten und sozialpädagogische Angebote eingeschränkt werden. Andererseits entsteht in diesen Fällen der Eindruck, dass die sozialpädagogischen Aufgaben ohnehin nur einen geringen Anteil im Arbeitstag einnehmen, das Hauptaugenmerk liegt auf der Wahrnehmung der anderen Aufgaben. Dennoch gehen diese Sozialpädagogen von einer guten Vereinbarkeit der verschiedenen Tätigkeitsbereiche aus. Ebenso kann knapp ein Drittel der Sozialpädagogen, die zum Zeitpunkt der Untersuchung in abH-Maßnahmen gearbeitet haben, zu denen gezählt werden, deren Arbeitsschwerpunkt bei den einzelfallbezogenen Aufgaben lag, also, im Cluster 1 und 2 (072, 100, 101, 108). Ihre Tätigkeiten zielen verstärkt auf die Lernunterstützung der Jugendlichen. Oft findet abH in Einzelunterrichten statt (056/24).[511]

Im Hinblick auf die Gruppenaktivitäten wurde bereits dargelegt, dass diese aus der Sicht einiger sozialpädagogischer Fachkräfte offenbar einen Tätigkeitsbereich darstellen, der mit sehr viel zusätzlicher Arbeit und mit Legitimationsproblemen verbunden ist, weil er auf den ersten Blick nicht unmittelbar die berufliche Qualifizierung fördert. Aus diesem Grund wird in Zeiten finanzieller Einschränkungen und großer Arbeitsbelastungen offenbar zuerst der Aufwand bei den Gruppenaktivitäten eingeschränkt. Dies gilt wohl auch für den Bereich, der in die eigentliche Freizeit der sozialpädagogischen Fachkräfte fällt, also, auch zusätzliches persönliches Engagement erfordert.[512] Vor diesem Hintergrund scheint auch die gegenwärtige Beschäftigungssituation der Sozialpädagogen Auswirkungen auf die Wahrnehmung dieses Tätigkeitsbereichs zu haben. Speziell eine Sozialpädagogin formulierte hier, dass sie aufgrund der Beschäftigungsunsicherheit nicht bereit ist, sich in dem Bereich zusätzlich zu engagieren (101/63). Aufgrund ihrer Erfahrungen geht sie davon aus,

---

510 Gemeint ist damit die Leitung von Außenstellen (Int. 050).

511 Dabei fallen zwei Sozialpädagoginnen dadurch auf, dass sie bisher nur wenig Erfahrung im Arbeitsbereich haben. Speziell in diesen beiden Fällen stellt sich die Frage, ob sich die starke Einzelfallorientierung darauf zurückführen lässt. Ähnlich wie bei anderen Sozialpädagogen im abH-Bereich, wird auch von diesen Sozialpädagoginnen die Lernunterstützung als sozialpädagogische Aufgabe betont (100/127; 101/26). Des weiteren werden insbesondere von einer der beiden Sozialpädagoginnen Übergangshilfen (Bewerbungstraining) als wichtiger Gegenstand sozialpädagogischer Arbeit gesehen (100/138). Bei der anderen Sozialpädagogin standen Beratungsgespräche zum Ausbildungsplatzwechsel oder zur Bewältigung von Prüfungsstress im Mittelpunkt ihrer Aktivitäten (101/3–5, 71). Sie formuliert auch den sehr hohen Anteil administrativer Aufgaben, wobei für sie auch die Anwesenheitskontrolle zu diesem Aufgabenbereich gehört.

512 Sozialpädagogen sprechen in diesem Kontext von Kegelabenden oder Ausflügen über ein Wochenende.

dass die von ihr geleistete zusätzliche Arbeit keinen Einfluss auf eine mögliche Weiterbeschäftigung beim Träger habe. Im Interview zeigt sie eine große Unzufriedenheit wegen der mangelnden Wertschätzung ihrer Arbeit und beklagt die geringe Beschäftigungssicherheit. Ihre Aufgaben konzentrieren sich zunehmend auf Verwaltungsarbeiten, bedingt durch Qualitätsmanagement und konzeptionelle Arbeit, so dass sie sich inzwischen vorkommt wie eine Sekretärin (101/44). Allerdings taucht die Schilderung des Eindrucks, die Verwaltungsaufgaben hätten in den vergangenen Jahren zugenommen, in den Beschreibungen fast aller Sozialpädagogen auf.

12.4 Profilbildung aufgrund aller erfassten sozialpädagogischen Tätigkeiten

Die begonnene sozialpädagogische Profilbildung lässt sich unter Einbeziehung aller sozialpädagogischen Tätigkeiten fortsetzen (vgl. Abb. 6). Dafür wird die gleiche Darstellungsform gewählt wie in Abb. 5. Im negativen Bereich der Diagramme lassen sich nun die „sonstigen" Tätigkeiten finden, die von den Sozialpädagogen z. T. als zusätzliche Aufgaben wahrgenommen oder sogar als Belastung empfunden werden (z. B. in Interview 101). Diesem Bereich werden die in Abbildung 4 dargestellten Tätigkeiten zugeordnet. Im oberen Bereich des Diagramms sind die Ergebnisse der Frage nach dem „typischen Arbeitstag" und der „typischen Arbeitswoche" aufgetragen. Sie umfassen auch die von den sozialpädagogischen Fachkräften angesprochenen „eigenständigen sozialpädagogischen Angebote" (siehe auch Abb. 1), die jedoch um andere, bislang noch nicht angesprochene Tätigkeiten, ergänzt wurden. Dazu zählen Tätigkeiten wie Vermittlungsarbeit, Förderplanarbeit, Elternarbeit, Hausbesuche, Teamarbeit oder die Tätigkeiten zur Abbruchprävention. Im negativen Bereich finden sich die „sonstigen Tätigkeiten" wieder (vgl. Abb. 4).

Abb. 6: Sozialpädagogische Profile unter Berücksichtigung aller sozialpädagogischen Tätigkeiten

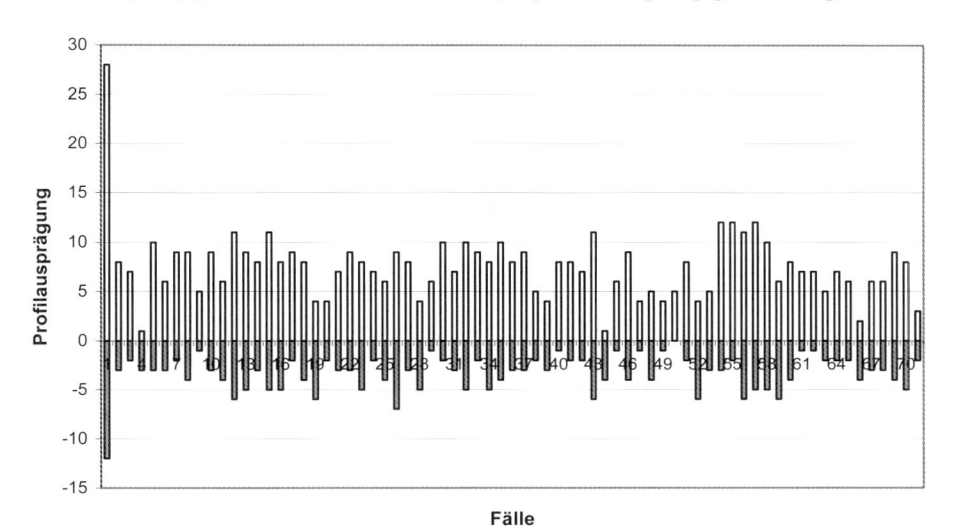

Im Vergleich mit Abbildung 5, die die Relation von einzelfall- und gruppenbezogenen Aktionsformen zeigt, entsteht hier (Abb. 6)[513] ein eher ausgewogenes Bild, bei dem es schwer fällt, Besonderheiten herauszustellen. Dies deutet darauf hin, dass sich die eingangs formulierte Vermutung, sozialpädagogische Tätigkeitsprofile nähern sich unter Einbeziehung aller sozialpädagogischen Tätigkeiten einander an, bestätigen lässt.[514] Auffällig ist, dass in einigen Fällen die „sonstigen Aufgaben" relativ umfangreich sind, manchmal sogar dominieren. Hier bildet sich ein für Bildungskoordinatoren typisches Profil heraus, bei dem die personenbezogenen sozialpädagogischen Tätigkeiten zurück- und die verwaltenden Tätigkeiten hervortreten. Für Fachkräfte, die in Leitungsfunktionen arbeiten, gilt diese Tendenz auch (029).

Es wird deutlich, dass die Aufgaben, die Sozialpädagogen bewältigen, unterschiedlich umfangreich sind. Auffallend ist, dass einige Probanden hier sehr stark ausgeprägte Profile zeigen und viele Tätigkeiten wahrnehmen. Regionale und alterstypische, vorbildungs- oder trägerspezifische Besonderheiten lassen sich in dieser Untersuchung jedoch nicht nachweisen. Die breite Streuung der Anzahl wahrgenommener Tätigkeiten zeigt sich im folgenden Diagramm.

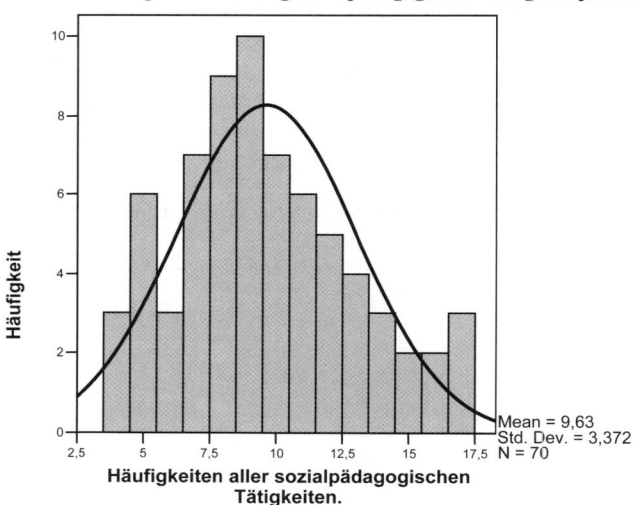

Abb. 7: Häufigkeitsverteilung sozialpädagogischer Tätigkeitsprofile.

---

513 Anmerkung: Datenpunkt 1 gilt als Referenz und stellt die maximal mögliche Ausprägung eines Profils dar. Da in keinem Fall ein Sozialpädagoge alle Tätigkeiten benannt hat, erreicht keines der sozialpädagogischen Tätigkeitsprofile diese Ausprägung.

514 Allerdings finden sich „Ausreißer", für die es aber besondere Gründe gibt. So zeigt zum Beispiel Interview 005 ein Profil, das auf die starke netzwerkorientierte und administrative Ausrichtung der Bildungskoordinatorin hindeutet. Auch in anderen Fällen, in denen die „sonstigen" Tätigkeiten besonders umfangreich sind, werden von den sozialpädagogischen Fachkräften besondere verwaltende oder leitende Tätigkeiten übernommen.

Die Gruppe der Sozialpädagogen, die neun Tätigkeiten beschreiben, ist am größten (Modus). Einige wenige Sozialpädagogen treten dadurch hervor, dass sie besonders viele Tätigkeiten wahrnehmen, dazu zählen die Sozialpädagogen, die 15 bis 17 Tätigkeiten benannt haben (015, 038, 068, 083, 084, 085, 086). Auffallend ist, dass die meisten dieser Sozialpädagogen in den Clustern 2, 3, und 4 zu finden sind, also, ein ausgewogenes Tätigkeitsprofil in den verschiedenen eigenständig sozialpädagogischen Tätigkeitsbereichen besitzen und sich dadurch ähnlich sind. Dies soll die Einzelfalldarstellung von Interview 015 noch einmal darstellen. In der zweiten Einzelfalldarstellung (Interview 068) treten etwas verstärkt gruppenbezogene Aktivitäten hervor.

Interview 015

Die Sozialpädagogin in Interview 015 betrachtet ihre Funktion als Vermittlerin, z. B. zwischen Berufsschule und Jugendlichen, sie gibt Lebenshilfe, berät in Krisen, unterstützt bei Behördengängen, unterbreitet Freizeitangebote und gestaltet den Ausbildungsalltag. Weiterhin bereitet sie Gruppenaktivitäten vor und führt diese durch. Vor allem in Bezug auf die Organisation und Durchführung von Freizeitaktivitäten oder andere eigenständige sozialpädagogische Angebote besteht ihrer Meinung nach das Problem der Finanzierung. Dieses Problem scheint in ihrem als groß beschriebenen Handlungsspielraum die Grenzen sozialpädagogischen Handelns festzulegen. Persönlich gerät die Pädagogin an ihre Grenzen, wenn es darum geht, die Jugendlichen für bestimmte Aktivitäten zu motivieren. So fällt es ihr wohl auch schwer, Jugendliche für sozialpädagogische Angebote außerhalb des regulären Maßnahmebetriebes zu gewinnen.

Alle ihre sozialpädagogischen Angebote orientieren sich an der Ausbildung. Sie müssen mit der Ausbildung abgestimmt werden, was mittlerweile recht gut gelingt. Früher gab es aufgrund dessen wohl Konflikte zwischen Ausbildern und der Sozialpädagogin. Ihre sozialpädagogische Arbeit fließt auch in ihren Stützunterricht ein. Sie beschreibt, dass der Unterricht auch von der Tagesverfassung der Jugendlichen abhängt. So kann es vorkommen, dass sie, anstatt Unterricht durchzuführen, eine „Kaffeerunde" veranstaltet, was sie auch dazu nutzt, einen Zugang zu den Problemen der Jugendlichen zu finden. Ebenso versucht sie über die praktische Ausbildung Kontakte zu den Jugendlichen aufzubauen. Hier versucht die Sozialpädagogin, vor allem durch ihre eigenen beruflichen Fähigkeiten als ehemalige Bauzeichnerin, die Jugendlichen zu beeindrucken. Sie ist bestrebt, durch Anerkennung ihrer beruflichen Leistungsfähigkeit die Ernsthaftigkeit ihres sozialpädagogischen Angebotes zu unterstreichen. Dennoch erachtet sie es für besonders wichtig, die Jugendlichen auch außerhalb des Ausbildungsalltages kennen zu lernen.

Förderplanarbeit stellt für sie ein wichtiges Instrumentarium dar, um Entwicklungen des Jugendlichen erkennen zu können oder um kleine Entwicklungsziele zu vereinbaren. Zudem vermittelt der Förderplan einen verbindlichen Eindruck gegenüber den Jugendlichen. Die Sozialpädagogin ist der Meinung, dass durch den Förderplan den Jugendlichen nichts aufgezwungen wird, sondern dass die Jugendlichen ihre Ziele vielmehr selbst festlegen. Das erzeugt eine gewisse Verbindlichkeit und Evaluierbarkeit der Zielerreichung.

Interview 068

Die Sozialpädagogin arbeitet in einer BaE-Maßnahme, die sich auf Migranten als besondere Zielgruppe spezialisiert hat und von daher Modellcharakter in der Region besitzt. So handelt es sich wohl hierbei auch um ein eigenständiges Projekt. Die einseitige Orientierung der Sozialpädagogin auf gruppenbezogene Aktivitäten wird lediglich im Bereich eigenständiger sozialpädagogischer Angebote deutlich. Hier betont sie vor allem Tätigkeiten, die zu Beginn der Maßnahme stattfinden und der Gruppenbildung dienen, also, eine besondere Beziehung zu den Jugendlichen und eine besondere Stimmung in der Ausbildungsmaßnahme erzeugen sollen (068/57–62). Diese Orientierung lässt sich auf die Besonderheit der Maßnahme – Orientierung auf Migranten – zurückführen. So ist es ein Ziel der Sozialpädagogin, die verschiedenen Kulturen durch spezifische Angebote zusammenzubringen, z. B. in der Form, dass zusammen gekocht wird (068/9). Allerdings zielen ihre Aktivitäten auch auf die Arbeit mit dem Einzelfall ab. So sollen die Jugendlichen mitbekommen, dass die Sozialpädagogin da ist und Anteil an der Entwicklung und an den Geschehnissen in der Maßnahme nimmt, positiv und negativ. Sozialpädagogik als „Feuerwehr" funktioniert in ihren Augen nicht, da erst eine Beziehung zu dem Jugendlichen aufgebaut werden muss (068/11).

Die Sozialpädagogin übernimmt wohl auch die Funktion der Maßnahmeleitung, wodurch sich ihr Profil hauptsächlich im Tätigkeitsbereich außerhalb der eigenständigen sozialpädagogischen Tätigkeiten bildet. So beinhaltet ihr Tätigkeitsprofil Verwaltungsarbeiten, Behördenkontakte – auch unter dem Aspekt der einzelfallbezogenen Arbeit –, aber auch Motivationsarbeit, Vermittlungsarbeit, Verhaltenstraining und Elternarbeit. Ebenso sind Praktikumsbetreuung und Betriebsakquise von Bedeutung, was sich vermutlich darauf zurückführen lässt, dass diese Maßnahme sehr stark betriebsorientiert durchgeführt wird.

Es fällt auf, dass alle Sozialpädagogen, deren Tätigkeitsprofil sehr stark ausgeprägt ist, zum Untersuchungszeitpunkt in BaE-Maßnahmen gearbeitet haben, aber auch weit reichende Erfahrungen aus BvB-Maßnahmen besitzen. Das deutet darauf hin, dass die Maßnahmeformen, in denen Sozialpädagogen arbeiten, einen Einfluss auf ihre Arbeit haben. Diesem Gedanken soll an anderer Stelle genauer nachgegangen werden.

12.5 Bestimmungsfaktoren sozialpädagogischer Tätigkeitsprofile

Nun ist die Frage zu stellen, welche Faktoren sozialpädagogische Tätigkeitsprofile beeinflussen. Als ein erster Bedingungsfaktor kann die Maßnahmeform gesehen werden, in der die Sozialpädagogen zum Untersuchungszeitpunkt gearbeitet haben.

12.5.1 Maßnahmeform

Bei näherer Betrachtung fällt auf, dass sich die Tätigkeitsprofile der Pädagogen in der außerbetrieblichen Berufsausbildung am weitesten streuen und dort auch die größte Ausprägung besitzen.[515] Die Box-Plots in Abbildung 8 stellen dies dar.

---

515 In BaE liegt der Median bei 10, was über dem Median von 9 der insgesamt untersuchten Fälle liegt (vgl. auch Abb. 7). In abH-Maßnahmen liegt dieser darunter, bei einem Median von 8. Auch liegt das untere Quartil im Box-Plot der abH-Maßnahme unter dem der anderen Maßnahmeformen.

Die Frage ist, worauf sich dies zurückführen lässt. Eine Vermutung ist, dass die verschiedenen Maßnahmekonzepte und die dort eingelassenen Maßnahmeziele ausschlaggebend dafür sind. So sind BvB-Maßnahmen sehr stark auf Vermittlung, Übergang, Integration und Bewerbung ausgerichtet. Von daher konzentrieren sich die Tätigkeiten der Sozialpädagogen in BvB auf weniger Tätigkeitsbereiche als dies bei Sozialpädagogen in BaE der Fall ist. Ähnliches gilt für abH. Dort konzentrieren sich die Tätigkeiten aufgrund der Maßnahmekonzeption möglicherweise stärker auf den theoretischen Lernbereich, die Prüfungsvorbereitung oder die Unterstützung der betrieblichen Ausbildung. Dies resultiert wohl auch aus der verbreiteten Vorstellung, abH sei in erster Linie als Nachhilfe zu verstehen (z. B. 030/11). In Anbetracht einer festgestellten stark zunehmenden rationalisierten Output-Orientierung der Maßnahmen besteht das Risiko, dass das sozialpädagogische Angebotsspektrum in allen Maßnahmeformen zunehmend eingeschränkt wird.

Abb. 8: Verteilung der Tätigkeitsprofile nach Maßnahmezugehörigkeit der Sozialpädagogen zum Untersuchungszeitpunkt.

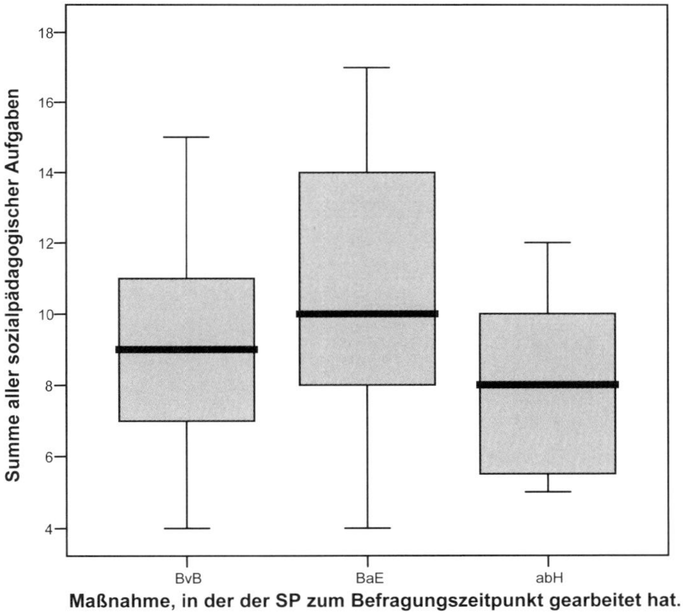

Aus den Konzeptionen der einzelnen Maßnahmen resultiert auch, dass sie jeweils eine unterschiedliche Dauer haben. Darüber hinaus verfügen die Sozialpädagogen in den Maßnahmen über unterschiedliche zeitliche Ressourcen, um mit den Jugendlichen in direktem Kontakt zu stehen. Das kann Auswirkungen auf die Tätigkeitsprofile haben. Am auffälligsten ist dies in abH. So wird abH für einzelne Jugendliche für unterschiedliche Zeiträume bewilligt. In den vorliegenden Interviews wird nicht eindeutig klar, wie lange die

---

Dies deutet darauf hin, dass die Tätigkeitsprofile von Sozialpädagogen in abH-Maßnahmen vergleichsweise eingeschränkter sind, d. h. sich auf einige wenige Tätigkeiten konzentrieren.

abH-Maßnahmen dauern, die Angaben bewegen sich in einem Zeitraum von einem halben bis zu einem Jahr. Manche Jugendliche haben die Option, diese Zeit zu verlängern. Gerade in abH scheint aber auch der Zeitpunkt der Bewilligung durch den Berufsberater eine Rolle zu spielen. So wird geschildert, dass abH für manche Jugendliche vor den anstehenden Zwischenprüfungen, in anderen Fällen erst vor den Abschlussprüfungen bewilligt wird (z. B. 039/21).[516] Von daher wird nicht nur der Maßnahmezeitraum begrenzt, sondern auch die inhaltliche Arbeit. Hier zielt abH, darauf ab, berufstheoretisches Lernen und die Prüfungsvorbereitung zu fördern.[517] In abH kommt noch hinzu, dass der Unterricht auch in Form von Einzelunterricht stattfindet. Folglich besitzen die Gruppenaktivitäten hier wahrscheinlich einen geringeren Stellenwert als in anderen Maßnahmen. Jedoch lässt sich diese Vermutung nicht eindeutig empirisch belegen (vgl. Abb. 9). Es zeichnet sich lediglich eine solche Tendenz ab.[518]

Abb. 9: Häufigkeit der Nennung gruppenbezogener Aktivitäten, nach Maßnahmezugehörigkeit der Sozialpädagogen zum Befragungszeitpunkt.

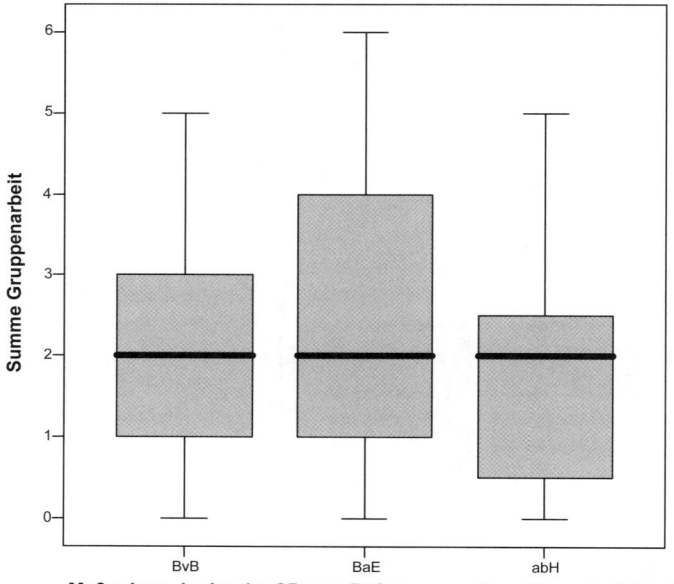

AbH-Maßnahmen sind ergänzende Angebote neben der regulären, dualen Berufsausbildung. Der Kontakt zu den Jugendlichen beschränkt sich demnach auf einige wenige

---

516 Es wird auch geschildert, dass sich Jugendliche wohl erst kurz vor den Zwischen- oder Abschlussprüfungen für eine Teilnahme an abH entscheiden (vgl. auch 024/50).
517 vgl. Int. 030/11 und 57; 039/49; 056/14; 057/126
518 Aufgrund der vergleichsweise niedrigeren oberen und unteren Quartile im Box-Plot der abH-Maßnahmen in Abb. 9, lässt sich die Tendenz vermuten, dass die Sozialpädagogen in abH-Maßnahmen weniger Gruppenarbeit machen als Sozialpädagogen in anderen Maßnahmeformen.

Stunden an einem oder zwei Tagen pro Woche. Insbesondere in abH ist es so, dass die sozialpädagogischen Angebote durch die betriebliche Einbindung des Jugendlichen beschränkt werden. Demzufolge besitzen die Sozialpädagogen in abH deutlich weniger Kontaktmöglichkeiten zu den Jugendlichen als ihre Kollegen in BvB oder BaE, in denen die Jugendlichen ständig präsent und sehr stark in die Ausbildungsprozesse eingebunden sind. Anders formuliert: Das Tätigkeitsprofil hängt von der Häufigkeit möglicher Kontaktanlässe zwischen Sozialpädagogen und Jugendlichen ab.

Zu fragen ist, ob es in BvB und BaE ähnliche beschränkende Faktoren gibt. In BvB-Maßnahmen umfasst der Maßnahmezeitraum gegenwärtig 10 Monate.[519] Zudem existiert hier eine starke Erfolgsorientierung, die auf Vermittlung in Arbeit oder Ausbildung abzielt. Von daher ist zu vermuten, dass das sozialpädagogische Angebotsspektrum zugunsten jener Tätigkeiten beschränkt wird, die unmittelbar zu der angestrebten Zielsetzung beitragen. Vordergründig geschieht dies offenbar im Tätigkeitsbereich der gruppenbezogenen Aktivitäten. Eine zusammenfassende Beschreibung zeigt sich in der Einschätzung einer Bildungskoordinatorin. Sie deutet auch auf die Grenzen der sozialpädagogischen Betreuung in diesem Maßnahmebereich, möglicherweise sogar in diesem Handlungsfeld, hin.

> „… (dass jetzt) … einfach geguckt wird, ja was ist jetzt wirklich sinnvoll, was ist wichtig und was ist notwendig und natürlich schon vor dem Hintergrund, auch wirklich zu gucken: was ist auch machbar innerhalb dieser Maßnahme. Ich sage mal, wenn jemand eine umfassende sozialpädagogische Hilfe benötigt und die bisher nicht hatte, dann ist es Ziel des Sozialpädagogen, dass er dann versuchen sollte, ein anderweitiges Hilfesystem mit den Jugendlichen zusammen aufzubauen. Weil er einfach im Rahmen unserer Maßnahme keine komplett begleitende sozialpädagogische Unterstützung geben kann. Er kann sicherlich bestimmte Dinge tun, bestimmte Hilfestellungen geben, sei es jetzt, was Bewerbungen anbelangt, oder sei es Krisenintervention, wenn es jetzt um hautnahe persönliche Sachen geht. Aber dauerhafte Dinge, die müssen einfach auf einem anderen Gebiet geklärt werden. Da dann eben in Zusammenarbeit mit dem Jugendamt zum Beispiel, da dann dort zu gucken, ob vielleicht Hilfe zur Erziehung möglich wäre oder notwendig ist, oder um eben zum Beispiel auch zu gucken, wenn der Jugendliche bereits Hilfe hat, dann dort klar definiert abzustecken, wo die Hilfe des Sozialpädagogen hier beginnt und wo die Hilfe auch endet. Weil das leider was ist, was oder wo ich in den letzten Jahren festgestellt habe, dass sich andere … Betreuer oder andere, die im Netzwerk einfach drin sind, dann auch gerne mal ein Stück raus nehmen, weil sie einfach der Meinung sind ‚Ach der ist dort da untergebracht, da gibt es einen Sozialpädagogen, der soll sich da mal kümmern.' Und das geht natürlich wie gesagt bloß in einem begrenzten Rahmen. Also, ein Sozialpädagoge hier kann nicht nachprüfen zum Beispiel, ob ein Jugendlicher nachmittags regelmäßig zu seinem Bewährungshelfer geht zum Beispiel. Das ist einfach nicht Aufgabe des Sozialpädagogen hier. Das ist sicherlich wichtig Zuarbeiten meinetwegen für die Bewährungshilfe zu leisten, ob er jetzt regelmäßig kommt, ob er Fehlzeiten hat, so was wollen die ja oft wissen. Das ist dann aber schon wieder was anderes. Sondern hier geht es wirklich darum, Dinge zu entwickeln, die wirklich mit der beruflichen Entwicklung auch zu tun haben. Natürlich werden da die privaten tangiert und sind auch Thema, aber eben nur in einem bestimmten Rahmen. Wobei auch der Sozialpädagoge dann einfach in Eigenverantwortung entscheiden muss, was kann ich jetzt leisten, was ist möglich auch auf Grund der Gruppensituation, die ich habe und was ist nicht möglich. So ist es sicherlich bei der einen Gruppe möglich, einem mehr Hilfe zukommen zu lassen, weil einfach vielleicht die anderen 11 ganz friedlich sind und eigentlich kaum Hilfe brauchen, dann kann ich natürlich dem einen, der Hilfe braucht, vielleicht was mehr zukommen lassen. Wenn ich

---

519 Während der Untersuchungszeit waren auch noch BvB-Maßnahmen mit längerer Laufzeit zu finden.

aber 12 Jugendliche habe, wovon 8 quasi stark Hilfebedürftig sind, dann muss ich einfach sehen, weil ich habe einfach nur eine begrenzte Arbeitszeit auch zur Verfügung." (005/26)

Ähnliche Tendenzen werden in BaE-Maßnahmen deutlich. Dort wird zunehmend mehr das Vermittlungsziel in eine betriebliche Ausbildung nach einem Jahr betont. Dies schränkt nicht nur den Förderzeitraum ein, sondern bewirkt auch, dass sich sozialpädagogische Aktivitäten auf eine „Vermittlungsfähigkeit" in Ausbildungsbetriebe, auf Bewerbungsaktivitäten des Jugendlichen und auf das Einleiten und Begleiten von Übergangsprozessen in Betriebe konzentrieren.[520]

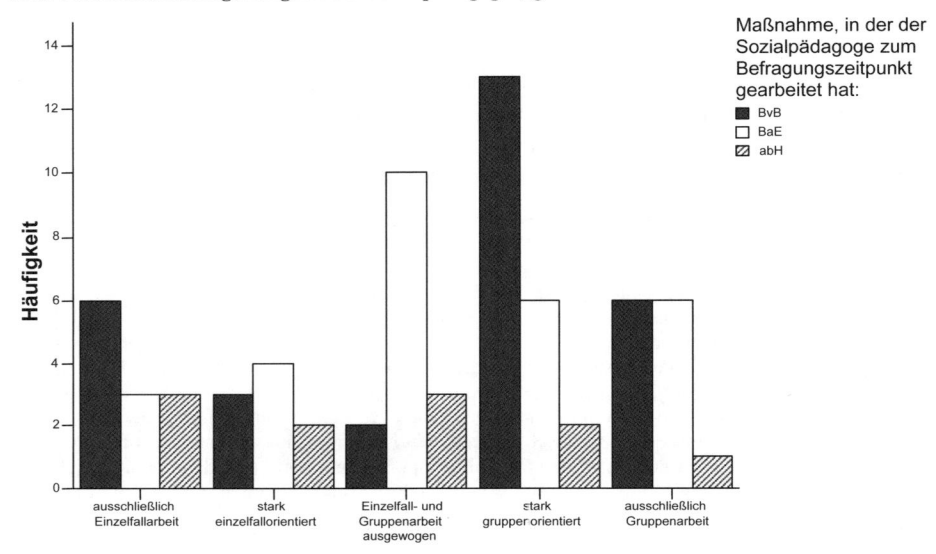

Abb. 10: Maßnahmezugehörigkeit der Sozialpädagogen, geordnet nach Clustern.

Um die inhaltliche Auswertung der Tätigkeitsprofile im Hinblick auf einzelfall- und gruppenbezogene Arbeit zu erleichtern, wurden die Sozialpädagogen entsprechend ihrer Arbeitsschwerpunkte verschiedenen Clustern zugeordnet. Cluster 1 beinhaltet Sozialpädagogen, die *ausschließlich* einzelfallorientiert arbeiten; Cluster 2 sind Sozialpädagogen, die stark einzelfallorientiert arbeiten; Cluster 3 sind Sozialpädagogen, bei denen Einzelfall- und Gruppenarbeit gleich gewichtet werden; in Cluster 4 erfolgt eine stärkere Tendenz in Richtung Gruppenarbeit; Sozialpädagogen in Cluster 5 arbeiten ausschließlich in Gruppenarbeit. Anhand dieser Clusterung lassen sich die Unterschiede zwischen den einzelnen Maßnahmeformen deutlich zeigen (Abb. 10).

Hier zeigt sich, dass die Sozialpädagogen in BvB-Maßnahmen „stark gruppenorientiert" arbeiten. So sind den Clustern 4 und 5 ein Großteil der Sozialpädagogen aus BvB zuzuordnen. Danach folgt ein weiterer Schwerpunkt im Cluster 1, der „ausschließlichen Einzelfallarbeit". Ein etwas anderes Bild entsteht bei den Sozialpädagogen in BaE-Maßnahmen.

---

[520] vgl. Int. 015/41; 025/13; 029/138; 033/48; 071/164 – 169; 086/68; 105/68

Hier zeigt sich auf den ersten Blick ein eher ausgewogenes Verhältnis zwischen Einzelfallarbeit und Gruppenarbeit (Cluster 3). Allerdings tendieren auch die Sozialpädagogen in BaE stärker in Richtung Gruppenarbeit.

Im abH-Maßnahmebereich wird kein eindeutiger Trend in Richtung Einzellfall- oder Gruppenarbeit sichtbar. Das kann auch ein Ergebnis der sehr geringen Stichprobe der Untersuchung in diesem Maßnahmebereich sein. Dennoch wird in der Darstellung eine leichte Tendenz zur Einzelfallarbeit deutlich, was der oben dargelegten Einschätzung der Tätigkeiten der Sozialpädagogen in abH entspricht. Demnach betont fast die Hälfte der Sozialpädagogen in abH die einzelfallbezogene Arbeit (5 Sozialpädagogen in den Clustern 1 und 2), wogegen lediglich bei einem Drittel der Sozialpädagogen eine Orientierung in Richtung Gruppenarbeit deutlich wird (Cluster 4 und 5).

12.5.2 Alter und Berufserfahrung der Sozialpädagogen in den Maßnahmen der beruflichen Integrationsförderung

Ein weiterer wichtiger Bedingungsfaktor, der die Tätigkeitsprofile beeinflusst, ist das Alter der Sozialpädagogen und – damit verbunden – ihre Praxiserfahrungen. Einen Hinweis darauf gibt die Altersverteilung der Sozialpädagogen in den einzelnen Clustern der Tätigkeitsprofile (Abb. 11).

Abbildung 11 zeigt, dass die inhaltliche Ausgestaltung des Tätigkeitsprofils mit dem Alter der Sozialpädagogen variiert. Die Gruppe der 40- bis 49-Jährigen arbeitet stärker gruppenorientiert, die Altersgruppe darunter (30–39) und die darüber (50–59 Jahre) mehr einzelfallorientiert. Allerdings sollten diese Ergebnisse auch nicht überinterpretiert werden. Zu bedenken ist, dass auch zwischen Alter der sozialpädagogischen Fachkräfte und der quantitativen Ausprägung ihres Tätigkeitsprofils ein Zusammenhang besteht. Immerhin könnte die These vertreten werden, dass mit zunehmendem Alter der Sozialpädagogen auch die Berufserfahrungen und damit auch das Methodenrepertoire zunehmen. Wenn in BaE also, überwiegend ältere Sozialpädagogen zu finden sind, würde dies ein Hinweis darauf sein, warum die Tätigkeitsprofile der Sozialpädagogen in diesem Maßnahmebereich quantitativ stärker ausgeprägt sind. Allerdings lässt sich aufgrund einer sehr gleichmäßigen Altersverteilung der Pädagogen in den Maßnahmen ein Zusammenhang zwischen Alter, Maßnahmezugehörigkeit und Tätigkeitsprofil nur schwer nachweisen (Abb. 12). Dies hat zwei Gründe:

(1.) Das Durchschnittsalter der Sozialpädagogen, sowohl in BaE als auch in BvB liegt für die vorliegende Untersuchung bei rund 43 Jahren. Lediglich in abH Maßnahmen liegt der Altersdurchschnitt rund acht Jahre (35) unter dem Durchschnitt der anderen beiden Maßnahmeformen.

(2.) Oben wurde gezeigt, dass die sozialpädagogische Arbeit in BaE-Maßnahmen stärker in Richtung Gruppenarbeit tendiert, in BvB mehr in Richtung Einzelfallarbeit. In Abbildung 11 wurde sichtbar, dass überwiegend die 40 bis 49 jährigen Sozialpädagogen zur Gruppenarbeit tendieren, demnach müsste ein Großteil dieser Altersgruppe in BaE zu finden sein. Das ist aber nicht so. Vielmehr sind die Altersgruppen weitestgehend gleichmäßig über die verschiedenen Maßnahmeformen verteilt (Abb. 12). Das könnte ein Hinweis darauf sein, dass die Maßnahmeform einen stärkeren Einfluss auf die sozialpädagogische Arbeit nimmt als die altersbedingten Schwerpunktsetzungen der Sozialpädagogen.

Abb. 11: Altersverteilung nach Clustern.

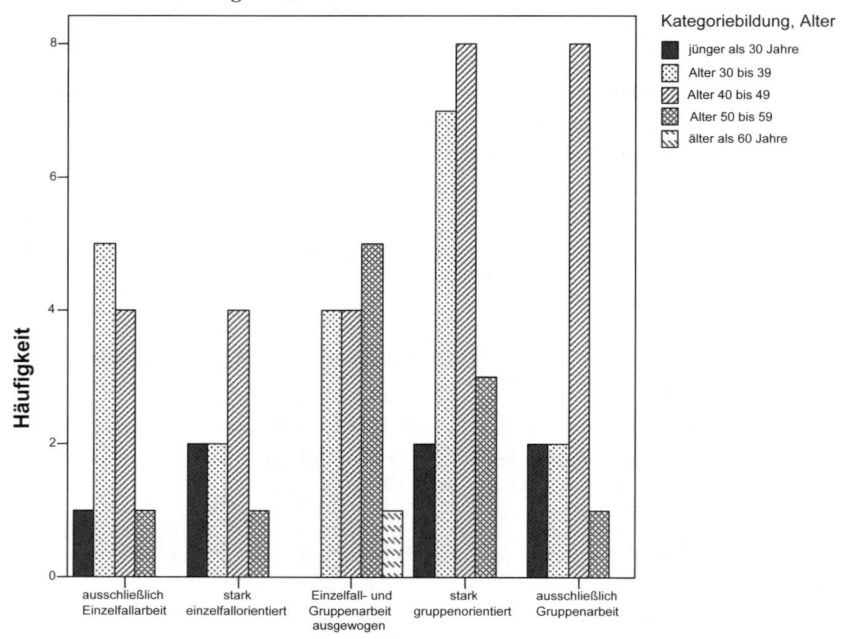

Abb. 12: Altersverteilung in den Maßnahmeformen.

Eine weitere zu prüfende Annahme ist, dass sich die Ausprägung der Tätigkeitsprofile auf die Beschäftigungsdauer der Sozialpädagogen in der beruflichen Integrationsförderung zurückführen lassen. Dem kann die These zugrunde gelegt werden, dass Sozialpädagogen in BaE deutlich länger in diesem Bereich beschäftigt sind als Sozialpädagogen in anderen Maßnahmeformen. Die Ursachen für die Unterschiede in der Beschäftigungsdauer der Sozialpädagogen liegen nicht zuletzt auch in der kürzeren Maßnahmedauer von abH und BvB.

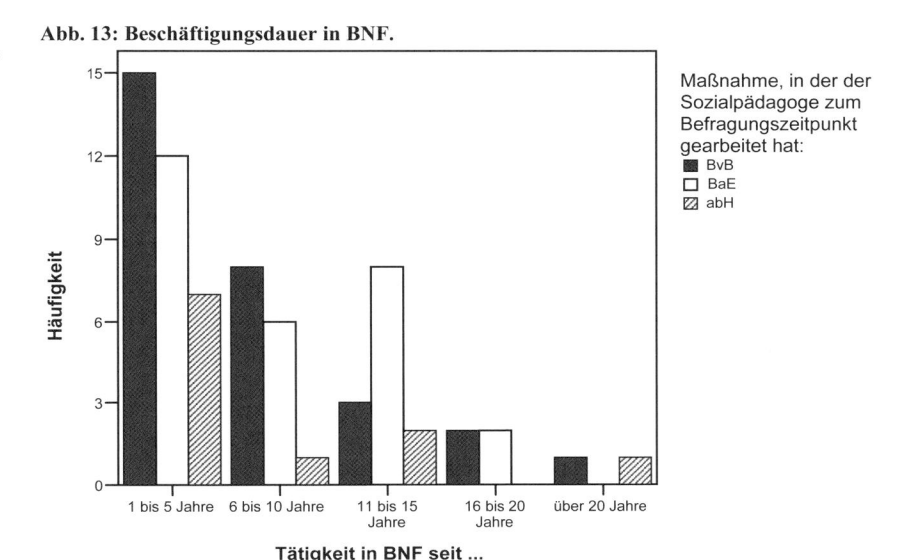

Abb. 13: Beschäftigungsdauer in BNF.

Die Ergebnisse weisen jedoch nicht eindeutig auf einen Zusammenhang zwischen Maßnahmeform, Beschäftigungsdauer und Tätigkeitsprofil hin (Abb. 13). Hier deutet sich lediglich an, dass Sozialpädagogen in BaE einen kleinen Erfahrungsvorsprung haben, da über die Hälfte der in diesem Maßnahmebereich befragten Sozialpädagogen auf eine Berufserfahrung von über 6 Jahren zurückblicken kann[521], das sind drei Sozialpädagogen mehr als in BvB. Allerdings ist die Verteilung in BvB weiter gestreut, so gibt es in diesem Bereich und auch in abH jeweils einen Sozialpädagogen, der seit über 20 Jahren im Handlungsfeld der beruflichen Integrationsförderung arbeitet. Von daher zeigt sich nur in Ansätzen, dass die Sozialpädagogen in BaE durchschnittlich länger als 5 Jahre in der beruflichen Integrationsförderung beschäftigt sind.

Die dargestellten Ergebnisse können sehr wahrscheinlich auf die aktuelle Beschäftigungssituation der Sozialpädagogen in den Maßnahmen zurückgeführt werden. So arbeitet ein Großteil der Sozialpädagogen in BvB auf der Grundlage eines befristeten

---

521 Selbst in dem Bereich von unter 5 Jahren Beschäftigungsdauer in der BNF, besitzen die Sozialpädagogen in BaE einen Vorsprung. So hat die Mehrzahl der Sozialpädagogen mind. vier Jahre Berufserfahrung in der BNF.

Arbeitsvertrages von einem Jahr oder länger als einem Jahr.522 Lediglich in BaE arbeiten die Sozialpädagogen überwiegend auf der Grundlage unbefristeter Arbeitsverträge. Eine Tätigkeit in BaE-Maßnahmen erscheint aus dieser Perspektive deutlich attraktiver, da eine gewisse, zumindest mittelfristige Beschäftigungssicherheit dort eher gegeben ist, als in einer 10-monatigen Berufsvorbereitungsmaßnahme oder einer abH-Maßnahme, die zeitlich ebenfalls sehr begrenzt sein kann.

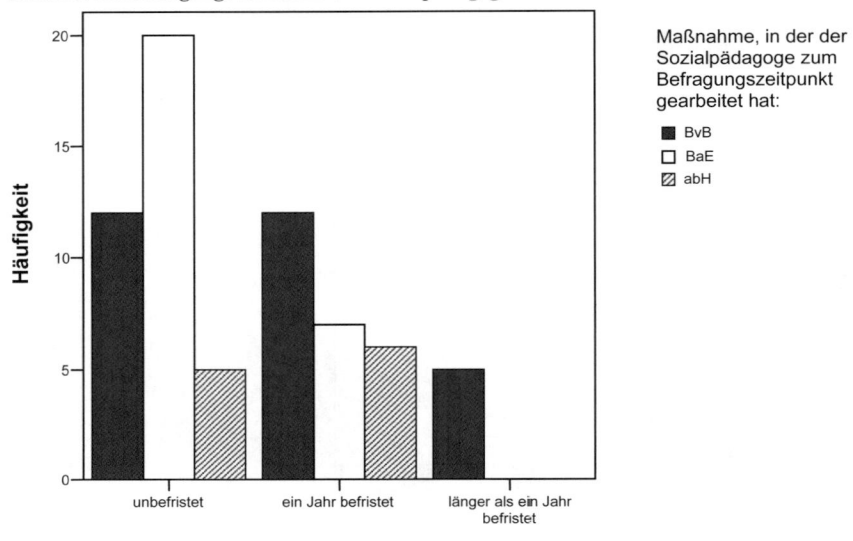

Abb. 14: Beschäftigungsverhältnis der Sozialpädagogen in den Maßnahmen.

Wie ist das Beschäftigungsverhältnis?

Über die Hälfte (15) der befragten Sozialpädagogen in BvB sind seit weniger als fünf Jahren in der beruflichen Integrationsförderung beschäftigt, davon sind 14 seit weniger als 2,5 Jahren in der beruflichen Integrationsförderung beschäftigt. Diese Gruppe von Sozialpädagogen ist in der vorliegenden Untersuchung die größte Gruppe der befragten Sozialpädagogen (Abb. 15).

---

522 Die Formulierung von „länger als einem Jahr" kann auch dadurch entstanden sein, dass die Sozialpädagogen bereits mehrfach aufgrund eines Jahresvertrages beim Träger beschäftigt wurden oder es handelt sich um maßnahmegebundene Arbeitsverträge.

Abb. 15: Beschäftigungsdauer der befragten Sozialpädagogen in der BNF.

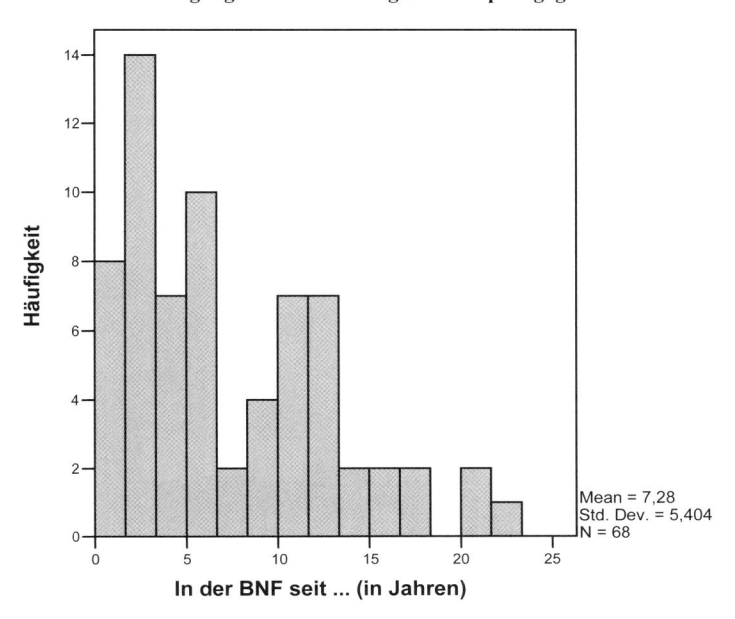

Mean = 7,28
Std. Dev. = 5,404
N = 68

In der BNF seit ... (in Jahren)

12.5.3 Ausbildung und Studienabschlüsse

An dieser Stelle soll geprüft werden, ob es einen Zusammenhang zwischen dem erreichten Studienabschluss bzw. der beruflichen Qualifikation und der Ausprägung des Tätigkeitsprofils der Sozialpädagogen gibt. Die in der Untersuchung vorgefundenen Studienabschlüsse von sozialpädagogisch arbeitenden Fachkräften sind relativ gleichmäßig über die verschiedenen Maßnahmeformen verteilt. Abbildung 16 zeigt, dass die Unterschiede sehr gering ausfallen: Diplom-Sozialpädagogen und Diplom-Pädagogen sind bei weitem am zahlreichsten, dann folgen – mit Abstand – (ehemalige) Lehrer. Eindeutig ist, dass es zwischen den beiden besonders stark vertretenen Berufsgruppen (Dipl.-Soz.-Päd. und Dipl.-Päd.) keinen markanten Unterschied hinsichtlich des Einsatzes in den verschiedenen Maßnahmeformen gibt.

In BaE und abH-Maßnahmen sind auch Ingenieur-Pädagogen zu finden, die in der Berufsvorbereitung[523] gar nicht vorkommen. Der Abschluss „Diplom-Sozialpädagoge" ist in allen Maßnahmeformen sehr häufig zu finden. Dennoch lässt sich ein Zusammenhang zwischen erreichtem Studienabschluss und Tätigkeitsprofil nicht eindeutig belegen. Ebenso wenig wie zwischen erreichtem Studienabschluss, Alter und Tätigkeitsprofil. Interessanterweise zeigt sich hier jedoch, dass in der Altersgruppe der über 40-jährigen die Studienabschlüsse der meisten Fachgebiete zu finden sind (Abb. 17). D. h., in der Altersgruppe lassen sich sowohl Sozialpädagogen als auch Ingenieurpädagogen, Diplom-Pädagogen, Lehrer, Betriebswirte oder Ökonomiepädagogen finden.

---

523 Im Sample unserer Untersuchung!

Abb. 16: Studienabschlüsse der Sozialpädagogen in den verschiedenen Maßnahmeformen.

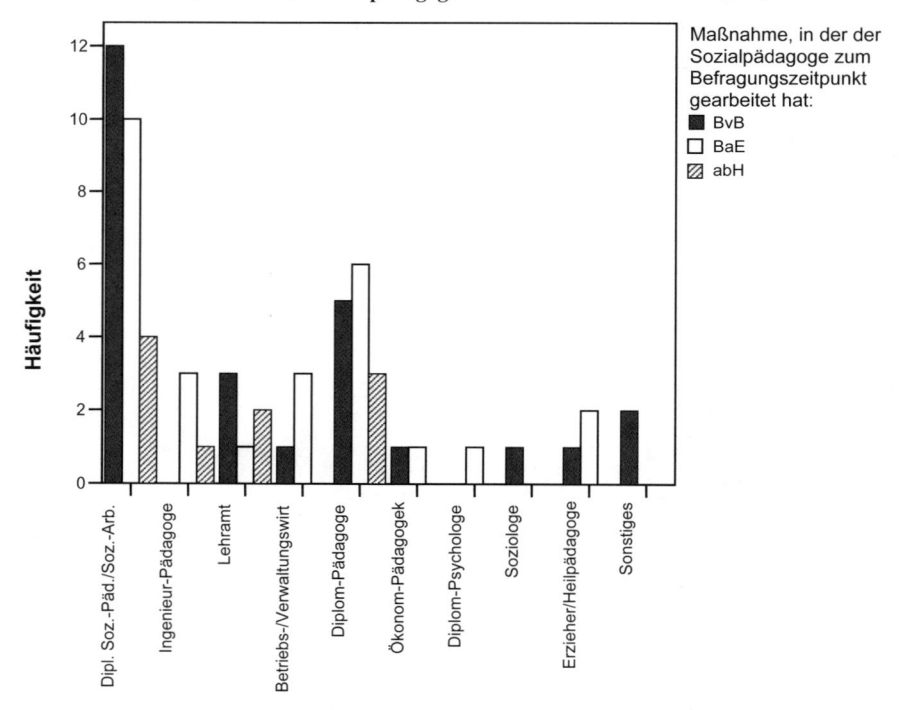

Insbesondere in den Altersgruppen der unter 40-Jährigen dominieren die Abschlüsse des Diplom-Pädagogen und des Diplom-Sozialpädagogen. In Anbetracht der Tatsache, dass sich sowohl die Altersgruppen als auch die Studienabschlüsse weitestgehend gleichmäßig über die verschiedenen, untersuchten Maßnahmeformen verteilen, lässt sich kein definitiver Zusammenhang zwischen Alter, Studienabschluss und Maßnahmezugehörigkeit sowie einem sozialpädagogischen Tätigkeitsprofil formulieren. Allerdings lassen sich einige Tendenzen im Hinblick auf die inhaltliche Ausgestaltung des sozialpädagogischen Tätigkeitsprofils feststellen (Abb. 17).

Abb. 17: Erreichte Studienabschlüsse nach Alter.

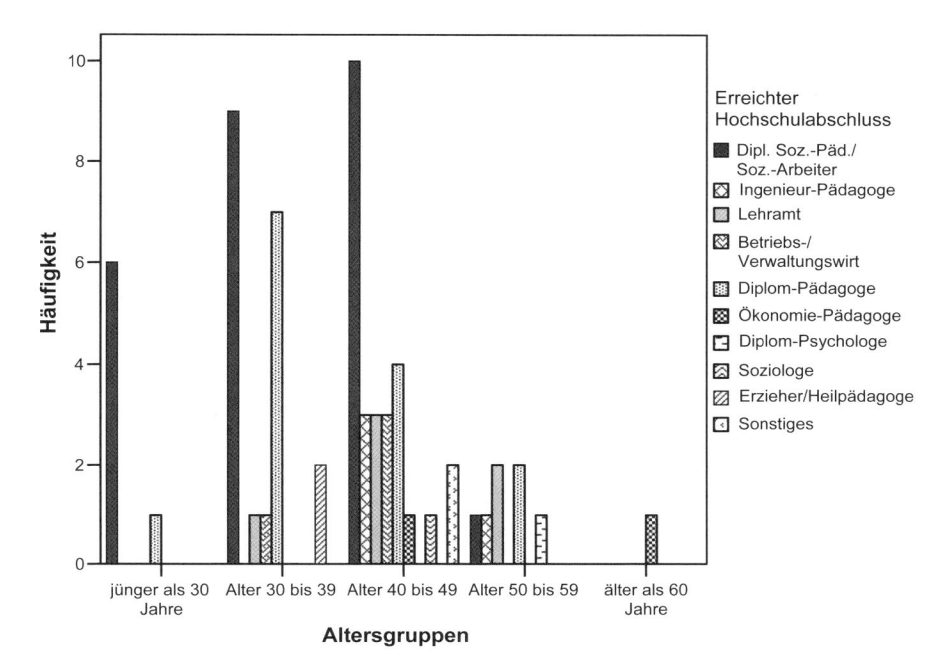

Bei den Diplom-Pädagogen dominieren die gemischten Tätigkeitsmuster das Bild, wobei eine sehr starke Tendenz in Richtung Gruppenarbeit deutlich wird (Cluster 4). Gleiches gilt auch für die weitaus kleinere Gruppe der Erzieher/Heilpädagogen. Die Dipl. Sozialpädagogen sind vergleichsweise gleichmäßig über alle Cluster verteilt. In dieser Berufsgruppe dominieren jedoch die Tätigkeitsmuster der Gruppen- oder Einzelfallarbeit (Cluster 1 und 5). D. h., die Sozialpädagogen positionieren sich offenbar eindeutiger zu einem dieser Muster und setzen dort Tätigkeitsschwerpunkte.

Abb. 18: Clusterzugehörigkeit der Sozialpädagogen nach erreichtem Studienabschluss.

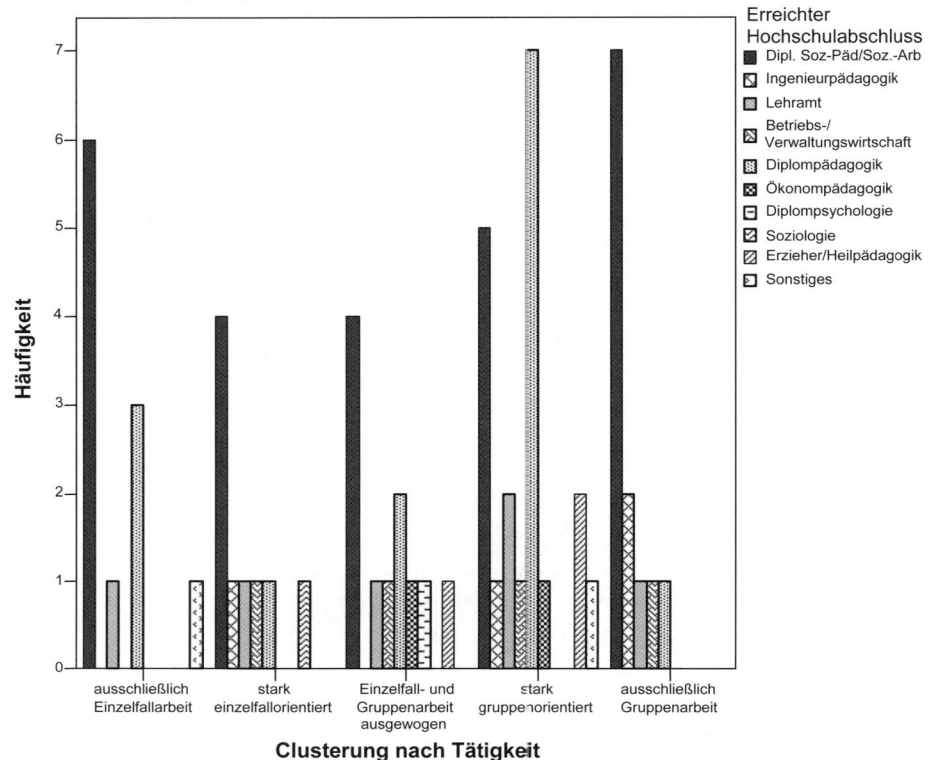

12.5.4 Geschlecht

Ebenso ist zu vermuten, dass das Geschlecht der Sozialpädagogen Einfluss auf ihr Tätigkeitsprofil hat. Die Ergebnisse beziehen sich auf die Beschreibungen von 43 Sozialpädagoginnen und 27 Sozialpädagogen (Abb. 19).

Die Sozialpädagoginnen tendieren in ihren Tätigkeiten stärker zur Gruppenarbeit. So sind 37,2 % der untersuchten Sozialpädagoginnen im Cluster 4 (stark gruppenorientiert) zu finden. Werden die 5 Sozialpädagoginnen (11,6 %) in Cluster 5 mit einbezogen, so ist es fast die Hälfte der Sozialpädagoginnen, die gruppenorientiert arbeitet (48,8 %). Demgegenüber sind es im Bereich der einzelfallorientierten Arbeit (Cluster 1 und 2) gerade mal 10 Sozialpädagoginnen (23,2 %). 12 Sozialpädagoginnen (rund 28 %) sind im Cluster 3 zu finden.

Ähnlich stark tendieren die männlichen Sozialpädagogen zur Gruppenarbeit in den Clustern 4 und 5 (48 % der befragten Sozialpädagogen). Im Unterschied zu den Sozialpädagoginnen ist bei den männlichen Kollegen der Bereich der Einzelfallarbeit stärker ausgeprägt (40,7 % in Cluster 1 und 2). Lediglich 11 % der Sozialpädagogen lassen sich Cluster 3 zuordnen. So neigen männliche Sozialpädagogen wohl stärker als ihre weiblichen Kolleginnen dazu einzelfall- oder gruppenbezogene Schwerpunkte zu setzen.

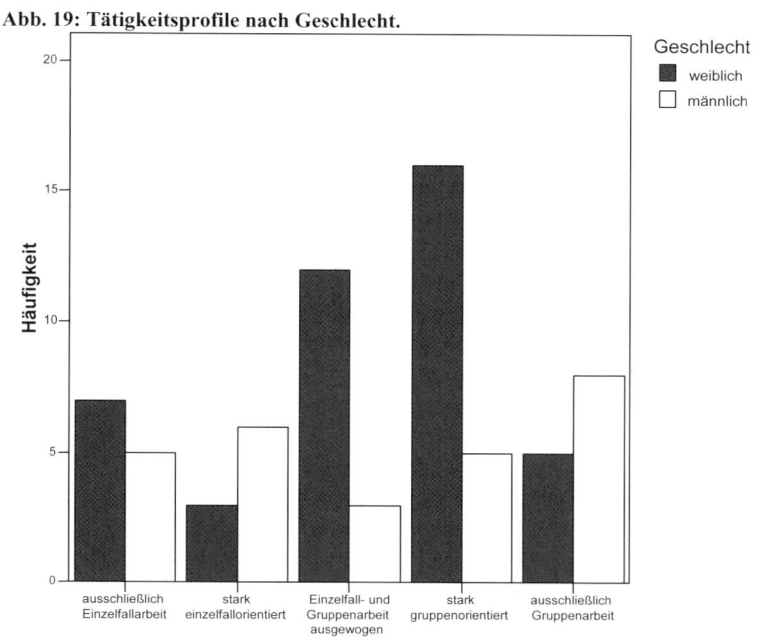

Abb. 19: Tätigkeitsprofile nach Geschlecht.

Bei den Einzelergebnissen im Hinblick auf einzelne Tätigkeiten werden geschlechtsspezifische Unterschiede deutlich. Sportliche Aktivitäten werden offenbar überwiegend von männlichen Sozialpädagogen durchgeführt. Ausflüge und Wanderungen werden von beiden Geschlechtern gleichermaßen angeboten. Kennenlernveranstaltungen, Aktivitäten zur Unterstützung gruppendynamischer Prozesse, Weihnachtsfeiern und andere Feiern, sozialpädagogische Trainingsangebote und Workshops werden eher von Sozialpädagoginnen durchgeführt. Speziell bei diesen Tätigkeiten sind die Unterschiede zwischen den Geschlechtern eindeutig. Bei anderen Tätigkeiten wie Exkursionen ist dies nicht so eindeutig.

13. Zusammenfassung

In dem hier vorgelegten Ergebnisbericht geht es um das Handlungsfeld der Sozialpädagogik in der Benachteiligtenförderung. Zusammen mit dem Band von Vock/Grimm: „Das Handlungsfeld der Sozialpädagogik in der beruflichen Integrationsförderung – Anforderungslagen, Problemwahrnehmungen, Rollendefinitionen" werden hier die Ergebnisse der Studie „Sozialpädagogik in der beruflichen Integrationsförderung" dargestellt, die als Projekt im Rahmen des Programms „Kompetenzen fördern – Berufliche Qualifizierung für Zielgruppen mit besonderem Förderbedarf (BQF) in den Jahren 2004 und 2005 durchgeführt worden ist. Der Aufbau dieser Studie ist bereits in den einleitenden Vorbemerkungen am Anfang dieses Bandes dargestellt worden und muss hier nicht wiederholt werden.

Im Zentrum steht die konkrete Arbeit der sozialpädagogischen Fachkräfte in den Maßnahmen der beruflichen Benachteiligtenförderung. Das sind die berufsvorbereitenden Maßnahmen (BvB), die außerbetriebliche Berufsausbildung (BaE) und die ausbildungsbegleitenden Hilfen (abH). Während der Laufzeit der Forschungsarbeiten ist das Konzept der Berufsvorbereitung umgestellt worden, von einer Förderung durch unterschiedliche Maßnahmetypen (G- und F-Lehrgänge, BBE- und TIPP-Lehrgänge) auf das sogenannte „Neue Fachkonzept", bei dem nicht mehr nach Maßnahmetypen differenziert wird, sondern ein individualisierendes Qualifizierungskonzept für jeden einzelnen Jugendlichen entwickelt und in unterschiedlichen Maßnahmephasen[524] umgesetzt wird. Hier ist auch die Rolle und die Funktion der sozialpädagogischen Fachkräfte eine andere geworden. Da die Erhebungen vor der Umgestaltung durchgeführt worden sind, konnte diese Entwicklung zunächst nicht berücksichtigt werden. Erst in einer nachfolgenden, ergänzenden Untersuchung sind entsprechende Daten durch jeweils 12 Interviews mit Bildungsbegleitern und 12 sozialpädagogischen Fachkräften, die in der neuen Berufsvorbereitung tätig sind, zusammengetragen worden. In der zuvor durchgeführten Hauptuntersuchung ist der Schwerpunkt auf sozialpädagogische Fachkräfte in den drei oben angesprochenen Maßnahmeformen einschließlich der „alten" Berufsvorbereitung erhoben worden. Dazu sind offene, leitfadengestützte Interviews mit insgesamt 70 sozialpädagogischen Fachkräften, 12 Interviews mit Berufsberaterinnen und -beratern der Agenturen für Arbeit, 28 Interviews mit Einrichtungsleitern und 12 Interviews mit betrieblichen Mitarbeitern durchgeführt worden.

Die Studie ist entlang der Interviews durchgeführt worden. Deshalb wird hier kein Literaturbericht über die sozialpädagogische Arbeit in der Benachteiligtenförderung vorgelegt – das würde den Rahmen bei weitem sprengen –, es werden auch keine bildungspolitischen Argumentationen und Kontroversen aufgenommen, sondern Fachkräfte befragt. Aus diesem Material heraus ist versucht worden, Antworten auf die gestellten Fragen nach den Besonderheiten, den impliziten pädagogischen Konzepten der Fachkräfte, den Anforderungen, Bedingungen und den Erfolgsmaßstäben zu geben. Um den Blick auf die Fachkräfte selbst zu eröffnen, sind sie in diesem Bericht umfangreich zitiert worden. Sie sollten „selbst zu Wort kommen". Dabei ist behutsam zu interpretieren versucht worden.

---

524 Zu diesen Maßnahmephasen zählen die Eignungsfeststellung, die Grund- und Förderstufe sowie die Übergangsqualifizierung.

Vorschnelle Generalisierungen, erst recht das Herantragen von Vorurteilen an das Material sollten unbedingt vermieden werden. So mussten manche Differenzierungen hier mit dargestellt werden, weil sich viele Punkte finden ließen, in denen unterschiedliche Einschätzungen und Ansätze vertreten worden sind. Trotzdem ist versucht worden, die Grundformen des beruflich-professionellen Selbstverständnisses und die grundlegenden Handlungsansätze und -bedingungen herauszuarbeiten und darzustellen. Dass dazu auch interpretative und strukturierende Leistungen erforderlich waren, steht außer Frage. Allerdings kam es darauf an, alle Interpretationen an das Material zurückzubinden und die verschiedenen Positionen so auszuformulieren, dass die Zustimmung der Probanden und der Fachexperten zu den von uns entwickelten Interpretationen erwartet werden darf. Ob dieses zentrale Qualitätskriterium erreicht worden ist, wird die Diskussion der Ergebnisse zeigen.

Um die Ergebnisse darzustellen, sind unterschiedliche Zugänge gewählt worden. Zunächst steht die Grundausrichtung der Sozialpädagogik in den Maßnahmen, und zwar aus der jeweiligen Perspektive der befragten Akteure, im Mittelpunkt (Kap. 2). Dabei stellt sich heraus, dass alle Akteure diese Arbeit für völlig unverzichtbar halten, allerdings aus unterschiedlichen Perspektiven. Für die Berufsberatung ist die gelingende berufliche Integration von besonderer Bedeutung. Dabei wird die Berufswahlfrage kaum angesprochen. Im Zentrum steht der Integrationserfolg, sowohl in der Maßnahme als auch später in Ausbildung (weshalb abH eine besondere Bedeutung zugemessen wird) oder in Beschäftigung. Dass diese Integration an persönliche Voraussetzungen gebunden ist, die anfangs teilweise noch nicht vorhanden sind, steht außer Frage. Deshalb hat hier die sozialpädagogische Arbeit und die Maßnahme insgesamt anzusetzen. „Persönliche Entwicklung mit dem Ziel Maßnahmebewältigung und der Arbeitsmarktintegration" könnte als Zusammenfassung der Agenturperspektive formuliert werden. Etwas anders ist die Lage für die Einrichtungsleiter. Sie stehen zwischen den Jugendlichen, dem pädagogischen Personal und den Agenturmitarbeitern. Einerseits geht es ihnen um die Erfüllung der Anforderungen, die die Agenturen stellen, und diese richten sich auf Vermittlungs- und Eingliederungserfolge. Andererseits werden sie mit den Problemlagen der Jugendlichen konfrontiert, wie sie den Einrichtungsleitern zugetragen werden. Das sind jene Ereignisse, von denen sie Kenntnis erhalten und zu denen sie Entscheidungen treffen müssen. Dazu gehören sowohl die Schwierigkeiten der Jugendlichen auf dem Arbeits- und Ausbildungsstellenmarkt, ihre Probleme an den verschiedenen Lernorten und ihre persönlichen Problemlagen, gerade wenn sie derart gravierend sind, dass die Einrichtungsleitungen darüber informiert werden müssen. Auch aus ihrer Sicht ist die sozialpädagogische Unterstützung für die Jugendlichen ein unverzichtbares Förderelement. Die sozialpädagogischen Fachkräfte selbst sind unmittelbar „am Jugendlichen" tätig. Dadurch erhalten sie die meisten Informationen, und bei vielen Problemlagen erfahren sie auch sehr viel über die Hintergründe und über die spezifischen persönlichen Problemkonfigurationen. Auf der Basis eines persönlichen Vertrauensverhältnisses und einer akzeptierend-verstehenden Haltung werden eine Vielzahl persönlicher Problemdimensionen deutlich, die oftmals mit der Biographie und mit dem sozialen Umfeld in Verbindung stehen. Um diese Problemlagen zu bewältigen, ist persönliche Stabilität erforderlich, die entwickelt werden muss, und hier liegt der Schwerpunkt der Förderung. Persönlichkeitsentwicklung zur Bewältigung der Probleme im individuellen sozialen Umfeld und Stabilisierung auch mit dem Ziel der Arbeitsmarktintegration, das sind Sozialpädagogen-Zielsetzungen Die Problemlagen, die sie aufgreifen, sind äußerst vielfältig, gerade soweit sie das Spektrum der schwierigen Alltagsprobleme benachteiligter Jugendlicher betreffen. Dabei geht es immer um die Entwicklung von Handlungskompetenz, schon in dem alten, aber unverändert aktuellen Ansatz der „Hilfe zur Selbsthilfe" steckt die Idee, dass durch gemeinsames und exemplarisches Problemlösen die Jugendlichen erkennen und lernen, wie in schwierigen Situationen zu Handeln ist. Problemlösen als Lern- und Kompetenzentwicklungsprozess ist eine grundlegende sozialpädagogische Intention, die auf weitaus mehr zielt als nur auf Betriebs- und Arbeitsmarktintegration, sondern auf die Persönlichkeit. In dieser Orientierung ist auch der „Kompetenz- statt Defizit-Ansatz" als eine Art „Grundaxiom" verankert. Die sozialpädagogischen Fachkräfte gehen davon aus, dass vielfältige Kompetenzen bei den Jugendlichen vorhanden sind, an die es anzuknüpfen gilt. Allerdings sind es dann doch die Defizite, die in der Förderplanarbeit lokalisiert werden, um durch entsprechende Lern- und Entwicklungsstrategien von allen Beteiligten bewältigt zu werden.

Im nächsten Schritt geht es darum, die Sozialpädagogische Arbeit nach den unterschiedlichen Bereichen BvB, BaE und abH zu differenzieren (Kap. 3). Zunächst ist es wichtig, zur Kenntnis zu nehmen, dass in allen Bereichen die sozialpädagogische Arbeit auf individuelle Förderung, Lebensbewältigung und Berufsintegration zielt, aber dazu ist sie zugleich auf die Entwicklung eines positiven, fördernden Sozialisationsmilieus in den Maßnahmen bedacht. Sie müssen durch einen pädagogischen Kommunikationsraum mit einem guten Gruppenklima und einer entsprechenden pädagogischen Alltagskultur gekennzeichnet sein. Aus sozialpädagogischer Sicht geht es hier um positive Kommunikationsformen, um Konfliktlösung und um einen – dogmatisch eingeforderten – gewaltfreien Interaktionsraum, dessen explizite und implizite Regeln eine klare Orientierungsgrundlage für das soziale Verhalten bieten. Sozialpädagogik zielt immer sowohl auf Einzelfallhilfe als auch auf entwicklungsfördernde Kommunikations- und Gruppenstrukturen. Diese beiden Schwerpunkte, die soziale (auf die Gruppe bezogene) und die personale (auf das Individuum bezogene) Dimension sozialpädagogischen Handelns, sind das Kennzeichen guter Sozialpädagogik in den Maßnahmen und generell in der Jugendarbeit. Folglich bilden individuelle Beratung und Gruppen- und Freizeitangebote einen Kern der sozialpädagogischen Tätigkeiten. Dabei stehen eine akzeptierende und wertschätzende Haltung und eine vertrauensvolle persönliche Beziehung im Zentrum des Handlungsansatzes. Um genau diese Beziehung zu entwickeln, werden vielfältige Kontaktanlässe genutzt. Die morgendliche Anwesenheitskontrolle ist nur eine davon. Ein anderer ist der Stützunterricht, denn es hat sich in den Untersuchungen gezeigt, dass die sozialpädagogischen Fachkräfte in einem unerwartet großen Umfang auch diesen Unterricht übernehmen und darin sowohl fachliche als auch soziale und sozialpädagogisch bedeutsame Alltags- und Jugendprobleme als Inhalte und Themen bearbeiten.

Dass sich die Sozialpädagogen-Arbeit darin nicht erschöpft, ist hier nur am Rande zu erwähnen. Die Vernetzungsarbeit – die Kontaktpflege und Kooperation mit den anderen Lernorten, insbesondere mit den Betrieben – und die Dokumentations- und Verwaltungsarbeit nehmen einen sehr großen zeitlichen Raum ein, letztere haben ständig zugenommen, und das wird von den Fachkräften fast immer als gravierende Fehlentwicklung bezeichnet. Ob die Förderplanarbeit auch zu diesen Verwaltungs- und Dokumentationsaufgaben gehört oder ob es sich hier um ein wirkliches sozialpädagogisches Handlungsinstrument handelt, ist in den Interviews unterschiedlich beantwortet worden.

Der sozialpädagogische Grundansatz der individuellen und sozialen Förderung und die dazu erforderlichen Ansätze und Arbeitsformen gelten zunächst für alle Bereiche. Trotzdem finden sich Differenzierungen. In den Berufsvorbereitungsmaßnahmen – und hier werden durch die Einführung des „Neuen Fachkonzepts" im Jahre 2004 Unterschiede zu beachten sein – gilt es, die größte Komplexität von personalen und sozialen Problemlagen zu bewältigen und das Berufswahlproblem zu lösen. Die Teilnehmerschaft ist sehr heterogen, ebenso die sich daraus ergebenden Arbeitsanforderungen. Ausbildungs- und Betriebsintegrationsfähigkeit zu entwickeln, stellt besondere Anforderungen. Das Bewältigen von Lern- und Disziplinanforderungen muss trainiert, teilweise auch Wissensdefizite beseitigt, Berufswünsche realitätsangemessen konkretisiert und wichtige erste Betriebserfahrungen durch Praktika ermöglicht werden. Darin liegen teilweise große Herausforderungen.

Etwas anders ist die Lage in der außerbetrieblichen Berufsausbildung. Hier haben sich relativ stabile Gruppen herausgebildet, die die lange zeitliche Strecke der Berufsausbildung mit allen ihren Anforderungen bewältigen müssen. Dabei geht es um fachliches, aber auch um soziales Lernen, um Motivation und um Durchhaltevermögen, um länger angelegte persönliche Entwicklungsprozesse und um den Berufsabschluss. Darin liegen vielfältige, nicht zuletzt auch sozialpädagogisch zu bewältigende Anforderungen. Die Vorbereitung auf die Prüfung, verbunden mit dem Übergang in Beschäftigung, ist nur eine davon.

Wiederum anders ist es in den ausbildungsbegleitenden Hilfen. Hier werden Jugendliche betreut, die in Betrieben ihre Ausbildung absolvieren und schulische, fachliche Defizite oder persönliche Probleme haben. Neben den fachlich orientierten Stützunterricht tritt die sozialpädagogische Betreuung, die auf persönliche Entwicklungsprozesse abzielt, um darüber nicht zuletzt auch den berufliche Erfolg zu sichern.

In einem weiteren Auswertungsschritt (Kap. 4) sind die vielfältigen Arbeitsschwerpunkte der Sozialpädagogischen Fachkräfte dargestellt worden, die zum Teil in den verschiedenen Phasen des Maßnahmeverlaufs erforderlich werden. Das ist zunächst die Unterstützung bei der Berufswahl, hier werden berufserkundende und kompetenz- und interessenklärende Aktionen durchgeführt. Die Betriebspraktika dienen einem ersten Einblick in die „Wirklichkeit" des Berufs und der Erprobung und vielleicht auch der Revision des Berufswunsches. Sowohl in BvB als auch in BaE liegen wichtige Aufgaben in der Organisation der Praktika einschließlich der Praktikumsstellenakquise und der Betriebskontakte, im Bewerbungstraining, in der Praktikumsvorbereitung und -auswertung und später in der Arbeits- oder Ausbildungsstellensuche. Hier geht es dann um Übergangshilfen, zu denen auch die Nachbetreuung hinzu kommt. Mit einem Bündel von Strategien und Angeboten wird versucht, die Einmündung in Ausbildung oder Beschäftigung vorzubereiten, zu realisieren und zu stabilisieren. Beim Übergang in betriebliche Ausbildung ist abH ein Instrument, dass die Einstellungsentscheidung erleichtern soll.

Ein weiterer Vorgang, dem viele Interventionen der sozialpädagogischen Fachkräfte vorausgehen, ist der Maßnahmeabbruch. Hier führen vielfältige Ursachen in einer prozesshaften Problemkumulation zur Beendigung der Maßnahme. Sozialpädagogische Aufgabe ist die Unterbrechung dieser Spirale. Abbrüche können aber auch vom Träger ausgehen, wenn unabweisbare, aber anders nicht lösbare Probleme auftreten. Dabei hat eine Kündigung immer auch eine rechtliche Seite, auf die besonders eingegangen wird.

Eine bedeutungsvolle Aufgabe der sozialpädagogischen Fachkräfte ist die Förderplanarbeit. Oftmals stellt sich die Frage, ob es sich hier nur um „Schreibkram" oder um ein substanzielles Element sozialpädagogischer Arbeit handelt. Für beide Positionen gibt es Beispiele. Dabei ist der Förderplan aber auch für die Einrichtungsleitungen und für die Berufsberatungen von Bedeutung. Dem wird in Kapitel 4.5 nachgegangen.

Die in Kapitel 4 zusammengestellten Aufgaben – eine Zusammenstellung der aus unserer Sicht wichtigsten Punkte – zeigen, wie vielfältig die Anforderungen der sozialpädagogischen Fachkräfte sind, und sie macht auch deutlich, dass sich sozialpädagogisches Handeln keineswegs nur auf die Entwicklung von sozialer Kompetenz und ein „freundliches" Gruppenklima beschränkt. Es wird eine Vielzahl von konkreten pädagogischen, aber auch von wichtigen organisatorischen Arbeiten übernommen, die in unmittelbarem Zusammenhang mit der persönlichen Entwicklung, der beruflichen Kompetenzentwicklung und der Arbeitsmarkt- oder Ausbildungsintegration stehen. Die sozialpädagogischen Fachkräfte sind genau die Akteure, die sich um diese Aufgabenstellungen kümmern. Mit der Einführung des Neuen Fachkonzepts haben sich hier Änderungen eingestellt, die an späterer Stelle angesprochen werden.

Neben diesen Arbeiten, die sich in fast allen Fällen konkret an den Jugendlichen richten, gibt es auch eine Vielzahl von Kooperationsaufgaben, die von den sozialpädagogischen Fachkräften zu bewältigen sind (Kap. 5 und 6). Einerseits geht es um die Kooperationen „nach außen", hier sind besonders die Berufsberatungen der Arbeitsagenturen, die Betriebe, die Berufsschulen, die Beratungsstellen und die verschiedenen Ämter anzusprechen. Darauf wird unten eingegangen. Andererseits ist aber auch die Vernetzung „nach innen" von Bedeutung. Bei dieser inneren Kooperation war auch zu prüfen, ob es gelungen ist, die Sozialpädagogik als ein durchgehendes Prinzip der Maßnahmen zu verankern. Relativ schwer fällt die Antwort auf diese Frage in Bezug auf die Ausbilder. Hier gibt es gute und sehr gute Kooperationsbeziehungen, aber auch viele Reibungspunkte. Das ist auch von den konkreten Personen abhängig. Wenn die Beziehungsebene funktioniert ist wohl – wie so oft – einiges leichter zu organisieren. Die schwierigeren Punkte entstehen durch die beiden unterschiedlichen pädagogischen Ansätze: die Betriebspädagogik und die Sozialpädagogik. Ausbilder haben in ihrer eigenen beruflichen Sozialisation diese Betriebspädagogik selbst erfahren, und manche von ihnen tendieren dazu, anhand dieser Erfahrungen ihre eigene Praxis zu gestalten. Hier wird, ausgehend von den werkstattpraktischen Organisationsabläufen, eine entsprechende Integrationsleistung abgefordert und wohl zum Teil auch mit einem strengen Ton sanktioniert, wenn das Verhalten nicht so abläuft, wie es aus Sicht der Ausbilder aufgrund der sachlichen Gegebenheiten gefordert ist. Ansätze wie eine gemeinsame Förderplanarbeit oder pädagogische Teamarbeit sind Ausbildern zunächst nicht vertraut – und sie werden manchmal auch nicht so wichtig genommen, wie das die Sozialpädagogen es wünschen und fordern. Mit den Stützlehrern ist diese Zusammenarbeit einfacher. Ein Grund liegt in der Tatsache, dass sehr viele sozialpädagogische Fachkräfte selbst in der Stützlehrerfunktion tätig sind, und andererseits in einer gemeinsamen pädagogischen Basis, auf der sich Stützlehrer und Sozialpädagogen relativ gut begegnen und verständigen können. Die Rolle des Stützlehrers ist eine andere als die des Berufsschullehrers, die Lernformen des Schulunterrichts und des Stützunterrichts sind sehr unterschiedlich. Das pädagogische Prinzip der Individualisierung verbindet Stützlehrer und Sozialpädagogen. Ein kurzes Kapitel (5.3) befasst sich mit der Kooperation der Sozialpädagogen untereinander. Die Kürze dieses Kapitels drückt die Bedeutung dieser Kooperation nicht aus, denn die wechselseitige Unterstützung, Kooperation und Supervision ist ein außerordentlich wichtiges Element der sozialpädagogischen Arbeit, das aber kaum thematisiert wird.

Bei Kooperationen „nach außen" geht es, wie oben angesprochen, um die Berufsschullehrer, um die Agenturmitarbeiter, um die Betriebe und andere externe Stellen. Die Zusammenarbeit mit den Berufsberatern ist unterschiedlich intensiv, aber an keiner Stelle als problematisch geschildert worden. Bei vielen Ereignissen, insbesondere bei umfangreicheren Fehlzeiten und Abbrüchen müssen die Berufsberater eingeschaltet werden, und die erforderliche Kommunikation scheint gut und ohne Vorurteile zu funktionieren. Die Kooperation mit den Berufsschullehrerinnen und -lehrern ist dagegen kein einfaches Kapitel der Benachteiligtenförderung. Hier gilt es, ein gewisses Misstrauen und Desinteresse zu überwinden, teilweise auch eine negative Haltung gegenüber den Jugendlichen und Auszubildenden der Benachteiligtenförderung abzubauen. Auch für die abH-Maßnahmen ist von solchen Vorbehalten und Konkurrenzängsten die Rede. Generell kommt es darauf an, die Ebene des persönlichen Vertrauens zu stärken, um zusammenarbeiten zu können. Ungern lassen sich die Fachkräfte als Sanktionsagenten in Dienst nehmen, wenn die Berufsschullehrer mit den Jugendlichen und mit manchen Situationen nicht mehr klar kommen. Nicht explizit angesprochen, aber zu vermuten ist, dass die Sozialpädagogen hier eine latente Schuldzuweisung erleben, wenn „ihre" Jugendlichen in der Berufsschule nicht funktionieren. Bedauerlich ist, dass kaum von einem Ansatz die Rede ist, bei dem gemeinsam – auch gegenüber den Jugendlichen – ein pädagogisches Konzept mit entsprechenden Anforderungen vertreten wird. Hier liegen ungenutzte Chancen.

Die Zusammenarbeit mit den Eltern zählt sicher nicht zu den zentralen Fragen der sozialpädagogischen Arbeit. Es gibt sozialpädagogische Fachkräfte, die in den Eltern keine Kooperationspartner sehen und folglich auch keine Zusammenarbeit suchen. Dafür gibt es zwei Gründe, der eine liegt in dem Alter der Teilnehmerinnen und Teilnehmer, der andere in der häufig angesprochenen Tatsache, dass viele Elternhäuser mit eigenen Problemen schon völlig überlastet sind, so dass hier eher weitere Hilfe nötig wäre und Unterstützung kaum erwartet werden kann. Diese Einschätzung wird nicht überall geteilt, und dort, wo die Kooperation mit Eltern möglich ist, spricht sicher sehr vieles dafür, hier Arbeit und Zeit zu investieren, wie das bei manchen Trägern auch üblich ist. Insgesamt ist das Bild dieser Kooperation sehr heterogen. Das gilt auch für die Erwartungen der Eltern. Zum Teil sehen sie sich als Anwalt ihrer Kinder, zum Teil erwarten sie als pädagogische Wirkung des Maßnahmebesuchs eine Entwicklung in Richtung des Erwachsenwerdens, des beruflichen Engagements und der Disziplin. Bei Migrantenfamilien wird die Elternkooperation durch vielfältige Probleme und kulturelle Differenzen überlagert.

Zu den weiteren Außenkontakten gehören auch die Beratungsstellen. Hier geht es insbesondere um Sucht und Drogen und um Schulden. Beides kommt in unterschiedlichen Abstufungen häufig vor, und hier ist eine Abstimmung der Leistungen der Sozialpädagogen und der Beratungsstellen erforderlich. Prophylaktische Arbeit wird in der sozialpädagogischen Betreuung oft geleistet, aber auch Unterstützung, wenn hier bereits größere Problemlagen eingetreten sind und Beratungsstellen einbezogen werden müssen. Bei richtig „harten" Drogenfällen kann es auch zu einer Beendigung der Teilnahme an der Maßnahme führen, und manchmal sind diese Teilnehmer auch nicht mehr willkommen.

Zu den weiteren Kooperationspartnern gehören schließlich auch die anderen Träger und die Kammern. Sozialpädagogische Kooperationen über Trägergrenzen hinweg kommt selbst bei erfolgreichen Bietergemeinschaften sehr selten vor. Da unsere Erhebungen vor der Einführung des Neuen Fachkonzepts durchgeführt worden sind, könnten hier Änderungen eingetreten sein. Die Kooperationen mit den Kammern sind nicht sehr ausgeprägt, hier sind eher die Ausbilder angesprochen, weil sie zum Teil auch in den Prüfungsausschüssen mitwirken.

Ein weiterer wichtiger Befragungspunkt war die Einschätzung der Freiheitsgrade und der Grenzen der sozialpädagogischen Arbeit (Kap. 7). Hier hat sich als generelles Ergebnis herausgestellt, dass die Freiräume der Sozialpädagogen relativ groß sind. Es wird ihnen nicht in ihre konkrete Arbeit hineingeredet. Arbeitsaufgaben, Methodenwahl, zeitliche Planung und Erfolgskontrolle sind in ihrer Hand. Bevormundungen durch die Berufsberater oder die Einrichtungsleiter kommen in unseren Interviews nicht vor. Freilich wird deren implizite Erwartung, dass die Maßnahme gut „laufen" muss, auch von den Sozialpädagogen uneingeschränkt geteilt. Das Zielsystem ihrer eigenen Arbeit ist allerdings weitaus komplexer. Zu den einhellig geteilten Zielen gehört die Integration in Ausbildung und in Beschäftigung, und darin zeigt sich zugleich auch ein Bedingungsfaktor, der massiv und begrenzend in die sozialpädagogische Arbeit hinein wirkt: In Regionen, in denen die Arbeitsmarktlage sehr schlecht ist, sind die Übergangsprobleme groß. Das wirkt auf die Motivation der Jugendlichen zurück, insbesondere wenn Erfahrungen mit Arbeitslosigkeit in der Familie oder im sozialen Umfeld hinzukommen. Dadurch wird die sozialpädagogische Arbeit schwerer.

Neben diesen äußeren Rahmenbedingungen gibt es auch strukturelle Grenzen im Innenbereich der Maßnahme. Das betrifft die unterschiedlichsten Faktoren, die auf die sozialpädagogische Arbeit einwirken. Ein solcher Faktor liegt in der Förderplan- und Dokumentationsarbeit. Hier bestehen externe Kontrollmöglichkeiten der sozialpädagogischen Arbeit, die aber von den Sozialpädagogen kaum als störend empfunden werden. Allein bei der „Fehlzeitenfrage" ist die Autonomie der Sozialpädagogen doch eingegrenzt, sie müssen negative Entwicklungen, wenn sie sich zuspitzen, gegenüber den Leitungen und der Agentur offen legen. Als insgesamt sehr belastend erleben die sozialpädagogischen Fachkräfte den Aufwand, der mit dieser Dokumentations- und Verwaltungsarbeit verbunden ist. Einerseits haben die Dokumentationspflichten („alles aufschreiben müssen") sehr zugenommen – was explizit beklagt wird – andererseits sind es die vielfältigen organisatorischen Funktionen und Aufgaben, die den sozialpädagogischen Fachkräften häufig zufallen und die viel Zeit kosten. Die Praktikumsakquise und -betreuung ist eine davon.

Bei der weiteren Auswertung ist zwischen strukturellen und professionellen Grenzen unterschieden worden. Strukturelle Grenzen entstehen durch die Rahmenbedingungen des sozialpädagogischen Handelns, und hier lassen sich vielfältige Faktoren benennen. Dazu gehören zum Beispiel die komplexen oder multiplen Problemlagen mancher Jugendlicher. Sie können den Handlungsrahmen der sozialpädagogischen Fachkräfte sprengen und dem erfolgreichen Handeln seine Grenzen zeigen. Bei wirklich schwierigen Problemfällen wird das sehr deutlich. Hier muss auch bedacht werden, dass der zeitliche Rahmen für sozialpädagogisches Handeln limitiert ist. Die Grenzen liegen zum einen in der Dauer der Maßnahme, zum anderen – und das ist noch weitaus bedeutsamer –, in der Zeitstruktur der

Maßnahmen selbst. Die praktische Ausbildung und der Berufsschul- und Stützunterricht schränken die sozialpädagogischen Betreuungszeiten deutlich ein, und die Respektierung dieser Zeitanteile wird von den anderen pädagogischen Akteuren, besonders den Ausbildern, wohl teilweise sehr klar und deutlich eingefordert. Das gilt für die Berufsschule noch mehr, denn ihr Zeitrahmen ist institutionell unhintergehbar festgelegt. Dabei ist die Kombination verschiedener Lernorte durchaus ein Charakteristikum der beruflichen Bildung, und dieses Qualifizierungskonzept hat seine starken Seiten. Sie kämen besonders zum Tragen, wenn es gelänge, die Lernorte im Rahmen einer lernfördernden und sozialökologischen Vernetzung zu einem offenen System zu entwickeln. Aus sozialpädagogischer Sicht, – das ist bereits dargestellt worden – ist diese Vernetzung keineswegs eine Selbstverständlichkeit. Ob allerdings in dieser „Sozialpädagogen-Vorstellung" eine Tendenz zur Verabsolutierung ihres eigenen pädagogischen Ansatzes liegt, dem – trotz des guten Willens – die Tendenz zu übertriebener Wichtigkeit der eigenen Profession innewohnt, ist in den Interviews selbst nicht angesprochen worden. Hier geht es um Fragen des professionellen Selbstverständnisses, und das wird ebenfalls mit den Begrenzungen der Realität konfrontiert. Sie werden besonders dort sichtbar, wo ein jugendlicher Teilnehmer von sozialpädagogischen Interventionen nicht mehr erreicht wird, wo sowohl die Kommunikation als auch die Sanktion zu keiner Veränderung der Situation führt. Das professionelle Umgehen mit solchen Situationen erfordert auch eine sozialpädagogische Selbsteinschränkung, die im Spannungsfeld von Identifikation und Distanz eine ausgewogene Position finden muss. Die richtige Form der Selbstbeschränkung setzt nicht zuletzt auch eine professionelle Handlungsautonomie frei, und darin liegt ein Beispiel für eine Grenze, die zugleich auch Befreiendes an sich hat. Hier geht es darum, die richtige Balance zu finden. Das gilt auch für die Frage, in welchem Maße die Teilnahme an sozialpädagogischen Angeboten freiwillig oder verpflichtend sein soll.

Ein wichtiges Handlungsfeld der sozialpädagogischen Fachkräfte ist der Praktikumseinsatz. Im Rahmen des Projektes sind 12 Betriebe befragt worden, um deren Erfahrungen mit Praktikanten aus den Maßnahmen dokumentieren zu können (Kap. 8). Da die Kontakte über die Träger hergestellt worden sind, ist hier eine Auswahl entstanden, in denen das Praktikum gut funktioniert. Als ein wichtiges Motiv von Seiten der Betriebe hat sich das Interesse an der Personalgewinnung herausgestellt. Es ist aber fast immer mit einer positiven Einstellung gegenüber jungen Praktikanten oder Auszubildenden verbunden, in der zum Teil auch soziale Aspekte mitschwingen. Sehr wichtig ist die Bereitschaft der Jugendlichen zur Integration in den Betrieb, das gilt sowohl für die anfallenden Arbeiten als auch für die Organisation und deren soziale Struktur. Ganz besonderer Wert wird auf „Basistugenden" wie Pünktlichkeit, Interesse und Engagement gelegt. Lustlosigkeit – aus welchen Gründen auch immer – kommt nicht gut an und führt zu schnellem Abbruch. Andererseits gibt es gute Hinweise darauf, dass die betreuenden Mitarbeiter, die häufig auch Erfahrung in der Ausbildung haben, durchaus in der Lage sind, den jungen Praktikanten angemessene Arbeiten zu übertragen, durch die sie sich gefordert fühlen und Erfolgserlebnisse haben. Wenn die Grundlinie des Einsatzes bei den Jugendlichen stimmt, zeigt sich durchaus auch eine gewisse pädagogische Toleranz, durch die Praktika insgesamt sehr erfolgreich sein können. Ein interessantes Thema sind die Erwartungen der Betriebe an die Betreuung durch die sozialpädagogischen Fachkräfte. Sie müssen sehr genau jenen Takt finden, in dem sie auf die Mitarbeiter und ihre Jugendlichen in den Betrieben zugehen und dabei eine dezente Präsenz zeigen, ohne zu stören. Dazu gehört auch die Fähigkeit, genau abwägen zu können, welche Jugendliche mit welchen Problemen in welchen Betrieben gut aufgehoben sind. Diese Kenntnisse und Kontakte sind ein beachtliches Kapital der sozialpädagogischen Fachkräfte, das bei einem Verlust der Maßnahme im Ausschreibungsprozess leicht verloren gehen kann.

Die Ausschreibungspraxis hat einen so gravierenden Einfluss auf die sozialpädagogischen Tätigkeiten und besonders auch auf die Beschäftigungsverhältnisse, dass diesem Problem ein eigenes Kapitel gewidmet ist (Kap. 9). Viele der befragten sozialpädagogischen Fachkräfte sind nur befristet beschäftigt, und die Vertragslaufzeiten sind teilweise mit den Maßnahmelaufzeiten von 10 Monaten synchronisiert. Daraus ergibt sich eine extrem große Beschäftigungsunsicherheit, die die Arbeit sehr beeinträchtigen kann. Einerseits besteht die Sorge, dass „Billiganbieter" die Maßnahmen übernehmen, andererseits gibt es keine Betreuungskontinuität über die Maßnahmelaufzeit hinaus. Das führt zu Begrenzungen des Engagements und der Beziehungsintensität, gleichsam als „Schutzmaßnahme" gegen Enttäuschungen. Sie können nicht nur auf Seiten der Sozialpädagogen, sondern mehr noch bei den Jugendlichen entstehen, wenn mit Mühe aufgebaute Beziehungen schon nach 10 Monaten wieder abrupt beendet werden müssen. Für Jugendliche, die Schwierigkeiten haben, sich auf Beziehungen einzulassen, ist die Situation insgesamt als problematisch einzuschätzen. Auch das Netzwerk zu den Praktikumsbetrieben erfordert eigentlich eine ganz andere Pflege, als das unter den Ausschreibungsbedingungen möglich ist.

Eine weitere gravierende Veränderung der letzten beiden Jahre ist die Einführung der Neuen Förderstruktur (Kap 10). Für die Darstellung der mit diesem Konzept einhergehenden Neuerungen war es erforderlich, auf den Vorläufer, die „Neue Förderstruktur" und auf die Hartz-Reformen einzugehen. Ohne diesen Kontext wären die Entwicklungen im Bereich der Berufsvorbereitung nicht zu verstehen. Im Zentrum des Neuen Fachkonzepts steht nicht mehr die sozialpädagogische Fachkraft, sondern der Bildungsbegleiter. Er koordiniert den gesamten Maßnahmeverlauf, er erstellt den Qualifizierungsplan, der an die Stelle des alten Förderplanes getreten ist. Ein großer Vorteil liegt darin, dass nun die sozialpädagogischen Fachkräfte nicht mehr für die umfangreiche Dokumentations- und Verwaltungsarbeit zuständig sind, auch die Praktikumsakquise und -betreuung obliegt neben allen anderen Außenkontakten den Bildungsbegleitern. Das kann die sozialpädagogische Arbeit entlasten. In den Interviews hat sich gezeigt, dass das neue Fachkonzept auch für die Fachkräfte vor Ort relativ kurzfristig eingeführt worden ist und für systematische Weiterbildung kaum Zeit gewesen ist. Alle Bildungsbegleiter kommen auch aus pädagogischen Berufen, ein Teil war zuvor schon als sozialpädagogische Fachkraft tätig. Das kann die Arbeit erleichtern, es klärt aber die strukturell schwierige Beziehung zwischen Bildungsbegleitern und Sozialpädagogen nicht. Ganz schwierig wird die Lage, wenn die Bildungsbegleiter versuchen, die Arbeit der sozialpädagogischen Fachkräfte mit zu übernehmen. Das hat es auch gegeben, es hat zu Überlastungen und zu Ausgrenzungen geführt. Unklar ist auch, ob den Bildungsbegleitern eine Führungsrolle zukommen soll. In einigen Fällen wird die Entwicklung so eingeschätzt. In den Interviews lassen sich jedoch zwei verschiedene Entwicklungslinien erkennen. Es gibt Träger, bei denen Bildungsbegleiter und Sozialpädagogen Hand in Hand arbeiten, dabei gute Teams bilden und darin unterschiedliche Arbeitsschwerpunkte legen. Das kann gut funktionieren. Das andere

Modell ist die relativ klare Trennung von Sozialpädagogik und Bildungsbegleitung. Wenn sich die Bildungsbegleitung auf Eignungsfeststellung und Qualifizierungsprozesse konzentriert, bleibt deutlich ein Handlungsraum für die sozialpädagogischen Fachkräfte frei, der auch mit entsprechenden Aktivitäten gefüllt werden kann – sofern die Ressourcen bereit gestellt worden sind und der Betreuungsschlüssel das zulässt. Riskant ist jedoch, dass die sozialpädagogische Arbeit jetzt – wenigstens der Tendenz nach – auf Anforderung des Bildungsbegleiters erfolgt. Damit steht wieder die „Feuerwehrfunktion" im Mittelpunkt, die eigentlich überwunden war und die, wenn sie zum leitenden Prinzip wird, eher als eine Verfallsform der sozialpädagogischen Arbeit gilt. Um im Bild zu bleiben: Gute sozialpädagogische Arbeit ist eher vorbeugender Brandschutz als Feuer löschen. Wenn es wirklich brennt, ist es eigentlich schon zu spät. Die systematische sozialpädagogische Betreuung, bei der die Sozialpädagogen im Rahmen einer relativ großen Autonomie selbst tätig werden können, steht hier tendenziell zur Disposition. Denkbar ist jedoch ein Modell, das diesen Handlungsspielraum bewahrt, denkbar ist aber auch eine Konstruktion, bei der sozialpädagogische Fachkräfte nur auf Anforderung tätig werden. Das Fachkonzept selbst klärt diese Frage nicht, und damit ist sie in das Belieben der Bildungsbegleiter gestellt. Darin liegt das gesamte Dilemma der sozialpädagogischen Arbeit in der neuen Berufsvorbereitung. Die Antwort auf die Frage, ob ihnen ein professioneller Handlungsspielraum zusteht oder ob er entbehrlich ist, liegt in faktisch häufig den Händen des einzelnen Bildungsbegleiters. Dieses Problem mag in der Alltagspraxis – wo man sich gut kennt und seit langem gut zusammen arbeitet – keine Rolle spielen, in struktureller Sicht ist dieser ungeregelte Punkt für die Sozialpädagogik katastrophal. In den Interviews zeigt sich, dass auf Seiten der sozialpädagogischen Fachkräfte wirklich eine große Sorge vorherrscht, dass ihre Arbeit inferiorisiert wird und erheblich an Bedeutung verlieren kann. Diese Sorge ist aufgrund der strukturellen Unklarheiten durchaus begründet. Allerdings findet sich in der Praxis der von uns befragten Sozialpädagogen kaum etwas davon wieder. Hier wird vielmehr von guter Kooperation, teilweise auch von Entlastungen durch die Bildungsbegleiter berichtet. Das lässt verschiedene Interpretationen zu. Entweder erweisen sich die strukturellen Probleme, die im Verhältnis von Bildungsbegleitungen und Sozialpädagogik bestehen, in der Alltagspraxis aufgrund des guten pädagogischen Kooperationspotentials als irrelevant, oder das Neue Fachkonzept ist in seinen Grundstrukturen noch nicht in der Wirklichkeit angekommen. Sollte letzteres der Fall sein, ist die Lage für die Sozialpädagogik in der Berufsvorbereitung, vielleicht in der gesamten Benachteiligtenförderung außerordentlich riskant. Eine Arbeit auf Anweisung durch den Bildungsbegleiter würde die Autonomie und Professionalität der sozialpädagogischen Fachkräfte stark untergraben, und es würde die Chancen zu einem eigenständigen Beziehungsaufbau zu den Teilnehmerinnen und Teilnehmern ganz erheblich einschränken. Auch die soziale Integrationsarbeit, die im Vorfeld eine Entproblematisierungsstrategie darstellt, könnte in den Hintergrund treten. Damit wäre eine wichtige sozialpädagogische Handlungsbasis, die durch Vertrauensarbeit hergestellt wird, weitgehend demontiert.

Ein abschließendes Kapitel (Kap. 11) kehrt in die sozialpädagogische Arbeit zurück, so wie sie vor Einführung des Neuen Fachkonzepts in der Berufsvorbereitung, und bis jetzt in der außerbetrieblichen Berufsausbildung und in den ausbildungsbegleitenden Hilfen durchgeführt worden ist. Hier wird der Versuch unternommen, die qualitativen Daten zur sozialpädagogischen Arbeit zu quantifizieren. Das ist nicht ohne Risiko, weil nicht die reale Zeit erfasst wird, die in die verschiedenen Arbeitsformen zu investieren ist, auch nicht die Anzahl der Anlässe, die solche unterschiedlichen Arbeitsformen auslösen. Allein die Anzahl der Nennungen kann hier zur Auswertung herangezogen werden. Das könnte methodisch umstritten sein, deshalb soll diesem Kapitel kein zentraler Wert beigemessen werden, was auch seine Stellung am Schluss des Berichts zum Ausdruck kommt. Hervorzuheben ist aber, dass deutlich wird, wie ein ganzes Spektrum von Hilfen angeboten wird, und dass einzelfall- und gruppenbezogene Arbeiten ungefähr gleichgewichtig angeboten werden. Die Arbeiten, die an der Entwicklung einer guten Gruppenstruktur orientiert sind, nehmen einen breiten Raum ein. Das gilt auch für jene Aufgaben, die im eigentlichen Sinne keine sozialpädagogischen, sondern eher verwaltende sind. Dieser Teil ist in der Berufsvorbereitung jetzt an die Bildungsbegleiter übergegangen. Bedenkenswert, vielleicht auch bedenklich ist die sich abzeichnende Tendenz, dass die gruppenbezogenen sozialpädagogischen Arbeitsformen zurückgehen. Ohne Frage wird es Jugendliche geben, die nach dem neuen Fachkonzept in ihrer Berufseinmündung gefördert werden können, ohne dass sie sozialpädagogische Gruppenangebote wahrnehmen müssen. Sicher ist aber auch, dass es Jugendliche gibt, die mit erheblichen sozialen Problemen in die Berufsvorbereitung eintreten und dringend einer Förderung ihrer sozialen Kompetenz bedürfen. Hier sind soziale Gruppenarbeit und individuelle Betreuungsformen erforderlich, die auf der Basis guter Vertrauensverhältnisse erst die Entwicklung sozialer Fähigkeiten ermöglichen. Das neue Fachkonzept, angetreten mit der Zielsetzung, den „Maßnahmedschungel" zu lichten, sieht solche Differenzierungen der Maßnahmen nicht vor. Ob es damit der sozialpädagogischen Arbeit eher Abbruch getan hat oder ob es durch die Arbeitsteilung mit den Bildungsbegleitern neue Chancen eröffnet, wird die Zukunft zeigen. Für die Autoren steht aber außer Frage, dass es sozialpolitisch und pädagogisch kaum zu vertreten ist, auf die Potentiale der sozialpädagogischen Arbeit, wie sie sich in über 25 Jahren herausgebildet hat, zu verzichten.

14. Literatur und Quellen

Abel, Rainer; Bundesinstitut für Berufsbildung (1983): Berufsvorbereitende Maßnahmen für benachteiligte Jugendliche: Praxisberichte aus Modellversuchen. Berlin: Bibb.

Ahrendt, Hannah (1958/2002): Vita activa. Frankfurt a. M.

Allespach, Martin; Novak, Hermann (2005): Abbau von Benachteiligung als berufspädagogischer Auftrag und berufspädagogische Herausforderung. In: Allespach, M.; Novak, H. (Hrsg.): Benachteiligte Jugendliche in der Ausbildung. Anforderungen an ein integratives berufspädagogisches Förderkonzept. Marburg: Schüren Presseverlag, S. 9–52.

Althaus, Dieter; Gauger, Jörg-Dieter; Konrad-Adenauer-Stiftung (1996): Durch Erziehung Werte vermitteln. Sankt Augustin: Konrad-Adenauer-Stiftung.

Althoff, Heinrich (1989): Ausbildungsabbrecher – Ihre Berufsbildung und Erwerbstätigkeit. In: Zeitschrift für Berufs- und Wirtschaftspädagogik, 7, S. 612–619.

Althoff, Heinrich (2003): Woran die Vertragslösungsraten kranken – Untersuchung zur Aussagekraft der gegenwärtigen Vertragslösungsraten. In: Althoff, H.; Brosi, W.; Troltsch, K.; Ulrich, J. G.; Werner, R. (Hrsg.): Vorzeitige Lösung von Lehrverträgen und Ausbildungsabbruch. Bielefeld: Bertelsmann Verlag, S. 35–48.

Althoff, Heinrich; Brosi, Walter; Troltsch, Klaus; Ulrich, Joachim Gerd; Werner, Rudolf (Hrsg.) (2003): Vorzeitige Lösung von Lehrverträgen und Ausbildungsabbruch. Problemaufriss und Untersuchung der methodisch-statistischen Grundlagen. Bielefeld: W. Bertelsmann Verlag.

Angilletta, Salvatore Pasquale (2002): Individualisierung, Globalisierung und die Folgen für die Pädagogik. Opladen: Leske + Budrich.

Arendt, Hannah (1958/ 2003): Vita activa. München, Zürich: Piper.

Arnold, Rolf; Münch, Joachim (1996): Fragen und Antworten zum Dualen System der deutschen Berufsausbildung. Bonn: Bundesministerium für Bildung, Wissenschaft, Forschung und Technologie. Stand: Januar 1996.

Baumgart, Franzjörg (2000): Theorie der Sozialisation. Erläuterungen-Texte-Arbeitsaufgaben. Bad Heilbrunn/Obb.: Verlag Julius Klinkhardt.

Beck, Ulrich (1986): Risikogesellschaft. Auf dem Weg in eine andere Moderne. Frankfurt am Main.

Beck, Ulrich; Sopp, Peter (1997): Individualisierung und Integration: neue Konfliktlinien und neuer Integrationsmodus? Opladen: Leske + Budrich.

Beck, Ulrich; Willms, Johannes (2000): Freiheit oder Kapitalismus. Frankfurt a. M.: Suhrkamp Verlag.

Becker, Roland; Deutscher Verein für Öffentliche und Private Fürsorge (1997): Fachlexikon der sozialen Arbeit. Frankfurt am Main: Dt. Verein für öffentliche und private Fürsorge.

Beer, Dagmar; Bundesinstitut für Berufsbildung (1985): Berufsausbildung ausländischer Jugendlicher: Zwischenbilanz aus den Modellversuchen. Berlin [u.a.]: Bundesinstitut für Berufsbildung.

Beinke, Lothar (1978): Das Betriebspraktikum. Darstellung und Kritik eines pädagogischen Konzeptes zur Berufswahlhilfe. Bad Heilbrunn/Obb.: Verlag Julius Klinkhardt.

Beinke, Lothar (1999): Berufswahl. Der Weg zur Berufstätigkeit. Bad Honnef: Verlag K. H. Bock.

Benseler, Frank; Heitmeyer, Wilhelm; Hoffmann, Dietrich; Pfeiffer, Dietmar; Sengling, Dieter (Hrsg.) (1988): Risiko Jugend. Leben, Arbeit und politische Kultur. Münster: Votum Verlag.

Berger, Klaus; Walden, Günter; Bundesinstitut für Berufsbildung (2002): Evaluierung der Bund-Länder-Programme zur Ausbildungsförderung in den neuen Bundesländern 1996 –1999; Bestandsaufnahme, Schlussfolgerungen und Empfehlungen. Bielefeld: Bertelsmann.

Beutner, Marc (2003): Ausbildungsbereitschaft von Klein und Mittelbetrieben. Vortrag im Workshop 1 – „Berufsausbildung aus Sicht der Anbieter" im Rahmen der BiBB Fachtagung Zukunft der Berufsausbildung in Deutschland – Empirische Untersuchungen und Schlussfolgerungen. URL: http://www.bibb.de/dokumente/pdf/a21_ft-zukunf-berufsausbildung_beutner.pdf; Stand: 02.12.2003.

Blaschke, Dieter; Plath, Hans-Eberhard; Nagel, Elisabeth (1997): Abbruch der Erstausbildung in der beruflichen Rehabilitation. Mitteilungen aus der Arbeitsmarkt und Berufsforschung, 2, S. 319–344.

Bock, Karin (2002): Die Kinder- und Jugendhilfe. In: Thole, W. (Hrsg.): Grundriss Soziale Arbeit. Opladen: Leske und Budrich, S. 299–316.

Bohlinger, Sandra (2002a): Ausbildungsabbruch. Einblick in eine vermeintliche Randerscheinung des deutschen Bildungssystems. Aachen: Shaker Verlag.

Bohlinger, Sandra (2002b): Ausbildungsabbruch – Forschungsstand eines bildungspolitischen Problemfeldes. In: Bohlinger, S.; Jenewein, K. (Hrsg.): Ausbildungsabbrecher – Verlierer der Wissensgesellschaft. Bielefeld: W. Bertelsmann Verlag, S. 27–37.

Bohlinger, Sandra (2004): Der Zusammenhang von Benachteiligung, Vertragslösungen und Praktika. bwp@ unter www.bwpat.de. Nr. 6 (12.01.2006), S. 1–12.

Bohlinger, Sandra; Jenewein, Klaus; Misiewicz, Hans-Peter (2001): Ausbildungsabbruch. Kennzahlen als Instrument zur zahlenmäßigen Erfassung von Ausbildungsabbrüchen. Düsseldorf: Westdeutscher Handwerkskammertag.

Böhnisch, Lothar (1997): Sozialpädagogik der Lebensalter. Weinheim und München: Juventa Verlag.

Böhnisch, Lothar; Arnold, Helmut; Schröer, Wolfgang (1999): Sozialpolitik. Eine wissenschaftliche Einführung. Weinheim und München: Juventa Verlag.

Böhnisch, Lothar; Schröer, Wolfgang (2001): Pädagogik und Arbeitsgesellschaft. Historische Grundlagen und theoretische Ansätze für eine sozialpolitisch reflexive Pädagogik. Weinheim und München: Juventa Verlag.

Bojanowski, Arnulf; Eckert, Manfred; Stach, Meinhard; Hochschultage Berufliche Bildung (2004): Berufliche Bildung Benachteiligter vor neuen Herausforderungen: Umbau der Förderlandschaft – innovative Netzwerke – neue Aktivierungsformen. Bielefeld: W. Bertelsmann Verlag.

Bonifer-Dörr, Gerhard; Fachkonferenz Benachteiligtenförderung (2000): Impulse und Perspektiven: 20 Jahre Benachteiligtenförderung; Festschrift zur Benachteiligtenförderung am 20. Juni 2000 in Berlin.

Bonifer-Dörr, Gerhard; Vock, Rainer (2003): Berufliche Integration junger Menschen mit besonderem Förderbedarf: Entwicklung – Stand – Perspektiven; Festschrift für Jürgen Thiel. Darmstadt: Hiba-Verl.

Borsdorf, Evelyn; Petran, Wolfgang (2002): Förderung aus einem Guss. Modellversuche mit Qualifizierungswilligen Jugendlichen. Durchblick, 1, S. 14–15.

Borsdorf, Evelyn; Schünemann, Gabriele (2003): Neue Förderstruktur: So wenig wie möglich, soviel wie nötig. Durchblick, 4, S. 12–14.

Borst, Eva; Institut für Sozialpädagogische Forschung (1997): Kritische Texte zur Professionalisierung und Sozialisation: pädagogische Aspekte. Mainz: ism.

Böttcher, Wolfgang (1996): Die Bildungsarbeiter: Situation – Selbstbild – Fremdbild. Weinheim [u.a.]: Juventa-Verl.

Bourdieu, Pierre (1982): Die feinen Unterschiede. Frankfurt a. M.: Suhrkamp Verlag.

Bourdieu, Pierre (1985): Sozialer Raum und ‚Klassen'. Lecon sur la lecon. Frankfurt a. M.: Suhrkamp Verlag.

Braun, Frank (1993): Hilfen auf den Weg in die Arbeitswelt: zur Plazierung von Angeboten der arbeitsweltbezogenen Jugendsozialarbeit im Übergangssystem. München: DJI-Verlag.

Braun, Frank (2003): Lebenslagen junger Menschen am Übergang zu Ausbildung und Erwerbsarbeit. In: Bonifer-Dörr, G.; Vock, R. (Hrsg.): Berufliche Integration junger Menschen mit besonderem Förderbedarf. Heidelberg: hiba-Verlag, S. 119–136.

Braun, Frank; Gravalas, Brigitte; Deutsches Jugendinstitut (1981): Die Ausbildung der jungen Ungelernten: Bibliographie. München: DJI-Verlag.

Braun, Frank; Schröpfer, Haike (1996): Modellprogramm „Arbeitsweltbezogene Jugendsozialarbeit": Zwischenbilanz und Verzeichnis der Modellvorhaben. München: Deutsches Jugendinstitut.

Bremer, Rainer (2005): Fördern statt Ausgrenzen – Die Bedeutung des Themas unter den Gesichtspunkten Gesellschaft, Jugend, Berufsbildung und Arbeitsmarkt. In: Allespach, M.; Novak, H. (Hrsg.): Benachteiligte Jugendliche in der Ausbildung. Marburg: Schüren Presseverlag, S. 87-116.

Bronnfenbrenner, Uri (1989): Die Ökologie der menschlichen Entwicklung. Natürliche und geplante Experimente. Frankfurt a. M.: Fischer Taschenbuch.

Brosi, Walter; Werner, Rudolf (2003): Lösung von Ausbildungsverträgen – ein bildungspolitisch wichtiges Thema, methodisch-statistisch schwierig zu erfassen. In: Althoff, H.; Brosi, W.; Troltsch, K.; u. a. (Hrsg.): Vorzeitige Lösung von Lehrverträgen und Ausbildungsabbruch. Bielefeld: Bertelsmann Verlag, S. 5–8.

Buck, Günter; Gaag, Rainer (2002): Individualisierung, Flexibilisierung und Differenzierung in der Berufsvorbereitung. In: Fülbier, P.; Münchmeier, R. (Hrsg.): Handbuch Jugendsozialarbeit. Münster: Votum. S. 902–911.

Bundesagentur für Arbeit (2004): Neues Fachkonzept. Nürnberg: Bundesagentur für Arbeit

Bundesanstalt für Arbeit (1996): Dienstblatt-Runderlaß 42/96. Betreff: Berufsvorbereitende Bildungsmaßnahmen der Bundesanstalt für Arbeit. Nürnberg: Bundesanstalt für Arbeit

Bundesanstalt für Arbeit (1998): Dienstblatt-Runderlaß 8/98. Betreff: Leistungen nach §§235, 240 bis 246 SGB III; hier Vorläufige Durchführungsanweisung. Nürnberg: Bundesanstalt für Arbeit

Bundesanstalt für Arbeit (Hrsg.) (1999): Nachdruck des Dienstblatt-Runderlasses 50/99; Betreff: Leistungen nach §§235; 240 bis 246 SGB III hier: Entscheidungsleitfaden zur fachlichen Qualitätsbeurteilung bei der Vergabe von Maßnahmen in der Benachteiligtenförderung. Dienstblatt der Bundesanstalt für Arbeit. Nürnberg: Bundesanstalt für Arbeit.

Bundesanstalt für Arbeit (2001): Berufsvorbereitende Bildungsmaßnahmen der Bundesanstalt für Arbeit. Dienstblatt-Runderlass 12/2002. Nürnberg: Bundesanstalt für Arbeit

Bundesanstalt für Arbeit (Hrsg.) (2002): Teilhabe durch berufliche Rehabilitation. Handbuch für Beratung, Förderung, Aus-und Weiterbildung. Nürnberg: Bundesanstalt für Arbeit

Bundesanstalt für Arbeit (2003a): Berufsausbildung für Jugendliche mit schlechten Startchancen – Zukunftsperspektiven im Dualen System. 12. Nürnberg: Bundesanstalt für Arbeit

Bundesanstalt für Arbeit (Hrsg.) (2003b): Frauen und Beruf. Beruf Bildung Zukunft; 1. Nürnberg: Bundesanstalt für Arbeit

Bundesinstitut für Berufsbildung (2002): Die anerkannten Ausbildungsberufe. Bonn: Bundesinstitut für Berufsbildung.

Bundesministerium Bildung und Forschung (Hrsg.) (2003): Ausbildung & Beruf. Rechte und Pflichten während der Berufsausbildung. Berlin: Bundesministerum für Bildung und Forschung/ Bundesministerum für Wirtschaft und Arbeit.

Bundesministerium für Bildung und Forschung (2005a): Berufsbildungsbericht 2005. Bonn: BMBF.

Bundesministerium für Bildung und Forschung (Hrsg.) (2005b): Berufliche Qualifizierung Jugendlicher mit besonderem Förderbedarf – Benachteiligtenförderung. Bonn.

Bundesministerium für Arbeit und Sozialordnung (Hrsg.) (1994): Die Lage der Behinderten und die Entwicklung der Rehabilitation: dritter Bericht der Bundesregierung. Bonn: Bundesministerium für Arbeit und Sozialordnung.

Bundesministerium für Arbeit und Sozialordnung (Hrsg.) (1995): Berufsbildungswerke: Einrichtungen zur beruflichen Rehabilitation junger Menschen mit Behinderung; Erstausbildung. Bonn: Bundesministerium für Arbeit und Sozialordnung. Stand: September 1995. Auflage.

Bundesministerium für Bildung und Forschung (Hrsg.) (2001a): Kompetenzen fördern: Berufliche Qualifizierung für Zielgruppen mit besonderem Förderbedarf. Bonn.

Bundesministerium für Bildung und Forschung (Hrsg.) (2001b): Kompetenzen fördern: Berufliche Qualifizierung für Zielgruppen mit besonderem Förderbedarf. http://www.kompetenzen-foerdern.de/projekt.html.

Bundesministerium für Bildung und Forschung (Hrsg.) (2002): Berufliche Qualifizierung Jugendlicher mit besonderem Förderbedarf. Berlin.

Bundesministerium für Bildung und Forschung (Hrsg.) (2003): Berufsbildungsbericht 2003. Bonn: BMBF.

Bundesministerium für Bildung und Forschung (Hrsg.) (2004): Berufsbildungsbericht 2004. Bonn: BMBF.

Bundesministerium für Bildung und Wissenschaft (Hrsg.) (1982): Sozialpädagogisch orientierte Berufsausbildung. Handreichung für die Ausbildungspraxis im Benachteiligenprogramm des BMBW. Bonn.

Bundesministerium für Bildung und Wissenschaft (Hrsg.) (1990): Ausbildungsbegleitende Hilfen (abH). Grundlagen der Organisation, Planung und Durchführung. Bonn: Bundesministerium für Bildung und Wissenschaft.

Bundesministerium für Bildung und Wissenschaft (Hrsg.) (1992): Arbeiten mit dem Förderplan. Eine Handreichung für die Berufsausbildung benachteiligter Jugendlicher. Bonn.

Bundesministerium für Bildung und Wissenschaft (Hrsg.) (1993): Berufsausbildung benachteiligter Jugenlicher in den neuen Bundesländern. Dokumentation einer INFO-BÖRSE. Bonn.

Bundesministerium für Bildung und Wissenschaft; Bundesinstitut für Berufsbildung (Hrsg.) (1993): Differenzierte Wege zum anerkannten Berufsabschluß. Dokumentation einer Fachtagung zur Berufsausbildung benachteiligter Jugendlicher und junger Erwachsener. Bonn.

Bundesministerium für Familie, Senioren, Frauen und Jugend (Hrsg.) (2002): Gender Mainstreaming. Was ist das? Bonn.

Burghardt, Heinz (2005): Arbeitsfürsorge, Hilfe zur Arbeit und „moderne Dienstleistung am Arbeitsmarkt". Stationen einer Chronologie. In: Burghardt, Heinz; Enggruber, Ruth (Hg.): Soziale Dienstleistung am Arbeitsmarkt. Weinheim und München, S. 15–46.

Burkhardt, Anke; Schlegel, Uta (2003): Warten auf Gender Mainstreaming: Gleichstellungspolitik im Hochschulbereich. Lutherstadt Wittenberg: Inst. für Hochschulforschung an der Martin-Luther-Universität.

Bylinski, Ursula (2002): Beschäftigungsrisiken und Ressourcen zur Lebensbewältigung: eine empirische Studie zum Erleben von Erwerbslosigkeit junger Facharbeiter nach der außerbetrieblichen Berufsausbildung. Bielefeld: W. Bertelsmann Verlag.

Bylinski, Uschi; Stahmer, Ina; Angelika, Jäger (1997): Evaluation der Ausbildungsvorbereitenden Hilfen für Mädchen ausländischer Herkunft (AVH). Heidelberg.

Calchera, Franco; Hübeler, Iris; Roth, Jochen (1989): Lernbehinderte wie Du und ich. Wetzlar: Bildungswerk der hessischen Wirtschaft.

Casper, Thomas; Mannhaupt, Gerd (1997): abH: Teilnahme-Abbruch vermeiden! Warum Auszubildende (nicht) regelmäßig an den abH teilnehmen. Lübeck: hiba-Verl.

Casper, Thomas; Mannhaupt, Gerd; Ivankovic, Peter (2001a): Entwicklungsaufgaben in der Berufsausbildung: EinModell zur Erklärung und Vorhersage von ungeklärten Abbrüchen in Maßnahmen der Berufsausbildung in überbetrieblichen Einrichtungen. Informationen für die Beratungs- und Vermittlungsdienste. 46, S. 3523–3530.

Casper, Thomas; Mannhaupt, Gerd; Ivankovic, Peter (2001b): Ungeklärte Abbrüche in BaE-Maßnahmen. Entwicklungsorientierte Erklärung, frühe Vorhersage und präventive Maßnahmen. Durchblick, 3, S. 31–34.

Christe, Gerhard; Enggruber, Ruth; Fülbier, Paul; Mergner, Ulrich (2002): IAJ Studie zur Vorbereitung von Sozialpädagogen und Sozialpädagoginnen an Fachhochschulen für eine Tätigkeit in der Benachteiligtenförderung. Überblick über die wichtigsten Ergebnisse. Oldenburg.

Christoph, Wieland (2003): Werk-Statt-Schule. Ein präventiv-reintegratives Förderprojekt für schulmüde Jugendliche. News zum Bmbf-Programm. S. 7–9.

Clausnitzer, Klaus (2001): Modernisierung der Arbeitsmarktpolitik – Modernisierung der Arbeitsverwaltung. In: Impulse für die Arbeitsmarktpolitik / Friedrich-Ebert-Stiftung, Abt. Arbeit und Sozialpolitik – (Electronic ed.) – Bonn 2001. URL: http://library.fes.de/fulltext/asfo/01044007.htm (Stand 08.03.2007)

Cloos, Peter; Züchner, Ivo (2002): Das Personal der Sozialen Arbeit. Größe und Zusammensetzung eines schwer zu vermessenden Feldes. In: Thole, W. (Hrsg.): Grundriss Soziale Arbeit. Ein Handbuch. Opladen, S. 704–724.

Collingro, Peter (1988): Berufsausbildung benachteiligter Jugendlicher: Beiträge zum Workshop der Hochschultage Berufliche Bildung 1986. Wetzlar: Jungarbeiterinitiative an der Werner-von-Siemens-Schule.

Collingro, Peter u. a. (1983): Berliner Modellversuch. In: Furth, P. (Hrsg.): Jugendhilfe und Berufsausbildung. Frankfurt a. M.: Internationale Gesellschaft für Heimerziehung, S. 21–30.

Combe, Arno; Helsper, Werner (1996): Pädagogische Professionalität: Untersuchungen zum Typus pädagogischen Handelns. Frankfurt am Main: Suhrkamp.

Deuer, Ernst (2003): Abbruchneigung erkennen – Ausbildungsabbrüche verhindern. Informationen für die Beratungs- und Vermittlungsdienste. Nr. 25 vom 10. Dezember 2003, S. 20–26.

Deuer, Ernst; Ertelt, Bernd-Joachim (2001): Früherkennung und Prävention von Ausbildungsabbrüchen. ergebnisse einer empirischen Untersuchung. Informationen für die Beratungs- und Vermittlungsdienste. 22/01 vom 30. Mai 2001, S. 1417–1432.

Deutsche Shell (Hrsg.) (2002): Jugend 2002. Zwischen pragmatischem Idealismus und robusten Materialismus. Hamburg, Frankfurt a. M.: Fischer Taschenbuch Verlag.

Deutscher Industrie- und Handelskammertag (DIHK) (Hrsg.) (2005a): Ausbildung 2005, Ergebnisse einer Online-Unternehmensbefragung im Mai 2005. Berlin.

Deutscher Industrie- und Handelskammertag (DIHK) (Hrsg.) (2005b): Einstiegsqualifizierung 2005. Einstieg in die Berufsausbildung. 12 erfolgreiche Beispiele aus der Praxis. Berlin.

Deutsches Jugendinstitut e.V. (Hrsg.) (2001): Jugendsozialarbeit an sozialen Brennpunkten. Praxismodelle, Band 4. München: DJI-Verlag.

Deutsches PISA-Konsortium (Hrsg.) (2002): PISA 2000 – Die Länder der Bundesrepublik Deutschland im Vergleich. Opladen: Leske und Budrich.

Dobischat, Rolf (1994): Integration als Ziel beruflicher Bildung: Erfahrungen aus einem berufsqualifizierenden Modellprojekt für Aussiedler aus Osteuropa. Frankfurt am Main u.a.: Lang.

Dostal, Werner; Jansen, Rolf (2002): Qualifikation und Erwerbssituation in Deutschland – 20 Jahre BiBB/IAB-Erhebungen. Mitteilungen aus der Arbeitsmarkt und Berufsforschung, 35, S. 232–253.

Eckert, Manfred (2000): Die Berufsschule vor neuen Herausforderungen: sozialpädagogische Handlungsfelder an den berufsbildenden Schulen; Ergebnisse aus dem 2. Teil eines Modellversuches in Berufsschulen des Landes Thüringen. Darmstadt: Hiba-Verl.

Eckert, Manfred (2004): Wohin entwickelt sich die Benachteiligtenförderung? Reflexionen im Horizont neuer Arbeitsmarkt-, Bildungs- und Sozialpolitik. www.bwpat.de, 23.11.2004.

Eckert, Manfred; Kaiser, Heidrun (1998): Innovative Vernetzung von allgemeiner und beruflicher Bildung und Jugendhilfe: Youthstart; Abschlußbericht der wissenschaftlichen Begleitung des Projekts. Erfurt: Pädag. Hochsch.

Eckert, Manfred; Stratmann, Karlwilhelm (1978): Das Betriebspraktikum. Entwicklung, Konzepte und Probleme. Köln: Aulis.

Eckhardt, Christoph (1992): Zielgruppenorientierte Teilnehmergewinnung in ausbildungsbegleitenden Hilfen (abH): eine Handreichung für die Berufsausbildung benachteiligter Jugendlicher. Bonn: BMBW.

Eckhardt, Christoph; Davids, Sabine; Deutschland. Bundesministerium für Bildung und Forschung; Bundesinstitut für Berufsbildung; Bundesanstalt für Arbeit; Institut für Berufliche Bildung Arbeitsmarkt- und Sozialpolitik (1999): Neue Wege zum Berufsabschluß: ein Handbuch zur berufsbegleitenden Nachqualifizierung an- und ungelernter (junger) Erwachsener. Bonn: BMBF.

Eckhardt, Christoph; Deutschland. Bundesministerium für Bildung und Wissenschaft (1993): Die neugeordneten Büroberufe: eine Handreichung für die Berufsausbildung benachteiligter Jugendlicher.

Ehrhardt, Angelika; Jansen, Mechthild M.; Hessische Landeszentrale für Politische Bildung (2003): Gender Mainstreaming: Grundlagen, Prinzipien, Instrumente. Wiesbaden: Hlz.

Eichhorn, Bettina; Schitteck, Frank; Winter, Joachim (1995): Kooperation und Verbund zur beruflichen Qualifizierung Jugendlicher. Bonn: Bundesministerium für Bildung.

Eisele, Gudrun (2003): Gender Mainstreaming: Umsetzung eines europäischen Impulses auf Länderebene.

Engelhart, Helmtrude (1988): Lehre-Sprache-Beruf. Über die ganz alltägliche Wirklichkeit sozialer Praxis, wie sie vor den Fenstern der Fachhochschule sich abspielt. In: Ulke, K.-D. (Hrsg.): Ist Sozialarbeit lehrbar? Zum wechselseitigen Nutzen von Wissenschaft und Praxis. Freiburg im Breisgau: Lambertus-Verlag, S. 11–20.

Enggruber, Ruth (2004): Kritische Notizen zum ‚Neuen Fachkonzept für die Berufsvorbereitenden Bildungsmaßnahmen' der Bundesagentur für Arbeit. In: Jugend Beruf Gesellschaft, 4.

Enggruber, Ruth (2005a): Moderne Dienstleistung am Arbeitsmarkt – ausgewählte berufs- und sozialpädagogische Reflexionen. In: Burghardt, Heinz; Enggruber, Ruth (Hg.): Soziale Dienstleistung am Arbeitsmarkt. Weinheim und München, S. 65–84.

Enggruber, Ruth (2005b): Zur Vielfalt benachteiligter junger Menschen – ein Systematisierungsversuch. In: Berufsbildung, 59 (93), S. 35.

Espert, Sünne (2003): Personalfortbildung für die Neue Förderstruktur. Durchblick. 4, S. 15–16.

Espert, Sünne; Schnadt, Pia; Heidelberger Institut Beruf und Arbeit. Projektgruppe Förderplanung (2000a): Instrumente, Methoden und Dokumentation der Förderplanung. Lübeck: Hiba-Verl.

Espert, Sünne; Schnadt, Pia; Heidelberger Institut Beruf und Arbeit. Projektgruppe Förderplanung (2000b): Verfahren und institutionelle Bedingungen der Förderplanung. Lübeck: Hiba-Verl.

Euler, Dieter (1996): Denn sie tun nicht was sie wissen. Über die (fehlende) Anwendung wissenschaftlicher Theorien in der wirtschaftspädagogischen Praxis. Zeitschrift für Berufs- und Wirtschaftspädagogik, 92 (4), S. 350–365.

Europäische Union. Ausschuss der Regionen (2003): Stellungnahme des Ausschusses der Regionen vom 2. Juli 2003 zu der Mitteilung der Kommission an den Rat, das Europäische Parlament, den Wirtschafts- und Sozialausschuss und den Ausschuss der Regionen „Implementierung des Gender-Mainstreaming in den Strukturfonds-Programmplanungsdokumenten 2000–2006".

Evangelische Kirche in Deutschland. Arbeitsgemeinschaft der Männerarbeit (2003): „Und schuf sie als Mann und Frau". Gender Mainstreaming; Verschiedenheit wahrnehmen – mehr Gerechtigkeit leben.

Fachbeirat Benachteiligtenförderung (2003): Position: Nach den Hartz-Reformen: berufliche Qualifizierung für benachteiligte Jugendliche: Ausbauen statt Abbauen! Heidelberg.

Faix, Werner G.; Laier, Angelika (1989): Soziale Kompetenz. Köln: Dt. Inst.-Verl.

Faßmann, Hendrik (1998a): Das Abbrecherproblem – Probleme der Abbrecher: Zum Abbruch der Erstausbildung in Berufsbildungswerken. Nürnberg: Institut für empirische Soziologie Nürnberg.

Faßmann, Hendrik (1998b): Ein Instrument zur Früherkennung und Reduzierung von Ausbildungsabbrüchen in Berufsbildungswerken. Anliegen Struktur, Handhabung und Erprobungsergebnisse. Nürnberg: Institut für empirische Soziologie Nürnberg.

Faßmann, Hendrik; Funk, Walter (1997): Früherkennung und Reduzierung von Abbrüchen der Berufsausbildung in Berufsbildungswerken. Mitteilungen aus der Arbeitsmarkt- und Berufsforschung, 30 (2), S. 345–355.

Fend, Helmut (2000): Entwicklungspsychologie des Jugendalters. Opladen: Leske und Budrich.

Finger-Trescher, Urte; Krebs, Heinz; Müller, Burkhard; Gstach, Johannes (Hrsg.) (2002): Professionalisierung in sozialen und pädagogischen Feldern. Jahrbuch für Psychoanalytische Pädagogik 13. Gießen: Psychosozial-Verlag.

Fischer, Astrid (2002): Erfahrungen der vom Ausbildungsabbruch betroffenen Personengruppen. In: Bohlinger, S.; Jenewein, K. (Hrsg.): Ausbildungsabbrecher – Verlierer der Wissensgesellschaft. Bielefeld: W. Bertelsmann Verlag.

Fischer, Jörg (2005): Von der katholischen Soziallehre zum aktivierenden Paradigma. Entwicklungsverläufe des Subsidiaritätsprinzips in der Ausgestaltung des Sozialstaates. In: Zeitschrift für Sozialpädagogik, 1, S. 81–98.

Fischer, Marlies; Meyer, Klaus; Schwiedrzik, Bernd (1982): Kooperation in der beruflichen Bildung: Auswahlbibliographie. Berlin: Bundesinst. für Berufsbildung.

Fischer-Kottenstede, Jens; Kropp, Cornelia; Zippel, Kurt (1994): Situation und Verbleib von Schülerinnen und Schülern des Berufsvorbereitungsjahres in Niedersachsen. Hannover: Univ.

Förster, Heike; Kuhnke, Ralf; Mittag, Hartmut; Reißig, Birgit (2002): Lokale Kooperation bei der beruflichen und sozialen Integration benachteiligter Jugendlicher. Praxismodelle. 13. München: DJI-Verlag.

Forum Bildung (2000): Qualifizierte Berufsausbildung für alle! Fachtagung des Forum Bildung am 27. und 28. September 2000 in Bonn. Köln.

Franke, Guido; Kleinschmitt, Manfred (1987): Der Lernort Arbeitsplatz. Eine Untersuchung der arbeitsplatzgebundenen Ausbildung in ausgewählten elektrotechnischen Berufen der Industrie und des Handwerks. Berlin: Beuth Verlag GmbH.

Frauenpolitisches Forum (2003): „Gender Mainstreaming – Umsetzung in die Praxis". Hannover.

Frey, Regina (2003): Gender im Mainstreaming: Geschlechtertheorie und -praxis im internationalen Diskurs. Königstein/Ts.: Helmer.

Friedrich-Ebert-Stiftung. Abteilung Arbeits- und Sozialforschung (1995): Wirtschaftsstandort neue Bundesländer – Bildungsstandort neue Bundesländer: brau-chen wir eine neue Ausbildungskultur? eine Tagung der Friedrich-Ebert-Stiftung am 27./28. April 1995 in Lutherstadt-Wittenberg.

Friedrich-Ebert-Stiftung: Gesprächskreis Arbeit und Soziales (Hrsg.) (2003): „Alle mit ins Boot nehmen" Berufliche Qualifizierung für Jugendliche mit besonderem Förderbedarf. Bonn: Friedrich-Ebert-Stiftung.

Friedrichs, Jürgen (1981): Methoden empirischer Sozialforschung. Opladen: Westdt. Verlag.

Fritz, Herbert (1994): Abschlußbericht; Modellversuch: Förderung lernbeeinträchtigter Jugendlicher in der Berufsausbildung (LiB). Stuttgart: Landesinstitut für Erziehung und Unterricht Stuttgart.

Fülbier, Paul (2001): Handbuch Jugendsozialarbeit: Geschichte, Grundlagen, Konzepte, Handlungsfelder, Organisation. Münster: Votum.

Galuske, Michael (1993): Das Orientierungsdilemma. Jugendberufshilfe, sozialpädagogische Selbstvergewisserung und die modernisierte Arbeitsgesellschaft. Bielefeld.

Galuske, Michael (1998): Methoden der sozialen Arbeit. Weinheim und München: Juventa Verlag.

Galuske, Michael (2002a): Flexible Sozialpädagogik. Elemente einer Theorie Sozialer Arbeit in der modernen Arbeitsgesellschaft. Weinheim und München.

Galuske, Michael (2002b): Dienstleistungsorientierung – ein neues Leitkonzept Sozialer Arbeit? In: Neue Praxis, 3, S. 241–257.

Galuske, Michael (2005): Hartz-Reformen, aktivierender Sozialstaat und die Folgen für die Soziale Arbeit – Anmerkungen zur Politik autoritärer Fürsorglichkeit. In: Burghardt, Heinz; Enggruber, Ruth (Hg.): Soziale Dienstleistung am Arbeitsmarkt. Weinheim und München, S. 193–212.

Geißler, Karlheinz; Hege, Marianne (2001): Konzepte sozialpädagogischen Handelns. Ein Leitfaden für soziale Berufe. Weinheim und Basel: Beltz Verlag.

Gericke, Thomas (2003): Der Betrieb als Ausbildungsort für Jugendliche mit schlechten Startchancen. In: Bonifer-Dörr, G.; Vock, R. (Hrsg.): Berufliche Integration junger Menschen mit besonderem Förderbedarf. Entwicklung – Stand – Perspektiven. S. 137–150.

Gericke, Thomas; Deutsches Jugendinstitut (2002): Jugendliche fördern und fordern: Strategien und Methoden einer aktivierenden Jugendsozialarbeit. München: DJI-Verlag.

Gericke, Thomas; Deutsches Jugendinstitut (2003): Duale Ausbildung für Benachteiligte. Eine Untersuchung zur Kooperation von Jugendsozialarbeit und Betrieben. München: DJI-Verlag.

Gericke, Thomas; Lex, Tilly; Schreiber-Kittl, Maria; Schröpfer, Haike (2001): Fördern & Fordern; Jugendliche im Modellprojekt der Jugendsozialarbeit: Deutsches Jugendinstitut e.V.

Gerntke, Axel; Klute, Jürgen; Troost, Axel; Trube, Achim (Hrsg.) (2002): Hart(z) am Rande der Seriosität? Die Hartz-Kommission als neues Modell der Politikberatung und -gestaltung? Kommentare und Kritiken. Zweiter Arbeitsmarkt. Münster, Hamburg, London: Lit-Verlag.

Geßner, Thomas (2003): „Die letzten beißen die Hunde" – Die Gegenwart des Turbokapitalismus und die Zukunft der Benachteiligtenförderung. Gewerkschaftliche Bildungspolitik, 5/6.

Gillitzer, Sabine (2000): Jugendliche am Anfang der Berufsausbildung. Osnabrück: Der andere Verlag.

Goffman, Erving (1975): Stigma: über Techniken der Bewältigung beschädigter Identität. Frankfurt a. M.: Suhrkamp.

Goldmann, Monika (2003): Projektdokumentation Gender Mainstreaming und demographischer Wandel. Dortmund: Sozialforschungsstelle.

Golisch, Botho (2002): Wirkfaktoren der Berufswahl Jugendlicher. Frankfurt a. M.: Peter Lang.

Grasser, Walter (2002): Berufsausbildung in außerbetrieblichen Einrichtungen. Erstausbildung in der Benachteiligtenförderung nach § 241 SGB III. Eine Vergleichsstudie und eine Begleitstudie in Bayern. Berlin: Wissenschaftlicher Verlag Berlin.

Haag, Hans-Peter (1993): Förderkonzept der Berufsausbildung in überbetrieblichen Einrichtungen (BüE) – Sozial-, Berufs- und Schulpädagogik. In: Bundesministerium für Bildung und Wissenschaft (Hrsg.): Berufsausbildung benachteiligter Jugendlicher in den neuen Ländern. Bonn, S. 40–46.

Habermas, Jürgen (1995): Theorie des kommunikativen Handelns. Band 2. Frankfurt a. M.: Suhrkamp.

Havighurst, R. J. (1972): Development Tasks and Education. New York: Longmans & Green.

Heimerer, Leo (1996): Förderung benachteiligter Jugendlicher in der Berufsausbildung: Dokumentation einer Fachtagung 17. bis 20. März 1996, Bildungszentrum Wildbach Kreuth. München: Staatsinst. f. Schulpäd. u. Bildungsforsch.

Heimlich, Ulrich (2003): Integrative Pädagogik. Eine Einführung. Stuttgart: Kohlhammer.

Heinz, Walter R. (1995): Arbeit, Beruf und Lebenslauf. Eine Einführung in die berufliche Sozialisation. Weinheim und München: Juventa Verlag.

Heisler, Dietmar (2005): Die Einbindung der Berufsausbildungsvorbereitung in betriebliche Leistungsprozesse. Gegenüberstellung betrieblicher und außerbetrieblicher berufsvorbereitender Bildungsmaßnahmen. bwp@ unter www.bwpat.de. Ausgabe 9, Stand: 25. Januar 2006, S. 1–11.

Herbertz, Dieter; Katholische Arbeitsgemeinschaft für Jugendsozialarbeit (1993): Jugendberufshilfe im Verbund: Modellberichte aus der arbeitsweltbezogenen Jugendsozialarbeit. München: Don-Bosco-Verl. 1. Aufl. Auflage.

Herrmann, Edeltraud (2003): Gender Mainstreaming: auf Dauer in den Kommunen nicht aufzuhalten. Hamburg: Verl. Dashöfer.

Herrmann, Ulrich (1982): Was heißt „Jugend"? In: Landeszentrale für politische Bildung Baden-Württemberg (Hrsg.): Jugend – Jugendprobleme – Jugendprotest. Stuttgart, Berlin, Köln, Mainz: Kohlhammer Taschenbücher, S. 11–27.

Hessisches Institut für Lehrerfortbildung (Hrsg.) (1985): Regelungen und Richtlinien im Deutschen Übungsfirmenring. Handbuch. Kassel.

Hessisches Institut für Lehrerfortbildung (Hrsg.) (1991): Modellversuch „Praxisbegleitende Lehrerfortbildung für die Arbeit mit benachteiligten Schülern" (PLASCH); Abschlussbericht. Fuldatal: Hessisches Institut für Lehrerfortbildung.

Hessisches Institut für Lehrerfortbildung (Hrsg.) (1992): Aspekte einer Förderung verhaltensauffälliger Schülerinnen und Schüler an allgemeinbildenden Schulen. Materialien für die Arbeit mit Behinderten. Fuldatal: Hessisches Institut für Lehrerfortbildung.

Hofmann, Annegret; Brandtner, Hans; Gockel, Gudrun (2001): Aufgabenfeld: Sozialarbeit in Qualifizierungs- und Beschäftigungsgesellschaften: eine Einführung. Darmstadt: Hiba-Verl. 1. Aufl. Auflage.

Hofmann, Isolde; Sachsen-Anhalt. Ministerium für Gesundheit und Soziales (2003): Gender Mainstreaming in Sachsen-Anhalt: Konzepte und Erfahrungen. Opladen: Leske + Budrich.

Hollstein-Brinkmann, Heino (1993): Soziale Arbeit und Systemtheorien. Freiburg im Breisgau: Lambertus.

Holz, Heinz; Bundesinstitut für Berufsbildung (1994): Ausbildungsentwicklung in den neuen Bundesländern – ein verbindendes Transferprojekt. Berlin [u.a.]: Bundesinstitut für Berufsbildung.

Holzer, Beatrix (2003): Gender mainstreaming und seine Relevanz für das Management der sozialen Arbeit: eine Umsetzungsstrategie am Beispiel einer Kindertagesstätte. Frankfurt a. M.: Iss. Orig.-Ausg. Auflage.

Hondrich, Karl Otto (2001): Der Neue Mensch. Frankfurt a. M.: Suhrkamp.

Höpfner, Hans-Dieter; Bundesinstitut für Berufsbildung (1991): Entwicklung selbständigen Handelns in der beruflichen Aus- und Weiterbildung: ein auf der Theorie der Handlungsregulation begründetes didaktisches Modell. Berlin [u.a.]: Bibb.

Hornstein, Walter (1987): Jugend: Strukturwandel und Problemlagen. In: Thiersch, H.; Eyferth, H. (Hrsg.): Handbuch zur Sozialarbeit/Sozialpädagogik. Neuwied und Darmstadt: Luchterhand Verlag, S. 506–521.

Horstmann, Ulrich (1985): Das Untier: Konturen einer Philosophie der Menschenflucht. Frankfurt a. Main: Suhrkamp.

Hurrelmann, Klaus (1998): Einführung in die Sozialisationstheorie: über den Zusammenhang zwischen Sozialstruktur und Persönlichkeit. Weinheim [u.a.]: Beltz.

Hurrelmann, Klaus; Albert, Mathias; Deutsche Shell-Aktiengesellschaft. Jugendwerk; Infratest-Sozialforschung GmbH (2002): Jugend 2002: zwischen pragmatischem Idealismus und robustem Materialismus. Frankfurt am Main: Fischer-Taschenbuch-Verl.

INBAS (Hrsg.) (2001): Individuelle Qualifizierungswege Jugendlicher im Übergang von Schule in Ausbildung/Beschäftigung. Werkstattbericht zur Modellversuchsreihe INKA III. Offenbach.

INBAS (2003): Von der Maßnahme- zur Personenorientierung. Offenbach

INBAS (Hrsg.) (2004): Bildungsbegleitung als Bestandteil individueller Qualifizierung. Offenbach.

INBAS (Hrsg.) (2005a): Empfehlungen zur Fortschreibung des Fachkonzeptes für die Berufsvorbereitenden Bildungsmaßnahmen der Bundesagentur für Arbeit. Offenbach.

INBAS (Hrsg.) (2005b): Entwicklungsinitiative: Neue Förderstruktur für Jugendliche mit besonderem Förderbedarf. Auswertung von soziodemografischen Verlaufs- und Verbleibsdaten der Teilnehmenden im Modellversuchsjahr 2003–2004. Frankfurt a. M.

Institut für berufliche Bildung Arbeitsmarkt- und Sozialpolitik (2001b): Prozessbegleitung zur Modellversuchsreihe

INBAS; Djafari, Nader (1997): Berufliche und soziale Integration benachteiligter Jugendlicher in Thüringen: [im Rahmen des Projektes „Qualifizierung und Beratung von Ausbildungspersonal und lokalen Entscheidungsträgern bzw. Multiplikatoren im Bereich der Benachteiligtenförderung in den neuen Bundesländern" konzipiert und realisiert]. Frankfurt am Main: Inbas.

Institut für Massnahmen zur Förderung der Beruflichen und Sozialen Eingliederung; Druckrey, Petra (1999): Der „integrierte individuelle Förderplan" des IMBSE. Moers: Imbse.

Jann, Werner; Schmid, Günther (Hg) (2004): Eins zu eins? Eine Zwischenbilanz der Hartz-Reformen am Arbeitsmarkt. Berlin.

Jansen, Mechtild M. (2003): Gender mainstreaming: Herausforderung für den Dialog der Geschlechter. München: Olzog.

Joswig-von Bothmer, Karin; Schaefer, Hans Peter (1993): § 9 Abs. 3 KJHG Rechtsverbindlichkeit und Handlungsanforderungen an die Jugendsozialarbeit. Anregungen. Bonn.

Kahlert, Heike (2003): Gender Mainstreaming an Hochschulen: Anleitung zum qualitätsbewußten Handeln. Opladen: Leske + Budrich.

Kammerhofer, Christa; Schlegel, Wolfgang (1995): Benachteiligtenförderung und die Förderprogramme der Europäischen Union. Bonn: Bundesministerium für Bildung.

Kemper, Herwart (1990): Erziehung als Dialog. Anfragen an Janusz Korczak und Platon-Sokrates. Weinheim und München: Juventa Verlag.

Kendzia, Michael (1994): Rechtsfragen zur Berufsausbildung benachteiligter Jugendlicher. Bonn: BMBW.

Klein, Birgit; Kock, Bernhard; Pauels, Frank; Werner, Peter (1991): Erprobung von Möglichkeiten unterrichtsbegleitender Jugendarbeit zur psycho-sozialen Stützung von Jugendlichen ohne Ausbildungsvertrag. Hattingen.

Klemm, Holger (2003): Jugendkulturen. Eine Nachlese für die Benachteiligtenförderung. Darmstadt: Hiba-Verl.

Kleve, Heiko (1999): Postmoderne Sozialarbeit. Einsystemtheoretisch-konstruktuvistischer Beitrag zur Sozialarbeitswissenschaft. Aachen: Wissenschaftlicher Verlag des Instituts für Beratung und Supervision Aachen.

Kleve, Heiko (2000): Die Sozialarbeit ohne Eigenschaften. Fragmente einer postmodernen Professions- und Wissenschaftstheorie Sozialer Arbeit. Freiburg im Breisgau: Lambertus Verlag.

Kloas, Peter-Werner (2002): Modulare Berufsausbildung – eine Perspektive für die Benachteiligtenförderung. In: Fülbier, P.; Münchmeier, R. (Hrsg.): Handbuch Jugendsozialarbeit. Münster: Votum, S. 946–959.

Kloas, Peter-Werner; Kramer, Beate (2005): Qualifizierungsbausteine im Handwerk. Eine Chance für Jugendliche mit besonderem Förderbedarf. Berufsbildung, 59, S. 14–15.

Klös, Hans-Peter (2003): Wachstumsschwäche drückt Angebot an Ausbildungsstellen – Die IW–Frühjahrsumfrage zu Ausbildung und Beschäftigung, 24. Juni 2003. Pressekonferenz. URL: http://www.iwkoeln.de/default/.aspx?p=contenthigh&i=16771; Stand 23.03.2004.

Klostermann, Petra (2002): Gender Mainstreaming – Wo geht es hin? Durchblick. Zeitschrift für Ausbildung, Weiterbildung und berufliche Integration, 4, S. 7–8.

Klug, Wolfgang (1997): Wohlfahrtsverbände zwischen Markt, Staat und Selbsthilfe. Freiburg im Breisgau: Lambertus.

Knapp, Gudrun-Axeli; Wetterer, Angelika (2001): Soziale Verortung der Geschlechter. Münster: Verl. Westfälisches Dampfboot.

Kollatz, Heidemarie (2001): Förderung von Mädchen und jungen Frauen durch Berufsausbildung in innovativen Berufsfeldern. In: GPC, B. (Hrsg.): Dokumentation des Workshop: „Förderung von benachteiligten Mädchen und Frauen durch Berufsausbildung in innovativen Berufsfeldern" in Berlin am 25./26. Juni 2001. Berlin, S. 4–12.

Kornmann, Reimer (2005): Förderdiagnostik bei berufspädagogischen Fragestellungen. In: Allespach, M.; Novak, H. (Hrsg.): Benachteiligte Jugendliche in der Ausbildung. Anforderungen an ein integratives berufspädagogisches Förderkonzept. Marburg: Schüren-Verlag, S. 117–132.

Kotzke, Gabriele; Fachtagung Gender Mainstreaming in der Städtebaupolitik; raum + prozess kooperative planung und stadtentwicklung; Deutschland. Bundesamt für Bauwesen und Raumordnung (2003): Städtebau und Gender Mainstreaming: Erfahrungen, Konzepte und gute Beispiele; Dokumentation der Fachtagung „Gender Mainstreaming in der Städtebaupolitik". Bonn.

Kramer, Horst (1989): Soziales Handeln in der Jugendphase. Ein formal-pragmatischer Beitrag zu einer integrierten Jugendtheorie. Weinheim: Deutscher Studien Verlag.

Kraul, Margret; Marotzki, Winfried; Schweppe, Cornelia (Hrsg.) (2002): Biographie und Profession. Bad Heilbrunn/Obb.: Verlag Julius Klinkhardt.

Krauß, E. Jürgen (2002): Supervision für soziale Berufe. In: Thole, W. (Hrsg.): Grundriss Soziale Arbeit. Ein einführendes Handbuch. Opladen: Leske + Budrich, S. 603–616.

Krell, Gertraude (Hrsg.) (2001): Chancengleichheit durch Personalpolitik. Wiesbaden: Verlag Gabler.

Kreuzer, Michael (2003): inVolve 02 – Kunst als Brücke zwischen Schule und Berufsausbildung. News zum Bmbf-Programm. S. 10–12.

Kron, Thomas (2000): Individualisierung und soziologische Theorie. Opladen: Leske + Budrich.

Kudella, Peter; Pätzold, Günter; Walden, Günter; Bundesinstitut für Berufsbildung (1994): Kooperation zwischen Berufsschulen und Betrieben in den neuen Bundesländern: Ausgangsbedingungen, Übergangsprozeß und Perspektiven. Bielefeld: W. Bertelsmann Verlag.

Kulbach, Roderich; Wohlfahrt, Norbert (1994): Öffentliche Verwaltung und soziale Arbeit: eine Einführung für soziale Berufe. Freiburg im Breisgau: Lambertus.

Kulbach, Roderich; Wohlfahrt, Norbert (1996): Modernisierung der öffentlichen Verwaltung? Konsequenzen für die freie Wohlfahrtspflege. Freiburg im Breisgau: Lambertus.

Kultusministerium Rheinland Pfalz (Hrsg.) (1988): Leitlinien für den Unterricht mit benachteiligten und lernbeeinträchtigten Jugendlichen im berufsvorbereitenden und berufsausbildenden Bereich. Projekt- und handlungsorientierte Berufsausbildung – Materialband; Modellversuch „Benachteiligte und lernbeeinträchtigte Jugendlichen im berufsvorbereitenden und berufsausbildenden Verbundsystem"; Speyer.

Küster, Ernst-Uwe (2002): Qualifizierung für die Soziale Arbeit. Auf der Sucshe nach Normalisierung, Anerkennung und dem Eigentlichen. In: Thole, W. (Hrsg.): Grundriss Soziale Arbeit. Ein einführendes Handbuch. Opladen: Leske + Budrich, S. 817–842.

Landesinstitut für Schule und Weiterbildung (Soest Westfalen) (1994): Förderung benachteiligter Jugendlicher in Nordrhein-Westfalen: Grundlagen, Partner und Modelle der Zusammenarbeit. Soest: Landesinst. für Schule und Weiterbildung.

Lex, Tilly (1997): Berufswege Jugendlicher zwischen Integration und Ausgrenzung. München: DJI-Verlag.

Lex, Tilly; Deutsches Jugendinstitut; Deutschland. Bundesministerium für Familie Senioren Frauen und Jugend (2001): Benachteiligte Jugendliche im Jugendhilfebetrieb: Arbeitskräfte oder Adressaten von Förderung? Fallstudien zur Herausbildung produktiver Belegschaften im Jugendhilfebetrieb; Forschungsbericht. München: DJI-Verlag.

Lippegaus, Petra (1994): Berufsausbildung benachteiligter Jugendlicher – Jugendberufshilfe und Berufsschule. Bonn: BMBW.

Lippegaus, Petra (1997): Berufsausbildungsvorbereitung. Bonn: BMBF.

Lippegaus, Petra (2000): Individuelle Förderung benachteiligter Jugendlicher und junger Erwachsener: Förderdiagnose, Förderplan und differenzierte Lernangebote. Offenbach.

Lippegaus, Petra; Baumgratz-Gangl, Gisela; Winter, Joachim (2002): Berufliche Qualifizierung Jugendlicher mit besonderem Förderbedarf: Benachteiligtenförderung. Bonn: Bundesministerium für Bildung und Forschung.

Lippegaus, Petra; Druckrey, Petra (1995): Förderkonzept für benachteiligte Mädchen und junge Frauen. Bonn: BMBF.

Lischewski, Andreas (1996): „Tod des Subjektes"! Zum Selbstverständnis Pädagogischer Anthropologie zwischen „Subjekt" und „Postmoderne". Würzburg: ERGON-Verlag.

Litt, Theodor (1949): Kant und Herder als Deuter der geistigen Welt. Heidelberg: Quelle & Meyer.

Litt, Theodor (1959): Das Bildungsideal der deutschen Klassik und die moderne Arbeitswelt. Bochum: Verlag F. Kamp. Kamps pädagogische Taschenbücher.

Lorenz, Helga (2002): Gender Mainstreaming-Strategie in der Bundesanstalt für Arbeit. Durchblick. Zeitschrift für Ausbildung, Weiterbildung und berufliche Integration. 4/2002, S. 14–15.

Manke, Karin; Winter, Jochen (1994): Organisationsstrukturen, Leitung und Teamarbeit in Einrichtungen der Benachteiligtenförderung.

Mansel, Jürgen; Hurrelmann, Klaus (1994): Alltagsstreß bei Jugendlichen. Eine Untersuchung über Lebenschancen, Lebensrisiken und psychosoziale Befindlichkeiten im Statusübergang. Weinheim und München: Juventa Verlag.

Martin, Ernst (2001): Sozialpädagogische Berufsethik. Auf der Suche nach dem richtigen Handeln. Weinheim und München: Juventa Verlag.

Mathern, Sigrid (2003): Benachteiligte Jugendliche an der Schnittstelle zwischen Schule und Beruf: Überlegungen zu einer strukturellen und inhaltlichen Reform präventiver Berufsbildungspraxis. Frankfurt am Main [u.a.]: Peter Lang.

Mead, Georg Herbert (1998): Geist, Identität und Gesellschaft. Frankfurt am Main: Suhrkamp Verlag.

Meier, Richard (1992): Positionsskizze zur Aufgabe der Integration behinderter und nicht behinderter Grundschulkinder in Schulleben und Unterricht. In: Hess. Inst. f. Lehrerfortbildung (Hrsg.): Schulische Integration Behinderter. Fuldatal: Hessisches Institut für Lehrer-fortbildung, S. 5–17.

Meinhold, Marianne (1997): Qualitätssicherung und Qualitätsmanagement in der sozialen Arbeit: Einführung und Arbeitshilfen. Freiburg im Breisgau: Lambertus. 2. Aufl. Auflage.

Metzler, Gabriel (2003): Der deutsche Sozialstaat. Vom bismarckschen Erfolgsmodell zum Pflegefall. Stuttgard, München: Deutsche Verlags-Anstalt.

Ministerium für Arbeit Gesundheit und Soziales Nordrhein-Westfalen (1979): Jugendliche ohne Ausbildungsvertrag. Bericht der Wissenschaftlichen Kommission (des) Ministers für Arbeit, Gesundheit und Soziales des Landes Nordrhein-Westfalen. Düsseldorf.

Moir, Anne; Jessel, David (1994): Brainsex: the real difference between men and women. London [u.a.]: Mandarin Paperbacks.

Mollenhauer, Klaus (2001): Einführung in die Sozialpädagogik: Probleme und Begriffe der Jugendhilfe. Weinheim [u.a.]: Beltz.

Moser, Heinz (1997): Instrumentenkoffer für den Praxisforscher. Freiburg im Breisgau: Lambertus.

Müller, C. Wolfgang; Kentler, Helmut; Mollenhauer, Klaus; Giesecke, Hermann (1986): Was ist Jugendarbeit? Vier Versuche zu einer Theorie. Weinheim und München: Juventa Verlag.

Müller, Siegfried; Sünker, Heinz; Olk, Thomas; Böllert, Karin (Hrsg.) (2000): Soziale Arbeit. Gesellschaftliche Bedingungen und professionelle Perspektiven. Neuwied [u.a.]: Luchterhand.

Müller, Wolfgang C. (1988a): Wie Helfen zum Beruf wurde. Eine Methodengeschichte der Sozialarbeit 1883–1945. 1. Weinheim und Basel: Beltz Verlag.

Müller, Wolfgang C. (1988b): Wie Helfen zum Beruf wurde. Eine Methodengeschichte der Sozialarbeit 1945–1990. 2. Weinheim und Basel: Beltz Verlag.

Niemeyer, Christian (1998): Klassiker der Sozialpädagogik. Einführung in die Theoriegeschichte einer Wissenschaft. Weinheim und München: Juventa Verlag.

Niemeyer, Christian (1999): Theorie und Praxis der Sozialpädagogik. Münster: Votum-Verlag.

Niemeyer, Christian (2003): Sozialpädagogik als Wissenschaft und Profession: Grundlagen, Kontroversen, Perspektiven. Weinheim [u.a.]: Juventa-Verl.

Nolte, Paul (2005): Generation Reform. Jenseits der blockierten Republik. München.

Oyen, Renate; Institut für Arbeitsmarkt- und Berufsforschung (1999): Benachteiligte Jugendliche: Informationsmappe; Dokumentation 1980 – Januar 1999. Nürnberg: Institut für Arbeitsmarkt- und Berufsforschung.

Peter, Hilmar (2000): Was die Hochschule nicht schafft. In: Müller, S. S., Heinz; Olk, Thomas; Böllert, Karin (Hrsg.): Soziale Arbeit. Gesellschaftliche Bedingungen und professionelle Perspektiven. Neuwied [u.a.]: Luchterhand, S. 455–464.

Petzold, Hans-Joachim (2004): Ausbildungskrise: Reformieren statt strafen! In: Durchblick. Zeitschrift für Ausbildung, Weiterbildung und berufliche Integration, 1, S. 23–25.

Pfeifer, Tilo (1992): Gemeinsam leben – gemeinsam lernen. Ja! Aber? In: Hess. Institut für Lehrerfortbildung (Hrsg.): Schulische Integration Behinderter. Fuldatal; S. 1–4.

Posner, Christine (2002): Die Bedeutung sozialer Einbindung für die Entwicklung von Individualisierungsprozessen: eine theoretische Annäherung an das Phänomen der Individualisierung sowie eine empirische Analyse der sozialen Bindungen unter den Bedingungen des sozialen Umbruchs in Deutschland. Frankfurt am Main u.a.: Lang.

Puch, Hans-Joachim (1997): Organisation im Sozialbereich: Eine Einführung für soziale Berufe. Freiburg im Breisgau: Lambertus.

Puhlmann, Angelika (2002): Berufsausbildung junger Mütter – junge Mütter in der Berufsausbildung: Probleme und Lösungsansätze. Informationen für die Beratungs- und Vermittlungsdienste; S. 79–83.

Rabe-Kleberg, Ursula (2003): Gender Mainstreaming und Kindergarten. Weinheim [u.a.]: Beltz Verlag.

Rauschenbach, Thomas (1997): Sozialstaat und seine Sozialpädagogik. Ambivalente Zukunftsoptionen einer nachhaltigen „Erfolgsgeschichte". In: Braun, K.-H.; Krüger, H.-H. (Hrsg.): Pädagogische Zukunftsentwürfe. Festschrift zum siebzigsten Geburtstag von Wolfgang Klafki. Opladen: Leske und Budrich, S. 153–174.

Rauschenbach, Thomas; Ortmann, Friedrich; Karsten, Maria-E. (Hrsg.) (2000): Der sozialpädagogische Blick. Lebensweltorientierte Methoden in der Sozialen Arbeit. Weinheim und München: Juventa Verlag.

Reyer, Jürgen (2000): Individualpädagogik und Sozialpädagogik – Eine Skizze zur Entwicklung sozialpädagogischer Denkformen. In: Henseler, J.; Reyer, J. (Hrsg.): Sozialpädagogik und Gemeinschaft. Historische Beiträge zur Rekonstruktion eines konstitutiven Verhältnisses. Hohengehren: Schneider, S. 23–39.

Reyer, Jürgen (2002): Kleine Geschichte der Sozialpädagogik: Individuum und Gemeinschaft in der Pädagogik der Moderne. Baltmannsweiler: Schneider-Verlag Hohengehren.

Rifkin, Jeremy (2001): Das Ende der Arbeit und ihre Zukunft. Frankfurt am Main: Fischer-Taschenbuch-Verl.

Roloff, Christine; Selent, Petra (2003): Hochschulreform und Gender Mainstreaming: Geschlechtergerechtigkeit als Querschnittaufgabe. Bielefeld.

Roth, Lutz (1983): Die Erfindung des Jugendlichen. München: Juventa Verlag.

Rube, Wolfgang; Straub, Hans (1993): Handreichung für Lehrer an Klassen mit lernbeeinträchtigten Schülern. Weichenstellungen – zum Lern- und Sozialverhalten von schwierigen Schülern. Stuttgart: Landesinstitut für Erziehung und Unterricht.

Rützel, Josef; Sehrer, Armin; Ziehm, Stefan; Landesausschuss für Berufsbildung Hessen (2000): Berufseignung und berufliche Anforderungen – Handlungsfelder der Berufsvorbereitung und Berufsausbildung: Tagungsdokumentation im Auftrag des Hessischen Landesausschuss für Berufsbildung. Alsbach/Bergstraße: Leuchtturm-Verl.

Schäfers, Bernhard (1985): Soziologie des Jugendalters: eine Einführung. Opladen: Leske und Budrich.

Schäfers, Bernhard (1994): Soziologie des Jugendalters: eine Einführung. Opladen: Leske und Budrich.

Schierholz, Dr. Henning (2003): Konzeption und Verlauf der „Entwicklungsinitiative Neue Förderstruktur" im Kontext der aktuellen Reform der Arbeitsförderung – Herausforderung und Perspektiven. Entwicklungsinitiative: Neue Förderstruktur für Jugendliche mit besonderem Förderbedarf. Offenbach.

Schierholz, Henning (2001): Strategien gegen Jugendarbeitslosigkeit: zur Ausbildungs- und Berufsintegration von Jugendlichen mit schlechteren Startchancen. Hannover: edition.jab.

Schläger, Herbert (1991): Handreichungen für die Arbeit mit benachteiligten und lernbeeinträchtigten Jugendlichen im berufsvorbereitenden und berufsausbildenden Bereich. Speyer: Progressdruck GmbH.

Schläger, Herbert; Thüringen. Kultusministerium (Hrsg.) (1994): Ein Projekt in Europa: Berufliche Bildung Jugendlicher mit sonderpädagogischem Förderbedarf; Dokumentation einer Fachtagung zur beruflichen Bildung benachteiligter und behinderter Jugendlicher und junger Erwachsener, 24.–26.November 1993 in Erfurt.

Schmidbauer, Wolfgang (1996a): Helfen als Beruf: Die Ware Nächstenliebe. Reinbek bei Hamburg: Rowohlt.

Schmidbauer, Wolfgang (1996b): Hilflose Helfer: über die seelische Problematik der helfenden Berufe. Reinbek bei Hamburg: Rowohlt.

Schmidt, Rolf (1990): Ausbildungspersonal in einem sozialpädagogisch orientierten Förderkonzept: Aufgaben und Funktionen der Mitarbeiter/innen nach § 40c AFG.

Schmidt, Rolf (1992): Benachteiligtenförderung und Regionalentwicklung. Bonn: BMBW.

Schmidt, Rolf (1993a): Sozialpädagogik in der beruflichen Bildung: Arbeitsgrundlagen und Qualifizierungsangebote für die neuen Bundesländer. Lübeck: Hiba-Verl.

Schmidt, Rolf (1993b): Zielgruppen der Benachteiligtenförderung in den neuen Bundesländern. Lübeck: Hiba-Verl. 2., unveränd. Aufl. Auflage.

Schmidt, Rolf (1994): Lernbeeinträchtigte und verhaltensauffällige Jugendliche in der Berufsausbildung. Bonn: BMBW.

Schröer, Wolfgang (2003): Sozialpolitik und Soziale Arbeit. In: Homfeld, Hans Günther; Schulze-Krüdener, Jörgen (Hg): Handlungsfelder der Sozialen Arbeit. Baltmannsweiler, S. 66–84.

Schulewski, Ute (2002): Handlungsstrategien von Sozialpädagoginnen in der beruflichen Qualifizierung benachteiligter Jugendlicher. Berufliche Identität im Kontext von Team, Geschlecht und Institution. Frankfurt am Main, Bern, Berlin, Bruxelles, New York, Oxford, Wien: Peter Lang.

Schultze-Krüdener, Jürgen (2002): Fort- und Weiterbildung für die Soziale Arbeit. In: Thole, W. (Hrsg.): Grundriss Soziale Arbeit. Ein einführendes Handbuch. Opladen: Leske + Budrich, S. 843–856.

Schultze, Günther; Friedrich-Ebert-Stiftung (1990): Griechische Jugendliche in Nordrhein-Westfalen: Eine Untersuchung in Zusammenarbeit mit dem Diakonischen Werk im Rheinland. Bonn: Dietz Verlag.

Schweikert, Klaus; Bundesinstitut für Berufsbildung (1989): Ganz die alten? was Auszubildende meinen, was Auszubildende tun; Ergebnisse einer bundesweiten Repräsentativstudie. Berlin [u.a.]: Bibb.

Sennett, Richard (1998): Der flexible Mensch: die Kultur des neuen Kapitalismus. Berlin: Berlin-Verl.

Seyfried, Brigitte; Wordelmann, Peter; Bundesinstitut für Berufsbildung (1992): Neue Länder – neue Berufsausbildung? Prozeß, Probleme und Perspektiven des Übergangs der Berufsausbildung in den neuen Bundesländern; ein Reader mit Beiträgen aus Forschung, Wissenschaft und Praxis. Berlin [u.a.]: Bibb.

Siehlmann, Günter (1988): Chancen und Probleme betrieblicher Berufsausbildung für benachteiligte Jugendliche. In: Collingro, P.; Lemke, I. G.; Zielke, D. (Hrsg.): Be-rufsausbildung benachteiligter Jugendlicher. Wetzlar, S. 25–35.

Spranger, Eduard (1925/1951): Psychologie des Jugendalters. Heidelberg: Quelle & Meyer.

Spreng, Hans (1989): Jugendliche ohne Berufsausbildung: eine Herausforderung für die Berufsschule; Abschlußbericht zum Modellversuch ‚Erarbeitung eines pädagogisch-didaktischen Konzepts an Berufsschulen für Jugendliche, die zum Erwerb einer Berufsausbildung besonderer Lernhilfen bedürfen'. München: Hintermaier.

Staatliches Institut für Lehrerfort- und Weiterbildung (Hrsg.) (1990): Modellversuch: „Zusammenarbeit zwischen Hauptschule und berufsbildenden Schulen"; Entwicklung,

Durchführung und konterolle eines Konzepts für die Lehrerfortbildung zur Verbesserung der Abstimmung in besonderen Problembereichen – Abschlussbericht –. Speyer: Staatliches Institut für Lehrerfort- und Weiterbildung.

Stachowski, Heidrun (Hrsg.) (1999): Studienbuch, berufliche Sozialisation. Theoretische Grundlagen und empirische Befunde zu Etappen der beruflichen Sozialisation. Bad Heilbrunn/Obb.: Verlag Julius Klinkhardt.

Stender, Jörg (1989): Segmentationen und Selektionen: Regionale Systemanalysen zur beruflichen Bildung. Bochum: Schallwig.

Strikker, Frank (1990): Staatliche Maßnahmen gegen Jugendarbeitslosigkeit: eine Analyse arbeitsmarkttheoretischer Konzepte und staatlicher Maßnahmen ausgewählter Bundesländer. Frankfurt am Main [u.a.]: Lang.

Sturzbecher, Dietmar; Dietrich, Peter (1992): Die Situation von Jugendlichen in Brandenburg: Zusammenfassende Darstellung zu den Feldstudien „Jugendszene und Jugendgewalt im Lande Brandenburg" und „Jugendeinrichtungen und Freizeitangebote im Land Brandenburg". Potsdam: Brandenburg. Landeszentrale für polit. Bildung.

Thiersch, Hans (2003): Lebensweltorientierte Soziale Arbeit. Aufgaben der Praxis im sozialen Wandel. Weinheim und München: Juventa Verlag.

Thole, Werner (Hrsg.) (2002): Grundriss Soziale Arbeit. Ein einführendes Handbuch. Opladen: Leske + Budrich.

Thole, Werner; Küster-Schapfl, Ernst-Uwe (1997): Sozialpädagogische Profis. Opladen: Leske + Budrich.

Treptow, Rainer; Hörster, Reinhard (Hrsg.) (1999): Sozialpädagogische Integration. Entwicklungsperspektiven und Konfliktlinien. Weinheim und München: Juventa Verlag.

Ulrich, Joachim Gerd (2002): „Benachteiligung": Ein schillernder Begriff? Stigmatisierung im Bereich der außerbetrieblichen Lehrausbildung. BiBB. /www.bibb.de/dokumente/pdf/pr_pr-material_2002_fachkongress_forum9.pdf, 13. Juni2005.

Vock, Rainer (1995): Jugendberufshilfe im Landesbetrieb Erziehung und Berufsbildung (LEB) der Freien und Hansestadt Hamburg. Berlin.

Vock, Rainer (2000a): Ausbildungsabbruch: Prävention in der außerbetrieblichen Ausbildung. Band 1: Das Bedingungsgefüge von Lehrvertragslösungen. Lübeck: Hiba-Verlag.

Vock, Rainer (2000b): Ausbildungsabbruch: Prävention in der außerbetrieblichen Ausbildung. Band 2: Handlungsansätze in der Förderpraxis. Lübeck: Hiba-Verl.

Vock, Rainer; Härtel, Sabine (1997): Brücken bauen zum Beruf: Förderpädagogik in der Berufsschule; Ergebnisse aus einem Modellversuch in Berufsschulen des Freistaates Thüringen. Lübeck: Hiba-Verl.

Vock, Rainer; Thüringen. Kultusministerium (1995a): Benachteiligte und Lernbeeinträchtigte im System von Berufsvorbereitung und Berufsausbildung: Übergangsprobleme und Förderungsinstrumente. Heidelberg.

Vock, Rainer; Thüringen. Kultusministerium (1995b): Die Situation von Benachteiligten und Lernbeeinträchtigten in Berufsvorbereitung und Berufsausbildung: die Wahrnehmung von Lehrerinnen, Schülerinnen und Eltern. Heidelberg.

von Bothmer, Henrik (2003): Pluralität der Zielsysteme: Die Einbettung beruflicher Integrationsförderung in verschiedene Politikfelder. In: Bonifer-Dörr, G.; Vock, R. (Hrsg.): Berufliche Integration junger Menschen mit besonderem Förderbedarf. Darmstadt: hiba-Verlag, S. 77–96.

von Spiegel, Hiltrud (2002): Methodisches Handeln und professionelle Handlungskompetenz. In: Thole, W. (Hrsg.): Grundriss Soziale Arbeit. Ein einführendes Handbuch. Opladen: Leske + Budrich, S. 589–602.

Wagner, Hans-Josef (1998): Eine Theorie pädagogischer Professionalität. Weinheim: Dt. Studien-Verl.

Weißhuhn, Gernot; Große Rövekamp, Jörn (2003): Lebenslagen von Mädchen und Frauen im Zusammenhang mit Bildung, Wissenschaft, Arbeit und Einkommen. Bonn: BMBF.

Wendt, Wolf Rainer (1995): Berufliche Identität und die Verständigung über sie. In: Wendt, W. R. (Hrsg.): Soziale Arbeit im Wandel ihres Selbstverständnisses. Beruf und Identität. Freiburg im Breisgau: Lambertus-Verlag, S. 11–29.

Wilkens, Ellen; Diemer, Heidi (2004): Wege zur Berufsbildung für Alle. Das Programm der Landeshauptstadt Wiesbaden gegen Jugendarbeitslosigkeit. In: Bojanowski, A.; Eckert, M.; Stach, M.; Hochschultage Berufliche Bildung (Hrsg.): Berufliche Bildung Benachteiligter vor neuen Herausforderungen: Umbau der Förderlandschaft – innovative Netzwerke – neue Aktivierungsformen. Bielefeld: Bertelsmann, S. 133–146.

Willms-Herget, Angelika (1985): Frauenarbeit: zur Integration der Frauen in den Arbeitsmarkt. Frankfurt/Main [u.a.]: Campus-Verl.

Winkler, Michael (2003): Theorie der Sozialpädagogik – eine Rekonstruktion. Zeitschrift für Sozialpädagogik, 1(1), S. 6–24.

Zerger, Frithjof (2000): Klassen, Milieus und Individualisierung: eine empirische Untersuchung zum Umbruch der Sozialstruktur. Frankfurt/Main u.a.: Campus-Verl.

Zielke, Dietmar; Lemke, Ilse G. (1989): Außerbetriebliche Berufsausbildung benachteiligter Jugendlicher: Anspruch und Realität. Berlin u.a.: Bibb.

Zielke, Dietmar; Popp, Josefine (1997): Ganz individuell? Empirische Studien zur Individualisierung und Binnendifferenzierung in der betrieblichen Berufsausbildung. Bielefeld: Bertelsmann.

15. Abkürzungsverzeichnis

AA	Agentur für Arbeit (jeweils regional, z.B. AA Dresden)
abH	ausbildungsbegleitende Hilfen
BA	Bundesagentur für Arbeit
BaE	Berufsausbildung in außerbetrieblichen Einrichtungen nach §241 SGB III (Früher auch BüE: Berufsausbildung in überbetrieblichen Einrichtungen.)
BBiG	Berufsbildungsgesetz
BNF	Benachteiligtenförderung
BvB	Berufsvorbereitung nach §61 SGB III: Ursprünglich Lehrgangsformen wie Grundausbildungslehrgänge, Förderlänge, testen – informieren – probieren, später Maßnahmen nach dem Neuen Fachkonzept
BvB-neu	Berufsvorbereitung nach dem Neuen Fachkonzept (seit September 2004)
BVJ	Berufsvorbereitungsjahr an staatlichen Berufsschulen
GP	Gesprächspartner
HWK	Handwerkskammer
I	Interviewender
IHK	Industrie- und Handelskammer
NFK	Neues Fachkonzept
NFS	Neue Förderstruktur (BQF-Projekt: Entwicklungsinitiative Neue Förderstruktur.)
QM	Qualitätsmanagement(-system), z. B. nach DIN ISO
RdErl	Runderlass der Bundesagentur für Arbeit
SGB	Sozialgesetzbuch
SGB II	Sozialgesetzbuch, Zweites Buch: Grundsicherung für Arbeitsuchende
SGB III	Sozialgesetzbuch, Drittes Buch: Arbeitsförderung
VOL/A	Verdingungsordnung für Leistungen, Teil A: Allgemeine Bestimmungen für die Vergabe von Leistungen
VOL/B	Verdingungsordnung für Leistungen, Teil B: Allgemeine Vertragsbedingungen für die Ausführung von Leistungen

Band 1:

Katja Grimm, Rainer Vock

Sozialpädagogik in der beruflichen Integrationsförderung

Anforderungen, Zielgruppenwahrnehmung, Rollendefinitionen

2007, 302 Seiten, br., 29,90 €, ISBN 978-3-8309-1812-7

Das Konzept der ‚sozialpädagogisch orientierten Berufsausbildung' bildet seit über zwanzig Jahren den pädagogischen Kern der Unterstützungsmaßnahmen für Schulabgänger, deren Übergang in Ausbildung, Beruf und qualifizierte Beschäftigung zu scheitern droht. Im Rahmen einer empirischen Studie wurden die Handlungsbedingungen und -ansätze der Sozialpädagogik in den von der Bundesagentur für Arbeit finanzierten Maßnahmen der Berufsvorbereitung und Benachteiligtenförderung (außerbetriebliche Berufsausbildung und ausbildungsbegleitende Hilfen) untersucht. Der Forschungsansatz berücksichtigt dabei die verschiedenen Perspektiven der wichtigsten Akteure in diesem Handlungsfeld, so dass erstmals ein vielschichtiges Bild über den Lösungsbeitrag entsteht, den die Sozialpädagogik zur beruflichen Integrationsförderung junger Menschen beisteuert.

Dieser erste Band der Studie stellt die strukturellen Handlungsbedingungen, unter denen die Sozialpädagogik in den Maßnahmen agiert, die Anforderungen verschiedener Stakeholder an die sozialpädagogische Praxis, den Blick der sozialpädagogischen Fachkräfte auf die geförderten Zielgruppen und ihr Selbstverständnis in den Mittelpunkt.

Katja Grimm, Diplom-Pädagogin. 2004–2006 wissenschaftliche Mitarbeiterin im Forschungsprojekt ‚Praxisfeld Sozialpädagogik in Berufsvorbereitung und Benachteiligtenförderung' an der Universität Erfurt, seit 2006 Tätigkeit bei einem Organisationsberatungs- und Bildungsunternehmen in der Entwicklung und Umsetzung von Projekten im Rahmen der beruflichen Bildung sowie in der zielgruppenspezifischen berufsbiografischen Beratung.

Dr. Rainer Vock, Diplom-Politologe. Seit 1986 Forschungs-, Beratungs- und Evaluierungsarbeiten im Bereich der beruflichen Bildung und des Arbeitsmarktes. Schwerpunkte: Benachteiligte und berufliche Integrationsförderung, Weiterbildung, Evaluierung öffentlich finanzierter Arbeitsmarktprogramme, wissenschaftliche Begleitung von Modellvorhaben in der beruflichen Bildung, Beratung zur Organisations- und Personalentwicklung in Bildungsinstitutionen, Qualitätsmanagement. Inhaber des Forschungs-, Beratungs- und Fortbildungsinstituts ConLogos Dr. Vock (Erfurt).

Peter Dehnbostel,
Hans-Jürgen Lindemann,
Christoph Ludwig (Hrsg.)

Lernen im Prozess der Arbeit in Schule und Betrieb

2007, 338 Seiten, br., 24,90 €, ISBN 978-3-8309-1771-7

Ein neues Selbstverständnis des Bildungspersonals in Schule und Betrieb erfordert neue Lern- und Weiterbildungskonzepte. Das Lernen in und über Arbeit gewinnt immer mehr an Bedeutung. Teamentwicklung, Coaching, Reflexions-Workshops und kompetenzförderliche Arbeitsbedingungen sind heute unverzichtbare Instrumente für alle, die selbstgesteuertes Lernen zur Förderung methodischer, sozialer und humaner Kompetenzen gestalten wollen.

Dieser Band bietet Beiträge zu den zentralen Themen beruflichen Lernens, der Personalentwicklung und Weiterbildung von Lehrern, Ausbildern und Weiterbildnern:

- Berufsbezogene Bildungsstandards, Handlungskompetenz und reflexive Handlungsfähigkeit
- Zum Wandel der Rolle des Bildungspersonals: vom Wissensvermittler zum Lerncoach und Wissensmanager, vom Einzelkämpfer zum Teamarbeiter
- Fortbildungsmodelle und Beratungskonzepte im arbeitsintegrierten und arbeitsbezogenen Lernen
- Didaktik beruflichen Lernens: handlungsorientiert, arbeitsbezogen, aufgaben- und problembezogen, selbstgesteuert

Uwe Elsholz, Julia Gillen, Rita Meyer,
Gabriele Molzberger, Gerhard Zimmer (Hrsg.)

Berufsbildung heißt: Arbeiten und Lernen verbinden!

Bildungspolitik – Kompetenzentwicklung – Betrieb

2005, 292 Seiten, br., 29,90 €, ISBN 978-3-8309-1593-5

Die rasanten Veränderungen in Arbeit, Beruf und Gesellschaft stellen neue Herausforderungen an eine moderne Berufs- und Betriebspädagogik. Wie ist heute eine zukunftsorientierte Berufsbildung zu konzeptualisieren, die sowohl den gesellschaftlichen und betrieblichen Qualifizierungsherausforderungen als auch den Entwicklungsbedürfnissen der Lernenden entspricht? „Arbeiten und Lernen verbinden" ist darauf die programmatische Antwort dieses Bandes.

In 16 Beiträgen werden die bildungspolitischen Aspekte beruflichen Lernens beleuchtet, konzeptionelle Vorschläge zur Verknüpfung betrieblicher Organisations- und individueller Kompetenzentwicklung unterbreitet und nach den Herausforderungen, die sich für die betriebliche Bildungsarbeit ergeben, gefragt.

Das Buch reflektiert praktische Erfahrungen und theoretische Erkenntnisse im Feld der beruflichen und betrieblichen Aus- und Weiterbildung. Es richtet sich an alle, die forschend, lehrend und beratend in der Berufsbildung tätig sind.

Den Hrsg. gelingt es, die aktuelle Diskussion um eine zukunftsorientierte Berufsbildung sowohl auf der Ebene der Berufs- und Betriebspädagogik wie auch auf der Ebene der betrieblichen Praxis aufzugreifen und innovativ weiterzuentwickeln. [...] Das vorliegende Buch [...] ist dabei top-aktuell und greift, in der Mehrheit der Beiträge, zugunsten der Beschäftigten in den derzeitigen Diskurs um berufliches Lernen ein. Insgesamt gelingt es den AutorInnen, auf breiter Front in die praxisgerechte Reformierung der Berufsbildung aus emanzipatorischer Perspektive einzugreifen.
in: Zeitschrift für Berufs- und Wirtschaftspädagogik, 102 (3), 2006.